[『독일 이데올로기』, 「I. 포이어바흐」를 편찬·게재한 각종 판본]

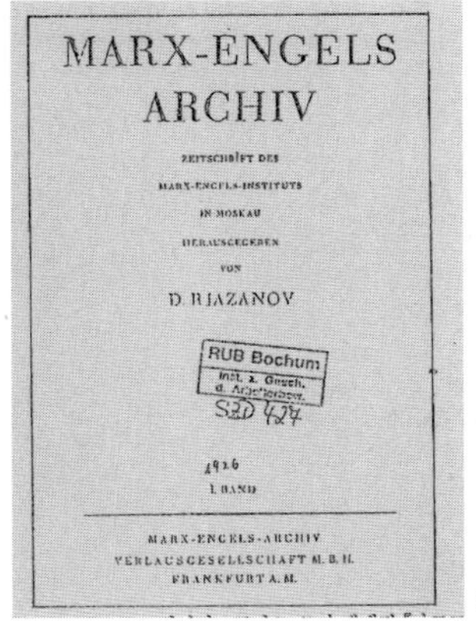

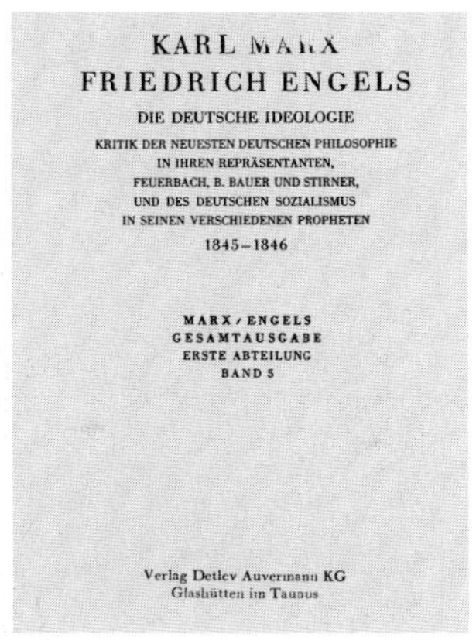

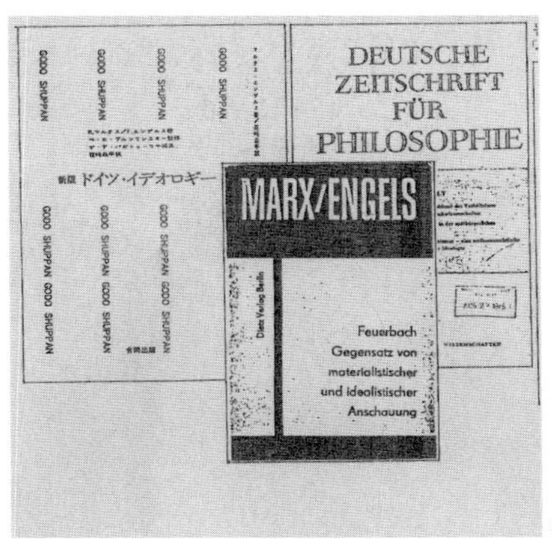

1. 리야자노프 판(R판, 1926)이 게재된 『마르크스-엥겔스 아키브』 제1권, 2. 아도라츠키 판(A판, 1932)이 게재된 구MEGA(MEGA¹ I/5), 3. 바가투리야 판(B판, 1965)이 게재된 『독일 철학 잡지』(D판, 1966. 10)와. 일본어 번역판(1966) 및 디츠 판 『마르크스-레닌주의 소책자』 시리즈의 『포이어바흐』(1972), 4. 타우베르트 편집안에 근거한 신MEGA(MEGA² 시쇄판, 1972), 5. 일본의 히로마츠 판(H판, 1974), 6. 독일-프랑스 MEGA 작업 그룹의 연구 성과가 게재된 『마르크스-엥겔스 연지』(MEJ-2003판, 2004).

『독일 이데올로기』, 「I. 포이어바흐」 초고 단편의 최초 초안과 정서고의 예

최초의 초안 〔1?〕-abcd와 〔2?〕-a

〔1?〕-a

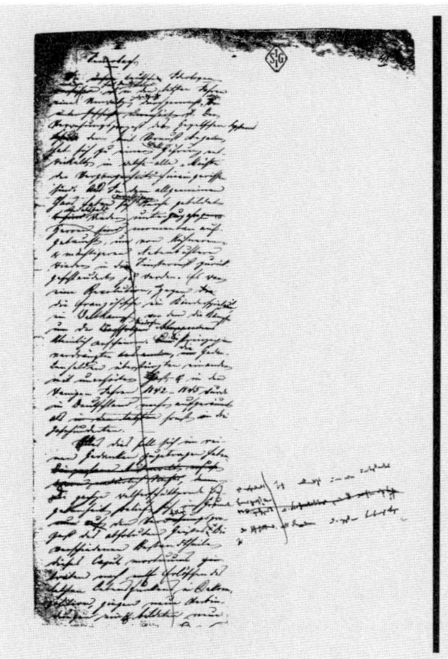

〔1?〕-b

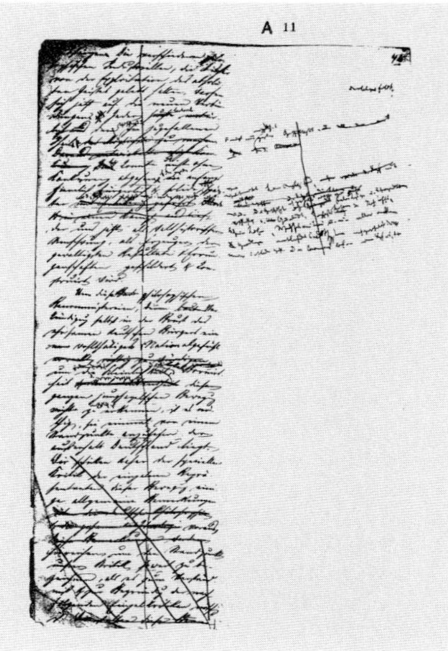

1〕-a, b

〔1〕-a

〔1〕-b

〔1?〕-c

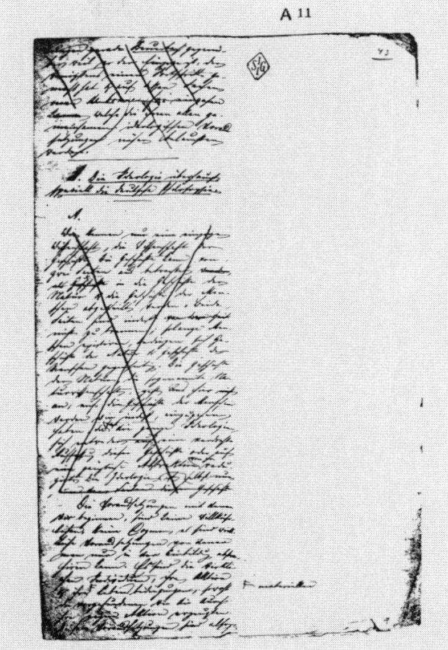

〔1?〕-d

〔2?〕-a

시계 방향으로 보아 윗부분과 아랫부분 오른쪽의 삭제 표시가 있는 5매의 초고는 「I. 포이어바흐」 장 도입부 초고 단편의 최초 초안被寫稿, 〔1?〕-abcd와 〔2?〕-a이고 아랫부분 왼쪽 2매의 초고는 이의 정서고 〔1〕-a, b.

큰 묶음 제1블록(I/5-α) 마지막 부분(S. 28)의 처리

기저고 제1블록 초고의 현상 형태

S. 8

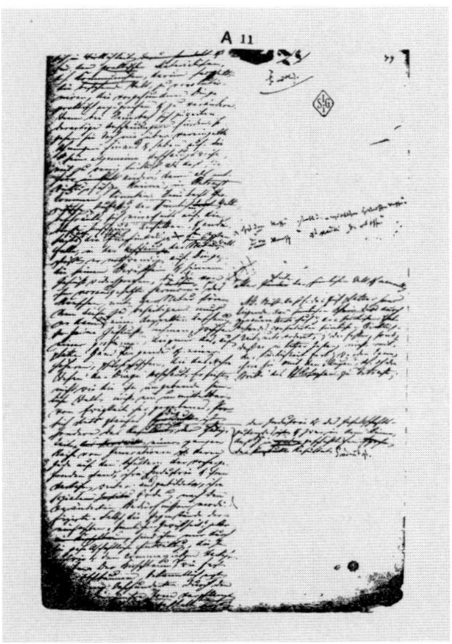

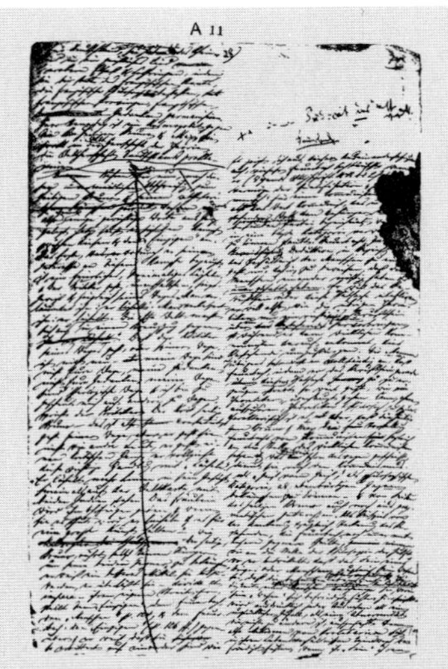

S. 28

위의 초고 마지막 페이지(S. 28) 이후 부분의 텍스트 편찬에서 나타나는 혼란

a) 구MEGA의 경우(1932)

32   Deutsche Ideologie. Einleitung

sein „Wesen" sich befriedigt fühle. Hier wird ausdrücklich jede Ausnahme als ein unglücklicher Zufall, als eine Abnormität, die nicht zu ändern ist, aufgefaßt. Wenn also Millionen von Proletariern sich in ihren Lebensverhältnissen keineswegs befriedigt fühlen, wenn ihr „Sein" ihrem [. . .] /16; 8/ sich in Wirklichkeit und für den praktischen Materialisten, d. h. Kommunisten, darum handelt, die bestehende Welt zu revolutionieren, die vorgefundnen Dinge praktisch anzugreifen und zu verändern. Wenn bei Feuerbach sich zuweilen derartige Anschauungen finden, so gehen sie doch nie über vereinzelte Ahnungen hinaus und haben auf seine allgemeine Anschauungsweise viel zu wenig Einfluß als daß sie hier anders, denn als entwicklungsfähige Keime, in Betracht kommen könnten. Feuerbachs „Auffassung" der sinnlichen Welt beschränkt sich einerseits auf die bloße Anschauung derselben, und andrerseits auf die bloße Empfindung, er sagt „den Menschen" statt d[ie] „wirklichen historischen Menschen". „Der Mensch" ist realiter „der Deutsche". Im ersten Falle, in der Anschauung der sinnlichen Welt, stößt er notwendig auf Dinge, die seinem Bewußtsein und seinem Gefühl widersprechen, die die von ihm vorausgesetzte Harmonie aller Teile der sinnlichen Welt und namentlich des Menschen mit der Natur stören.[*] Um diese zu beseitigen, muß er dann zu einer doppelten Anschauung seine Zuflucht nehmen, zwischen einer profanen, die nur das „auf platter Hand Liegende" und einer höheren, philosophischen, die das „wahre Wesen" der Dinge erschaut. Er sieht nicht wie die ihn umgebende sinnliche Welt nicht ein unmittelbar von Ewigkeit her gegebenes, sich stets gleiches Ding ist, sondern das Produkt der Industrie und des Gesellschaftszustandes, und zwar in dem Sinne, daß sie ein geschichtliches Produkt ist, das Resultat der Tätigkeit einer ganzen Reihe von Generationen, deren Jede auf den Schultern der vorhergehenden stand, ihre Industrie und ihren Verkehr weiter ausbildete, ihre soziale Ordnung nach den veränderten Bedürfnissen modifizierte. Selbst die Gegenstände der einfachsten

[*] N. B. Nicht daß Feuerbach das auf platter Hand liegende, den sinnlichen Schein der durch genauere Untersuchung des sinnlichen Tatbestandes konstatierten sinnlichen Wirklichkeit unterordnet, ist der Fehler, sondern daß er in letzter Instanz nicht mit der Sinnlichkeit fertig werden kann, ohne sie mit den „Augen", d. h. durch die „Brille" des Philosophen zu betrachten.

5 Der Sinn des hier fehlenden Übergangs war etwa folgender: wenn ihr „Sein" ihrem [„Wesen" widerspricht, so ist das allerdings eine Abnormität, aber kein unglücklicher Zufall. Ein historisches Faktum, das auf ganz bestimmten gesellschaftlichen Verhältnissen beruht. Feuerbach begnügt sich, dies Faktum zu konstatieren; er interpretiert nur die bestehende sinnliche Welt, verhält sich in ihr nur als Theoretiker, während sich in Wirklichkeit

       I. Feuerbach   33

„sinnlichen Gewißheit" sind ihm nur durch die gesellschaftliche Entwicklung, die Industrie und den kommerziellen Verkehr gegeben. Der Kirschbaum ist, wie fast alle Obstbäume, bekanntlich erst vor wenig Jahrhunderten durch den Handel in unsre Zone verpflanzt worden, und wurde deshalb erst /9/ durch diese Aktion einer bestimmten Gesellschaft in einer bestimmten Zeit der „sinnlichen Gewißheit" Feuerbachs gegeben. Übrigens löst sich in dieser Auffassung der Dinge, wie sie wirklich sind und geschehen sind, wie sich weiter unten noch deutlicher zeigen wird, jedes tiefsinnige philosophische Problem ganz einfach in ein empirisches Faktum auf. Z. B. die wichtige Frage über das Verhältnis des Menschen zur Natur (oder gar, wie Bruno sagt, (p. 110), die „Gegensätze in Natur und Geschichte", als ob das zwei voneinander getrennte „Dinge" seien, der Mensch nicht immer eine geschichtliche Natur und eine natürliche Geschichte vor sich habe), aus der alle die „unergründlich hohen Werke" über „Substanz" und „Selbstbewußtsein" hervorgegangen sind, zerfällt von selbst in der Einsicht, daß die vielberühmte „Einheit des Menschen mit der Natur" in der Industrie von jeher bestanden und in jeder Epoche je nach der geringeren oder größeren Entwicklung der Industrie anders bestanden hat, ebenso wie der „Kampf" des Menschen mit der Natur, bis zur Entwicklung seiner Produktivkräfte auf einer entsprechenden Basis. Die Industrie und der Handel, die Produktion und der Austausch der Lebensbedürfnisse bedingen ihrerseits und werden wiederum in der Art ihres Betriebes bedingt durch die Distribution, die Gliederung der verschiedenen gesellschaftlichen Klassen — und so kommt es denn, daß Feuerbach in Manchester z. B. nur Fabriken und Maschinen sieht, wo vor hundert Jahren nur Spinnräder und Webstühle zu sehen waren, oder in der Campagna di Roma nur Viehweiden und Sümpfe entdeckt, wo er zur Zeit des Augustus nichts als Weingärten und Villen römischer Kapitalisten gefunden hätte. Feuerbach spricht namentlich von der Anschauung der Naturwissenschaft, er erwähnt Geheimnisse, die nur dem Auge des Physikers und Chemikers offenbar werden; aber wo wäre ohne Industrie und Handel die Naturwissenschaft? Selbst diese „reine" Naturwissenschaft erhält ja ihren Zweck sowohl, wie ihr Material, erst durch Handel und Industrie, durch sinnliche Tätigkeit der Menschen. So sehr ist diese Tätigkeit, dieses fortwährende sinnliche Arbeiten und Schaffen, diese Produktion die Grundlage der ganzen sinnlichen Welt, wie sie jetzt existiert, daß, wenn sie auch nur für ein Jahr unterbrochen würde, Feuerbach eine ungeheure Veränderung nicht nur in der natürlichen Welt vorfinden, sondern auch die ganze Menschenwelt und sein eignes Anschauungsvermögen, ja seine Eigne Existenz sehr bald vermissen würde. Allerdings bleibt dabei die Priorität der äußeren Natur bestehen, und

윗부분의 기저고Hauptmanuskriipte 제1블록(I/5-α)의 초고는 원래 S. 8~28로 구성되어 있었으나 1962년 바네가 IISG에서 이의 앞부분에 해당하는 S. 1~2와 마지막 부분(S. 28)에 연속되는 S. 29와 그 뒷면 각 1블라트를 발견함으로써 이 부분의 초고 완성도는 크게 높아졌다.

S. 28 우란의 마지막 문장을 기존의 기저고 제1부(1962년 바네가 S. 1, 2가 기재된 1블라트를 발견하기 이전)의 맨 앞부분에 해당하는 S. 8의 좌란 머리 문장에 강제적으로 연결시켜 텍스트를 전개하고 있다.

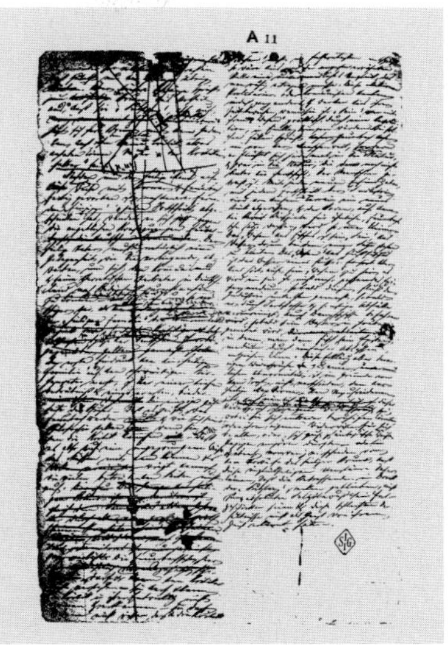

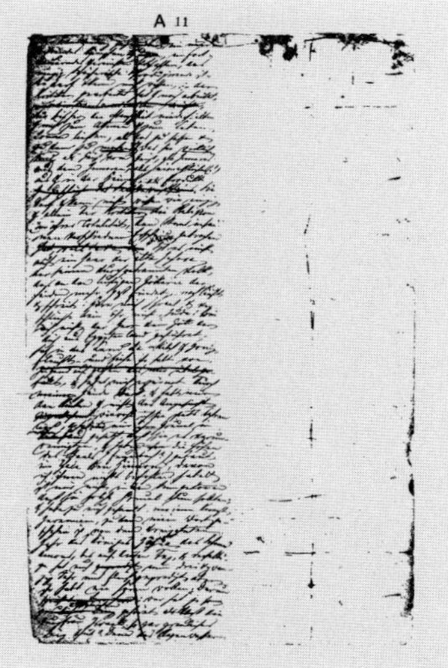

b) MEW의 경우(1958)

42   Karl Marx und Friedrich Engels

Feuerbachs ganze Deduktion in Beziehung auf das Verhältnis der Menschen zueinander geht nur dahin, zu beweisen, daß die Menschen einander nötig haben und *immer gehabt haben*. Er will das Bewußtsein über diese Tatsache etablieren, er will also, wie die übrigen Theoretiker, nur ein richtiges Bewußtsein über ein *bestehendes* Faktum hervorbringen, während es dem wirklichen Kommunisten darauf ankommt, dies Bestehende umzustürzen. Wir erkennen es übrigens vollständig an, daß Feuerbach, indem er das Bewußtsein gerade *dieser* Tatsache zu erzeugen strebt, so weit geht, wie ein Theoretiker überhaupt gehen kann, ohne aufzuhören, Theoretiker und Philosoph zu sein. Charakteristisch ist es aber, daß die Heiligen Bruno und Max die Vorstellung Feuerbachs vom Kommunisten sogleich an die Stelle des wirklichen Kommunisten setzen, was teilweise schon deswegen geschieht, damit sie auch den Kommunismus als „Geist vom Geist", als philosophische Kategorie, als ebenbürtigen Gegner bekämpfen können — und von seiten des heiligen Bruno auch noch aus pragmatischen Interessen. Als Beispiel von der Anerkennung und zugleich Verkennung des Bestehenden, die Feuerbach noch immer mit unsern Gegnern teilt, erinnern wir an die Stelle der „Philosophie der Zukunft", wo er entwickelt, daß das Sein eines Dinges oder Menschen zugleich sein Wesen sei, daß die bestimmten Existenzverhältnisse, Lebensweise und Tätigkeit eines tierischen oder menschlichen Individuums dasjenige sei, worin sein „Wesen" sich befriedigt fühle. Hier wird ausdrücklich jede Ausnahme als ein unglücklicher Zufall, als eine Abnormität, die nicht zu ändern ist, aufgefaßt. Wenn also Millionen von Proletariern sich in ihren Lebensverhältnissen keineswegs befriedigt fühlen wenn ihr „Sein" ihrem [...][1]

[...]sich in Wirklichkeit und für den *praktischen* Materialisten, d. h. *Kommunisten*, darum handelt, die bestehende Welt zu revolutionieren, die vorgefundnen Dinge praktisch anzugreifen und zu verändern. Wenn bei Feuerbach sich zuweilen derartige Anschauungen finden, so gehen sie doch nie über vereinzelte Ahnungen hinaus und haben auf seine allgemeine Anschauungsweise viel zuwenig Einfluß, als daß sie hier anders denn als entwicklungsfähige Keime in Betracht kommen könnten. Feuerbachs „Auffassung" der sinnlichen Welt beschränkt sich einerseits auf die bloße Anschauung derselben und andrerseits auf die bloße Empfindung, er sagt „*den* Menschen" statt d[ie] „wirklichen historischen Menschen". „*Der* Mensch" ist realiter[2] „der Deutsche". Im ersten Falle, in der *Anschauung* der sinnlichen Welt, stößt er notwendig auf Dinge, die seinem Bewußtsein und seinem Gefühl widersprechen, die die von ihm vorausgesetzte Harmonie aller Teile der sinnlichen

[1] im Manuskript befindet sich hier eine Lücke; vgl. S. 543 – [2] in Wirklichkeit

Deutsche Ideologie · I. Feuerbach   43

Welt und namentlich des Menschen mit der Natur stören.* Um diese zu beseitigen, muß er dann zu einer doppelten Anschauung seine Zuflucht nehmen, zwischen einer profanen, die nur das „auf platter Hand Liegende", und einer höheren, philosophischen, die das „wahre Wesen" der Dinge erschaut. Er sieht nicht, wie die ihn umgebende sinnliche Welt nicht ein unmittelbar von Ewigkeit her gegebenes, sich stets gleiches Ding ist, sondern das Produkt der Industrie und des Gesellschaftszustandes, und zwar in dem Sinne, daß sie ein geschichtliches Produkt ist, das Resultat der Tätigkeit einer ganzen Reihe von Generationen, deren Jede auf den Schultern der vorhergehenden stand, ihre Industrie und ihren Verkehr weiter ausbildete, ihre soziale Ordnung nach den veränderten Bedürfnissen modifizierte. Selbst die Gegenstände der einfachsten „sinnlichen Gewißheit" sind ihm nur durch die gesellschaftliche Entwicklung, die Industrie und den kommerziellen Verkehr gegeben. Der Kirschbaum ist, wie fast alle Obstbäume, bekanntlich erst vor wenig Jahrhunderten durch den *Handel* in unsre Zone verpflanzt worden und wurde deshalb erst *durch* diese Aktion einer bestimmten Gesellschaft in einer bestimmten Zeit der „sinnlichen Gewißheit" Feuerbachs gegeben.

Übrigens löst sich in dieser Auffassung der Dinge, wie sie wirklich sind und geschehen sind, wie sich weiter unten noch deutlicher zeigen wird, jedes tiefsinnige philosophische Problem ganz einfach in ein empirisches Faktum auf. Z.B. die wichtige Frage über das Verhältnis des Menschen zur Natur (oder gar, wie Bruno sagt (p. 110)[14], die „Gegensätze in Natur und Geschichte", als ob das zwei voneinander getrennte „Dinge" seien, der Mensch nicht immer eine geschichtliche Natur und eine natürliche Geschichte vor sich habe), aus der alle die „unergründlich hohen Werke"[15] über „Substanz" und „Selbstbewußtsein" hervorgegangen sind, zerfällt von selbst in der Einsicht, daß die vielberühmte „Einheit des Menschen mit der Natur" in der Industrie von jeher bestanden und in jeder Epoche je nach der geringeren oder größeren Entwicklung der Industrie anders bestanden hat, ebenso wie der „Kampf" des Menschen mit der Natur, bis zur Entwicklung seiner Produktivkräfte auf einer entsprechenden Basis. Die Industrie und der Handel, die Produktion und der Austausch der Lebensbedürfnisse bedingen ihrerseits und werden wiederum in der Art ihres Betriebes bedingt durch die

* N. B. Nicht daß Feuerbach das auf platter Hand Liegende, den sinnlichen *Schein* der durch genauere Untersuchung des sinnlichen Tatbestandes konstatierten sinnlichen Wirklichkeit unterordnet, ist der Fehler, sondern daß er in letzter Instanz nicht mit der Sinnlichkeit fertig werden kann, ohne sie mit den „Augen", d. h. durch die „Brille" des *Philosophen* zu betrachten.

S. 28 우란의 마지막 문장과 S. 8의 문장이 문법적으로 연결되지 않아 S. 28의 문장과 S. 8의 시작 문장을 별행으로 처리하고 있다.

c) 바가투리야 판(1965/1966)

K. Marx und F. Engels

Bewußtsein über diese Tatsache etablieren, er will also, wie die übrigen Theoretiker, nur ein richtiges Bewußtsein über ein *bestehendes* Faktum hervorbringen, während es dem wirklichen Kommunisten darauf ankommt, dies Bestehende umzustürzen. Wir erkennen es übrigens vollständig an, daß Feuerbach, indem er das Bewußtsein gerade *dieser* Tatsache zu erzeugen strebt, so weit geht, wie ein Theoretiker überhaupt gehen kann, ohne aufzuhören, Theoretiker und Philosoph zu sein. Charakteristisch ist es aber, daß die Heiligen Bruno und Max die Vorstellung Feuerbachs vom Kommunisten sogleich an die Stelle des wirklichen Kommunisten setzen, was teilweise schon deswegen geschieht, damit sie auch den Kommunismus als „Geist vom Geist", als philosophische Kategorie, als ebenbürtigen Gegner bekämpfen können – und von seiten des heiligen Bruno auch noch aus pragmatischen Interessen. Als Beispiel von der Anerkennung und zugleich Verkennung des Bestehenden, die Feuerbach noch immer mit unsern Gegnern teilt, erinnern wir an die Stelle der „Philosophie der Zukunft", wo er entwickelt, daß das Sein eines Dinges oder Menschen zugleich sein Wesen sei, daß die bestimmten Existenzverhältnisse, Lebensweise und Tätigkeit eines tierischen oder menschlichen Individuums dasjenige sei, worin sein „Wesen" sich befriedigt fühle.[22] Hier wird ausdrücklich jede Ausnahme als ein unglücklicher Zufall, als eine Abnormität, die nicht zu ändern ist, aufgefaßt. Wenn also Millionen von Proletariern sich in ihren Lebensverhältnissen keineswegs befriedigt fühlen, wenn ihr „Sein" ihrem /29/ „Wesen" nicht im entferntesten entspricht, so wäre dies nach der erwähnten Stelle ein unvermeidliches Unglück, das man ruhig ertragen müsse. Diese Millionen Proletarier oder Kommunisten denken indes ganz anders und werden dies ihrer Zeit beweisen, wenn sie ihr „Sein" mit ihrem „Wesen" praktisch, durch eine Revolution, in Einklang bringen werden. Bei solchen Fällen spricht Feuerbach daher nie von der Menschenwelt, sondern er flüchtet sich jedesmal in die äußere Natur, und zwar in *die* Natur, die noch nicht unter die Herrschaft der Menschen gebracht ist. Mit jeder neuen Erfindung aber, mit jedem Fortschritt der Industrie wird von diesem Terrain ein neues Stück abgerissen, und der Boden, auf dem die Beispiele für ähnliche, Feuerbachsche Sätze wachsen, wird so immer kleiner. Das „Wesen" des Fisches ist sein „Sein", das Wasser, um bei dem einen Satze stehenzubleiben. Das „Wesen" des Flußfisches ist das Wasser eines Flusses. Aber dies hört auf, sein „Wesen" zu sein, es wird ein für ihn nicht mehr passendes Existenzmedium, sobald dieser Fluß der Industrie untertan gemacht, sobald er durch Farbstoffe und sonstige Abfälle verunreinigt, durch Dampfschiffe befahren, sobald sein Wasser in Gräben geleitet wird, in denen man dem Fisch sein Existenzmedium durch einfaches Ablassen entziehen kann. Diese Erklärung aller derartigen Widersprüche zu einer unvermeidlichen Abnormität ist im Grunde von dem Trost nicht verschieden, den der heilige Max Stirner den Unzufriedenen gibt, daß nämlich dieser Widerspruch ihr eigner Widerspruch, diese schlechte Lage ihre eigne schlechte Lage sei, wobei sie sich entweder beruhigen könnten, oder ihren eignen Widerwillen für sich behalten, oder sich auf phantastische Weise dagegen empören dürften – und ebensowenig verschieden von dem Vorwurfe des heiligen Bruno, daß diese unglückseligen Umstände daher kämen, daß die Betreffenden im Dreck der „Substanz" steckengeblieben, nicht zum „absoluten Selbstbewußtsein" fortgeschritten seien und diese schlechten Verhältnisse nicht als Geist von ihrem Geist erkannt hätten.

[3] [29]

/30/ Die Gedanken der herrschenden Klasse sind in jeder Epoche die herrschenden Gedanken, d. h. die Klasse, welche die herrschende *materielle* Macht der Gesell-

---

Feuerbach. Gegensatz von materialistischer und idealistischer Anschauung

schaft ist, ist zugleich ihre herrschende *geistige* Macht. Die Klasse, die die Mittel zur materiellen Produktion zu ihrer Verfügung hat, disponiert damit zugleich über die Mittel zur geistigen Produktion, so daß ihr damit zugleich im Durchschnitt die Gedanken derer, denen die Mittel zur geistigen Produktion abgehen, unterworfen sind. Die herrschenden Gedanken sind weiter nichts als der ideelle Ausdruck der herrschenden materiellen Verhältnisse, die als Gedanken gefaßten herrschenden materiellen Verhältnisse; also der Verhältnisse, die eben die eine Klasse zur herrschenden machen, also die Gedanken ihrer Herrschaft. Die Individuen, welche die herrschende Klasse ausmachen, haben unter anderm auch Bewußtsein und denken daher; insofern sie also als Klasse herrschen und den ganzen Umfang einer Geschichtsepoche bestimmen, versteht es sich von selbst, daß sie dies in ihrer ganzen Ausdehnung tun, also unter andern auch als Denkende, als Produzenten von Gedanken herrschen, die Produktion und Distribution der Gedanken ihrer Zeit regeln; daß also ihre Gedanken die herrschenden Gedanken der Epoche sind. Zu einer Zeit z. B. und in einem Lande, wo königliche Macht, Aristokratie und Bourgeoisie sich um die Herrschaft streiten, wo also die Herrschaft geteilt ist, zeigt sich als herrschender Gedanke die Doktrin von der Teilung der Gewalten, die nun als ein „ewiges Gesetz" ausgesprochen wird.

Die Teilung der Arbeit, die wir schon oben (p. [15–18]) als eine der Hauptmächte der bisherigen Geschichte vorfanden, äußert sich nun auch in der herrschenden Klasse als Teilung der geistigen und ma/31/teriellen Arbeit, so daß innerhalb dieser Klasse der eine Teil als die Denker dieser Klasse auftritt (die aktiven konzeptiven Ideologen derselben, welche die Ausbildung der Illusion dieser Klasse über sich selbst zu ihrem Hauptnahrungszweige machen), während die andern sich zu diesen Gedanken und Illusionen mehr passiv und rezeptiv verhalten, weil sie in der Wirklichkeit die aktiven Mitglieder dieser Klasse sind und weniger Zeit dazu haben, sich Illusionen und Gedanken über sich selbst zu machen. Innerhalb dieser Klasse kann diese Spaltung derselben sich sogar zu einer gewissen Entgegensetzung und Feindschaft beider Teile entwickeln, die aber bei jeder praktischen Kollision, wo die Klasse selbst gefährdet ist, von selbst wegfällt, wo denn auch der Schein verschwindet, als wenn die herrschenden Gedanken nicht die Gedanken der herrschenden Klasse wären und eine von der Macht dieser Klasse unterschiedene Macht hätten. Die Existenz revolutionärer Gedanken in einer bestimmten Epoche setzt bereits die Existenz einer revolutionären Klasse voraus, über deren Voraussetzungen bereits oben (p. [18–19, 22–23]) das Nötige gesagt ist.

Löst man nun bei der Auffassung des geschichtlichen Verlaufs die Gedanken der herrschenden Klasse von der herrschenden Klasse los, verselbständigt man sie, bleibt dabei stehen, daß in einer Epoche diese und jene Gedanken geherrscht haben, ohne sich um die Bedingungen der Produktion und um die Produzenten dieser Gedanken zu bekümmern, läßt man also die den Gedanken zugrunde liegenden Individuen und Weltzustände weg, so kann man z. B. sagen, daß während der Zeit, in der die Aristokratie herrschte, die Begriffe Ehre, Treue etc., während der Herrschaft der Bourgeoisie die Begriffe Freiheit, Gleichheit etc. herrschten.[45] Die herrschende Klasse selbst bildet sich dies im Durchschnitt ein. Diese Geschichtsauffassung, die allen Geschichtschreibern vorzugsweise seit dem achtzehnten Jahrhundert gemeinsam ist, wird notwendig auf /32/ das Phänomen stoßen, daß immer abstraktere Gedanken herrschen,

[45] In der Handschrift gestrichen: Die herrschende Klasse selbst hat im Durchschnitt die Vorstellung, daß diese ihre Begriffe herrschten und unterscheidet sie nur dadurch von

좌우란을 구별하지 않는 편집 체제를 가진 B판(여기서는 D판)의 경우 S. 28의 마지막 문장을 문법상의 문제가 전혀 없는 S. 29 우란의 첫머리 문장과 당연하고도 자연스럽게 연결되고 있다.

d) 신MEGA 시쇄판(1972)

entwickelt, daß das Sein eines Dinges oder Menschen zugleich sein Wesen sei, daß die bestimmten Existenzverhältnisse, Lebensweise & Thätigkeit eines thierischen oder menschlichen Individuums dasjenige sei, worin sein „Wesen" sich befriedigt fühle. Hier wird ausdrücklich jede Ausnahme als ein unglücklicher Zufall, als eine Abnormität die nicht zu ändern ist, aufgefaßt. Wenn also Millionen von Proletariern sich in ihren Lebensverhältnissen keineswegs befriedigt fühlen, wenn ihr „Sein" ihrem ‖29⌊ „Wesen" nicht im Entferntesten entspricht, so wäre dies nach der erwähnten Stelle ein unvermeidliches Unglück, das man ruhig ertragen müsse. Diese Millionen Proletarier oder Kommunisten denken indeß ganz anders, & werden dies ihrer Zeit beweisen, wenn sie ihr „Sein" mit ihrem „Wesen" praktisch, durch eine Revolution, in Einklang bringen werden. Bei solchen Fällen spricht Feuerbach daher nie von der Menschenwelt, sondern er flüchtet sich jedesmal in die äußere Natur, & zwar in *die* Natur, die noch nicht unter die Herrschaft der Menschen gebracht ist. Mit jeder neuen Erfindung aber, mit jedem Fortschritt der Industrie wird von diesem Terrain ein neues Stück abgerissen, & der Boden, auf dem die Beispiele für ähnliche Feuerbachsche Sätze wachsen, wird so immer kleiner. Das „Wesen" des Fisches ist sein „Sein", das Wasser, um bei dem einen Satze stehen zu bleiben. Das „Wesen" des Flußfisches ist das Wasser eines Flusses. Aber dies hört auf, sein „Wesen" zu sein, es wird ein für ihn nicht mehr passendes Existenzmedium, sobald dieser Fluß der Industrie unterthan gemacht, sobald er durch Farbstoffe & sonstige Abfälle verunreinigt, durch Dampfschiffe befahren, sobald sein Wasser in Gräben geleitet wird in denen man dem Fisch sein Existenzmedium durch einfaches Ablassen entziehen kann. Diese Erklärung aller derartigen Widersprüche zu einer unvermeidlichen

(margin line numbers: 5, 10, 15, 20, 25, 30, 35, 40)

72

Abnormität ist im Grunde von dem Trost nicht verschieden, den der heilige Max Stirner den Unzufriedenen gibt, daß nämlich dieser Widerspruch ihr eigner Widerspruch, diese schlechte Lage ihre eigne schlechte Lage sei, wobei sie sich entweder beruhigen könnten, oder ihren eignen Widerwillen für sich behalten, oder sich auf phantastische Weise dagegen empören dürften — & ebenso wenig verschieden von dem Vorwurfe des heiligen Bruno, daß diese unglückseligen Umstände daher kämen, daß die Betreffenden im Dreck der „Substanz" stecken geblieben, nicht zum „absoluten Selbstbewußtsein" fortgeschritten seien & diese schlechten Verhältnisse nicht als Geist von ihrem Geist erkannt hätten. |

/30/ Die Gedanken der herrschenden Klasse sind in jeder Epoche die herrschenden Gedanken, d. h. die Klasse, welche die herrschende *materielle* Macht der Gesellschaft ist, ist zugleich ihre herrschende *geistige* Macht. Die Klasse, die die Mittel zur materiellen Produktion zu ihrer Verfügung hat, disponirt damit zugleich über die Mittel zur geistigen Produktion, sodaß ihr damit zugleich im Durchschnitt die Gedanken derer, denen die Mittel zur geistigen Produktion abgehen, unterworfen sind. Die herrschenden Gedanken sind weiter Nichts als der ideelle Ausdruck der herrschenden materiellen Verhältnisse, die als Gedanken gefaßten, herrschenden materiellen Verhältnisse; also der Verhältnisse die eben die eine Klasse zur herrschenden machen, also die Gedanken ihrer Herrschaft. Die Individuen welche die herrschende Klasse ausmachen, haben unter Anderm auch Bewußtsein u. denken daher; insofern sie also als Klasse herrschen & den ganzen Umfang einer Geschichtsepoche bestimmen, versteht es sich von selbst, daß sie dies in ihrer ganzen

(margin line numbers: 5, 10, 15, 20, 25, 30, 35, 40)

73

동독의 마르크스-레닌주의 연구소의 마르크스-엥겔스부가 신MEGA 편찬을 준비하는 과정에서 시쇄판을 출판했는데, 그 가운데 『독일 이데올로기』, 「I. 포이어바흐」가 이 시쇄판의 대상 중 하나가 되고 있다. 이 판본의 텍스트는 타우베르트의 주도로 이루어졌는데, 가장 중요한 특징은 초고의 형태에 따라 좌우 2란의 조판 형태를 가지고 있는 점이다. 그러나 이 판본은 S. 28~29가 우란에 집필되었다는 사실을 간과한 채 좌란만을 이용하고 있다.

e) M-E-J 2003(2004)

Karl Marx · Friedrich Engels

Vorurtheile erhaben zu sein glauben, sind also in der Praxis noch viel nationaler als die Bierphilister die von Deutschlands Einheit träumen. Sie erkennen die Thaten andrer Völker gar nicht für historisch an, sie leben in Deutschland zu Deutschland ||28| & für Deutschland, sie verwandeln das Rheinlied in ein geistliches Lied & erobern Elsaß & Lothringen, indem sie statt des französischen Staats, die französische Philosophie bestehlen, statt französischer Provinzen, französische Gedanken germanisiren. Herr Venedey ist ein Kosmopolit gegen die Heiligen Bruno & Max, die in der Weltherrschaft der Theorie die Weltherrschaft Deutschlands proklamiren. /

 |28| *Feuerbach.*

Es zeigt sich aus diesen Auseinandersetzungen auch, wie sehr Feuerbach sich täuscht, wenn er (Wigands Vtljschrift 1845 bd 2) sich vermöge der Qualifikation „Gemeinmensch" für einen Kommunisten erklärt, in ein Prädicat „*des*" Menschen verwandelt, also das Wort Kommunist, das in der bestehenden Welt den Anhänger einer bestimmten revolutionären Partei bezeichnet, wieder in eine bloße Kategorie verwandeln zu können glaubt. Feuerbachs ganze Deduktion in Beziehung auf das Verhältniß der Menschen zu einander geht nur dahin, zu beweisen, daß die Menschen einander nöthig haben & *immer gehabt haben.* Er will das Bewußtsein über diese Thatsache etabliren, er will also, wie die übrigen Theoretiker nur ein richtiges Be-

Feuerbach und Geschichte. Entwurf S. 1 bis 29

wußtsein über ein *bestehendes* Faktum hervorbringen, während es dem wirklichen Kommunisten darauf ankommt, dies Bestehende umzustürzen. Wir erkennen es übrigens vollständig an, daß Feuerbach, indem er das Bewußtsein gerade *dieser* Thatsache zu erzeugen strebt, so weit geht, wie ein Theoretiker überhaupt gehen kann, ohne aufzuhören, Theoretiker & Philosoph zu sein. Charakteristisch ist es aber, daß die Heiligen Bruno & Max die Vorstellung Feuerbachs vom Kommunisten sogleich an die Stelle des wirklichen Kommunisten setzen, was theilweise schon deswegen geschieht, damit sie auch den Kommunismus als „Geist vom Geist", als philosophische Kategorie, als ebenbürtigen Gegner bekämpfen können – & von Seiten des heiligen Bruno auch noch aus pragmatischen Interessen. Als Beispiel von der Anerkennung & zugleich Verkennung des Bestehenden, die Feuerbach noch immer mit unsern Gegnern theilt, erinnern wir an die Stelle der Philosophie der Zukft, wo er entwickelt, daß das Sein eines Dinges oder Menschen zugleich sein Wesen sei, daß die bestimmten Existenzverhältnisse Lebensweise & Thätigkeit eines thierischen oder menschlichen Individuums darjenige sei, worin sein „Wesen" sich befriedigt fühle. Hier wird ausdrücklich jede Ausnahme als ein unglücklicher Zufall, als eine Abnormität die nicht zu ändern ist, aufgefaßt. Wenn also Millionen von Proletariern sich in ihren Lebensverhältnissen keineswegs

Karl Marx · Friedrich Engels

befriedigt fühlen, wenn ihr „Sein" ihrem ||29| „Wesen" nicht im Entferntesten entspricht, so wäre dies n[ach] der erwähnten Stelle ein unvermeidliches Unglück, das man ruhig ertragen müsse. Diese Millionen Proletarier oder Kommunisten denken indeß ganz anders, & werden dies ihrer Zeit beweisen, wenn sie ihr „Sein" mit ihrem „Wesen" praktisch, durch eine Revolution, in Einklang bringen werden. Bei solchen Fällen spricht Feuerbach daher nie von der Menschenwelt, sondern er flüchtet sich jedesmal in die äußere Natur, & zwar in *die* Natur, die noch nicht unter die Herrschaft der Menschen gebracht ist. Mit jeder neuen Erfindung aber, mit jedem Fortschritt der Industrie wird von diesem Terrain ein neues Stück abgerissen, & der Boden, auf dem die Beispiele für ähnliche Feuerbachsche Sätze wachsen, wird so immer kleiner. Das „Wesen" des Fisches ist sein „Sein", das Wasser, um bei dem einen Satze stehen zu bleiben. Das „Wesen" des Flußfisches ist das Wasser eines Flusses. Aber dies hört auf, sein „Wesen" zu sein, es wird ein für ihn nicht mehr passendes Existenzmedium, sobald dieser Fluß der Industrie unterthan gemacht, sobald er durch Farbstoffe & sonstige Abfälle verunreinigt, durch Dampfschiffe befahren, sobald sein Wasser in Gräben geleitet wird in denen man dem Fisch sein Existenzmedium durch einfaches Ablassen entziehen kann. Diese Erklärung aller derartigen Widersprüche zu einer unvermeidlichen Abnormität ist

Feuerbach und Geschichte. Entwurf S. 1 bis 29

im Grunde von dem Trost nicht verschieden, den der heilige Max Stirner den Unzufriedenen gibt, daß nämlich dieser Widerspruch ihr eigner Widerspruch, diese schlechte Lage ihre eigne schlechte Lage sei, wobei sie sich entweder beruhigen könnten, oder ihren eignen Widerwillen für sich behalten, oder sich auf phantastische Weise dagegen empören dürften – & ebenso wenig verschieden von dem Vorwurfe des heiligen Bruno, daß diese unglückseligen Umstände daher kämen, daß die Betreffenden im Dreck der „Substanz" stecken geblieben, nicht zum „absoluten Selbstbewußtsein" fortgeschritten seien & diese schlechten Verhältnisse nicht als Geist von ihrem Geist erkannt hätten. |

독일-프랑스 MEGA 작업 그룹에 의해 편찬된 이 판본은 S. 28~29를 그것이 초고에 쓰인 위치에 배열하고 있다는 점이 특징이다.

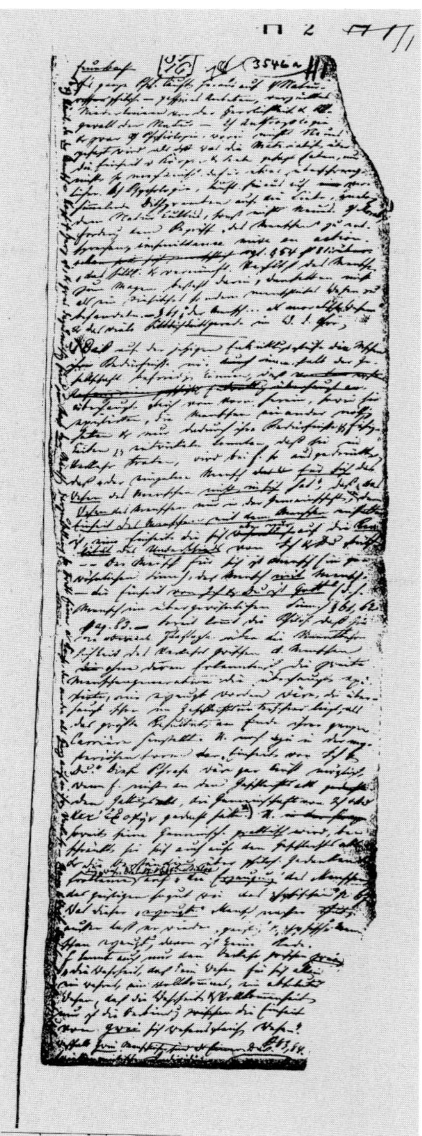

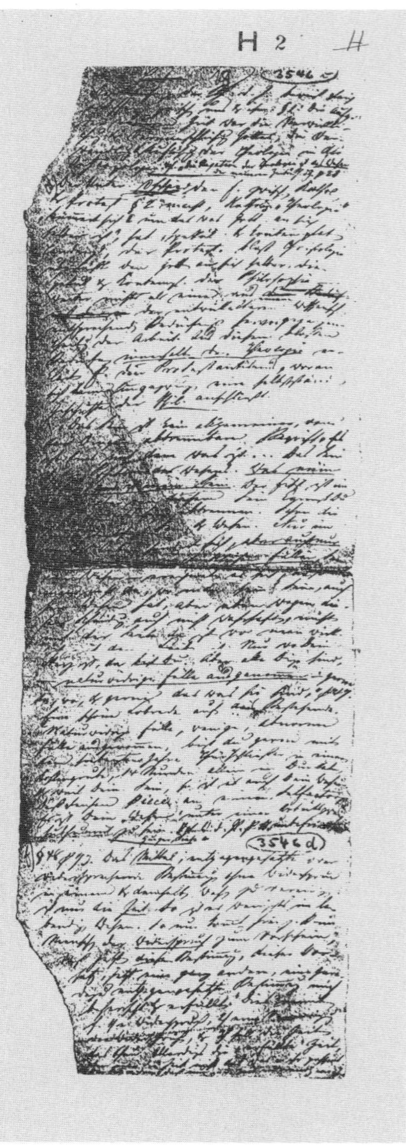

타우베르트에 의해 1989년 이래 MEGA I/5에 편입된 2블라트 4페이지의 초고 단편이다. 이 단편은 타우베르트의 주장에도 불구하고 MEGA I/5(『독일 이데올로기』, 「I. 포이어바흐」)로의 편입이 의문시되나 타우베르트가 참여하는 구동독 팀이나 독일-프랑스 MEGA 작업 그룹에 의해 초고 단편으로 구성된 작은 묶음의 선두에 배열되고 있다.

독일 이데올로기의 문헌학적 연구

지은이 **정문길**

고려대학교 명예교수. 서울대학교 대학원에서 「소외론 연구」로 박사학위를 받았다. 지은 책으로 『소외론 연구』(1978, 월봉저작상), 『에피고넨의 시대』(1987, 한국정치학회 학술상), 『마르크스의 사상 형성과 초기 저작』(1994), 『한국 마르크스학의 지평: 마르크스-엥겔스 텍스트의 편찬과 연구』(2004), *Die deutsche Ideologie und MEGA-Arbeit*(2007), 『니벨룽의 보물: 마르크스-엥겔스의 문서로 된 유산과 그 출판』(2008, 한국출판문화상 학술 부문)과 산문집 『정문길 교수의 보쿰 통신』(1998)이 있으며, 옮긴 책으로 『포이에르바하』(1986) 등이 있다.

현대의 지성 139

독일 이데올로기의 문헌학적 연구
초고의 해석과 편찬

펴낸날 2011년 10월 27일

지은이 정문길
펴낸이 홍정선
펴낸곳 ㈜**문학과지성사**
등록번호 제10-918호(1993. 12. 16)
주소 121-840 서울 마포구 서교동 395-2
전화 02) 338-7224
팩스 02) 323-4180(편집)   02) 338-7221(영업)
전자우편 moonji@moonji.com
홈페이지 www.moonji.com

ⓒ 정문길, 2011. Printed in Seoul, Korea.

ISBN 978-89-320-2236-9

현대의 지성 139

독일 이데올로기의 문헌학적 연구

Philologische Versuche über „Die Deutsche Ideologie"

초 고 의
해 석 과 편 찬

정문길 지음

문학과지성사

이 책은 마르크스와 엥겔스의 공동 저작인 『독일 이데올로기』를 대상으로 한 저자의 문헌학적 연구의 결과를 수록하고 있다. 모두 열 개의 장으로 이루어진 이 글들은 저자가 1990년 이래 20여 년에 걸쳐 집필한 것으로, 그 긴 시차 때문에 이를 한데 모으는 것이 어떤 의미를 가질 것인가에 대해 의아해하는 독자도 있을 것으로 생각된다. 『독일 이데올로기』에 대한 문헌학적 연구는 그 단초가 1985년 5~6월 저자가 네덜란드 암스테르담의 국제사회사연구소IISG에서 수행한 마르크스의 『경제학·철학 초고』 오리지널의 포토코피를 검토한 데서 시작되었다.

1960년대 초 『경제학·철학 초고』를 읽으면서 느낀 강한 지적 충격으로 시작한 저자의 마르크스 연구는 애초에는 활자화된 그의 텍스트를 구해 읽는 것만으로 만족했으나, 1980년대 들어서부터 그의 저작의 초고 형태에도 관심을 갖게 되었다. 특히 그의 미완성 저작의 경우 초고 오리지널에 대한 안목도 없이 이를 연구한다는 것은 모랫바닥에 누각을 짓는 것과 다를 바 없다는 사실을 국제사회사연구소에서 행한 초고 포토코피의 연구를 통해 확인한 바 있다. 따라서『경제학·철학 초고』의 후속 연구로 이어지는 저자의『독일 이데올로기』연구는 당연히 그의 초고에 대한 검토와 병행되었다.

『독일 이데올로기』는 일반적으로 20대 후반의 마르크스와 엥겔스가 망명지 브뤼셀에서 만나 공동으로 집필한 "미완성의 초고"로 이루어진 저작으로 알려져 있다. 그럼에도 불구하고 이 저작은 그 집필 과정에서 그들 특유의 역사적 유물론을 형성하는 계기를 포착하게 되었다는 보편적인 성격 규정 때문에, 일찍부터 마르크스 사상의 전·후기를 구분하는 이정표로 주목받고 또 논구의 대상이 되어왔다. 다시 말하면『독일 이데올로기』는 이미 1920년부터 마르크스의 사상적 형성기에 그들의 유물론적 역사관이 최초로 명시적으로 언급된 "실체를 가진 저술"로 간주되어왔고, 이 방대한 저술은 1932년 스탈린 치하의 마르크스-엥겔스-레닌 연구소MELI가『마르크스-엥겔스 전집』(구MEGA) I/5(『독일 이데올로기』)로 출판함으로써 "텍스트의 전모"가 처음으로 활자화되었다.

"확실한 전승 자료에 의존하고, 이 자료를 현대의 텍스트 비판 방법에 의해 음미" 편찬한다는 "역사적–비판적" 전집historisch-kritische Gesamtausgabe임을 표방하는 최초의『마르크스–엥겔스 전집』은『독일 이데올로기』, 그 가운데서도 마르크스–엥겔스의 유물주의적 역사관이 집중적으로 표현된 미정형未定形의「I. 포이어바흐」장을 1846년 7월, 그들의 출판 계획이 좌절되기 이전의 형태로 복원시킨다는 원칙하에 대담한 재구성을 시도했던 것이다. 더욱이 1930년대는 공산주의자들이 서구의 사민주의자Sozialdemokrat들과 반목·알력을 했던 시기였기에 구MEGA의 출판을 주관하는 리야자노프 숙청 이후의 마르크스–엥겔스–레닌 연구소와 MEGA[1] I/5 편찬진은 논리적으로

"유고의 내용을 수미일관"하게 편찬하고, 일반 독자들은 그 내용을 용이하게 이해할 수 있게 된 『독일 이데올로기』의 출판에 자부심을 갖기도 했던 것이다. 따라서 MEGA¹ I/5는 이후 『독일 이데올로기』의 부동의 정본定本으로 자리매김하게 되었고, 모스크바의 IML이 보내준 구MEGA I/5 교정본을 근거로 편찬된 구동독의 『마르크스-엥겔스 저작집Marx-Engels Werke, MEW』 제3권(『독일 이데올로기』, 1958)은 높은 보급률 때문에 이 같은 추세를 더욱더 확고하게 만들어주었다.

그러나 1962년, 바네Sigfried Bahne가 『독일 이데올로기』 초고의 일부를 형성하는 3매의 초고 블라트를 발견하면서, 그때까지 정본으로서 부동의 지위를 차지하던 구『마르크스-엥겔스 전집』 I/5와 『마르크스-엥겔스 저작집』 제3권의 『독일 이데올로기』, 특히 「I. 포이어바흐」 텍스트가 갖는 권위는 정면에서 도전받게 된다. 특히 이때 발견된 3매의 초고 블라트 중 1매는 「I. 포이어바흐」 장 기저고 제1블록의 앞머리를 형성하는 제1~2페이지이고, 또 다른 1매는 같은 기저고 제1블록의 마지막 페이지인 27~28에 연속되는 29페이지를 포함하고 있었다. 그런데 여기서 문제가 된 것은 구MEGA I/5 편찬진이 미완성의 『독일 이데올로기』, 「I. 포이어바흐」 장을 집필 당시의 마르크스-엥겔스의 "의도에 맞추어"(?) 체계적으로 복원하기 위해 초고의 우란에 기재된 편찬상의 지시, 수많은 방주와 메모, 그리고 지문地文 속의 분절선分節線을 근거로 하여 문장이나 파라그라프, 그리고 절 등을 치환, 재배치Umstellung하는 편찬을 자행했다는 점이다. 그러나 초고로 된 텍스트의 이 같은 자의적 편찬은 결국 엄청난 텍스트의 왜곡을 가져온다는 사실이, 예를 들면 구MEGA I/5(S. 26~39)의 「[2.] 의식의 생산에 관하여[2.] Über die Produktion des Bewußtseins」

항목에서 기저고 제1블록의 마지막 블라트인 28페이지의 미완성 문장을, 유존하는 같은 블록의 맨 앞인 제8페이지에 연결시키는 만행을 저지르고 있다는 점에서 구체화되고 있다(같은 책, S. 32). 그러나 앞의 28페이지의 마지막 미완성 문장은 바네가 발견한 페이지 "29"가 기재된 블라트에 자연스럽게 연결되어 있음이 확인된 것이다.

이 같은 과정을 통해 1960년대와 1970년대 들어와 구MEGA I/5의 「I. 포이어바흐」는 논리적 일관성의 획득을 위한 초고 텍스트의 강압적 위치 변경의 결과로 인해 위서僞書로 규정되고, 이를 대치하는 새로운 텍스트의 편찬이 힘을 얻게 되었다. 그리하여 1960년대 후반과 1970년대 전반은『독일 이데올로기』, 제1권「I. 포이어바흐」장의 신편집판 텍스트가 러시아의 바가투리야G. A. Bagaturija(1965), 구동독의 타우베르트Inge Taubert(1972), 그리고 일본의 히로마츠廣松涉 (1974)에 의해 3종이나 출판되는 상황에 이르렀다. 그러나 이들 3개 판본은 그 어느 것도 1932년 이래 구MEGA I/5(『독일 이데올로기』) 가 30여 년간 누렸던 정본 텍스트로서의 권위를 획득하지 못한 채 "잠정적"인 텍스트로서 인정받고 있을 뿐이다. 따라서 많은 연구자나 일반 독자들은 1975년 이후 발간되기 시작한 새로운『마르크스-엥겔스 전집』판에 포함될 MEGA² I/5(『독일 이데올로기』)의 출간만을 기대하고 있었던 것이 지난 30여 년간의 상황이었다. 그렇다면 이처럼 기대를 모으고 있는 MEGA² I/5(『독일 이데올로기』)의 출판 사업은 그동안 어떻게 진전되었을까?

신MEGA의 출판 기획은 베를린의 IML이 구소련의 마르크스-엥겔스 저작집인 제2 소치네니야의 권별 구성卷別構成, Prospekt을 기초로 하여 원어로 된 동독판『마르크스-엥겔스 저작집』(1956~68)을 출판하는 과정에서 태동되었다. 아직도 독자적인 자료나 연구 역량을 구축하지 못한 초창기의 베를린 IML의 연구진과 MEW 편찬진은 MEW의 편찬 과정에서 경험한 편집상의 실패와 미흡함을 만회하기 위해 신MEGA의 편집 기준을 종래의 완전성과 오리지널에의 충실함을 모토로 하는 "역사적-비판적 전집"에 만족하지 않고, 1930년대 이래 독일학Germanistktik의 문헌학적 성취를 바탕으로 한 이른바 "모든 인정된 텍스트의 전개를 연대순으로 재현"하는 방식으로 그 편집 기준을 강화했던 것이다. 그리고 MEGA² 기획팀은 이러한 편집 기준의 정교화를 위해 MEGA 본권의 출판 이전에 시쇄판試刷版, *Probeband*(1972)을 출판하게 되었는데, 이 경우 그들이 제I부Abteilung에서 선택한 텍스트 중 하나가『독일 이데올로기』의「I. 포이어바흐」장이었다.

그러나 신MEGA의 본권이 출판되기 시작한 1975년 이후 머지않아 출판되리라고 기대했던 신MEGA I/5(『독일 이데올로기』)는 1989년 베를린 장벽의 붕괴로 그 계획이 무산되었고, 1990년대 초에 구동독과 소련의 IML로부터 MEGA의 발행권을 이양받은 IMES가 1992년『독일 이데올로기』를 포함한 MEGA I/4, 5, 6에 해당되는 3권의 편찬 작업을 트리어Trier의 독일-프랑스 MEGA 작업 그룹으로 위임하게 되었다. 따라서 독일-프랑스 MEGA 작업 그룹은 구동독 IML의 타우베르트를 영입하여 구 베를린 IML 마르크스-엥겔스부와 편집상의 연계를 강화하기도 했다. 그러나 트리어의『독일 이데올로기』편찬 작업은 독일-프랑스 MEGA 작업 그룹의 주축인 그랑종 Jacques Grandjonc의 때 이른 사망과 펠거Hans Pelger의 정년퇴임으로

2004년『독일 이데올로기』, 제1권 I, II장의 잠정판을 출판하는 것으로 마감되었다. 한편 독일-프랑스 MEGA 작업 그룹의 편찬 자료는 트리어에서 IMES의 사무국이 위치한 베를린의 BBAW로 이관되었고,『독일 이데올로기』의 편찬 작업 역시 후브만Gerald Hubmann을 중심으로 한 BBAW의 MEGA 편찬팀으로 넘어가 미세한 변화이긴 하나 간과할 수 없는 변화를 예고하는 "새로운"『독일 이데올로기』의 편찬이 진행 중이다. 다시 말하면『독일 이데올로기』의 편찬은 신MEGA의 편찬과 출판이 진행되고 있는 지난 40년 사이에 드물게도 그 편찬팀이 3번이나 교체되었고, 이는 결과적으로 당초 규정된 대로 주제권thematischer Band의 테두리를 벗어난 것은 아니지만 이 책의 편찬 방침에 미묘한 변화를 감지케 하고 있다.

신MEGA I/5는『독일 이데올로기』가 MEGA 전체의 권별 구성 중 몇 안 되는 "주제권"이라는 이유로, 편집이 끝난 텍스트Edierter Text의 연대순의 배열이나 수록 텍스트의 가감에서 MEGA 전권의 편집에 엄격히 적용되는 편집 요항으로부터의 제한된 융통성이 허용되고 있다. 그리고 바로 이러한 최소한의 융통성이 개개 편찬팀의 편찬 방침에 미묘한 변화로 구체화되었던 것이다.

집필 시기가 서로 다른 저자의 글을 모은 이 책에서 때때로 서로 다른 편찬 기준이 적용된 경우(예를 들어 이 책의 제8장)는 바로 이러한 주제권으로서의『독일 이데올로기』가 가진 편찬상의 유연성에 기인한 것이기도 하다. 저자는 이 책에 수록된 총 10편의 글을 통해 독자들이『독일 이데올로기』를 새로운『마르크스-엥겔스 전집』(신MEGA) I/5로 편찬하는 편찬자와 문헌학자들을 포함하여 세계 최일선의 연구자들이 지니고 있는『독일 이데올로기』상像의 변화를 조

망할 수 있는 관점을 얻게 되기를 기대하면서 이 책을 상재하는 바
이다.

2011년 10월

서울에서

정문길

　이 책〔중국어판 『독일 이데올로기와 MEGA 문헌 연구』(2010)〕은 저자가 1990년 이래 『독일 이데올로기』와 관련하여 집필한 여덟 편의 글을 모은 것이다. 그 가운데서 앞의 4개 논문은 『독일 이데올로기』의 성립사와 그 사상적 의미를 초고의 구성과 편찬사를 통해 조망한 글이고, 뒤의 4개 논문은 초고로 된 『독일 이데올로기』, 「I. 포이어바흐」 장의 텍스트 재현 문제를 집중적으로 논의한 글이다.

　저자는 1960년대 초, 마르크스의 『경제학·철학 초고』를 읽으면서 받은 강한 지적 충격으로 1960년대와 1970년대를 마르크스의 소외 논의에 탐닉했다. 그러나 1970년대 말 이후 1980년대에 들어서 저자는 마르크스의 소외 논의의 연원이 되는 『경제학·철학 초고』의 '초고 형태'에 눈뜨게 되면서 마르크스의 미발간 유고의 정확한 이해는 유존遺存하는 초고 오리지널의 집필 양식이나 상태에 대한 인식이 전제되어야 한다고 확신하기에 이르렀다. 따라서 1985년, 2개월에 걸친 암스테르담 체재는 『경제학·철학 초고』의 유고 형태에 대한 저자의 안목을 키워주었을 뿐만 아니라, 마르크스나 엥겔스의 사후에 그들의 유고를 근거로 하여 출판된 그들 저작의 진위 판정 또한 가볍게 처리될 문제가 아니라는 결론을 얻게 된 것이다.

이후 저자의 관심은 "두 권의 두꺼운 옥타브 판 크기로 이루어진 초고"에 기초하여 출판된 마르크스와 엥겔스의 『독일 이데올로기』 연구로 자연스럽게 이행되었다. 이는 『독일 이데올로기』가 시기적으로 『경제학·철학 초고』와 인접해 있을 뿐만 아니라, 이들 두 개 저작은 형성기의 그들 사상의 생성 과정을 적나라하게 보여주는 원초적 형태를 그대로 보존하고 있기 때문이다. 그러나 이들 두 개 저작의 초고 텍스트는 그 규모나 복잡성에 있어서 확연히 구분된다.

『경제학·철학 초고』는 마르크스가 그 자신의 이해를 위해 문헌을 발췌하고 스스로의 생각을 정리한 초고이기에 제I초고의 재현 문제와 이 저작에 포함된 3개 초고를 파리 시대에 작성된 다른 발췌 노트와 비교하여 그 상관관계를 구명하면 텍스트의 편찬에는 큰 어려움이 없다. 게다가 이 초고의 텍스트는 마르크스-엥겔스의 모든 저작을 완벽하게 오리지널에 근거하여 재현, 수록한다는 신MEGA에 두 가지 방식으로 이미 게재, 출판되었기에(MEGA^2 I/2, 1982, S. 187~322; S. 323~438) 이의 타당성에 대한 논의는 서평의 형식으로 이루어지기 마련이었다.

이에 비해 『독일 이데올로기』는 마르크스와 엥겔스의 공동 저작인데다 복수의 저자가 눈앞의 출판을 염두에 두고 수정과 삭제 및 편집을 병행하고 있었기에 초고의 조성이 다양한 단계를 포용하고 있다(특히 「I. 포이어바흐」 장의 경우). 게다가 이 저작은 엥겔스의 사후인 1890년대 말과 1900년대 초에 저작 자체의 구성이나 성격에 관한 구체적 언급도 없이 초고의 일부가 단편적으로 발표되었고, 이 저작 제1부의 「I. 포이어바흐」 장은 1920년대 이후 2000년대에 이르기까지 이렇다 할 결정본을 발간하지 못한 채 다양한 판본으로 출판되고 있는 형편이다. 그리고 방대한 『독일 이데올로기』의 전체를 구성하는 초고들도 다양하여 제1부 라이프치히 종교회의의 교부들만이 아니라 제2부의 진정 사회주의자와 관련된 초고나 인쇄된 글들 중 어떤 것이 이 저작의 주 텍스트Haupttext에 속하며, 어떤 것이 부록에 수록될 것이냐의 논의가 숙성되지 않은 상황을 고려할 때 신MEGA I/5에 대한 기대는 크다고 하겠다. 이러한 사실은 특히 1950년대에 동독에서 발간된 『마르크스-엥겔스 저작집』이 그 완성도가 의문시되는 구MEGA 제I부 제5권(MEGA¹ I/5, 1932)을 학술적으로 의미가 있는 내용이나 편찬 방법의 변경 없이 그대로 답습하고(MEW, Bd. 3, 1958), 또 그것이 하나의 관행으로 정본처럼 정착되고 있는 오늘날의 현실에서는 더욱 중요한 의미를 갖는다고 하겠다. 그럼에도 불구하고 『독일 이데올로기』 텍스트의 출판 상황은 새로운 편집 기준에 의한 신MEGA의 출판이 시작된 지 30년이 지난 현재에도 이 저작의 MEGA 판 출판이 천연되고 있어 『독일 이데올로기』의 편찬을 둘러싼 논쟁은 아직도 지속되고 있는 형편이다.

사실 신MEGA는 1960, 70년대의 기획 단계에서 이미 초기 마르크스-엥겔스 저작의 진수眞髓인 『독일 이데올로기』의 조속한 출판을 준비했던 것으로 보인다. 이는 『독일 이데올로기』의 「I. 포이어바흐」 장의 텍스트가 그 시쇄판에 실험적으로 게재되고(MEGA² *Probeband*, 1972, S. 33~119, 399~507), 1980년대 말에는 편찬자인 타우베르트Inge Taubert가 이 저작이 게재될 신MEGA I/5는 1990년대 초에 출판되리라는 점을 명언한 바 있다. 그러나 이러한 신MEGA의 시도는

1989년 베를린 장벽의 붕괴와 MEGA 사업의 주체인 베를린과 모스크바의 마르크스-레닌주의 연구소IML가 해체되면서 무산되었다. 이후 신MEGA의 출판 사업은 1990년 그 발행권이 새로이 구성된 국제 마르크스-엥겔스 재단IMES으로 이양되면서, 『독일 이데올로기』의 편찬은 1992년 트리어의 칼-마르크스-하우스를 중심으로 한 독일-프랑스 MEGA 작업 그룹으로 넘어가게 되었다. 이후 독일-프랑스 MEGA 작업 그룹은 구동독 IML의 타우베르트를 공동 편집자로 영입하여 신MEGA I/5의 편찬에 박차를 가했으나, 이러한 그들의 노력은 이 팀의 다른 편집자인 그랑종의 때 이른 사망과 펠거의 정년 퇴임으로 2000년대 초 『독일 이데올로기』의 「I. 포이어바흐」와 「II. 성 브루노」를 신MEGA I/5의 잠정판Vorabpublikation으로 마무리한 채(*Marx-Engels-Jahrbuch* 2003, 28* + 400 S.) 10년에 걸친 작업을 미결 상태로 마무리했다.

신MEGA I/5의 출간에 맞추어 『독일 이데올로기』의 텍스트 편찬 문제를 연구해오던 저자는 출간 자체가 계속 지연됨에 따라 새로이 나타나는 연구 대상이나 논쟁적 사안을 간과할 수 없어 『독일 이데올로기』, 특히 「I. 포이어바흐」 장의 텍스트 편찬 문제를 최근에 이르기까지 지속적으로 논의할 수밖에 없었던 것이다. 이 경우 이러한 저자의 논의가 텍스트의 완전성과 오리지널에의 충실성, 그리고 생성사적인 텍스트의 재현이라는 신MEGA의 기본적인 편집 기준을 원칙적으로 수용하는 것은 당연한 일이라고 하겠다.

따라서 저자는 조속한 시일 내에 『독일 이데올로기』의 결정판으로서의 신MEGA I/5가 출간되어 이 저작의 텍스트를 둘러싼 갖가지 논의가 종식되거나, 아니면 바로 이 새로운 『독일 이데올로기』의 텍스트를 출발점으로 하여 새로운 논쟁이나 독해가 이루어지기를 기대하고 있는 바이다. 이러한 의미에서 저자는 이 책이 현재 베를린-브란덴부르크 과학아카데미BBAW의 MEGA 프로젝트팀이 추진하는 신 MEGA I/5의 편찬 작업을 이해하거나 그 출판을 가속화하는 데 적게나마 보탬이 되었으면 하는 소망을 간직하고 있다.

저자는 『독일 이데올로기』와 관련된 글들을 모아 이를 중국어로 출판하기에 앞서, 여기에 게재될 글들을 재독하면서 이 책이 갖는 몇 가지 취약점을 간과할 수 없었다. 그 가운데서도 특히 눈에 띄는 것은 거의 20년의 상거相距를 두고 씌어진 이 글들이 논문의 앞부분에 서로 많은 중복 부분을 포함하고 있다는 점이다. 이는 이 책에 포함된 글들이 서로 다른 시기와 상황에서 발표된 독립된 논문이기에, 이들 각각의 논문이 갖는 독자적 체제를 유지하면서 한편으로는 변화된 상황에서 전문가를 포함한 일반 독자들의 이해를 넓히기 위해서는 불가피한 일이었다. 그러나 이들이 한 권의 책에 담겼을 때 나타나는 서술의 중복이나 비슷한 착상에 의해 만들어진 도표의 빈발은 피할 수 없는 약점이라고 하겠다. 저자는 이 책을 출판하면서 이러한 부분의 삭제나 통일을 생각하지 않은바 아니다. 그러나 돌이켜 보면 이 책이 갖는 이러한 취약점에도 불구하고, 이를 그대로 유지하는 것은 이들 개개 논문이 발표 당시의 저자의 생각과 관련 학계의 연구 현황을 가늠하는 하나의 척도가 될 수도 있다고 믿기 때문이다. 독자들의 너그러운 양해를 기대하는 바이다.

마지막으로 저자는 이 책의 중국어 출판을 흔쾌히 기획하신 남경대학의 장이빈張異賓 부총장, 이 책에 게재된 6개 논문의 중국어 번역을 양해한 서울의 출판사 문학과지성사, 그리고 이 책의 중국어 번

역을 맡아주신 남경대학 한국어학과와 일본어학과의 조리趙莉, 윤해
연, 팽희彭曦 교수 등에게 감사의 뜻을 전한다.

2008년 9월
서울에서
정문길

차례

약어 일람

BBAW Berlin-Brandenburgische Akademie der Wissenscahften: 베를린-브란덴부르크 과학아카데미. 독일 통일 이후 1993년 베를린 지역에 설립된 과학아카데미.

FES Friedrich-Ebert-Stiftung: 독일 사민당계의 연구기관인 프리드리히-에베르트 재단.

IISG Internationaal Instituut voor Sociale Geschiedenis: 1935년에 창설된 네덜란드 암스테르담에 소재하는 국제사회사연구소.

IML/B Institut für Marxismus-Leninismus beim Zentralkomitee der Sozialistischen Einheitspartei Deutschlands: 독일 사회주의통일당 중앙위원회 산하의 마르크스-레닌주의 연구소(베를린).

IML/M Institut für Marxismus-Leninismus beim Zentralkomitee der Kommunistischen Partei der Sowjetunion. 소련공산당 중앙위원회 산하의 마르크스-레닌주의 연구소(모스크바).

IMES Internationale Marx-Engels-Stiftung: 국제 마르크스-엥겔스 재단. 1990년 이래 동독과 소련의 IML이 해체된 뒤 MEGA의 발행권을 이양받은 암스테르담 소재의 국제기구.

KMH Karl-Marx-Haus Trier: 트리어 소재의 칼-마르크스-하우스. 독일의 에베르트 재단 산하의 기관으로 연구 센터와 박물관으로 구성되었으나 2011년 이후 박물관 기능만 살아 있고 연구소는 구조조정으로 인해 폐쇄되었다.

MEGA[1] Karl Marx/Friedrich Engels, *Historisch-kritische Gesamtausgabe. Werke/ Schriften/Briefe*. Im Auftrag des Marx-Engels-Instituts, Moskau. Herausgegeben von D. Rjazanov, 1927~1935: 모스크바 마르크스-엥겔스 연구소의 소장 리야자노프가 주도하여 출판된 구MEGA, 즉 제1『마르크스-엥겔스 전집』을 의미한다. MEGA[1] I/1.2는 구MEGA 제1부 제1권 제2분책을 의미한다.

MEGA[2] Karl Marx/Friedrich Engels, *Gesamtausgabe*(MEGA). Herausgegeben vom Institut für Marxismus-Leninismus beim Zentralkomitee der Kommunistischen Partei der Sowjetunion und vom Institut für Marxismus-Leninismus beim Zentralkomitee der Sozialistischen Einheitspartei Deutschlands(Dietz Verlag,

Berlin 1975~1990) und Herausgegeben von der Internationalen Marx-Engels-Stiftung, Amsterdam(Dietz Verlag, Berlin 1991~ 1992/Akademie Verlag, Berlin 1998~) 신MEGA, 또는 제2『마르크스-엥겔스 전집』을 의미한다. MEGA² I/1은 신MEGA 제1부 제1권을 의미한다.

MEI Marx-Engels-Institut: 1922년에 설립된 모스크바 소재의 최초의 마르크스-엥겔스 연구소. 일명 리야자노프 연구소로 불리기도 한다.

MELI Marx-Engels-Lenin-Institut: 마르크스-엥겔스-레닌 연구소. 1931년 4월, 레닌 연구소Lenin-Institut가 리야자노프의 마르크스-엥겔스 연구소MEI를 합병한 것.

MEW *Marx-Engels-Werke*(Dietz Verlag, Berlin 1956~1983): 『마르크스-엥겔스 저작집』. 본문이나 각주에서 "MEW, Bd. 31, S. 291"은 MEW, 제31권 291쪽을 의미한다.

PDS Partei des demokratischen Sozialismus: 민주사회주의당. 베를린 장벽 붕괴 이후 그때까지 동독의 지배 정당이던 사회주의통일당SED을 승계한 독일의 정당.

SED Sozialistische Einheitspartei Deutschlands: 동독의 사회주의통일당. 제2차 세계대전 후의 동독 지역의 지배 정당.

SPD-Archiv Archiv des Sozialdemokratischen Partei Deutschlands: 독일 사회주의민주당의 아카이브.

일러두기

1. 자주 언급되는 단체나 저서 등은 본문 가운데서도 약어를 사용했다. 앞부분의 약어 일람을 보라.

2. 각주를 비롯한 인용처와 참고문헌에서의 쪽수 표시는 독일어 문헌의 경우 "S"eite로 표시하고, 그 외의 경우는 모두 "P"age로 표시했다.

3. 같은 인물, 같은 단어임에도 불구하고 알파벳 표기가 다른 경우는 출전에 따라 달리 표기된 것을 관례상 수정하지 않았기 때문이다. 이런 경우는 러시아 인명이나 단체명의 경우가 대부분이다.

4. 외국 자료의 경우 단행본은 이탤릭체로, 논문은 " "로, 번역문 혹은 우리말 자료의 경우 단행본은 『 』로, 논문은 「 」로 표기했다.

5. 본문 내용 중 인용문은 " "로, 강조는 ' '나 볼드체를 사용했다.

제1장

편찬사를 통해서 본 『독일 이데올로기』
─신MEGA I/5의 발간을 기대하며*

1. 글머리에

1975년 이래 동독과 소련의 공산당 중앙위원회 산하 '마르크스-레닌주의 연구소Institut für Marxismus-Leninismus beim Zentralkomitee der Kommunistischen Partei der Sowjetunion und Sozialistischen Einheitspartei Deutschlands'가 주관하여 진행해온 새로운 『마르크스-엥겔스 전집Karl Marx/Friedrich Engels, *Gesamtausgabe*』(MEGA)의 발간은 1989년 말 현재까지는 비교적 순조롭게 진행되어 2000년대까지 100여 권의 『마르크스-엥겔스 전집』을 완간한다는 당초 계획을 무난히 이룰 것으로 전망되었다. 그러나 최근 동구권 정세의 급격한 변화는 MEGA의 발간을 주관하

---

* 이 글은 1990년 초에 집필되었으므로 1990년 이후 동구권의 붕괴에 따른 MEGA 출판 사업의 변화를 예측할 수 없었다. 따라서 이 글에서는 부득이하게 MEGA 출판과 관련하여 시차적 한계가 드러날 수밖에 없음을 양해해주기 바란다.

고 있는 '마르크스–레닌주의 연구소Institut für Marxismus-Leninismus: IML'의 객관적 위상에 상당한 변화를 가져올 것이 확실시되므로 이후의 MEGA 발간 사업이 어떻게 전개될 것인가는 중대한 관심거리가 아닐 수 없다.[1] 특히 마르크스의 초기 사상에 관심이 큰 저자로서는 『경제학·철학 초고Ökonomisch-philosophische Manuskripte』와 더불어 그의 초기 사상 형성기에 집필되어 이 시기의 가장 중요한 문건으로 꼽히는 『독일 이데올로기Die Deutsche Ideologie』의 신MEGA 판 출간이 못내 기대되는 바이다. 당초 올해 말이나 내년〔1990년 혹은 1991년〕으로 예정된 신MEGA의 『독일 이데올로기』 출판이 예의 MEGA² I/2에 게재된 『경제학·철학 초고』와 같은 양식으로 이루어져 출간되는 것을 기대하는 것은 저자만이 아니라 마르크스 연구자 일반의 공통된 기대일 것이다.[2]

이에 저자는 『독일 이데올로기』가 게재된 신MEGA I/5의 출간이 올해 말이나 내년 초에 이루어질 것을 전제로 하고[3] 거기에 게재될

---

1) 1989년 11월 9일 베를린 장벽 철거를 계기로 동독에서의 공산당 SED(Sozialistische Einheitspartei Deutschlands)의 위치는 엄청나게 격하되었으며, 1990년 3월 18일에 실시된 동독의 총선거에서는 PDS(Partei des demokratischen Sozialismus)로 이름을 바꾼 공산당이 우파 연합과 사민당 다음의 제3당으로 전락하게 되었다. 따라서 SED 중앙위원회에 소속되어 있던 IML이 이 방대한 MEGA 출판 사업을 앞으로도 계속할 수 있을까 하는 문제는 1930년대 중반에 정치적 이유로 말미암아 중단된 구MEGA의 발간 사례를 감안할 때, 관련 학계의 커다란 관심사로 부각되지 않을 수 없다. 더욱이 최근 일본 학계를 통해서 전문된 바에 따르면 동독의 IML이, 그 명칭을 '노동운동사연구소 Institut für Geschichte der Arbeiterbewegung: IfGA'로 개칭할 듯하다는 사실은 동구의 민주화가 이후의 MEGA 발간이나 마르크시즘의 연구에 심대한 영향을 미치리라는 점을 현실로 보여주는 것이라 하겠다(일본, 東北大學 經濟學部 오무라大村泉 교수가 1990년 1월 29일 저자에게 보낸 편지).

2) 1982년에 출간된 MEGA² I/2에 게재되어 있는 『경제학·철학 초고』는 제1재현부Erste Wiedergabe와 제2재현부Zweite Wiedergabe로 나뉘어, 전자는 현존하는 초고의 원형을 충실히 살리고, 후자는 초고의 원형보다 내용의 전개를 중심으로 하면서 기본적으로 MEGA¹ I/3의 예에 따라 편찬되어 있다. 정문길, 『에피고넨의 시대』(문학과지성사, 1987), pp. 196~211 참조.

26

『독일 이데올로기』의 집필 및 형성사와 출판 경위 및 편집상의 논쟁을 기왕의 연구 성과와 1972년에 발간된 신MEGA의 시쇄판試刷版 Karl Marx/Friedrich Engels, *Gesamtausgabe*(MEGA), *Probeband: Editionsgrundsätze und Probestücke*(Berlin: Dietz Verlag, 1972), 그리고 암스테르담의 '국제사회사연구소IISG'에서의 이 책의 초고본(포토코피)에 대한 저자의 조사를 근간으로 하여 서술해보고자 한다.[4]

2. 『독일 이데올로기』에 대한 최초의 관심

마르크스와 엥겔스의 『독일 이데올로기』에 관한 마르크스 연구자들의 최초의 관심은, 1888년 엥겔스가 저서 『루트비히 포이어바흐와 독일 고전 철학의 종언*Ludwig Feuerbach und der Ausgang der klassischen deutschen Philosophie*』의 서문Vorbemerkung 머리에서 언급한 바 있는 마르크스의 『정치경제학 비판을 위하여*Zur Kritik der politischen Ökonomie*』(Berlin, 1859)의 서문Vorrede 중 다음 구절에서 비롯되었다.

---

3) 저자는 1989년 9월 3~4일에 독일 트리어에 있는 프리드리히-에베르트 재단Friedrich-Ebert Stiftung의 칼-마르크스-연구소Studienzentrum Karl-Marx-Haus in Trier가 개최한 『독일 이데올로기』를 중심으로 한 동서독 및 프랑스의 관련 학자들의 모임에 참석할 기회가 있었으며, 그 기회에 동독의 IML에서 MEGA² I/2 및 I/5의 편찬 책임을 맡은 타우베르트Inge Taubert 여사와 만나 『독일 이데올로기』 편찬 사업의 진행 상황에 대해 들을 수 있었다. 타우베르트 여사와의 대화에 근거해볼 때 이미 편집 원칙이 확정되고, 출판 작업이 상당히 진행된 이 책의 발간은 동독의 정치적 사정의 변화로 어느 정도의 지연은 불가피하다고 하더라도 조만간에 이루어지리라고 추측된다.

4) 저자는 1988년 1월 21~23일과 1990년 1월 8~12일 사이에 IISG에서 『독일 이데올로기』의 초고본 포토코피를 검토한 바 있다.

프리드리히 엥겔스가 〔……〕 1845년 봄, 브뤼셀에 정착함으로써 우리는 독일 철학의 이데올로기적 견해에 반대하는 우리들의 대립적 입장, 즉 이전의 우리들의 철학적 의식을 청산하기 위한 집필에 착수 하기로 결의했다. 이러한 계획은 헤겔 이후의 철학을 비판하는 형식 으로 수행되었다. 우리는 오래전에 **두 권의 두꺼운 옥타브 판 크기로 이루어진 이 초고***das Manuskript, zwei starke Oktavbände*를 베스트팔 렌에 있는 출판사에 맡겼으나, 얼마 후 상황의 변화로 인해 이의 출판 이 불가능하다는 통지를 받았다. 그때 우리는 이미 우리들의 주요 목 적, 즉 **자기 이해***Selbstverständigung*에 도달했기 때문에 그 초고를 기 꺼이 쥐들이 갉아먹게*der nagenden Kritik der Mäuse* 내버려두었다.[5]

특히 이 경우 마르크스 연구자들이 주목하는 것은 "우리들의 대립 적 입장"이란 표현을 엥겔스가 "다시 말하면 마르크스에 의해 형성 된 유물주의적 역사 해석"이라고 분명히 밝힘으로써,[6] 이 두 권의 초고가 유물주의적 역사 해석에 이르는 '자기 이해'를 위해서 극히 중요한 의미를 갖는 지적 노력의 결정체임을 분명히 하고 있다는 점 이다. 그리고 "두 권의 옥타브 판 크기로 이루어진 이 초고"는 1895년 엥겔스 사후 마르크스와 엥겔스의 유고가 엥겔스의 유언에 따라 특 정인에게 분할分割 · 유증遺贈되고,[7] 1890년대 말과 1900년대 초에는

---

5) Marx/Engels, Werke(MEW), Bd. 13, S. 10. 인용문 중의 강조는 저자. MEW, Bd. 21, S. 263도 참조하라. 『정치경제학 비판을 위하여』의 서문을 엥겔스는 'Vorrede'라 하고 있으나 마르크스의 원전에는 'Vorwort'로 되어 있다.

6) MEW, Bd. 21, S. 263.

7) 1883년에 사망한 마르크스는 자신의 모든 유고를 엥겔스에게 유증함으로써 그가 이를 출판하거나 학문적으로 이용할 수 있도록 했으며, 마르크스보다 12년을 더 산 엥겔 스는 마르크스의 유고 중 『자본론』 2, 3권을 포함한 극히 한정된 부분만 출판했다. 한편 엥겔 스는 자신의 유언을 통해 마르크스의 손으로 씌어진 모든 초고와 편지는 마르크스의 딸

이의(『독일 이데올로기』) 일부로 추정되는 원고들이 비록 부분적이
긴 하나 출판된 형태로 그 모습을 드러내게 된다. 따라서 우리는 이
시기부터 1932년 『독일 이데올로기』가 MEGA^1 I/5에 의해 최초로
그 전모를 드러내기까지를 『독일 이데올로기』 편찬사의 제1기로 보
고, 앞으로 기술하게 될 구스타프 마이어와 D. 리야자노프의 논쟁
을 경계로 제1기를 다시 전·후기로 구분한다면, 전기에는 다음과 같
은 초고의 부분적 출판이 이루어지고 있음을 보게 된다.

1) Peter von Struve, "Zwei bisher unbekannte Aufsätze von Karl
Marx aus den vierzige Jahren. Ein Beitrag zur Entwicklungsgeschichte
des wissenschaftlichen Sozialismus," in *Die Neue Zeit*, Stuttgart, 1.
April 1896, Jg. XIV, Bd. 2, Nr. 28, S. 49~52.

2) Eduard Bernstein, "Karl Marx über Karl Grün als Geschichts-
schreiber des Sozialismus," in *Die Neue Zeit*, Stuttgart, 27. September
1899, Jg. XVII, Bd. 1, Nr. 1, S. 5~14; 4. Oktober, Nr. 2, S.
37~46; 25. Oktober, Nr. 5, S. 132~141; 1. November, Nr. 6,
S. 164~172.

3) "Der 'heilige Max.' Aus einem Werk von Marx-Engels über
Stirner," in *Dokumente des Sozialismus*, Stuttgart, 1903, Bd. III, S.
[17~19],[8] 19~32, [65~68], 68~78, 115~130, 169~177, [306~

투시Tussy(Eleanor Marx)에게, 자신의 초고와 편지 및 그와 마르크스 사이에 오간 편
지는 아우구스트 베벨August Bebel과 에두아르트 베른슈타인Eduard Bernstein에게
유증했다. 정문길, 『에피고덴의 시대』, p. 278 및 Paul Mayer, "Die Geschichte des
sozialdemokratischen Parteiarchivs und das Schicksal des Marx-Engels-Nachlasses,"
Archiv Für Sozialgeschichte, VI./VII. Bd. (1966~1967), S. 38~40 참조.
8) 〔 〕 안은 베른슈타인의 편집상의 주석이 게재된 부분이다.

307〕, 307~316, 355~364; (1904), Bd. IV, S. 〔210〕, 210~217,
〔259〕, 259~270, 312~321, 363~373, und 416~419.

　　4) a. "'Mein Selbstgenuß.' Unveröffentlichtes aus dem Nachlaß
von Karl Marx," in *Arbeiter-Feuilleton*, München, 9. März 1913,
Nr. 8, S. 207~213.

　　b. "'Mein Selbstgenuß.' Unveröffentlichtes aus dem Nachalß
von Karl Marx," in *Unterhaltungsblatt des Vorwärts*, Berlin, 14. März
1913, Nr. 52, S. 205~207.

　앞에 열거한 4개의 글 가운데 1)은 1847년 8월과 9월의 『베스트
팔렌 증기선*Das Westphälische Dampfboot*』지 제8, 9호에 게재된 글을 찾
아내어 재수록한 것이다.[9] 이는 이 잡지의 존재를 페터 폰 슈트루베
Peter von Struve가 처음으로 확인했을 뿐만 아니라, 재수록된 글 자체
가 런던의 에두아르트 베른슈타인Eduard Bernstein이 소장하고 있던 사
민당 아키브의 초고와 일치한다는 사실을 카를 카우츠키Karl Kautsky
가 인정함으로써 『독일 이데올로기』의 존재를 최초로 확인해주고 있
다. 한편 베른슈타인이 소장하고 있던 마르크스와 엥겔스의 유고에
근거하여 그 일부를 최초로 출판한 2)와 4)의 경우 게재된 글에 대
한 간단한 소개가 첨부되어 있고, 3)의 경우에는 소개와 더불어 편
찬상의 주석이 붙어 있다. 그러나 2)의 경우 베른슈타인은 그 글이
『독일 이데올로기』의 일부를 구성하는지에 대해서 이렇다 할 언급을
하지 않고 있다.

---

9) Bert Andréas, *Karl Marx/Friedrich Engels. Das Ende der klassischen deutschen
　Philosophie. Bibliographie*, Schriften aus dem Karl-Marx-Haus, Nr. 28(Trier,
　1983), S. 144.

이처럼 슈트루베와 베른슈타인이 『독일 이데올로기』를 부분적으로
출간하고 초고의 존재를 확인한 것은 물론 마르크스와 엥겔스의 지
적 성장에 어떤 역할을 했느냐의 문제는 프란츠 메링Franz Mehring이
1918년 출간한 저서 『마르크스 전기*Karl Marx. Geschichte seines Lebens*』
중 마르크스의 브뤼셀 망명기를 다루는 장의 처음 두 개 절에서 간
략하게 검토하고 있다. 그러나 메링은 『독일 이데올로기』에 나타나
는 마르크스와 엥겔스의 논쟁적 흐름에만 주목함으로써, 미완성의
이 초고를 그들 두 사람의 지적 훈련을 위한 수업 과정의 글로서만
평가하고 있다.[10]

『독일 이데올로기』가 마르크스와 엥겔스의 유물론적 역사관의 형
성에 결정적인 기여를 하고 있다는 사실에 주목한 사람은 구스타프
마이어Gustav Mayer였다. 저널리스트에서 독일 노동운동사가로 전향
한 그는 "정신적으로 지극히 밀접한 공생의 관계에 있는 마르크스와
엥겔스"를 서로 분리시켜 "그들 두 사람의 공동의 업적 가운데서 엥
겔스의 몫이 무엇인가를 추출"해내려고 시도한[11] 『엥겔스 전기
Friedrich Engels. Eine Biographie, Bd. 1. *Friedrich Engels in seiner Frühzeit 1820
bis 1851*』(Berlin: Springer, 1920; 2., verb. Aufl., Den Haag: Martinus
Nijhoff, 1934)의 저자이기도 하다. 그는 1920년에 간행된 자신의
『엥겔스 전기』 제1권 가운데서 「독일 이데올로기의 청산」이란 장을
통해 "영국 여행에서 돌아온 마르크스와 엥겔스는 곧장 청년헤겔파

---

10) Franz Mehring, *Karl Marx. Geschichte seines Lebens*(Berlin: Dietz Verlag, 1964),
 S. 115~122.
11) Gustav Mayer, *Erinnerungen. Vom Journalisten zum Historiker der deutschen
 Arbeiterbewegung*(Zürich/Wien: Europa Verlag, 1949), S. 205; Gustav Mayer,
 Friedrich Engels. Eine Biographie, 1. Bd. *Friedrich Engels in seiner Frühzeit*,
 2., verb. Aufl.(Haag: Martinus Nijhoff, 1934), S. VI.

와 포이어바흐의 철학으로부터의 결별이란 형태로 그들의 새로운 유
물주의적·경제학적 역사관을 전면적으로 형성하는 저술 작업에 들
어갔다"라고 지적하고, "『독일 이데올로기—포이어바흐, B. 바우어,
슈티르너로 대표되는 헤겔 이후의 철학과 다양한 예언자들로 대변되
는 독일 사회주의에 대한 비판』이란 제목이 붙은 이 작업은 1845년 9
월과 1846년 8월 사이에 이루어졌으며, 이는 50매의 보겐에 달하는
것으로 옥타브 판 크기의 2책으로 묶여져 있다"라고 기술하고 있
다.[12] 이어서 그는 이 저작이 브루노 바우어Bruno Bauer와 막스 슈티
르너Max Stirner가 마르크스와 엥겔스를 공격함으로써 촉발되었고, 특
히 바우어와 슈티르너가 그들 두 사람을 포이어바흐주의자로 취급한
데 대해 그들 자신의 입장을 천명할 필요를 느꼈기 때문이라고 지적
하고 있다. 따라서 『독일 이데올로기』의 제1부는 브루노 바우어, 슈
티르너, 포이어바흐를 다루고 있으며, 제2부는 포이어바흐의 '이론
적' 휴머니즘을 벗어나지 못한 채, 상투어의 덤불 속에서 현실로 나
아가는 길을 발견하지 못한 독일의 '진정' 사회주의자wahre Sozialisten
에 대한 비판을 다루고 있음을 밝히고 있다.

　『독일 이데올로기』에 대한 구스타프 마이어의 이와 같은 분석은
그때까지 그 전모가 전혀 알려지지 않았던 마르크스와 엥겔스의 특
정한 미간 초고未刊草稿에 대한 최초의 학문적 분석으로 관련 학자들
사이에 비상한 관심을 불러일으켰다. 실제로 다비드 리야자노프David
Rjasanov(가끔 Rjasanoff로 표기되기도 한다)는 마르크스와 엥겔스의
미간 초고에 비교적 익숙했던 카우츠키까지도 이 책에 대한 구스타
프 마이어의 서술이 '아주 새로운 것etwas völlig Neues' 이라며 놀라워

---

12) Gustav Mayer, *Friedrich Engels. Eine Biographie*, Bd. 1, 2., verb. Aufl., S. 225〜
　　244, 인용은 *Ibid.*, S. 225.

했다고 전하고 있다.[13] 따라서 우리는 여기에서 구스타프 마이어가 어떠한 경로를 거쳐 아직 발간되지도 않은 『독일 이데올로기』의 초고를 접할 수 있었는지를 추적해볼 필요가 있다.

이미 앞에서 언급한 바와 같이 구스타프 마이어는, 마르크스와 엥겔스가 사상적으로나 행동에 있어서는 공생 관계였지만, 두 사람은 각자가 "그 자신의 개인적 운명, 그 자신의 독자적 노정, 그 자신의 특별한 의미를 가지므로" 두 사람의 공통 업적 가운데 엥겔스의 몫이 무엇인가를 추적하고자 엥겔스의 전기 집필에 착수했다. 『엥겔스 전기』의 집필 과정에서 그는 전기傳記 작가는 어떠한 상황에서도 가능한 모든 자료를 보지 않으면 안 된다고 베른슈타인을 설득해, 당시 베른슈타인이 보관하고 있던 『독일 이데올로기』 초고의 대부분을 빌려볼 수 있었다.[14] 마르크스와 엥겔스의 유고는 엥겔스 사후 엘리노 마르크스Eleanor Marx와 베벨, 베른슈타인에게 유증되었으나 1898년 엘리노의 갑작스러운 자살로 일부의 유고가 그녀의 언니인 로라 라파르그Laura Lafargue에게 넘어가게 되었다. 이로써 1910년대의 마르크스와 엥겔스의 유고는 그 대부분이 베를린의 사민당 아카브에, 마르크스의 유고 일부는 드라베유Draveil의 로라의 집에, 그리고 엥겔스의 유고 일부가 런던의 베른슈타인의 집에 분산되어 있었다. 따라서 엥겔스의 전기 집필에 열중하던 구스타프 마이어는 마르크스와 엥겔

---

13) D. Rjasanoff, "Neueste Mitteilungen über den literarischen Nachlaß von Karl Marx und Friedrich Engels," *Archiv für die Geschichte des Sozialismus und der Arbeiterbewegung*, Bd. XI(1925), S. 388. 저자가 특히 카우츠키의 이 같은 반응에 주목하는 것은 그가 베른슈타인과 더불어 엥겔스로부터 마르크스의 필적 해독법을 직접 배우고, 또 마르크스와 엥겔스의 미간 초고에 대해 알고 있었음에도 불구하고 구스타프 마이어를 통해서 비로소 『독일 이데올로기』에 대해 제대로 인식할 수 있었다는 점에서 구스타프 마이어의 공헌이 충분히 평가되어야 한다고 생각하기 때문이다.

14) Gustav Mayer, *Erinnerungen*, S. 206.

스의 문자로 된 유산의 유일한 집행자로서 생존해 있던 베른슈타인으로부터 그가 잠정적으로 보관하고 있던 그들 두 사람의 청년기의 주저인 『독일 이데올로기』의 초고를 얻어 보게 된 것이다.[15]

한편 『엥겔스 전기』를 통해 『독일 이데올로기』의 전모를 최초로 소개하고 비교적 상세히 분석한 구스타프 마이어의 노력은 모스크바를 마르크스와 엥겔스 연구의 중심지로 만들려는 야심에 찬 리야자노프를 자극해 『독일 이데올로기』 초고의 '발견Entdeckung'을 둘러싼 새로운 논쟁을 야기하게 된다. 마르크스와 엥겔스의 이론을 러시아의 혁명 이론으로 발전시키고, 나아가 러시아에서 마침내 볼셰비키 혁명을 성공시킨 레닌은 1920년 리야자노프의 제안을 받아들여 모스크바에 '마르크스-엥겔스 연구소Marx-Engels-Institut: MEI'를 설립하게 된다.[16] 리야자노프는 바로 이 연구소의 초대 소장직을 맡아 『공산당 선언』의 저자인 마르크스와 엥겔스의 생애와 영향, 그리고 그들 두 사람의 모든 지적 흔적을 정력적으로 수집·정리하고 있었다. 이미 혁명 이전에도 유럽 각국의 도서관과 아카이브에서 19세기의 혁명운동사에 관심을 가지고 열심히 자료를 모으던 리야자노프가 이

---

15) *Ibid.*; G. Mayer, *Friedrich Engels*, 1. Bd., 2., verb. Aufl., S. 9; D. Rjasanoff, *op. cit.*, S. 386 및 정문길, 「국제사회연구소와 소장所藏 콜렉션」, 『에피고넨의 시대』, pp. 278~280. 엥겔스는 자신과 마르크스의 문자로 된 유산의 집행자로 베벨과 베른슈타인을 지명했는데, 1913년 베벨이 사망함으로써 베른슈타인은 이후 이들 유산의 유일한 집행자였다. Bert Andréas, *Karl Marx/Friedrich Engels. Das Ende der klassischen deutschen Philosophie. Bibliographie*, S. 146.

16) 1920년에 설립된 '마르크스-엥겔스 연구소'는 리야자노프가 추방된 1932년 이후 1952년까지 '마르크스-엥겔스-레닌 연구소Marx-Engels-Lenin-Institut'라 불렸고, 1953년에서 1955년 사이에는 '마르크스-엥겔스-레닌-스탈린 연구소Marx-Engels-Lenin-Stalin-Institut'라 불리다가 그 이후 오늘에 이르기까지 '마르크스-레닌주의 연구소Institut für Marsixmus-Leninismus'라고 불리고 있다. 이하에서는 특별한 이유가 없는 한 모스크바의 이 연구소는 IML/M으로 동베를린의 같은 이름의 연구소는 IML/B로 약기略記한다.

연구소를 맡으면서, 이를 명실상부한 마르크스주의 연구 센터로 만들고자 했던 것은 당연한 일이라고 하겠다. 특히 그는 전4부 42권으로 구성된 마르크스-엥겔스의 전집 출판을 기획하고 있었으므로, 마르크스와 엥겔스의 유고 수집은 가장 중요한 사업 목표가 아닐 수 없었다. 바로 이러한 시점에서 구스타프 마이어의 『엥겔스 전기』를 접한 리야자노프는 『신성가족Die heilige Familie, oder Kritik der kritischen Kritik. Gegen Bruno Bauer & Consorten』에서 『철학의 빈곤Misère de la philosophie』에 이르는, 즉 실제적 인간주의가 혁명적 공산주의로 전화하는 과정을 보여주는 연결고리로서 중요한 의미를 갖는 『독일 이데올로기』의 초고가 마이어에 의해 처음으로 이용되었다는 데 대한 불쾌감을 1923년 소련 과학아카데미에서의 강연을 통해 표명하고 있다.

이 강연에 따르면 리야자노프는 먼저 구스타프 마이어의 『독일 이데올로기』의 초고 분석이 갖는 의미를 전술한 카우츠키의 예를 들어 긍정적으로 평가하면서도, "구스타프 마이어는 이전에 신문의 통신원을 지낸 저널리스트이기 때문에 이번 경우에도 저널리스트나 신문 통신원으로서의 버릇을 버리지 못하고 있다. 그는 학문적인 저술을 하는 경우에까지도 그가 어떤 초고를 이용했는지를 정확히 밝히지 않았다"라면서 그가 『독일 이데올로기』의 어느 부분, 어느 초고의 몇 페이지에서 어떤 구절을 인용했는지에 대해 일언반구도 없다고 공박하고 있다. 그러면서 그는 그 무렵 4주간에 걸쳐 베를린을 여행하면서 엄청난 노력을 들인 결과, 마침내 『독일 이데올로기』의 전모를 백일하에 드러내게 되었다고 주장하고 있다. 리야자노프는 이 베를린 여행을 통해 i) 먼저 『독일 이데올로기』와 관련된 기간既刊의 모든 전거典據를 추적하고, ii) 나아가 막스 슈티르너의 『유일자와 그의 소유Der Einzige und sein Eigentum』보다 더욱 방대한 「성 막스Sankt Max」

의 초고를 확보했는데, 이를 기왕에 베른슈타인이 공간公刊한 「신성 막스Der heilige Max」(앞의 3)항 참조)와 비교해보면 후자는 이 초고의 5분의 2에 불과하다는 사실이 확인되었으며, iii) 이 미완의 장章에서 마르크스와 엥겔스는 슈티르너와 브루노 바우어만이 아니라 포이어바흐를 존경받는 논적論敵으로 다룸으로써 그들 두 사람이 어떻게 헤겔과 포이어바흐를 극복하는지를 보여주고 있다는 것이다. 그리고 iv) 이 초고의 나머지의 큰 장章이 지금까지 『공산당 선언』에서만 다룬 바 있는 진정 사회주의자를 취급하고 있다고 보고하고 있다.[17]

　『독일 이데올로기』뿐만 아니라 마르크스와 엥겔스의 다른 유고들, 예를 들면 『헤겔 법철학 비판』이나 『공산당 선언』 초안과 같은 1848년 혁명 이전의 노트는 물론, 1848년 이후 마르크스의 방대한 경제학 노트나 엥겔스의 과학론, 그리고 두 사람의 서간문 등에 대한 리야자노프의 보고는 그 글을 독일어로 번역하여 게재한 『사회주의와 노동운동사 아키브Archiv für die Geschichte des Sozialismus and Arbeiterbewegung』의 편집자 칼 그륀베르크Carl Grünberg가 편집자 주에서 밝힌 바와 같이 실로 커다란 학술사적 가치를 갖는 것이 사실이었다. 그러나 『독일 이데올로기』에 관한 그의 긴 설명은 결국 구스타프 마이어의 학문적 성과를 폄하하고, 이 책의 전모는 그 자신에 의해서야 비로소 완벽하게 공개될 수 있었음을 정당화하고 있는 것이었다. 따라서 이 논쟁은 결국 당시 아직도 베른슈타인이 소장하고 있던 이 책의 초고[18]의 이용이나 공개에 대한 지나친 공명심 경쟁이라고밖에 평가

---

17) 이 강연은 그륀베르크에 의해 그가 주관하던 잡지 『사회주의 및 노동운동사 아키브』 XI(1925)에 게재되었다. 『독일 이데올로기』에 관한 리야자노프의 보고는 D. Rjasanoff, "Neueste Mitteilungen," *op. cit.*, S. 389~391에 기술되어 있다.

되지 않는다. 물론 이러한 사실은 같은 잡지 다음 호에 게재된 구스타프 마이어의 반론[19]을 통해 확인되기도 하지만, 우리는 리야자노프와 마이어 간의 이 같은 논쟁을 통해 마르크스와 엥겔스의 유고와 관련된 금세기 초의 지적 호기심이나 학문적 관심도를 추측할 수 있다.

이처럼 슈트루베, 베른슈타인, 메링, 구스타프 마이어, 그리고 리야자노프에 의해 마르크스 연구자들의 관심을 모으게 된 마르크스-엥겔스의 유고『독일 이데올로기』는 전기한 슈트루베와 베른슈타인에 의해 초고가 부분적으로 공개된〔1), 2), 3)과 4)〕이후 구스타프 마이어, 리야자노프, 지그프리트 란츠후트Siegfried Landshut 등의 노력을 통해 1932년 MEGA¹ I/5에 이르기까지 간행과 복권을 위한 작업이 계속되었다. 이제 제1기의 후기에 해당하는 베른슈타인 이후의 작업을 열거하면 다음과 같다.

5) "Das Leipziger Konzil," in *Archiv für Sozialwissenschaft und Sozialpolitik*, Tübingen, Oktober 1921, Jg. XLVII, Bd. 3, S. 〔773~781〕, 782~808("Das Leipziger Konzil" "II. Sankt Bruno"

---

18) 『독일 이데올로기』의 초고는 1931/32년까지 합법적으로 베른슈타인의 소유임이 엥겔스의 유언을 통해 확인되고 있다. 특히 당시로서는 1913년 베벨이 사망한 후 베른슈타인이 마르크스와 엥겔스의 문자로 된 유산을 관리하는 유일한 생존자였다. 그러나 또 다른 보고에 따르면 베른슈타인은 당시의 수정주의 논쟁으로 말미암아 다른 사민당 동료들과 소원한 관계에 있었으나 과거의 동지로서의 관계를 감안하여 1924년 12월 21일 그가 거의 10년 이상 보관하고 있던 유고 가운데『독일 이데올로기』의 초고(그중「라이프치히 종교회의」부분은 이미 사민당 아카브가 보관 중)를 사민당 아카브에 기증했다는 것이다. Bert Andréas, *op. cit.*, S. 146; Paul Mayer, *op. cit.*, S. 44~45.

19) Gustav Mayer, "Die 'Entdeckung' des Manuskripts der 'Deutschen Ideologie,'" *Archiv für die Geschichte des Sozialismus und der Arbeiterbewegung*, XII(1926), S. 284~287. Gustav Mayer, *Erinnerungen*, S. 349~351도 참조하라.

와 “Wenn es sonst Dinge[……]; Notiz von Engels”를 게재, 〔 〕 안의 페이지는 Gustav Mayer의 서문).

6) “Marx und Engels über Feuerbach. Der erste Teil der ʻDeutschen Ideologie,ʼ” in *Marx-Engels Archiv*, Frankfurt a. M., 1926, Bd. I, S. 〔205~217〕, 230~306(“Vorrede”와 “I. Feuerbach”를 게재. 리야자노프가 편찬. 편찬자 서문은 〔 〕 안), S. 217~221에는 수고와 텍스트 작업에 관한 주석이, S. 222~226 및 227~230에는 “ad Feuerbach”(「포이어바흐에 관한 11개의 테제」)의 팩시밀리와 원문을 게재.

—이는 기본적으로 『독일 이데올로기』 중 서문과 포이어바흐 장章을 러시아어로 번역한 “Proekt predislovija k ʻNemeckoj ideologiiʼ Fejerbach(Idealističeskaja i materilističeskaja točki zrenija),” Redig. von D. Rjazanov, *Archiv Marksa i Engelʼsa*, Moskau 1924, Bd. 1, S. 211~256에 근거하고 있다.

7) Marx und Engels, *Über historischen Materialismus. Teil I. Die Herausbildung der materialistischen Welt- und Geschichtsauffassung(in den Schriften von 1842~1846)*, Internationaler Arbeiter-Verlag, Berlin 1930, Bd. 13, S. 54~142(“I. Feuerbach”와 “III. Sankt Max”의 일부 단편 게재. H. F. Duncker가 편찬하고 서문과 각주를 붙임).

8) Karl Marx, *Der historische Materialismus. Die Frühschriften*, Alfred Kröner, Leipzig, 1932, Bd. II, S. 5~530(Siegfried Landshut와 J. P. Mayer가 편찬). 텍스트는 불완전하고 “Das Leipziger Konzil”과 “II. Sankt Bruno”는 결여. 이 책의 편자는 저자의 지시Angaben를 고려치 않고, 텍스트의 배열을 MEGA¹과는 달리 초고의 기존 배열 순

서에 따라 편찬.[20]

9) Karl Marx-Friedrich Engels, *Historisch-kritische Gesamtausgabe. Werke-Schriften-Briefe*, Im Auftrage des Marx-Engels-Lenin-Instituts, herausgegeben von V. Adoratskij, Berlin, Marx-Engels Verlag, I/5, Karl Marx-Friedrich Engels, *Die deutsche Ideologie. Kritik der neuesten deutschen Philosophie in ihren Repräsentanten, Feuerbach, B. Bauer und Stirner, und des deutschen Sozialismus in seinen verschiedenen Propheten. 1845~1846*, 1932, S. 1~528.

우리는 이상에서 마르크스와 엥겔스 사후 그들의 유고 가운데 포함되어 있는 『독일 이데올로기』에 대한 마르크스 연구자들의 최초의 관심을 일별한 후 그 유고가 MEGA¹을 통해 비교적 완전한 형태로 출판되기까지의 이 책의 편찬사를 살펴보았다. 특히 앞의 5)와 6)의 경우는 이미 『독일 이데올로기』의 전체상을 염두에 둔 초고의 편찬 작업이고, 이러한 그들의 노력은 MEGA¹ I/5로 연결되기에 마르크스 연구사에 있어서도 이들의 노력은 충분히 평가되어야 할 것으로 보인다. 따라서 초고 편찬사의 제1기 후기에 비교적 분명히 나타나는 특징은 적어도 이들 편찬자의 대부분이 이 책의 초고 형태에 대한 기본적 안목을 가지고 있었을 뿐만 아니라, 이의 중요성에 대해서도 충분히 인식하고 있었음을 보여주고 있다.

---

20) 이와 같은 그들의 편찬 방식은 마르크스와 엥겔스의 다른 저작, 특히 마르크스의 『경제학·철학 초고』의 경우에도 그대로 나타나고 있다. Karl Marx, "Nationalökonomie und Philosophie," Marx/Engels, *Der historische Materialismus. Die Frühschriften* (Leipzig: Alfred Kröner, 1932), Bd. 1, S. 285~375 참조.

3. 『독일 이데올로기』의 성립과 출판을 위한 노력

우리는 앞서 마르크스와 엥겔스 사후 그들의 유고 가운데 포함되어 있는 『독일 이데올로기』가 이미 1890년대 말부터 비록 부분적이긴 하나 슈트루베, 베른슈타인, 구스타프 마이어, 리야자노프, 란츠후트 등의 노력으로 출판되다가 1932년 MEGA[1] I/5(앞의 9)항 참조)에 의해 최초로 그 전모가 완전한 형태로 공개된 사정을 살펴보았다. 따라서 이번에는 우선 이 초고의 내용 구성과 성립 과정 및 초고의 출판을 위한 마르크스와 엥겔스의 노력을 중점적으로 정리해보고자 한다. 다시 말하면 『독일 이데올로기』 편찬의 전사前史를 검토해보고자 한다.

3.1. 『독일 이데올로기』의 구성

『독일 이데올로기』란 이름으로 불리는 방대한 양의 이 초고는 마르크스에 의해 씌어진 서문Vorrede을 제외하고는(이는 IML/M에 보관되어 있다) 현재 모두가 암스테르담의 '국제사회사연구소IISG'에 보관되어 있다. 이제 저자는 이 『독일 이데올로기』의 전모를 이해하기 위하여 우선 MEGA[1] I/5에 게재된 목차와 1938년 이래 이 초고를 보관하고 있는 국제사회사연구소에 의해 작성된 『마르크스–엥겔스 유고 목록Inventar des Marx-Engels Nachlaßes』 중 이 초고에 해당하는 A10에서 A17에 이르는 전기 유고 목록의 기사를 여기에 전재함으로써 이 초고가 어떻게 구성되어 있는지를 살펴보고자 한다.

3.1.a MEGA¹ I/5(1932) (앞의 9)항을 참조)

Die Deutsche Ideologie. Kritik der neuesten deutschen Philosophie in ihren Repräsentanten, Feuerbach, B. Bauer und Stirner, und des deutschen Sozialismus in seinen verschiedenen Propheten.

Vorrede(S. 3)

I. FEUERBACH. GEGENSATZ VON MATERIALISTISCHER UND IDEALISTISCHER ANSCHAUUNG(S. 7~67)

    A. Die Ideologie überhaupt, namentlich die deutsche

    B. Die wirkliche Basis des Ideologie

    C. Kommunismus. Produktion der Verkehrsform selbst

Das Leipziger Konzil(S. 71~432)

II. SANKT BRUNO(S. 75~94)

    1. "Feldzug" gegen Feuerbach

    2. Sankt Brunos Betrachtungen über den Kampf zwischen Feuerbach und Stirner

    3. Sankt Bruno contra die Verfasser der "heiligen Familie"

    4. Nachruf an "M. Heß"

III. SANKT MAX(S. 97~428)

    1. Der Einzige und seind Eigentum(S. 98~421)

      Altes Testament: Der Mensch(S. 100~219)

      Neue Testament: "Ich"(S. 220~421)

Schluß des Leipziger Konzils(S. 431~432)

Der wahre Sozialismus(S. 435~437)

I. DIE "RHEINISCHEN JAHRBÜCHER" ODER DIE PHILOSOPHIE
   DES WAHREN SOZIALISMUS(S. 441~468)

IV. KARL GRÜN: DIE SOZIALE BEWEGUNG IN FRANKREICH
    UND BELGIEN(DARMSTADT, 1845) ODER: DIE GESCHICHTS-
    SCHREIBUNG DES WAHREN SOZIALISMUS
    (S. 471~516)

V. "DER DR. GEORG KUHLMANN AUS HOLSTEIN" ODER DIE
   PROPHETIE DES WAHREN SOZIALISMUS(S. 519~528)

**3.1.b Inventar des Marx-Engels Nachlaßes, IISG, Amster-
dam**

A10 Vorrede zur "Deutsche Ideologie,"
    1845년경, 독일어, 1 S. (인쇄)
    초고는 엥겔스에 의해서도 씌어짐.
A11 [Die deutsche Ideologie][21] I. Feuerbach,
    1845년 9월/1846년 10월, 독일어, 59 S.
    초고는 대부분 엥겔스의 필체. 마르크스의 보완과 수정이 있음.
A12 [Die deutsche Ideologie], II. Sankt Bruno,
    1845년 12월/1846년 4월경, 독일어, 17 S.
    초고는 엥겔스의 필체. 마르크스의 보완 등이 보임.
A13 [Die deutsche Ideologie], Das Leipziger Konzil,
    1846년 4월/5월, 독일어, 1 1/2 S.

---

21) [ ] 안의 제목은 초고에 기록된 것이 아니라 IISG가 분류상의 편의를 위해 잠정적으로
    붙인 것이다.

42

초고는 엥겔스의 필체.

= Einleitung z. I. Abschnitt der "Deutschen Ideologie,"
"Das Leipziger Konzil," enth: a) [Einleitung], b) "II. Sankt
Bruno," c) "III. Sankt Max," d) [Schluss].

A14 [Die deutsche Ideologie], III. Sankt Max,

1845년 9월/1846년 5월, 독일어, 267 1/2 S., 부분적으로 훼손.
초고는 바이데마이어와 엥겔스의 필체. 마르크스의 보완이 보임.
"St. Max"는 "Leipziger Konzil" 장의 결론을 포함.

Einleitung   : Zählung[22] I, S. 1/3

Altes Testament   :   ″   I, S. 3/149

Neues Testament   :   ″   II, S. 1/271

Schluss   :   ″   II, S. 272/273

텍스트의 청서淸書:

Zählg I(Einleitung und Altes Testament):

Weydemeyer 1/16,   Engels 17/52

　　″   53/54,   ″   55/68

　　″   69/82,   ″   83/90

　　″   91/98,   ″   99/149

Zählg II(Neue Testament und Schluss):

　　″   1/12,   ″   13/122

　　″   123/126,   ″   127/273

A15 [Die deutsche Ideologie], Der wahre Sozialismus,

1846년 4월, 독일어, 23 1/4 S.

---

22) 이는 다른 부문보다 그 양이 비교적 방대한 A14가 I과 II의 두 가지 페이지 계산 단위
를 가지고 있음을 의미한다.

초고는 엥겔스의 필체. 마르크스의 몇 군데 수정이 보임.

엥겔스의 페이지 매김, 1/40.

1~4: Der wahre Sozialismus(Einleitung)

5~40: Die "rheinischen Jahubücher" oder die Philosophie
des wahren Sozialismus

A16 〔Die deutsche Ideologie〕, Ⅳ. Karl Grün "Die soziale
Bewegung……."

1846년 초, 독일어, 34 1/2 S. (결론 부분이 훼손)

초고는 엥겔스의 필체. 마르크스의 보완이 보임.

(베른슈타인의 편찬상의 기술적 주가 있음.)

—Titel: Karl Grün: "Die soziale Bewegung in Frankreich und
Belgien"(Darmstadt, 1845) oder: Die Geschichtsschreibung
des wahren Sozialismus.

A17 〔Die deutsche Ideologie〕, Ⅴ. Moses Hess "Der Dr. Georg
Kuhlmann aus Holstein" oder die Prophetie des wahren
Sozialismus,

1846년 초경, 독일어, 6 S.

초고는 바이데마이어의 필체. 엥겔스에 의해 표제가 붙여지고,
바이데마이어가 초고의 끝에 'M. Hess'라고 기록.

「헤스 유고Hess-Nachlass」, B 82/83("Dottore Graziano" 장
과 루게 장의 'Vorrede'—이는 당초 Marx-Notiz와 더불어 『독
일 이데올로기』를 위해 씌어진 것이다)과 B 175(z. "Kuhlmann"
-Manuskript)를 비교.

우리는 앞서 열거한 MEGA¹ I/5와 IISG의 『마르크스-엥겔스 유고

목록』(이하『유고 목록』)을 통해『독일 이데올로기』의 구성을 다음과 같이 정리할 수 있다. 여기서 저자는 IISG의 유고 목록보다 MEGA[1] 의 목차를 따랐는데, 이는 전자가 근본적으로 목록의 수준에 머무는 데 반해, 후자는 일정한 편집 원칙에 근거하여 기존의 초고를 재정리했다는 점을 감안해서이다.[23]

A: 서문Vorrede(IISG, A10)

—『유고 목록』A10에는 엥겔스가 쓴 것으로 되어 있으나 마르크스가 직접 집필.[24] 초고는 유일하게 IML/M에 보관.

B: I. 포이어바흐Feuerbach(A11)

—엥겔스의 필적. 마르크스 필적의 수정·보완이 보임.

C: 라이프치히 종교회의Das Leipziger Konzil(A13)

—엥겔스의 필적.『유고 목록』에는 C, D의 순서가 바뀜.

D: II. 성 브루노Sankt Bruno(A12)

—엥겔스의 필적. 마르크스 필적의 수정·보완이 보임.

E: III. 성 막스Sankt Max(A14)

—방대한 분량의 이 초고는 엥겔스와 바이데마이어가 쓰고, 마르크스 필적의 수정·보완이 보임.

F: 라이프치히 종교회의의 결론Schluss der Leipziger Konzils(A14의 마지막 부분)

—E와 같음.

G: 진정 사회주의(서론)Der wahre Sozialismus(Einleitung)

---

23) MEGA[1] I/5, S. 561∼564의「초고의 편찬 원칙」을 참조하라.

24) MEGA[1] I/5의 텍스트에 관한 설명이나 팩시밀리의 사진판으로 확인된다. *Ibid.*, S. 551, 564 및 *Ibid.*, S. 565; MEW, Bd. 3, S. 15의 이 서문의 사진판 참조. Bert Andréas, *op. cit.*, S. 140도 참조.

（A15 앞부분）

—엥겔스의 필적. 마르크스가 몇 곳을 수정. 페이지는 엥겔스가
매김.

H: I. 『라인 연보』, 혹은 진정 사회주의의 철학Die "Rheinische Jahr-
bücher" oder die Philosophie des wahren Sozialismus

—G와 같음.

I: IV. 칼 그륀, 『프랑스와 벨기에에서의 사회운동』, 또는 진정 사
회주의자의 역사 서술Karl Grün: Die "soziale Bewegung in Frankreich
und Belgien"(Darmstadt, 1845) oder: Die Geschichtsschreibung des wahren
Sozialismus(A16)

—엥겔스의 필적. 마르크스가 수정·보완. 베른슈타인의 편집상의
가필 보임.

J: V. 「홀스타인의 게오르크 쿨만 박사」, 혹은 진정 사회주의의 예
언"Der Dr. Georg Kuhlmann aus Holstein" oder die Prophetie des wahren
Sozialismus(A17)

—바이데마이어의 필적. 엥겔스가 제목을 쓰고, 텍스트의 말미에
바이데마이어가 'M. Hess'라고 씀.

우리는 이상의 서술을 통해 『독일 이데올로기』가 가지고 있는 몇
가지 특징을 곧장 찾아낼 수 있다. 첫째, 이 초고는 기본적으로 본
문Grundtext의 대부분이 엥겔스에 의해 씌어졌고, 다른 일부가 요제
프 바이데마이어Joseph Weydemeyer에 의해 씌어졌다는 사실이다. 그
리고 마르크스는 이 본문에 근거하여 이를 수정하고 보완하는 작업
을 수행하고 있다. 현재 구MEGA 판이나 MEW에 게재된 이 초고의
사진판이나 IISG에서 열람할 수 있는 이의 포토코피가 바로 이를 분

명히 해주고 있다. 다시 말하면 이 초고의 각 면의 형태는 블라트 Blatt를 길게 세워놓고(길이가 짧은 쪽을 각각 상하로 하고 긴 쪽을 좌우로 배치한 세로쓰기quer beschrieben이다) 그 반을 갈라 왼쪽에 엥겔스와 바이데마이어가 본문을 청서淸書하고, 오른쪽에 마르크스가 이를 수정·보완하고 있다. 따라서 이와 같은 초고의 형태는『독일 이데올로기』의 성립 과정에서 마르크스와 엥겔스의 공동 작업의 형태가 어떠했느냐에 대한 관심을 환기시키고 있으며, 이들 양자 이외의 제3자, 즉 바이데마이어의 역할은 무엇인가를 검토하게 한다. 그리고 한걸음 더 나아가 현존하는 초고의 형태는 이 초고가 인쇄를 위한 최종고最終稿, Druckfassung od. druckreifes Manuskript인가 아니면 이 최종고를 위한 미완고未完稿나 초안Entwurf인가 하는 문제를 쟁점으로 남겨놓고 있다.

한편 다음으로 주목하는 것은 이 초고에서 진정 사회주의자를 다룬 부분에서 H("Ⅰ. Die 'Rheinische Jahrbücher' ……")와 I("Ⅳ. Karl Grün: ……") 사이에 있어야 할 Ⅱ장과 Ⅲ장이 없다는 점이다. 그리고 J에 해당하는 "Ⅴ. 'Der Dr. Georg Kuhlmann aus Holstein': ……"이 헤스Moses Heß의 소작所作인가 아닌가 하는 문제이다. 이는 『독일 이데올로기』의 저술에 마르크스, 엥겔스와 더불어 헤스가 어떤 역할을 수행했느냐 하는 베른슈타인 이래의 논쟁[25]을 다시금 재

---

25) 쿨만 비판만이 아니라 「Ⅲ. 성 막스Sankt Max」 장章에도 헤스가 참여했다는 주장은 1884년에 이 사실을 엥겔스로부터 직접 들었다는 베른슈타인의 증언에 의해 제기되었으나, 오늘날 대부분의 헤스 연구가들은 부정하고 있다. Eduard Bernstein, "Der 'heilige Max.' Aus einem Werk von Marx-Engels über Stirner," Vorbemerkung in *Dokumente des Sozialismus*, hrsg. von E. Bernstein, Bd. 2/3(1903), S. 17~18; Wolfgang Mönke, "Über die Mitarbeit von Moses Hess an der 'Deutschen Ideologie,'" *Annali*, Anno Sesto(1963), S. 457; Bert Andréas/Wolfgang Mönke, "Neue Daten zur 'Deutschen Ideologie.' Mit einem unbekannten Brief von Karl Marx und anderen Dokumenten." *Archiv für Sozialgeschichte*, Ⅷ. Bd. (1968),

연시키는 것으로서 이 초고의 객관적 위상을 정립하는 데 중요한 관건이 되고 있다.

마지막으로는 『독일 이데올로기』의 배타적 독자성과 관련되는 부분으로 이 초고가 같은 시기에 씌어진 다른 잔존하는 초고들과 어떤 연관성을 가지느냐 하는 문제가 제기된다. 따라서 이러한 문제들의 해답을 얻으려면 자연 이 초고의 집필 과정, 즉 『독일 이데올로기』의 성립사를 검토하지 않으면 안 된다.

3.2. 『독일 이데올로기』의 성립

마르크스와 엥겔스의 브뤼셀 체재 시기는 두 사람이 최초로 '밀접한' 공동 작업을 행한 시기이다. 두 사람이 최초로 공동 저작한 책은 『신성가족』(1844)으로 두 사람이 파리에서 만나 작업이 이루어졌다. 당시 독일 청년헤겔파의 대표적 논객인 브루노 바우어와 그들 두 사람의 결별을 보여주는 이 최초의 공저는 당초 80~100페이지 정도로 계획되었다. 엥겔스가 10일간의 짧은 파리 체재 기간 중에 맡은 부분을 탈고하고 1844년 9월 초 파리를 떠난 후, 마르크스는 혼자서 이 작업을 같은 해 11월 말까지 계속함으로서 이 책의 분량은 당초의 예상보다 3배로 늘어났던 것이다.[26] 더욱이 당초 예상보다 훨씬 방대해진 두 사람의 공저를 접한 엥겔스가 마르크스에게 놀

S. 29~31; Taubert, "Zur Mitarbeit von Moses Heß an der 'Deutschen Ideologie' – die Auseinandersetzung Arnold Ruges Werk 'Zwei Jahre in Paris. Studien und Erinnerungen,' Leipzig 1846," *Beiträge zur Marx-Engels-Forschung*, 26(1989), S. 146.

26) Wolfgang Mönke, *Die heilige Familie. Zur ersten Gemeinschaftsarbeit von Karl Marx und Friedrich Engels*(Berlin: Akademin-Verlag, 1972), S. 126~ 132 및 정문길, 『에피고넨의 시대: 청년헤겔파와 칼 마르크스』(문학과지성사, 1987), pp. 180~184 참조.

라움을 전한 것[27]을 감안한다면, 당시 두 사람의 공동 작업은 아직 그리 밀접한 것은 아니었다고 하겠다.

그러나 1845년 4월 초에 엥겔스가 브뤼셀에 도착해 이미 같은 해 2월 초 이래 그곳에 체재하던 마르크스와 합류함으로써, 두 사람은 기왕에 독립된 경로를 통해 도달한 유물적 역사관에 근거한 밀접한 공동 작업을 시작하게 된다.[28] 이 시기의 마르크스는 한 해 전 10월에 출판된 막스 슈티르너의 『유일자와 그의 소유』에 대한 비판문을 파리의 『포아베르츠! *Vorwärts!*』에 기고할 생각이었으나[29] 1845년 2월 말에 두 사람의 공동 저작인 『신성가족』이 출판되었으므로 브루노 바우어는 물론이고 슈티르너에 대해서까지도 그 이상의 논쟁의 필요성을 느끼지 않았던 것이다. 다시 말하면 마르크스는 출판인 카를 레스케C. Leske와 이미 『정치 및 국민경제학 비판*Kritik der Politik und Nationalökonomie*』의 출판 계약을 맺었으므로 이 작업에 몰두하고 있었으며, 엥겔스 또한 『영국에 있어서의 노동자 계급의 상태*Die Lage der arbeitenden Klasse in England*』(Leipzig, 1845)가 그 일부를 형성할 『영국 사회사*Geschichte der englischen Gesellschaft*』를 준비하고 있었으므로 적어도 1845년 전반에는 청년헤겔파와의 더 이상의 논쟁은 생각

---

27) Friedrich Engels an Karl Marx in Paris. Barmen, um den 20. Januar 1845, MEGA² III/1, S. 261; Friedrich Engels an Karl Marx in Brüssel. Barmen, 17. März 1845, *Ibid.*, S. 271~272.

28) 이들 두 사람의 브뤼셀 도착 일자에 대해서는 Marx-Engels-Lenin-Institut, *Karl Marx. Chronik seines Lebens in Einzeldaten*(Marx-Engels-Verlag, Moskau 1934), S. 27~28 및 Andréas/Mönke, "Neue Daten zur 'Deutschen Ideologie,'" S. 12~15, Anm. 9를 참조. 한편 당시의 그들 각자의 유물적 역사관의 형성과 이에 대한 엥겔스의 평가는 Friedrich Engels, "Zur Geschichte des Kommunisten," MEW, Bd. 21, S. 211~212를 보라.

29) Karl Marx an Heinrich Börnstein in Paris. 2. Dezember 1844, MEGA² III/1, S. 257 및 *Marx-Engels-Jahrbuch*, 3(1980), S. 299~300.

지 않았던 것이다.[30] 그러나 그들이 1845년 7월에서 8월에 걸친 40일간의 영국 여행[31]에서 돌아오자 사정은 달라져 있었다.

이 시기의 청년헤겔주의자들, 특히 브루노 바우어와 슈티르너는 철저히 주관적·관념론적 입장에 서서 객관적인 정치적 상황과는 동떨어진 그들 자신의 입장을 고집하고 있었다. 따라서 바우어에게는 '자기의식Selbstbewußtsein'만이 역사를 형성하는 힘이요 세계를 변혁하는 권력이었으며, 슈티르너에게 있어서는 환상의 폐기만이 이 세계를 개혁할 수 있는 길이었다. 그러기에 그들 각자는 자신들을 비판하는 모든 논적論敵은 비판이 무엇인지를 모르는 비판의 소산이며, 그 자신의 이해와 원망願望, 필요에 충실한 의식된 이기주의가 무엇인지 모르는 환상의 노예라고 주장했던 것이다.[32] 그런데 바로 이와 같은 바우어와 슈티르너의 논쟁이 막 영국 연구 여행에서 돌아온 마르크스와 엥겔스로 하여금 다시금 논쟁에 참가하게 한 것은 그 무렵 그들에게 입수된 『계간 비간트Wigand's Vierteljahrsschrift』 제3호가 그들 두 사람을 직접 또는 간접적으로 비판하는 바우어와 슈티르너의 글을 게재하고 있었기 때문이다.[33] 다시 말하면 바우어와 슈티르너는 마르크스와 엥겔스를 직접적으로 공격하기보다 그들 두 사람을 포이어바흐주의자로 치부하고 몰아붙임으로써, 그들 두 사람이 이전의 헤겔적인 철학적 유산으로부터 벗어나 독자적인 입장을 천명하지 않

---

30) Andréas/Mönke, *op. cit.*, S. 16~18 참조.

31) MELI, *Karl Marx. Chronik seines Lebens in Einzeldaten*, S. 28.

32) Mönke, "Über die Mitarbeit von Moses Hess an der 'Deutschen Ideologie,'" S. 450~454. 한편 브루노 바우어의 비판철학이나 슈티르너의 에고이즘에 관한 논의는 정문길, 앞의 책, 제2부를 참조하라.

33) 〔B. Bauer〕, "Charakteristik Ludwig Feuerbachs," in *Wigand's Vierteljahrsschrift*, Bd. 3(1845), S. 86~146; M. St〔irner〕, "Recensenten Stirners," *op. cit.*, S. 147~194.

을 수 없게 만들었던 것이다.

이미 인용한 바 있는 『정치경제학 비판을 위하여』의 서문에 나오는 "이전의 우리들의 철학적 의식을 청산하기〔……〕로 결심했다"는 표현이나, 레스케에게 보낸 편지를 통해 마르크스가 자신들의 철학적·역사철학적 자명성을 획득하고 이를 대중에게 알리기 위해서는 논쟁적 저술에 착수하지 않을 수 없었다고 천명하는 다음과 같은 부분이 『독일 이데올로기』의 저술 동기로서 중요한 의미를 갖는다고 하겠다.

> 나에게는 독일 철학이나 지금까지의 독일의 사회주의에 대항하는 논쟁적 저술을 통해 나 자신의 긍정적 발전을 드러내 보이는 것이 지극히 중요한 일로 생각된다. 특히 일반 대중에게 지금까지의 독일의 과학에 대항하는 나의 경제학적 입장을 분명하게 밝히기 위한 준비를 하는 것이 매우 중요하다. 이미 내가 당신에게 보낸 다른 편지에서도 밝힌 바와 같이 이 논쟁적 저술을 내가 경제학 저술을 출판하기 이전에 마치지 않으면 안 된다는 것이 바로 이러한 이유에서이다.[34]

물론 오늘날 다수의 마르크스 연구자들은 『독일 이데올로기』의 저술 동기를 당시 경제적으로 발전한 영국을 직접 견문하고 돌아온 그들이—그중 특히 마르크스가 독일의 철학적 운동과 해방 전쟁의 필요성 사이의 엄청난 괴리에 직면하여, i) 그들의 역사관이 발견한 노동운동의 직접적 중요성을 과학적으로 규명할 필요가 있었고, ii) 나아가 유럽, 특히 독일의 프롤레타리아트가 이 노동운동에 대해 확신

---

34) Karl Marx an Carl Friedrich Julius Leske in Darmstadt. Brüssel, 1. August 1846, MEGA² III/2, S. 23~24.

을 갖도록 하는 것이 중요한 과제였음을 인식하게 되었다고 주장하기도 한다.[35] 그리고 그것이 이미 파리 시대 이래로 시작된 그의 경제학 연구에 박차를 가하게 한 것도 사실이다. 그러나 『독일 이데올로기』의 직접적인 집필 동기는 앞서 말한 것처럼 브루노 바우어와 슈티르너의 공격에 맞서 두 사람의 철학적 자명성을 밝히는 데 있었던 것으로 판단할 수 있다.

『마르크스 연대기』에 따르면, 마르크스와 엥겔스가 『독일 이데올로기』의 제1부[36]를 형성하는 「라이프치히 종교회의」를 집필하기로 결정한 것은 1845년 9월 초로 추정되고 있다.[37] 마르크스의 부인인 예니Jenny Marx의 회고에 따르면 이 논쟁서의 집필 시점은 1845년 여름으로 되어 있으나[38] 이들 두 사람이 40여 일간의 영국 여행에서 돌아온 것이 8월 21일경이고, 브뤼셀에 돌아온 지 수주일 뒤에 문제의 『계간 비간트』 제3호(1845)에 실린 브루노 바우어와 슈티르너의 글을 읽었다면 그들의 글에 반박하는 논쟁서의 집필을 결심한 것은 좀더 뒤로 미루어진다고 하겠다. 따라서 『독일 이데올로기』의 집필

---

35) Mönke, "Über die Mitarbeit von Moses Hess an der 'Deutschen Ideologie,'" *Annali*, Anno Sesto 1963(Milano, 1964), S. 440~442; Andréas/Mönke, *op. cit.*, S. 23~24.

36) 『독일 이데올로기』는 당초 바우어와 슈티르너를 비판하기 위해 기획되었으며, 그것의 잠정적 제목은 「라이프치히 종교회의」였다. 그러나 1846년에 들어와 당시 위력을 떨치던 진정 사회주의자들에 대한 비판의 필요성 때문에 이 부분이 첨가되어 『독일 이데올로기』가 되고 라이프치히 종교회의가 제1부로, 진정 사회주의자를 다룬 부분이 제2부가 되었다. 구MEGA는 이를 1, 2부로 나누지 않았으나 MEW는 이를 두 부분으로 나누고 있다.

37) Marx-Engels-Lenin-Institut, *Karl Marx. Chronik seines Lebens in Einzeldaten* (Moskau: Marx-Engels-Verlag, 1934), S. 29~30. 이 책은 이러한 추정의 근거로 MEGA¹ I/5, S. 71의 「라이프치히 종교회의」의 서론 부분을 들고 있다.

38) Jenny Marx, "Kurze Umrisse eines bewegten Lebens," *Mohr und General. Erinnerungen an Marx und Engels*(Berlin: Dietz Verlag, 1964), S. 206.

52

시기에 대한 종래의 통설은 9월을 그 시기始期로 보고, 그 무렵 그들의 출판 계약과 관련하여 함부르크의 출판업자 캄페Julius Campe에게 보낸 엥겔스의 10월 14일자 편지[39]를 근거로 늦어도 같은 해 10월 중순경이라고 주장되어왔다.[40] 그러나 IML/M과 IML/B가 공동으로 새로운 MEGA 편찬 작업을 수행하면서 내놓은 신MEGA의 시쇄판試刷版(1972)은 이 책의 집필 일자를 정확하게 알기는 어렵다고 전제하면서, 이 책의 집필이 『계간 비간트』 제3호를 읽음으로써 시도된 것이기에 『계간 비간트』 제3호의 출판 일자와, 거기에 게재된 바우어의 글 「루트비히 포이어바흐의 특징Charakteristik Ludwig Feuerbachs」에 반박한 글(MEGA의 편자는 이의 저자를 마르크스로 추정)이 실린 『독일 이데올로기』의 집필 일자를 1845년 11월로 추정하고 있다.[41] 우리는 MEGA 시쇄판에 실린 이러한 주장이 곧 출판될 신MEGA I/5에서도 그대로 수용될는지는 알 수 없으나 새로운 자료에 근거한 이 같은 집필 시기의 추정은 상당한 주목을 끄는 것이라고 하겠다.

---

39) Friedrich Engels an Julius Campe in Hamburg. Brüssel 14. Oktober 1845, MEGA² III/1, S. 278.

40) Andréas/Mönke, "Neue Daten zur 'Deutschen Ideologie,'" S. 25~26; Andréas, *Karl Marx/Friedrich Engels. Das Ende der klassischen deutschen Philosophie. Bibliographie*, S. 139.

41) 당시의 『독일 서적상 신문Börsenblatt für den Deutschen Buchhandel』 92호(1845. 10. 25)는 『계간 비간트』가 "1845년 10월 15~18일에 라이프치히에서 나왔다"고 되어 있으며, 『사회의 거울』, 1845년 제6호(늦어도 1845. 11. 20에는 출간)에는 「신성한 인간에 대한 비판Kritik der heiligen Männer」이 헤스에 의해 예고되어 있다. 그리고 『사회의 거울』, 1846년의 제7호에 게재된 「11월 20일, 브뤼셀」로 되어 있는 무기명의 글은 『계간 비간트』에서 『신성가족』을 비판한 바우어의 논쟁을 다시금 논박한 글로서, 이것이 바로 『독일 이데올로기』의 집필 시기와 연결된다고 신MEGA 시쇄판의 편자는 주장하고 있다. Karl Marx/Friedrich Engels, *Gesamtausgabe*(MEGA) *Probeband* (Berlin: Dietz Verlag, 1972), S. 402.

한편 『독일 이데올로기』의 초고와 관련하여 주목을 끄는 것은 이 초고 각 장의 집필 순서에 관한 문제이다. 우리는 앞에서 이미 구 MEGA의 텍스트 배열 순서와 IISG의 유고 목록 사이에 약간의 차이가 있음을 보았거니와 이들 각 장의 배열 순서가 적어도 그 집필 순서와 반드시 일치하는 것은 아니라는 점을 알 수 있었다. 앞서도 이미 언급한 바와 같이 마르크스와 엥겔스의 『독일 이데올로기』의 집필은 바우어와 슈티르너에 의해 촉발되었고,[42] 마르크스와 엥겔스에 대한 그들의 공격은 이들 두 사람이 포이어바흐주의자에 불과하다는 데 그 논거를 갖고 있었다. 따라서 두 사람은 자신들의 입장이 포이어바흐와는 구별되는 유물주의적 역사관에 근거하고 있음을 밝히면서 이에 기초하여 바우어와 슈티르너를 비판하려는 것이었다. 그러므로 「라이프치히 종교회의」라는 제목이 붙어 있는 제1부는 먼저 마르크스와 엥겔스가 자신들의 경제학적 연구를 통해 획득한 변증법적 유물론과 유물주의적 역사관을 저술함으로써 바우어나 슈티르너와 같은 라이프치히의 교부敎父들Kirchenväter[43]을 비판할 근거를 구축한 것이라 하겠다. 따라서 이러한 가정에 근거할 경우 『독일 이데올로기』 제1부는 B(「I. 포이어바흐」)가 먼저 기필起筆되고, 그보다 조금

---

42) 예니는 독일 철학 일반을 비판하는 마르크스와 엥겔스의 저술은 슈티르너의 『유일자와 그의 소유』가 외적 충격으로 작용했다고 회고하고 있다. 이러한 사실은 바우어에 대한 두 사람의 비판이 『신성가족』을 통해 완료되었다고 보는 데서 결과한다고 하겠다. Jenny Marx, "Kurze Umrisse eines bewegten Lebens," S. 206.
* 한편 구소련의 바가투리야G. A. Bagaturija 교수는 자신의 학위 논문(1971)에서 『독일 이데올로기』 집필의 전사와 후사를 집중적으로 검토함으로써 이의 집필 시기를 1845년 11월, 특히 11월 20일 이후로 보고 있다. G. A. バガトゥーリヤ(坂間眞人 譯), 「マルクス主義の歷史における『トイツ・イデオロギー』の位置」, 『情況』, 1973 년 1월호, p. 72〔1994-저자〕.

43) 마르크스와 엥겔스는 바우어와 슈티르너를 교부라고 풍자했는데, 특히 '라이프치히' 교부라고 한 것은 그들의 글이 실린 『계간 비간트』가 라이프치히의 오토 비간트 출판사Verlag von Otto Wigand에서 발행되었기 때문이다.

54

늦게 D(「Ⅱ. 성 브루노」)와 E(「Ⅲ. 성 막스」)가 집필되었다고 추정할 수 있다.[44]

　　그러나 전기한 신MEGA의 시쇄판은 이 경우에도 또 다른 가설을 제기하고 있다. 다시 말하면 이 책의 편자는 마르크스와 엥겔스가 당초 『독일 이데올로기』에서 「Ⅰ. 포이어바흐」 장章을 독립시켜 다룰 생각은 전혀 없었다고 보고 있다. 두 사람은 포이어바흐의 견해를 바우어의 포이어바흐 비판과 연결하여 분석해나갔기 때문에 포이어바흐의 독자적 입장을 서술키 위한 독립된 장의 필요성을 느끼지 않았다는 것이다. 그러나 집필이 진행되면서 두 사람은 포이어바흐의 유물주의와 추상적 인간주의에 대한 비판이 자신들의 유물주의적 역사관과의 연관 하에서 이루어져야 한다는 결론에 이르렀다는 것이다. 즉 관념론적 역사관과 유물주의적 역사관을 근본적으로 구별해야 할 필요성을 느낀 두 사람은 『독일 이데올로기』 제1부의 구성을 전면적으로 재조정하여 「Ⅰ. 포이어바흐」 장을 독립된 장으로 편성하게 되었다는 것이다. 따라서 B(「Ⅰ. 포이어바흐」 장)의 집필 계획은 빠르면 D에서 바우어의 「루트비히 포이어바흐의 특징」에 대한 논박을 집필하던 과정이며, 늦으면 E의 「시민사회로서의 사회」의 절(MEGA¹ I/5, S. 327~355)을 집필한 뒤라고 추정하고 있다.[45] 그러므로 이 같은 신MEGA 시쇄판의 주장은 『독일 이데올로기』 제1부

---

44) Andréas/Mönke, "Neue Daten zur 'Deutschen Ideologie,'" S. 26. 다른 한편으로는 D와 E(바우어와 슈티르너에 대한 비판)가 선행하고, 거의 동시거나 조금 늦게 B(포이어바흐에 대한 논의)가 시작되었다는 가설도 있다. 바로 『마르크스 연대기』가 B의 집필 결정을 『독일 이데올로기』의 제2부와 더불어 1846년 1월로 보고 있는 것이다. 그러나 당초 이러한 입장을 주장하던 묑케는 1962년의 그의 주장을 버리고 1968년 안드레아와 더불어 「포이어바흐」 장의 기필이 선행한다는 주장에 동조하고 있다. Mönke, "Über die Mitarbeit von Moses Hess an der 'Deutschen Ideologie,'" S. 455: *Karl Marx. Chronik*……, S. 30.

45) MEGA² *Probeband*, S. 403~404.

각 장의 집필 순서를 다시금 『마르크스 연대기』나 묑케의 초기 주장
으로 되돌리고 있다고 하겠다.[46]

　우리는 『독일 이데올로기』 제1부의 집필 단계를 기본적으로는 i) 최
초의 초안Entwurf과 초안을 중심으로 한 마르크스와 엥겔스 간의 토
론,[47] 그리고 ii) 초안에 대한 수정을 거쳐 청서淸書가 행해지고, iii)
이 청서에 근거하여 문구나 생각의 첨삭이 행해지고 편찬상의 지시
Angabe가 가필된 뒤에, iv) 출판을 위한 최종고Druckfassung가 만들어
지는 것으로 추정할 수 있다. 이럴 경우 우리가 직면하는 가장 큰 어
려움은 현존하는 초고의 오리지널이 어느 단계에 속하느냐 하는 것
이다. 암스테르담의 IISG에 현존하는 오리지널의 포토코피를 검토
해보면 어떤 경우에는 곧장 인쇄가 가능할 정도로 가필이나 삭제가
전무하거나 경미한 부분이 있는가 하면, 어떤 경우는 청서가 되지
않은 경우나 왼쪽의 청서된 본문보다 훨씬 많은 양의 가필·첨삭과
편찬상의 지시를 확인할 수가 있다. 따라서 초고의 이러한 상태를
감안할 때, 우리는 현존하는 초고의 오리지널이 모두가 적어도 동일
한 집필 단계의 소산이라기보다는 각 장이나 절이 각각 상이한 단계
의 완성도를 가진 것으로 판단할 수 있을 것이다. 여기에서 우리는

---

46) *Karl Marx. Chronik……*, S. 30; Mönke, "Über die Mitarbeit von Moses Hess
　　an der 'Deutschen Ideologie,'" S. 455.

47) 마르크스와 엥겔스가 『독일 이데올로기』를 집필하던 당시 그들의 열띤 토론 정경을 보
　　여주는 예로 마르크스 사후 엥겔스가 로라에게 보낸 편지의 다음과 같은 구절이 눈에
　　띈다. "모올Mohr(마르크스의 별칭)의 유고 가운데서 나는 1848년 이전의 우리의 공
　　동 저작인 초고 뭉치를 발견했다. 따라서 나는 그중 일부를 곧장 출판할까 한다./ 그
　　가운데 하나는 만약 네가 내 옆에 있었다면 내가 너에게 읽어주었을 것이고, 너는 그
　　것을 듣고 포복절도했을 것이다. 내가 그것을 님Nim(Helene Demuth의 별칭)과 투
　　시Tussy(Eleanor Marx의 별칭)에게 읽어주었더니, 님은 '아하, 당신들 두 분이 당시
　　의 브뤼셀에서 밤새도록 그렇게 웃어대어 집 안의 다른 사람들을 잠 못 들게 했던 이
　　유를 이제야 알겠군요'라고 말하더구나." Engels an Laura Lafargue in Paris. London
　　2. Juni 1883, MEW, Bd. 36, S. 33~34.

현존하는 초고는 적어도 그 전부가 출판을 위한 최종고는 아니라는 구스타프 마이어의 주장에 주목할 필요가 있다. 1914년 5월 이래 『엥겔스 전기』의 집필을 위해 한동안 『독일 이데올로기』의 초고를 집중적으로 검토한 바 있는 마이어는 이와 같은 가설을 지지하는 이유로 a) 상당한 양의 초고가 명백히 미완성의 상태이며, b) 또 다른 경우 저자가 최종고를 만들 때면 반드시 수정할 것으로 보이는 전적으로 조잡한 상태의 원고가 있으며, c) 개개 파라그라프의 연결이 자주 끊어져 있고, d) 각 블라트의 페이지 매김이 통일되지 않았거나 불완전하며, e) 마르크스 자신은 초고가 "두 권의 두꺼운 옥타브판 크기zwei starke Oktavblätter"(8절판)라고 『정치경제학 비판을 위하여』 서문에서 명백히 말했는데, 현존의 초고는 폴리오 판Folioblätter(2절판)과 크바르트 판Quartblätter(4절판) 크기의 종이라는 사실을 들고 있다.[48] 그리고 현존 초고의 이 같은 완성도의 차이는 구MEGA의 편찬자도 인정하고 있는 바였다.[49]

따라서 우리가 『독일 이데올로기』 현존 초고의 이 같은 완성도의 차이를 감안한다면 이 책 제1부 각 장의 정확한 집필 순서와 집필 일자를 비정하기는 쉬운 일이 아니라고 하겠다. 그러나 극소수의 예외를 제외하고는(예를 들면 마르크스의 필적으로 된 서문의 경우) 현

---

48) Gustav Mayer, *Friedrich Engels. Eine Biographie*, Bd. I, 1. Aufl., S. 418〔모든 초고가 완성된 상태가 아니라는 마이어의 표현은 제2판(1934)에서는 삭제되었으나, 그것이 마이어의 당초의 견해를 변경하는 것이 아니라는 점을 안드레아는 재삼 확인하고 있다.〕; G. Mayer, "Die 'Entdeckung' des Manuskripts der 'Deutschen Ideologie,'" S. 284~287; G. Mayer, *Erinnerungen*, S. 206 및 Andréas, *Marx/ Engels. Das Ende der klassischen deutschen Philosophie. Bibliographie*, S. 140, 143, Anm. 17 참조.

49) 구MEGA는 현존 초고 중 C(「라이프치히 종교회의」), D(「II. 성 브루노」), E(「III. 성 막스」), F(「라이프치히 종교회의」의 결론 부분)만이 바이데마이어에게 보내진 출판을 위한 최종고라는 리야자노프의 가설을 수용하고 있다. MEGA¹ I/5, S. XVII~XXII.

존하는 초고의 대부분이 세로쓰기quer beschrieben (블라트의 짧은 쪽이
상하로, 긴 쪽이 좌우로 배치되어 있다)이고, 좌우 2란으로 나누어져
왼쪽에 엥겔스의 본문이 있고——예외적으로 E(「III. 성 막스」의 경
우)의 56페이지가 바이데마이어에 의해 본문이 청서되어 있다——오
른쪽에 마르크스의 수정·보완이나 그들 양자의 편찬상의 지시가 가
필 또는 첨가되어 있으므로 이를 전기한 집필 단계에 비정한다면 앞
의 iii)의 단계 전후로 보이므로 동일 초고로서의 일관성에는 큰 문
제가 없다고 하겠다.[50] 그럼에도 불구하고 비판 전집인 신MEGA가
가능한 한 그 집필의 순서나 개개 장절章節의 집필 일부日附를 밝히려
고 노력하는 것은 바람직한 일이기는 하나 그러한 작업의 결과가 추
정의 정도를 넘어설 수 있을까 하는 의문은 여전히 남는다.

　어쨌든 객관적인 정황으로 보아 『독일 이데올로기』의 제1부는
A(「서문」)와 B(「I. 포이어바흐」)를 제외하고는 1845년 말과 1846년
초에 전기한 집필의 i) 단계를 끝내고 ii) 단계, 즉 청서에 들어간 것
으로 보인다. 왜냐하면 거의 대부분의 초고가 엥겔스에 의해 청서되
었는데 「III. 성 막스」를 다룬 E의 경우 전체 초고 422페이지 중 56페
이지가 바이데마이어에 의해 청서되고 있기 때문이다. 더욱이 이 바
이데마이어의 청서는 앞이나 뒤의 특정 부분에 치우쳤다기보다 엥겔
스와 교호交互로 이루어지고 있으므로, 이 시기에는 청서의 바탕이
되는 원고가 이미 완성되어 있었음을 의미한다고 하겠다.[51] 그리고

---

50) 바로 이 점은 현재 진행되고 있는 신MEGA I/5(『독일 이데올로기』 부분)의 편찬 책임
　　자인 타우베르트 여사와의 대화에서도 확인할 수 있었다. 즉 그녀는 『독일 이데올로
　　기』의 편찬에 아직도 미해결의 미세한 문제가 남아 있음은 사실이나 그것은 서로 떨어
　　져 있는 몇 개의 블라트die losen Blätter나 묶음을 편찬하는 『경제학·철학 초고』와
　　비교해보면 훨씬 용이한 일임을 분명히 인정하고 있다.
51) 앞의 IISG의 『마르크스-엥겔스 유고 목록』, A14를 참조하라.

바이데마이어의 브뤼셀 체재가 1846년 1~2월이었고 그가『독일 이데올로기』의 출판을 위해 이 책 제1부의 원고를 휴대하고 독일로 들어간 것이 4월 중순[52]이므로, 1846년 초에는 이 책의 C, D, E, F가 완성되었다고 보는 데는 이렇다 할 무리가 없다고 하겠다.[53]

한편『독일 이데올로기』가운데서도 그 내용이 가장 충실하고 풍부한 B(「I. 포이어바흐」)는 1846년 초에는 아직도 완성되지 않았는데, 그 후 이 책의 출판이 마침내 불가능해지자 결국 엥겔스가 1886년 다른 저작을 위해 이를 다시금 이용할 때까지 미완성으로 남아 있게 되었다.[54] 우리는 이 시기의 마르크스와 엥겔스가 포이어바흐의 철학적 입장과 자신들의 유물주의적 역사관 사이에 분명한 거리가 있음을 천명하려고 한 것은, 바우어가 자신을 비판한 마르크스와 엥겔스의『신성가족』이 포이어바흐의 아류임을 강력하게 비판한 데서 비롯된 것을 알고 있다. 그러나 또 다른 측면에서 우리는 이들 두

---

52) 바이데마이어의 브뤼셀 체재는 두 개의 문건으로 증명된다. 즉 하나는 율리우스 마이어가 헤스를 통해 그곳에 체재하고 있던 바이데마이어에게 안부를 전하는 편지이고, 다른 하나는 바이데마이어가『독일 이데올로기』의 출판과 관련하여 마르크스에게 보낸 편지이다. Julius Meyer an Moses Hess in Brüssel. B[eckerode]. 8. Februar 1846. in Andréas/Mönke, "Neue Daten zur ‘Deutschen Ideologie,’" S. 54; Joseph Weydemeyer an Karl Marx in Brüssel. Schildesche, 30. April 1846. in MEGA² III/1, S. 532~533. 바이데마이어(1818~1866)는 베를린의 군사학교를 다녔으며, 퇴역 후인 1845년에는『트리어 신문Trier'sche Zeitung』의 공동 편집자로서 그곳에서 머물다가 1846년 1월이나 2월에 브뤼셀로 왔다. 그는 당초 진정 사회주의자에 가까웠으나 후에 공산주의자 동맹에 가입했다가 1851년 미국으로 이주한다. Andréas/Mönke, op. cit., S. 54~55, Anm. 165a 참조.

53) 이러한 추정에는 신MEGA의 시쇄판도 동의하고 있다. MEGA² Probeband, S. 402.

54) 이는 그가 1886년에『노이에 차이트Die Neue Zeit』로부터 당시에 출판된 슈타르케의 포이어바흐에 관한 저작[C. N. Starcke, Ludwig Feuerbach(Stuttgart: Verlag von Ferdinand Enke, 1885)]에 대한 서평을 부탁받고 쓴 글을 말한다. 이는 1888년 별책으로 출판되었는데, 그는 거기에서 자주 1845/46년간에 그와 마르크스가 공동 저술한 초고에 대해 언급하고 있다. Friedrich Engels, Ludwig Feuerbach und der Ausgang der klassischen Deutschen Philosophie, MEW, Bd. 21, S. 261~307.

사람이 바우어나 슈티르너로부터 집중적인 공격을 받는 포이어바흐
야말로 독일의 정신적 발전에 "적어도 하나의 진보를 가져온 유일한
인물"임을 명백히 인식하고 있었다는 점에 주목해야 할 것이다.[55]
따라서 『독일 이데올로기』 제1부에서 마르크스와 엥겔스가 바우어와
슈티르너를 공격할 때 다분히 조롱 섞인 풍자적인 필치로 일관하는
한편, 바우어와 슈티르너로부터 공격을 받고 있는 포이어바흐의 경
우에는 실추된 그의 명예를 구하려는 의도를 드러낸다 하겠다.

  다음으로 검토해야 할 문제는 A(「서문」)와 진정 사회주의자를 다
룬 제2부 G, H, I, J의 집필 시기에 관한 문제이다. 먼저 마르크스
의 필체로 씌어진 서문의 경우, 그 초고는 『독일 이데올로기』의 다
른 모든 초고와는 달리 유일하게 2란으로 나누지 않았고 수정을 위
한 여백도 남겨두지 않았다.[56] 팩시밀리를 통해 이 서문을 검토해보
면 1페이지는 단어 몇 개를 수정·삭제한 데 불과하나 2, 3페이지는
사선을 그어 모두 삭제할 것을 지시하고 있다. 따라서 이 서문의 1
페이지는 최종고로 추정할 수도 있으나 2, 3페이지의 경우는 초안의
성격이 강하기에 그것이 어느 쪽이라고 쉽게 속단할 수는 없다. 그
러나 이 「서문」에 보이는 "이 책 제1부의 발간 목적은der erste Band
dieser Publikation hat den Zweck"[57]이란 구절은 적어도 이 「서문」이 이
책 제2부의 집필 계획이 성립된 뒤에 씌어졌으며, 제2부는 이 「서
문」이 집필된 시기에는 아직 집필이 시작되지 않은 것으로 추정할

---

55) Mönke, "Über die Mitarbeit von Moses Hess an der 'Deutschen Ideologie,'"
    S. 454. 인용은 MEGA¹ I/5, S. 567(초고에서는 삭제하라고 사선으로 지운 부분이
    다).
56) 유일하게 IML/M에 보관되어 있는 3페이지의 이 서문의 형태는 MEW, Bd. 3, S. 15
    와 MEGA¹ I/5, S. 565의 팩시밀리의 사진판으로 확인된다.
57) MEGA¹ I/5, S. 3.

수 있을 것이다. 따라서 종래의 통설에 따른 이 「서문」의 집필 시기
는 이르면 헤스가 『사회의 거울*Gesellschaftsspiegel*』에서 예고한 대로 11월
하순으로,[58] 그리고 늦을 경우에는 대부분의 저서의 서문이 그러하
듯이 저서의 기본적인 집필이 끝나 바이데마이어가 이 책의 초고를
독일로 가져갈 무렵인 1846년 4월로 볼 수도 있다. 그러나 후자의
경우, 1846년 4월에 이르기까지도 이 책 제2부가 전혀 집필되지 않
았다고 보기는 어렵다고 하겠다(제2부의 「V. 홀스타인의 게오르크 쿨
만 박사」가 바이데마이어의 필적으로 정리되어 있으므로 제2부의 일부
가 1846년 4월 이전에 탈고된 것으로 볼 수 있다). 그러므로 이 「서
문」의 집필 시기는 이 책 제1부의 초고의 상당 부분이 진행된 상태
에서 씌어진 것이라고 가정하고, 이를 대략 전술한 C, D, E, F의 1단
계 집필 작업이 끝난 1845년 말과 1846년 초로 보는 견해가 지배적
이었다.[59]

　한편 우리는 전술한 『독일 이데올로기』, 「서문」의 집필과 연관하

---

58) 1845년 9월 초경에서 1846년 3월경까지 브뤼셀에 체재한 헤스는 이미 진정 사회주의
　　자를 비판하려는 마르크스와 엥겔스의 의도를 알고서 이를 『사회의 거울』 제6호에서
　　언급하고 있다. 이 경우 그는 구체적 이름은 거론하지 않으면서 "곧장 〔……〕 우리들
　　스스로가 철저한 비판을 할 예정이다"라고 기술하고 있다. Moses Hess, "Umtriebe
　　der kommunistischen Propheten," Moses Hess, *Philosophische und sozialistische
　　Schriften, 1837~1850. Eine Auswahl*(Berlin: Akademie-Verlag, 1961), S. 374~
　　377. 특히 S. 374, 376 참조. 한편 이 글이 실린 『사회의 거울』 제6호는 늦어도 1845
　　년 11월 24일에는 출간되었다고 본다. MEGA² *Probeband*, S. 402.
59) Mönke, "Über die Mitarbeit von Moses Hess an der 'Deutschen Ideologie,'" S.
　　456; Andréas/Mönke, "Neue Daten zur 'Deutschen Ideologie,'" S. 27~28, 33~
　　34.
　　* 이 책 서문의 집필 시기는 타우베르트에 의해 1846년 3월로 비정되고 있다. Inge
　　Taubert, "Die Französische Revolution im Prisma der Polemik von Karl Marx
　　und Friedrich Engels mit Max Stirner," *Studien zu Marx' erstem Paris-Aufenthalt
　　und zur Entstehung der 'Deutschen Ideologie,'* Schriften aus dem Karl-Marx-
　　Haus, Nr. 43(Trier〔1991〕), S. 77. 〔1994-저자.〕

여 이 책 제2부의 진정 사회주의자에 대한 비판은 이미 앞서도 언급한 바와 같이 1845년 11월에 헤스에 의해 그 집필이 예고된 바 있다.[60] 우리는 앞에서 『독일 이데올로기』의 「서문」이 1845년 말과 1846년 초에 집필되었고 이 시기에는 아직도 이 책의 제2부가 집필되지 않았다고 추정했다. 그러나 이러한 추정은 이 「서문」 집필 후 곧장 제2부의 집필이 이루어졌다는 가정을 배제하는 것은 아니었다.

마르크스와 엥겔스가 진정 사회주의자에 대한 비판의 필요를 느낀 것은 이미 그들이 「라이프치히 종교회의」의 저술을 시작할 무렵부터라고 추정된다. 독일의 사회주의자 칼 그륀Karl Grün이나 스위스의 게오르크 쿨만Georg Kuhlmann 등으로 대표되는 이들 진정 사회주의자는 헤겔의 세계 조화 사상과 포이어바흐의 휴머니즘을 결합하여, 프랑스의 비과학적 사회주의unwissenschaftlicher Sozialismus에 대항하는 진정 사회주의wahrer Sozialismus를 주창하는바, '인간의 진정한 본질'에 근거한 진정 사회주의를 구현한다는 포이어바흐의 공동인간Mitmensch 개념에 그 기초를 두고 있다. 그런데 마르크스와 엥겔스가 보기에 이들 진정 사회주의자는 결국 소시민적 공산주의자에 불과할 뿐, 장기적으로는 프롤레타리아트 운동에 부정적으로 작용한다고 판단했던 것이다. 그런데 바로 이들 진정 사회주의자의 저서나 잡지가 1845년 9월 이후에 출판되자 두 사람은 사랑의 환상이나 문학적인 상투어로 프롤레타리아트 운동을 약화시키는 이들을 집중적으로 공략할 필요성을 느끼게 된 것이었다.[61]

---

60) Moses Hess, "Umtriebe der kommunistischen Propheten," S. 374, 376 참조.
61) 슈타인L. Stein과 레이보L. Reybaud, 루이 블랑L. Blanc의 사회주의에 관한 저술을 진정 사회주의의 입장에서 번안한 그륀의 『프랑스와 벨기에에서의 사회운동Die soziale Bewegung in Frankreich und Belgien. Briefe und Studien』(Darmstadt, 1845 C. W. Leske)과 당초 마르크스와 엥겔스가 편집진에 협조하려고 했으나 그들과 견해

　　그러나 이미 앞서 살펴본 바와 같이 『독일 이데올로기』 제1부의 서문을 쓸 때까지 제1부의 집필에 바빴던 마르크스와 엥겔스는 1846년 1월 이후 제2부를 집필한 것으로 보인다. 왜냐하면 바이데마이어가 이 책의 최종고(기왕의 탈고분)를 가지고 독일의 베스트팔렌으로 떠날 때까지는 이 제2부의 초고를 휴대하지 않았다는 것이 마르크스에게 보낸 바이데마이어의 1846년 4월 30일자 편지로 확인되기 때문이다.[62] 그런가 하면 마르크스가 바이데마이어에게 보낸 같은 해 5월 14일자 편지가 "〔……〕 제2부가 거의 끝나가고 있다. 따라서 이 초고가 제1부와 합쳐지게 될 때(이 초고는 두 번으로 나누어 보내는 것이 더욱 바람직하다) 인쇄가 시작되면 그것은 가장 바람직스러운 일이다"라고 표현한 것으로 볼 때 제2부가 5월경에 탈고된 것으로 추정할 수 있다.[63] 그리고 다른 한편으로는 마르크스가 출판인 레스케에게 보낸 같은 해 8월 1일자 편지나 1847년 4월 8일자의 『독일-브

를 달리하는 진정 사회주의자가 이를 주도함으로써 두 사람이 협조를 거부한 『라인 연보 *Rheinische Jahrücher*』는 모두 1845년 9월에 출판, 또는 발간되기 시작했다. Mönke, "Über die Mitarbeit……," S. 458; Andréas/Mönke, "Neue Daten……," S. 32~33. 그런 저서의 기초가 된 책들은 다음과 같다. L. Stein, *Der Sozialismus und Communismus des heutigen Frankreichs. Ein Beitrag zur Zeitgeschichte* (Leipzig, 1842); L. Reybaud, *Etudes sur les réformateurs ou socialistes modernes* (Bruxelles, 1843); L. Blanc, *Histoire de dix ans 1830~1840*, 5 vols. (Paris, 1841~1844).

* 그러나 타우베르트의 최근의 연구에 따르면, 마르크스-엥겔스의 진정 사회주의에 대한 비판 계획은 그들이 슈티르너와 논쟁을 전개하는 과정에서 이루어졌다고 본다. 즉 그들은 「III. 성 막스」 장에서 공산주의를 다루면서 이 문제를 제2권에서 언급할 것이라고 분명히 밝히고 있다. MEW, Bd. 3, S. 190, 213; Inge Taubert, "Die Französische Revolution im Prisma der Polemik von Karl Marx und Friedrich Engels mit Max Stirner," S. 77ff. 〔1994-저자.〕

62) Joseph Weydemeyer an Karl Marx in Brüssel. Schildesche, 30. April 1846. MEGA² III/1, S. 532~533.

63) Karl Marx an Joseph Weydemeyer in Schildesche. Brüssel, 14.-um dem 16. Mai 1846. MEGA² III/2, S. 9.

뤼셀 신문_Deutsche-Brüsseler-Zeitung_』제28호에 게재된 마르크스의「칼 그륀에 대한 반박 선언_Erklärung gegen Karl Grün_」등이 늦어도 같은 해 8월 중순 이전에 이 책의 제2부가 탈고되었음을 시사해주고 있다.[64] 그리고 여기서 언급하고 넘어가야 할 것은 당초『라이프치히 종교회의』로 예정되었던 이 초고가『독일 이데올로기』로 개칭된 것이 바로 이「칼 그륀에 대한 반박 선언」에서였다는 사실이다.

그리고『독일 이데올로기』제2부와 관련하여 검토해야 할 것은 이 책의 내용 중 유일하게 마르크스와 엥겔스의 소작所作이 아닌 J(「V. 홀스타인의 게오르크 쿨만 박사」)의 문제다. 이 J 부분은 바이데마이어가 청서하고 그 말미에 "M. Hess"라고 기록했으므로 작자의 진위에는 별다른 무리가 없는 것으로 보인다. 그러나 여기서 주의를 끄는 사실은『독일 이데올로기』의 저술에 직접적으로 기여한 헤스가 바로 이 책의 여기저기에서 비판의 대상이 되고 있다는 점이다.[65] 헤스는 이미 저술한 바 있는『사회의 거울』제6호에 게재된「공산주의적 예언가들의 음모_Umtriebe der kommunistischen Propheten_」에서 쿨만을 비판한 바 있거니와 바로 이 글을 토대로 J를 집필했는데, 그 집필 시기는『사회의 거울』제6호의 출간(1845년 11월) 이후 그가 브뤼셀을 떠난 1846년 2월이나 3월 사이로 추정된다.[66] 한편 1845년 9월

---

64) Karl Marx an Carl Friedrich Julius Leske in Darmstadt. Brüssel, 1. August 1846. MEGA² III/2, S. 23; Karl Marx, 〔Erklärung gegen Karl Grün〕, _Deutsche-Brüsseler Zeitung_, Nr. 28, 8. April 1847; Andréas/Mönke, "Neue Daten……," S. 106 참조.

65) MEGA¹ I/5, S. 92~93, 449~450, 477~478, 498 등. 특히 헤스는 그가 쿨만 비판을 기고한『독일 이데올로기』의 제2부에서 진정 사회주의자로 지목받고 있음이 아이러 니라 하겠다.

66) 헤스의 쿨만 비판문이『독일 이데올로기』에 기고된 경위나 내용, 그리고 쿨만의 활동에 대해서는 Mönke, "Über die Mitarbeit von Moses Hess an der 'Deutschen Ideologie,'" S. 461~479를 참조하라.

이후부터 1846년 2월이나 3월까지로 추정되는 브뤼셀 체재기의 헤스와 마르크스, 엥겔스와의 관계는 이미 전술한 것처럼 헤스가 E(「Ⅲ. 성 막스」)의 작업에 참여했다는 베른슈타인의 주장과 관련하여 논쟁이 끊이지 않았으나, 브뤼셀을 떠나기 직전 헤스와 마르크스, 엥겔스의 관계는 반드시 호의적이지는 않았다는 것이 최근의 연구 성과로 증명되고 있다. 따라서 『독일 이데올로기』에 기고된 헤스의 원고는 제2부의 J(「V. 쿨만 비판」)에 한정되고, 이 J보다 뒤에 마르크스에 의해 집필된 I(「Ⅳ. 그륀 비판」)에서 바로 J의 기고를 요구한 마르크스에 의해 헤스가 진정 사회주의자로 비판되고 있는 것이다.[67]

한편 제2부를 검토하는 과정에서 진정 사회주의자들이 발간하는 『라인 연보』를 비판한 H와 마르크스가 그륀을 비판한 I 사이에 항목 번호 Ⅱ와 Ⅲ이 빠져 있음을 발견하게 된다. 따라서 우리는 이 Ⅱ와 Ⅲ이 본래부터 없었던 것인가, 아니면 동시대에 씌어진 마르크스와 엥겔스의 다른 초고가 이에 해당되는 것인가 하는 새로운 문제에 직면한다. 그러나 이 문제는 바로 최근의 신MEGA의 출간 준비 과정에서 집중적으로 논의되고 있으므로 이 장의 5. 2.에서 좀더 구체적으로 논의할 예정이다. 그러므로 여기에서는 이 시기에 씌어졌으나 『독일 이데올로기』에 포함되지 않은 그들의 다른 초고나 노트들을 우선 열거하는 데 그치고자 한다.[68]

---

67) Mönke, "Über die Mitarbeit von Moses Hess……," S. 457; Andréas/Mönke, "Neue Daten……," S. 29~31; Andréas, *Karl Marx/Friedrich Engels…… Bibliographie*, S. 146; Jakow Rokitjanski, "Zur Geschichte der Beziehungen von Karl Marx und Friedrich Engels zu Moses Heß in Brüssel 1845/1846," *Marx-Engels-Jahrbuch*, 9(1986), S. 223~267 등 참조.

68) Bert Andréas, *Karl Marx/Friedrich Engels…… Bibliographie*, S. 140~141.

1) ad Feuerbach/

Feuerbach/

Bruno Bauer stammelt/

Deutscher Sozialismus in Versen und Prosa

    1. Karl Beck: "Lieder vom armen Mann" oder die Poesie
       des wahren Sozialismus

    2. Karl Grün: "Über Goethe vom menschlichen Standpunkte,"
       Darmstadt 1846/

Die Wahren Sozialisten/

Der Status quo in Deutschland

우리는 이상에서 마르크스와 엥겔스의 『독일 이데올로기』의 성립사를 살펴보았거니와 이 초고는 전체적으로 보아 이미 구스타프 마이어가 지적한 바와 같이 미완성으로 남아 있긴 하나 그것이 적어도 헤겔 이후의 독일 철학과 당시 진정 사회주의자들로 대변되는 독일의 이데올로기를 비판하고자 하는 일관성을 가진 저작이라는 데에는 이렇다 할 이의가 없다고 하겠다. 그리고 현존 초고의 집필 시기는 잔존하는 문건이나 객관적인 정황을 고려할 때 기필起筆은 이르면 1845년 9월, 늦어도 같은 해 11월로 추정되며, 탈고는 이르면 1846년 4월 말이나 5월 초, 늦어도 같은 해 8월 중순, 엥겔스가 파리로 떠나기 전에는 이루어졌을 것으로 추정된다.*)

---

*) 『독일 이데올로기』의 기필起筆 시기에 관한 최근의 연구 성과는 그것이 1845년 11월 말경이라는 데 의견의 일치를 보고 있다〔1994-저자〕. 이 책 제2장 5절 참조.

4. 『독일 이데올로기』의 출판을 위한 마르크스와 엥겔스의 노력

『독일 이데올로기』의 출간을 위한 마르크스와 엥겔스의 노력은 이 책의 집필과 거의 동시에 수행되었다. 이 시기에 두 사람은『독일 이데올로기』는 물론이고 프랑스를 비롯한 외국 사회주의자들의 저서를 번역해 사회주의자 총서로 출판하고 계간지를 발간함은 물론, 마르크스의『정치 및 국민경제학 비판』등을 발행할 계획을 가지고 있었으므로 출판업자와의 접촉이 비교적 빈번했던 것으로 나타나고 있다. 그러나 이미『라인 신문』『독불 연지』그리고『포아베르츠!』등에서 과격하고 급진적인 논조를 보여 프러시아나 독일 정부에 의해 위험인물로 낙인찍혔을 뿐만 아니라 프러시아 영내로 들어올 경우 체포 명령까지 내려져 있던 마르크스의 저서를 출판하려는 출판업자를 찾는 것은 쉬운 일이 아니었다.

그러나 경제학 저서의 집필보다 한걸음 앞서 "독일 철학이나 지금까지의 독일의 사회주의에 대항하는 논쟁적 서술을 통해" 일반에게 자신의 "긍정적 발전을 드러내 보이는 것이 지극히 중요한 일"[69]이라고 생각하는 마르크스에게는 바로 그러한 입장을 밝히는『독일 이데올로기』의 출판을 서두르는 것은 당연한 일이었다. 편지의 문면만으로는『독일 이데올로기』의 출판과 직접적으로 관련된 것인지 쉽게 확인할 수 없으나, 이 시기의 마르크스와 엥겔스가 출판사와 접촉을 시도한 사실은 이미 1845년 10월 엥겔스가 함부르크의 출판인 캄페

---

[69] Karl Marx an Carl Friedrich Julius Leske in Darmstadt. Brüssel, 1. August 1846. MEGA² III/2, S. 23.

에게 보낸 편지[70]에서 확인할 수 있다. 그런가 하면 키일에 거주하는 마르크스의 열렬한 동조자인 의사 게오르크 베버Georg Weber도 알토나와 함부르크, 키일에서 출판사를 물색했지만 이것이 무위로 끝났다는 편지를 11월 중순에 마르크스에게 보내고 있다.[71]

한편 『독일 이데올로기』와 관련된 비교적 명백한 출판 교섭은 헤스를 통해 이루어진 것으로 보인다. 1845년 11월 헤스는 브뤼셀을 떠나 베스트팔렌 지방으로 여행을 하면서 당시 빌레펠트를 중심으로 한 그 지방의 진정 사회주의자들과 접촉하게 되고, 그곳에서 오토 뤼닝Otto Lüning, 루돌프 렘펠Rudolph Rempel, 율리우스 마이어Julius Meyer 등과 더불어 사회주의자들을 위한 출판사 설립 문제를 구체적으로 의논했었다.[72] 물론 이 경우 가장 중요한 출판 문제는 기본적으로 사회주의자들을 위한 계간지와 프랑스, 이탈리아, 영국 등에 걸쳐 있는 사회주의자들의 저작을 번역하여 총서로 내는 것Übersetzungs-bibliothek이었지만, 이와 연관하여 마르크스와 엥겔스가 집필 중인

---

70) Friedrich Engels an Julius Campe in Hamburg. Brüsel, 14. October 1845. MEGA² III/1, S. 278.

71) Georg Weber an Karl Marx in Brüssel. Kiel, 22. November 1845. MEGA² III/1, S. 491. 마르크스와 엥겔스가 출판하고자 하는 책이 무엇이었는지는 캄페가 엥겔스에게 보낸 편지와 마르크스가 베버에게 보낸 편지가 남아 있지 않아, 앞의 두 통의 편지만으로는 그 내용을 확인하기 어렵다. 따라서 『독일 이데올로기』와 관련된 종래의 통설은 이 두 통의 편지가 이 책의 출판과 직접적인 관련이 있다고 해석되어왔으나 신 MEGA는 이를 두 사람이 공동으로 저술키로 한 리스트Friedrich List에 관한 팸플릿일 것이라고 추정하고 있다. Mönke, "Über die Mitarbeit……," S. 491; Andréas/Mönke, "Neue Daten……," S. 37; MEGA² III/1(Apparat), S. 712, 850 참조.

72) *Trier'sche Zeitung*, Nr. 339, 29. November 1845〔Mönke, "Über die Mitarbeit……," S. 51〕; Rudolph Rempel an Moses Hess in Brüssel. Bielefeld, 14. Januar 1846 〔Mönke, *Neue Quellen zur Hess-Forschung*(Berlin: Akademie-Verlag, 1964), S. 105〕; Friedrich Engels an August Bebel in Berlin. London, 25. Oktober 1888〔MEW, Bd. 37, S. 118〕; Moses Heß an Karl Marx und Friedrich Engels in Brüssel. Köln, 17. Juli 1846〔MEGA² III/2, S. 248~249〕 등을 참조.

저작의 출판 문제도 지극히 낙관적으로 검토되었던 것으로 추측된다. 그러기에 이 사업의 발기인의 한 사람인 율리우스 마이어는 1846년 초 브뤼셀로 가서 마르크스와 엥겔스를 만날 계획까지 세웠던 것이다.[73]

그러나 이 같은 출판사 설립 계획이 렘펠이나 율리우스 마이어의 개인적인 사정과 객관적 정세의 경화硬化로 점차 지지부진해지자 마르크스와 엥겔스는 바이데마이어로 하여금 그동안 자신들이 완성한 『독일 이데올로기』의 원고 일부를 가지고 국경을 넘어 베스트팔렌 지방으로 가게 했던 것이다. 바이데마이어가 미완성 원고 일부를 들고 1846년 4월 중순에 독일로 들어간 데는 여러 이유가 있겠으나, 그 가운데 하나로 마르크스와『정치 및 국민경제학 비판』의 출판 계약을 맺은 출판인 레스케가 마르크스에게 보낸 편지에 유념할 필요가 있다.

레스케는 베를린의 검열 당국으로부터 사회주의적·공산주의적 색채가 강한 저서들을 더 이상 출판할 경우에 가해질 조치에 대해 경고를 받고, 이를 마르크스에게 통고하면서 다른 출판인을 물색할 것을 권고하고 있기 때문이다.[74] 그러나 1846년 4월 30일자를 제1신으로 하여 베스트팔렌 지방의 바이데마이어로부터 브뤼셀로 보내진 편

---

73) 율리우스 마이어의 방문 계획은 그의 부친의 사망으로 이루어지지 않았다. 그리고 바이데마이어가 율리우스 마이어의 부인에게 보낸 편지에 따르면, 이 시기에 브뤼셀에서 『독일 이데올로기』 초고의 청서 작업에 참여했던 바이데마이어도 율리우스 마이어의 브뤼셀 방문을 기다리고 있었던 것으로 확인된다. Julius Meyer an Moses Hess in Brüssel. B〔eckerode〕, 8. Februar 1846〔Mönke, *Neue Quellen zur Hess-Forschung*, S. 103~104〕; Joseph Weydemeyer an Luise Lüning in Schildesche. 21. Februar 1846〔Andréas/Mönke, "Neue Daten……," S. 38, Anm. 107〕.

74) Carl Friedrich Julius Leske an Karl Marx in Brüssel. Darmstadt, 16. März 1846 〔MEGA² III/1, S. 516〕; Carl Friedrich Julius Leske an Karl Marx in Brüssel. Darmstadt, 31. März 1846〔MEGA² III/1, S. 528〕.

지들에 따르면, 출판사 설립을 위한 교섭도 점차 사정이 어려워지고, 렘펠과 율리우스 마이어가 마침내 이 계획에 소극적으로 대응하자 바이데마이어는 마르크스에게 다른 출판사나 서적상을 찾아볼 것을 권고하고 있다.[75] 그리고 이러한 와중에 『독일 이데올로기』의 원고는 마르크스의 요구에 따라 쾰른의 롤란트 다니엘스Roland Daniels 에게로 보내져 그곳에서 다시 출판 가능성을 모색하는 등,[76] 마르크스는 이 책의 출판을 가급적이면 독일에서 사회주의자 동지들의 힘으로 성취하고자 노력했다.[77] 그러나 이 같은 출판 계획이 독일에서는 물론 스위스와 같은 독일 이외의 출판사에서도 실현될 가능성이

---

75) Joseph Weydemeyer an Kral Marx in Brüssel. Schildesche, 30. April 1846 〔MEGA² III/1, S. 532~533〕; Joseph Weydemeyer an Friedrich Engels und Philippe-Charles Gigot in Brüssel. Schildesche, 13. Mai 1846〔MEGA² III/2, S. 189~190〕; Joseph Weydemeyer an Karl Marx in Brüssel. Schildesche, 14. Mai 1846〔MEGA² III/2, S. 193~194〕; Joseph Weydemeyer an Karl Marx in Brüssel. Schildesche, 11. Juni 1846〔MEGA² III/2, S. 225~226〕; Joseph Weydemeyer an Karl Marx in Brüssel. Schildesche, 14. Juni 1846〔MEGA² III/2, S. 230〕; Joseph Weydemeyer an Karl Marx in Brüssel. Schildesche, 19. Juni 1846〔MEGA² III/2, S. 231〕; Joseph Weydemeyer an Karl Marx in Brüssel. Beckerode, 28. Juni 1846〔MEGA² III/2, S. 33~35〕; Joseph Weydemeyer an Karl Marx in Brüssel. Beckerode, 29. Juli 1846〔MEGA² III/2, S. 272~273〕; Joseph Weydemeyer an Karl Marx in Brüssel. Rheda, 19. August 1846 〔MEGA² III/2, S. 289~291〕.

76) Friedrich Engels und Karl Marx an Moses Heß in Köln. Ostende, 27. Juli 1846 & Brüssel, 28~29. Juli 1846〔MEGA² III/2, S. 20〕; Joseph Weydemeyer an Karl Marx in Brüssel. Rheda, 19. August 1846〔MEGA² III/2, S. 291〕.

77) 이러한 마르크스의 심정은 출판인 레스케가 프러시아 검열 관헌의 경고에 겁을 먹고 마르크스에게 3월 31일자와 7월 29일자로 보낸 두 통의 편지에 대한 1846년 8월 1일자 답장에 잘 나타나 있다. 다시 말하면 마르크스는 8월 초까지도 비록 바이데마이어를 통한 출판사의 설립 계획은 실패했으나 쾰른을 중심으로 한 또 다른 사회주의 운동 참여자들(뷔르거스Heinrich Bürgers, 데스테르Karl D'Ester, 헤스Moses Heß)의 주도로 주식회사를 설립하고, 이 주식회사가 사회주의자들의 출판 사업을 재정적으로 지원할 것이라는 데 상당한 기대를 걸고 있는 것으로 나타나고 있다. Karl Marx an Carl Friedrich Julius Leske in Darmstadt. Brüssel, 1. August 1846〔MEGA² III/2, S. 22~25, 특히 S. 24〕 참조.

희박해지자, 쾰른에서의 헤스의 지속적인 노력에도 불구하고『독일 이데올로기』의 원고는 1846년 11월 초 다시 브뤼셀의 마르크스의 수중으로 돌아왔다.[78]

그리하여 마르크스는 1847년 가을, 마침내 이 책의 출판이 거의 불가능하다는 사실을 확인하고 이를 당시 브뤼셀을 중심으로 서서히 그 세력을 신장시켜나가던 '공산주의 통신위원회das Kommunistische Korrespondenzkomitee'의 자체 인쇄소 설립을 통해 실현하려 했다. 이 같은 계획은 이 통신위원회의 세력 신장을 위한 기관지 발행의 필요성에서 출발했으나 그것조차도 실현되지 못한 채 마침내 1848년 2월혁명을 맞게 되고, 그들의 기관지 설립 계획은『신라인 신문Neue Rheinische Zeitung』의 발행이라는 전혀 다른 형태로 구현되었던 것이다.[79] 따라서 마르크스와 엥겔스의『독일 이데올로기』의 출판 계획은 2년여에 걸친 끈질긴 노력에도 불구하고 그들의 생전에는 이 책의 극히 일부만 개별적인 글로서 잡지에 게재되었을 뿐,[80] 대부분의 원고는 마르크스 자신이 말했듯이 그의 서재에서 "쥐들이 갉아먹는다"라는 상징적 표현이 보여주듯 방치되어 있었던 것이다. 비록 마르크스는 이러한 상태로 방치되어 있는 원고가 '자기 이해' 또는 그 스스로의 '자

---

78) Moses Heß an Karl Marx in Brüssel. Köln, 28. Juli 1846〔MEGA² III/2, S. 269~270〕; Karl Ludwig Bernays und Friedrich Engels an Karl Marx in Brüssel. Paris, 2. November 1846〔MEGA² III/2, S. 63〕 참조.

79) Andréas/Mönke, "Neue Daten……," S. 40~41 참조.

80) 마르크스와 엥겔스의 생전에 출판된『독일 이데올로기』중 유일한 부분은 이 책 제2부의 IV장인 마르크스의 그륀 비판이다. Karl Marx, "Karl Grün: Die soziale Bewegung in Frankreich und Belgien(Darmstadt 1845) oder Die Geschichtsschreibung des wahren Sozialismus," *Das Westphälische Dampfboot*, Paderborn, August 1847, Jg. III, Nr. 8, S. 439~463; September, Nr. 9, S. 505~525. 이 글은 1896년 슈트루베에 의해 처음으로 발견되어『노이에 차이트』에 게재되었다〔이 장 제2절에 나오는 제1기 전기의 초고 출판사 중 1)을 참조〕.

명성'을 획득함으로써 그 임무를 수행했다고 자위했지만, 우리는 그의 이 같은 자위를 통해 또 다른 시대적 상황을 새삼스럽게 인식하게 된다.

5. 신MEGA 발간 준비 과정에서 제기되는 『독일 이데올로기』 편찬상의 문제

우리는 앞에서 마르크스와 엥겔스의 유고 중 『독일 이데올로기』가 어떠한 과정을 거쳐 관련 학계의 주목을 끌게 되었고, 또 그것이 1932년의 구MEGA I/5로 출판된 저간의 사정, 다시 말하면 『독일 이데올로기』의 편찬·발간사의 제1기를 검토했다. 그리고 이어서 그것이 당초 마르크스와 엥겔스에 의해 어떠한 과정을 거쳐 집필되고 또 그들이 어떻게 이를 출판하려고 했었는지, 즉 이 책의 편찬·발간의 전사前史를 살펴보았다. 따라서 여기서는 1932년 구MEGA 발간 이후의 『독일 이데올로기』의 편찬·발간사, 즉 제2기를 간단히 검토한 뒤 최근 『마르크스-엥겔스 전집』의 결정판을 자임하고 있는 신MEGA의 준비 과정에서 이 책의 편찬과 관련해 논의되고 있는 몇 가지 문제점들을 소개함으로써 곧 간행될 신MEGA I/5의 편찬 방향을 가늠해보고자 한다.

5.1. 구MEGA 이후의 『독일 이데올로기』의 발간과 새로운 초고 단편의 발견

1932년, 구MEGA I/5에서의 『독일 이데올로기』의 발간은 이 책의 초고의 일부 발췌가 아닌 최초의 전면적 출판이었다는 점에서 이 책

의 편찬사나 연구에 있어서 획기적인 사건이었다. 물론 이 같은 구
MEGA의 편찬이 완벽했느냐는 전혀 별개의 문제다. 구MEGA는 이
책의 편찬, 특히 제1부의 「I. 포이어바흐」 장의 편찬에 있어서는 "마
르크스와 엥겔스 자신이 초고에 표시해놓은 메모Notizen, 방주傍註,
Randglossen, 자료의 구성에 관한 지시Angaben를 지침으로 하여, 개개
의 문장군Stoffgruppe의 변증법적 관계를 저자의 표현 방식에 맞도록
편찬했다"라고 밝히고 있다. 그리고 저자들에 의한 직접적 지시는
i) 구성이나 미완성 초고의 추고를 위한 지시, ii) 주로 마르크스가
쓴 많은 양의 방주 및 iii) 개개의 관련된 문장군 사이에 그어놓은 횡
선과 다른 짧은 절에 표시해놓은 괄호 등의 세 가지 범주로 구별하
고 있다.[81] 따라서 이처럼 복잡하게 구성되어 있는 '미완성'의 초고
를 완벽하게 편찬한다는 일 자체가 지극히 어려운 일임을 생각할 때
구MEGA 출판 이후의 『독일 이데올로기』에 대한 논의는 주로 그 편
찬상의 문제에 집중될 수밖에 없다. 그러나 구MEGA 이후의 이 책
에 대한 연구사는 반드시 그런 것만은 아니었다.

　　구MEGA 발간 이후 『독일 이데올로기』의 출판은 오리지널과 같은
언어인 독일어판의 경우 이렇다 할 변경 없이 구MEGA를 그대로 수
용해서 발간하고 있으니, 1932년의 '국민보급판Volksausgabe,' 1933년의
'재소 외국인 노동자 출판조합판Verlagsgenossenschaft ausländischer Arbeit
ers in der UdSSR,' 1953년의 '디츠 판Dietz Verlag' 등이 그 예다. 물론
디츠 판의 경우 마르크스의 「포이어바흐에 관한 테제Die Thesen über
Feuerbach」와 엥겔스의 「포이어바흐에 관한 노트」를 수록하고 있으나
이렇다 할 변화가 없었으며, 1958년의 보급판 전집인 MEW는 기본

---

81) MEGA¹ I/5, S. 561~564, 특히 S. 561.

적으로 러시아어판 『전집*Socinenija²*』(1953)에 근거하여 오독과 탈자 등 해독상의 개선을 가하고 있을 뿐이다. 한편 독일어 이외의 경우 러시아와 일본이 1933년과 1947년 최초로 이 책을 구MEGA에 근거하여 전역全譯하고, 영어로는 1964년 MEW를 저본底本으로 한 모스크바의 '프로그레스 판Progress Publishers'(뒤에 거론하게 될 1962년에 새로이 발견된 텍스트를 포함하고 있다), 그리고 프랑스어로는 1968년의 '소시알르 판Editions sociales'이 각각 최초의 전역판全譯版이었다. 그리고 나머지 대부분의 번역판이나 선집들은 1930년대 이래 주로 구MEGA에 근거하여 『독일 이데올로기』의 서문과 「I. 포이어바흐」장을 번역·수록하고, 그렇지 않을 경우 필요에 따라 「라이프치히 종교회의」를 비롯하여 「II. 성 브루노」나 「III. 성 막스」, 또는 제2부의 「진정 사회주의자」를 부분적으로 발췌하고 있을 뿐이다. 그러나 방대한 양의 「III. 성 막스」가 전역되거나 전부 수록되는 경우는 지극히 드물었다.[82]

그러나 『독일 이데올로기』의 편찬에 관한 한 거의 절대적이었던 구MEGA의 권위는 1962년 지그프리트 바네Siegfried Bahne가 암스테르담의 IISG에서 3매의 초고 블라트Manuskriptblätter를 발견함으로써 흔들리게 되었다. 다시 말하면 그때까지 관련 학자들은 오리지널이

---

82) Andréas, *Karl Marx/Friedrich Engels······ Bibliographie*, S. 147~154 참조. 한 편 전 세계의 『독일 이데올로기』의 출판 건수(미삭제의 전권과 발췌를 포함하여)는 1963년 9월 현재 49건이던 것이 1982년에는 81건으로 늘어나고 있다(전자의 경우 미확인 부분이 후자에 첨가된 예도 있다). Bert Andréas, "Marx et Engels et la gauche hégélienne," *Annali*, Anno Settimo 1964~1965(Milano, 1966), pp. 451~456 참조.

* 그러나 저자의 조사에 따르면 이 책의 일본어 번역판은 모리 코이치森宏一를 대표로 하는 유물론연구회의 공동 번역으로 1935~1936년간에 최초로 출판되었다. 이 책 제4장 2절을 보라[1994-저자].

나 오리지널의 포토코피의 사진판만을 단편적으로 접했을 뿐, IISG 에 보관되어 있는 포토코피의 정밀한 검토를 생각지 않았기 때문에 비판 전집으로서의 구MEGA의 권위에 대해 의문을 제기하지 않았던 것이다. 따라서 이 책 제1부「I. 포이어바흐」장에 보이는 텍스트상 의 탈루脫漏, Lücken는 초고 자체의 미완성적 특징에 기인하거나, 아니 면 마르크스의 표현대로 "쥐가 갉아먹어nagende Kritik der Mäuse" 생긴 탈문으로 간주해왔다. 그러나 바네는 IISG에서 "국회의원 베른슈타 인의 인쇄물Drucksachen für das Mitglied des Reichtages Herrn Bernstein"이라 고 씌어진 봉투 안에서 "이미『사회주의 도큐멘트』제3, 4권에 인쇄, 발표된「신성 막스」Der 'heilige Max' mit Auslassung schon in den Dokumenten des Sozialismus gedruckt Bd. III/IV"라는 베른슈타인의 메모가 적힌 3매의 블라트를 발견하고, 이것이 바로 마르크스와 엥겔스의『독일 이데올 로기』의 일부임을 확인하게 된다. [83] 그리고 그는 여기에서 한걸음 더 나아가 MEGA에 수록된 텍스트와 초고의 오리지널을 비교해보 고, 거기에 상당한 차이점이 있음을 발견했던 것이다. 즉 그는 구 MEGA는 기본적으로 IML/M이 소장하고 있는 포토코피에 근거하여 출판된 것이기에, 첫째 종이의 접혀진 부분에 씌어 있는 텍스트가 포토코피에는 나타나지 않고, 다음으로는 저자가 아니라 베른슈타인 이 텍스트에 가한 변경(특히 삭제를 하라는 사선 표시)이 포토코피에 서는 저자의 그것과 구별되지 않는다는 점을 지적하고 있다. [84] 이처 럼 바네가 3매의 블라트, 모두 여섯 페이지의『독일 이데올로기』초

---

83) S. Bahne, "'Die Deutsche Ideologie' von Marx und Engels. Einige Textergänzungen," *International Review of Social History*, Vol. VII(1962), S. 93~95. 이 3매의 블 라트에 씌어진 텍스트는 MEGA¹ I/5, S. 32, Z. 5(「I. 포이어바흐」)와 S. 180, Z. 20(「III. 성 막스」장)에 삽입될 부분과「II. 성 브루노」장에서의 일련의 이고異稿로 판명되었다.

고를 발견함으로써 『독일 이데올로기』, 특히 「I. 포이어바흐」 부분의 형성사를 재검토하게 되었고, 이는 1965년 게오르기 바가투리야 Georgij Bagaturija가 『독일 이데올로기』 제1장을 재편찬하는 계기가 되었음은 물론,[85] 1972년의 신MEGA 시쇄판에서 「I. 포이어바흐」 장을 전면적으로 재조정하는 결과로 이어지기도 했다.

5.2. 신MEGA의 편찬 준비와 거기서 제기되는 몇 가지 문제점

지금까지 구MEGA 출판 이후의 『독일 이데올로기』 발간사를 간략히 검토했으며, 1962년 바네에 의해 3매 분량의 『독일 이데올로기』 초고가 발견됨으로써 이 책이 새롭게 편찬될 필요성이 폭넓게 제기되었다는 사실을 살펴보았다. 그리고 이 같은 『독일 이데올로기』의 새로운 편찬의 필요성은 1968년 MEW의 완간과 더불어 기획된 신MEGA의 발간 사업과 적절한 조화를 이루게 되었다.[86]

---

84) *Ibid.*, S. 94 및 S. 94, Anm. 1을 참조. 실제로 초고의 오리지널에 가해진 제3자의 가필을 포토코피로 볼 때는 원저자의 그것과 구별하기가 지극히 어렵다는 것을 1988년 1월, 『경제학·철학 초고』의 오리지널과 그 포토코피 사이의 차이를 확인하는 과정에서 저자도 경험한 바 있다.

85) 바가투리야에 의한 구MEGA I/5에 대한 비판, 즉 이 책의 편찬이 '자의적'이라는 비판과 이 책의 「I. 포이어바흐」 장의 재편찬에 대해서는 다음을 참조하라. G. A. Bagaturija, "Struktura i soderžanie rukopisi pervoj glavy 'Nemeckoj ideologii' K. Marksa i F. Engel'sa," *Voprosy filosofii*(Moskau, 1965), Nr. 10, S. 108~118; Nr. 10, S. 79~107; Nr. 11. 111~137.
   * 바가투리야 논문의 일본어 번역은 바가투리야 판의 일본어 번역본의 권말에 수록되어 있다. ゲ・ア・バガトゥーリヤ,「K. マルクスとF.エンゲルスの『ドイツ・イデオロギー』第1章 原稿の構造と內容」,『新版ドイツ・イデオロギー』(東京: 合同出版, 1966), pp. 189~213〔1994-저자〕. 한편 바가투리야 판의 독일어본은 "I. Feuerbach," *Deutsche Zeitschrift für Philosophie*(Berlin, 1966), Jg. XIV, Nr. 10, S. 1199~1251을 참조. *Ibid*, S. 1192~1198에는 IML/B의 편찬자 서문이 게재되어 있다. 이 책 제3장 3절 참조.

86) 신MEGA 발간 사업의 준비 개황과 구성, 신MEGA의 편찬 의의와 내용, 그리고 편찬 지침에 대해서는 다음을 참조하라. Heinz Stern/Dieter Wolf, *Das große Erbe. Eine*

1972년에 나온 신MEGA의 시쇄판은 『마르크스-엥겔스 전집』의 편찬 지침을 밝히는 과정에서 이 전집의 성격을 다음과 같이 규정하고 있다.

MEGA는 마르크스와 엥겔스의 문자로 된 생애의 작업을 완벽하게, 오리지널에 충실하게, 그리고 전해지는 모든 저작의 텍스트 비판을 통한 정밀한 검토에 근거하여 그것의 발전을 문서로 증거하려고 한다. 이 MEGA는 다양한 학문적 분야의 국제적인 연구에 원전으로서의 포괄적인 근거를 제공하고, 모든 양식과 언어로 된 마르크스-엥겔스 판 출판의 가장 확실한 문헌적 기초가 될 역사적-비판적 전집이다.[87]

따라서 이 같은 신MEGA의 성격 규정은 결국 그 편찬에 있어서 다음과 같은 구체적 특징을 갖게 된다. i) 문자로 된 마르크스와 엥겔스의 유산 중 접근 가능한 모든 유산을 완벽하게 수록한다. ii) 모든 텍스트를 철저히 오리지널과 일치시키고, 오리지널에 나타나는 언어로 출판한다. iii) 이처럼 원형·원어를 통해 텍스트 전체의 발전 과정을 고찰함으로써 마르크스와 엥겔스가 어떻게 작업했는지 통찰할 수 있도록 하고 나아가 마르크스주의의 발전의 제 단계를 문서로 증거한다. 그리고 마지막으로 iv) 이들 두 사람의 문서로 된 저작을 텍스트 비판을 통해 철저히 분석하는 것은 물론 학술적 목적의 이용자들에게 필요한 상세하고도 포괄적인 아파라트Apparat를 부가한다는 것이다. 그리고 바로 이러한 편집 원칙에 근거하여 신MEGA에 수록

historische Reportage um den literarischen Nachlaß von Karl Marx und Friedrich Engels(Berlin: Dietz Verlag, 1972), S. 192~200; MEGA² _Probeband_, S. 5*~68*.

87) MEGA² _Probeband_, S. 39*.

될 개개의 텍스트는 그 저작의 출판 연대가 아닌 저술 시기das Datum der Abfassung에 따라 연대순으로 배열함으로써 마르크스주의의 발생 및 발전사를 문서화하려 한다.[88]

바로 이상과 같은 신MEGA 편찬의 기본적인 원칙에 근거하여, 최근 신MEGA 판 I/5 『독일 이데올로기』의 편찬 과정에서 제기되는 논의를 이해하고, 또 정리할 수 있을 것이다. 오늘날 새로운 『독일 이데올로기』의 출판 준비 과정에서 가장 큰 문제가 되는 것은 iii)항과 연결되고 있다. 다시 말하면 이 책의 출판 준비 과정에서 가장 빈번히 논의되었을 뿐만 아니라, 출판 이후에도 논의가 계속될 것으로 보이는 문제는 먼저 이 책의 제1부 「I. 포이어바흐」 장의 텍스트 배열Textanordnung에 관한 것이고, 다음으로는 이 책의 집필과 직접·간접으로 연관된 이고異稿나 동시대에 씌어진 마르크스-엥겔스의 다른 초고·초안·메모, 그리고 이 책의 일부를 형성하기로 예정되었던 두 사람 이외의 제3자의 글들의 배치에 관한 것이다.[89]

여기서 먼저 『독일 이데올로기』, 「I. 포이어바흐」 장의 텍스트 배열 문제를 기왕에 언급한 바 있는 신MEGA 시쇄판을 중심으로 간단히 살펴보고자 한다. 신MEGA의 텍스트 편찬은 각 부Abteilung별로 간행 일자가 아닌 집필 일자를 중심으로 연대순으로 배열하는 것을 원칙으로 한다. 그리고 장기간에 걸쳐 집필이 이루어진 저작은 그 형성사 Entstehungsgeschichte의 분석을 통해 개별적으로 결정하고, 일부日附를 확정할 수 없는 초고나 편지 등은 추정할 수 있는 저작 일자에 따라 배

---

88) MEGA² I/1, S. 35*~37*; 정문길, 앞의 책, pp. 192~194 참조.

89) Inge Taubert, "Neue Erkenntnisse der MEGA-Bände I/2 und I/3 und ihre Bedeutung für die Bestimmung von Forschungs- und Editionsaufgaben der Arbeit an dem MEGA-Band I/5(Marx/Engels: *Die deutsche Ideologie*)," *Beiträge zur Marx-Engels-Forschung*, 22(1987), S. 25~27 참조.

열하며, 추정이 불가능한 경우에는 가장 빠른 시점frühestmöglichen Zeitpunkt을 저작 일자로 결정한다는 것이다. 한편 『독일 이데올로기』나 『반뒤링Anti-Dühring』처럼 방대한 저작의 경우에는 그것과 직접적으로 관련되는 다른 자료들까지 한데 묶어 주제별로 책을 만들기로 하고 있다.[90]

이상과 같은 신MEGA의 텍스트 배열 원칙에 입각해볼 때 미완성인 채로 남아 있는 『독일 이데올로기』, 「I. 포이어바흐」 장의 편찬은 상당한 논란의 소지가 있다. 신MEGA I/5의 편찬 책임을 맡은 타우베르트는 「I. 포이어바흐」의 경우 집필 당시, 기본적으로 별도의 장으로 계획된 것이 아니라, 브루노 바우어의 「루트비히 포이어바흐의 특징」이란 글을 비판하는 과정에서 포이어바흐의 유물주의와 추상적 인간주의의 특징을 명료히 하고 마르크스와 엥겔스 자신들의 유물주의적 역사관을 서술하기 위해 독립된 장으로 발전된 것으로, 서로 다른 시기에 씌어져 비교적 독립된 의미를 가진 7개 부분으로 분할할 수 있다고 보고 있다. 따라서 「I. 포이어바흐」 장은 어떤 경우에는 이 책 제1부의 다른 장을 위해 집필되었을 뿐만 아니라 서로 정도가 다른 수정 단계의 초고는 물론 방주·메모·지시, 그리고 새로운 집필을 위한 여백을 남겨두었거나, 어떤 경우에는 초안에 불과한 성격의 원고까지 남아 있는 형편이다.[91] 그러므로 이 같은 성격의

---

90) MEGA² *Probeband*, S. 43*의 B. II. 1, 2, 3, 6항 참조.

91) MEGA² *Probeband*, S. 403~404. 모두 94페이지로 구성된 「I. 포이어바흐」 장은 좌란의 본문은 82페이지가 모두 씌어지고, 7페이지가 부분적으로, 그리고 5페이지가 여백으로 남아 있다(앞서 기술한 IISG의 목록은 59페이지로 되어 있다). 오리지널의 포토코피에 대한 저자의 조사에 따르면 좌란의 본문은 대부분 엥겔스의 필체이고, 몇 행이 마르크스의 필체이다. 그리고 행간의 수정에는 두 사람의 필체가 모두 발견되고, 우란에는 상이한 경우에 써놓은 첨가와 삽입구, 독립된 텍스트, 방주·메모의 부기, 순서를 매긴 페이지 숫자, 기타 텍스트와는 상관없는 낙서 등이 보인다. *Ibid*, S. 406

「Ⅰ. 포이어바흐」 장이 1962년 바네에 의해 3매의 초고 블라트가 발견됨으로써 그 첫번째 수정이 가해지고, 1965년 바가투리야에 의해 재편찬 작업이 행해졌으며, 1972년 다시 타우베르트에 의해 신MEGA의 시쇄판에서 집필 순서에 따른 전면적인 재편찬이 이루어진 것은 불가피한 일이라고 하겠다. 다시 말하면 현존하는 「Ⅰ. 포이어바흐」 장의 초고는 서로 다른 집필 단계에 속하는 원고들의 묶음이기에 이 같은 미완성 초고의 완벽한 편찬은, 비록 정도의 차이는 있다고 할지라도 결국 추정의 한계를 벗어나기 어려운 일이므로 텍스트 편찬상의 논의는 끊이지 않을 것으로 보인다. 따라서 관련 학자들에게는 신MEGA가 초고 오리지널의 상태를 가급적 원형대로 전달함으로써 장래의 연구에 새로운 가능성을 제시하는 것이 더욱 바람직한 것으로 생각된다.

한편 미완성 초고의 배열과 다른 문제로서 『독일 이데올로기』의 편찬에서 지속적으로 논의되는 것은 『독일 이데올로기』와 거의 같은 시기에 마르크스와 엥겔스에 의해 작성되거나 집필된 논설·초고·초안·메모 등의 단편이 이 책 제2부의 결여된 Ⅱ, Ⅲ장이나 『독일 이데올로기』의 다른 장절章節과 직접 혹은 간접으로 어떤 관련성이 있느냐 하는 것이다. 따라서 저자는 『독일 이데올로기』와 거의 같은 시기에 집필된 마르크스와 엥겔스의 논설·초고·초안·메모, 그리고 단편 등을 기왕의 연구 성과를 중심으로 간단히 일별한 뒤, 이들을 신MEGA의 편찬 과정에서 제기되고 있는 몇 가지 문제점과 연결시켜 논의하고자 한다. 따라서 다음에 열거하는 마르크스와 엥겔스의 저작들에 대한 간단한 언급은 구MEGA를 비롯하여 최근의 신MEGA

~415, 특히 S. 408~411의 페이지 매김Paginierungsschema 참조.

출판 준비 작업에 이르기까지의 각종 연구 성과에 근거하고 있음은 물론이다.[92] (다음의 논설·초고 등의 앞에 씌어진 알파벳은 『독일 이데올로기』 각 장 앞에 부기한 알파벳과 연결된 연번호이다.)

> K: 1) ad Feuerbach〔MEGA[1] I/5, S. 531, 532, 533~535, 536
> ~537〕
>
> —1845년 1월, 3월 및 연말경에 마르크스가 쓴 「포이어바흐에
> 관한 11개의 테제」와 기타 포이어바흐에 관한 몇 개의 노트를
> 포함. 이들 중 일부가 B(「I. 포이어바흐」)에 인용된다.
>
> L: Feuerbach〔MEGA[1] I/5, S. 538~540〕[93]
>
> —1845년 12월이나 1846년 1월 이후에 엥겔스가 쓴 노트.
>
> M: Bruno Bauer stammelt〔MEGA[1] I/5, S. 541~544〕[94]
>
> —1845년 11월에 집필. 『사회의 거울』 제7호(1846. 1)에 게재.
> 이 글은 "Bruno Bauer stammelt"로 시작된다. 이 글의 필자
> 는 구MEGA에서는 마르크스의 처남인 베스트팔렌Edgar von
> Westphalen으로, 구스타프 마이어는 엥겔스로, 그리고 1975년
> 에 발간된 영문판 전집Collected Works, vol. 5, pp. 15~18에서는

---

92) MEGA[1] I/5 및 I/6의 해당 텍스트의 편자 주석; Bert Andréas, *Karl Marx/Friedrich Engels…… Bibliographie*, S. 140~141; *Beiträge zur Marx-Engels-Forschung*, 26(1989), S. 98~194 등을 참조.

93) 이 초고와 『독일 이데올로기』, 특히 이 책 「I. 포이어바흐」 장과의 관계는 다음을 참조하라. Inge Taubert, "Zur Entstehungsgeschichte des Manuskripts 'Feuerbach' und dessen Einordnung in den Band I/5 der MEGA[2]," *Beiträge zur Marx-Engels-Forschung*, 26(1989), S. 100~109 참조. 마르크스-엥겔스의 영문판 전집은 이의 집필을 1845년 가을로 보고 있다. Marx/Engels, *Collected Works*, vol. 5, pp. 11~14.

94) 구MEGA에서의 제목은 'Sankt Bruno contra die Verfasser der 'Heiligen Familie''이다.

마르크스와 엥겔스의 공저로 보고 있다.

N: Deutscher Sozialismus in Versen und Prosa〔MEGA[1] I/6, S. 31~71〕

1. Karl Beck: "Lieder vom armen Mann" oder die Poesie des wahren Sozialismus〔MEGA[1] I/6, S. 33~47〕[95]

—1846년 가을 엥겔스가 집필. 당초 슈트루베, 메링, 란츠후트 /율리우스 마이어는 이 글의 필자를 마르크스로 추정하나 구스타프 마이어는 엥겔스라고 봄. 『독일-브뤼셀 신문』 제73~74호(1847. IX. 12, 16)에 게재.

2. Karl Grün: "Über Göthe vom menschlichen Standpunkte," Darmstadt, 1846 〔MEGA[1] I/6, S. 47~71〕[96]

—1846년 엥겔스가 집필. 1847년 1월에 수정하여 I(『독일 이데올로기』 제2부 「IV. 마르크스의 그륀 비판」)에 첨가하려 했다고 추정. 『독일-브뤼셀 신문』, 제93~98호(1847. XI. 21, 25, 28, XII. 2, 5, 8)에 게재.

O: Die wahren Sozialisten〔MEGA[1] I/6, S. 73~116〕[97]

—1847년 1~7월 사이에 엥겔스가 집필한 초고. 『독일 이데올로기』 제2부의 결여된 두 개 장 중 한 장에 쓰기 위해 수정했다고 추정.

---

95) Elke Röllig, "Deutscher Sozialismus in Versen und Prosa. 1) Karl Beck: 'Lieder vom armen Mann order die Poesie des wahren Sozialismus' -ein weißer Fleck in der Marx-Engels-Forschung," 26(1989), S. 100~125 참조.

96) Dieter Deichsel, "Deutscher Sozialismus in Versen und in Prosa. 2) Karl Grün: 'Über Göthe vom menschlichen Standpunkte' Darmstadt 1846," *Beiträge zur Marx-Engels-Forschung*, 26(1989), S. 126~145 및 Andréas, *Karl Marx/Friedrich Engels······ Bibliographie*, S. 143, Anm. 20 참조

97) MEGA[1] I/6, S. 665 및 Andréas, *Karl Marx/Friedrich Engels······ Bibliographie*, S. 141, 143, Anm. 21 참조.

P: Der status quo in Deutschland〔MEGA¹ I/6, S. 229~249〕[98]

  —1847년 3월에 집필된 것으로 추정되는 엥겔스의 초고. 『독일
  이데올로기』 제2부의 결여된 두 개의 장 중 한 장에 쓰기 위
  해 수정했다고 추정.

우리는 앞에서 『독일 이데올로기』와 거의 같은 시기에 마르크스와 엥겔스에 의해 집필되고, 또 이 책과 직·간접으로 관련성이 높은 것으로 추정되는 그들의 논설·초고·메모 및 단편들을 일별했다. 그렇다면 이들 각각이 신MEGA에서의 『독일 이데올로기』의 편찬과 어떻게 연결되는지 간략히 검토해보자.

우선 현존하는 『독일 이데올로기』의 초고 내용을 검토할 때 가장 먼저 대두되는 문제는 이 책의 차례에서 나타나는바 제2부의 결여된 제II, III장에 해당하는 글이 앞에 열거한 글 가운데 과연 어느 것이냐 하는 점이다. 『독일 이데올로기』의 제2부가 진정 사회주의자를 다루고 있고, 또 이 책 제2부 제I장이 『라인 연보』를 비판한 'H'이고, 제IV장이 칼 그륀을 비판한 'I'이므로 제II장과 III장이 진정 사회주의자를 다룬 것임은 의심할 바 없다. 따라서 앞에 열거한 같은 시기의 글 가운데 제II, III장에 합당하다고 추정되는 것으로는 N의 1, 2와 O, P를 지목할 수 있다. 특히 엥겔스가 집필한 N의 1은 독립된 장으로서(예를 들면 제2부의 제II장이나 제III장으로), 그리고 N의 2는 마르크스가 집필한 「IV. 칼 그륀, 『프랑스와 벨기에에서의 사회운동』, 또는 진정 사회주의자의 역사 서술」에의 연속으로서 『독일 이데올로기』에 게재될 개연성이 높은 글들로 분석되고 있다.[99]

---

98) MEGA¹ I/6, S. 230, 669; Andréas, *Karl Marx/Friedrich Engels······ Bibliographie*, S. 141.

그러나 MEGA² I/5의 편찬 책임을 맡은 IML/B의 연구 참여자들에 따르면, O, P와 더불어 N. 1 및 N. 2가 이 결여된 부분과 높은 연관성을 가지고 있음은 부인할 수 없으나 그 어떠한 경우에도 이를 MEGA² I/5에 수록해야 한다는 구체적이고 명백한 증거는 찾을 수 없었다. 따라서 이들은 주 텍스트Hauptteil에 편입하기는 어렵고, 기껏 부록이나 MEGA² I/6에 수록될 수 있을 것으로 보인다.[100]

신MEGA의 편찬에 있어서 다음으로 제기되는 문제는 앞에 열거한 K에서 P에 이르는 7개의 논설·초고·메모·단편 들을, 주제를 중심으로 독립된 책을 형성하는 『독일 이데올로기』(MEGA² I/5)에 수록하느냐, 아니면 연대순에 따라 MEGA² I/6에 수록하느냐 하는 점이다. 신MEGA는 그 편찬 지침 B. II. 6에서 『독일 이데올로기』『반뒤링』『자연변증법Dialektik der Natur』 등과 같이 마르크스와 엥겔스의 방대한 저작은 부속되는 자료들과 한데 묶어 주제별로 권券, Band을 형성하게 된다고 밝히고 있다.[101] 따라서 이 같은 편찬 지침에 근거해 볼 때, 앞의 7개의 글 중 K, L, M은 집필 시기나 그 내용상으로 보아 구MEGA의 예에 준해 I/5에 편입될 가능성이 높으나 O, P의 경우는 논의의 여지가 있는 것으로 보인다. 다시 말하면 MEGA² I/6으로 넘어갈 가능성이 높다. 그런가 하면 N. 1과 N. 2는 그것이 『독일

---

99) Dieter Deichsel, "Deutscher Sozialismus in Versen und in Prosa. 2) Karl Grün: 'Über Göthe vom menschlichen Standpunkte.' Darmstadt 1846," *Beiträge zur Marx-Engels-Forschung*, 26(1989), S. 127, 132~133.

100) Elke Röllig, "'Deutscher Sozialismus in Versen und Prosa 1) Karl Beck: 'Lieder vom armen Mann, oder die Poesie des wahren Sozialismus'" –ein weißer Fleck in der Marx-Engels-Forschung," *Beiträge zur Marx-Engels-Forschung*, 26(1989), S. 109~125; Dieter Deichsel, "Deutscher Sozialismus in Versen und in Prosa. 2) Karl Grün: 'Über Göthe vom menschlichen Standpunkte,' Darmstadt 1846," *Beiträge zur Marx-Engels-Forschung*, 26(1989), S. 126~145.

101) MEGA² *Probeband*, S. 43*.

이데올로기』제2부에 속하는 것으로 판단될 경우 당연히 MEGA² I/5에 수록되겠지만, 그렇지 않을 경우에는 MEGA² I/6으로 넘어갈 가능성도 배제할 수 없다. [102]

마지막으로『독일 이데올로기』의 편찬에서 그동안 상당한 논란을 일으킨, 이른바『독일 이데올로기』의 저술에서의 헤스의 기여에 관해 검토할 필요가 있다. 헤스의『독일 이데올로기』공저설은 이미 앞에서도 언급한 바와 같이 엥겔스로부터 직접 전해들은 것이라는 베른슈타인의 주장에 따라 마르크스 연구가나 헤스 연구가들 사이에서 그 진위 여부에 대한 논의가 지속적으로 전개되어왔다. 그 결과 헤스의『독일 이데올로기』공저설은 오늘날에 와서는「III. 성 막스」장(E)에 관한 한 에드문트 질베르너Edmund Silberner, 볼프강 묑케 Wolfgang Mönke 등의 헤스 연구가들에 의해 부인되고 있다. [103] 그러나『독일 이데올로기』제2부의「V.『홀스타인의 게오르크 쿨만 박사』, 혹은 진정 사회주의의 예언」(J)은 바이데마이어가 청서하고 그 끝에 "M. Hess"라고 기록함으로써 그의 저술임이 분명해졌고, [104] 비록 잔

---

102) Elke Röllig, *op. cit.*, S. 120~121; Dieter Deichsel, *op. cit.*, S. 135.

103) Mönke, "Über die Mitarbeit von Moses Heß an der 'Deutschen Ideologie,'" S. 445~448; Edmund Silberner, *Moses Hess. Geschichte seines Lebens* (Leiden: E. J. Brill, 1966), S. 249; Zwi Rosen, *Moses Hess und Karl Marx. Ein Beitrag zur Entstehung der Marxschen Theorie*(Hamburg: Hans Christians Verlag, 1983), S. 114; Inge Taubert, "Zum Mitarbeit von Moses Heß an der 'Deutschen Ideologie' — die Auseinandersetzung mit Arnold Ruges Werk 'Zwei Jahre in Paris. Studien und Erinnerungen,' Leipzig 1846," *Beiträge zur Marx-Engels-Forschung*, 26(1989), S. 149~150.

104) Mönke, "Über die Mitarbeit……," S. 461~490. 헤스의 저작 번호 A1053인 이 초고는 반드시 일치하지는 않으나 많은 부분이 "Umtriebe der kommunistischen Propheten"(헤스의 저작 번호 A197b)과 동일하고, 현재 IISG에 보관된 헤스의 초고(B175 Fragment on "Dr." Georg Kuhlmann and August Becker. ca 1845)는 이의 집필을 위한 초안으로 보인다(모두 24페이지인 이 초안의 첫 14페이지는 결여).

존한 『독일 이데올로기』의 초고에는 포함되어 있지 않으나 루게 Arnold Ruge의 『파리에서의 2년*Zwei Jahre in Paris. Studien und Erinnerungen*』 (Leipzig, 1846)이란 책에 대한 그의 비판, 「그라치아노 박사의 저작, 『파리에서의 2년』*Dottore Graziano's Werke. Zwei Jahre in Paris, von Arnold Ruge*」이 당초 『독일 이데올로기』를 위해 집필되었다는 논의가 타당성을 얻게 되면서[105] 이 두 편의 글을 MEGA² I/5에 게재할 것인지, 그렇다면 어떤 방식으로 할 것인지가 새로운 논의를 불러일으키고 있다. 다시 말하면 신MEGA는 "마르크스와 엥겔스의 전 생애에 걸친 문자로 된 유산을 수록한다"라고 했는데, 두 사람이 아닌 제3의 인물, 즉 헤스의 저작을 주 텍스트로 게재할 수 있느냐 하는 문제가 바로 그것이다. 이 경우 후자, 즉 헤스의 루게 비판은 당연히 본문Hauptteil이 아닌 부록으로 넘겨질 것이라고 추측할 수 있으나 전자, 즉 『독일 이데올로기』의 초고 가운데 분명히 한 개 장으로 포함되어 있는 'J'(쿨만 비판)를 어떻게 처리할 것인지가 논의의 대상이 된다고 하겠다. 그러나 신MEGA의 편집진은 당초 'J'를 포함한 『독일 이데올로기』 자체의 차례 구성에도 불구하고, 이를 앞서 서술한 기본적인 편찬 지침에 근거하여 MEGA² I/5의 부록에 게재할 것을 명백히 하고 있다.[106]

헤스의 초고 B82, B83도 참조. Edmund Silberner, *The Works of Moses Hess. An Inventory of His Signed and Anonymous Publications, Manuscripts, and Correspondence*(Leiden: E. J. Brill, 1958), pp. 12, 74, 82, 89.

105) 『독일-브뤼셀 신문』, 제62, 63호(1847. VIII. 5, 7)에 게재된 헤스의 글. 로키챤스키는 이의 『독일 이데올로기』와의 관련성에 대해 부정적이나 타우베르트는 긍정적이다. Edmund Silberner, *The Works of Moses Hess*, p. 13; Jakow Rokitjanski, "Zur Geschichte der Beziehung von Karl Marx und Friedrich Engels zu Moses Heß in Brüssel 1845/1846," *Marx-Engels-Jahrbuch*, 9(1986), S. 223~267; Inge Taubert, *op. cit.*, S. 147, 158~159.

106) Christine Ikker, "Zur Mitarbeit von Moses Heß an der 'Deutschen Ideologie'

6. 맺음말

지금까지 마르크스와 엥겔스의 유고 가운데 그들 생전에는 극히 일부만 독립된 논설의 형태로 출판되고, 대부분의 경우 초고의 형태로 서재에서 "쥐들이 갉아먹게" 방치되어 있던 『독일 이데올로기』의 편찬사를 1932년의 구MEGA의 발간을 분기점으로 하여, 두 시기로 나누어 살펴보았다. 『독일 이데올로기』는 이미 잘 알려진 바와 같이 마르크스주의의 형성사에 있어서 1845년의 『신성가족』과 1847년의 『철학의 빈곤』을 사상적으로 연결시켜주는 고리일 뿐만 아니라, 그들의 유물주의적 역사관이 최초로 명시적으로 개진되었다는 점에서도 극히 주목되는 중요한 저작이다. 그러나 『독일 이데올로기』는 이미 앞서도 명백히 밝힌 바와 같이 기본적으로 미완성의 초고이기에 각 장절章節의 완성도나 집필 단계가 서로 상이하여 편찬상에 상당한 어려움이 따르고, 또 지속적인 논란의 여지가 있다. 특히 제1부의 「I. 포이어바흐」 장은 그 내용상 이 책 가운데서 가장 중요한 부분임에도 불구하고 집필 단계가 서로 다른 원고들이 뒤섞여 있으며, 편찬상의 지시나 구절을 구분하는 횡선, 삭제를 지시하는 사선, 그리고 삽입과 첨삭이 다른 부분보다 빈번한 것이 눈에 띈다. 그럼에도 불구하고 『독일 이데올로기』는 타우베르트의 표현처럼 몇 개의 논설이나 따로따로 떨어진 초고들로 구성된 『경제학·철학 초고』와는 달리 하나의 독립된 저서로서의 일관성은 물론 상당 부분이 최종고의 형태로 남아 있다는 점에서 이 책의 독자성에 대한 의혹은 설득력을

—das Kapitel V des zweiten Bandes," *Beiträge zur Marx-Engels-Forschung*, 26(1989), S. 186~187.

갖지 못한다. 따라서 이 장에서는 이 같은 독립된 저서로서의『독일 이데올로기』가 마르크스와 엥겔스의 전 저작의 결정판을 자임하는 신MEGA 판의 I/5(『독일 이데올로기』)에서 어떤 모습으로 나타날 것인가의 문제를 1962년의 바네에 의한 새로운 초고의 발견에 따른 논쟁과 신MEGA의 편찬 과정에서 제기된 논의를 통하여 검토해보았다.

물론 편찬사를 통한『독일 이데올로기』의 연구가 갖는 의미에 이의를 제기할 수도 있을 것이다. 그러나 이 같은 편찬사를 통한『독일 이데올로기』의 엄밀한 고찰은 이 책의 형성사에 대한 통찰을 줄 뿐만 아니라 마르크스와 엥겔스, 나아가 마르크스주의의 사상적 발전의 구체적 단계를 보여준다는 점에서 중요한 의미를 갖는다. 다시 말하면 마르크스와 엥겔스의 구체적인 사상적 발전 단계에 대한 조명은 마르크스주의의 독자적인 내적 성장만을 밝히는 데 그치지 않고 그의 사상적 발전 과정에 미치는 동시대의 다른 인물들에 대한 연구도 동시에 필요하다는 명백한 근거를 제시해준다. 그리고 이들 양자 이외의 동시대의 다른 인물들에 대한 연구도 동구 제국에서의 일반적인 연구 경향처럼 마르크스 이론에의 수렴사로서가 아니라, 이들 제3자의 독자적이고도 개별적인 지적 활동과 더불어 동시대인으로서의 지적 상호 작용에 대한 면밀한 관심을 기울일 것이 요구된다. 한편 이 같은 개별적 저작의 형성사나 마르크스의 사상적 발전 단계에 대한 면밀한 연구는 아직도 초보적인 단계에 머물러 있는 한국의 마르크스주의 연구에 새로운 계기를 마련할 것으로 보인다. 특히 이 같은 연구는 최근 수년 사이에 우후죽순처럼 쏟아진 편향적인 마르크스주의 관련 저서들에 대한 하나의 기준을 제시하는 근거가 될 수 있으며, 나아가 텍스트와 무관한 마르크스와 엥겔스의 무절제한 인용에 하나의 방파제가 될 수 있다고도 말할 수 있다. 그리고 뚜

렷한 기준이나 텍스트에 대한 이렇다 할 해제解題조차 첨가되지 않은
마르크스나 엥겔스의 선집이나 원전의 번역에 대해서도 하나의 경종
이 되리라고 생각한다.

제2장

『독일 이데올로기』는 계간지용 원고로 집필되었나?
─『독일 이데올로기』 성립사에 대한 최근 논의를 중심으로

1. 글머리에

1975년을 기점으로 발간되기 시작한 신MEGA는 1989년 이래 동구의 몰락으로 그 발간 계획에 커다란 차질이 생긴 것은 사실이나, 기왕에 발간된 40여 권이 마르크스주의의 정확한 이해나 마르크스학의 진전에 커다란 공헌을 해왔음은 관련 학자들 사이에 잘 알려진 일이다. 다시 말하면 신MEGA는 수많은 새로운 자료의 발굴·공개는 물론이요 기간의 문헌적 자료도 이를 원어原語로, 그리고 가능한 한 원형에 가깝게 출간하려고 노력함으로써 결과적으로는 마르크스학의 심화에 크게 기여했던 것이다.[1] 이 같은 마르크스학 심화의 한

---

1) 신MEGA는 1989년까지 40권이, 1990~1991년 사이에 5권이, 그리고 1992년 현재 발행되거나 인쇄 중인 것이 4권으로 모두 49권이 발간되었다. 정문길, 「전환기의 풍경: 공산권 붕괴 이후의 『마르크스-엥겔스 전집』 속간 사업」, 『문학과사회』 18호(1992년 여름), pp. 598~601 참조. 한편 신MEGA를 포함한 신구MEGA의 발간 경위와 특징, 그

단면을 마르크스-엥겔스의 미완성 유고, 특히 『독일 이데올로기』에
대한 최근의 연구 성과의 집적을 통해 확인하게 된다.

　1845∼46년간에 마르크스와 엥겔스에 의해 브뤼셀에서 집필된 것
으로 알려진 『독일 이데올로기』는 마르크스주의의 유물론적 역사관
이 최초로 구체적으로 정초된 문건으로서 마르크스주의의 형성·전
개에 있어 가장 중요한 저작의 하나로 여겨지고 있다. 그리고 『독일
이데올로기』의 텍스트나 형성사, 집필 과정 등에 대해서는 종래 구
MEGA의 해석이 부동의 권위를 가지고 통설로 인정되어왔음은 잘
알려진 일이다.[2] 그러나 집필 과정을 중심으로 한 형성사 및 텍스트
의 배열 등 『독일 이데올로기』에 관한 종래의 통설은 1962년 바네가
『독일 이데올로기』 초고 단편을 발견함으로써, 1965년 바가투리야
가 『독일 이데올로기』, 「I. 포이어바흐」 장에 대해 재해석을 내리고
텍스트를 재배열한 데 이어, 1972년 신MEGA 시쇄판 *Probeband* 의 발
간 등으로 중대한 도전을 받게 되었다.[3] 그리고 이 같은 새로운 연
구에 근거하여 결정판으로서의 MEGA² I/5(『독일 이데올로기』)를 출
판하려는 MEGA 편찬진의 노력[4]은 먼저 『독일 이데올로기』의 집필

---

2) 정문길, 「편찬사를 통해서 본 『독일 이데올로기』―신MEGA I/5(『독일 이데올로기』)의
　　발간을 기대하며」, 『문학과사회』 11호(1990년 가을), pp. 1168∼1223〔이 책 제1장〕;
　　정문길, 「마르크스-엥겔스의 『독일 이데올로기』, 「I. 포이어바흐」 장의 재구성―리야자
　　노프 이래의 각종 텍스트에 대한 비교 검토」(1), 『세계의 문학』 59호(1991년 봄), pp.
　　315∼316, 337∼344. 〔이 책, pp. 153∼155, 180∼190 참조.〕
3) 정문길, 「마르크스-엥겔스의 『독일 이데올로기』, 「I. 포이어바흐」 장의 재구성」(2),
　　『세계의 문학』 60호(1991년 여름), pp. 259∼286. 〔이 책, pp. 190∼211 참조.〕
4) 『독일 이데올로기』의 신MEGA 판으로의 출판은 「I. 포이어바흐」 장이 잠정적으로 1972년

동기, 집필 시기, 집필 과정, 특정 텍스트의 집필자 및 개개 공저자
의 참여 정도 등의 검토로 구체화되었다. 나아가 동시대에 씌어진
특정 초고의 MEGA² I/5에의 편입 여부를 둘러싼 20여 년에 걸친
다각적 연구는『독일 이데올로기』가 집필된 1845~46년간의 마르크
스-엥겔스를 중심으로 한 당대의 갖가지 상황이나『독일 이데올로
기』의 집필과 관련된 구체적 사실들을 드러나게 하였다.[5] 따라서 이

의 시쇄판에, 그리고 본권은 전기 시쇄판에 대한 비판에 근거하여 전면적으로 재편찬,
1992년이나 1993년에 출판될 예정이었다. 그러나 베를린 장벽의 붕괴로 이 계획은 트
리어의 칼-마르크스-하우스가 위양받아 당초 1994년에 그 발간이 예정되었다. 그러던
것이 동구의 전면적 몰락에 따른 재정적 궁핍이 MEGA 사업 자체에 대한 재검토를 불
가피하게 하고, 마침내는 미발간분의 MEGA를 모두 새로운 편찬 지침에 의해 전면적으
로 재구성하는 단계에서『독일 이데올로기』도 새로운 검토의 대상이 되고 있는 것으로
전해지고 있다. 따라서 이의 발행 시기는 현재로서는 불투명한 상태이다. 한편 타우베
르트 여사가 이끌던 기왕의 동독 편찬진의『독일 이데올로기』텍스트 편찬이 어떠한 수
준에서 새로운 편찬 지침의 MEGA² I/5에 수용될 것인가는 매우 흥미 있는 관심사이다.
정문길,「편찬사를 통해서 본『독일 이데올로기』」, p. 1169의 주 3) ; 정문길,「전환기
의 풍경」, pp. 604~607 참조.

5) 1960년대 이래의『독일 이데올로기』에 대한 집중적인 연구 성과는 지역적으로 볼 때 모
스크바, 동베를린, 트리어, 도쿄를 중심으로 나타나고 있다. 이제 이를 순서대로 열거
하면 다음과 같다.
  (A) 먼저 **모스크바**를 중심으로 한 연구는 1960년대와 70년대에 걸치는 바가투리야 교
수의 다음과 같은 연구 성과이다.
  ① "K istorii napisanija, opublikovanija i issledovanija 'Nemeckoj ideologii'
Marksa i Engel'sa," *Iz istorii formirovanija i razvitija marksizma*. Moskva 1959,
S. 48~85(「마르크스-엥겔스의『독일 이데올로기』의 집필·발간·연구의 역사에 부쳐」,
『마르크스주의의 형성과 발전의 역사에서: 과학회보자료』, 모스크바, 1959) ;
  ② "Struktura i soderzanie rukopisi pervoj glavy 'Nemeckoj ideologii,'" *Voprosy
filosofii*, 1965, Heft 10, S. 108~118(「『독일 이데올로기』제1장 원고의 구조와 내
용」,『철학의 제 문제』, 소연방 과학아카데미 철학연구소, 1965년 10호) 및 *K. Marks i F.
Engels, Fejerbach, Protivopoloznost' materialističeskogo i idealističeskogo vozzrenij*
(『독일 이데올로기』.「I. 포이어바흐」장의 재구성된 텍스트), *Voprosy filosofii*, 1965,
Heft 10, S. 79~107; Heft 11, S. 111~137(『철학의 제 문제』, 1965년 10호, 11호;
앞의 단행본은 1966년에 발간)〔일본어 역:『新版 ドイツ・イデオロギー』, 花崎皐平譯
(東京: 合同出版社, 1966), 순서대로 pp. 189~213; pp. 5~187〕;
  ③ "'Tezisy o Fejerbache' i 'Nemeckaja ideologii', *Naučno-informacionnyj bjulletein
sektora proizvedenii K. Marksa i F. Engel'sa*, inst. marksizma-leninizma pro

장에서는 이 같은 갖가지 연구 성과 가운데서 종래의 『독일 이데올

CK KPSS, 1965, Heft 12, S. 1~70(「『포이어바흐에 관한 테제」와 『독일 이데올로기』」, 『마르크스-엥겔스 작품 부문의 학술 연구 보고』(IML), 1965년 제12호;

④ Pervoe velikoe otkrytie marksa i formirovanie i rozvite materialističeskogo ponimanie istorii. *Marks-istorik*, Moskva 1968. S. 107~173(「마르크스의 제1의 위대한 발견—유물론적 역사관의 형성과 발전」, 『역사가 마르크스』(모스크바, 1968);

⑤ *Iz opita ioučencina rukopisnogo nasledstva Marksa i Engel'sa. Rekonstrukčija pervoj glavy 'Nemeckoj ideologii,'* Moskva, 1969(「『독일 이데올로기』 제1편의 재구성: 마르크스-엥겔스의 초고 유산의 연구를 위하여」, 1969)〔일본어 역: 坂間眞人 역, 『情況』, 1974년 1월호, pp. 87~127〕;

⑥ *Mesto 'Nemeckoj ideologii' Marksa i Engel'sa v istorii marksizma. filosofskoe obosnovanije naučnogo kommunisma*〔621, *Teorija naučnogo kommunisma*, Moskva, 1971〕「마르크스주의의 역사에 있어서 『독일 이데올로기』의 위치—과학적 공산주의의 철학적 근거」〔바가투리야의 학위논문, 1971〕)〔이의 러시아어 요약의 일본어 역: 坂間眞人 역, 『情況』, 1973년 1월호, pp. 61~78〕.

이 밖에도 『마르크스-엥겔스 연지*Marx-Engels-Jahrbuch*』에 게재된 골로비나Galina Golovina, 로키챤스키Jakow Rokitjanski의 연구도 주목된다.

(B) 다음으로 **동베를린** 중심의 연구는 주로 MEGA² I/5의 편찬 작업과 병행된 것으로 타우베르트 여사에 의해 주도되고 있다.

① Neuveröffentlichung des Kapitel I des I. Bandes der 'Deutschen Ideologie' von Karl Marx und Friedrich Engels, *Deutsche Zeitschrift für Philosophie*, 14. Jahrgang, Heft 10(1966), Vorwort, S. 1192~1198; Text, S. 1199~1251; Anmerkungen, S. 1251~1254〔바가투리야의 텍스트에 근거한 이 신독일어판의 준비자는 Inge Tilhein으로 되어 있으나, 그녀는 타우베르트와 동일인으로 보인다〕;

② "Zur materialistischen Geschichtsauffassung von Marx und Engels: Über einige theoretische Probleme im ersten Kapitel der 'Deutschen Ideologie,'" *Beiträge zur Geschichte der deutschen Arbeiterbewegung*, 10. Jahrg(1968), Sonderheft zum 150. Geburtstag von Karl Marx, S. 27~50;

③ "Karl Marx/Friedrich Engels, *Die Deutsche Ideologie*, I. Band, Kapitel I, Feuerbach. Gegensatz von materialistischer und idealistischer Anschauung," MEGA² *Probeband*(Berlin: Dietz Verlag, 1972), Text, S. 33~119; Apparat, S. 339~507〔이 신MEGA 시쇄판의 편자는 타우베르트와 데너트Johanna Dehnert로 기재되어 있다〕;

④ "Aus der Arbeit an der Vorbereitung des Bandes 5 der Ersten Abteilung de MEGA²(*Die deutsche Ideologie*)," *Beiträge zur Marx-Engels-Forschung*, 26 (1989), S. 99~194〔여기에는 타우베르트를 중심으로 한 5편의 논문이 게재되어 있다〕;

⑤ "Engels Übergang zum Materialismus und Sozialismusm," *Marx-Engels-Jahrbuch*, 12(1990), S. 31~65;

⑥ "Wie entstand die Deutsche Ideologie von Karl Marx und Friedrich Engels?

로기』 성립사 연구에서 전혀 거론된 바 없던 『독일 이데올로기』의 계간지 원고설을 집중적으로 검토하고, 이의 타당성을 살펴보고자 한다. 왜냐하면 지금까지 제1, 2부의 두 권으로 간주되어온 『독일 이데올로기』가 애초에 계간지 원고로 집필되었다고 가정할 경우, 예 상치 않았던 갖가지 파장이 생겨 종래 『독일 이데올로기』와 관련된 몇몇 통설의 재검토가 불가피하기 때문이다.

Neue Einsichten, Probleme und Streitpunkte," *Studien zu Marx' erstem Paris-Aufenthalt und zur Entstehung der 'Deutschen Ideologie,'* Schriften aus Karl-Marx-Haus, Nr. 43(Trier, 〔1991〕), S. 9~87. 한편 여기에는 MEGA 작업 그룹에 속하지 않으나 1960년대의 묑케Wolfgang Mönke의 연구 성과도 주목된다.

(C) **트리어**의 칼-마르크스-하우스는 현재 IMES의 새로운 MEGA² 출판 계획에 따라 『독일 이데올로기』를 비롯한 1848년 이전의 MEGA² 출판을 책임지고 있으며 여기에는 이 연구소의 소장인 펠거Hans Pelger, 프랑스 쪽 협력자인 그랑종Jacques Grandjonc 이 주축을 이루고 있다〔Marion Barzen〕, Hrsg., *Studien zu Marx' erstem Paris-Aufenthalt und zur Entstehung der 'Deutschen Ideologie,'* Schriften aus Karl-Marx-Haus, Nr. 43(Trier〔1991〕)〔1990년에 칼-마르크스-하우스가 개최한 『독일 이 데올로기』 성립사와 관련된 국제회의의 성과〕.

(D) 1960년대 중반 이래의 **일본** 측의 성과는 괄목할 만하다. 여기에는 1965년에 발표 된 히로마츠廣松涉 교수의 「『독일 이데올로기』 편집의 문제점」이란 논문이 도화선이 되 어, 이후 히로마츠 교수 자신은 물론 하나사키 고헤이花崎皐平, 모치즈키 세이지望月淸 司, 나카카와 히로시中川弘, 호소야 타카시細谷昻, 이와부치 케이이치岩淵慶一, 사카마 마사토坂間眞人 등이 참여하는 광범한 논쟁을 야기했으나 1980년대에 들어와서는 비교 적 잠잠한 편이다. 저자는 이 같은 일본에서의 『독일 이데올로기』 논쟁을 별고를 통해 좀더 구체적으로 논의할 예정이므로〔이 책 제4장〕 여기서는 일본의 소장 학자들에 의한 극히 최근의 성과를 소개하는 것으로 만족하고자 한다. 岩佐茂, 小林一穗, 渡邊憲正 編 著, 『「ドイツ·イデオロギー」の 射程』(東京: 創風社, 1992).

2. 골로비나의 계간지설과 종래 통설의 근거

『독일 이데올로기』는 원래 두 권으로 된 저서가 아니라 당초 마르크스와 엥겔스, 그리고 헤스 3인이 발간하기로 한 계간지를 위해 집필되었다는 주장은 MEGA² III/2(마르크스-엥겔스, 『왕복 서간—1846년 5월부터 1848년 12월까지』, 1979)의 편찬 작업에 참여한 골로비나에 의해 1980년 제기되었다. 그녀는 MEGA² III/1, III/2에 게재된 1845년과 1846년의 각종 서간문 가운데서 출판 문제와 관련해 마르크스와 엥겔스, 그리고 제3자들이 주고받은 서신을 면밀히 검토한 결과, "두 권으로 된 『독일 이데올로기』"를 언급한 사실을 전혀 발견할 수 없었음을 분명히 하고, 따라서 오늘날 『독일 이데올로기』로 지칭하는 일련의 원고는 당초 마르크스와 엥겔스가 외국 사회주의자들의 저술을 번역한 사회주의 총서Bibliothek sozialistischer Autoren와 더불어 발간할 계획이었던 계간지에 게재될 원고였다고 주장하고 있다.[6]

골로비나는 1845년 2월 초 브뤼셀로 이주한 마르크스가 애초부터 정기 간행물을 발간하려는 의도를 가지고 있었던 것으로 판단하고 있다. 마르크스는 1844년, 루게와 더불어 파리에서 발간한 『독불 연지獨佛年誌, *Deutsch-Französische Jarbücher*』가 단지 1책만 발행되고 폐간된 뒤에도 지속적으로 잡지 출판을 시도했으나 그 뜻을 이루지 못했었다. 따라서 그의 브뤼셀 체재가 잡지를 발간하지 않는 조건으로

---

6) Galina Golowina, "Das Projekt der Vierteljahrsschrift von 1845/46: Zu den ursprünglichen Publikationsplänen der Manuskripte der 'Deutschen Ideologie,' " *Marx-Engels-Jahrbuch*, 3(1980), S. 260~274.

허가되었음에도 불구하고, 잡지 발간에 대한 그의 열망은 수그러들지 않았다고 골로비나는 주장하고 있다. 특히 마르크스가 파리에서 추방된 것이 그곳에서 발간되는 독일어 신문『포아베르츠!』와의 협력 관계 때문이었고, 또 그가 이 신문을 귀조 정부Regierung Guizot에 의해 폐간되기 직전에 월간지로 변경하려는 계획을 적극적으로 추진했었기에, 브뤼셀로 이주한 뒤에도 잡지 발간의 꿈이 그대로 지속되었음을 지적하고 있다.[7]

이어서 그녀는 1848년 이전에 마르크스와 엥겔스가 주고받은 서신, 그리고 그들에게 부쳐진 각종 서한이 게재된 MEGA^2 III/1, III/2를 분석한 결과 1845년 가을에 이미 잡지를 발간할 계획을 세우고 있었으며, 이 경우의 잡지는 사전 검열을 피할 수 있는 20보겐 이상의 계간지[8]였다고 밝히고 있다. 그리고 바로 이 같은 전제에서 그때까지『독일 이데올로기』의 발간과 관련되었던 서한들을 다시 읽을 경우 막연하고 불분명하던 이들 편지의 문면들이 더욱 분명해진다고 주장한다.[9]

---

7) *Ibid*., S. 260. 골로비나는 잡지 발간에 대한 마르크스의 열망의 개연성을 마르크스가 "조만간 잡지를 창간할 것이 분명하다"라는 프라이리히라트의 편지를 인용, 주장하고 있다. Ferdinand Freiligrath an Karl Büchner, 10. Februar 1845〔Golowina, *op. cit.*, p. 260에서 재인용〕.

8) 전지全紙 1장을 가리키는 1보겐은 책의 16페이지에 해당한다. 따라서 20보겐 이상의 책은 320페이지 이상의 책을 의미한다. 당시 프러시아를 비롯한 독일 내 몇몇 주州의 출판물 검열법은 20보겐 이하의 출판물은 사전 검열을 요구하였으므로 급진주의자들은 20보겐 이상의 인쇄물을 발간함으로써 엄격한 사전 검열의 장벽을 넘어서려고 노력하는 것이 일반적인 경향이었다. 20보겐 이상의 잡지나 단행본 가운데는 1843년에 헤르베크 Georg Herweh가 발간한『스위스에서 출판된 21보겐*Einundzwanzig Bogen aus Schweiz*』(Zürich/Winterthur: Verlag des Literarischen Comptoirs, 1843)이 특히 상징적이다. 이 책에는 독일에서 검열로 출판이 불가능했던 바우어Bruno Bauer의「오늘날의 유대인과 기독교도가 자유롭게 되기 위한 능력Die Fähigkeit der heutigen Juden und Christen, frie zu werden」, 헤스의「사회주의와 공산주의Sozialismus und Kommunismus」등의 글들이 게재되어 있다.

그녀에 따르면 1845~46년간 마르크스와 엥겔스가 헤스와 바이데마이어의 중개로 베스트팔렌 지방의 사회주의자와 접촉하여, "두 권으로 된 별도의 『독일 이데올로기』 출판Separatausgabe der zweibändien 'Deutsche Ideologie'"을 시도했다는 종래의 통설은 현존하는 그 어느 서한을 통해서도 확인되지 않는다는 것이다. 오히려 그녀는 종래 "두 권으로 된 『독일 이데올로기』를 출판하기 위한 노력이었다고 해석되던 여러 서한의 문구는 두 권의 계간지로 읽는 것이 합당하다"라는 주장을 하면서 1845~46년 사이에 마르크스와 엥겔스에 의해 씌어졌거나 그들 두 사람에게 전해진 10여 통의 편지를 제시하고 있다.[10]

그러면 이처럼 1845~46년간의 서한에서 애초부터 전혀 언급도 되지 않은 "두 권으로 된 『독일 이데올로기』"에 대한 발상은 도대체 어디서 유래하는 것인가? 『독일 이데올로기』의 계간지 원고설을 확인하기 위해서는 우선 『독일 이데올로기』가 당초 두 권으로 된 저서 Werk라는 발상의 연원을 추적할 필요가 있다.

---

9) Golowina, *op. cit.*, S. 261.

10) 골로비나가 자신의 주장을 확인하기 위해 제시한 10여 통의 편지를 시기 순으로 열거하면 다음과 같다: i) Georg Weerth an Karl Marx, 18. Dezember 1845(MEGA^2 III/1, S. 493); ii) Roland Daniels an Karl Marx, 7. März 1846(MEGA^2 III/1, S. 513~514); iii) George Julian Harney an Friedrich Engels, 30. März 1846 (MEGA^2 III/1, S. 523); iv) Joseph Weydemeyer an Friedrich Engels und Philippe-Charles Gigot, 13. Mai 1846(MEGA^2 III/2, S. 189); v) Karl Marx an Joseph Weydemeyr, 14.-um den 16. Mai 1846(MEGA^2 III/2, S. 9); vi) Moses Heß an Karl Marx, 20. Mai 1846(MEGA^2 III/2, S. 208); vii) Julius Meyer an Karl Marx und Friedrich Engels, 9. Juli 1846(MEGA^2 III/2, S. 243); viii) Moses Heß an Karl Marx und Friedrich Engels, 17. Juli 1846(MEGA^2 III/2, S. 248~249); ix) Karl Marx an Carl Friedrich Julius Leske, 1. August 1846(MEGA^2 III/2, S. 23~24); x) Joseph Weydemeyer an Karl Marx, 19. August 1846 (MEGA^2 III/2, S. 289).

마르크스와 엥겔스의 소위『독일 이데올로기』에 대한 세간의 관심은 1888년 엥겔스가 저서『루트비히 포이어바흐와 독일 고전 철학의 종언』의 별쇄본別刷本에 붙인 서문Vorbemerkung에 의해서 촉발되었다.[11] 그는 이 서문의 앞머리에 1859년에 발간된 마르크스의『정치경제학 비판을 위하여』의 서문Vorwort을 길게 인용하면서 그들 두 사람이 브뤼셀에서 "이전의 철학적 의식을 청산하기 위한 집필에 착수했으며," 그 같은 계획은 "헤겔 이후의 철학을 비판하는 형식으로 수행되었다"라고 했다. 그리고 그 결과는 "옥타브 판 크기의 두 권의 두꺼운 초고das Manuskript, zwei starke Oktavbände"로 구체화되었다고 밝히고 있다.[12]

그러나 마르크스와 엥겔스의 이 같은 언급은 헤겔 이후의 독일 철학을 비판하는 두 권의 초고가 존재한다는 사실은 분명히 했으나 그것이 구체적으로 "두 권으로 된『독일 이데올로기』"라는 가능성은 1890년대 말과 1900년대 초에 이 초고의 일부를 발굴·공표한 슈트루베나 베른슈타인도 충분히 인식하지 못한 것으로 보인다.[13] 그러나 메링은 1902년에 출판된 자신의 네 권짜리 편서『마르크스–엥겔

---

11) 엥겔스의 이 책은 1885년에 출판된 슈타르케C. N. Starcke의 저서『포이어바흐*Ludwig Feuerbach von C. N. Starcke*』(Stuttgart: Ferd. Encke, 1885)에 대한 서평 형식으로, 1886년의『노이에 차이트』제4, 5호에 게재되었던 것을 1888년 별쇄본으로 다시 중간한 것이다. 그리고 여기에 덧붙인 엥겔스의 서문은 1888년 2월 21일에 집필했다고 명기되어 있다.

12) Karl Marx, *Zur Kritik der Politischen Ökonomie*, MEW, Bd. 13, S. 10; Friedrich Engels, *Ludwig Feuerbach und der Ausgang der klassischen deutschen Philosophie*, revidirter Sonder-Abdruck aus der "Neuen Zeit" mit Anhang: Karl Marx über Feuerbach vom Jahren 1845, MEW, Bd. 21, S. 263; 정문길, 「편찬사를 통해서 본『독일 이데올로기』」, 『문학과사회』 11호(1990년 가을), pp. 1170~1171 참조. 〔이 책, pp. 27~28 참조.〕

13) 정문길, 「편찬사를 통해서 본『독일 이데올로기』」, 『문학과사회』 11호(1990년 가을), pp. 1171~1172〔이 책, pp. 28~31〕 참조.

스-라살레 유고집』(이하『유고집』)에서 1844년 7월에서 1847년 11월 사이에 발간된 독일 사회주의 계열의 신문·잡지를 언급하는 장의 편자 서문Einleitung des Herausgebers을 통해『독일 이데올로기』에 대해 최초로 구체적인 언급을 하고 있다.[14] 그는 그 글에서 마르크스와 엥겔스가 '자기 이해'를 위해 집필한『독일 이데올로기』제1부에서는 브루노 바우어, 슈티르너, 포이어바흐와의 비판적 논쟁이, 제2부에서는 독일 사회주의의 다양한 예언자들이 다루어지고 있음을 밝히고 있다. 이상과 같은 메링의 해석은 다음 두 개의 원자료原資料에 의존하고 있는 것으로 보인다. 하나는 앞서 언급한 1888년에 발간된『루트비히 포이어바흐와 독일 고전 철학의 종언』에 나오는 엥겔스의 서문이고, 또 다른 하나는 그 전거가 구체적으로 제시되지는 않았으나『독일-브뤼셀 신문』제28호(1847년 4월 8일자)에 게재된 마르크스의「칼 그륀에 대한 반박 선언」(집필 일자는 4월 6일로 되어 있다)이다.

〔……〕 이 서평(그륀의『프랑스와 벨기에에서의 사회운동』에 대한)은 엥겔스와 내가 공동으로 집필한『독일 이데올로기』(포이어바흐, 브루노 바우어, 슈티르너를 대표자로 하는 최근의 독일 철학과 다양한 예언자에게서 나타나는 독일의 사회주의에 대한 비판)에 대한 저술의 부록을 형성

---

14) *Aus dem literarischen Nachlaß von Karl Marx, Friedrich Engels und Ferdinand Lassalle*(herausgegeben von Franz Mehring, 4 Bände, Stuttgart: Verlag von. J. H. W. Dietz Nachf. GmbH., 1902). 메링은 이『유고집』의「VII. 독일 사회주의 계열의 정기 간행물에서Aus den Zeitschriften des deutschen Sozialismus」장에서『독일 이데올로기』가 마르크스-엥겔스의 '자기 이해'를 위해 씌어졌고, 또 그것이 출판되지 않은 채 두 사람에 의해「서옹鼠翁의 비판der nagende Kritik der Mäuse」에 맡겨졌기에 이를 이『유고집』에 게재치 않고 후일에 발간될 전집에서 출간토록 한다고 밝히고, 이의 내용을 간단히 설명하고 있다. *Aus dem literarischen Nachlaß*, Zweiter Band, Von Juli 1844 bis November 1847, Dritte Aufl.(Stuttgart: J. H. W. Dietz Nachf., 1920), S. 334, 345～349 참조.

하는 것이다.[15]

라는 선언문 중의 이 구절은 1859년의 마르크스가 (그리고 1888년의 엥겔스가) "옥타브 판 크기의 두 권의 두꺼운 초고"라고 표현한 저술의 표제가 마르크스 자신의 글을 통해 구체적으로 언급되고 있음을 보여준다. 메링이 『유고집』에서 두 권본의 『독일 이데올로기』라고 언급한 것이나, 1918년에 출판된 자신의 다른 책 『마르크스 전기』에서 『독일 이데올로기』를 언급하고 평가한 것 모두 이 같은 두 개의 문건에 근거한 것으로 보인다.[16]

어쨌든 "두 권으로 된 『독일 이데올로기』"라는 메링의 발상은 이 책의 가치에 대한 서로 다른 평가에도 불구하고[17] 이후 구스타프 마이어,[18] 리야자노프[19]에 의해서도 그대로 답습되어 1932년의 구

---

15) Karl Marx, "Erklärung gegen Karl Grün," *Deutsche-Brüsseler-Zeitung*(Nr. 28 vom 8. April 1847), MEGA¹ I/6, S. 260; MEW, Bd. 4, S. 38도 참조. 이 구절의 바로 앞에서 마르크스는 그륀의 저서에 대한 이 서평(이는 『독일 이데올로기』의 제2부 IV장을 형성한다)을 『베스트팔렌 증기선 *Das Westphälische Dampfboot*』에 발표할 것임을 예고하고 있다. 이 선언문은 『트리어 신문』 제99호(1847년 4월 9일자)에도 게재되었는데, 상당한 철자상의 차이나 오식이 있는 것으로 보고되고 있다. 그러나 본고와 관련하여 언급해야 할 것은 『독일-브뤼셀 신문』에는 "Die deutsche Ideologie"로 그리고 『트리어 신문』에는 "die deutsche Ideologie"로 기록되어 있다는 점이다. MEGA¹ I/6, S. 260의 각주를 보라.

16) Franz Mehring, *Karl Marx: Geschichte seines Lebens*(Leipzig, 1918; Berlin: Dietz Verlag, 1964), S. 116~117. 여기서 메링은 『독일 이데올로기』가 "인쇄 전지 Druck-bogen로 모두 50매가 되는 두꺼운 2권의 책"이라고 지적하고, 앞에서 인용한 「칼 그륀에 대한 반박 선언」에 언급된 표제를 그대로 기록하고 있다. *Ibid.*, S. 116.

17) 정문길, 「편찬사를 통해서 본 『독일 이데올로기』」, pp. 1172~1178〔이 책 제1장〕.

18) Gustav Mayer, *Friedrich Engels. Eine Biographie*, Erster Band, *Friedrich Engels in seiner Frühzeit*, 1. Aufl.(Berlin: Springer, 1920), 2., verb. Aufl.(Haag: Martinus Nijhoff, 1934), S. 225~244, 385~386. 특히 마이어는 이 책의 S. 225에서 마르크스의 「칼 그륀에 대한 반박 선언」에 나오는 『독일 이데올로기』의 제목을 제시하고 있다.

19) D. Rjasanoff, "Neueste Mitteilungen über den literarischen Nachlaß von Karl

MEGA에 정착,[20] 통설로 수용된 것이다. 여기에는 1924년 리야자노프에 의해 처음 공개된 다음과 같은 마르크스 자필의 『독일 이데올로기』 서문Vorrede도 중요한 공헌을 한 것으로 보인다.

이 출판물 제1권der erste Band dieser Publikation의 목적은, 스스로 이리 떼라고 생각하고 또 남들도 그렇게 여기고 있는 이들 양 떼의 가면을 벗겨, 그들의 우는 소리가 기껏해야 독일 시민들의 관념을 철학의 형태로 흉내 낸 데 불과하다는 것을, 이들 철학적 주석가들의 호언장담이 기껏해야 현재의 독일의 상태의 처참함을 반영하는 데 지나지 않는다는 것을 보여주려는 데 있다.[21]

1846년 여름에 집필된 것으로 추정되는 이 서문[22]은 앞서 언급한

<hr>

Marx und Friedrich Engels," *Archiv für die Geschichte des Sozialismus und der Arbeiterbewegung*, Bd. XI(1925), S. 387~391; D. Rjazanov, "Marx und Engels über Feuerbach: Der 'Deutschen Ideologie,'" *Marx-Engels Archiv*, Bd. 1[1926], S. 205~208.

20) V. Adoratskij, "Einleitung," *Marx-Engels, Gesamtausgabe* I/5: Marx und Engels: *Die deutsche Ideologie 1845~1846*(1932), S. IX~XIX; Jakow Rokitjanski, "Zur Geschichte der Beziehungen von Karl Marx und Friedrich Engels zu Moses Heß in Brüssel 1845/1846," *Marx-Engels-Jahrbuch*, 9(1986), S. 228, 260, Anm. 36 참조.

21) "Vorrede: Entwurf von Marx zu einer Vorrede zur 'Deutschen Ideologie,'" *Marx-Engels Archiv*, Bd. 1[1926], S. 230~231; MEGA¹ I/5, S. 3도 참조. 이 서문은 1924년 최초로 러시아어로 번역되어 소개되었다. *Archiv Marksa i Engel'sa*, Redig. von Rjazanov(Moskva 1924), Bd. 1.

22) MEGA¹ I/5, S. 2에는 이의 집필 시기를 1846년 여름, 구체적으로는 5월 초에서 8월 중순 사이로 비정하고 있다. 그러나 최근의 연구는 진정 사회주의자와의 논쟁을 계획한 것은 「III. 성 막스」 장의 「공산주의Der Communismus」 절Abschnitt을 집필하는 과정에서라는 새로운 해석이 제기되고 있다. 1846년 3월로 비정되고 있는 이 절의 집필은 따라서 이 서문의 집필 시기를 좀더 앞으로 당길 수 있게 한다. Inge Taubert, "Die Französische Revolution im Prisma der Polemik von Karl Marx und Friedrich Engels mit Max Stirner," *Studien zu Marx' erstem Paris Aufenthalt und zur*

「칼 그륀에 대한 반박 선언」과 더불어 "두 권으로 된『독일 이데올로기』"를 마르크스 자신이 확인해주는 전거로서 메링 이래의『독일 이데올로기』두 권설을 부동의 사실로 만들어왔다. 따라서 우리는 최근 골로비나가 주장한『독일 이데올로기』계간지 원고설과 종래의 "두 권으로 된『독일 이데올로기』"설의 상호 모순을 어떻게 해결할 것인가라는 새로운 난관에 봉착하게 된다.

그러므로 우리는 이들 양설의 타당성 여부를 따지기 전에, 우선 종래『독일 이데올로기』와 관련된 제반 서술이나 해석을 골로비나설에 근거하여 해석할 때 긍정적으로 수용되는 면과 부정적으로 수용되는 면들을 검토해보고자 한다.

3. 계간지설의 타당성에 대한 검토

골로비나가 주장하는『독일 이데올로기』계간지설의 최대 강점은 1845~46년간 마르크스와 엥겔스가 주고받은 서한에『독일 이데올로기』가 전혀 언급되지 않은 이유를 설명해준다는 것이다. 다시 말해 마르크스와 엥겔스에 의해 씌어진 편지나 그들에게 보내진 편지에는 계간지와 외국 사회주의자의 번역 총서에 대한 언급은 명백히 나타나지만, 『독일 이데올로기』는 전혀 언급되지 않는다. 따라서 종래『독일 이데올로기』를 지칭하는 것으로 간주되어온 여러 표현들, 즉 "두 권의 출판물Verlag der beiden Bände od. 2 Bände der Publication,"[23] "우리들의 출판물unsrer Publication,"[24] "초고나 출판물의 제1권Garantie

---

Entstehung der 'Deutschen Ideologie,' Schriften aus dem Karl-Marx-Haus, Nr. 43(Trier〔1991〕), S. 77 참조.

für Herausgabe des ersten Bandes; das Manuscript des ersten Bandes der unter meiner Redaction,"[25] "제2권Manuskript des zweiten Bandes jener Publication,"[26] "팸플릿die Broschüre, von der Sie in Ihrem Briefe sprechen"[27] 등의 표현을 "계간지의 첫째 권" "둘째 권" 혹은 "그중의 한 권der ersten Band einer Vierteljahrsschrift; für einen Band der Vierteljahrsschrift; publication of your Quarterly"[28]과 같은 문맥으로 읽게 되면, 종래 이 시기의 편지를 읽을 때 직면하는 많은 혼란이 제거된다는 것이다.

그리고 이 같은 해석을 두 사람의 후기 저작이나 편지로까지 확대할 경우, 마르크스의 『정치경제학 비판』 제1권 서문, 『포크트 씨*Herr Vogt*』, 그리고 엥겔스의 『루트비히 포이어바흐와 독일 고전 철학의 종언』 등과 각종 서한에 언급된 "1845~46년간의 초고들"이란 표현에 대한 의문도 쉽사리 해결된다고 하겠다.[29] 나아가 현재『독일 이

---

23) Joseph Weydemeyer an Friedrich Engels und Philippe-Charles Gigot, 13. Mai 1846, MEGA² III/2, S. 189.

24) Engels an Marx, 15. Januar 1847, MEGA² III/2, S. 81.

25) Julius Meyer an Marx und Engels, 9. Juli 1846, MEGA² III/2, S. 243; Marx an Friedrich Julius Leske, 1. August 1846, MEGA² III/2, S. 23.

26) Marx an Weydemeyer 14.-um den 16. Mai 1846, MEGA² III/2, S. 9; Marx an Leske, 1. August 1846, MEGA² III/2, S. 23.

27) Ignaz Bürgers an Marx, 10. Februar 1846, MEGA² III/1, S. 503.

28) Marx an Friedrich Julius Leske, 1. August 1846, MEGA² III/2, S. 23; George Julian Harney an Engels, 30. März 1846, MEGA² III/1, S. 523.

29) 『정치경제학 비판을 위하여』 서문에는 "두 권의 옥타브 판 크기의 초고"(Karl Marx, "Vorwort," *Zur Kritik der politischen Ökonomie*, Erstes Heft, MEGA² II/2, S. 101~102). 『포크트 씨』의 4장에는 "당시 「연맹」의 내밀한 이론을 구성하고 있던 프랑스와 영국의 사회주의나 공산주의, 그리고 독일 철학의 혼합물에 대한 무자비한 비판을 시도한 팸플릿"(Karl Marx, *Herr Vogt*, MEGA² I/18, S. 107), 그리고 엥겔스의 『루트비히 포이어바흐와 독일 고전 철학의 종언』에서는 전기한 마르크스의 『정치경제학 비판을 위하여』 서문의 인용에 덧붙여, 그 글의 말미에서 "1845~46년의 낡은 초고를 다시 한 번 꺼내어 검토했다"(Friedrich Engels, *Ludwig Feuerbach und der Ausgang der klassischen Philosophie*, MEW, Bd. 21, S. 264)는 등의 표현을 쓸 뿐『독일 이데올로기』를 거론한 바는 없다. 그리고 이러한 사정은 후기의 마르크스와

데올로기』의 한 구성 부분으로 간주되고 있는 서평 형식의 이 책 제
2부 제I장과 제IV장의 진정 사회주의자에 대한 비판은『독일 이데올
로기』가 계간지를 위해 집필된 원고라고 상정할 경우 충분히 있을
수 있는 집필 방식으로 이해될 수 있을 것이다.

그러나 문제는『독일 이데올로기』가 계간지용 원고라고 인정할 경
우의 이와 같은 긍정적인 해석에도 불구하고, 거기에는 아직도 해명
되어야 할 몇 가지 문제들이 그대로 남아 있다는 점이다. 따라서 우
리는『독일 이데올로기』의 계간지용 원고설에 대한 반론의 여지를
몇 가지 측면에서 검토해볼 필요가 있다. 우선 가장 쉽사리 눈에 띄
는 것은 마르크스의「칼 그륀에 대한 반박 선언」에서 언급된『독일
이데올로기』라는 구체적인 서명이 이 책의 계간지설을 주장하는 골
로비나나 기본적으로 이 같은 주장을 수용하는 그 이후의 로키챤스
키나 타우베르트에 의해 충분히 고려되지 않고 있다는 점이다. 특히
로키챤스키는 계간지설과 저서설의 충돌을 피하기 위해 당초 계간지
용 원고로 집필된『독일 이데올로기』가 1846년, 출판이 불가능하게
되자 그들 두 사람에 의해 별도의 저서로 출판이 시도되었다는 2단
계설을 제시하고 있다.[30] 한편『독일 이데올로기』기필起筆의 직접적

<hr>

엥겔스의 다음의 편지들에서도 동일하다. "최근의 독일 철학과 사회주의에 대한 두 권
의 저서"(Marx an Justizrat Weber, 3. März 1860, MEW, Bd. 30, S. 509), "모올
〔마르크스의 애칭〕의 서류들 가운데서 나는 1848년 이전의 우리의 공동 저작인 초고
뭉치를 발견했다"(Engels an Laura Lafargue, 2. Juni 1883, MEW, Bd. 36, S.
33~34), "1847〔sic〕년에 집필된 마르크스와 나의 대담무쌍한 초고eine grenzlos
freche Ms.(혹은 저서Arbeit)"(Engels an Eduard Bernstein, 12./13. Juni, 22.
Juni, 27. August 1883, MEW, Bd. 36, S. 39, 41, 54), "우리들의 저술unsrer Schriften
의 출판"(Engels an August Bebel, 25. Oktober 1888, MEW, Bd. 37, S. 118),
"마르크스도 참여한 미출판의 초고〔……〕그 가운데는 출판할 경우 슈티르너의『유일
자』그 자체만큼이나 두꺼운 한 권의 초고가 포함되어 있다"(Engels an Antonio
Labriola〔Auszug〕, 27. Februar 1891, MEW, Bd. 38, S. 42).
30) Jakow Rokitjanski, "Zur Geschichte der Beziehungen von Karl Marx und Friedrich

동기나 시기와 관련하여 기본적으로 골로비나의 계간지설을 수용하고 있는 타우베르트는 『독일 이데올로기』 전체의 계간지 원고설에 대해서는 언급하지 않은 채, 이 책 제1부의 제I장 「I. 포이어바흐」가 그들이 계획하고 있던 계간지를 위한 논문의 인쇄 원고Druckvorlage임을 명백히 하고 있다.[31] 이 경우 언급하고 넘어가야 할 점은 『독일 이데올로기』의 「I. 포이어바흐」 장의 3묶음의 기저고Urtext 중 보겐 6-11(S. 8~28. 1962년에 바네에 의해 발견된 S. 1~2, [11]-cd 포함)은 「III. 성 막스」의 기필 이전에 씌어졌으나 보겐 20-21(S. ⟨29⟩ ~35), 보겐 84-92(S. 40~72)는 「III. 성 막스」에서 옮겨왔거나 집필 과정의 일탈 부분이라는 점을 감안한다면, 「III. 성 막스」 장의 완성도에는 의문의 여지가 없다는 것이다.[32] 따라서 우리는 현존하는 방대한 양의 『독일 이데올로기』 초고가 과연 양적인 측면에서 계간지용 원고로 규정될 수 있겠느냐 하는 문제에 직면하게 된다.

사실 저자의 견해로는 『독일 이데올로기』의 계간지용 원고설에 관한 논란에서 별로 중요하게 논의되지 않으면서도 이 설의 성립 가능성에 가장 중요한 관건이 되는 것이 바로 이 저작의 방대한 원고량이다. 1932년, 『독일 이데올로기』가 MEGA¹ I/5에서 처음으로 그 전모를 드러내기 이전에 이미 이 방대한 초고를 접한 바 있는 메링은 1910년대에 이를 "인쇄 전지Druckbogen로 모두 50매가 되는 두꺼

Engels zu Moses Heß in Brüssel 1845/46," S. 260, Anm. 38.

31) Inge Taubert, "Die Kritik der nachhegelschen Philosophie. Zur Entstehungs-geschichte des ersten Bandes der *Deutschen Ideologie* von Marx und Engels," *Studien zu Marx' erstem Paris-Aufenthalt und zur Entstehung der 'Deutschen Ideologie,'* Schriften aus dem Karl-Marx-Haus, Nr. 43(Trier [1991]), S. 41.

32) 정문길, 「마르크스-엥겔스의 『독일 이데올로기』, 「I. 포이어바흐」 장의 재구성」, pp. 318~331[이 책 제3장 2절] 참조; Inge Taubert, "Die Kritik der nachhegelschen Philosophie," S. 41~49, 특히 S. 49를 보라.

운 두 권의 책"[33]이라고 지적한 바 있다. 따라서 이처럼 방대한 양의
『독일 이데올로기』가 계간지용 원고로 집필되었다는 주장은 어딘가
상당한 무리를 내포하고 있는 것으로 보인다. 특히 검열상의 편의를
얻을 수 있는 20보겐을 고려한다 해도 출판 사정이 여의치 않았던
당시의 상황을 생각한다면, 『독일 이데올로기』의 원고는 이미 계획
된 두 권의 계간지의 거의 전 지면을 독점하는 것이다.[34] 그럼에도
불구하고 마르크스와 엥겔스를 중심으로 한 1845~46년간의 서한들
을 검토해보면 적지 않은 필자들이 마르크스와 엥겔스 그리고 헤스
가 구상하는 계간지에 기고했거나, 또는 기고나 게재를 위한 논의를
진행하고 있었음을 확인할 수 있다. 1845년 11월 하순 이후에 구체
화되기 시작한 이들 3인의 계간지 출판 계획의 참여자로는 게오르크
베르트Georg Weerth, 카를 루트비히 베르나이스Karl Ludwig Bernays, 이
그나츠 뷔르거스Ignaz Bürgers, 다니엘스, 조지 줄리안 하니George Julian
Harney, 빌헬름 바이틀링Wilhelm Weitling, 바이데마이어 등이 우선 열

---

33) Franz Mehring, *Karl Marx: Geschichte seines Lebens*(Leipzig, 1918; Berlin:
   Dietz Verlag, 1964), S. 116. 인쇄 전지 50매는 모두 800페이지나 되는데 이러한 사실
   은 MEGA¹ I/5(242x162mm)에서는 S. 1~528에, 마르크스-레닌주의 총서판Bücherlei
   des Marxismus-Leninismus(204x138mm)으로는 S. 9~587에 MEW, 3(211x141mm)
   의 경우 S. 13~530에 걸쳐 이 『독일 이데올로기』가 게재되어 있음을 통해서도 그 양
   의 방대함을 추찰할 수 있다.

34) 참고로 이 시기에 출판된 비슷한 종류의 간행물들의 총 페이지 수를 보면 다음과 같다.
   1843년에 출판된 『스위스에서 출판된 21보겐』은 336페이지, 아놀드 루게의 『아넥도타
   Anekdota zur neuesten deutschen Philosophie und Publizistik』(Zürich/Winterthur:
   Verlag des Literarischen Comptoirs, 1843)는 제1권이 IV + 320페이지, 제2권이 IV
   + 288페이지이며, 루게와 마르크스가 발간한 1844년의 『독불 연지』도 1, 2권 합집
   1ste und 2te Lieferung이 240페이지, 1845년에 칼 그륀에 의해 출판된 『노이에 아넥
   도타*Neue Anekdota*』(Darmstadt: Druck und Verlag von Carl Wilhelm Leske,
   1845)는 XVI + 309페이지이다. 그리고 마르크스와 엥겔스가 『독일 이데올로기』를 집
   필하는 계기가 된 『계간 비간트』(Leipzig: Druck und Verlag von Otto Wigand,
   1845)도 제1호가 331페이지, 제2호가 334페이지, 제3호가 327페이지, 제4호가 333페
   이지이다.

거되고 있다.[35] 이들 가운데 당시의 서간문이나 자료를 통해 이 계간지에 기고한 것이 분명한 몇 사람의 예를 구체적으로 검토하면 다음과 같다.

1) 베르트의 「프라이스 초고M. S. Preiss」: 베르트는 1845년 12월 18일자 편지에서 "귀하의 잡지에 게재할 「프라이스 초고」를 다음 주 화요일(12월 23일)에 송부할 것"이라고 언급하고 있다. 이 「초고」는 『독일 상업 생활의 유머러스한 스케치*Humoristische Skizze aus dem deutschen Handelsleben*』의 제1장을 의미한다.[36]

2) 베르나이스의 「범죄와 형사 재판에 관하여**Über Verbrechen und Kriminaljustiz**」: 베르나이스는 마르크스의 기고 요청에 따라 1845년 말/1846년 초 사이에 레스케 출판사Leske in Darmstadt에서 발간된 이 초고를 브뤼셀로 보내 그 가운데 일부를 편집자의 편의대로 게재하게 하는 한편, 원고료의 송금을 요구하는 편지를 보냈다. 그리고 마르크스는 그에게 충분한 고료를 송부한 것으로 나타났다.[37]

---

35) MEGA² III/1, S. 353; Rokitjanski, *op. cit.*, S. 229.

36) Georg Weerth an Karl Marx, 18. Dezember 1845, MEGA² III/1, S. 493, 853. 한편 1846년 6월 5일 혹은 6일경으로 보이는, 마르크스에게 보낸 베르트의 편지에도 '초고'에 관한 언급이 있으나 그것이 이 원고와 동일한 것인지는 확인되지 않는다. Andréas/Mönke, "Neue Daten zur 'Deutschen Ideologie': Mit einem unbekannten Brief von Karl Marx und anderen Dokumenten," *Archiv für Sozialgeschichte*, Bd. VIII(1968), S. 75도 참조.

37) Bernays an Marx[Engels und Heß], 21. Januar 1846; 23. Februar 1846; 2. März 1846; 7. März 1846; 26. März 1846, MEGA² III/1, S. 498, 504, 509, 512, 520. Andréas/Mönke, *op. cit.*, S. 28~29, 56~59도 참조. 베르나이스의 이 글은 1845년 말/1846년 초 다름슈타트의 레스케 출판사Leske in Darmstadt에서 출판되었으나 앞부분의 인쇄가 불량하여 재출판을 고려하던 중 계간지에 게재하게 해달라는 마르크스의 요구로 원고가 브뤼셀로 송부되었다. 이 같은 저간의 사정과 이 원고의 내용에 관해서는 Andréas/Mönke, *op. cit.*, S. 29, Anm. 62와 Bernays an Marx, 10. März 1845, MEGA² III/1, S. 456~457을 보라.

3) 다니엘스: 다니엘스는 1846년 5월 15일자로 마르크스, 엥겔스를 비롯한 브뤼셀의 공산주의자 통신위원회에 보낸 편지에서 그륀의 『인간적 관점에서 본 괴테*Ueber Göthe vom menschlichen Standpunkte*』를 비판한 편지를 잡지에 게재하겠다는 마르크스의 제안을 수용하는 내용과 더불어, 또 다른 글의 경우 가능하면 그것을 가명으로 게재하는 데 동의한다는 의사를 밝히고 있다. 따라서 그륀 비판은『독불연지』에서처럼 서간 형식의 표제Briefrubrik를 붙이기로 했으며, 또 다른 하나의 글은 바가투리야의 견해에 의하면 한젠V. Hansen의 저서에 대한 서평으로 추정된다.[38]

4) 바이틀링의 초고 『정의正義**—500일간의 학습***Gerechtigkeit : Ein Studium in 500 Tagen*』 **중의 발췌:** 바이틀링은 1846년 5월 24일자로 마르크스에게 보낸 편지에서 "본인은 초고와 관련하여 율리우스 마이어로부터 아무런 해명도 듣지 못했고, 또 그 초고가 귀하의 계간지에 발췌되어 게재될 것 같지도 않으므로" 초고를 돌려달라고 요구하고 있다. 이 경우 이 초고의 내용이 무엇인지는 확정하기 어려우

---

38) 이러한 입장은『독일 이데올로기』계간지 원고설을 주장하는 골로비나의 견해에 근거한다. Roland Daniels und Heinrich Bürgers an das Kommunistische Korrespondenz-komitee, 15. Mai 1846, MEGA² III/2, S. 199; Golowina, *op. cit.*, S. 264. 특히 현존하지 않는 서간문 형식의 다니엘스의 그륀 비판은 1847년 엥겔스에 의해 집필된「시와 산문에 나타난 독일의 사회주의 2) 칼 그륀, 〔……〕 Deutsche Sozialismus in Versen und Prosa. 2) Karl Grün: 'Ueber Göthe vom menschlichen Standpunkte,' Darmstadt 1846」으로 유추될 수 있다. 이의 텍스트는 MEGA¹ I/6, S. 47~71에 처음으로 게재되고, 이에 대한 최근의 연구 성과는 다음과 같다. Dieter Deichsel, "Deutscher Sozialismus in Versen und in Prosa. Karl Grün: 'Ueber Göthe vom menschlichen Standpunkte,' Darmsadt 1846," *Beiträge zur Marx-Engels-Forschung*, 26(1989), S. 126~145. 그리고 후자의 경우, 골로비나는 바가투리야의 다음의 다니엘스 연구에 근거하고 있다. G. Bagaturija, 'Roland Daniels," *Marx und Engels und die ersten proletarischen Revolutionäre*(Berlin, 1965), S. 209~260, 특히 S. 215, MEGA² III/2, S. 796, Erläuterungen, 199. 9)~12) 참조.

나 에른스트 바니콜Ernst Barnikol은 이를 같은 해 5월보다 3개월 이전에 탈고하여 송부한 바이틀링의 유고 『정의正義』로 간주하고 있다(이 책은 1929년 바니콜에 의해 최초로 출판되었다). 이후 바니콜의 이 같은 추정은 줄곧 정설로 수용되고 있다.[39]

이상으로 계간지에 기고한 사실이 서한을 통해 명시적으로 나타난 4가지 경우를 살펴보았다. 덧붙여 마르크스와 엥겔스의 『독일 이데올로기』의 일부분으로서 이 계간지에 게재하기로 한 헤스의 2개의 초고를 검토할 필요가 있다. 헤스의 『독일 이데올로기』 공저설은 헤스 연구가나 마르크스-엥겔스 연구자들에 의해 "운명의 아이러니Ironie des Schicksals" "기이한 사건ein Kuriosum" "역설적paradoxerweise"이라고 불릴 정도로 모순적인 것이다.[40] 왜냐하면 헤스는 자신이 공저자로 포함되어 있는 바로 그 저서의 이곳저곳에서 마르크스와 엥겔스에 의해 '진정 사회주의자'로 지목되어 신랄한 비판의 대상이 되고 있기 때문이다.[41] 그러나 이처럼 같은 책 안에서 드러나는 자가당착은 서로 다른 세계관을 가진 사람과의 공저가 지극히 한정되어 있

---

39) Weitling an Marx, 24. Mai 1846. MEGA² III/2, S. 210. Ernst Barnikol, Hrsg., *Christentum und Sozialismus. Quellen und Darstellungen, I. Weitling der Gefangene und seine 'Gerechtigkeit'*(Kiel: Walter G. Mühlau Verlag, 1929), S. 266~267; MEGA² III/2, S. 802(Erläuterungen); Wilhelm Weitling an Hermann Kriege, 16. Mai 1846, MEGA² III/2, S. 871~872 및 Rokitjanski, *op. cit.*, S. 263, Anm. 91도 참조.

40) Edmund Silberner, *Moses Hess: Geschichte seines Lebens*(Leiden: E. J. Brill, 1966), S. 249; Wolfgang Mönke, "Über die Mitarbeit von Moses Hess an der 'Deutschen Ideologie,'" *Annali*, Anno Sesto(Milano, 1963), S. 448; Zwi Rosen, *Moses Hess und Karl Marx*(Hamburg: Hans Christians Verlag, 1983), S. 114.

41) MEGA¹ I/5, S. 435~437, 449~450, 477~478, 498 etc.(MEW, Bd. 3, S. 441~443, 453~454, 479~480, 501 etc.).

는 마르크스와 엥겔스의 경우에는 있을 수 없는 일이기에, 이는 『독일 이데올로기』가 애초에 의견을 달리하는 논설이 공존하는 계간지용 원고라고 볼 때 쉽사리 해소될 수 있다는 것이 로키챤스키의 주장이다.[42] 따라서 우리는 여기서 오늘날 헤스의 저작 목록에 들어 있는 「홀스타인의 게오르크 쿨만 박사"Der Dr. Georg Kuhlmann aus Holstein" oder die Prophetie des wahren Sozialismus」와 「도토레 그라치아노 Dottore Graziano, der Bajazzo der deutschen Philosophie」가 1845~46년간에 집필되었는지, 또한 그것이 『독일 이데올로기』, 또는 그 시기에 헤스가 마르크스, 엥겔스와 더불어 발간하려고 했던 계간지를 위한 초고였는지를 확인할 필요가 있다.[43] 이는 우리가 앞에서 살펴본 4개

---

42) Jakow Rokitjanski, *op. cit.*, S. 227~228.

43) Edmund Silberner, *The Works of Moses Hess: An Inventory of His Signed and Anonymous Publications, Manuscripts, and Correspondence*(Leiden: E. J. Brill, 1958), pp. 89, 74, 12; 13, 74, 82, 84. 이들 2개 저작에 대한 질베르너의 주석을 원문대로 소개하면 다음과 같다:

i) 「홀스타인의 게오르크 쿨만 박사」: B 175. Fragment on "Dr." Georg Khulmann and August Becker. [Ca 1845]. 11 pp. 8°. Beginning missing. Numbered: 15, 16[p. 16a was pasted over by Hess and has deteriorated slightly], 17-24. IISG. Drafted perhaps for, but not included in, A 1053; ⇒ A 1053. "Der Dr. Georg Kuhlmann aus Holstein" oder die Prophetie des wahren Sozialismus. In MEGA, I. Abt., V, 519~528/Includes whole passages from A 197b. Written by Hess ca 1845. Edited by Marx. Part of "die deutsche Ideologie." See also B 175; ⇒ 197b. * Schweiz: Umtriebe der kommunistischen Propheten[Title according to the table of contents of issue No. 6], *Gesellschaftsspiegel*, Bd. I, Nachrichten und Notizen, pp. 93~96[Versus Georg Kuhlmann]. Authorship revealed: Georg Kuhlmann to Dr W. Fischer, March 24, 1846 HHS, Informationbüro, M. I. B. No. 924, Mainz, den 2. April 1846. Different from, but in parts identical with A 1053;

ii) 「도토레 그라치아노」: A 200. Dottore Graziano's[Arnold Ruge] Werke. *Zwei Jahre in Paris*, von A. Ruge. *Deutsche-Brüsseler-Zeitung*, S. 2~3 of Nos. 62 & 63(August 5. and 7.). IISG; A. 1054. Dottore Graziano oder Doktor Arnold Ruge in Paris/Written in September 1846. Published by J. P. Mayer, in *Gesellschaft*, VIII/1(1931), 174~180. See B 83; ⇒ B 83. Dottore Graziano oder

의 초고와 더불어 헤스의 2개 초고가 첨가될 경우 계간지의 부피를 가늠하기 위한 기초적 작업이기도 하다.

우선 『독일 이데올로기』의 제2부 V장으로서 이 책의 일부로 간주되어온 「V. 홀스타인의 게오르크 쿨만 박사」는 바이데마이어에 의해 초고가 청서되어 그 말미에 "M. Hess"라고 기재되고, 표제는 엥겔스에 의해 씌어졌다.[44] 따라서 이 초고가 『독일 이데올로기』의 일부를 구성한다는 사실에는 학자들 사이에 이론의 여지가 없다. 단지 현재로서는 그것이 마르크스와 엥겔스의 저작만을 텍스트 편에 게재하는 것을 원칙으로 하는 신MEGA에서 텍스트 편에 게재하느냐, 아니면 부록으로 아파라트에 게재하느냐의 문제가 논의의 여지를 남겨두고 있을 뿐이다.[45]

한편 「V. 홀스타인의 게오르크 쿨만 박사」와 같은 시기에 『독일 이데올로기』, 또는 헤스가 마르크스, 엥겔스와 공동으로 발간하기로 한 계간지에 기고하기 위해 준비한 초고로서 「도토레 그라치아노」가 있다. 「도토레 그라치아노」는 바우어, 슈티르너와 더불어 청년헤겔

Doktor Arnold Ruge in Paris. Cologne, September 1846, 8 pp. 4°. IISG. Published posthumously(see: A 1054). See also B 107; ⇒ B 107. Studien zur Culturhistorie. Vergleich alten modernen Völker[Middle 1840's], 1 leaf, in f°. IISG. On Verso: a fragment of a variant of B 83(on Ruge).

44) *Inventar des Marx-Engels Nachlaß*, IISG, Amsterdam, A 17〔Die deutsche Ideologie〕. 이 초고가 마르크스-엥겔스의 유고에 끼어 있음에도 불구하고 필자가 헤스라는 사실에는 의문의 여지가 없으며, 초고의 완성 시기는 필사자인 바이데마이어가 브뤼셀 체재 중이었던 1846년 4월 이전으로 추정된다. 정문길, 「편찬사를 통해서 본 『독일 이데올로기』」, pp. 1183, 1186 주 24) 및 pp. 1200~1201〔이 책, pp. 44, 47~48의 주 24) 및 64~65〕.

45) Wolfgang Mönke, "Über die Mitarbeit von Moses Hess an der 'Deutschen Ideologie,'" *Annali*, Anno Sesto(Milano, 1963), S. 461~479; Christine Ikker, "Zur Mitarbeit von Moses Heß an der 'Deutschen Ideologie' — das Kapitel V des Zweiten Bandes," *Beiträge zur Marx-Engels-Forschung*, 26(1989), S. 171~194.

파를 구성하는 아놀드 루게를 비판한 글로 당초 『독일 이데올로기』의 제1부인 「라이프치히 종교회의」의 일부를 구성하는 초고였다. 따라서 「도토레 그라치아노」는 1846년 4월 중순 바이데마이어가 베스트팔렌 지방으로 가지고 간 최초의 원고 중에 포함되어 있었으며, 『독일 이데올로기』, 또는 계간지의 발간 계획이 실패로 돌아감에 따라 바이데마이어가 쾰른의 다니엘스에게 송부한 초고 가운데 포함되어 있었다. 그러나 헤스는 자신에 대한 인신공격에 가까운 루게의 비판[46]에 재빨리 대응하기 위해 이 초고를 마르크스로부터 돌려받아, 양을 늘리고 수정하여 팸플릿으로 발간할 계획을 세웠던 것이다.[47] 그러나 헤스는 객관적 사정이 여의치 않자 이를 1847년 8월 5, 7일의 『독일-브뤼셀 신문』(제62, 63호)에 2회에 걸쳐 발표했다. 그렇기에 이 초고는 마르크스와 엥겔스가 보관한 『독일 이데올로기』의 원고 뭉치에서는 빠져 있었으나 동독의 신MEGA 연구팀은 이를 『독일 이데올로기』 제1부 제IV장으로 추정하고,[48] 한걸음 더 나아가 이를 『독일 이데올로기』가 게재될 MEGA² I/5의 부록으로 게재할 것을 주장하고 있다.[49]

이로써 마르크스와 엥겔스, 헤스에 의해 계획된 계간지에 게재될 예정이었던 6편의 글을 구체적으로 살펴보았다. 그리고 '적어도' 이

---

46) [Arnold] Ruge, "Der Rabbi Moses und Moritz Heß," *Die Opposition*, hrsg. von Karl Heinzen(Mannheim, 1846).

47) Moses Heß an Marx, 28. Juli 1846, MEGA² III/2, S. 270.

48) 이 경우 『독일 이데올로기』 제1부의 구성은 「I. 포이어바흐」/「II. 성 브루노」/「III. 성 막스」/「IV. 도토레 그라치아노」가 된다.

49) Inge Taubert, "Zur Mitarbeit von Moses Heß an der 'Deutschen Ideologie' — die Auseinandersetzung mit Arnold Ruges Werk 'Zwei Jahre in Paris. Studien und Erinnerungen,' Leipzig 1846," *Beiträge zur Marx-Engels-Forschung*, 26(1989), S. 146~170; Wolfgang Mönke, *op. cit.*, S. 479~490도 참조.

들 6편의 글은 『독일 이데올로기』가 계간지용 원고로 집필되었다고 가정한다면 『독일 이데올로기』의 마르크스와 엥겔스의 공동 집필 부분과 더불어 "두 권의zweibändige" 계간지에 게재토록 되어 있었던 것이다. 그러나 여기서 석연치 않은 점은 이처럼 방대한 양의 원고가 과연 "단 두 권"의 계간지에 수용될 수 있겠느냐 하는 점과 "연속성을 가진 계간지"가 마르크스와 엥겔스, 그리고 제3자에 의해 왜 계속 "두 권" "제2권" 등으로만 표현되고 있느냐는 점이다. 다시 말하면 "단지 두 권"의 개념이 너무나도 지배적이기에 이것이 "두 권의 『독일 이데올로기』"라는 기존의 통념과 쉽사리 분리시키기가 어렵다는 사실을 유념할 필요가 있는 것이다.

한편 마르크스와 엥겔스, 헤스의 『독일 이데올로기』 초고를 포함한 베르트 등의 글들을 모두 그들이 기획한 계간지용 원고라고 볼 경우 가장 두드러지게 나타나는 특징은, 다른 모든 글이 그 집필자가 본명이든 가명이든 명확히 기명된 데 반해 마르크스와 엥겔스의 경우만이 기명이 되지 않은 채 공저의 형태를 취하고 있다는 점이다. 다시 말하면 『독일 이데올로기』가 단편적인 계간지용 원고라면 개개 장절章節이 굳이 그들 양자의 공저의 형태를 취해야 하느냐는 점이다. 따라서 저자는 『독일 이데올로기』의 계간지용 원고설과 관련하여 마르크스-엥겔스의 『독일 이데올로기』 '공저 문제'와 연관된 종래의 몇 가지 논의를 검토해보고자 한다.

4. 『독일 이데올로기』 공저자로서의 마르크스와 엥겔스

『독일 이데올로기』가 독자적 저술이건 계간지용 원고이건 그것이 마르크스와 엥겔스 두 사람의 공저라는 사실에는 의문의 여지가 없다. 왜냐하면 현존하는 이 책의 초고는 '기본적으로' 세로쓰기quer beschrieben 2단으로서 각 페이지 좌측의 지문地文, Grundtext이 엥겔스에 의해서, 그리고 우측에는 이에 대한 가필과 수정이 마르크스에 의해서 행해졌음을 명백히 보여주기 때문이다. 그러나 문제는 이 같은 공동 저작에서 두 사람 각각의 기여가 어느 정도인가에 대해서는 관련 학자들 간에 견해가 일치하지 않는다는 점이다. 다시 말하면 『독일 이데올로기』에서의 두 사람의 공동 저술은 1844년 가을 파리에서 행해진 『신성가족』[50]에 비하면 훨씬 적극적인 것은 사실이지만, 두 사람의 실질적인 참여도에 대한 평가는 엥겔스의 단순한 구술필기설口述筆記設에서부터 주도설에 이르기까지 매우 다양하다.

저자는 마르크스와 엥겔스의 『독일 이데올로기』의 공동 집필 단계를 i) 최초의 초안Entwurf od. Konzept과 초안을 중심으로 한 마르크스와 엥겔스 간의 토론, ii) 초안에 대한 수정과 청서, iii) 청서에 근거한 첨삭과 편찬상의 지시, 그리고 iv) 출판을 위한 최종고Druckfassung, Druckvorlage od. Reinschrift의 4단계로 상정한 바 있다.[51] 그러나 현존하는 이 책 초고의 다양한 상태는 그것이 전체적으로 어느 단계에 속한 것인가는 물론, 부분적으로도 개개 장절이 정확히 어느 단계에 속하는 것인가를 비정하기가 쉬운 일이 아니다. 그리고 한걸음 더

---

50) 『신성가족』에서의 이들 양자의 협력과 이 책의 편집·출판 경위에 대해서는 다음을 참조하라. Wolfgang Mönke, *Die heilige Familie: Zur ersten Gemeinschaftsarbeit von Karl Marx und Friedrich Engels*(Berlin: Akademie-Verlag, 1972), S. 126 ~132; 정문길, 「편찬사를 통해서 본 『독일 이데올로기』」, pp. 1186~1187〔이 책, pp. 48~49〕 참조.

51) 정문길, 「편찬사를 통해서 본 『독일 이데올로기』」, pp. 1193~1194〔이 책, p. 56〕; 정문길, 「마르크스-엥겔스의 『독일 이데올로기』, 「I. 포이어바흐」 장의 재구성」, pp. 317~318〔이 책, p. 156의 주 4)〕 참조.

나아가 제2단계와 제3단계가 중복되거나 제2, 제3의 단계를 거치지 않은 채 바로 제1단계의 초안이나 제4단계의 최종고로 남아 있는 경우도 없지 않다. 그러나 현존하는 『독일 이데올로기』의 초고를 전체적으로 볼 때, 서문과 제1부의 「I. 포이어바흐」 장을 제외한 대부분의 초고는 제2, 제3단계의 초고를 바로 제4단계의 초고와 같이 취급함으로써 전체적인 완성도가 상당히 높은 것으로 간주된다. 한편 마르크스에 의한 서문은 제1단계의 초고이고, 「I. 포이어바흐」 장은 이 4개의 단계가 병존하고 있음은 잘 알려진 사실이다.[52] 그러나 이 같은 현존 초고가 보여주는 중층적인 집필 단계에도 불구하고 변함없는 사실은 초고의 지문地文이 엥겔스에 의해 집필 혹은 필사되었으며,[53] 첨삭·수정·편집상의 지시는 엥겔스의 것이 없지 않으나 대부분의 경우 마르크스에 의해 이루어지고 있다는 점이다. 따라서 『독일 이데올로기』가 개진하고 있는 유물론적 역사 해석이 마르크스,

52) 『독일 이데올로기』에 대한 기본적 개념을 가지고 이의 초고를 최초로 검토한 사람 중의 하나인 구스타프 마이어는 이 책의 초고 상태를 다음과 같이 전하고 있다; "후세에 전해진 마르크스와 엥겔스의 이 방대한 공동 저작의 초고는 기본적으로 전문적인 연구를 필요로 한다. 적어도 현존하는 초고의 모든 부분이 아무런 보람도 없이 수많은 출판사를 전전했던 초고, 즉 출판을 위한 최종고druckfertiges Examplar에 속하는 것으로 보이지는 않는다. 많은 블라트Blatt(전지全紙 4분의 1 크기의 종이)가 최초의 초안Konzept의 흔적을 보이고, 또 그 가운데는 마르크스와 엥겔스가 결코 인쇄 가능한 것이라고 볼 수 없었을 표현들이 나타나며, 이렇다 할 이행 과정 없이 새로운 연관 부분이 시작되기도 하며, 페이지 매김도 통일되지 않고 있다." Gustav Mayer, *Friedrich Engels*, Bd. I. 1. Aufl.(Berlin: Springer, 1920), S. 418(G. Mayer, 'Die 'Entdeckung' des Manuskrips der 'Deutschen Ideologie,'" *Archiv für die Geschichte des Sozialismus und der Arbeiterbewegung*, Bd. XII〔1926〕, S. 287에서 재인용; 정문길, 「편찬사를 통해서 본 『독일 이데올로기』」, pp. 1180~1186, 1193~1194〔이 책, pp. 40~48, 56〕; 「마르크스-엥겔스의 『독일 이데올로기』, 「I. 포이어바흐」 장의 재구성」, pp. 317~18, 322~30〔이 책 제3장 2절〕도 참조.
53) 예외적으로 제1부 「III. 성 막스」 장의 일부와 제2부의 「V. 홀스타인의 게오르크 쿨만 박사」가 바이데마이어의 손에 의해 필사되고 있다. *Inventar des Marx-Engels Nachlaßes*, IISG, Amsterdam, A 14, A 17 참조.

엥겔스 양자 중 누구의 주도에 의한 것인가는 마르크스주의의 형성사에서 『독일 이데올로기』가 갖는 비중이 크면 클수록 중요한 관건으로 부각된다.

사실 『독일 이데올로기』의 엥겔스 필사설筆寫設은 이 책의 중요성을 최초로 인식하고 이를 면밀히 검토한 구스타프 마이어에 의해 제기되었고, 또 그것이 이후에는 통설로 인정받게 되었다. 구스타프 마이어는 『엥겔스 전기』의 저자이다. 즉 생애의 동반자인 마르크스와 엥겔스 두 사람의 업적 가운데서 엥겔스의 몫을 추출해내려고 애쓴 장본인으로서 그는 『독일 이데올로기』 집필기의 이들 두 사람의 작업을 "애초부터 두 사람은 서로의 정신적 재산을 구분함이 없이, 특정한 목적을 달성하려고만 했다"라고 지적하면서, 그들의 역사관이 최초로 체계화된 『독일 이데올로기』 집필기의 두 사람의 정신적 재산을 분리하기란 그들 두 사람이 함께한 다른 어느 시대보다 어렵다고 지적하고 있다.[54] 이어서 그는

태반이 초안Konzept이고, 다른 일부가 정서고淨書稿, Reinschrift로 현존하는 이 초고는 엥겔스가 집필하고, 마르크스는 첨가·수정만 한 것으로 나타난다. 〔……〕 그러나 이 경우에 필적筆跡만으로 그 저자가 누구라는 결론을 내려서는 안 된다. 왜냐하면 마르크스는 해독이 어려운 악필인 반면, 엥겔스는 달필이기에 인쇄용 최종고의 정서만이 아니라 두 사람이 이미 대화를 통해 합의에 이른 내용을 처음으로 원고지에 옮기는 것도 대개는 엥겔스의 몫이었다. 이 두 사람의 자유로

---

54) Gustav Mayer, *Friedrich Engels, Ein Biographie*; Erster Band, *Friedrich Engels in seiner Frühzeit*, 2., verbesserte Aufl.(Haag: Martinus Nijhoff, 1934), S. 226.

움, 기민함, 능란함으로 하여 엥겔스는 가끔 여러 절manche Abschnitte
을 독자적으로 완성한 것으로 추측된다.[55]

라고 기술함으로써 현존하는 초고의 형성 과정을 설명해주고 있다.
그러나 구스타프 마이어의 이 같은 엥겔스 필기설은 리야자노프에
이르러 다음과 같은 엥겔스의 구술필기설로 발전된다.

초고는 거의 전부 엥겔스가 쓰고, 마르크스는 수정·삽입 및 약간
의 난외주기欄外註記만 작성했다. 그렇다고 엥겔스가 이 책의 저자라는
결론을 내려서는 안 된다. 오히려 그 반대다. 특히 제1장("Die
Ideologie überhaupt, namentlich die deutsche"〔초고 오리지널의
S. 35까지〕)의 경우, 두 사람의 공동 저작이라고 하더라도 마르크스
가 엥겔스에게 그 내용을 구술, 필사케 했다in die Feder diktierte는 인
상을 준다. 이에 반해 둘째 장〔초고 오리지널의 S. 40 이하〕은 엥겔스
가 구술에 의하지 않고, 단독으로 집필한 것으로 보인다. 제1장에서
엥겔스는, 보통 자신의 초안에 통상적으로 가하는 수정이나, 제2장에
실제로 나타나는 수정보다 더욱 많고 본질적인 수정을 하고 있다. 더
욱이 여기서 직면하는 복잡한 문제는 『독일 이데올로기』의 원고에 나
타나는 필적을 근거로 이들 두 저자의 몫을 분명하게 구분할 수 없다
는 점이다.[56]

이상과 같은 구스타프 마이어와 리야자노프의 서술을 통해 『독일

---

55) *Ibid.*, S. 226~227.

56) D. Rjazanov, "Marx und Engels über Feuerbach(Erster Teil der ʿDeutschen
    Ideologie〕: Einführung des Herausgebers,ʾ" *Marx-Engels Archiv*, Bd. 1〔1926〕,
    S. 217. 〔〕안은 저자.

이데올로기』의 집필 단계나 과정을 조망할 수 있다. 다시 말하면 『독일 이데올로기』는 초안의 유무 여부에도 불구하고 기본적 집필 계획에 근거하여 마르크스와 엥겔스의 심도 있는 토론을 거쳐[57] 제2단계의 청서가 만들어지고, 이 청서는 양자의 첨삭·수정 및 편찬상의 지시를 통해 정서되거나 그대로 최종고最終稿로 마무리된 것으로 보는 것이 일반적인 견해였다. 그리고 이 저작의 착상은 마르크스와 엥겔스 공동의 것이지만, 마르크스가 주도적인 역할을 수행한 것으로 일반적으로 이해되고 있었다.[58] 그러나 1965년 이래 텍스트 비판을 『독일 이데올로기』를 통해 집중적으로 연구해온 일본의 히로마츠 와타루廣松涉가 이 같은 종래의 통설에 반대하여 『독일 이데올로기』, 특히 이 책 제1부의 「I. 포이어바흐」장이 마르크스가 아닌 엥겔스의 주도로 씌어졌다고 주장하면서 이 문제는 새로운 양상을 띠게 되었

---

57) 『독일 이데올로기』 집필기의 마르크스와 엥겔스 두 사람의 집필 과정을 보여주는 문건으로는 마르크스의 사후, 그의 문서를 정리하던 엥겔스가 이 책의 원고 묶음을 발견하고 당시의 상황을 묘사한 다음의 편지에 잘 나타나 있다. "모올Mohr(마르크스의 애칭)의 유고 가운데서 나는 1848년 이전의 우리들의 공동 저작인 초고 뭉치einen ganzen Berg Ms.를 발견했다. 나는 그중의 일부를 곧장 출판할까 한다./ 그 가운데 하나는 만약 네가 내 옆에 있었다면 내가 너에게 읽어주었을 것이고, 너는 그것을 듣고 포복절도했을 것이다. 내가 그것을 님Nimm(Helene Demuth의 애칭)과 투시Tussy (Eleanor Marx의 애칭)에게 읽어주었더니, 님은 '아하, 당신들 두 분이 당시의 브뤼셀에서 밤새도록 그렇게 웃어대어 집 안의 다른 사람들이 잠 못 들게 했던 이유를 이제야 알겠군요'라고 말하더구나." Engels an Laura Lafargue, 2. Juni 1883, MEW, Bd. 36, S. 33~34; Jenny Marx, "Kurze Umrisse eines bewegten Lebens," *Mohr und General: Erinnerungen an Marx und Engels*(Berlin: Dietz Verlag, 1964), S. 206도 보라.

58) Karl Marx, *Zur Kritik der politischen Ökonomie*, Erstes Heft, "Vorwort," MEGA² II/2, S. 101~102; Friedrich Engels, "Vorrede"(zum "Manifest der Kommunistischen Partei" [englische Ausgabe von 1888]), MEW, Bd. 21, S. 357~358; Friedrich Engels, "Zur Geschichte des Bundes der Kommunisten," MEW, Bd. 21, S. 211~212; Friedrich Engels, *Ludwig Feuerbach und der Ausgang der klassischen deutschen Philosophie*, MEW, Bd. 21, S. 263~264 등을 보라.

다. 다시 말하면 히로마츠는 『독일 이데올로기』, 「I. 포이어바흐」 장의 엥겔스 주도론主導論을 제기한 것이다.

히로마츠는 1965년의 논문에서 당시 가장 권위 있는 MEGA[1] I/5 (아도라츠키 판)의 『독일 이데올로기』 텍스트가 "사실상 위서僞書에 다름 아니다"라는 주장을 하면서 텍스트의 근원적인 재구성을 제기했다. 그리고 그는 한걸음 더 나아가 이 책의 「I. 포이어바흐」 장의 "집필자가 주로 〔마르크스가 아닌〕 엥겔스였다"라고 주장하기에 이르렀다.[59] 이후 그는 『독일 이데올로기』, 「I. 포이어바흐」 장의 주도적인 필자가 엥겔스라는 전제 아래 이를 정당화하기 위한 정력적인 작업을 전개해, 결국 이 책 「I. 포이어바흐」 장의 집필에 대한 종래의 i) 구술필기설, ii) 메모에 근거한 문장화, iii) 사전의 토론을 거친 합의에 근거해 이를 글로 옮겼다는 여러 가설을 모두 부인하고 엥겔스의 오리지널리티를 강조하기에 이르렀다.[60] 특히 그는 『독일 이데올로기』가 3인의 공저자에 의해 애초부터 분담 집필토록 계획되었음은 당연한 일이라고 보고 있다.

따라서 히로마츠는 이들 3인의 공저자의 집필 분담 과정을 다음과 같이 유추한다. 이미 『최후의 철학자들Die letzten Philosophen』(Darmstadt: C. W. Leske, 1845)을 상재하여 포이어바흐, 바우어, 슈티르너를

---

59) 廣松涉, 「『ドイツ・イデオロギー』編輯の問題點」, 『唯物論 研究』(계간) 21호(1965년 春號), pp. 104(〔 〕 안은 저자), 106; 정문길, 「마르크스-엥겔스의 『독일 이데올로기』, 「I. 포이어바흐」 장의 재구성」, pp. 268~276〔이 책 제3장 3.5〕도 참조.

60) 廣松涉, 「初期エンゲルスの思想形成」, 『思想』 507호(1966. 9), pp. 1~16; 廣松涉, 「初期マルクス像の批判的研究」, 『思想』 520호(1967. 10), pp. 22~46; 廣松涉, 「エンゲルスの再評價のために」, 『世界の大思想』全集(河出書房) 月報(1967년 8월 배본 『エンゲルス』에 삽입)〔廣松涉, 『增補マルクス主義の成立過程』〔東京: 至誠堂, 1984〕, pp. 120~124 所收〕; 廣松涉, 「補遺: いわゆる "口述筆記設"に寄せて」〔前揭, 『增補マルクス主義の成立過程』, pp. 110~119 所收〕; 廣松涉, 『エンゲルス論—その思想形成過程』(東京: 盛田書店, 1968).

비판한 바 있는 헤스가 당시 자신과 루게, 그리고 진정 사회주의자
들과의 관계를 고려하여 루게를 비롯한 진정 사회주의자를 비판하기
로 하고, 『신성가족』에서 바우어를 비판한 마르크스와 엥겔스는 바
우어 비판을 간략히 다루는 한편, 슈티르너 비판은 1844년 말 슈티
르너 비판을 계획했던 마르크스가 맡았을 가능성이 높다고 추정하고
있다. 그리고 남아 있는 포이어바흐 비판은 이미 「포이어바흐에 관
한 테제」(1845)를 집필한 마르크스도 할 말이 없는 바는 아니나 준
비의 미비와 레스케와의 별도의 저서 출판 계약[61]으로 인해 이 작업
에 좀더 적극적인 엥겔스가 분담하게 되었을 것이라는 주장이다. 따
라서 히로마츠는 이 같은 당시의 상황을 고려해볼 때『독일 이데올
로기』의 집필은 『신성가족』의 경우를 원용하여 엥겔스가 우선 포이
어바흐, 바우어, 슈티르너 비판을 쓰고, 그것을 마르크스가 개고改
稿·증보하는 방식을 채용했을 것이라는 결론을 내리고 있다.[62] 그리
고 그의 이 같은 추정은 1846년의 마르크스와 바이데마이어, 레스케
간에 오간 편지, 1846년 가을의 엥겔스의 일련의 편지, 같은 해 봄
브뤼셀에 체재하면서『독일 이데올로기』의 정서에 참여한 바이데마
이어의 협력 정도와 같은 부차적 자료만이 아니라『독일 이데올로

---

61) 여기서 언급된 별도의 출판 계획이란 마르크스가 1845년 2월 1일, 파리에서 출판인
　　레스케와 맺은『정치 및 국민경제학 비판』의 출판 계약을 의미한다. Karl Friedrich
　　Julius Leske an Marx, 6. Dezember 1845, MEGA² III/1, S. 492; Leske an
　　Marx, 16. März 1846, MEGA² III/1, S. 516; Marx an Leske, 1. August 1846,
　　MEGA² III/2, S. 22; Marx an Pawel Wassilijewitsch Annenkow, 28. Dezember
　　1848, MEGA² III/2, S. 79~80 참조. 이 책의 출판 계약서 전문은 다음에 게재되어
　　있다. MEGA² III/1, S. 851~852(이의 영문 번역은 다음을 참조. "Contract between
　　Marx and the Leske Publishers in Darmstadt on the Publication of *Kritik der
　　Politik und Nationalökonomie*," Marx-Engels, *Collected Works*, vol. 4(New York:
　　International Publishers, 1975), p. 675).
62) 廣松渉, 『エンゲルス論』, pp. 275~277, 301.

120

기』(특히 「I. 포이어바흐」 장)의 초고 오리지널 기저고基底稿, Urtext의 내용과 상태를 면밀히 검토해보면 명백해진다는 것이다.[63]

이상으로 마르크스와 엥겔스의 공저로서 『독일 이데올로기』의 집필 단계에 관한 종래의 설을 검토하고, 나아가 최근 일본 학계에서 제기된 이 책 「I. 포이어바흐」 장의 엥겔스 주도론을 간략히 살펴보았다. 사실 『독일 이데올로기』의 공저에 관한 한 전문가들은 마르크스의 주도에 의한 양자의 견해의 여과·합의와 이에 근거한 초고의 작성이었다는 데 의문을 제기하지 않았다. 그러나 1960년대와 1970년대의 일본 학계의 『독일 이데올로기』 논쟁은 이 책 각 장절章節, 특히 역사적 유물론의 정초에 있어서 결정적인 의미를 갖는 「I. 포이어바흐」 장의 구체적인 필자의 논의나, 초고 오리지널의 필적이나 내용상의 편차를 근거로 하여 마르크스와 엥겔스의 견해 차이를 구체화하려는 움직임을 통해 『독일 이데올로기』 연구에 새로운 경지를 보여주고 있음이 사실이다.[64] 그러나 이 글의 경우, 우리가 주목하는 것은 『독일 이데올로기』가 독립된 저서가 아니라 계간지용 원고로 집필되었다면, 그리고 그것이 두 권의 계간지에 어차피 분재分載될 예정이었다면 이처럼 '방대한' 『독일 이데올로기』의 초고가 굳이 공

---

63) 여기서 히로마츠 교수가 제시한 서한은 Weydemeyer an Marx, 30. April 1846; Marx an Weydemeyer, 14. Mai 1846; Marx an Leske, 1. August 1846; 그리고 같은 해 가을에 엥겔스가 쓴 일련의 편지들이다. 그의 초고 오리지널의 상태 및 내용에 대한 면밀한 검토는 결국에는 초고 오리지널에 나타나는 마르크스와 엥겔스의 용어 사용상의 차이까지 거론하고 있다. 廣松涉, 『エンゲルス論』, pp. 276~311을 보라.

64) 1965년 히로마츠 와타루에 의해 제기된 일본에서의 『독일 이데올로기』에 대한 텍스트 비판은 이 책에 대한 일본 학계의 관심을 새삼 제고시키고, 나아가 이 책에 대한 논의를 텍스트 비판에 한정하지 않고 책의 내용에 나타나는 마르크스와 엥겔스의 이론상의 차이를 부각시키는 데까지 확대하게 되었다. 그리고 이 논쟁에는 하나사키, 모치즈키, 나카카와, 호소야, 이와부치, 사카마 등 광범한 학자들이 참여하고 있다. 저자는 일본 마르크스학의 현황을 이해하기 위한 하나의 단서로서 다른 기회에 이 문제를 좀더 구체적으로 검토하고자 한다〔이 책 제4장 참조〕.

저의 형식을 취할 필요가 있었겠느냐 하는 의문을 떨쳐버리기가 어렵다는 점이다. 다시 말하면 『독일 이데올로기』가 전술한 바의 구체적 공동 저작의 단계를 거치지 않았다면(설사 특정 단계가 생략되었다 하더라도) 개개 장절章節의 원고에는 헤스의 경우처럼 원고의 말미에 필자가 기명되어야만 할 개연성이 높으며, 그것이 계간지용 원고라면 이 같은 개연성은 더욱 커지는 것이다. 따라서 현존하는 『독일 이데올로기』의 초고 오리지널에는 제2부의 「V. 홀스타인의 게오르크 쿨만 박사」에만 말미에 "M. Hess"로 필자명이 기재되어 있다는 사실에 일단 주목할 필요가 있다.[65]

그렇기에 여기서 비교적 분명하게 지적할 수 있는 사실은 『독일 이데올로기』가 비록 앞에서 서술한 공저의 여러 단계 중 특정 단계가 생략되었다 할지라도 공동 저작이었을 개연성이 지극히 높다는 점이다.[66] 특히 그들이 이미 『정치 및 국민경제학 비판』이나 『영국의 사회사』라는 개별적인 저술 계획을 가지고 있음에도 불구하고 공동 저작의 형태로 『독일 이데올로기』의 기필에 착수했다는 점에서 볼 때, 이 책의 집필이 그들 두 사람이 당면한 그 어떠한 즉각적인 과제보다도 긴급을 요하는 과제였으리라는 추론을 가능케 한다. 따라서

---

65) 그러나 이 같은 경우에도 우리는 『독일 이데올로기』가 『신성가족』에서처럼 그것이 출판의 최종 단계에서 그 차례에 개개 장절의 필자를 밝힐지도 모른다는 가능성을 전혀 배제할 수는 없다. 표지에 알파벳 순으로 엥겔스와 마르크스가 공저자임을 밝히고 있는 『신성가족』의 경우, 우리는 그것만으로는 이 최초의 공저에 대한 두 사람 각각의 기여도를 가늠할 수 없다. 그러나 다행히 마르크스가 목차에서 개개 장절의 필자를 명기함으로써 이들 두 사람의 기여도는 물론 그들 각각의 공저에 대한 입장을 가늠할 수가 있게 되었다. MEW, Bd. 2, S. 653~654, Anm. 1. 마지막 부분 참조.

66) 『독일 이데올로기』의 공저 개연성을 드러내주는 하나의 방증으로 마르크스의 사후, 그의 유고를 인계받은 엥겔스가 자신의 사망에 즈음하여 이 책의 유고를 마르크스의 서한과 유고의 정당한 계승자인 엘리노 마르크스가 아닌, 자신의 유고 계승자로 지목된 베른슈타인에게 유증했다는 사실을 들 수 있다. 마르크스-엥겔스의 유고의 유전流轉에 관해서는 이 장 말미의 〈표 2-1〉과 그 설명을 참조하라.

우리는 마르크스와 엥겔스에게 『독일 이데올로기』의 집필을 강요한 객관적 상황을 고찰할 필요가 있다. 그리고 이 같은 구체적 정황, 즉 『독일 이데올로기』의 집필 동기에 대한 좀더 구체적인 추궁이 어쩌면 "두 권으로 된 『독일 이데올로기』"의 비밀을 해명하는 데 일조할지도 모르기 때문이다.

5. 『독일 이데올로기』의 집필 동기에 관한 재해석

『독일 이데올로기』의 집필 동기는 당초 슈티르너의 『유일자와 그의 소유*Der Einzige und sein Eigenthum*』(Leipzig: Otto Wigand, 1845)의 출판과 연계되어 있는 것으로 설명되어왔다.[67] 마르크스와 엥겔

---

67) 『유일자와 그의 소유』의 출판 연도는 1845년으로 되어 있으나 이의 실질적인 배포는 1844년 10월로 추정되고 있다. John Henry Mackay, *Max Stirner: Sein Leben und sein Werk*, 1. Aufl.(Berlin: Schuster & Loeffler, 1898), S. 135; Hans G. Helms, *Die Ideologie der anonymen Gesellschaft: Max Stirners 'Einziger' und zur Bundesrepublik*(Köln: Verlag M. du Mont Schauberg, 1966), S. 510; 정문길, 「막스 슈티르너의 생애와 저작」, 『에피고넨의 시대』(문학과지성사, 1987), p. 71의 주 2)를 보라.

　　한편 이 책은 엥겔스와 마르크스 양자가 늦어도 1844년 11월 말에 이미 읽은 것으로 추정된다. 엥겔스가 이 책을 읽었다는 사실은 그가 마르크스에게 보낸 1844년 11월 19일자의 편지로, 마르크스의 경우는 그가 뵈른슈타인Heinrich Börnstein에게 보낸 같은 해 12월 2일자 편지로 확인된다. MEGA² III/1, S. 250~256; MEGA² III/1, S. 257. 후자의 편지는 1975년에 발간된 MEGA² III/1에서도 당초 1844년 12월 말/1845년 1월 초로 비정되었으나 1980년에 출판된 『마르크스-엥겔스 연지』에서 이를 12월 2일로 수정하고 있다. *Marx-Engels-Jahrbuch* 3(1980), S. 299~300. 그러나 『신성가족』의 어디에도 그들이 이 책을 읽었다는 흔적은 나타나지 않으며, 이러한 사실은 『독일 이데올로기』 제1부 「II. 성 브루노」 장의 다음 구절로도 확인된다; "왜 엥겔스와 마르크스는 슈티르너를 '아직도' 비판하지 '못했을까?' 〔……〕 왜냐하면 그들이 『신성가족』을 집필할 때에는 슈티르너의 책이 '아직도 출판되지 않았기' 때문이다." MEW, Bd. 3, S. 98.

스가 자신들의 최초의 공저인 『신성가족』을 탈고한 뒤인 1844년 11월, 출판인 비간트를 통해 슈티르너 저서의 견본쇄를 접한 엥겔스는 이 책의 출간 소식과 더불어 슈티르너의 에고이즘에 대한 긍정적인 견해를 마르크스에게 피력하고 있다.[68] 그러나 슈티르너의 저서에 대한 엥겔스의 긍정적인 평가에 반대하는 마르크스가[69] 이의 비판문을 창간을 앞둔 월간 『포아베르츠!』에 기고하기로 했음이 1844년 12월 2일자로 하인리히 뵈른슈타인Heinrich Börnstein에게 보낸 마르크스의 편지를 통해 확인된다.[70] 따라서 이제까지는 1844년 말과 1845년 초의 이들 편지와 더불어 후년의 예니 마르크스와 엥겔스 자신의 회고에 근거하여,[71] 슈티르너의 『유일자와 그의 소유』가 던져준 충격에서 『독일 이데올로기』의 집필 동기를 찾는 경향이 없지 않았다.

그러나 파리에서 발간되던 『포아베르츠!』지의 월간지로의 개편·

---

68) Friedrich Engels an Karl Marx, 19. November 1844, MEGA² III/1, S. 251~256. 여기서 엥겔스는 슈티르너의 에고이즘을 벤담의 그것과 대비하고, 나아가 그의 에고이스트를 공산주의자 및 포이어바흐적 인간과의 관련에서 긍정적으로 평가하고 있다.

69) 지금은 전해지지 않지만 12월 말경 마르크스가 엥겔스에게 보낸 편지(MEGA² III/1, S. 892)의 내용은 1845년 1월 20일자의 엥겔스의 답신, 그리고 1844년 12월 2일자 마르크스가 뵈른슈타인에게 보낸 편지로 추측할 수 있다. MEGA² III/1, S. 259; MEGA² III/1, S. 257 및 *Marx-Engels-Jahrbuch*, 3(1980), S. 299~300. 한편 타우베르트는 1844년 12월 말경 마르크스가 엥겔스에게 보낸 답신은 다음과 같은 엥겔스의 입장을 비판한 것으로 추정하고 있다. 즉 i) 슈티르너가 "유물주의와 경험주의로 변신한 관념론자"라는 점, ii) 슈티르너의 에고이즘이 "그 일면성에 있어서〔……〕곧장 공산주의로 전환되어야 한다"는 믿음, 그리고 iii) 슈티르너는 "자아로부터, 경험적·육체적 개인에서" 벗어나야 하나 거기에 파묻혀 '인간'으로 고양될 수 없으므로, 그는 "경험적 인간을 그의 기반으로 하지 않으면 안 된다"라는 엥겔스의 주장을 마르크스가 비판한 것으로 보고 있다. Inge Taubert, "Die Kritik der nachhegelschen Philosophie," S. 19~20(인용 부분은 1844년 11월 19일자로 엥겔스가 마르크스에게 보낸 편지로부터의 직접 인용을 의미한다. MEGA² III/1, S. 252).

70) Karl Marx an Heinrich Börnstein, 2. Dezember 1844, MEGA² III/1, S. 257; *Marx-Engels-Jahrbuch*, 3(1980), S. 299~300.

71) Jenny Marx, "Kurze Umrisse eines bewegten Lebens," S. 206; Engels an Laura Lafargue, 2. Juni. 1883, MEW, Bd. 36, S. 33~34.

발행 계획은 편집자와 기고자의 투옥과 추방으로 무산되었기에 마르크스가 월간 『포아베르츠!』에 기고하기로 예정되었던 슈티르너 비판문이 집필되었는지는 확인할 길이 없다. 단지 이 시기와 관련해 기억해야 할 사실은 『포아베르츠!』지 사건과 연루되어 마르크스가 1845년 2월 초에 브뤼셀로 추방되었다는 점과, 마르크스와 엥겔스의 최초의 공저이자 브루노 바우어와의 논쟁서인 『신성가족』이 같은 해 2월 하순에 출판되었다는 점이다.[72] 특히 슈티르너를 포함하여 포이어바흐와 바우어 등 당대의 대표적 청년헤겔파를 비판한 헤스의 『최후의 철학자들』이 곧 출판될 것이기에,[73] 이 시기의 마르크스에게 중요한 일은 청년헤겔파와의 논쟁을 그들 자신의 『신성가족』으로 매듭짓고, 그가 파리를 떠나기 직전 출판인 레스케와 맺은 『정치 및

---

72) 마르크스가 출판인 레스케와 『정치 및 국민경제학 비판』의 출판 계약을 체결한 것이 1845년 2월 1일 파리에서이고, 뷔르거스Heinrich Bürgers와 더불어 브뤼셀에 체재하는 프라이리히라트를 방문한 것이 2월 4일이므로 그의 브뤼셀 도착은 2월 3일로 비정된다. Andréas/Mönke, "Neue Daten zur 'Deutschen Ideologie,'" S. 12~15, Anm. 9; Marx-Engels-Lenin-Institut, *Karl Marx: Chronik seines Lebens in Einzeldaten* (Moskau: Marx-Engels-Verlag, 1934), S. 27. 한편 묑케에 따르면 『신성가족』의 출판은 1845년 2월 24일로 추정된다. Wolfgang Mönke, *Die heilige Familie*, S. 132.

73) 헤스의 『최후의 철학자들』이 슈티르너에 관한 한 마르크스의 당초의 평가와 일치하고, 한걸음 더 나아가 엥겔스에게 보낸 마르크스의 편지가 헤스에 의해 이용되었다는 사실은 마르크스에게 보낸 엥겔스와 헤스 자신의 편지로 확인된다. Engels an Marx, um den 20. Januar 1845, MEGA² III/1, S. 259; Moses Hess an Karl Marx, 17. Januar 1845, MEGA² III/1, S. 450(Edmund Silberner, Hrsg. unter Mitwirkung von Werner Blumenberg, *Moses Hess, Briefwechsel*('S-Gravenhage: Mouton & Co., 1959), S. 105도 보라). 코르뉘와 묑케는 헤스의 이 책이 1845년 전반에 출간되었다고 보고 있으나 본격적인 반포는 같은 해 7월 중순경으로 보인다. *Moses Hess: Philosophische und sozialistische Schriften, 1837~1850. Eine Auswahl*, herausgegeben und eingeleitet von Auguste Cornu und Wolfgang Mönke(Berlin: Akademie-Verlag, 1961), S. L; Carl W. Leske an Hess, Darmstadt, den 5. August 1845, *Moses Hess, Briefwechsel*, S. 130. 한편 일본의 연구자들은 이를 1845년 5월에 출간되었다고 보고하고 있다. 良知力·廣松渉 編『ドイツ·イデオロギー 內部論爭』, ヘーゲル左派叢書 第1卷(東京: 御茶の水書房, 1986), p. 33.

국민경제학 비판』의 집필에 몰두하는 일이었다. 그리고 이러한 사정은『영국 사회사』의 집필이라는 독자적 저술 계획을 가지고 같은 해 4월 초 브뤼셀의 마르크스와 합류한 엥겔스의 경우도 마찬가지였다.[74] 따라서 그들 두 사람이 같은 해 7~8월의 6주간에 걸쳐, 각자의 저술을 위한 자료 수집과 영국 사회주의자들과의 교유를 위해 영국으로 떠날 때까지 슈티르너를 포함한 독일의 철학자들에 대한 비판을 시도하겠다는 그 어떠한 언급도 당시 그들의 편지에서 발견할 수 없음은 당연한 일이다.

그런데 여기서 주목해야 할 점은 1845년의 후반, 즉 그들이 영국 여행에서 돌아온 이후에 왜 눈앞의 독자적 저술 계획을 뒤로 미룬 채 당대 독일의 철학적 조류나 사회주의 운동을 논박하는『독일 이데올로기』와 같은 종류의 방대한 저술에 몰두하게 되었느냐는 것이다. 사실 마르크스는 1년 후인 1846년, 즉『독일 이데올로기』가 대부분 탈고된 이후인 8월 1일자로 출판인 레스케에게 보낸 편지에서『정치 및 국민경제학 비판』의 원고 작업이 늦어지는 이유를 다음과 같이 술회하고 있다.

---

74) 마르크스의『정치 및 국민경제학 비판』집필 계획은 1845년 2월 1일, 그가 파리를 떠나기 직전에 출판인 레스케와의 계약을 통해 명백하게 드러난다(이 장 주 61) 참조). 한편 이 시기의 엥겔스는『영국 사회사』를 집필할 계획을 갖고 있었음이 그의『영국에 있어서의 노동자 계급의 상태』의 서문(1845년 3월 15일 집필)이나 당시의 편지에서 명백히 나타나고 있다. "〔여기서 다룬 대상은〕 당초 필자가 영국의 사회사에 대한 포괄적 저작의 1장으로 서술하려 한 것이다." Friedrich Engels, "Vorwort," *Die Lage der arbeitenden Klasse in England*, MEW, Bd. 2, S. 232; Engels an Marx, 17. März 1845, MEGA² III/1, S. 270도 참조. 그리고 이러한 사실은 출판인 레스케가 마르크스를 통해 이의 출판 교섭을 부탁한 사실로도 확인된다. C. F. J. Leske an Marx, 14. Mai 1845, MEGA² III/1, S. 465; Leske an Marx, 7. Juni 1845, MEGA² III/1, S. 469; Nelly Rumjanzewa, "Zu Engels' Plan einer sozialen Geschichte Englands: Die Manchester—Hefte von 1845," *Marx-Engels-Jahrbuch*, 13(1991), S. 91~116 참조.

나에게는 독일 철학이나 지금까지의 '독일의 사회주의'에 대항하는
논쟁적 저술을 통해 나 자신의 결정적 발전을positiven Entwicklung '드
러내 보이는 것'이 지극히 중요한 일로 생각된다. 특히 일반 대중에
게 지금까지의 독일의 과학에 대항하는 나의 경제학적 입장을 분명하
게 밝히기 위한 준비를 하는 것이 매우 중요하다. 이미 내가 당신에
게 보낸 다른 편지에서도 밝힌 바와 같이 이 논쟁적 저술을 내가 경
제학 저술을 출판하기 이전에 마치지 않으면 안 된다는 것도 바로 이
러한 이유에서이다.[75]

다시 말하면 마르크스는 앞의 편지에서 i) 독일 철학과 '독일의
사회주의'에 대항하는 논쟁적 저술의 필요성, ii) 그 저술에서 이전
과는 구별되는 마르크스 자신의 결정적 발전을 드러내 보이는 것,
그리고 iii) 이 같은 작업이 기왕에 진행되고 있는 경제학 저술에 선
행해야 한다는 점을 분명히 하고 있다. 따라서 마르크스와 엥겔스
두 사람이 영국 여행을 하기 전후인 1845년 여름 이래의 달라진 상
황에 대해 좀더 구체적으로 검토함으로써, 이 편지에 나타난『독일
이데올로기』집필의 직접적 동기를 천착해볼 필요가 있다.

우선 당대 독일 철학에 대항하는 논쟁적 저술의 필요성에 대한 마
르크스와 엥겔스의 각성은, 그들의 공동 저작인『신성가족』에 대한
당시 독일의 언론이나 철학계의 반응과 평가가 반드시 긍정적이지
않았다는 데 기인한 것으로 보인다. 1845년 2월 하순에 출판된 엥겔
스와 마르크스의『신성가족』에 대한 1845~46년간의 평가와 반응은

---

75) Karl Marx an Carl Friedrich Julius Leske, 1. August 1846, MEGA² III/2, S.
   23~24.

1970년대 초의 묑케의 조사에 따르면 i) 신문 광고가 7건(1845년에만 한정), ii) 간단한 신간 소개나 언급이 20건, iii) 비교적 긴 서평이나 언급이 8건으로 나타나 있다.[76] 그러나 ii)와 iii)의 경우, 특히 iii)에 나타나는 『신성가족』의 저자들에 대한 당대의 독일 언론이나 철학계의 평가는 결코 긍정적인 것으로만 보이지 않는다. 그러기에 이들 제 iii)의 범주에 속하는 서평이나 논쟁적인 글들이 바로 마르크스와 엥겔스의 『독일 이데올로기』 집필 동기와 밀접히 관련된 것이 아닌가 하고 추측하게 된다. 이에 우선 묑케의 조사에 근거하여, 『신성가족』에 대한 당대의 여러 반응 중 iii)의 범주에 속하는 것으로서 『독일 이데올로기』가 기필된 1845년에 발표된 글들을 그 발표 순서에 따라 열거하고 내용을 간단히 검토해보고자 한다.

〔**1845-1**〕 알렉시스 슈미트, 「『신성가족, 또는 〔……〕』(서평)」, 『**과학적 비판 연지**』 제**56, 57, 58호**(1845년 3월)(Alexis Schmidt: Die heilige Familie 〔……〕/〔Rezension〕/*Jahrbücher für wissenschaftliche Kritik* 〔……〕/März 1845, No. 55, Spalten 438~440; No. 56, Spalten 441~448; No. 57, Spalten 449~456; No. 58, Spalten 457~461. Mönke, *Die heilige Familie*, Dokumentation, Nr. 38).

　—헤겔이 창설한 학술지에 게재된 이 글은 기본적으로 정통 헤겔주의자의 입장에서 엥겔스와 마르크스의 『신성가족』을 논평한 글이

---

76) 묑케가 조사한 관련 자료(1845~46년간)의 일련번호를 보면, i) 광고가 Dok. Nr. 26, 29, 30, 35, 39, 40, 53이고, ii) 신간 소개가 Dok. Nr. 27, 33, 34, 36, 37, 41, 42, 43, 44, 45, 48, 49, 50, 56, 57, 58, 59, 64, 65, 66, iii) 서평을 비롯한 장문의 언급이 Dok. Nr. 38, 52, 55, 60, 61, 63, 67, 69이다. Wolfgang Mönke, *Die heilige Familie*, "V. Dokumentation," S. 141~278 참조.

다. 슈트라우스와 미헬렛에게 있어서는 유한자와 무한자의 일치가, 바우어에게 있어서는 순수한 자기의식이 목적이듯이, 마르크스에게 있어서는 유물론과 공산주의가 역사의 결말(Sp. 440)이라고 지적하는 서평자는 마르크스와 엥겔스를 포이어바흐의 추종자라고 규정하고, 프루동에 대한 그들의 긍정적 태도도 언급하고 있다(Sp. 445, 455, 460). 서평자는 철학에 있어 비판은 수단일 뿐 궁극적 목적일 수 없으나 그렇다고 비판이 없는 철학도 있을 수 없다고 지적한다 (Sp. 446). 비판은 전부가 아니며, 비판 그 자체가 주체로 인격화될 수 없다. 비판은 생산적 힘이 아니다. 그러나 소위 헤겔 좌파라고 불리는 분파는 비판을 총체적 철학이라 하고, 그 자체가 전체적 목적이며, 그것에 생산성을 요구한다고 바우어 일파를 비판하고 있다 (Sp. 450). 그러나 서평자는 "포이어바흐와 그의 추종자들이" 감성을 강조함으로써 "동물이 되려고 하기에, 지금까지 철학이 관심을 두었던 문제와 소원해 있다"라고 지적한다. 나아가 그들은 "보편적이라고 할 때에도 진리가 감성 가운데 있다고 주장함으로써, 보편성이 어디서 유래해야 하는지를 간파하지 못하기에 동물일 뿐"이라고 단언하고 있다(Sp. 460). 그러기에 서평자는 "포이어바흐의 이론에는 더 이상 내적 완성이란 없고, 감성과 직접성이 진리이고, 존재는 사유이며, '감성은 그 자신의 진정한 주체' 라는 식의 그들의 명제로써 그들의 모든 지혜를 진술할 뿐"이라고 비판하고 있다(Sp. 461).

〔1845-2〕 오토 뤼닝(?), 「『신성가족, 또는 〔……〕』」, 『베스트팔렌 증기선』 제1권 5호(1845)(Otto Lüning(?): Die heilige Familie oder Kritik der kritischen Kritik 〔……〕 / *Das Westphälische Dampfboot* 〔……〕/〔……〕 1845, Jg. 1, Heft 5, S. 206~214.

Mönke, *op. cit.*, Dok. Nr. 52).

　—‘△’로 표기된 익명의 서평자를 묑케는 베스트팔렌 지방의 의사요, 진정 사회주의자인 오토 뤼닝Otto Lüning으로 추정하고 있다. 이 글은 마르크스가 집필한 아래 〔1846-1〕의 글에서 “평범하고 혼란스러운 서평eine mittelmäßige und konfuse Rezension”(아래의 〔1846-1〕 「성 브루노 대『신성가족』의 저자들」, S. 7)이라고 지적되고 있다. 그러나 “여기 ‘비판’의 푸른 안개를 분산시킨 것은 얼마나 유쾌한 일인가, 우리는 샤로텐부르크의 신성가족의 궁색한 하늘을 얼마나 명료히 들여다볼 수 있는가. 참으로 우리는 한순간만이라도 ‘이 같은’ 빛에 속았던 진짜 멍청이들이었다. 이 책을 읽는 것은 하나의 내적 해방 행위이다”(S. 206)라는 구절로 시작되는 이 서평은 엥겔스와 마르크스가『신성가족』에서 다룬 브루노 바우어 일파에 대한 비판을 긍정적인 입장에서 평가하고 있다. 이 경우에도 우리가 주목해야 할 것은 마르크스와 엥겔스가 포이어바흐주의자이고, 그들의 프루동에 대한 긍정적 평가를 서평자가 놓치지 않고 지적하고 있다는 점이다.

〔**1845-3**〕 **G. 율리우스, 「보이는 인간 교회와 보이지 않는 인간 교회의 투쟁, 또는 〔……〕」, 『계간 비간트』 제2호**(1845) (G〔ustav〕 Julius: Der Streit der sichtbaren mit der unsichtbaren Menschenkirche oder Kritik der Kritik der kritischen Kritik/*Wigand's Vierteljahrsschrift*/〔……〕 1845, Bd. 2, S. 326~333. Mönke, *op. cit.*, Nr. 55).

　—『라이프치히 알게마이네 차이퉁*Leipziger Allgemeine Zeitung*』의 편집자였던 구스타프 율리우스Gustav Julius의 글로서, 1845년 6월 말에

발간된 『계간 비간트』 제2호에 수록.[77] 그는 엥겔스와 마르크스가 브루노 바우어의 '비판적 비판'으로부터 '실천적 인간주의'를 구출하려는 십자군 전쟁을 일으켰다고 『신성가족』을 규정하고 있다. 바우어에 대한 마르크스의 가장 본격적인 공격은 「유대인 문제Judenfrage」를 다룬 절에서 이루어지고 있으나, 마르크스가 『독불 연지』에서 이미 다룬 바 있는 유대인 문제에 대한 그의 입장은 『신성가족』에서도 그대로 견지되고 있다고 율리우스는 지적하고 있다. 단지 후자의 경우는 그 논지가 더욱 단호하고 확실하게 나타나 있을 뿐이라는 것이다. 그러나 율리우스는 마르크스가 여기서도 '개별적 존재로서의 인간'과 '유적 존재Gattungswesen로서의 인간'의 대립이라는 포이어바흐의 이원주의를 극복하지 못하고 있다고 지적한다. 따라서 마르크스에게 유적 존재는 새로운 종교, 새로운 교회가 되고 있기에 그를 "포이어바흐가 정초한 관점의 계승자Fortbildner"(S. 326)로 규정하고 있다. "마르크스는 그의 인간적 본성의 구축에서 결코 이원론을 지양하지 못했다. 그는 모든 이원론을 전치시켰을 뿐이다. 즉 대립의 양 측면을 현실적이고 물질적인 세계로 전치시켰을 뿐이다. 그는 여기서도 포이어바흐를 추종했을 뿐이다. 여기서 우리는 마르크스가 그의 사장師匠의 적자嫡子로서 그의 사장의 견해를 복음으로 믿을 것을, 그리고 대립되는 견해를 천박한 사교邪敎로 〔간주할 것을〕 서약하고 있음에 주목할 필요가 있다"(S. 328)라는 율리우스의 비평은 마르크스가 "유물론적 인간주의와 그 예언자로서의 포이어바흐를 제단에 앉히려 한다"(S. 329)라는 논평에서 그 절정에 달하고 있음을

---

77) 이의 발간 일자는 1845년 6월 25∼28일 사이로 추정된다. *Börsenblatt für den Deutschen Buchhandel* 60(1. Juli 1845); Inge Taubert, "Die Kritik der nachhegelschen Philosophie," S. 25 참조.

보게 된다.

〔1845-4〕 무명씨無名氏, 「브루노 바우어, 또는 우리 시대의 신학
적 인간주의의 발전 〔……〕」(Anonymus: Bruno Bauer oder die
Entwicklung des theologischen Humanismus unserer Tage. Eine
Kritik und Charakteristik/*Wignad's Vierteljahrsschrift*/〔……〕 1845,
Bd. 3, S. 52~85. Mönke, *op. cit.*, Dok. Nr. 60).

  ─1845년 10월 중순에 발간된 『계간 비간트』 제3호[78]에 게재된 익
명의 이 글은 1836년에서 1845년에 이르는 브루노 바우어의 지적
업적을 포괄적으로 다루고 있다. 이 글은 "세속적 생활의 새로운 형
태의 원리를 파악한" 당대의 가장 중요한 인물로서 바우어를 지목하
고, 나아가 근대 과학의 성과 중 "가장 어렵고도 중요한 부분이 브
루노 바우어에 의해 수행되었다"고 찬사를 아끼지 않고 있다(S. 53,
85). 이 글은 신학의 세속화, 천국의 정복에 있어서 바우어가 갖는
역사적 의미를 강조하면서 "포이어바흐가 개별적 인간을 위해 한 일
을 바우어는 인간 사회와 역사를 위해서 하였고, 포이어바흐가 소외
가운데서 인간의 종교적 관점을 인식한 데 대해 바우어는 기독교 세
계의 현상·제도, 그리고 모든 생활의 공통의 원리를 인식했으며, 포
이어바흐가 신학을 인간학으로 해소시킨 데 대해 바우어는 인간의
총체적 본질을 그의 상이한 현상, 그리고 역사 가운데서 인식함으로
써 해소하고 있다고 주장한다. 포이어바흐는 종교의 주관적·심리적
근거를 추궁하고, 바우어는 객관적·역사적 근거를 추궁한다"(S.

---

78) *Börsenblatt für den Deutschen Buchhandel*, Nr. 92(21. Oktober 1845)에는 1845년
   10월 16~18일 사이에 발간된 것으로 보고되고 있다. MEGA² *Probeband*, S. 402
   참조.

55)라고 서술하고 있다. 그리고 이 글은 청년헤겔파 중의 그 누구—특히 포이어바흐—보다도 바우어가 현저한 업적을 성취했다고 강조한다. 그러기에 이 글은 『독불 연지』에서의 마르크스의 유대인 문제에 대한 논의도 바우어의 원리를 국가의 영역에 수미일관하게 철저히 적용한 예이며(S. 75), 마르크스에 의해 파괴적 공격이 가해진 『알게마이네 리테라투어 차이퉁*Allgemeine Literatur-Zeitung*』도 값진 운명을 경험했다(S. 81)고 주장하고 있다.[79] 다시 말하면 당대인의 논의에 나타나는 마르크스의 입장은 브루노 바우어의 철저한 완성자konsequenter Vollender로 비춰지고 있다.

〔**1845-5**〕 **브루노 바우어, 「루트비히 포이어바흐의 특징」, 『계간 비간트』 제3호**(1845)(Bruno Bauer: Charakteristik Ludwig Feuerbachs/ *Wigand's Vierteljahrsschrift*/〔……〕 1845, Bd. 3, S. 86~146. Mönke, *op. cit.*, Dok. Nr. 61).

　—『계간 비간트』 제3호에 게재된 브루노 바우어의 이 글은 1830년, 익명으로 발표된 포이어바흐의 『죽음과 불멸성에 관한 고찰*Gedanken über Tod und Unsterblichkeit*』로부터 1843년의 『장래 철학의 근본 원리 *Grundsätze der Philosophie der Zukunft*』에 이르는 포이어바흐 철학의 모든 전개 과정을 개관하면서 포이어바흐의 유물주의가 결국 허위에 지나지 않는다고 다음과 같이 서술하고 있다. "포이어바흐는 현전하고 현실적인 본질만을 인정하는 프랑스의 유물론자 이상도 이하도 아니다. 〔……〕 그는 그의 추종자들이 잘 지적한 바와 같이, 인간주의로 전위되고 분해된 유물론자다. 다시 말하면, 그는 유물론자 아

───────────────

79) 이는 마르크스-엥겔스의 『신성가족』이 『알게마이네 리테라투어 차이퉁』에 게재된 브루노 바우어와 그 일파의 글을 비판의 대상으로 이용했음을 지적한 것이다.

닌 유물론자요, 인간주의자 아닌 인간주의자다"(S. 123)라고. 특히
바우어는 포이어바흐가 즐겨 사용하는 유類, die Gattung나 인간의 본
질das Wesen des Menschen은 인간이 도달하거나, 파악할 수 없는 불가
촉不可觸의 신성한 초월자처럼 절대적인 것이기에 그의 철학은 헤겔의
그것과 전혀 구분될 수 없다고 지적하면서, 그의 유의 개념이 "헤겔
의 절대자, 셸링의 무관심(혹은 무차별)Indifferenz, 피히테의 자아,
칸트의 물자체Ding an sich, 라이프니츠의 초단자Urmonade, 스피노자
의 실체, 기독교의 신-종교, 철학"에 다름 아니다(S. 105)라고까지
비판하고 있다.

특히 바우어의 이 글은 「포이어바흐와 유일자」라는 마지막 절에서
포이어바흐의 귀결Consequenzen과 그 비판 및 유일자와의 투쟁을 다
루고 있다. 그리고 이 절의 맨 마지막 부분에서 그는 엥겔스와 마르
크스의 『신성가족』에 대해 언급하면서, 그 책이 "포이어바흐가 어떻
게 변해야만 하고, 그의 철학이 비판을 상대로 하여 싸울 경우, 그
것이 취해야 할 입장이 무엇인가를 보여준다"는 점에서 일면의 득이
있을 뿐이라고 가볍게 언급함으로써 포이어바흐의 아류로서의 마르
크스와 엥겔스를 비판하고 있다(S. 138).[80] 특히 바우어는 그들 두
사람이 『신성가족』에서 다룬 '현실적 인간주의realer Humanismus'란 포
이어바흐의 교조주의의 연장이요 발전이며, 포이어바흐적 유물론의
논리적 귀결일 뿐이라고 지적하고 있다(S. 138~143).[81] 한결음 더

---

80) 같은 문장이 『독일 이데올로기』의 제1부 「II. 성 브루노」 장의 3절 「성 브루노 대 『신성
   가족』의 저자들」의 앞부분에 재현되어 있다. MEW, Bd. 3, S. 91.

81) 특히 바우어의 '현실적 인간주의'에 대한 비판은 바우어와 그의 추종자들을 비판한 엥
   겔스와 마르크스의 『신성가족』이 서문의 앞머리에서 "독일에서 '유심론Spiritualismus'
   또는 '사변적 관념론spekulativen Idealismus'보다 '현실적 인간주의'에 더 위험한
   적은 없다. 사변적 관념론은 '현실적 개별적 인간'의 자리에 '자기의식'이나 '정신'을
   대치시킴으로써, 복음주의자들과 같이 '인간을 생동하게 하는 것은 정신이요, 육체는

나아가 바우어는 포이어바흐 철학의 완성자는 마르크스와 엥겔스가 아닌 헤스라고 후자를 치켜세움으로써 그들 양자의 업적을 철저히 폄하하고 있다(S. 143)[82]

〔**1846-1**〕「**성 브루노 대**『**신성가족**』**의 저자들**」, 『**사회의 거울**』 **제7호**(1846년 1월)(Sankt Bruno contra die Verfasser der "Heiligen Familie"/ *Gesellschaftsspiegel*〔……〕/ Januar 1846, Heft 7/ Rubrik: Nachrichten und Notizen, S. 6~8. Mönke, *op. cit.*, Dok. Nr. 63).

— "브뤼셀, 〔1845년〕 11월 20일"로 시작되는 이 글은 그 필자가 마르크스이거나 적어도 그의 주변 인물로 추정되기에 1846년 1월이라는 발행일부發行日附와 상관없이 예외적으로 『독일 이데올로기』의 기필과 연관, 검토할 필요가 있는 것으로 보인다.[83]

아무런 쓸모가 없다' 는 교의를 전파하고 있다"(MEW, Bd. 2, S. 7)고 이 책의 집필 의도를 밝히고 있기에 바우어는 바로 이 점을 지적, 『신성가족』의 저자를 맹렬히 공격하고 있다.

82) 바우어의 이 같은 평가에 대해 마르크스와 엥겔스는 『신성가족』 집필 시에 출판도 되지 않은 슈티르너의 『유일자와 그의 소유』까지 비판하라는 주문은 당치도 않은 일이라고 반박하고 있다. *Die deutsche Ideologie*, MEW, Bd. 3, S. 98~100 참조.

83) MEGA¹은 이의 필자를 마르크스의 처남인 에드가 폰 베스트팔렌Edgar von Westphalen으로 비정하고, 마르크스가 이를 교열한 것으로 기술하고 있다(MEGA¹ I/5, S. 531, 541~544). 그러나 이후 이 글은 그들의 저작집(*Sočinenija*, MEW를 의미)에서 제외되었다가 1964년에 출판된 모스크바의 프로그레스 판 『독일 이데올로기』에 마르크스-엥겔스의 공저로 게재되고, 이어서 1976년의 영문판 전집에도 마르크스-엥겔스의 공저로 게재되어 있다. 특히 이 글은 『독일 이데올로기』의 초고 최구층最舊層에 속하는 제1부의 「II. 성 브루노」 장의 제3절 결론 부분에 부분적 수정과 변용을 포함해 동일한 내용이 수록되어 있어 『독일 이데올로기』 필자들과의 일치 가능성은 상당히 높은 것으로 평가된다. Marx/Engels, 〔A Reply to Bruno Bauer's Anti-Critique〕, Marx/Engels, *The German Ideology*(Moscow: Progress Publishers, 1964; 3. ed., 1976), pp. 627~630; Marx/Engels, *Collected Works*(New York: International Publischers, 1976), vol. 5, pp. 15~18 및 p. 586의 note 5; 廣松涉,「『ドイツ・

이 글은 표면상으로는 통신원의 기고이지만 내용은 철저한 반박문이다. 그러나 이 반박문의 사상 내용은 이렇다 하게 새로운 것이 없고, 단지 바우어의 「루트비히 포이어바흐의 특징」이 문제의 『신성가족』을 읽지도 않은 채 『베스트팔렌 증기선』에 게재된 앞의 〔1845-2〕 (오토 뤼닝〔?〕, 『신성가족, 또는 〔……〕』)의 서평만을 보고서 이를 비판하는 허위적인 글임을 폭로하고 있을 뿐이다. 따라서 이 글의 필자는 독자들에게 『신성가족』의 일독을 권하는 한편, 서평에만 의존하는 바우어의 사기성을 고발하고 있다.

이상으로 1845년 2월 『신성가족』이 출판된 이후 『독일 이데올로기』가 기필된 같은 해 11월 하순까지 발표된 『신성가족』에 대한 당대의 서평을 간략히 살펴보았다.[84] 이미 앞서도 언급한 바와 같이 『독일 이데올로기』의 기필 시기는 종래 가장 빠른 것이 예니 마르크스의 회고에 근거한 1845년 여름설이었으나, 이후 『계간 비간트』 제3호의 발행과 연계되어 이르면 같은 해 9월, 그리고 늦어도 10월 중순으로 간주되어왔다. 그러나 1972년의 신MEGA 시쇄판은 『계간 비간트』 제3호의 반포 일자, 앞의 〔1846-1〕의 「성 브루노 대 『신성가족』의 저자들」의 집필 일자(1845년 11월 20일)를 고려하여 『독일 이데올로기』의 기필을 1845년 11월 하순으로 추정해왔다.[85] 그러나

イデオロギ-』とその背景(2)」, 『知の考古學』 2호(1975년 5~6월호), pp. 42~44; MEW, Bd. 3, S. 91~98 참조.

84) 1845년에 발표된 서평에 이어, 1846년에도 이 범주에 속하는 것으로 다음의 2개 글이 발견된다: 〔1846-2〕 Theodor Opitz, *Bruno Bauer und seine Gegner, Vier Artikel* (Breslau: E. Trewendt, 1846) 30 S., 8° (Mönke, *op. cit.*, Dok. Nr. 69); Karl Schmidt, *Das Verstandesthum und das Individuum* (Leipzig: Wigand, 1846), 308 S., 8° (Mönke, *op. cit.*, Dok. Nr. 69).

85) 정문길, 「편찬사를 통해서 본 『독일 이데올로기』」, pp. 1190~1191〔이 책, pp. 52~53〕; MEGA² *Probeband* (Berlin: Dietz Verlag, 1972), S. 402 참조.

최근에는 『독일 이데올로기』의 계간지 원고설과 연관하여 이의 기필을 헤스가 베스트팔렌의 사회주의자들과 계간지 출판 교섭을 마치고 돌아온 1845년 11월 24~25일 이후로 보는 견해가 지배적이다.[86] 따라서 『독일 이데올로기』가 기필된 시기에 이르기까지의 당대 언론이나 철학계의 논쟁이 마르크스와 엥겔스의 독일 철학계와의 재대결을 불가피하게 한 이유를 앞에서 살펴본 6개의 서평과의 연관 하에서 살펴보고자 한다.

1845년 2월 하순에 발간된 『신성가족』에 대한 최초의 평가는 앞의 슈미트(〔1845-1〕)나 뤼닝(〔1845-2〕)의 경우처럼 마르크스와 엥겔스를 포이어바흐의 추종자로 치부하는 데 있어서는 슈티르너의 『유일자와 그의 소유』에서와 다를 바 없으나[87] 전체적 맥락에서 볼 때 그들의 업적을 반드시 부정적으로만 평가하는 것은 아니었다. 따라서 그들 두 사람은, 적어도 1845년 전반에는 그들의 『신성가족』과 5월에 발간된 헤스의 『최후의 철학자들』로 하여 청년헤겔파를 포함한 당대의 독일 철학계와의 대결에서 스스로 비교적 유리한 입장을 확보한 것으로 생각했었다.

그러나 1845년 6월 말에 발간된 『계간 비간트』제2호에는 익명으로 발표된 포이어바흐의 「『유일자와 그의 소유』와의 관련에서 본 『기독교의 본질』」[88]과 앞서 살펴본 율리우스의 「보이는 인간 교회와

---

86) Galina Golowina, *op. cit.*, S. 261~262; Jakob Rokitjanski, *op. cit.*, S. 229~230, 261, Anm. 46; Inge Taubert, "Wie entstand die *Deutsche Ideologie* von Karl Marx und Friedrich Engels?" S. 41 참조.

87) 슈티르너는 인간의 '유적 본질'을 다루면서 『독불 연지』에 게재된 마르크스의 「유대인 문제」에 관한 논문을 각주에서 간단히 지적하고 넘어갈 뿐이다. Max Stirner, *Der Einzige und sein Eigentum*(Stuttgart: Philipp Reclam Jun., 1972), S. 192.

88) Ludwig Feuerbach, "Ueber das 'Wesen des Christenthums' in Beziehung auf den 'Einzigen und sein Eigenthum,'" *Wigand's Vierteljahrsschrift*, Zweiter Band (1845), S. 193~205.

보이지 않는 인간 교회의 투쟁」(〔1845-3〕)이 게재되어 있었다. 포이어바흐는 당초 슈티르너를 자신의 이름을 빙자하여 명성을 얻으려는 공허한 자로 치부한 바 있었다. 그러나 이 시점의 객관적 상황은 그가 슈티르너의 공격을 어떤 형식으로든 정면으로 다루지 않을 수 없게 만들었고, 따라서 그는 「『유일자와 그의 소유』와의 관련에서 본 『기독교의 본질』」에서 그 자신의 유적 본질·인간성·사랑·감성 등의 개념에 대한 슈티르너의 논박으로부터 스스로를 변호했다. 그럼에도 불구하고 슈티르너의 공격에 대한 포이어바흐의 답변은 슈티르너가 지적하듯 "유와 개인, 나와 너, 인간과 인간적 본질이라는 그의 범주에서 한걸음도 벗어나지 못하고" 있었다. 따라서 슈티르너에 대한 포이어바흐의 권위 있는 반론을 기대했던 마르크스가 그의 사장師匠의 지극히 비역사적이고 인간학적인 자기변호에 직면하여 엄청난 곤혹감을 느꼈으리라는 것은 추측하기 어렵지 않다.[89] 게다가 『계간 비간트』의 같은 호에 실린 율리우스의 글(〔1845-3〕)은 『신성가족』의 마르크스가 『독불 연지』에서 다룬 유대인 문제를 더욱 확고한 입장에서 다루고 있음을 부인하지 않았으나, 문제는 개인적 존재로서의 인간과 유적 존재로서의 인간이라는 이원론을 결코 극복하지 못한 포이어바흐의 아류에 불과하다는 점을 다시 한 번 상기시키고 있다는 점이다. 따라서 이 같은 주변적 상황은 마르크스로 하여금 어떠한 형태로든 간에 그와 포이어바흐와의 관계를 명확히 정리하도록 강요하고 있는 것이었다. 1845년 중반에 집필된 「포이어바흐에 관한 테제」는 바로 이 같은 객관적 상황의 산물이라고 하겠다.

---

89) 정문길, 「막스 슈티르너의 생애와 저작」, 『에피고넨의 시대』(문학과지성사, 1987), pp. 98~99. 인용은 M〔ax〕 ST〔irner〕, "Recensenten Stirners," *Wigand's Vierteljahrsschrift*, Dritter Band(1845), S. 186.

138

엥겔스에 의해 "새로운 세계관의 천재적 맹아가 간직된 최초의 문건"으로 특징지어진 이 「포이어바흐에 관한 테제」[90]에는 포이어바흐를 비롯한 종래의 유물론과 인간주의에 대한 신랄한 비판과 더불어 마르크스 자신의 실천, 실천적 행위, 인간의 실천적 활동, 실천의 인식론적 의의, 사회적 제 관계의 총체로서의 인간적 본질의 규정, 자연에 대한 인간의 대상적 행위, 대중의 실천적 투쟁의 의의 등에 대한 적극적 서술이 나타나 있다. 물론 마르크스의 이 같은 적극적 견해는 이미 『경제학·철학 초고』(1844)와 『신성가족』 가운데도 나타나 있으나 이 「테제」에서의 그의 주장은 종래의 중요한 견해의 철회와 더불어 새로운 세계관의 천명이라는 점에서 주목할 만한 것이라 하겠다.[91] 따라서 우리는 이처럼 획기적인 「포이어바흐에 관한

---

90) Karl Marx, 〔Thesen über Feuerbach〕, MEW, Bd. 3, S. 5~7; Friedrich Engels, *Ludwig Feuerbach und der Ausgang der klassischen deutschen Philosophie*, MEW, Bd. 21, S. 26(인용은 후자).

　　이 글의 제목은 원래의 비망록備忘錄에는 마르크스에 의해 "ad Feuerbach"로 되어 있었으나 엥겔스가 이를 출판하면서 "Marx über Feuerbach"로 하였고, 엥겔스의 『포이어바흐와 독일 고전 철학의 종언』(1888)의 표지에는 "Karl Marx über Feuerbach vom Jahre 1845"로 주기하고 있다. 그러나 「포이어바흐에 관한 테제」란 제목은 앞의 엥겔스 저서의 머리말Vorbemerking에 근거하여 마르크스-레닌주의 연구소가 붙인 것이다. MEW, Bd. 3, S. 547, Anm. 1 참조.

91) Karl Marx, 〔Thesen über Feuerbach〕, MEW, Bd. 3, S. 5~7. 「테제」가 갖는 역사적 유물론에 대한 마르크스의 천재적 맹아에 대해서는 이미 다양한 저자들의 방대한 연구 성과가 존재한다. 포이어바흐의 유물론에 대한 비판, 그것이 가진 관조적·형이상학적 특징을 폭로한 이 「테제」의 중요한 특징은 다음과 같다. 첫째, 마르크스는 포이어바흐를 포함한 종래의 유물론이 시민사회의 성립과 정당화에 연결되어 있다고 주장하면서 "낡은 유물론의 입장은 시민사회이고, 새로운 유물론의 입장은 인간적 사회, 사회적 인류의 입장"(제10테제)임을 주장하고 있다. 둘째, 종래의 유물론은 "감성을 '실천적인' 인간의 감성적 활동이 아닌" 것으로(제5테제), "현실성, 감각성이 〔……〕 '감성적 인간적인 활동,' 즉 '프락시스'가 아닌" 것으로(제1테제), 그리고 포이어바흐에서 두드러지게 나타나는바 "인간의 활동 그 자체를" 자연의 변경을 그 내용으로 하는 "'객체적' 활동으로 파악하지" 아니하고(제1테제) 이론적 행위만을 인간의 본질에 적합하다고 인정하는 데 반해, 마르크스는 환경의 변화와 그에 병행하는 그 자신의 변화에 있어서 인간의 실천적 활동이 갖는 적극적 역할을 규정하고 있다(제3테제). 셋

테제」의 집필을 앞에서 살펴본 당대의 마르크스와 엥겔스에 대한 비판과 연계시켜 검토할 필요가 있다.

「포이어바흐에 관한 테제」의 집필 시기는 종래 엥겔스의 『루트비히 포이어바흐와 독일 고전 철학의 종언』의 머리말에 근거하여 1845년 초, 대개 3월로 추정되어왔다.[92] 그러나 최근 이 「테제」가 갖는 중요성에 비례하여 이의 정확한 집필 일부日附의 확정이 무엇보다도 절실하다는 전제에서 이 「테제」가 게재된 1844~47년간의 마르크스의 비망록Notizbuch aus den Jahren 1844~1847 자체에 대한 엄밀한 검토가 행해졌다.[93] 그리하여 바가투리야는 「테제」가 씌어진 노트에서 「테제」보다 앞 페이지에 엥겔스 필적의 두 개의 메모Notiz가 있고(엥겔스의 브뤼셀 도착은 1845년 4월 중순), 또 이 「테제」에 연이은 페이지에 브뤼셀 왕립도서관 분류 번호를 가진 책 이름이 있으므로(바가투리야는 4월에 대출한 것으로 추정한다) 「테제」의 집필을 1845년 4월로 비정했다.[94] 그러나 안드레아는 이 브뤼셀 도서관의 책 이름 다음

째, 마르크스는 포이어바흐의 인간주의의 주요한 결함이 인간의 본질을 역사적 발전으로부터 추상화시켜, 이 본질을 "유類"로, "수많은 개인이 '자연적 방식으로' 결합된 보편성"(제6테제)으로 정의할 뿐 "개개인이 특정한 사회적 형태에 속한다"(제7테제)는 사실을 보지 못하는 것이라고 지적하면서 "인간적 본질은 사회적 제 관계의 총체"라고 주장한다. 넷째로, 마르크스는 '혁명적 실천'(제3테제)이 역사적 발전이나 인식 과정에서 갖는 의의를 밝히고 있다. Inge Taubert, "Die Kritik der nachhegelschen Philosophie," S. 27~28 참조.

92) MEGA¹ I/5, Anhang, S. 531; Marx-Engels-Lenin-Institut, zusammengestellt, *Karl Marx. Chronik seines Lebens in Einzeldaten*(Moskau: Marx-Engels-Verlag, 1934), S. 28.

93) 모스크바의 국립문서관에 보관된 「1844~1847년간의 마르크스의 비망록」은 구MEGA에 그 내용이 요약·소개되었으나 불충분했다. MEGA¹ I/5, S. 459~450 참조〔그러나 1998년에 출판된 MEGA² IV/3은 이 비망록의 전모를 처음으로 완벽하게 공개하고 있다-1999〕.

94) Г. A. Bagaturija, "'Tezisy o Fejerbache' i 'Nemeckaja ideologii,'" *Naučno—informacionnyj bjulletein sektora proizvedenii K. Marksa i F. Engel'sa*, inst. marksizma-leninizma pro CK KPSS, 1965, Heft 12, S. 1~70; Inge Taubert,

에 곧장 영국 「대출 도서관의 카탈로그Catalog der Leihbibliothek」라는
제목 아래 영국의 경제학 저서명이 열거되어 있으므로, 이 「테제」의
집필 일자를 1845년 4월 중순 이후에서 마르크스와 엥겔스가 영국
으로 연구 여행을 떠난 1845년 7월 8일 이전으로 추정하고 있다.[95]
따라서 안드레아의 「테제」 집필 일자의 추정이 논리적으로 수용된다
면, 마르크스가 「테제」를 집필한 것이 『신성가족』 발간 이후 제기된
몇 가지 비판과 밀접히 연결된 것으로 판단할 수 있다. 여기에는
『계간 비간트』 제2호에 게재된 포이어바흐와 율리우스의 글, 특히
후자의 글이 결정적인 역할을 한 것으로 보이고, 이는 「테제」의 집
필 일자를 『계간 비간트』 제2호가 발간된 6월 말 이후인 7월 초순으
로 비정하게 한다.

　일단 「포이어바흐에 관한 테제」의 집필을 통해 당면한 철학자들의
공격이나 포이어바흐에 대한 자신의 입장을 정리한 마르크스는 눈앞
의 저술을 위한 자료 수집과 영국 사회주의자들과의 교유를 목적으
로 영국 여행을 떠났다. 엥겔스와 더불어 런던을 경유하여 주로 맨
체스터에 머문 그의 영국 여행은 1845년 7월 12일에서 8월 21일에
이르는 6주간으로,[96] 마르크스의 영국 체류 성과는 그의 브뤼셀-맨
체스터-브뤼셀 발췌 노트가 보여주는 바와 같이 당면한 저술을 위한
방대한 자료 수집과 이의 독서 및 발췌였다.[97] 오늘날 우리가 이 시

---

　　op. cit., S. 29; 「Ｔ. Ａ. バガトゥーリヤ(坂間眞人 譯), 「マルクス主義の歴史にお
　ける『ドイツ・イデオロギー』の位置」, 『情況』, 1973년 1월호, p. 71 참조.

95) Bert Andréas, *Karl Marx/Friedrich Engels. Das Ende der klassischen deutschen
　Philosophie. Bibliographie*, Schriften aus dem Karl-Marx-Haus 28(Trier, 1983),
　S. 126, Anm. 1.

96) Marx-Engels-Lenin-Institut, *Karl Marx. Chronik seines Lebens in Einzeldaten*,
　S. 29.

97) 마르크스의 브뤼셀-맨체스터-브뤼셀 발췌 노트는 모두 12권이다. 1845년 2~7월 사

기의 마르크스의 발췌 노트를 별견瞥見할 때 당시의 그의 관심이 당대의 사회 상황과 경제학 연구에 집중되어 있었고, 따라서 그의 초미의 관심사는 이미 레스케와의 계약을 통해 1,500프랑의 계약금까지 받은 『정치 및 국민경제학 비판』의 집필에 집중되어 있었다는 점을 알 수 있다.[98]

그러나 『신성가족』의 저자인 마르크스와 엥겔스의 철학적 입장에 대한 논박은 그들이 영국 여행에서 돌아온 이후에 발간된 『계간 비간트』 제3호에서 더욱 가열되었다. 1845년 10월 중순에 발간된 이 잡지 제3호는 우리가 이미 앞에서 살펴본 무명씨의 「브루노 바우어, 또는 우리 시대의 신학적 인간주의의 발전」(〔1845-4〕)과 브루노 바우어의 「루트비히 포이어바흐의 특징」(〔1845-5〕)만이 아니라 슈티르너의 「슈티르너의 서평Recensenten Stirners」까지 포함하여 거의 전 지면을 당대 철학계의 현안인 청년헤겔파의 철학적 입장을 천명하는 데 할애하고 있었다.

그런데 문제는 이들 기고문들이 한결같이 마르크스나 엥겔스의 입장에서 볼 때, 그들을 오해하고 있을 뿐만 아니라 『신성가족』의 저자들을 단순한 포이어바흐의 추종자로 가볍게 다룸으로써 그들의 지

이의 브뤼셀 발췌 노트는 모두 5권, 1845년 7~8월의 맨체스터 발췌 노트는 3권, 1845년 영국에서 돌아온 이후인 8월부터 1846년간에는 4권으로 모두 12권이다. 이에 대한 구체적 서술은 다음을 참조하라. MEGA[1] I/6, S. 597~618. 한편 신MEGA는 IV/3(1998)에 브뤼셀 노트(1845) 6권, IV/4(1988)에 맨체스터 노트(1845) 5권을 수록하고 나머지 일부가 IV/5(미간)에 게재될 예정이다.

98) 출판인 레스케는 마르크스에게 보낸 1845년 12월 6일자 편지에서 1,500프랑의 계약금 지불을 상기시키면서 원고를 독촉하고 있다. C. F. J. Leske an Karl Marx, 6. Dezember 1845, MEGA[2] III/1, S. 492. 한편 마르크스의 경제학 저서의 출판에 대한 당대의 기대와 관심은 그의 주변에서도 광범하게 유포되어 있었다. Roland Daniels an Marx, 7. März 1846, MEGA[2] III/1, S. 514; Joseph Weydemeyer an Marx, 30. April 1846, MEGA[2] III/1, S. 533 등을 참조.

적 자존심에 상처를 입혔던 것이다. 특히 「브루노 바우어, 또는 우리 시대의 신학적 인간주의의 발전」(〔1845-4〕)은 1843년을 분기점으로 바우어와 이미 지적으로 결별했으며, 1844년과 1845년에는 유대인 문제를 중심으로 한때 스승이었던 바우어와 논쟁을 전개한 바 있는 마르크스를 "바우어의 원리를 철저히 국가에 적용함으로써 이를 신학적 표현으로부터 근원적으로 해방시켰다"라고 지적, 그를 바우어의 '철저한 완성자'로 취급하는 황당한 사태에 직면하게 하였던 것이다.[99] 게다가 바우어는 「루트비히 포이어바흐의 특징」(〔1845-5〕)이란 글의 마지막 절인 「포이어바흐와 유일자」에서, 그것도 같은 절의 맨 마지막 부분에서 포이어바흐는 물론 슈티르너보다 월등하게 높은 차원에서 『신성가족』의 저자들을 다루고 있었다. 그리고 이에 더해서 바우어가 포이어바흐 철학의 완성자를 마르크스나 엥겔스가 아닌 헤스라고 지목한 점이나, 슈티르너가 당대 독일 사회주의의 이론적 선도자를 마르크스나 엥겔스가 아닌 헤스로 간주하고 있다는 점도 그들로서는 견디기 어려운 일이었다.[100] 더욱이 「포이어바흐에 관한 테제」에서도 분명해진 바와 같이 이미 포이어바흐와 지적 경계를 분명히 하면서 새로운 유물론과 혁명적 실천 사상을 자체적으로 내밀히 세련시키고 있던 마르크스에게 있어서는 이 같은 당대의 평가가 견디기 어려웠으리라는 점은 쉽사리 짐작된다.

---

99) 〔Anonymus〕, "Bruno Bauer oder die Entwicklung des theologischen Humanismus unserer Tage," S. 75. 브루노 바우어와 마르크스의 지적 연계 관계나 유대인 문제를 중심으로 한 논쟁에 관해서는 다음을 참조하라. 정문길, 「마르크스의 초기 사상 형성에 미친 청년헤겔파의 영향(1)—브루노 바우어와 마르크스의 지적 연계」, 『에피고넨의 시대』, pp. 140~160; 정문길, 「마르크스의 초기 사상 형성에 미친 청년헤겔파의 영향(2)—유대인 문제를 중심으로 한 브루노 바우어와 마르크스의 논쟁」, 같은 책, pp. 161~187.

100) Inge Taubert, *op. cit.*, S. 38~39.

"〔1845년〕 11월 20일"의 일부日附가 붙은 『사회의 거울』 제7호에 실린 마르크스(혹은 이 글의 필자가 브뤼셀에 체재하던 그의 다른 측근일지라도)의 글(〔1846-1〕)은 이러한 맥락에서 읽을 때 그 의미가 분명해진다. 그리고 마르크스와 엥겔스가 『독일 이데올로기』의 집필을 구상한 것도 바로 이 시점으로 추측된다. 따라서 최근 『독일 이데올로기』의 계간지 원고설과 연관하여 그 기필 시기를 헤스가 렘펠과 율리우스 마이어 등 베스트팔렌의 사회주의자들과 잡지 출판을 의논한 뒤 긍정적인 회답을 가지고 브뤼셀에 돌아온 11월 24일, 혹은 25일 이후로 보는 견해는 이 같은 객관적 상황과도 정확히 일치한다고 보겠다.

한편 당시의 독일 사회주의에 대한 마르크스의 논쟁은 이미 1845년 여름 이래 출판물을 통해 독일 내에서 광범하게 그 영향력을 확대하고 있던 '진정' 사회주의자들에 의해 촉발되었다. 프리드리히 젬미히F. H. Semmig, 루돌프 마타이Rudolph Matthäi, 그륀, 쿨만 등으로 대표되는 이들 진정 사회주의자는 헤겔과 포이어바흐의 철학을 빙자하여 역사적 근저와는 동떨어진 공상적 사회주의 사상에 관념적 외피를 씌움으로써 사회주의를 왜곡시킬 뿐만 아니라, 기층의 노동자들에게 계급투쟁 대신에 인간적 사랑을 설교함으로써 공산주의 운동, 특히 기본 단위의 노동운동에 광범한 부정적 영향을 확대해가고 있었다.[101] 따라서 1843년 이래 이미 시민사회의 역사적-경제적 발생

---

101) 이들 네 명의 사회주의자와 그들의 저술은 마르크스와 엥겔스의 『독일 이데올로기』 제2부에서 논쟁의 대상으로 부각되고 있다. 이들 네 명의 논저명은 다음과 같다: Friedrich Hermann Semmig, "Communismus, Socialismus, Humanismus," *Rheinische Jahrbücher zur gesellschaftlichen Reform*, Bd. 1(1845) ; Rudolph Matthäi, "Socialistische Bausteine," ebenda ; Karl Grün, *Die soziale Bewegung in Frankreich und Belgien. Briefe und Studien*(Darmstadt, 1845) ; Georg Kuhlmann, *Die neue Welt oder das Reich des Geistes auf Erden. Verkündigung*(Genf, 1845).

과 성장에 대한 광범한 연구를 통해 시민사회의 발전에 관해 일정한 안목을 갖게 된 마르크스와 엥겔스는,[102] 무엇보다도 먼저 이들 진정 사회주의자들에 대한 결정적 공격을 수행하기 전에는 그들 자신의 경제학 저술이나 사회사의 집필도 무의미하다는 사실을 명백히 인식하게 된 것이다. 특히 1845년 7~8월의 영국 여행은 두 사람에게 런던의 공산주의자 동맹이 내부적으로 직면한 이론적 갈등을 인식하고 이를 나름대로 정리할 필요성을 느끼게 한 여행이었다.[103] 마르크스와 엥겔스가 이미 『독일 이데올로기』의 초기 집필 단계인 「III. 성 막스」 장에서 '진정 사회주의'를 이 책의 제2부에서 본격적으로 다루겠다고 언급한 것이나,[104] 이 책의 「III. 성 막스」 장이나 「I. 포이어바흐」 장 곳곳에 나타나는 유물론적 역사 서술과 생산 제력과 사회적 제 관계의 상관관계에 대한 서술은 『독일 이데올로기』 집필기

---

102) 마르크스와 엥겔스가 1844년 초부터 1846년에 이르는 기간 중에 읽고, 이를 발췌한 저서는 전자가 거의 90권, 후자가 9권(1845년 여름에 한정)에 이른다. Inge Taubert, "Zur materialistischer Geschichtsauffassung von Marx und Engels. Über einige theoretische Probleme im ersten Kapitel der 'Deutschen Ideologie,'" *Beiträge zur Geschichte der deutschen Arbeiterbewegung*, Sonderheft zum 150. Geburtstag von Karl Marx, 10. Jahrgang 1968, S. 32, Anm. 31. 이 기간 중의 마르크스-엥겔스의 발췌 노트는 부분적으로 신MEGA 제IV부에 발표되고 있으나 신MEGA 발간 작업의 중단으로 현재 MEGA² IV/3(1844년 중반부터 1845년 중반까지), IV/5(1845년 8월부터 12월까지)가 완결되지 않은 상태에 있다. 따라서 앞의 통계는 잠정적으로 구MEGA에 근거한 타우베르트의 보고에 의한 것이다. 한편 IISG의 『마르크스-엥겔스 유고 목록*Inventar des Marx-Engels-Nachlasses*』의 마르크스의 발췌 노트 목록(1844~46년간)에는 모두 86권의 책이 열거되어 있다.

103) Taubert, "Zur materialistischen Geschichtsauffassung von Marx und Engels," S. 44~50 참조. Max Nettlau, "Londoner deutsche kommunistische Diskussion, 1845. Nach dem Protokollbuch des C. A. B. V.," *Archiv für die Geschichte des Sozialismus und der Arbeiterbewegung*, hrsg. von Carl Grünberg, X. Jahrg. (Leipzig: Verlag von C. L. Hirschfeld, 1922), S. 362~391도 보라.

104) 『독일 이데올로기』 제1부 「III. 성 막스」 장의 「프라이엔」을 다룬 항목의 「공산주의」 부분. MEW, Bd. 3, S. 190.

인 1846년 5월 브뤼셀 공산주의 통신위원회에서의 바이틀링과 마르크스의 격렬한 논쟁을 충분히 연상시켜주고 있다.[105]

이렇게 볼 때 1845년 말은 마르크스 자신이 1년 후에 스스로 술회했듯이, 당대의 독일 철학이나 사회주의와는 구별되는 그와 엥겔스의 '결정적 발전'을 보여줄 계기가 필요한 때였으며, 이 같은 계기로 자신들의 독자적 저술의 집필을 뒤로 미룬 채『독일 이데올로기』의 집필에 착수한 것이라고 하겠다. 따라서 마르크스와 엥겔스가 구상한『독일 이데올로기』의 집필과 출판은 그것이 계간지용 원고였건, 팸플릿이었건, 또는 독립된 저서였건 관계없이 일차적으로는 그들 스스로의 자기 이해Selbstverständigung를 위해, 그리고 다음으로는 눈앞의 논적들을 타파하기 위해 그 무엇보다도 먼저 서둘러 이루지 않으면 안 될 화급한 일이 아닐 수 없었다. 다시 말하면 그들이 이미 내적으로 세련시키고 있던 유물론적 세계관의 천명을 위해서, 특히 마르크스의 경우에는『정치 및 국민경제학 비판』원고에 대한 레스케의 독촉에도 불구하고,[106] 기왕의 저술 계획을 뒤로 미룬 채 집필하게 된『독일 이데올로기』의 탈고와 출판은 그 출판물의 양식에 구애받지 않는 긴급한 것이라고 볼 수 있겠다. 이 같은 사실은 마르크스와 엥겔스가 이 책의 출판을 위해 1845년 10월 이래 1846~47년에 걸쳐 다양한 통로를 통해 출판 교섭을 끊임없이 시도한 사실로도 짐작할 수 있다.[107] 따라서『독일 이데올로기』를 '무리하게' 독립된

---

105) Inge Taubert, "Zur materialistischen Geschichtsauffassung von Marx und Engels," S. 34~43; Jakow Rokitjanski, "Zur Geschichte der Beziehungen von Karl Marx und Friedrich Engels zu Moses Heß in Brüssel 1845/1846," S. 239~342.
106) C. F. J. Leske an Karl Marx, 6. Dezember 1845, MEGA² III/1, S. 492.
107) 정문길, 「편찬사를 통해서 본『독일 이데올로기』」, pp. 1202~1206〔이 책 제1장 4절〕 참조.

저작이라거나 계간지용 원고라고 규정하기보다는 이 같은 저술의 출판을 위해서는 마르크스와 엥겔스가 가능한 모든 출판 양식을 고려하고 있었을 것이라고 추정해봐야 할 것이다.

6. 맺음말

지금까지 『독일 이데올로기』의 계간지 원고설과 관련하여 이 책의 성립사에 나타나는 몇 가지 중요한 논의를 검토했다. 1975년 이래 신MEGA의 발간으로 새로운 자료들이 다량 발굴되었으며 다양한 자료들이 원래의 모습으로 재현되어 마르크스학의 심화에 공헌해왔으며, 그 같은 성과 중의 하나가 『독일 이데올로기』의 계간지 원고설이다. 그러나 앞에서 살펴본 바와 같이, 『독일 이데올로기』의 계간지 원고설은 그것이 갖는 설득력에도 불구하고 『독일 이데올로기』의 성립사와 관련된 모든 문제를 명쾌하게 해명하지는 못했다. 예를 들면, 단 "두 권의 계간지"에 마르크스와 엥겔스의 방대한 양의 『독일 이데올로기』가 모두 수용될 수 있는가? 그리고 동시대의 서한을 통해서 확인되는바 헤스를 비롯한 5명의 기고자를 포함하는 6~7편의 글까지 이 "두 권의 계간지"에 게재될 경우, 당대의 계간지 형식의 특수성에도 불구하고 편집상의 불균형, 즉 『독일 이데올로기』로 인한 일방적인 양적 편중, 또 이 책의 기사만이 유일하게 공동 저술이라는 점 등이 쉽사리 해명되지 않는다. 더욱이 계속성을 생명으로 하는 잡지, 계간지라면 왜 단 "두 권" 이외의 제3, 제4권 등 장기적 속간과 관련한 그 어떠한 언급도 발견되지 않는지에 대해서도 구체적인 설명이 필요하다. 여기서 저자는 "단 두 권"의 『독일 이데올로기』의 수수께끼를 해명하는 하나의 방편으로 이 책의 집필 동기를 추적함으로써 새로운 해석을 시도해보았다.

1845년 2월과 4월에 각각 브뤼셀에 도착한 마르크스와 엥겔스는 각자 독자적인 저술 계획을 가지고 있었다. 특히 마르크스의 경우 출판인 레스케와 출판 계약을 하면서 계약금의 반을 이미 수령했으며, 이후 지속적으로 탈고의 독촉을 받고 있었다. 그리고 주변의 친지들도 그의 경제학 저술의 출판을 고대하고 있는 형편이었다. 따라서 객관적 사정에 결정적인 변화나 충격이 없었다면 마르크스와 엥겔스는 자신들이 이미 『신성가족』과 헤스의 『최후의 철학자들』로 일단락되었다고 간주한 독일의 당대 철학, 특히 청년헤겔파와의 논쟁으로부터 스스로 어느 정도의 거리를 유지할 수 있었을 것이다. 그러나 객관적 논쟁의 전개, 특히『계간 비간트』제2, 제3호에 게재된 포이어바흐를 비롯한 브루노 바우어, 슈티르너, 율리우스, 그리고 익명의 필자의 글이 마르크스나 엥겔스로 하여금 어떠한 형식으로건 그들의 입장을 공개적으로 천명하지 않으면 안 되게 만들었던 것이다. 포이어바흐의 추종자, 또는 그 아류, 혹은 계승자라는 당대의 평가에 대해 이미 「포이어바흐에 관한 테제」로 내밀하게 스스로의 입장을 정리한 바 있었던 마르크스지만, 『계간 비간트』제3호에 게재된 글들은 그와 엥겔스를 포이어바흐의 아류, 혹은 한걸음 더 나아가 이미 결별한 바우어의 종국적 완성자라는 비판은 물론이요, 그들의 업적을 포이어바흐의 계승으로 보거나 당대 사회주의 운동에서조차도 헤스에 미치지 못하는 제2급의 것으로 평가함으로써 두 사람의 지적 자존심을 크게 손상시켰던 것이다. 따라서 마르크스와 엥겔스는 이제 그들의 논적들과의 정면 대결은 물론 그들 자신의 입장을 더욱 명확히 밝힘으로써만 그들의 당면한 연구, 즉 경제학이나 사회사의 집필이 가능하다는 판단을 하기에 이르렀던 것이다.

그러기에 1845년 11월 말 이후의 『독일 이데올로기』의 기필은 당초 바우어와 슈티르너에 대한 정면 대결로 출발하여, 다시금 「I. 포이어바흐」장의 집필로 되돌아옴으로써 그들 자신의 철학적 입장을 명백히 천명하는 하나의 중요한 계기가 되었다. 다른 한편으로는 당시 독일 내에서의 박애주의적인 사회주의 운동, 즉 진정 사회주의 운동의 확대에 대한 우려나 두 사람이 영국 여행에서 경험한 공산주의자 동맹 내의 이론적 분파·갈등에 대한 입장 정리를 위해서도 사회주의나 공산주의에 대한 자신들의 견해를 분명히 해야 할 필요가 있었다. 따라서 그들이 1845년 말에 구상했던 외국 사회주의자 총서나 잡지 및 기타 출판 계획은 바로 이 같은 객관적 사정과 맞물린 셈이다. 이에 저자는 1845년 말에 기고하여 1846년 중반에 대부분이 마무리된 『독일 이데올로기』는 단지 계간지의 원고로 집필되었다기보다 이상과 같은 객관적 정황 속에서 마르크스와 엥겔스가 가능한 모든 출판 양식을 동원하여 출판하려고 한 것이 아닌가 하고 추정해 본다. 다시 말하면 정치적으로나 재정적으로 급진주의자들의 출판이 어려웠던 당시 상황에서 자신들의 입장을 조속히, 그리고 공개적으로 명백히 천명할 수단을 필요로 했던 마르크스와 엥겔스로서는 그 출판 수단이 잡지이건 팸플릿이나 독립된 저작이건 가리지 않고 탈고와 출판을 서두를 수밖에 없었던 것이 아닌가 싶다. 그리고 저자의 이 같은 잠정적 추론은 어쩌면 『독일 이데올로기』의 계간지 원고설이 해결하지 못한 몇 가지 의문을 동시에 해결해주는 실마리가 되지 않을까 생각된다.

〈표 2-1〉 마르크스-엥겔스 유고遺稿의 유전流轉

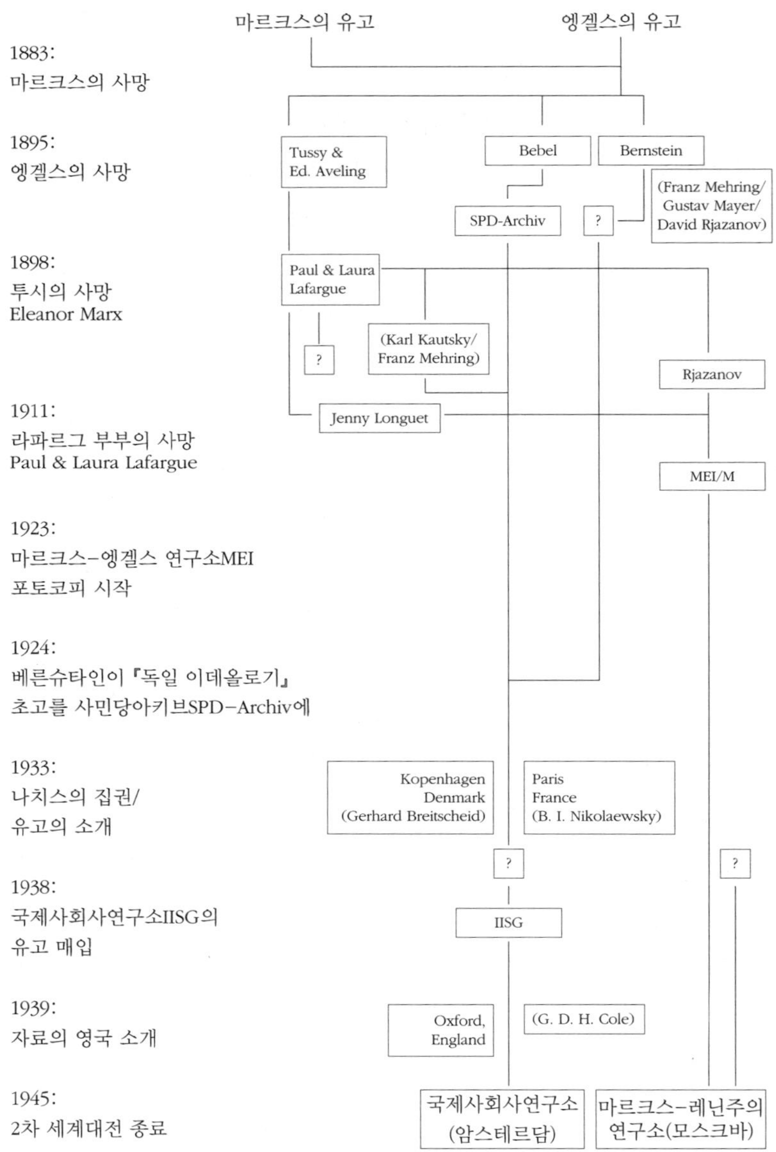

* "?"표의 경우 유고의 산실散失 가능성이 있는 경우이거나 산실된 유고의 습득 가능성이 있는 경우를 가리킨다(다음의 3)항을 참조).

1) 엥겔스의 그들 자신의 유고의 기본적 처리와 그 이후의 행방:

—사망 전에 그들 양자의 초고를 기본적으로 분류해놓다.

① 마르크스의 초고와 편지: Eleanor Marx.

Eleanor Marx→Edward Aveling→Paul & Laura Lafargue〔Karl Kautsky/Franz Mehring〕→Jenny Longuet/Karl Kautsky→SPD-Archiv→전쟁 중 소개疏開〔덴마크 코펜하겐, 1993〕→IISG〔1935〕→영국, Hullg항을 거쳐 옥스퍼드 대학(G. D. H. Cole)→ IISG

② 엥겔스의 초고와 편지/마르크스-엥겔스 간의 왕복 서간: A. Bebel/E. Bernstein.

August Bebel → SPD-Archiv ┐
                                  SPD-Archiv → 1933년 소개 → IISG
Eduard Bernstein〔『독일 이데올로기』 초고, 1924〕 ┘

③ M/E에게 보낸 가족들의 편지: 발신인에게.

2) 엥겔스의 『독일 이데올로기』 초고의 처리:

① 『독일 이데올로기』의 초고 전부를 기본적으로 베른슈타인에게 유증. 그러나

② 이 책 중의 "Leipziger Konzil" "II. Bruno Bauer 1845~46": 1924년 12월 21일 베른슈타인이 『독일 이데올로기』의 다른 부분을 SPD-Archiv에 돌려주기 전에 이미 SPD-Archiv에.[108]

③ 3면의 "Vorrede": IML/M에 보관(리야자노프가 구득求得〔로라 라파르그로부터?〕/후에 마르크스-레닌주의 연구소에〕).[109]

---

108) D. Rjazanov, "Aus dem literarischen Nachlaß von Marx und Engels. Marx und Engels über Feuerbach," *Marx-Engels-Archiv*, I. Band(1926), S. 387~388.

3) 유증遺贈된 이후의 유고의 산실散失 가능성:

① 베른슈타인의 원고 정리 과정.

② 베른슈타인으로부터 초고를 대여·사용한 경우: F. Mehring, G. Mayer, D. Rjazanov(복사複寫).

③ 투시와 로라에게 유증된 부분(반드시 『독일 이데올로기』가 아니라도)의 대여·사용: K. Kautsky, F. Mehring.

④ 1933년 유고의 소개 과정: 특히 독일/덴마크 국경의 월경 과정.[110]

---

109) 같은 곳.

110) Stern/Wolf, *Das großen Erbe*(Berlin: Dietz Verlag, 1972); Paul Mayer, " Die Geschichte des sozialdemokratischen Parteiarchivs und das Schicksal des Marx-Engels-Nachlaßes," *Archiv für Sozialgeschichte*, Bd. VI/VII(1966/1967).

『독일 이데올로기』, 「I. 포이어바흐」 장의 재구성
— 리야자노프 이래의 각종 텍스트에 대한 비교 검토

1. 글머리에

마르크스와 엥겔스의 초기 저작 가운데서 그들 생전에 출판되지 않은 채 초고草稿의 형태로 남아 있는 것 중 두 사람의 사상 형성기에 가장 중요한 몫을 수행한 것이 1844년에 집필된 마르크스의 『경제학·철학 초고』와 1845~46년간에 두 사람이 공동으로 집필한 『독일 이데올로기』임은 잘 알려진 일이다. 그러나 이 두 저작은 탈고된 지 거의 90년 동안 초고의 형태로 남아 보관되어오다가 1932년 구 MEGA의 I/3, I/5에서 각각 처음으로 활자화되면서 비로소 관심 있는 사람들의 주목을 받게 되었다. 물론 이 두 저작에 대한 최초의 관심은 마르크스와 엥겔스의 지적 성장 과정에서 차지하는 위치 때문이었지만, 이들 두 저작이 갖는 내용상의 풍요성이나 성숙성이 바로 그 이후 지속적이고도 집중적인 논구의 대상이 되게 만들었던 것이다.

당초 이 두 저작의 텍스트에 관한 한 구MEGA의 권위는 의문의 여지가 없었고, 따라서 이들 저작의 각종 보급판이나 선집·발췌, 그리고 각종 외국어 번역본도 기본적으로 구MEGA를 저본底本으로 하여 발간되었다. 그러나 1960년대에 들어와 이 두 저작에 대한 학문적 연구가 진행되면서 초고 오리지널의 상태에 대한 관심이 점차 높아져, 편찬된 텍스트와 초고 오리지널의 서술 형태를 비교하고 나아가 저자의 의도에 상응하는 텍스트의 재편찬에 이르는 등의 문헌학적 연구가 진척됨으로써 기존 텍스트의 자의성恣意性이, 그리고 한걸음 더 나아가 위서僞書로서의 가능성까지 논의되기에 이르렀다. 1970년대에 시작된 신MEGA의 발간 사업과 때를 같이하여 진행된 『경제학·철학 초고』에 관한 니콜라이 라핀Nikolai I. Lapin 이래의 타우베르트, 마거릿 페이Margaret Alice Fay, 위르겐 로얀Jürgen Rojahn의 연구 성과[1]나 바네가 초고 단편을 발견하면서 시작되어 바가투리야, 타우베

---

1) Nicolai I. Lapin, *Der junge Marx*, 1968(Berlin: Dietz Verlag, 1974); Lapin, "Vergleichende Analyse der drei Quellen des Einkommens in der 'Ökonomisch-philosophischen Manuskripten' von Marx," *Deutsche Zeitschrift für Philosophie*, 17. Jg.(1969), 2. Heft, S. 196~212; Inge Taubert, "Probleme und Fragen zur Datierung der 'Ökonomisch-philosophischen Manuskripte' von Karl Marx," *Beiträge zur Marx-Engels-Forschung*, Heft 3(1978), S. 17~35; Taubert, "Die neue Edition der 'Ökonomisch-philosophischen Manuskripte,'" *Deutsche Zeitschrift für Philosophie*, 31. Jg.(1983), 2. Heft, S. 213~228; Margaret Alice Fay, *The 1844 Economics and Philosophic Manuscripts of Karl Marx: A Critical Commentary and Interpretation*(Unpublished Dissertation, Berkeley: University of California, 1979); Fay, "The Influence of Adam Smith on Marx's Theory of Alienation," *Science and Society*, Vol. XLVII, No. 2(Summer 1983), pp. 129~151; Rojahn, "Marxismus-Marx-Geschichtswissenschaft: Der Fall der sog. 'Ökonomisch-philosophischen Manu-skripte aus dem Jahre 1844,'" *International Review of Social History*, Vol. XXVIII, Part 1(1983), S. 2~49; Rojahn, "Die Marxsche Manuskripte aus dem Jahre 1844 in der neuen MEGA," *Archiv für Sozialgeschichte*, Bd. 25(1985), S. 647~663.

르트, 히로마츠 와타루에 이르기까지 『독일 이데올로기』 제1부 제I장
의 재구성을 위한 시도는 바로 이러한 지적 노력의 대표적인 경우
다. 저자는 이미 다른 기회에 『경제학·철학 초고』에 관한 최근의 문
헌학적 성과를 논의한 바 있으므로[2] 이 글에서는 후자, 즉 『독일 이
데올로기』의 제1부 「I. 포이어바흐」 장의 재구성 문제를 둘러싼 논쟁
을 리야자노프David Rjazanov 이래의 각종 텍스트를 중심으로 비교·검
토해보고자 한다.

2. 『독일 이데올로기』, 「I. 포이어바흐」 장의 특징

잘 알려진 바와 같이 『독일 이데올로기』는 1845~46년 사이에 마
르크스와 엥겔스에 의해 공동으로 그 초안이 작성되고, 수정과 가필
을 거쳐 청서淸書가 진행된 미완의 초고로서 1845년 초에 발행된 두
사람의 최초의 공저인 『신성가족』과 1847년의 『철학의 빈곤』을 이어
주는, 다시 말하면 실제적(현실적) 인간주의가 혁명적 공산주의로
전화하는 과정의 연결고리로서 마르크스주의의 형성사에 있어 중요
한 의미를 갖는 저작이다. 특히 이 책 제1부의 「I. 포이어바흐」 장은
이처럼 "변증법적 유물주의의 근본적인 문제들을 초기의 다른 그 어
느 저서보다도 다각도로, 그리고 곡진하게 밝힌" 『독일 이데올로기』
가운데서도 "인간의 경제적 발전사를 역사적·철학적 관점에서 최초
로 체계적으로 서술"한 부분으로 높이 평가되고 있다.[3]

---

2) 정문길, 「마르크스, 『경제학·철학 초고』의 텍스트 비판—집필 순서와 일부 문제에 대
　한 최근의 논쟁을 중심으로」, 『에피고넨의 시대』(문학과지성사, 1987), 제7장을 참조.
3) Marx/Engels, *Gesamtausgabe*(MEGA¹) I/5(Berlin, 1932), S. IX~X.

그러나 문제는 바로 이처럼 중요한 의미를 갖는 이 「I. 포이어바흐」 장이 현존하는 『독일 이데올로기』 초고의 다른 장절들과는 달리 미완성 상태로 남아 있다는 사실이다. 다시 말하면 「I. 포이어바흐」 장 이외의 이 책의 다른 장절을 구성하는 초고들이 문제가 전혀 없는 것은 아니나 편찬상의 혼란을 가져올 만한 보겐 번호Bogennummer나 페이지 매김Paginierung에서의 결손이 근소하고 서술 자체도 일련의 연속성을 보여주고 있음에 반해, 유독 이 장만이 보겐 번호와 페이지 매김의 결손이 뚜렷하고 다층적인 집필 단계[4]가 두드러질 뿐만 아니라 가필과 수정, 수정을 위한 방주, 편찬상의 지시 등이 빈번하게 나타나고 있다. 따라서 이 같은 초고의 상태는 그것이 활자화되는 최초의 단계에서 이미 상당한 혼란을 불러일으켰으니, 1926년 리야자노프에 의해 최초로 출판된 「I. 포이어바흐」 장과 1932년 구 MEGA 판에 의해 출판된 「I. 포이어바흐」 장의 현격한 편찬상의 차이가 바로 그것이다. 그러므로 저자는 여기서 서술의 편의상 i) 이처럼 다양한 텍스트의 편찬을 가능하게 하는 초고 오리지널의 상태가 어떠한 것인가를 먼저 서술하고, ii) 다음으로 1926년의 리야자노프 판 이래 초고의 오리지널이나 포토코피를 통해 이 「I. 포이어바흐」 장을 저자의 의도에 따라 복원시키려고 시도한 각종 텍스트들을 개관, 비교해봄으로써

　1) 마르크스와 엥겔스의 작업 방식, 특히 공동 작업 시의 작업 양

---

4) 저자는 이 같은 다층적인 집필 단계를 획일적으로 규정할 수는 없으나 i) 최초의 초안과 초안을 중심으로 한 마르크스와 엥겔스 간의 토론, ii) 초안에 대한 수정과 청서, iii) 청서에 근거한 첨삭과 편찬상의 지시, 그리고 iv) 출판을 위한 최종고의 단계로 상정한 바 있다. 정문길, 「편찬사를 통해서 본 『독일 이데올로기』—신MEGA I/5(『독일 이데올로기』)의 발간을 기대하며」, 『문학과사회』 11호(1990년 가을), p. 1193〔이 책, p. 70〕 참조. 한편 이 책에서 사용하는 용어 중 '청서淸書'는 수정된 초안을 새로이 베껴 쓰는 것을, '정서淨書, Reinschrift'는 출판을 위한 최종고를 의미한다.

식을 조망하고,

2) 초고의 오리지널에 나타난 다층적 집필 단계를 부각시킴으로써 이들 두 사람이 마르크스주의의 형성 과정에서 주장할 수 있는 각각의 몫이 무엇인가를 살펴보고, 나아가

3) 원저자의 집필 의도에 가장 근접한 텍스트의 편찬·배열 방식이 무엇인가를 모색해보고자 한다.

2.1. 초고 오리지널의 집필

오늘날 현존하는 『독일 이데올로기』 초고의 집필 시기는 확정되지는 않았으나 그 기필起筆은 이르게는 1845년 9월, 그리고 늦게 잡아도 11월 말로 추정되고, 탈고는 이르게는 1846년 4월 말이나 5월 초, 늦어도 같은 해 8월 중순, 엥겔스가 파리로 떠나기 이전이었을 것으로 추정된다.[5] 그러나 『독일 이데올로기』의 장절 중 집필 시기를 추정하기가 가장 어려운 것이 바로 「I. 포이어바흐」 장이다.

「I. 포이어바흐」 장의 집필 시기를 추정하기가 어려운 것은 먼저 『독일 이데올로기』의 다른 어떠한 장절보다 이 장의 완성도가 지극히 낮다는 점에서 찾을 수 있다.[6] 더욱이 이 미완성의 초고는 결코 동일한 시기에 씌어졌다고 보기 어려운 최초의 기저고基底稿, Urtext로부터 집필의 최종 단계로 보이는 정서고淨書稿, Reinschrift까지 병존하

---

5) 정문길, 「편찬사를 통해 본 『독일 이데올로기』」, p. 1202〔이 책 제1장 3.2〕. 이러한 추정의 근거에 대한 논의는 정문길, 같은 글, pp. 1190~1202〔이 책 제1장 3.2〕를 참조. * 정문길, 「『독일 이데올로기』는 계간지용 원고로 집필되었나?」, 『문학과사회』 22호 (1993년 여름), p. 664〔이 책 제2장〕도 보라〔1994-저자〕.
6) 이러한 사실은 이 책의 집필 당시 출판을 위해 바이데마이어가 독일로 가지고 간 이 책 제1부의 원고 가운데 「I. 포이어바흐」 장이 빠져 있었을 것이라는 추정을 통해서도 명백히 나타난다. 정문길, 「편찬사를 통해 본 『독일 이데올로기』」, p. 1194의 주 48)〔이 책, p. 57의 주 49)〕 참조.

고 있으므로, 일반적으로 그 집필 시기는 『독일 이데올로기』 자체의 집필 시기 전체에 걸치는 것으로 평가된다.[7] 게다가 이 장의 집필 시기를 추정하는 데 어려움을 겪는 이유는 이 장의 기필이 이 책 제1부의 다른 장절에 선행하는지도 정확하게 알 수 없기 때문이다.

『독일 이데올로기』 제1부의 여러 장이 반드시 그 장절의 순서에 따라 계기적으로 집필되었으리라고는 보지 않으나 적어도 그 기필만은 「I. 포이어바흐」 장을 시작으로, 「II. 성 브루노」 「III. 성 막스」가 집필되었으리라는 것이 종래의 일반적인 견해였다.[8] 그러나 신 MEGA의 시쇄판은 당초 『독일 이데올로기』의 집필이 『계간 비간트』에 실린 브루노 바우어의 「루트비히 포이어바흐의 특징」이라는 글과 슈티르너의 「슈티르너의 서평Recensenten Stirners」에서 촉발되었으며, 포이어바흐에 대한 마르크스와 엥겔스의 견해를 밝히는 것도 기본적으로 포이어바흐에 대한 바우어의 비판과 연결되어 전개되고 있으므로 처음에는 독립된 「포이어바흐」 장은 기획되지 않았다는 것이다. 따라서 「I. 포이어바흐」 장의 기필은 오늘날 그 일부만이 남아 있는 바우어의 「루트비히 포이어바흐의 특징」이라는 논문에 대한 비판문

---

7) IISG의 『마르크스–엥겔스 유고 목록』도 이의 집필 시기를 1845년 9월에서 익년 10월까지로 보고 있다. 정문길, 「편찬사를 통해 본 『독일 이데올로기』」, p. 1182〔이 책, p. 42〕 참조.

8) Andréas/Mönke, 'Neue Daten zur 'Deutschen Ideologie.' Mit einem unbekannten Brief von Karl Marx und anderen Dokumenten," *Archiv für Sozialgeschichte*, VIII. Bd.(1968), S. 26.

한편 MEGA[1] I/5와 IISG의 『마르크스–엥겔스 유고 목록』에서 추정하고 있는 제1부 각 장의 기필 시기는 다음과 같다(양자가 동일하다). 「I. 포이어바흐」(1845. 9) ; 「II. 성 브루노」(1845. 12) ; 「III. 성 막스」(1845. 9). 이러한 견해는 1976년에 발간된 『독일 이데올로기』의 프로그레스 판과 마르크스–엥겔스의 영문판 전집의 경우도 동일하다. Marx/Engels, *The German Ideology*(Moscow: Progress Publishers, 1977), p. 635 ; Marx/Engels, *Collected Works*, vol. 5(New York: International Publishers, 1976), p. 588.

을 집필하던 과정에서이거나, 늦을 경우 「III. 성 막스」 장의 「시민사
회로서의 사회」라는 절(엥겔스의 보겐 번호로는 제III장의 〔80〕에서
〔90〕에 이른다)의 최종고_{最終稿}, Druckfassung를 집필하던 시기일 것이
라고 추정하고 있다.[9] 이 같은 신MEGA 시쇄판의 주장은 이미 1930년
대에 출판된 『마르크스 연대기』나 1960년대 초의 묑케의 논문에서도
제기된 바 있거니와, 이제 신MEGA를 비롯한 이들 후자의 견해를
요약하면 『독일 이데올로기』 제1부의 제II, 제III장의 집필은 「I. 포
이어바흐」 장의 기필에 선행하고, 제II, 제III장에서의 포이어바흐에
관한 논의가 결국 「I. 포이어바흐」 장을 독립시키게 했다는 것이
다.[10]

　한편 이와 같은 『독일 이데올로기』 제1부의 기필 순서와 아울러
아직도 남아 있는 문제는 제II장과 제III장의 기필의 선후 문제와 내
용으로나 외형상으로 분절이 가능한 「I. 포이어바흐」 장의 각 부분의
집필 시기나 집필 순서에 관한 문제이다. 먼저 전자의 경우 제II, 제
III장의 집필 순서가 이 책 제1부 전체로 볼 때는 큰 문제가 아니나
제II, 제III장에서 제I장으로, 그리고 제I장에서 제II, 제III장으로의
원고의 부분적인 이동을 고려할 때 이들의 집필 순서는 「I. 포이어바
흐」 장의 텍스트 배열에도 영향이 없지 않으므로 가능한 집필 순서
의 추정은 필요한 사항이기도 하다. 그러나 이들 두 사람의 집필 순

---

9) Karl Marx/Friedrich Engels, *Gesamtausgabe*(MEGA) *Probeband*(Berlin: Dietz Verlag,
　1972), S. 403~404.
10) 묑케는 제I장의 집필이 제II, 제III장이 집필된 1845년 9월과 거의 동시이거나 조금
　늦게 이루어졌다고 보고 있다. 그는 그 근거를 『마르크스 연대기』에 두고 있다. Marx-
　Engels-Lenin-Institut, *Karl-Marx. Chronik seines Lebens in Einzeldaten*(Moskau:
　Marx-Engels-Verlag, 1934), S. 30; Wolfgang Mönke, "Über die Mitarbeit von
　Moses Hess an der 'Deutschen Ideologie,'" *Annali*, Anno Sesto(1963), S. 455.

서에 관한 한 현재로서는 제III장이 1845년 9월, 그리고 제II장이 1845년 12월에 기필되었다는 MEGA¹과 IISG의 『마르크스-엥겔스 유고 목록』의 보고 이외에는 이를 추정할 만한 이렇다 할 근거가 없는 형편이다.[11]

한편 외형이나 내용상으로 분절이 가능한 「I. 포이어바흐」 장 내부 각 부분의 집필 시기나 순서의 비정은 초고 오리지널에 나타나는 보겐 번호의 결손이나 불규칙성, 원고의 이동이나 추고推稿를 위한 지시 등과 더불어 이 장에서의 텍스트의 정확한 배열을 위해서는 지극히 필요한 일이라고 하겠다. 그러나 이들에 대한 구체적 논의는 초고 오리지널에 대한 상세한 설명이 전제되어야 하므로 이는 다음 절에서 자세히 다루기로 한다.

그리고 우리는 이 「I. 포이어바흐」 장이 미완성으로 남아 있음을 잘 알고 있으나 이것이 마르크스나 엥겔스에 의해 어느 시기까지 가필·추고되었느냐 하는 문제도 아울러 검토할 필요가 있다. 이미 앞에서도 잠깐 언급한 바 있지만 「I. 포이어바흐」 장은 1846년 바이데마이어가 출판을 위해 『독일 이데올로기』 제1부의 대부분의 원고를 가지고 독일로 들어갈 때까지도 집필이 끝나지 않았으며, 마르크스가 5월 14일자로 바이데마이어에게 보낸 편지를 통해 이 책의 제2부를 포함한 모든 초고의 집필이 거의 끝나 곧 모든 원고를 수령하게

---

11) MEGA¹ I/5, S. 8, 78, 96; IISG, *Invertar des Marx-Engels Nachlaßes*, A11, A12, A14 참조. 한편 제III장의 기필이 제II장에 선행한다는 주장을 뒷받침하는 근거의 하나로 『독일 이데올로기』의 집필에는 슈티르너의 『유일자와 그의 소유』가 외적 자극이 되었다는 예니 마르크스의 회고에 주목할 필요가 있다. 그러나 예니의 이 같은 주장이 반드시 제III장이 제II장에 선행한다는 논거가 될 수 없음은 물론이다. Jenny Marx, "Kurze Umrisse eines bewegten Lebens," *Mohr und General. Erinnerungen an Marx und Engels*, hrsg. vom IML beim ZK der SED(Berlin: Dietz Verlag, 1964), S. 206.

될 것이라고 밝히고 있음에도 불구하고 제I장은 아직도 끝나지 않았던 것으로 보인다. 따라서 제1부의 제II, 제III장과 제2부의 대부분의 원고가 출판을 위해 독일로 보내진 같은 해 7월까지도 그들은 「I. 포이어바흐」 장의 집필에 몰두해 있었던 것이다.[12] 특히 「I. 포이어바흐」 장과 연결하여 주목할 수 있는 문건은 파리에 체재하던 엥겔스가 마르크스에게 보낸 1846년 8월 19일자 편지이다. 엥겔스는 그 편지에서 비간트가 발간한 『에피고넨Epigonen』이란 잡지에 게재된 포이어바흐의 「종교의 본질Das Wesen der Religion」을 읽고, 그 내용을 간략히 마르크스에게 소개하면서 이 글이 아직도 「I. 포이어바흐」 장의 집필에 필요하다면 이를 곧장 요약하여 보내겠다고 쓰고 있다.[13] 따라서 두 사람의 「I. 포이어바흐」 장 집필이 적어도 1846년 10월 중순까지 계속되었다고 추측할 수 있으며, 1846년 말과 1847년 『독일 이데올로기』의 출판이 사실상 불가능해진 시점에서 더 이상 원고 작업을 계속하지 않아 결국 미완성 유고로 남았던 것이다.[14]

---

* 그러나 『독일 이데올로기』의 기필을 1845년 11월 말로 보는 최근의 연구 성과를 수용한다면 이들 제I부의 각 장의 집필 일자는 훨씬 뒤로 미루어진다고 보아야 할 것이다. 이 책 제2장, p. 112의 주 85), p. 136 참조〔1994-저자〕.

12) Karl Marx an Joseph Weydemeyer in Schildesche. Brüssel, 14.-um den 16. Mai 1846, MEGA² III/2, S. 9; IML beim ZK der SED, "Neuveröffentlichung des Kapitels I des Bandes der 'Deutschen Ideologie'" (Vorbemerkung), *Deutsche Zeitschrift für Philosophie*, 14. Jahrgang, Heft 10(1966), S. 1195.

13) Friedrich Engels an Karl Marx in Brüssel. Paris, 19. August 1846, MEGA² III/2, S. 27. 한편 포이어바흐의 「종교의 본질」에 대한 엥겔스의 요약은 그의 10월 18일자 편지에 나타난다. Friedrich Engels an Karl Marx in Brüssel. Paris, um den 18. Oktober 1846, S. 48~50.

14) 정문길, 「편찬사를 통해 본 『독일 이데올로기』」, pp. 1205~1206〔이 책, pp. 69~72〕. 그리고 이 「I. 포이어바흐」 장이 미완성이라는 사실은 엥겔스가 1888년에 집필한 『루트비히 포이어바흐와 독일 고전 철학의 종언』의 서문 가운데서 다시 한 번 확인된다. F. Engels, *Ludwig Feuerbach und der Ausgang der klassischen deutschen Philosophie*, MEW, Bd. 21, S. 264.

2.2. 초고 오리지널의 구성과 현상 형태

『독일 이데올로기』의 초고 오리지널은 「서문」을 제외하고는 모두 네덜란드의 암스테르담에 있는 '국제사회사연구소'에 보관되어 있다.[15] 이 초고 오리지널은 마르크스의 필체로 씌어진 서문을 제외하고는 그 본문Grundtext od. Grundschicht이 모두 엥겔스의 필체로 되어 있고(예외적으로 「III. 성 막스」 장의 초고 56페이지는 바이데마이어에 의해 씌어졌다), 그 집필 양식은 초고의 블라트를 길게 세워놓고(길이가 짧은 쪽을 위아래로, 긴 쪽을 좌우로 배치한 세로쓰기이다) 그 반을 갈라 왼쪽에 엥겔스가 청서를 하고 오른쪽에 주로 마르크스가 이를 수정·보완하거나 추고를 위한 지시를 하고 있다.[16] 그러나 당초 수정을 위해 비워놓은 우란右欄에는 마르크스의 필적만이 아닌 엥겔스의 필적도 보이는데, 이는 엥겔스에 의한 즉각적인 수정Sofortvarianten의 단계를 넘어선 것도 없지 않다. 따라서 우리는 『독일 이데올로기』에서 공저자로서의 엥겔스의 위상이 후기에 씌어진 그 자신의 겸사謙辭에도 불구하고,[17] 일반적으로 간주되듯이 마르크스의 보족적인

---

15) 정문길, 「국제사회사연구소와 소장 콜렉션―마르크스-엥겔스 아키브와 네틀라우 콜렉션」, 『에피고넨의 시대』, pp. 277~287 참조. 한편 『독일 이데올로기』의 서문은 당초 로라 라파르그Laura Lafargue가 소장하고 있다가 1920년대에 마르크스와 엥겔스의 유고를 집중적으로 수집하던 모스크바의 '마르크스-엥겔스 연구소'의 초대 소장이 었던 리야자노프에 의해 수습되어 이 연구소의 소장품이 되었다. D. Rjazanov, "Marx und Engels über Feuerbach. Der erste Teil der 'Deutschen Ideologie' (Einführung des Herausgebers)," *Marx-Engels Archiv*, Zeitschrift des Marx-Engels-Instituts in Moskau, I. Band〔1926〕, S. 217.

16) 이에 대한 좀더 구체적인 설명은 정문길, 「편찬사를 통해서 본 『독일 이데올로기』」, p. 1185〔이 책, pp. 46~47〕 참조.

17) 엥겔스는 1885년에 집필한 「공산주의자 동맹사Zur Geschichte des Bundes der Kommunisten」에서 『독일 이데올로기』의 집필 당시를 회고하면서 마르크스가 1844년에 '이미' 유물사관에 도달했음을 지적하고, 그들 두 사람은 1845년 봄 브뤼셀에서 다

162

입장에 머물거나 『신성가족』의 경우처럼 지엽적인 단계에만 머문 것
은 아니라고 볼 수 있을 것이다.

　이상과 같은 전체적 집필 상태를 전제로 하여 「I. 포이어바흐」 장
전체를 외형상으로 연결시켜주는 하나의 고리로서 보겐 번호Bogen-
nummer와 페이지 번호Seitennummer를 찾아볼 수 있다. 다시 말하면
초고는 원칙적으로 1매의 폴리오보겐Foliobogen을 반으로 접어 2개의
블라트를 형성하고, 매 블라트가 표리 양면을 이루므로 1매의 폴리
오보겐은 4페이지에 해당된다. 그런데 제I장의 초고 오리지널은 비
록 단속적이고, 또 결손된 번호가 없지 않으나 폴리오보겐은 엥겔스
에 의해서(보겐 번호를 표시하는 숫자 가운데 { } 안의 숫자는 엥겔스
의 필적이 아니라 베른슈타인이 원고를 부분적으로 발표하는 과정에서
붙인 것으로 추정된다) 보겐 번호가, 각 블라트의 표리 양면에는 마
르크스가 매긴 페이지 번호가 기재되어 있는 것이다. 따라서 바로
이 보겐 번호와 페이지 번호를 근거로 우선 초고 오리지널의 순서를
배열해보고자 한다. 물론 이 같은 배열은 뒤에 설명할 내용상의 문
제나 문헌학적 연구 성과에 따라 그 배치를 달리할 수도 있으나 이
는 기본적으로 이 초고 오리지널이 엥겔스에게서 베른슈타인을 거쳐
독일의 사민당 아키브SPD-Archiv에 보관되고, 그것이 1920년대에 리
야자노프에 의해서 전면적으로 복사될 때의 순서와 일치한다고 간주
되기 때문이다. 그리고 이러한 초고 오리지널의 배열 순서는 IISG의
포토코피의 배열 순서와도 일치하는 것이다.[18]

　시 만나 그들이 개별적으로 도달한 이 같은 유물주의적 역사관에 근거하여 저술 활동을
　전개했다고 술회하고 있다. F. Engels, "Zur Geschichte des Bundes der Kommuni-
　sten," MEW, Bd. 21, S. 211~212.
18) 이러한 사실은 「I. 포이어바흐」 장을 최초의 포토코피에 근거하여 복원한 1926년의 리
　야자노프의 텍스트를 통해서도 확인되고, MEGA¹ I/5 부록에 게재된 페이지 도표

이제 저자는 기본적으로 이 같은 배열 순서에 근거하여 보겐 번호
나 페이지 번호에 결손이 있거나 문장이 명백히 연결되지 않아 문헌
학적으로 문제가 제기된 부분을 참고로 하여 「I. 포이어바흐」 장 전
체를 9개의 부분으로 나누어 이들 각각을 좀더 구체적으로 검토해보
려고 한다. 설명의 편의를 위해 이들 보겐의 상태를 우선 도식화해
보면 다음과 같다(이 도표는 초고 오리지널의 상태를 쉽게 이해할 수
있도록 신MEGA 시쇄판의 모델과 서술 방식을 따랐다).

* 도표의 설명 양식

"문단의 시작 〔…〕
〔…〕 문단의 끝부분"
(〈…〉는 삭제 부분, 《…》는 분실 부분을 표시한다)

<table>
<tr><td colspan="2" rowspan="2"></td><td colspan="2">제1블라트</td><td colspan="2">제2블라트</td></tr>
<tr><td>제1면(a)</td><td>제2면(b)</td><td>제3면(c)</td><td>제4면(d)</td></tr>
<tr><td rowspan="4">분절
기호</td><td rowspan="4">보겐
번호</td><td colspan="4">페이지 유무
집필 상태
삭제 여부(부분 삭제는 언급치 않음)
종이의 크기(i = 198×313mm/ii = 198×315/
iii = 199×319/iv = 216×345)</td></tr>
</table>

Paginierungsschema에도 그대로 나타난다. MEGA[1] I/5, S. 551~552.

「I. 포이어바흐」장 초고 오리지널의 보겐 배열과 집필 상태

"I. Feuerbach."

"Wie 〈unsere〉 deutsche〈n〉 Ideologen 〈versichern〉 melden,
〔…〕

〔…〕, der außerhalb Deutschlang liegt. 〈…〉"

A	〔1?〕	페이지 없음 전면 집필 전면 삭제 ii	페이지 없음 전면 집필 전면 삭제 ii	"1. Die Ideologie überhaupt, speciell die deutsche Philosophie./A."/ "Die Voraussetzungen〔…〕 〔…〕 durch die Produktion bedingt."	
				페이지 없음 전면 집필 ii	페이지 없음 전면 집필 ii
	〔2?〕	페이지 없음 부분 집필 ii	페이지 없음 여백 ii	페이지 없음 여백 ii	페이지 없음 여백 ii

"I. Feuerbach."

"Wie deutsche Ideologen melden 〔…〕

〔…〕, der außerhalb Deutschlang liegt."

B	{1}*	페이지 없음 전면 집필 정서고 iii	페이지 없음 부분 집필 정서고 iii

"I. Feuerbach

A. Die Ideologie überhaupt, namentlich die deutsche."

"Die deutsche Kritik 〔⋯〕

〔⋯〕 eignen materiellen Umgebung zu fragen."

C	{2}*	페이지 없음 전면 집필 ii	페이지 없음 전면 집필 ii	페이지 없음 전면 집필 ii	페이지 없음 부분 집필 ii

"Die Beziehungen verschiedener Nationen 〔⋯〕

〔⋯〕 einen Monarchen an der Spitze."

D	3*	페이지 없음 전면 집필 iii	페이지 없음 전면 집필 iii	페이지 없음 전면 집필 iii	페이지 없음 전면 집필 iii
	{4}*	페이지 없음 전면 집필 iii	페이지 없음 부분 집필 iii	페이지 없음 여백 iii	페이지 없음 여백 iii

"Die Tatsache ist also die： 〔⋯〕

〔⋯〕 an historischen Beispielen erläutern."

E	5*	페이지 없음 전면 집필 ii	페이지 없음 전면 집필 ii	페이지 없음 전면 집필 ii	페이지 없음 부분 집필 ii

"〈⋯〉 Wir werden uns natürlich 〔⋯〕

〔⋯〕 ein Kampf von lokaler Bedeutung 〈⋯〉"

F1	〔?〕**		1 전면 집필 ii	2 전면 집필 ii

"《…》 sich in Wirklichkeit 〔…〕
〔…〕, wenn ihr 'Sein' ihrem."

		〈6b〉***8	〈6c〉***9	〈6d〉***10	〈6e〉***11
G	6	전면 집필 ii	전면 집필 ii	전면 집필 ii	전면 집필 ii
	7	12 전면 집필 ii	13 전면 집필 ii	14 전면 집필 ii	15 전면 집필 ii
	8	16 전면 집필 ii	17 전면 집필 ii	18 전면 집필 ii	19 부분 집필 ii
	9	20 전면 집필 ii	21 전면 집필 ii	22 전면 집필 ii	23 전면 집필 ii
	10	페이지 없음 전면 집필 전면 삭제 ii	24 전면 집필 ii	25 전면 집필 ii	26 전면 집필 ii
	11	27 전면 집필 iii	28 전면 집필 iii	"'Wesen' nicht im entfernsten entspritcht 〔…〕 〔…〕 von ihrem Geist erkannt hätten"	
F2				29 전면 집필 iii	페이지 없음 전면 집필 전면 삭제 iii

"〈…〉 Die Gedanken der herrschenden Klasse 〔…〕
〔…〕 und sich einbildet. 〈…〉"

H	20	⟨29⟩**** 전면 집필 전면 삭제 iii	30 전면 집필 iii	31 전면 집필 iii	32 전면 집필
	21	33 전면 집필 iii	34 전면 집필 iii	페이지 없음 전면 집필 전면 삭제 iii	35 전면 집필 iii

"《⋯》 funden wird. Aus dem ersteren 〔⋯〕

〔⋯〕 industrielles Kapital."

I	84	40 전면 집필 iv	41 전면 집필 iv	42 전면 집필 iv	43 전면 집필 iv
	***** ⟨84⟩ 85	44 전면 집필 iv	45 전면 집필 iv	46 전면 집필 iv	47 전면 집필 iv
	86	48 전면 집필 iv	49 전면 집필 iv	50 전면 집필 iv	51 전면 집필 iv
	87	52 전면 집필 iv	53 전면 집필 iv	54 전면 집필 iv	55 전면 집필 iv
	88	56 전면 집필 iv	57 전면 집필 iv	58 전면 집필 iv	59 전면 집필 iv
	89	60 전면 집필 i	61 전면 집필 i	62 전면 집필 i	63 전면 집필 iv
	90	64 전면 집필 i	65 전면 집필 i	66 전면 집필 i	67 전면 집필 i

91	68 전면 집필 i	69 전면 집필 i	70 전면 집필 i	71 전면 집필 i
92	72 전면 집필 i	페이지 없음 부분 집필 i		

* 보겐 번호의 필적에 대한 보고는 판본마다 다르다. R판＝모두가 엥겔스의 필체; A판＝1, 2, 4가 마르크스의 필체; 신MEGA 시쇄판＝3, 5는 엥겔스의 1, 2, 4는 제3자(베른슈타인)의 필체(이 책은 신MEGA 시쇄판의 보고에 따른다).
** 1962년 바네S. Bahne에 의해 발견된 이 블라트에는 보겐 번호 없이 페이지 번호만 발견된다.
*** 이 부분의 페이지는 당초 마르크스에 의해 〈6b〉, 〈6c〉, 〈6d〉, 〈6e〉로 매겨졌으나 후에 8, 9, 10, 11로 수정되었다.
**** 당초 "20"으로 씌어졌던 번호에 제3자가 연필로 0에 "1"을 추가하여 "29"로 만들어 놓았음이 초고 포토코피를 통해 확인된다(IISG의 포토코피 A7, S. 46; 저자 확인).
***** 구MEGA는 엥겔스에 의해 보겐 번호가 당초 "84"로 씌어졌다가 "85"로 고쳐진 것으로 보고하고 있다(MEGA¹ I/5, S. 532).

앞의 도표를 통해서도 확인되는 바와 같이 초고 오리지널은 그 외관이나 내용의 연속성을 고려해 이를 분절하면 A에서 I에 이르는 9개의 절로 구분된다. 다시 말하면 초고 오리지널을 먼저 엥겔스의 보겐 번호를 중심으로 배열한 뒤, 마르크스의 페이지 번호를 보겐의 각 블라트에 병기함으로써 결과적으로 단절이 생긴 부분을 우선 분절시키면 G, H, I의 경우는 아무런 무리가 생기지 않는다. 단지 그 가운데 문제가 되는 것은 〔10〕-a, 〔11〕-d, 〔20〕-a, 〔21〕-c 및 〔92〕-b에 페이지가 매겨져 있지 않다는 점이다. 그러나 이들은 모두 마르크스의 편찬상의 지시에 따라 다음과 같이 다른 장으로 이전되어 있다.

〔**10**〕-**a:** 전문 삭제된 이 페이지 우란에 "Bauer"란 편찬상의 지시가 있고, 실제로 이 부분은 문자 그대로 또는 부분적인 수정을 거쳐 「성 브루노」의 최종고 보겐 〔5〕에 옮겨져 있다.

〔11〕-d: 〔11〕-b(S. 28), 〔11〕-c(S. 29), 그리고 이 〔11〕-d의 좌란 모두가 삭제되어 있으며, 이는 약간의 수정을 거쳐「성 브루노」장 정서고 보겐 〔4〕, 〔5〕에 옮겨져 있고, 〔11〕-b, 〔11〕-c의 우란에 씌어진 엥겔스의 원고가 본문의 내용을 연결시키고 있다.

〔20〕-a: 〔20〕-a와 〔20〕-b(S. 30)의 상단까지의 본문이 그다음 문단과 횡선으로 분리되고, 다시 종선으로 삭제된 뒤 바이데마이어의 정서로「성 막스」장 보겐 〔20〕에 전용되고 있다.

〔21〕-c:「성 막스」장에서 옮겨온 이 페이지 전후의 본문 중, 〔21〕-b(S. 34)의 하단에서 이 페이지(〔21〕-c)를 포함하여 〔21〕-d(S. 35) 상단에 걸치는 문장이 전후 문장과는 횡선으로 구획된 후 종선으로 전문 삭제되어 있다. 그리고 이 원고는 바이데마이어에 의해 정서되어「성 막스」장 보겐 〔20〕에 전용되고 있다.

〔92〕-b: 마르크스의 필체로 된 메모가 〔92〕-a(S. 72)에 연하여 씌어지고, 엥겔스 필적의「I. 포이어바흐」장의 표제 "I/Feuerbach/ Gegensatz von materialistischer und idealistischer Anschauung" 이 연필로 씌어졌으나 마르크스의 페이지 매김은 없다.

그리고 분절 G(보겐 번호 〔6〕-〔11〕)의 전후에 배치된 F1, F2는 바네가 1962년 국제사회사연구소에 보관된, "국회의원 베른슈타인의 인쇄물Drucksachen für das Mitglied des Reichstages Herrn Bernstein"이라고 스탬프가 찍힌 봉투 안에서 발견한 3매의 블라트 중, 페이지 번호 "1" "2"가 매겨진 블라트를 F1로, "29"가 매겨진 블라트를 보겐 〔11〕과 보겐 〔20〕을 연결하는 보겐 〔11〕이 산실된 나머지 블라트로 보고 이를 F2로 했다.[19]

---

19) S. Bahne, "'Die Deutsche Ideologie' von Marx und Engels. Einige Textergänzungen," *International Review of Social History*, Vol. VII(1962), S. 93~104; 정문길,

그러나 앞서 말한 보겐의 배열에서 가장 어려운 부분이 분리된 블라트나 보겐으로 남아 있는 A에서 E에 이르는 5개 분절이다. 그 가운데 우선 A는 〔1?〕-ab가 장의 도입부임이 분명하고, 그것이 정서고인 B(〔1〕)의 피사고被寫稿임이 분명하나 〔1?〕-cd와 〔2?〕-a에 이르는 "1. Die Ideologie überhaupt, speciell die deutsche Philosophie"라는 표제와 C의 보겐 {2}에 있는 "I. Feuerbach/A. Die Ideologie überhaupt, namentlich die deutsche"라는 표제가 그 유사성이 높아 초고의 배치에 상당한 혼선을 야기하고 있다. 그런가 하면 B, C, D, E에 씌어진 보겐 번호의 경우, 저자는 보겐 〔3〕, 〔5〕가 엥겔스에 의해, 그리고 {1}, {2}, {4}가 제3자(엥겔스에게서 이 유고를 물려받은 베른슈타인으로 추정된다)에 의해 번호가 매겨졌다는 신MEGA 시쇄판의 주장을 우선 그대로 수용했다. 그리고 이들의 분절은 표에 보이듯이 그것의 단편적인 성격이 뚜렷하므로 이론의 여지가 없다고 하겠다.

따라서 이상과 같은 초고 오리지널의 기본적인 서술에 근거하여 1920년대에 발간된 리야자노프의 「I. 포이어바흐」 장 텍스트를 시작으로 1974년의 히로마츠 판廣松版에 이르기까지의 각종 텍스트를 좀 더 면밀히 검토해보고자 한다.

3. 기존 각종 텍스트의 개관

이미 앞에서도 언급한 바 있지만 현행 『독일 이데올로기』 판본 가

「편찬사를 통해서 본 『독일 이데올로기』」, p. 1209〔이 책, pp. 74~75〕 참조.

운데서 가장 보편적으로 수용되는 판본은 구MEGA I/5에 게재된 텍스트로서 이는 오늘날 각종 보급판이나 선집·발췌본, 그리고 각종 외국어 번역본의 저본으로 기능하고 있다. 이러한 사실은 저자가 이미 『독일 이데올로기』의 편찬사를 개관한 제1장에서 상세히 논술한 바 있거니와 1932년에 발간된 구MEGA 판 『독일 이데올로기』의 권위는, 그것이 이 책의 모든 텍스트를 처음으로 빠짐없이 활자화했다는 점과 구MEGA 자체가 마르크스와 엥겔스의 모든 저작에 대한 최초의 비판적 전집이었다는 점에 근거하는 것이었다.[20]

그러나 이 같은 구MEGA의 권위는 1962년 바네가 IISG에 보관되어 있는 베른슈타인의 유고 봉투 가운데서 3매의 새로운 블라트를 발견하고 이것이 『독일 이데올로기』의 제I장과 제III장에 속한 초고 오리지널의 일부임을 밝힘으로써 도전받게 되었다. 그리고 곧이어 소련의 마르크스-레닌주의 연구소IML의 마르크스-엥겔스 저작부著作部가 구MEGA 판을 저본으로 한 『독일 이데올로기』의 현행 제판, 특히 「I. 포이어바흐」 장의 자의성이나 부정확성을 지적함으로써 구MEGA의 권위는 정면으로 도전받게 되었다.[21] 따라서 1960년대 들

---

20) 정문길, 「편찬사를 통해 본 『독일 이데올로기』」. pp. 1207~1210〔이 책 제1장 3절〕 참조. 특히 구MEGA는 "무엇보다도 먼저 모든 마르크스-엥겔스 연구의 객관적 근거, 즉 마르크스와 엥겔스의 일체의 정신적 유산을 일목요연하게 정리하여 이를 정확하게 재현하는 것을 과제로 한다"라고 분명히 밝히고 있다. Karl Marx/Friedrich Engels, *Historisch-kritische Gesamtausgabe. Werke/Schriften/Briefe*, I. Abt. Bd. 1, Erster Halbband(Moskau: Marx-Engels-Institut, 1927), S. XIV.

21) IML beim ZK der SED, "Neuveröffentlichung des Kapitels I des. I. Bandes der 'Deutschen Ideologie'"(Vorbemerking), *Deutsche Zeitschrift für Philosophie*, 14. Jahrgang, Heft 10(1966), S. 1196~1198; 服部文男, 「マルクスの思想史的研究(學界展望)」, 『經濟學史學會年報』 第3號(1965. 9), 服部文男 著, 『マルクス主義の形成』 (東京: 青木書店, 1984), pp. 291~294; 杉原四郎, 「MEGA(資料)」, 『季刊 社會思想』 1-1(1971), p. 158. 한편 이 분야에 대한 일본 학계의 보고나 연구 성과는 좀더 다양할 것으로 추측되나 종래까지의 저자의 의도적인 과문으로 그에 대한 저자의 식견은

어와 새삼스럽게 제기된 이 책 제I장의 새로운 편찬 문제나 리야자노프의 구판에 대한 새로운 평가도 바로 이러한 관점에서 이해될 수 있을 것이다. 그러므로 이상과 같은 객관적 상황을 염두에 두고 리야자노프 이래의 『독일 이데올로기』, 「I. 포이어바흐」 장의 텍스트 편찬 사례를 연대순에 따라 구체적으로 검토해보고자 한다. 이 경우 논의의 대상은 원문으로 씌어진 『독일 이데올로기』의 독일어 텍스트에 국한됨은 물론이다(이 책에서는 서술의 편의를 위해 초고 오리지널에서 엥겔스가 매긴 보겐 번호는 "보겐 〔XX〕"로, 제3자가 매긴 보겐 번호는 "보겐 {XX}"로, 그리고 마르크스가 매긴 페이지 번호는 "S. XX"로 표시한다).

3.1. 리야자노프 판(일반적으로 R판이라 약칭)

"Aus dem literarischen Nachlass von Marx und Engels: Marx und Engels über Feuerbach(Erster Teil der 'Deutschen Ideologie')," herausgegeben von D. Rjazanov, *Marx-Engels-Archiv.* Zeitschrift des Marx-Engels-Instituts in Moskau, Bd. I(Frankfurt a. M.: Verlagsgesellschaft mbH.〔1926〕), S. 203~306("I. Feuerbach"는 S. 233~306에 게재).

1926년 『마르크스-엥겔스 아키브*Marx-Engels Archiv*』 제1권에 공개된 리야자노프의 이 독일어 텍스트는, 1924년 리야자노프가 편찬하고 유스케비치P. Juskevic가 러시아어로 번역한 사상 최초의 러시아어

극히 단편적인 선에 머물고 있음을 시인하지 않을 수 없다.
＊ 일본 학계의 『독일 이데올로기』를 중심으로 한 연구 성과와 논쟁에 관해서는 이 책 제4장을 참조하라〔1994-저자〕.

판에 근거한 것이다. 당초 리야자노프는 1922년 이래 마르크스와 엥겔스의 전 저작을 러시아어로 출판하려는 기획 아래 이미 출판된 두 사람의 저서나 논설은 물론이요 미발표의 원고나 초고들을 정력적으로 수집해왔다. 그 일환으로 베른슈타인과 접촉하고 독일 사민당 아카이브Archiv der deutschen Sozialdemokratischen Partei Deutschlands에서 마르크스-엥겔스와 관련된 모든 초고의 포토코피를 제작하기도 했다. 그러나 리야자노프는 이 같은 자료 수집 과정에서 "너무나도 많은 새롭고 흥미 있는 자료들을 발굴하게 됨에 따라 그 자신의 당초의 편집 계획을 수정"하지 않을 수 없었다. 즉 그는 "그처럼 엄청난 노력을 필요로 하는 자료 정리와 해독 작업이 단지 러시아어 번역본을 얻기 위한 것에 그친다면 이는 적절하다고 할 수 없다"라는 판단 아래 이의 국제판 전집eine internationale Gesamtausgabe der Werke von Marx und Engels을 기획하게 되었다고 술회하고 있다.[22] 따라서 1924년에 러시아어판『마르크스-엥겔스 아키브Arkhiv Marksa i Engelsa』제1권(Moskau, 1924, pp. 211~256)에 게재된 이「I. 포이어바흐」장[23] (여기에는 『독일 이데올로기』의 서문Vorrede도 포함되었다)은 이 같은 국제판 전집 기획의 일환으로 1926년의 독일어판『마르크스-엥겔스 아키브』제1권에서 다시 원문으로 복원되었다고 추정된다.[24]

---

22) MEGA¹ I/1, Erster Halbband, S. XXI.

23) 리야자노프의 장절 구분은『독일 이데올로기』전체를 2권으로 나누고, 1권을 3편으로, 그리고 각 편을 장으로 나누는데 이때 사용된 용어는 순차적으로 Band, Abschnitt, Kapitel이다. 이 같은 장절의 구분은 편자마다 서로 다르므로 주의를 요한다.
   그러나 저자는 이 장에서 '서술상의 통일성'이라는 편의를 위해 기본적으로 부, 장, 절의 순서를 쓰기로 한다. 단 각 텍스트가 채택하고 있는 장절의 표현 방식은 텍스트에 대한 설명의 앞부분에서 이를 각주로 명기하도록 했다.

24) 이 당시만 하더라도 리야자노프는 '마르크스-엥겔스 연구소'의 초대 소장으로서 구MEGA의 출판이라는 의욕적인 기획을 가지고 있었고, 또 실질적으로 그의 지휘 아래 여러 권의 구MEGA가 출판되었다. 그러나 그는 1931년 2월 갑자기 소장직에서 해임

리야자노프는 자신이 처음으로 공개하는 이 초고에 대한 보고나 확인이 아직도 미흡하며, 그러한 사정은 텍스트의 편찬에 있어서도 마찬가지임을 인정하고 있다. 특히 그는 초고의 집필이 기본적으로 엥겔스에 의해 이루어졌고, 수정·삽입·방주가 마르크스의 필적으로 이루어졌기에 적어도 필적만으로는 이 공동 저작에서 이들 양자의 몫을 정확하게 가늠하기는 어렵다는 사실을 분명히 하고 있다. 또한 그는 필적만으로 판단할 경우 제1절("Die Ideologie überhaupt, namentlich die deutsche")은 마르크스의 구술에 의해 엥겔스가 받아쓴 것으로 보이며, 제2절(보겐 [84]/S. 40 이후)의 경우는 받아썼다기보다 엥겔스가 단독으로 집필한 것으로 추정된다는 것이다. 왜냐하면 전자의 경우에는 엥겔스가 제2절이나 다른 초안을 기초했을 때보다 더 많은 수정을 한 것이 필적을 통해 나타나기 때문이라는 것이다.[25]

그는 71폴리오페이지Folioseiten와 1매의 정서고, 그리고 3매의 폴리오보겐(매 4페이지)으로 이루어진 이 「I. 포이어바흐」장은 청서된 원고이긴 하나 전체적인 통일성이 결여된 원고로 판단하고 있다. 왜냐하면 페이지의 변화와 여러 곳에 나타나는 수정은 이 장이 연속적으로 씌어졌다기보다 부분부분 따로 씌어졌다는 것을 보여주며, 그로 인한 단절도 메워지지 않았기 때문이라는 것이다. 그리고 텍스

되고 후임으로 아도라츠키가 임명되었다. 따라서 『독일 이데올로기』가 게재된 MEGA[1] I/5는 아도라츠키에 의해 주도되어 전자의 편찬 지침은 변경된 것으로 추정할 수 있다. 그러나 이 과정에서 주목해야 할 점은 『독일 이데올로기』의 편집은 리야자노프 시대나 아도라츠키 시대나 모두 초벨E. Czóbel의 지도 아래 벨러P. Weller가 실무를 담당했다는 사실이다. Gustav Mayer, *Erinnerungen. Vom Journalisten zum Historiker der deutschen Arbeiterbewegung*(Zürich/Wien: Europa Verlag, 1949), S. 356 ~357; 杉原四郎, 앞의 논문, pp. 16, 163, 155 참조.

25) Rjazanov, "Aus dem literarischen Nachlass von Marx und Engels," *Marx-Engels-Archiv*, Bd. 1[1926], S. 217.

트의 편찬을 더욱 어렵게 하는 것은 이 같은 단절 사이에 블라트나 보겐의 결손이 생겨났다는 점이다. 그러나 여기서 주목해야 할 점은 이 같은 보겐 번호나 페이지 번호의 단절(엥겔스의 보겐 번호로는 보겐 〔2〕-〔4〕, 〔12〕-〔19〕, 〔22〕-〔83〕, 그리고 마르크스의 페이지 번호로는 S. 1~7, 29, 36~39가 결손)에도 불구하고, 리야자노프는 엥겔스의 보겐 번호의 현격한 결손보다 마르크스의 페이지 번호의 연속성이 훨씬 큰 것으로 보아 상당수의 보겐이 정서 과정에서 혹은 필자 자신들의 편찬 과정에서 다른 장절로 옮겨 갔을 것으로 추론하고 있다는 점이다. 따라서 그는 현존하는 유고 오

〈표 3-1〉 리야자노프의 초고 오리지널 도표

엥겔스의 보겐 번호 (a-d 리야자노프의 페이지 표시)	마르크스의 페이지 번호
1 (제2보겐의 반면)	〔페이지 없음〕 〔페이지 없음〕
5	〔페이지 없음〕
6	8-11
7	12-15
8	16-19
9	20-23
10a	〔페이지 없음〕
b-d	24-26
11a-d	27-28
20a	〔페이지 없음(누군가에 의해 20이 29로 변경)〕
b-d	30-32
21a-b	33-34
c	〔페이지 없음〕
d	35
84	40-43
85	44-47
86	48-51
87	52-55
88	56-59
89	60-63
90	64-67
91	68-71
92a	72
b	〔73〕
c-d〔여백〕	

* Rjazanov, *op. cit.*, S. 218.

리지널 가운데서 실질적으로 결여된 부분은 최초의 경우 역사와 사회의 관계를 근본적으로 취급한 제1보겐과 제2보겐 사이(G그룹의 앞부분인 S. 1~7)에 아주 중요한 수 페이지와 일반 경제사 부분을 다룬 제2절의 시작 부분인 S. 36~39(1보겐 분량으로 엥겔스의 보겐 번호 [22]-[83] 사이)뿐이라고 보고 있다[26] (뒤에 서술할 히로마츠의 경우 참조).

따라서 이러한 관점에 근거한 그의 텍스트 편찬은 기본적으로 보겐 번호나 페이지 번호의 단절에도 불구하고 보겐 번호 [6] 이하 [92]까지를 본문Hauptmanuskript으로 연속적으로 편찬하고, 앞부분의 분산된 보겐이나 블라트를 내용에 따라 본문의 전후에 배치하고 있는 것이다. 다시 말하면 그는 이 장의 초고 오리지널을 앞의 표와 같이 5개 부분으로 나누고, 기저고의 큰 묶음(보겐 [6]-[11], [20]-[21], [84]-[92])을 본문으로, 보겐 [1](초고 오리지널의 설명에서는 보겐 [1?])의 a, b를 본문의 도입부로(보겐 [1]-[2]는 설명에 따르면 그가 제시한 도표의 보겐 [1]과는 다르다. 이는 저자가 초고 오리지널의 설명에서 {1}로 했다. 리야자노프의 보겐 [1]-[2] 중의 전반부는 이 도입부의 정서고로서 텍스트에 게재하지 않았다), 그리고 이에 연속하여 제1절("Die Ideologie überhaupt, namentlich die deutsche"; 초고 오리지널의 보겐 [2])을 게재하고, 다음으로 [1?]-cd와 [2?]로 연결된다("Die Ideologie überhaupt, speciell die deutsche Philosophie"). 그리고 나머지의 보겐 [1]-[2]의 후반부(초고 오리지널의 보겐 [5]: E 부분)는 제1절의 시작 부분을 새로 집필한 것이지만 내용상으로

---

26) *Ibid.*, S. 219~220.

보아 본문이 시작되는 기저고의 첫 부분 앞에, 그리고 정서고인 보겐 〔3〕-〔4〕(D 부분)는 그 내용으로 보아 본문의 맨 끝에 연결시키고 있다.[27]

이상의 설명으로 알 수 있는 것은 리야자노프의 텍스트 배열이 기본적으로 초고 사진판의 원래의 순서를 존중하면서, 보겐 〔1〕과 〔5〕 사이의, 서로 독립되어 순서를 알 수 없는 보겐 〔2〕, 〔3〕, 〔4〕에 약간의 변화를 주고 있는 데 불과하다는 것이다. 그러나 그의 이 같은 텍스트 배열은 보겐 〔1?〕, 〔2?〕를 포함하여 보겐 〔1〕-〔4〕까지도 보겐 〔6〕-〔11〕, 〔20〕-〔21〕, 〔84〕-〔92〕와 동일한 집필 단계의 초고라는 판단이 전제되어 있어, 이 장이 가지고 있는 초고 오리지널의 다층적 구조를 전적으로 무시하고 있다는 비판을 피하기 어렵다.[28]

한편 그는 텍스트의 활자화 과정에서 초고의 삭제 부분은 "〈…〉"로 표시한 뒤 그 안에 작은 활자로 기입하고, 마르크스와 엥겔스의 수정은 읽기가 어려운 경우 최종 수정 부분은 본문에, 이전의 수정 부분은 주에 넣었으며, 난외의 삽입·방주는 지정된 장소에, 그리고 그것이 불분명할 때는 각주로 하는 한편, 편자의 보완이나 해독이 불가능한 글자나 구절은 "〔……〕"나 "〔…?…〕"로 표시하고, 모든 경우 각주에서 그것이 누구의 필적인가를 밝히고 있다.[29] 따라서 텍스트에서 적어도 그가 초고 오리지널의 전全 외연을 포괄하려고 노력하고 있다는 것은 인정할 수 있다. 단지 활자화된 텍스트에서, 그가 부분적으로 페이지나 보겐의 단락을 언급치 않은 것은 아니나 이들 개개의 구체적인 이행을 명시하지 않았다는 점과 초고의 외관에 관

---

27) *Ibid.*, S. 217~220.
28) 廣松涉, 「『ドイツ・イゲオロギー』編輯の問題點」, 『唯物論硏究』 21(1965, 春季號), pp. 116~117 참조.
29) Rjazanov, *op. cit.*, S. 220~221.

한 설명을 사진판에 의존함으로써 생기는 오류는 문제로 지적하지 않을 수 없다. 이렇게 볼 때 리야자노프의 텍스트는 히로마츠의 표현대로 소재로서의 『독일 이데올로기』 제I장을 최초로, 그리고 충실히 소개하려 한 텍스트로 우선 평가할 수 있을 것이다.

한편 우리는 이 리야자노프 판과 연관하여 1932년에 출판된 란츠후트/마이어 판(크렌네어 판)을 언급하지 않을 수 없다. 독일 사민당 아카이브에 보관된 마르크스의 유고를 기초로 하여 그의 초기 저작을 수록한 이 크렌네어 판의 『독일 이데올로기』는 다음과 같다.

"Die Deutsche Ideologie(1845/46)," Karl Marx, *Der historische Materialismus. Die Frühschriften*, herausgegeben von S. Landshut und J. P. Mayer(Leipzig: Alfred Kröner, 1932), Bd. II, S. 5~530.

그리고 이 크렌네어 판은 1953년 일부 판독상의 오류만 수정한 채 아무런 개정 없이 보급판형으로 다시 출판되었는데, 거기에 수록된 「I. 포이어바흐」 장은 다음과 같다.

"Feuerbach. Gegensatz von materialistischer und idealistischer Anschauung," Karl Marx, *Die Frühschriften*, herausgegeben von S. Landshut(Stuttgart: Alfred Kröner, 1953), S. 341~417.

여기서 이 크렌네어 판을 특별히 언급하는 이유는 그 초판이 MEGA[1]과 거의 동시에 출간되었고, 특히 1953년 판은 핸디한 보급판형으로서 마르크스의 초기 사상에 대한 일반의 관심을 자극하는 데 중요한 공헌을 했으나 그 텍스트 배열의 타당성 문제는 상당한 논란의 대상이 되고 있기 때문이다. 특히 이 글의 주제와 관련하여 「I. 포이어바흐」 장을 검토해볼 때 이의 텍스트 배열은 기본적으로 리야

자노프 판과 마찬가지로 오리지널의 원래의 배열 순서와 완전히 일
치하며, 이 크렌네어 판은 R판과는 달리 도입부를 작은 묶음의 기저
고에 속하는 이고異稿〔1?〕-ab가 아닌 정서고 {1}로 대치하고 있을
뿐이다. 그리고 크렌네어 판의 텍스트가 독자의 편의를 위해 편집을
단순화했음은 이해할 수 있으나, 초고 오리지널에 나타나는 복잡하
고도 다양한 집필 형태를 극히 소수의 방주에 대한 언급을 제외하고
는 전적으로 무시하고 있다는 사실을 지적하지 않을 수 없다. 따라
서 크렌네어 판의 텍스트는 적어도 학문적인 연구를 위한 텍스트로
서는 부적당하다는 점을 지적할 수 있겠다.

3. 2. 구MEGA 판(일반적으로 A〔Adoratskij〕판이라 약칭)

"I. Feuerbach. Gegensatz von materialistischer und idealistischer
Anschauung〔Einleitung〕," Karl Marx/Friedrich Engels, *Historisch-
kritische Gesamtausgabe*. I/5. *Die deutsche Ideologie*, herausgegeben
von V. Adoratskij(Frankfurt a. M.: Marx-Engels Verlag, 1932),
S. 7~67.

1932년에 발간된 구MEGA 판은 『독일 이데올로기』의 부분적 단
편이나 발췌가 아닌 최초의 전면적 출판이었다는 점에서 획기적 사
건이라 하겠다. 그리고 구MEGA 판에 게재된 『독일 이데올로기』의
텍스트는 MEGA 자체의 권위나 이 책의 편자인 아도라츠키v.
Adoratskij가 MEGA¹ I/5 서문Einleitung에서 밝혔듯이 "마르크스와 엥겔
스가 1846년 7월, 그들의 출판 계획이 좌절되기 이전에 계획했던 형
태로 복원시키는 것을 원칙으로 한다"[30]라는 명백한 언명으로 해서
가장 신뢰할 만한 판본으로 수용되었다. 따라서 이후의 독일어 판본

들은 의문의 여지없이 구MEGA의 텍스트를 그대로 게재했으니 1930년대의 '국민 보급판Volksausgabe' '재소 외국인 노동자 출판조합판Verlagsgenossenschaft ausländischer Arbeiter in der UdSSR' 그리고 1950년대의 '디츠 판Dietz Verlag'은 물론 제2차 러시아어판『전집Socinenija²』(1955 ff.)에 근거한 보급판『마르크스-엥겔스 저작집Karx Marx/Friedrich Engels, Werke』(Berlin〔DDR〕: Dietz Verlag, 1956~1967), 곧 MEW 제3권(1958)에 게재된「I. 포이어바흐」장[31]을 포함한『독일 이데올로기』의 텍스트도 예외가 아니었다. 1960년대에 이르기까지 독일어판의 사정이 이러하거늘, 이에 근거한 여러 외국어 번역본의 경우도 예외일 수가 없었다.[32] 따라서『독일 이데올로기』에 관한 한 1960년대에 들어오면서 정면으로 도전받기 전까지는 절대적인 권위를 가지고 있던 구MEGA,「I. 포이어바흐」장의 텍스트 편찬 원칙과 그것이 안고 있는 문제점에 대해 좀더 구체적으로 검토해볼 필요가 있다.

『독일 이데올로기』가 수록된 MEGA¹ I/5의 총체적인 편찬 책임을 맡은 아도라츠키는 이 책의 서문에서 이미「I. 포이어바흐」장이 미완성인 채 남아 있다는 사실을 분명히 밝히고, 그럼에도 불구하고 이 장의 편찬에는 초고에 기록된 수많은 방주가 길잡이Leitfaden 구실을 한다고 언명하고 있다.[33] 따라서 구MEGA에서의「I. 포이어바흐」장의 텍스트 배열과 편찬을 좀더 구체적으로 이해하기 위해 이 책의 권말에 수록된 초고의 편찬 지침을 면밀히 검토할 필요가 있다.

우선「I. 포이어바흐」장의 편찬에 있어서 편자(실질적인 편자는

---

30) MEGA¹ I/5, S. XVII.
31) 구MEGA의 장절 구분은 권Band, 편Abschnitt, 장Kapitel으로 되어 있다.
32) 정문길,「편찬사를 통해 본『독일 이데올로기』」, pp. 1207~1209〔이 책 제1장 5. 1〕참조.
33) MEGA¹ I/5, S. XVII, Anm. 1.

파벨 벨러Pavel L. Veller다)가 편찬의 지침으로 사용한 것은 본문(지문)die Formung des Stoffs, Grundschicht 위에 첨가된 마르크스와 엥겔스의 메모·방주, 그리고 여타의 지시였다. 다시 말하면 편자는 아직도 완성되지 않은 초고의 구상이나 추고를 위한 지시Angaben, 주로 마르크스에 의해 씌어진 수많은 방주Randglossen, 그리고 문단과 문단을 자르는 분절선Trennungsstriche과 삽입 지시를 텍스트의 편찬에 적극적으로 이용함으로써 "저자들의 서술 방법에 대한 개개 문구의 변증법적 관계를 해명"해내려고 하고 있다.

우선 편자는 3개의 층으로 구성된 초고 오리지널의 묶음과 거기에 나타나는 표제들을 연결시키고 있다. 즉 i) 가장 오래된 기저고Urtext인 보겐 〔6〕-〔11〕, 〔20〕-〔21〕, 〔84〕-〔92〕에는 "Verhältnis von Staat und Recht zum Eigentum"(보겐 〔91〕-a/S. 68)이라는 단 하나의 표제가, ii) 정서되기 직전의 원고Reinschriftvorlage인 〔1?〕, 〔2?〕에는 "I. Feuerbach"(〔1?〕-a)와 "I. Ideologie überhaupt, speciell die deutsche"(〔1?〕-c)가, 그리고 iii) 정서고인 {1}-〔5〕 사이에는 "I. Feuerbach"({1}-a)와 "I. Feuerbach./A. Die Ideologie überhaupt, namentlich die deutsche"({2}-a)가 나타난다는 것이다. 여기서 편자는 iii)의 정서고 {1}-a에 나오는 "I. Feuerbach"를 텍스트 편찬의 출발점으로 하고, 역시 iii)의 정서고, {2}-a에 보이는 "A. Die Ideologie überhaupt, namentlich die deutsche"를 이에 연결시키고 있다. 왜냐하면 ii)의 두번째 표제인 "1. Ideologie überhaupt, speciell die deutsche" 이하의 내용은 그 주제가 상응치 않아 청서 과정에서 제외되고(텍스트는 삭제되지 않은 채 하나의 이정표로 남아 있다), 표제는 전자 가운데 지양되었다고 MEGA¹의 편자는 보고 있기 때문이다. 따라서 「I. 포이어바흐」 장에는 결국 3개의 표제만 남

게 되는데 "I. Feuerbach"라는 일반적 표제를 제외하면 2개의 표제가 남으므로 이 표제를 중심으로 텍스트를 배열할 수 있다는 것이다. 그러나 편자는 다양한 내용을 담은 이 장을 2개의 표제 아래 모두 배열하기란 불충분하므로 이를 초고의 추고 과정에서 써놓은 메모Notizen로 보완하려고 시도하고 있다.[34]

다시 말하면 편자는 초고의 S. 19([8]-d)에 씌어진 2구절의 메모와 S. 64([90]-1)에 있는 "fortzufahren"이란 단어를 근거로 「III. 성 막스」 장과 「I. 포이어바흐」 장의 형성 단계를 가늠하려고 하고 있다. MEGA¹의 편자에 의하면 초고 S. 19에 나오는 2개의 메모, 즉

지금까지 우리는 인간 활동의 한쪽 측면, 즉 인간에 의한 자연의 가공만을 고찰해왔다. 이제 또 다른 측면, 인간에 의한 인간의 가공—"국가의 기원 및 시민사회에 대한 국가의 관계"[35]

라는 문장 가운데 둘째 부분은 「III. 성 막스」 장 중 「신약성서Neues Testament: 'Ich'」를 다룬 절의 작은 항목 「5. 시민사회로서의 사회Die Gesellschaft als bürgerliche Gesellschaft」와 그 테마가 일치한다는 것이다.

---

34) MEGA¹ I/5, S. 561.

35) 이의 원문은 다음과 같다:

"Bisher haben wir hauptsächlich nur die eine Seite der menschlichen Tätigkeit, die Bearbeitung der Natur durch die Menschen betrachtet. Die andere Seite, die Bearbeitung der Menschen durch die Menschen--";

"Ursprung des Staats und Verhältnis des Staats zur bürgerlichen Gesellschaft."

MEGA¹ I/5, S. 561~562. 이 부분은 이처럼 텍스트 편찬을 위한 메모로 이용되었기에 구MEGA 본문에서는 제외되어 있다.

그러나 「I. 포이어바흐」 장에서 다루고 있는 것은 「재산에 대한 국가와 법의 관계」에 머물고 있으므로, 이의 미진한 부분은 결국 「III. 성 막스」 장의 마지막 35보겐(〔83〕-〔117〕)에서 계속 전개된다는 것이다. 왜냐하면 「III. 성 막스」 장의 보겐 〔83〕은 「논의 2: 사유재산, 국가 및 법률Abhandlung 2: Privateigentum, Staat und Recht」로 시작되고, 거기에서는 국가의 기원과 자본주의 사회에 대한 국가의 관계가 논의되고 있기 때문이다. 그리고 이 두 부분을 연결시켜주는 고리가 S. 64의 "계속fortzufahren"이므로 「I. 포이어바흐」 장의 A 부분(보겐 〔6〕-〔11〕, 〔20〕-〔21〕, 〔84〕-〔92〕의 기저고)은 「III. 성 막스」 장의 보겐 〔83〕 이후보다 먼저 집필되었다고 주장하고 있다(여기서 편찬상의 메모로 이용한 앞의 2개 구절과 "계속"이란 단어는 MEGA¹ 1/5의 본문에서 제외되어 있다).

한편 구MEGA의 편자는 텍스트의 편찬에 있어서, 앞에서 살펴본 바 있는 표제와 편찬상의 메모만으로 부족한 것은 본문의 우란에 씌어진 방주를 통해 보완할 수 있다고 주장한다. 「I. 포이어바흐」 장의 A 부분, 즉 기저고에만 보이는 상당수의 방주 가운데 편자가 고려의 대상으로 삼은 것은 다른 방향으로 사유를 유도하는 단어나 문구만이 아니라 이미 다듬어진 주제를 간략히 요약한 것들이다. 편자가 주목하는 방주로는 이미 바로 앞에서 검토한 바 있는 2개의 메모, 우란에 씌어진 "Verkehr und Produktion"(S. 19)을 비롯하여, "Geschichte" (S. 11)[36] 앞의 문장과 횡선으로 구분한 뒤 새로운 테마를 시작하면서 S. 21 우란에 기록한 "über die Produktion des Bewußtseins,"[37]

---

36) 이 페이지의 우란에 "'Die erste' 1"이라고 마르크스의 필적으로 기재되어 있고, 다시 S. 16에 "11, 12, 13, 14, 15, 16"이란 숫자가 기록되어 있다. 따라서 11∼16에 이르는 이 부분은 '역사'라는 주제를 다룬 것으로 판단하고 있다. MEGA¹ I/5, S. 562; MEGA² *Probeband*, S. 439, 456도 참조.

엥겔스의 필적으로 씌어진 S. 55의 "(Feuerbach: Sein und Wesen),"
그리고 S. 60의 "Produktion des Verkehrsform selbst"까지 모두 6
개다. 그리하여 구MEGA의 편자는 바로 이 6개의 방주를 근거로 하
여 다음과 같이 「I. 포이어바흐」 장을 절이나 항목으로 구분하고 있
다(〔 〕 안은 구MEGA의 편자가 초고 오리지널에 없는 단어나 표제를
부가한 것이다).

    1. Feuerbach

    A. Die Ideologie überhaupt, namentlich die deutsche.

      〔1.〕 Geschichte.

      〔2.〕 Über die Produktion des Bewußtseins.

    〔B. Die wirkliche Basis der Ideologie.〕

      〔1.〕 Verkehr und Produktivkraft.

      〔2.〕 Verhältnis von Staat und Recht zum Eigentum.

      〔3. Naturwüchsige und zivilisierte Produktionsinstrumente und
Eigentumsformen.〕

    〔C.〕 Kommunismus—Produktion der Verkehrsform selbst.

  그런데 여기서 주목해야 할 점은 이상과 같은 구MEGA의 주제별
편찬은 결과적으로 초고 오리지널의 전면적인 분절과 새로운 연결을

---

37) S. 8, 9, 10, 24, 28에 보이는 "Feuerbach"라는 방주는 「성 막스」를 집필하는 과정에
서 생겨난 이 기저고가 아직도 I, II장의 분화가 완전히 이루어지기 이전의 지시로서
이제 「I. 포이어바흐」 장으로 옮겨오게 된 것으로 판단되며, 이 부분의 주제를 편자는
"Über die Produktion des Bewußtseins"라고 규정하고 있다. 그리고 이 기저고에
는 마르크스에 의해 번호가 매겨지지 않은 채 삭제된 부분에 "Bauer"라 기재된 뒤 「II.
성 브루노」 장으로 옮겨진 부분이 있는데, 이것도 바로 이 같은 맥락에서 이해할 수 있
다고 한다. MEGA¹ I/5, S. 562.

불가피하게 만든다는 점이다. 사실 이 같은 문제는 구MEGA의 편자에 의해서도 그 문제성이 전혀 의식되지 않은 것은 아니었으니 "언뜻 보아 하나의 주물에서 나온 듯한 소재aus einem Guß hingeworfen Stoff를 어떻게 분리시킬 수 있느냐" 하는 데 대한 의문이 그것이었다. 그러나 그들은 초고 오리지널에는 마르크스와 엥겔스에 의해 짧고 긴 절들이 수많은 분절선으로 나누어지고, 괄호나 각주("N.B."로 표시되어 있다)로 나타나 있으므로 실제의 편찬 작업은 그들 두 사람의 서술 방식을 역으로 추적해 들어가면 크게 어려울 것이 없다고 주장하고 있다. 다시 말하면 구MEGA의 편자는 우선 전체 초고를 분절선에 따라 분리해놓은 뒤, 이를 방주나 편찬상의 주를 통해 재구성하면 조금도 문제될 것이 없다는 것이다.[38] 그리고 저자들에 의해 삭제된 부분은 주 텍스트에서 가급적 격리시켜 이를 권말의 본문이고異稿, Textvarianten로 게재하고 있다.

이상으로 A판의 편찬 원칙을 구MEGA 편자의 설명에 따라 살펴보았다. 그런데 구MEGA의 이 같은 편찬 원칙에 대해 드는 의문은 그들이 이 「I. 포이어바흐」 장을 "미완성"이라고 규정해놓고, 이 미완성의 초고를 조각조각 갈라서 편자가 임의로 선택한 표제 아래 자의로 배열해도 좋은가 하는 점이다. 더욱이 우리가 초고 오리지널의 검토를 통해 명백히 확인할 수 있는 표제로는 전기 표제 중의 "I. Feuerbach"와 "A. Die Ideologie überhaupt, namentlich die deutsche" 둘뿐이며, 기껏 그 범위를 확대한다 해도 [B]절의 "[2.] Verhältnis von Staat und Recht zum Eigentum"에 머물 뿐이라는 점을 고려할 때 이 같은 의문은 더욱 확대된다. 따라서 기저고에 보

---

38) MEGA¹ I/5, S. 563.

186

이는 20개가 넘는 방주의 개별적 단어나 짧은 문구 가운데서 이렇다 할 원칙의 제시 없이 표제를 취사선택하고, 한걸음 더 나아가 초고의 텍스트를 바로 이 표제 아래 조각조각 갈라서 배열한다는 것은 어떠한 의미에 있어서도 그들이 주장하는 이른바 "마르크스와 엥겔스가 1846년 7월, 그들의 출판 계획이 좌절되기 이전에 계획했던 형태로 복원한다"라는 텍스트의 편찬 원칙과는 거리가 멀다고 하겠다.

구MEGA의 텍스트를 검토해가는 과정에서 편자의 대담성에 놀랄 수밖에 없는 것은 그들이 페이지의 순서를 바꾸는 것은 물론이요, 이렇다 할 근거도 제시하지 않고 같은 문단을 분리해 다른 표제 아래 배열하고 있기 때문이다. 이 같은 구MEGA 편찬자의 대담성을 보여주는 대표적 예로 구MEGA I/5, S. 26~39에 이르는 A절의 "〔2.〕 Über die Produktion des Bewußtseins"항을 들 수 있다. 구MEGA 편자는 우선 초고 S. 21(보겐 〔9〕-b)의 중앙 우란에 씌어진 "의식의 생산에 관하여"란 방주를 표제로 채택한 뒤, 기저고의 곳곳에 산재해 있는 "F" 또는 "Feuerbach"라고 씌어진 방주 부분의 텍스트를 이 표제 아래 수합하고 있다. 다시 말하면 그들은 "F"나 "Feuerbach"라는 방주가 가질 수 있는 다른 가능성, 즉 수정이나 개고, 또는 원고의 잔류 가능성은 완전히 배제하고 이를 전적으로 편찬상의 지시로, 그것도 "의식의 생산"이라는 주제와 관련을 갖는 것으로 확신하고 있는 것이다. 그리고 한걸음 더 나아가 이 항목의 텍스트 배열에서 다시 한 번 그들의 대담성에 직면하게 된다. 즉 A판의 텍스트는 전기 표제가 시작되는 문단(보겐 〔9〕-b/S. 21의 중간)에서부터 출발하여 기저고의 첫 묶음(보겐 〔6〕에서〔11〕-b까지)이 끝나는 S. 28까지 계속되나(S. 22의 중간에서부터 S. 23을 이렇다 할 이유 없이 뛰어넘는다[39]), 이는 다시 이 보겐 묶음의 첫 페이지인 S.

8(보겐 ⦗6⦘-a)로 연결된다. 그런데 문제는 이 기저고가 출발하는 보겐 ⦗6⦘-a(S. 8)의 머리 부분은 "《…》sich in Wriklichkeit 〔…〕"라는 식으로 없어진 앞 페이지(S. 7?)와 연결되는 미완성의 문장으로 시작된다. 따라서 전기한 S. 28의 마지막 문장, 즉 "〔…〕, wenn ihr 'Sein' ihrem"을 이 부분과 연결시켜, "〔…〕, wenn ihr 'Sein' ihrem 《…》sich in Wirklichkeit 〔…〕"로 만드는 엄청난 상상력에 직면하게 되면 그들의 대담성이나 자의성에 놀라지 않을 수 없다.[40] 이후 이 항목의 텍스트는 S. 8, 9, 10까지 연결되다가 S. 11의 방주 "Geschichte"에 직면하여 S. 11∼19를 뛰어넘어 S. 20으로 연결되고 이 항목이 시작된 S. 21의 중간까지 계속된 뒤, 다시 기저고의 둘째 묶음(보겐 ⦗20⦘-⦗21⦘)의 S. 30∼35와 연결되어 끝난다.

그리고 이러한 텍스트의 자의적인 절단과 결합은 다른 항목의 경우에도 예외는 아니어서, 또 다른 예로 A의 "⦗1.⦘ Geschichte"항을 들 수 있다. 이 항은 앞서 설명한 바와 같이 우란에 "Geschichte"라는 방주가 씌어진 S. 11(보겐 ⦗6⦘-a)에서 출발하여, 좌우 2란을 통해 원고의 집필 상태가 비교적 복잡한 초고 S. 18, 19(보겐 ⦗8⦘-c, d)까지 이어지다가 S. 19의 전술한 2개의 메모("Bisher haben wir 〔……〕 durch die Menschen/Ursprung des Staats und Verhältnis des Staats zur bürgerlichen Gesellschaft") 앞에서 멈춘 뒤, 놀랍게도 S.

---

39) 이 부분은 ⦗B⦘의 "⦗3. Naturwüchsige und zivilisierte Produktionsinstrumente und Eigentumsformen⦘"항의 후반부에 독립시켜 배치되어 있다. MEGA¹ I/5, S. 59∼60.

40) MEGA¹ I/5, S. 32의 각주를 참조하라. 특히 이 같은 MEGA¹ 편찬자의 엄청난 상상력은 1962년 바네가 3매의 초고 블라트(그 가운데 바로 한 블라트가 보겐 ⦗11⦘-cd에 해당하며 S. 29가 포함되어 있다)를 발견하면서 그 허구성이 백일하게 드러나게 되었다. S. Bahne, "'Die Deutsche Ideologie' von Marx und Engels. Einige Textergänzungen," *International Review of Social History*, Vol. VII(1962), S. 93∼104.

68(보겐 〔91〕-a)의 둘째 문단("Verhältnis von Staat und Recht zum Eigentum"이라는 표제가 있는 셋째 문단의 바로 앞)에다 S. 19를 연결시켜 마지막 문단은 물론 "역사"항 자체를 마무리 짓고 있다.[41] 그런가 하면 이 「I. 포이어바흐」장의 말미에 메모 형식으로 되어 있는 텍스트(보겐 〔92〕-a/S. 72와 〔92〕-b)는 『독일 이데올로기』의 본문이 아닌 부록에 "〔Aus I. Feuerbach〕"라는 제목으로 별도로 게재되어 있다(MEGA¹ I/5, S. 536~537).

구MEGA 판의 『독일 이데올로기』, 「I. 포이어바흐」장은 이 같은 텍스트 편찬상의 무리에도 불구하고 1960년대에 들어와 스탈린 시대의 마르크스-엥겔스 연구에 있어서 스탈린의 개인숭배가 미친 영향을 정식으로 검토하게 될 때까지 이렇다 할 도전을 받지 않았던 것이 사실이다. 그러나 리야자노프가 추방된 이후의 마르크스-엥겔스 연구소, 다시 말하면 아도라츠키 시대의 이 연구소가 "사회민주주의와 대결하는 연구소"로 그 성격이 바뀜에 따라 연구소의 업적이 정치적 편향성으로 말미암아 비판을 받게 되었다. 특히 『독일 이데올로기』와 관련하여 1964년 바가투리야가 「마르크스주의의 역사에 있어서 『독일 이데올로기』의 위치」라는 논문을 통해 "현행 제판의 포이어바흐에 관한 장에 있어서의 소재의 배열은 만족할 만한 것이 못 된다. 『독일 이데올로기』의 이 중요한 장은 마르크스와 엥겔스의 초고의 진정한 구성에 따라 새로이 간행될 필요가 있다"고 밝힘으로써 『독일 이데올로기』, 「I. 포이어바흐」장의 재구성 문제는 새삼스럽게 논의의 대상으로 부각되었다.[42]

사실 A판의 「I. 포이어바흐」장은 R판에 비해 그 대담한 편집 방

---

41) MEGA¹ I/5, S. 17~26; MEGA² *Probeband*, S. 51~61, 113, 439~448도 참조.
42) 服部文男, 앞의 책, pp. 293~294 참조.

침으로 인해, "유고의 내용을 수미일관하게 엮어, 그 내용을 더욱 용이하게 이해할 수 있도록 했다"라는 일부의 평가에도 불구하고 그 장점이 초고 자체에 대한 자의적 편찬, 즉 초고의 원래적 구성 자체를 완전히 무시했다는 약점을 보완할 수가 없었다. 더욱이 앞에서 간단히 살펴본 바와 같이 1962년 바네가 3블라트의 초고 단편을 발견하면서 초고의 재구성 문제는 피할 수 없는 과제가 되었던 것이다.

3. 3. 바가투리야 판(B판이라 약칭)

"Neuveröffentlichung des Kapitel I des I. Bandes der 'Deutschen Ideologie' von Karl Marx und Friedrich Engels," *Deutsche Zeitschrift für Philosophie*, 14. Jahrgang, Heft 10(1966), S. 1192~1254. Vorwort, S. 1192~1198; Text, S. 1199~1251; Anmerkungen, S. 1251~1254.

소련공산당 중앙위원회 산하의 마르크스-레닌주의 연구소에서 마르크스-엥겔스 저작부를 맡고 있던 바가투리야는 1960년대 들어와 아도라츠키 시대의 마르크스-엥겔스 연구소의 구MEGA 작업, 특히 『독일 이데올로기』의 「I. 포이어바흐」 장[43]의 재구성 문제를 정식으로 제기하게 된다. 즉 그는 구MEGA의 「I. 포이어바흐」 장 구성이 초고와는 달리 "편성을 바꾼 결과, 연구와 서술의 내적 논리가 파괴되고, 나아가 어떤 경우에는 가공의 것으로 편찬되어 있다. 그리고 편자가 선택한 표제는 초고의 구조나 내용과 일치하지 않는다"라고 그 결함을 분명히 지적하고 있다.[44] 사실 구MEGA는 1926년에 발표

---

43) 바가투리야 판의 장절 구분은 2부 Band 구성의 『독일 이데올로기』가 다시 장Kapitel, 절Abschnitt로 나뉜다고 한다.

된 리야자노프 판에 대항하여 마르크스-엥겔스의 저작 편찬에 하나의 신기원을 세운다는 대담한 기도로 이 「I. 포이어바흐」장을 환골탈태[45]하다시피 새롭게 편찬했으나, 1960년대에 들어와 바로 소련의 연구자들에 의해 그 자의성과 부정확성이 정면으로 비판받게 되었던 것이다. 한편 이와 같은 소련 내의 비판은 바로 이 시기에 바네에 의해 IISG에서 발견된 3매의 『독일 이데올로기』의 초고 블라트로 하여 그 정당성을 획득하게 된다.

바로 이러한 의미에서 1965년 『철학의 제 문제*Voprosy Filosofii*』지에 발표된 바가투리야의 논문 「마르크스-엥겔스의 『독일 이데올로기』 제1장 초고의 구조와 내용Strukture i soderžanie rukopisi pervoj glavy 'Nemeckoj ideologii' K. Marks i F. Engelsa」과 이 장의 텍스트는 중요한 의미를 갖는다.[46] 그리고 이 텍스트는 다음 해인 1966년에 『마르크스-엥겔스, 포이어바흐—유물론적 관점과 관념론적 관점의 대립*K. Marks i F. Engels, Fejerbach. Protivopoložnost' materialističeskogo i idealističeskogo vozzrenij*』 (Moskau, 1966)이란 제목의 단행본으로 곧장 출간되었다. 특히 이 텍스트의 편자인 바가투리야는 이 책의 서문에서 "1932년의 모스크바 연구소 판(A판을 지칭)이 시도한 텍스트의 치환은, 그와 같은 치환의 정당성을 획득하기 위한 신중한 검토나 혹은 초고와 그 내용에 대한 가일층의 연구가 제시된 바 없어 필연적인 것도 또 충분한 근거가 있는 것도 아니다"라고 명언함으로써 그 자신의 텍스트가 갖는

---

44) 『ドイツ·イデオロギー』, バガトゥーリヤ編, 花崎皐平 譯(東京: 合同出版社, 1966), p. 193.

45) 이러한 표현은 이 장 3.4에서 구체적으로 검토할 히로마츠 교수의 표현이다. 廣松涉, 앞의 논문, p. 106.

46) 논문은 *Voprosy Filosofii*, Nr. 10(1965), S. 108~118에, 텍스트는 Nr. 10, S. 79 ~107: Nr. 11, S. 111~137에 게재되어 있다.

객관적 신뢰성을 장담하고 있다. 지금 구체적으로 검토하려고 하는 『독일 철학 잡지*Deutsche Zeitschrift für Philosophie*』에 게재된 「I. 포이어바흐」장의 텍스트는 바로 이 바가투리야의 러시아어 텍스트를 저본으로 하고 있는 것이다.[47]

바가투리야 판은 「I. 포이어바흐」장의 초고가 서로 다른 시기에 다른 관련 아래 씌어진 5개의 부분으로 구성되어 있다고 보고 있다. 바가투리야 판은 엥겔스의 보겐 번호와 마르크스의 페이지 번호가 연속되어 있는 기저고를 그것이 초고의 산실로 말미암아 단절되어 있는 곳을 근거로 하여 i) 보겐 〔6〕-〔10〕(S. 8~28: G그룹), ii) 보겐 〔20〕-〔21〕(S. 30~35: H그룹), iii) 보겐 〔84〕-〔92〕(S. 40~72: I그룹)의 3부분으로 나누고 있다. 먼저 첫째 부분 i)은 1962년 바네에 의해 IISG에서 발견된 3매의 블라트 중 2매(1매는 페이지 번호 S. 1, 2를, 다른 1매는 뒷면에 페이지가 없이 앞면만 S. 29로 표시되어 있다)를 포함하여 6매의 보겐과 1매의 블라트로 구성되어 있는데, 마르크스와 엥겔스는 여기서 주로 브루노 바우어의 견해에 대한 논박을 전개하고 있다. 그리고 이 부분의 일부는 삭제된 뒤 변경 없이 그대로, 또는 부분적인 수정을 거쳐 「II. 성 브루노」장으로 옮겨졌다. 그리고 둘째 부분 ii)는 「III. 성 막스」장의 "Hierarchie" 부분을 형성했던 2매의 보겐으로 구성되었는데, 그중 삭제된 부분은 바이데마이어에 의해 정서되어 제III장에 편입되었다. 한편 셋째 부분 iii) 역시 제III장의 「시민사회로서의 사회」와 「반란*Die Empörung*」과 연결되어 집필된 것으로 추정하고 있다. 따라서 이 기저고의 초고 오리지

---

47) IML beim ZK der SED, "Neuveröffentlichung des Kapitels I des I. Bandes der 'Deutschen Ideologie' von Karl Marx und Friedrich Engels," vorbereitet und eingeleitet von Inge Tilhein, *Deutsche Zeitschrift für Philosophie*, 14. Jahrgang, Heft 10(1966), S. 1198.

널에서는 마르크스가 페이지를 매긴 초고 중 S. 3~7과 S. 36~39가 산실되었다고 바가투리야 판은 판단하고 있는 것이다.

한편 엥겔스와 베른슈타인에 의해 보겐 번호가 매겨진 초고 오리지널의 앞부분(이 장의 2. 2의 A, B, C, D, E 부분)은 크게 2개의 초고와, 하나의 정서고에 대한 2개의 이고異稿로 형성되어 있다고 본다. 즉 iv) 첫째 이고(모두 5페이지가 집필)는 이 장의 도입부와 "1. Die Ideologie überhaupt, speciell die deutsche"절이 포함되는데, 여기서는 대부분의 원고가 삭제되어 있으며(2절 II항에서의 A 부분으로 〔1?〕과 〔2?〕); v) 둘째 부분은 당초의 이고의 수정 부분을 그대로 베껴 쓴 정서고(B의 {1})와 "A. Die Ideologie überhaupt, namentlich die deutsche"절(C의 {2}), 그리고 엥겔스가 새로운 보겐에 독립하여 집필한 2개의 텍스트 부분(D의 〔3〕-{4}와 E의 〔5〕)이 포함되어 있다. 바가투리야 판은 이상과 같은 초고 오리지널에 대한 설명을 근거로 하여 앞부분의 초고들을 1절로〔iv)와 v): 앞부분 도표의 A, B, C, D, E〕, 그리고 기저고의 3개 부분을 순차적으로 2〔i): 앞부분 도표의 F1, G, F2〕, 3〔ii): 앞부분 도표의 H〕, 4〔iii): 앞부분 도표의 I〕절로 나눈 뒤, 보겐 〔92〕-a(S. 72)의 하단과 〔92〕-b에 나오는 메모를 맨 마지막에 배치함으로써 「I. 포이어바흐」 장을 마무리 짓고 있다.[48]

다시 말하면 이 바가투리야 판은 1절의 앞머리에 먼저 도입부의 정서고를 배치한 뒤 "A. Die Ideologie überhaupt, namentlich die deutsche"(보겐 {2})를, 그리고 이어서 "1. Die Ideologie überhaupt, speciell die deutsche"(보겐 〔1?〕-cd와 〔2?〕-a)를 게재한 뒤 순차

---

48) *Ibid.*, S. 1251~1254, Anm. 2, 4, 23 & 29, S. 1198 참조.

적으로 보겐 〔3〕, {4}, 〔5〕를 싣고 있다. 이렇게 볼 때 이 바가투리야 판은 결국 초고 오리지널의 기본적인 순서에 충실한 리야자노프 판으로의 복귀라고 볼 수 있을 것이다. 물론 이 B판이 앞머리의 도입부를, 삭제 부분이 포함된 이고를 사용하는 R판과는 달리 정서고로 대치하고, 보겐 〔3〕, {4}를 R판처럼 「I. 포이어바흐」 장의 마지막으로 보내지 않고 보겐의 순서를 그대로 따르고 있는 등의 차이가 없지 않으나, 텍스트 배열에 있어서 원칙상의 차이는 없는 것으로 판단된다. 그러나 이 바가투리야 판은 R판보다는 초고 오리지널의 상태에 대해 좀더 면밀한 주의를 기울이면서 이 텍스트를 활자화하고 있음이 주목된다. 그리하여 이 B판은 아직 초보적인 단계이기는 하나 조판상의 판형을 바꾸지 않는 한계 내에서 우란의 방주나 삽입 부분을 본문 하단이나 각주를 통해 표시하고, 또 마르크스와 엥겔스가 기록한 페이지나 보겐 번호의 변화에 깊은 주의를 기울임으로써 초고의 원형을 전달하는 데 기여하고 있다.

따라서 바가투리야 판의 「포이어바흐」 장의 텍스트 배열은 1970년대에 들어서야 보편성을 획득하게 된다. 기존 독일어판의 『독일 이데올로기』는 디츠 판 『마르크스-레닌주의 총서*Bücherei Marxismus-Leninismus*』의 제29권(1953)과 보급판으로서의 MEW 제3권(1958)까지는 기본적으로 구MEGA의 판본을 그대로 이용했다. 그러나 1970년에 출판된 『마르크스-엥겔스 6권 선집*Karl/Friedrich Engels, Ausgewählte Werke in sechs Bände*』(Berlin: Dietz Verlag, 1971~1972)에서부터는 바가투리야의 텍스트 배열을 『독일 이데올로기』, 「I. 포이어바흐」 장에 수용하고(*Ibid.*, Bd. I, S. 201~277), 1971년에 출판된 『마르크스-레닌주의 소책자*Kleine Bücherei des Marxismus-Leninismus*』 시리즈에 편입되어 있는 『포이어바흐-유물론적 관점과 관념론적 관점의 대립(『독일 이데올로기』제1부 제I장) *Karl Marx/Friedrich Engels, Feuerbach, Gegensatz von materialistischer und idelaistischer Anschauung. Erstes Kapitel des I. Bandes der Deutschen Ideologie*』(Berlin: Dietz Verlag, 1971) 역시 바가투리야가 편찬한 텍스트를 이용하고 있다. 따라서 이상과 같은 상황을 고려할 때 유일한 독일의 저작집으로서의 MEW가 가지고 있는 기왕의 위력에도 불구하고『마르크스-엥겔스 6권 선집』이나 소책자 시리즈의 성격으로 보아 1970년대 이후의 바가투리야 판의 보급도는 상당한 것으로 추측된다.[49] 한편 1964년, 소련의 외국어 출판사인 프로그레스 사Progress Publishers, Moscow의 영문판『독일 이데올로기』또한 그 제3판(1972)에서부터 이 책의「I. 포이어바흐」장 텍스트 배열을 바가투리야 판에 의존함으로써 이 B판은 높은 보편성을 획득하게 된다.[50]

---

49) 1970년 이후 바가투리야 판 텍스트를 근거로 한 독일어판『독일 이데올로기』,「I. 포이어바흐」장의 출판에 관한 정보는 이 장의 일본어 번역 과정에서 이를 일독한 하토리 후미오服部文男 교수의 지적을 통해 보완된 것이다. 저자는 이 기회에 여러 가지로 학문적 정보와 아울러 고언을 아끼지 않은 하토리 교수의 성의에 충심으로 감사의 뜻을 표한다.

50) 1964년에 처음 출판된 프로그레스 판『독일 이데올로기』는 기본적으로 MEW, Bd. 3(1958)에 근거하여 영역되었다(여기에는 1962년 바네에 의해 발견된 3매의 초고 블라트의 텍스트도 포함되어 있다). Marx/Engels, *The German Ideoloby*, trans., by S. Ryazanskaya(Moscow: Progress Publishers, 1964). 제2판은 1968년에, 그리고 전기한 제3판은 1972년에 출판되었다. 1976년에 출간된 현행 프로그레스 판『독일 이데올로기』는 이 제3판을 부분적으로 수정한 것이다. 한편 1976년에 출판된 영문판 전집 *Collected Works*, vol. V(1976)도 앞의 프로그레스 판과 동일하다. 이 바가투리야 판은 1966년 일본어판으로 곧장 번역되었다.『ドイツ・イデオロギー-』, バガトゥーリヤ編, 花崎皐平 譯(東京: 合同出版社, 1966).
＊이 원고의 집필 당시 저자는 바가투리야 판을 구하지 못한 채 기본적으로 B판과 동독 판이 동일하다는 전제 아래 동독의『독일 철학 잡지』에 게재된 동독 판 텍스트를 이용했다. 사실 이 두 개의 판본은 원천적으로 4부 구성이라는 동일한 편찬 원칙에 근거하고 있다. 즉 작은 묶음의 정서고와 이고를 제1절로, 그리고 큰 묶음의 기저고를 마르크스의 페이지 번호를 근거로 세 부분으로 나누어 이들을 2, 3, 4절로 하고 있다. 그리고 바가투리야 판이 26개로 나누어진 각각의 파라그라프에 표제를 붙인 데 반해

3. 4. 신MEGA 시쇄판(신MEGA 판)

"Karl Marx/Friedrich Engels, Die Deutsche Ideologie, I. Band, Kapitel I. Feuerbach. Gegensatz von materialistischer und idealistischer Anschauung," Karl Marx/Friedrich Engels, *Gesamtausgabe* (MEGA), *Probeband*, herausgegeben vom Institut für Marxismus-Leninismus beim Zentralkomitee der Kommunistischen Partei der Sowjetunion und vom Institut für Marxismus-Leninismus beim Zentralkomitee der Sozialistischen Einheitspartei Deutschlands (Berlin: Dietz Verlag, 1972), Text, S. 33~119; Apparat, S. 399 ~507.

1972년에 출판된 신MEGA의 시쇄판에 게재된 『독일 이데올로기』, 「I. 포이어바흐」 장[51]은 마르크스와 엥겔스의 초고 연구사에 있어서 하나의 신기원을 이루는 사건이었다. 종래의 초고 텍스트의 활자화는 초고의 상태보다는 텍스트 자체의 완벽성에 더 큰 관심을 두었기에, 대부분의 출판된 초고는 초고로서의 미완성 상태나 조잡성을 가급적 완화시키거나 아니면 초고의 완벽성을 강조하는 데 급급해왔다. 구MEGA에 게재된 아도라츠키 판에서 확인한 초고 텍스트의 자의적인 분리·연결·결합도 결국은 미완성의 초고를 어떤 일관성 있는 주제를 가진 글로 재구성해보려는 편자의 의도가 개입되었기 때문이다. 그러한 점에서 신MEGA의 시쇄판은 초고의 상태를 재현시

동독 판은 저자들이 직접 붙인 표제만 수용하고, 난외방주에 좀더 세심한 주의를 보이고 있을 뿐이다. 이 책 제4장 3. 2의 주 20) 참조[1994-저자].

51) 신MEGA 시쇄판은 장절 구분을 권Band, 장Kapitel, 절Abschnitt로 하고 있다.

킨다는 기본적 입장에서 텍스트의 활자화를 시도하고 있음에 주목할
필요가 있다.

　1920년대와 30년대의 구MEGA의 발간, 1955년 이후의 제2러시
아어판 『전집Socinenija²』과 거기에 근거한 MEW의 발간 경험을 바탕
으로 하여, "다양한 학문적 분야의 국제적인 연구에 원전으로서의
포괄적 근거를 제공하고, 모든 양식과 언어로 된 마르크스-엥겔스
판 출판의 가장 확실한 문헌적 기초가 될 역사적-비판적 전집"[52]임
을 자임하면서 출발한 신MEGA 판은 이미 1972년에 나온 이 시쇄판
에서 텍스트의 수록 원칙을 천명하고 있다. 즉 그들은 모든 저작을
출판 연대가 아닌 저술 시기에 따라 그 형성사를 분석하여 시기적
선후에 따라 텍스트를 게재할 것을 원칙으로 하고 있다. 그런가 하
면 이 신MEGA의 시쇄판은 연대기적 배열 원칙과 더불어 개개 초고
의 발전 과정을 일목요연하게 파악할 수 있도록 텍스트를 게재할 것
을 전제로 하고, 초고의 서술이 제기하는 모든 보편적 문제를 포괄
하는 대표적인 예의 하나로서 『독일 이데올로기』의 「I. 포이어바흐」
장을 제시하고 있다.[53]

　신MEGA 시쇄판에 게재된 「I. 포이어바흐」 장의 텍스트에서 가장
주목할 만한 것은 그것의 게재 양식이다. 즉 이 시쇄판은 종래의 어
떤 판본과도 달리 본문Grundschicht을 원래의 초고 오리지널에서와 같

---

52) MEGA² *Probeband*, S. 39*.
53) 신MEGA의 발간과 관련된 준비 상황·사업 계획·편별 구성·편찬 지침 등에 대해서는
　　다음을 참조하라. Heinz Stern und Dieter Wolf, *Das große Erbe. Eine historische
　　Reportage um den literarischen Nachlaß von Karl Marx und Friedrich Engels*
　　(Berlin: Dietz Verlag, 1972), S. 192~200; MEGA² *Probeband*, S. 5*~68*; 정
　　문길, 『에피고넨의 시대』, pp. 192~194; 정문길, 「편찬사를 통해 본 『독일 이데올로
　　기』」, pp. 1210~1213〔이 책 제1장 5. 2〕.

이 좌우 2란으로 나누어진 각 면의 좌란에 배치시키고, 우란에는 역시 초고에 나타나는 수정·삽입·방주 등을 초고에 기재된 위치에 배열·게재하고 있다. 그리고 편찬된 텍스트에 편입시키기에는 너무 복잡하고, 본문의 흐름에 장애가 되는 본문에 대한 이고나 다층적인 수정 부분은 권말의 이고명세異稿明細, Variantenverzeichnis를 통해 보완하고 있다. 특히 권말의 이고명세의 경우, 최초의 초안에서부터 최종적으로 편찬된 텍스트에 이르기까지 문장이나 용어·단어의 첨삭 변화를 간명한 공관共觀 방식으로 제시하여 해명함으로써eine synoptische Lösung 전체적으로 사고의 전개나 특정 용어의 발전을 조감하고, 나아가 필적을 통해 그것이 마르크스의 것인지 엥겔스의 것인지 가늠할 수 있게 한다.[54]

한편 이와 같은 텍스트의 게재 양식과 더불어 신MEGA 시쇄판에서 검토해야 할 것은 텍스트의 분절과 배열 순서이다. 이 시쇄판의 편자는 「I. 포이어바흐」 장이 기본적으로 미완성이기에 전체적인 일관성을 갖기보다 초안이나 단편의 형태를 띠고 있음은 방주·지시·여백 등이 곳곳에 산재해 있는 것으로 보아 충분히 확인된다면서 초고의 내용이나 집필 양식을 근거로 「I. 포이어바흐」 장을 7개 부분으로 나누고 있다. 즉 뒤의 3개 분절은 바가투리야 판과 마찬가지로 엥겔스의 보겐 번호와 마르크스의 페이지 번호가 연결되어 있는 큰 묶음을 번호가 단절된 2개 부분을 경계로 하여 셋으로 나누고(G,

---

54) 이러한 초고 편찬의 유용성이나 새로운 학문적 해석의 가능성은 『경제학·철학 초고』에 대한 페이의 해석으로 대변된다. 즉 그녀는 『경제학·철학 초고』 제1초고의 3란 배열식 텍스트 독해를 통해 종래 헤겔적인 마르크스로 해석되던 1844년의 그를 스미스적 마르크스로 해석할 수 있었다. M. A. Fay, *The 1844 Economics and Philosophic Manuscripts of Karl Marx*(1979) ; Fay, "The Influence of Adam Smith on Marx's Theory of Alienation," *Science and Society*, XLVIII/1(1983).

H, I 부분), 6매의 보겐과 1매의 블라트로 형성된 앞부분의 초고는 다른 텍스트와는 달리 첫째 부분으로 보겐 {2} ("I. Feuerbach/A. Die Ideologie überhaupt, namentlich die deutsche": C 부분)를, 둘째 부분으로는 보겐 〔1?〕, 〔2?〕와 {1} ("I. Feuerbach/ Wie deutsche Ideologen melden……": A, B 부분)을,[55] 셋째 부분으로는 보겐 〔3〕과 {4} (D 부분)를, 그리고 넷째 부분으로는 보겐 〔5〕(E 부분)를 배치시키고 있다.

그러나 시쇄판의 편자에 따르면, 이 같은 텍스트의 배열 순서가 집필 순서와 반드시 일치하는 것은 아니라는 것이다. 즉 그들은 「I. 포이어바흐」 장은 보겐 〔6〕-〔92〕에 이르는 뒷부분이 앞부분의 단편이나 정서고보다 먼저 집필되었다고 본다. 즉 다섯째 분절인 보겐 〔6〕-〔11〕(S. 1~2, 8~29: 여기에는 1962년 바네에 의해 발견된 2매의 블라트도 포함된다: F1, G, F2그룹)은 마르크스와 엥겔스가 바우어의 글 「루트비히 포이어바흐의 특징」을 비판한 부분으로서, 비판의 대상이 된 바우어의 글은 그가 포이어바흐의 『기독교의 본질』과 『장래 철학의 근본 원리』를 비판한 "포이어바흐의 종교" "포이어바흐의 유물주의" 항목이다.[56] 그리고 여섯째 부분인 보겐 〔20〕-〔21〕(S. 30~35: H그룹)은 「III. 성 막스」 장의 "Die Hierarchie"의 퇴고 과정에서 「I. 포이어바흐」 장으로 옮겨왔으며, 일곱째 부분은 보

---

55) 여기서 〔1?〕-ab의 삭제된 부분은 아파라트의 이고명세에 게재하고 {1}의 정서고만을 본문 텍스트로 채택하고 있다. MEGA² *Probeband*, S. 36~37, 419~425.

56) 이 부분은 헤겔 이후의 역사관이 갖는 관념론적 특징이 비판되면서 유물주의적 역사관이 최초로 함축성 있게 간결히 설명되어 있어, 신MEGA I/5의 준비 과정에서 타우베르트에 의해 집필 일부와 동기에 관한 신중한 검토가 이루어지고 있다. Inge Taubert, "Zur Entstehungsgeschichte des Manuskripts 'Feuerbach' und dessen Einordnung in den Band I/5 der MEGA²," *Beiträge zur Marx-Engels-Forschung*, 26(1989), S. 101~109.

겐 〔84〕-〔92〕(S. 40~72: I그룹)로서, 이는 「III. 성 막스」 장의 「시민사회로서의 사회」의 일부로 집필이 시작되었으나 집필 도중이나 집필 직후 「I. 포이어바흐」 장으로 옮겨왔다는 것이다.

한편 이 시쇄판은 이 장의 앞부분의 집필이 적어도 뒤의 5, 6, 7부분(G, H, I그룹), 즉 초고의 큰 묶음이 다른 장에서 「I. 포이어바흐」 장으로 넘어온 뒤에 이루어진 것으로 본다. 그런데 여기서 주목해야 할 것은 이 시쇄판의 편자가 두 초고({2}와 〔1?〕: C와 A 부분)가 모두 "I. Feuerbach"로 시작하고 있으므로 첫째 부분과 둘째 부분을 똑같이 장의 도입부로 판단하고 있으나 첫째 부분(C 부분), 즉 "Die Ideologie überhaupt, namentlich die deutsche"가 집필상 선행하는 것으로 간주되므로 MEGA²의 편찬 원칙에 따라 앞에 배치한 것이 다른 텍스트들과는 판연히 다른 점이다. 그리고 분업과 소유 형태를 다룬 셋째 부분(보겐 〔3〕, {4}: D 부분)[57]과 사회적 의식이 사회적 존재에 종속된다는 점을 밝히면서 그들의 연구나 서술 방법이 관념론적 관찰 방법과 대립됨을 보이는 넷째 부분(보겐 〔5〕: E 부분)은 그 글의 성격이나 집필 양식으로 보아 연속적으로 집필된 것으로 추정하고 있다.

이상에서 신MEGA 시쇄판의 텍스트 편찬을 검토해보았거니와 여기서 특기할 것은 텍스트의 게재 양식이라는 점은 이미 지적한 바 있다. 이 시쇄판은 텍스트의 배열에 있어서 「I. 포이어바흐」 장의 도입부를 집필 순서라는 관점에서 여타의 텍스트와 달리 배치했을 뿐 전체적인 순서는 B판과 반드시 다른 것은 아니다. 그럼에도 불구하

---

57) 이 부분은 분업과 소유 형태에 대한 서술이 미진한 상태인데, 둘째 보겐인 {4}-b 일부와 {4}-cd가 여백으로 남아 있다는 사실은 이상의 주제에 대한 논의가 곧장 계속될 예정이었을 것으로 편자는 추측하고 있다. MEGA² *Probeband*, S. 405.

고 비판 전집으로서의 이 시쇄판의 가치를 평가하는 것은 이 같은
시쇄판의 편찬이 갖는 의미가 학문적인 비판과 토론을 통해 신
MEGA I/5에 되새겨질 때 마르크스 사상의 폭풍적 형성기의 전모가
더욱 분명해질 것이기 때문이다. 그러나 신MEGA I/5를 포함하는
MEGA 출판 사업은 주지하다시피 최근의 동구 사태로 인해 좌초되
지 않을 수 없다.[58]

3.5. 히로마츠 판[59](H판으로 약칭)

Karl Marx/Friedrich Engels, *Die Deutsche Ideologie. Kritik der*

---

58) 한편 금년이나 내년에 출간 예정이던 신MEGA I/5는 최근의 동구 사태로 좌절됨에 따
라 새로이 결성된 '국제 마르크스-엥겔스 재단Internationale Marx-Engels-Stiftung:
IMES'의 결의에 의해 트리어의 '칼-마르크스-하우스Karl-Marx-Haus, Trier: KMH'
의 주관 아래 1994년에 출간될 것으로 보인다. IISG의 로얀Jürgen Rojahn 박사,
KMH의 연구소장 펠거Hans Pelger 박사가 저자에게 보낸 1990년 10월 5일자, 10월
12일자 편지.
* 신MEGA I/5(『독일 이데올로기』)를 포함하는 미간의 신MEGA 제권은 1992년 3월,
엑상프로방스에서 개최된 '국제 마르크스-엥겔스 재단'의 신MEGA 편집 원칙의 수정
을 위한 회의에서 종래의 방만한 출판 계획과는 구별되는 새로운 편집 원칙을 제정하
게 되었다. 따라서 이 새 원칙에 의거, 출판될 신MEGA I/5는 앞으로 상당 기간이 지
난 뒤에야 간행될 것으로 예상된다. Internationale Marx-Engels-Stiftung(IMES),
"Bericht über die Konferenz in Aix-en-Provence(23.~28. März 1992) zur Revision
der Editionsrichtlinien der Marx-Engels-Gesamtausgabe(MEGA²)" von J. Rojahn;
Jürgen Rojahn, "Für die Fortführung der Marx-Engels-Gesamt-ausgabe: Entstehung
und Tätigkeit der IMES" *MEGA-Studien*, Nr.1(1994: 출간 예정 원고). 〔1994-저
자〕.
59) 저자가 최근 이 히로마츠 판에 접하게 된 것은 토호쿠 대학東北大學의 명예교수인 하
토리와 미야기가쿠인 대학宮城學院大學의 쿠로타키黒瀧正昭 교수의 제보에 의한 것이
다. 저자가 여기서 특기할 것은 일본의 경우 이미 다양한 종류의 『독일 이데올로기』 번
역본이 있음에도 불구하고, 이 책, 특히 「I. 포이어바흐」장에 대한 최근의 연구 성과
를 근거로 한 새로운 일본어 번역이 하토리 교수의 감수 아래 가고시마 대학鹿兒島大
學의 시부야 타다시澁谷正, 하시모토 나오키橋本直樹 두 교수에 의해 준비되고 있다는
점이다. 한편 저자는 여기서 이 히로마츠 판을 지체 없이 보내준 쿠로타키 교수의 우
의에 대하여 고마움을 전하는 바이다.

*neuesten deutschen Philosophie in ihren Repräsentanten,
Feuerbach, B. Bauer und Stirner und des deutschen Sozialismus
in seinen verschiedenen Propheten*, 1. Band, 1. Abschnitt,
Neuveröffentlichung mit text-kritischen Anmerkungen, herausgegeben
von Wataru Hiromatsu(Tokio, Japan: KawadeshoboShinsha,
1974).

1974년에 출판된 히로마츠 판은 소수의 예외를 제외한 일본의 마르크스 연구가 그러하듯이 언어의 장벽으로 인해 국제적인 마르크스 학계에는 잘 알려지지 않은 판본이다.[60] 그러나 히로마츠 판은 일본에서의 마르크스 연구의 객관적 수준을 보여주는 것으로, 이미 앞에서 검토한 판본들이 거대한 국가적 지원을 받은 마르크스-엥겔스 연구의 본산인 소련과 동독의 IML(마르크스/〔엥겔스〕-레닌주의 연구소)이라는 기관적 배경을 업고 있는 데 반해, 지극히 개인적 수준에서 이루어졌다는 점이 주목된다.

히로마츠 판의 기본적인 구상은 히로마츠가 1965년에 발표한 논문 「『독일 이데올로기』 편집의 문제점」[61]에 근거한 것이다. 그는 이

---

* 한편 히로마츠廣松涉에 의해 야기된 일본 내의 『독일 이데올로기』 논쟁과 히로마츠 판의 의의에 대해서는 이 책 제4장을 보라〔1994-저자〕.

60) 이러한 사실은 히로마츠 판이 1982년 현재의 초기 마르크스와 엥겔스의 모든 판본을 소개·정리한 안드레아의 서지 목록에도 보고되지 않았으며, 1977년 이래 MEGA²의 준비 작업을 상세히 보고하는 *Marx-Engels-Jahrbuch*(1989년 현재 11권 발간)나 *Beiträge zur Marx-Engels-Forschung*(1989년 현재 27권 발간)에도 전혀 소개되지 않고 있다는 점에서도 확인된다. Bert Andréas, *Karl Marx/Friedrich Engels. Das Ende der klassischen deutschen Philosophie. Bibliographie*. Schriften aus dem Karl-Marx-Haus 28(Trier, 1983).

61) 廣松涉, 「『ドイツ・イデオロギー』編輯の問題點」, 『唯物論研究』 21(1965, 春季號), pp. 104~130.

논문을 발표하고 나서 10년 동안 그 이후에 출판된 바가투리야 판과 신MEGA 시쇄판을 면밀히 비교·검토한 끝에 마침내 1974년 히로마츠 판을 단행본으로 출판한 것이다. 따라서 히로마츠의 편찬 원칙을 히로마츠 판의 편자 서언緖言과 앞의 논문을 참고로 하여 구체적으로 검토해볼 필요가 있겠다.

당초 『독일 이데올로기』, 「I. 포이어바흐」 장[62]의 재구성 문제를 제기하는 히로마츠의 대전제는 앞의 그의 논문 앞머리에서 밝힌 "현행판 『독일 이데올로기』는 사실상 위서僞書에 다름 아니다"라는 폭탄선언을 통해 명백히 드러난다. 그는 현행 제판諸版의 저본이 스탈린 시대의 아도라츠키 판이라는 점을 상기시키면서 『독일 이데올로기』의 제I장이 기본적으로 미완성이며, 이의 저술에서 엥겔스가 갖는 몫을 정당하게 평가하지 않는 한 『독일 이데올로기』에 근거한 모든 마르크스 해석이나 비판은 그 근저를 상실한다고 주장하고 있다.[63] 여기에서 그는 기존의 아도라츠키 판과 리야자노프 판이 「I. 포이어바흐」 장의 전 외연全外延을 수록하고 있다고 보고, 이를 소재로 하여 초고 오리지널의 상태를 복원, 현행 판본들의 저본이 되고 있는 A판의 텍스트 편찬이 갖는 자의성을 비판하고 있다. 즉 그는 R판과 A판이 모두 초고 오리지널이 미정형의 원고라는 전제 아래 전자는 소재의 단순한 소개를, 후자는 소재의 환골탈태적 재구성을 시도하고 있다고 비판하면서 그것은 본원적으로 현존하는 "원고의 유기적인 내부 구성을 통찰하지 못한 데서 연원한다"고 주장하고 있다.[64] 따라

---

62) 히로마츠 판의 장절 구상은 권Band, 편Abschnitt, 장Kapitel의 순서로 되어 있다. 즉 2권으로 구성된 『독일 이데올로기』의 제1편이 「포이어바흐」이고 서장이 「A. 이데올로기 일반, ……」이다.

63) 廣松涉, 앞의 논문, p. 104.

64) 廣松涉, 앞의 논문, pp. 105~106.

서 초고 자체의 유기적 연관에 착목한 그의 편집안의 대강을 살펴보
고자 한다.

1974년 히로마츠 판의 편집 원칙은 기본적으로 마르크스가 초고
의 수정 과정에서 개개 초고의 페이지에 부가한 페이지 번호에 착목
한 것이다. 즉 히로마츠는 「I. 포이어바흐」 장의 모든 초고를 페이지
번호 순서에 따라 배열한 뒤(마르크스의 페이지 번호가 매겨진 원고는
큰 묶음인 보겐 〔6〕-〔92〕 사이의 17보겐에만 한정된다), 이들 페이지
중의 적정한 곳에 작은 묶음의 개정 정서고를 안배하고 있다. 그런
데 히로마츠 판의 이 같은 기본적 편집 원칙은 히로마츠 자신이 이
초고에 대해 가지고 있는 몇 가지 기본 가정에 근거하고 있다. 첫째
로 그는 기저고에 해당하는 큰 묶음의 보겐 〔6〕-〔92〕는 제I, 제II,
제III장의 구분이 이루어지기 이전에 씌어진 것으로 제I장의 구성을
위해 옮겨져 왔으나 제I장을 수정·전개하는 과정에서 종선으로 말살
되어 제II장이나 제III장으로 옮겨가기도 하고, 애초에 없어진 보겐
(보겐 〔1〕-〔5〕, 〔12〕-〔19〕, 〔22〕-〔83〕)은 다른 장절에 전용되었을 가
능성도 배제하지 않고 있다. 따라서 이 같은 그의 전제는 곧장 또 다
른 추정을 가능하게 한다. 즉 그는 큰 묶음의 기저고에 관한 한 엥겔
스가 매긴 보겐 번호의 결손 부분은 원고 자체의 산실이 아니며, 마
르크스가 매긴 페이지 번호의 결손(S. 1~7, 29, 36~39)은 S.
1~6(혹은 S. 1~7)과 S. 36~39의 경우는 애초부터 없었거나, 작
은 묶음의 정서고 중에 있을 가능성이 높고, S. 29의 경우만 산실로
보고 있다. 그리고 작은 묶음의 정서고에 관한 한 결손이란 말에 해
당할 정도의 산실은 없는 것으로 판단하고 있다.[65] 따라서 이처럼 초

---

65) 廣松涉, 앞의 논문, pp. 108~110.

고 오리지널의 산실이 거의 없다는 기본적 가정은 1920년대의 리야 자노프의 전제와도 동일하다.[66]

따라서 그의 텍스트 편찬은 자연스럽게 기저고에 속하는 큰 묶음에서는 마르크스가 매긴 페이지 번호를 근간으로 하고, 거기에 작은 묶음의 7매의 정서고를 적정한 페이지에 배열하되, 이들 정서고의 집필 단계[67]와 내용을 고려하고 있다. 즉 그는 보겐 〔6〕-〔11〕, 〔20〕-〔21〕, 〔84〕-〔92〕의 3개 블록으로 이루어진 큰 묶음의 기저고는 퇴고 과정에서 삭제·수정·보필되었으나 이들 3개 블록만으로는 제I장 전체의 유기적인 구성이 미흡하다는 것이다. 따라서 여기에는 신고의 집필이나 개작이 불가피하고, 이 경우에 이용된 것이 작은 묶음의 정서고라고 보고 있다.[68] 따라서 히로마츠는 이들 정서고의 적절한 배열을 위해 초고의 서술 내용을 분석한다.

히로마츠는 먼저 보겐 〔6〕-〔11〕(S. 8~29)에 이르는 기저고의 제1블록은 앞에서도 언급한 바와 같이 제1부의 3개 장이라는 형식이 결정되기 전에 집필된 것으로서 포이어바흐, 바우어, 슈티르너에 대한 비판이 혼재해 있어, I, II, III장 그 어디에도 전체를 옮길 수 없는 내용이라고 판단하고 있다. 이 부분의 초고에 나타나는 "F" "Feuerbach" 또는 "Bauer" 등의 우란 방주는 제1블록의 이러한 성격을 말해준다(그렇다고 해서 일정한 유기적 통일성까지 결여된 것은 아니다). 그런데 문제는 이 블록의 앞부분에 7페이지분의 결손이 보

---

66) 이 장 3. 1 참조.
67) 그는 7매의 정서고 중 {1}, {2}, 〔3〕, {4}는 정서고이고, 〔1?〕-ab는 별개층에 속하는 초안이며, 〔5〕는 정서고이긴 하나 〔6〕 이하 보겐과는 별개층이고, 〔1?〕-cd, 〔2?〕-a는 〔5〕와 같거나 〔6〕 이하의 큰 묶음과 동일하고, 아니면 독립된 층으로 판단하고 있다. 廣松涉, 앞의 논문, pp. 110~111.
68) 廣松涉, 앞의 논문, pp. 117~118.

이는데, 기본적으로 페이지의 산실이 없다고 보는 히로마츠는 이를 어떻게 해석하느냐 하는 것이다. 여기서 그는 우선 이 블록의 첫 보겐인 보겐 〔6〕에 마르크스가 페이지를 매기면서 처음에는 〈6b〉, 〈6c〉, 〈6d〉, 〈6e〉로 했다가 나중에 이를 S. 8, 9, 10, 11로 수정한 사실에 주목하여, 없어진 보겐 〔5〕의 d면이 〈6a〉였을 가능성이 높다고 보고, 마르크스의 페이지 매김이 〈6a〉＝S. 7에서 시작된 것으로 추정하고 있다. 그리하여 그는 산실된 부분은 1페이지 정도이고, 나머지 S. 1~6은 신고新稿로 메웠을 가능성을 배제하지 않고 있다. 결론부터 말하자면, 히로마츠는 작은 묶음의 정서고 보겐 〔2〕("A. Die Ideologie überhaupt, namentlich die deutsche")를 A절(히로마츠는 이를 A장이라고 한다)의 서론으로 보고, 이 서론은 이 블록의 앞머리 부분인 보겐 〔6〕의 S. 8, 9, 10과 결합됨으로써 완결된다는 것이다. 다시 말하면 정서고 보겐 〔2〕의 4페이지가 결손된 것으로 추정되는 이 블록의 7페이지를 메워준다는 것이다.[69] 그리고 계속되는 S. 11~29에서는 내용상 유물사관이 제시(S. 11~16), 전개(S. 17~23), 총괄(S. 24~25)되어 결론(S. 25~29)에 이르게 된다고 본다.[70]

다음으로 히로마츠는 보겐 〔20〕, 〔21〕의 2매로 구성된 기저고의 제2블록(S. 30~35; 〔20〕-a와 〔21〕-c는 전면 삭제)은 장절 구성(히

---

69) 廣松涉, 앞의 논문, pp. 120~121; Marx/Engels, *Die Deutsche Ideologie. Neuveröffentlichung des Abschnittes 1 des Bandes 1 mit text-kritischen Anmerkungen, herausgegeben von Wataru Hiromatsu*(Tokio: Kawadeshobo-Shinsha Verlag, 1974), S. V-VIII의 II. 2항 및 II. 5. 3항을 참조.

70) 당초 원고의 산실이 없다고 보는 그의 주장에도 불구하고 히로마츠는 S. 29의 산실은 인정했지만, 그것이 짧은 문장에 불과하리라고 추정했다. 廣松涉, 앞의 논문, pp. 121~122. 그러나 1962년 바네에 의해 발견된 S. 29에는 장문의 엥겔스의 집필고가 있다. 앞의 廣松涉, S. 60~61 및 MEGA² *Probeband*, S. 72~73, 463~464 참조.

206

로마츠의 경우 편별 구성이라고 한다)이 확립된 후 「III. 성 막스」 장을 집필하는 과정에서 생겨난 "탈선부脫線部"로 보고 있다.[71] 그는 보겐 [20]-a의 전문 삭제 부분이 제III장의 보겐 [19]에 연속된 보겐 [20]에 정서되어 있는 점으로 보아, 제III장의 보겐 [20] 전후의 블록은 이 기저고의 보겐 [20]-[21] 전후의 원고이거나 개정 정서고를 끼워넣었을 가능성도 부정할 수 없다고 본다. 또한 그는 이 부분의 내용을 암시하는 S. 35 우란 말미의 방주 "Es muß diese Geschichtsmethode, [⋯]"(독일에서 지배적인 역사 방법은 이데올로그 일반의 환상—법률가·정치가의 환상과 관련해서—, 그들의 독단적인 몽상과 왜곡에서 나온 것으로서, 이는 그들의 실제적 지위·직업·분업으로부터 증명된다는 내용)가 편찬상으로 볼 때는 제3블록과의 관련에서 B절의 서론緒論이거나 B절로의 이행부로서의 위치와 성격을 획득한다는 것이다. 한편 히로마츠는 이 제2블록을 기저고 말미(보겐 [92]-ab)의 제2의 메모("Warum die Ideologen alles auf den Kopf stellen" 제하의 부분)와 연결시켜, 이 블록에서 미진했던 서술과 앞으로의 과제가 거기에 제시되어 있다고 주장하고 있다.[72]

마지막으로 이 기저고의 제3블록은 보겐 [84]-[92](S. 40~72)로서 이는 제2블록과 보겐상으로는 [22]-[83]에 걸치는 62보겐이 결여된 것으로 되어 있으나, 마르크스가 매긴 페이지 번호로는 S. 36~39의 4페이지로서 1보겐 분량의 결손이 생긴 것이다. 히로마츠는 이 블록을 「III. 성 막스」의 집필 과정에서 생긴 탈선부로 보고 있으나, 이 블록이 입론이나 내용상으로 제III장의 보겐 [82]에 연결되거

---

71) 이를 편별 구성 후의 탈선부로 보는 이유로는 기저고 제1블록에서 보이는 "Bauer" 유의 편장 이동을 위한 방주가 없다는 점을 들고 있다. 廣松涉, S. VII의 II. 3.2.1 항을 참조.

72) 廣松涉, 앞의 논문, pp. 123~124.

나, 역시 제Ⅲ장의 보겐 〔84〕-〔92〕와 대응하는 것은 아니라고 본다.
그리고 결손된 1보겐 분량의 원고는 개정 신고일 가능성이 높다고
보고, 이를 작은 묶음의 보겐 〔3〕-abcd와 {4}-ab({4}-cd는 여백)
의 6페이지가 될 것이라고 추정하고 이 텍스트를 제3블록의 앞부분
에 배열하고 있다.[73] 여기에다 히로마츠는 이 블록 말미의 제3의 메
모(〔92〕-b)에 나오는 다음의 구절을 근거로 이 블록을 3개의 항목
으로 나눈다.

개인은 언제나 자기 스스로에게서von sich 출발해왔고, 지금도 여전
히 그렇다. 그들의 관계는 그들의 현실의 생활 과정의 관계다. 그들
의 관계가 그들에 대항하여 스스로 자립하는 것, 그들 자신의 생활력
이 그들에 대립하여 우월하게 되는 것은 어디에서 연유하는가?

한마디로 말해 그것의 단계는 언제나 그 시기에 전개된 생산력에
좌우되는 분업이다.

토지 재산. 공동체 재산. 봉건적. 근대적.

신분 재산. 매뉴팩처 재산. 산업 자본.[74]

즉 앞머리가 결여된 S. 40에서 S. 52 중간까지를 앞서 언급한 메

---

73) 廣松涉, S. VII, VIII.
74) 이의 원문은 다음과 같다:

Die Individuen sind immer von sich ausgegangen, gehen immer von sich
aus. Ihre Verhältnisse sind Verhälnisse ihres wirklichen Lebensprozesses.
Woher kommt es, daß ihre Verhältnisse sich gegen sie verselbständigen? daß
die Mächte ihres eignen Lebens übermächtig gegen sie werden?

Mit einem Wort: *die Teilung der Arbeit*, deren Stufe von der jedesmal
entwickelten Produktivkraft abhängt.

Grundeigentum. Gemeindeeigentum. feudales. modernes.

Ständisches Eigentum. Manufaktureigentum. industrielles Kapital.

모 3의 후반과 한데 묶어 재산 형태의 역사적 제 단계에 근거한 경제사적 내용이 기술되고, S. 52 중간에서 S. 68 중간까지에서 생산력과 교통 형태의 모순에 의한 역사적 충돌과 이의 해결로서의 공산주의, 즉 소외와 그 회복이 서술되는데, 이것은 앞의 메모의 전반에 의해 보완된다는 것이다. 그리고 마지막으로 S. 68 하단에서 S. 72의 상단까지는 "Verhältnis von Staat und Recht zum Eigentum"이라는 표제의 글이 기술되고 있다는 것이다.[75]

　히로마츠는 바로 이상과 같은 초고 오리지널의 외관과 조성助成, 그리고 그것의 내용상의 전개를 근거로 하여 『독일 이데올로기』, 「I. 포이어바흐」 장의 텍스트를 앞에서 검토한 다른 텍스트들과는 달리 독특하게 편찬하고 있다. 즉 히로마츠 판은 본문의 텍스트를 짝수 면〔偶數面〕에, 초안이나 이고異稿, 방주는 홀수 면〔奇數面〕에 배치하고 있는데, 이 같은 텍스트의 배열 순서를 주 텍스트를 중심으로 열거하면 다음과 같다. 우선 그는 제I장의 도입부로서 {1}의 정서고를 제I장의 표제 다음 페이지 짝수 면에(〈i〉. 그리고 그 초안인 〔1?〕-abc를 홀수 면에) 배치하고, 다음으로 A절의 서론으로 {2}-abcd를 게재한 뒤, 큰 묶음의 보겐 〔6〕-〔11〕(S. 8~29)의 제1블록을 직접 연결시킨 후(〈ii〉. S. 11~12에 대응하는 홀수 면에 초고 〔1?〕-cd, 〔2?〕-a의 텍스트를, 〈iii〉. S. 13~16에 대응하는 홀수면에 보겐 〔5〕-abcd의 텍스트를 각각 이고異稿로 게재), 보겐 〔20〕-〔21〕(S. 30~35)의 제2블록을 모두 짝수 면에 게재하고, 〈iv〉 전술한 바와 같이 정서고인 보겐 〔3〕, {4}를 큰 묶음의 보겐 〔84〕 앞의 짝수 면에 배열한 뒤, 보겐 〔84〕-〔92〕(S. 40~72)의 큰 묶음 제3블록(맨 마지막 메모까지 포함

---

75) 廣松涉, 앞의 논문, pp. 125~126.

하여)을 일관하여 짝수 면에 싣고 있다. 그러나 여기서 주의해야 할 것은 짝수 면의 대응 페이지인 홀수 면에 〈i〉에서 보이듯이 제I장 도입부의 초고를 배치하는 것은 당연한 일이나 〈ii〉나 〈iii〉의 경우가 반드시 합당한 배치일까 하는 데에는 논란의 여지가 없지 않다. 특히 〈ii〉, 〈iii〉과 같이 어떠한 종류의 편찬상의 지시도 없는 이들 두 부분의 정서고를 본문 텍스트의 특정 부분의 이고로 간주하면서도, 1962년 바네에 의해 발견된 "1" "2"라는 마르크스의 페이지 매김이 분명한 1매의 블라트의 텍스트를 "정위불명定位不明"이라는 이유로 부록으로 밀어낸 데는[76] 편찬상의 형평에도 문제가 없지 않다. 다음으로 의문을 제기할 수 있는 것은 〈iv〉의 경우로, 이는 텍스트의 내용이 재산 형태의 역사적 제 단계에 근거한 경제사적 역사 기술이라는 점에서 기저고 제3블록의 첫 부분(S. 40~52)과 본문 텍스트로 직접 연결시키고 있는데,[77] 이는 바로 작은 묶음의 보겐 〔3〕, {4} (정서고 중 보겐 〔3〕과 〔5〕에만 엥겔스의 보겐 번호가 있다)가 기저고 제2블록과 제3블록 사이에 산실된 S. 36~39의 개정신고改訂新稿라는 오해를 낳을 소지가 높다. 그리고 이러한 가정은 그가 히로마츠 판의 편자 서언에서는 "독립고獨立稿"의 가능성을 배제하지 않으면서도, 텍스트 안에서는 "수고手稿의 '큰 묶음'에는 36~39페이지가 결여되어 있다. '작은 묶음'에 속하는 보겐 〔3〕, {4}는 이 결여된 부분에 거의 조응하는 개정고改訂稿로 생각되므로 여기에 배속시킨다"라고 표현함으로써 이상과 같은 우려를 확대시키고 있다.[78]

마지막으로 히로마츠 판이 가지고 있는 편찬 체제에 대해서도 언

---

76) 廣松涉, S. XVII의 IV. 4.1.3항 참조.
77) 廣松涉, S. XVIII의 IV. 4.2.4.2.항; 廣松涉, 앞의 논문, pp. 127~129 참조.
78) 廣松涉, S. XVIII의 IV. 4.2.4.2항과 S. 78의 각주 * 참조.

급할 필요가 있다. 이미 앞에서 신MEGA 시쇄판이 초고 오리지널의
원형의 복원이라는 측면에서 2란 조판이라는 획기적인 방법을 쓰고
있음을 언급한 바 있다. 그러한 점에서 볼 때 히로마츠 판은 한걸음
더 나아가 2면 조판을 시도하고, 텍스트의 활자화에 다양성을 보이
고 있다. 즉 본문 텍스트는 짝수 면에, 초안·이고·방주는 그에 대
응하는 홀수 면에 게재하고, 종선과 횡선으로 삭제된 부분도 모두
세자細字로 살릴 뿐만 아니라, 마르크스와 엥겔스에 의한 수정·삽입
등은 전자의 경우 볼드체로, 후자의 경우 이탤릭체로 하고, 기왕의
판본들이 갖는 판독상의 차이를 일일이 각주에서 밝힘으로써 초고
오리지널을 직접 검토하지 못하는 취약점을 충분히 보완하고 있다.
그러나 여기서 아쉬운 점은『독일 이데올로기』, 「I. 포이어바흐」 장
의 전 외연을 포괄하는 히로마츠 판이 두세 개의 초안이나 이고의
수용을 위해 2면 조판의 이점을 충분히 살리지 못했다는 사실이다.
다시 말하면 당초 초고 오리지널과의 행별行別 대응까지도 고려한 편
자가 난외欄外의 메모 풍의 방주나 지시를 홀수 면이 아닌 각주에서
처리하고 있다는 점이다.[79] 그럼에도 불구하고 초고 오리지널의 내
적 구성을 체제상 일목요연하게 처리하려고 시도한 편자의 노력은
충분히 평가되어야 할 것으로 판단된다.

4. 「I. 포이어바흐」 장 각 판본의 종합적 검토

지금까지『독일 이데올로기』, 「I. 포이어바흐」 장의 초고 오리지널

---

79) 廣松渉, S. XVI의 IV. 2, IV. 2.1, IV. 2.4.4.항을 참조.

의 현상 형태와 1920년대 이래 그것을 근거로 한 이 책의 각종 판본을 텍스트 편찬상의 차이를 중심으로 검토했다. 『독일 이데올로기』의 제I장을 텍스트의 편찬이라는 관점에서 검토하는 것은 무엇보다도 먼저 이 책, 특히 제I장이 마르크스와 엥겔스의 폭풍적 사상 형성기의 기념비적 저작이기 때문이다. 특히 이 「I. 포이어바흐」장은 두 사람이 헤겔 이래의 독일의 관념주의적 역사관으로부터 탈피하여 유물주의적 역사관을 정초했다는 사실을 문헌적으로 증거하고 있으므로 그것의 초고 오리지널에 근거한 정확한 재현은 무엇보다도 시급한 일이다. 그러나 「I. 포이어바흐」장의 완전한 복원은 앞에서 검토한 바와 같이 초고 자체가 미완성으로 남아 있다는 사실과 더불어 잔존하는 초고 또한 부분적인 단절과 단편성 때문에 결코 간단치 않은 문제로 부각되고 있다. 따라서 저자는 이의 복원에 걸림돌이 되는 몇 가지 문제점을 지적함으로써 앞으로 다시 시도될 「I. 포이어바흐」장의 텍스트 편찬을 위한 하나의 기반을 제시하고자 한다.

첫째로, 「I. 포이어바흐」장의 완벽한 텍스트 편찬에 있어서 가장 중요한 관건은 현존하는 초고에 산실이 있느냐 없느냐 하는 점이다. 이미 앞에서도 살펴본 바와 같이 리야자노프나 구MEGA, 그리고 히로마츠는 기본적으로 초고 오리지널에 산실이 없거나 있더라도 지극히 소수에 불과하다는 입장이다. 거기에 비해 바가투리야 판이나 신 MEGA 시쇄판은 명백한 언급은 없더라도 산실 자체를 인정하고 있는 입장이다. 따라서 텍스트의 편찬에 있어서도, 전자의 경우는 현존하는 초고 오리지널의 완전한 유존遺存에 대해서 긍정적인 데 반해 후자는 초고 자체의 불완전성을 인정하고 초고 오리지널의 공백(그것이 형식적이든, 내용상의 것이든)을 어떻게든 메우려는 노력은 피하고 있다. 그러나 전자의 경우는 우리가 이미 개개 판본의 편찬 지침이나 텍스트 배열에서 살펴본 바와 같이, R판의 경우 소재의 일방적인 활자화로, 구MEGA의 경우 환골탈태적인 재편성으로, 그리고 히로마츠 판의 경우 단편으로 남아 있는 작은 묶음(A, B, C, D, E 그룹)을 본문의 주 텍스트나 초안·이고로 자의적인 배정을 하게 되는 것이다. 특히 히로마츠 판의 경우 그는 1962년 바네가 발견한 3매의 블라트 중 보겐〔11〕-cd에 속하는 1블라트의 초고(F2)는 본문의 주 텍스트에 수용하면서 "1"과 "2"의 페이지 번호를 가진 F1은 부록으로 수록하는 정도로 초고 오리지널의 완전한 유존을 믿고 있다. 그러므로 현존하는 『독일 이데올로기』 초고 오리지널의 완전한 유존과 관련하여 그 진위 여부를 판가름하기 위해 엥겔스 사후 마르크스와 엥겔스의 유고의 유전을 잠시 언급할 필요가 있겠다.

1883년 마르크스 사후 그의 유고와 장서는 엥겔스에 의해 수습되어 학문적으로 이용되었는바, 특히 『독일 이데올로기』의 초고에 대해서는 엥겔스가 1888년 『루트비히 포이어바흐와 독일 고전 철학의 종언』의 서문에서 언급하고 있다.[80] 한편 1895년 엥겔스 사후 두 사람의 장서는 독일 사민당 아키브로, 마르크스의 유고는 그의 딸 투시Tussy, Eleanor Marx에게로, 엥겔스의 초고와 편지, 그리고 두 사람 사이에 오간 편지는 베벨August Bebel과 베른슈타인에게 양여되었다. 그런데 이 가운데 특히 『독일 이데올로기』는 베른슈타인이 엥겔스로부터 이를 유증받아 소유하다가, 1924년 정식으로 사민당 아키브에 기증할 때까지 대개 다음과 같은 경로로 소개되거나 학문적으로 이용되었다.[81]

---

80) MEW, Bd. 21, S. 264.
81) 정문길, 「국제사회사연구소와 소장 콜렉션」, pp. 278~280; 정문길, 「편찬사를 통해서 본 『독일 이데올로기』」, pp. 1172~1178〔이 책 제1장 2절〕; Rjazanov, "Aus dem literarischen Nachlass von Marx und Engels," S. 206~209; Gustav Mayer,

1) 먼저 베른슈타인 자신이 이 초고의 일부를 1899년 『노이에 차이트』지와 1903~1904년의 『사회주의 도큐멘트*Dokumente des Sozialismus*』지에 부분적으로 정리 발표하고,

2) 마르크스의 전기 작가요 마르크스/엥겔스/라살레의 유고 편찬자였던 메링도 이를 부분적으로 『마르크스-엥겔스-라살레 유고집』(1. Ausgabe, 1902)과 『마르크스 전기』(1918)에서 사용했으며,

3) 구스타프 마이어 또한 그의 『엥겔스 전기』(Bd. 1, 1920)를 위해 베른슈타인에게서 이를 빌려 이용했다.

4) 그리고 리야자노프도 1920년대 초에 이를 베른슈타인으로부터 얻어 보게 되었다는 것이다.

이와 같은 초고의 이용 과정에서 적어도 2), 3), 4)에 관한 한 초고의 산실을 의심할 이유가 없으니, 그것은 당시의 그들로서는 초고 자체의 중요성이나 민감성에 대해 당대의 그 누구보다도 잘 알고 있었기 때문이다. 따라서 문제는 1)의 베른슈타인의 경우라고 보겠다. 베른슈타인은 카우츠키와 더불어 말년의 엥겔스로부터 마르크스의 글자 해독법을 배웠고, 수정주의적 경향에도 불구하고 엥겔스로부터 유고의 일부를 유증받을 정도로 두터운 신임을 받았다. 따라서 그는 자신에게 유증된 『독일 이데올로기』의 초고를 비교적 자유롭게 이용할 수 있었으니 『노이에 차이트』나 『사회주의 도큐멘트』지에 초고의 일부분을 게재할 수 있었던 것도 그 때문이었다. 그리고 이 같은 초고의 공개 과정에서 초고 오리지널에 부분적으로 가필을 하거나 초고의 특정 부분을 솎아내는 작업이 불가피했으리라 추정할 수 있다. 비록 보겐이나 페이지 번호에 한정된 것이기는 하나 오늘날 초고 오

Erinnerungen. Vom Journalisten zum Historiker der deutschen Arbeiterbewegung (Zürich/Wien: Europa Verlag, 1919), S. 206 참조.

리지널에 보이는 제3자의 가필이 사민당 아키브나 IISG의 도서관원이 하지 않은 경우 대부분 베른슈타인의 것으로 드러난다는 점과, 1962년 바네에 의해 IISG에서 발견된 3매의 초고 블라트가 "국회의원 베른슈타인의 인쇄물Drucksachen für das Mitglied des Reichstages Herrn Bernstein"이라는 스탬프가 찍힌 봉투(거기에 베른슈타인이 "Der Heilige Max mit Auslassungen schon in den Dokumenten des Sozialismus gedruckt Bd III/IV"라고 기재해놓았다) 속에서 발견되었다는 점이 이를 말해주고 있다.[82]

초고 오리지널의 산실 가능성이 의심되는 또 다른 경우는 엥겔스의 유언을 통해 마르크스의 딸 투시에게 양여된 마르크스 유고의 유전 과정이다. 엥겔스가 죽기 전에 따로 분류해놓은 마르크스 유고의 상당 부분이 그의 사후 투시에게 유증되었으나 1898년 투시가 불행한 죽음을 맞게 되어 이 유고는 다시 그의 언니 로라 라파르그에게로 옮겨갔다. 그러나 그녀 역시 1911년 파산으로 말미암아 남편과 더불어 자살하고 말았으니 유고의 산실은 불가피했다.[83] 그런데 투시에게 유증된 마르크스의 유고 부분이 새삼 문제가 되는 것은 마르크스의 『독일 이데올로기』 서문이 1920년대에 이미 로라를 거쳐 리야자노프의 소유가 되었다는 사실이 리야자노프 자신에 의해서 공개되었기 때문이다.[84] 베른슈타인이 『독일 이데올로기』의 초고를 완벽하게 보관한 것으로 알려졌으나 이처럼 그 서문의 초고를 리야자노프가 소유하고, 또 다른 일부("Das Leipziger Konzil" 부분)는 1901년

---

82) S. Bahne, "'Die Deutsche Ideologie' von Marx und Engels. Einige Textergänzungen," S. 93~94.

83) 정문길, 「국제사회사연구소와 소장 콜렉션」, pp. 279~280; 佐藤金三郎, 『マルクス 遺稿物語』(東京: 岩波新書, 1989), pp. 181~194 참조

84) D. Rjazanov, "Aus dem literarischen Nachlass von Marx und Engels." S. 217.

에 이미 베른슈타인의 손을 떠나 독일의 사민당 아키브에 소장되었다는 보고[85]를 고려한다면『독일 이데올로기』의 부분적인 산실 가능성을 배제할 수는 없다. 따라서『독일 이데올로기』의 초고 오리지널이 완벽하게 보관되었으므로 산실 가능성은 없다는 가정 아래 이루어진 텍스트 편찬의 위험성을 경계하지 않을 수 없다.

둘째로 검토해야 할 부분은 초고 오리지널의 배열 순서에 관한 문제이다. 이 경우 논의의 초점은 엥겔스의 보겐 번호나 마르크스의 페이지 번호에 의해 명백히 드러나는 단절에도 불구하고 일관된 배열에 큰 무리가 없는 큰 묶음(보겐 [6]-[11]/S. 8~29; [20]-[21]/S. 30~35; [84]-[92]/S. 40~72)보다는 [1?], [2?]를 포함하는 {1}에서 [5]에 이르는 6보겐 1블라트의 작은 묶음의 배치 문제이다. 그렇다고 해서 앞의 경우에 반드시 아무런 문제가 없는 것은 아니다. 즉 3부분으로 나누어진 기저고의 큰 묶음 중 i) 첫째 부분(G그룹)인 보겐 [6]-[11]은 마르크스의 페이지 매김이 S. 8에서 시작되지만 그 첫 페이지(S. 8)의 앞머리 부분이 산실된 채 앞 페이지(S. 7?)와 연결된 불완전한 문장으로 이루어졌다("《…》 sich in Wirklichkeit […]"). 그런데 산실된 것으로 추정되던 이 첫 부분의 7페이지 중 앞의 2페이지(마르크스에 의해 페이지가 매겨진 S. 1, 2: F1)가 1962년 바네에 의해 발견됨으로써, 이 첫째 부분 머리 쪽의 산실을 B판이나 신 MEGA 시쇄판은 당연한 것으로 수용하고 있다(그러나 히로마츠 판은 이러한 가정을 수용치 않고 이 S. 1, 2를 부록에 게재하고 있다), ii) 그리고 당초 큰 묶음의 첫째 부분(G그룹: S. 8~28)과 둘째 부분(H그룹: S. 30~35) 사이에 S. 29가 결여되어 있었으나, 이것 역

---

85) *Ibid.*, S. 208.

216

시 1962년 바네에 의해 발견된 1매의 블라트(F2)가 S. "29"의 번호
를 가지고 있어 큰 묶음의 첫 두 부분(G와 H그룹)을 연결시킬 수
있었다. iii) 그러나 큰 묶음의 둘째 부분(H그룹)과 셋째 부분(I그
룹) 사이의 4페이지(S. 36~39) 결손은 명백한 것으로 보인다. 그
런데 문제는 이처럼 결손된 기저고의 앞부분(G그룹의 앞부분: S.
1~7, 혹은 발견된 S. 1, 2를 제외한 S. 3~7)과 1보겐 상당의 S.
36~39 부분을 결손된 채 놓아두느냐, 아니면 이를 현존하는 작은
묶음의 단편으로 메우느냐 하는 문제가 기저고의 복원 문제와 더불
어 작은 묶음의 여러 단편의 처리 문제를 하나로 연결 짓고 있다. 따
라서 이 기저고의 결손 부분 처리 문제는 일단 보류한 채 우선 작은
묶음 각 보겐의 성격을 좀더 면밀히 검토해야 할 필요가 있다.

　우선 6보겐 1블라트로 구성된 작은 묶음 가운데 블라트 {1} ("I.
Feuerbach./Wie deutsche Ideologen melden…")은 그 성층成層이
가장 최근에 속하는 정서고로서, 보겐 〔1?〕-ab는 바로 블라트 {1}
의 초안이다. 그런가 하면 보겐 {2}-abcd와 보겐 〔1?〕-cd, 〔2?〕-a
가 각각 "I. Feuerbach/A. Die Ideologie überhaupt, speciell die
deutsche Philosophie./A"라는 표제로 시작하고 있다. 이들 양자는
그 표제의 유사성으로 인해 일반적으로 「I. 포이어바흐」 장, A절의
서론으로 인식되고 있으나 텍스트 배열상의 선후가 반드시 일치하는
것은 아니다. 예를 들면 R판, A판, B판은 이들을 연속적으로 게재
하고 있으나(A판의 경우 뒷부분의 표제는 제외), 신MEGA 시쇄판은
초고의 집필 순서를 우선한다는 원칙을 살려 전자를 제I장 전체의
도입부로 간주되는 블라트 {1}보다 선행시켜 「I. 포이어바흐」 장 전
체의 앞머리에 게재하고 있다. 그런가 하면 H판은 후자가 집필 도중
에 버리기로 한 제고除稿지만, 그 내용이나 서술의 진전으로 보아 보

겐 〔6〕-d(S. 11), 보겐 〔7〕-a(S. 12)의 개정 이고로 간주하고 이를 앞서 언급한 본문 텍스트에 대응하는 홀수 면에 게재하고 있다.[86] 그리고 내용이 연속적인 보겐 〔3〕, {4}는 구MEGA와 바가투리야 판, 그리고 신MEGA 시쇄판이 텍스트를 보겐 {2}에 연속하여 게재하고 있는 데 반해 R판은 이를 텍스트의 맨 뒷부분에 게재하고, H판은 이를 기저고의 둘째 부분과 셋째 부분이 단절된 S. 36~39의 자리에 본문의 주 텍스트로서 짝수 면에 배치하고 있다. 마지막으로 작은 묶음의 보겐 〔5〕의 경우, 바네가 초고 블라트 F1(S. 1, 2)을 발견하기 이전의 R판은 이를 기저고의 보겐 〔6〕의 앞부분에 배치하고, 구MEGA 판은 작은 묶음의 보겐 {4} 쪽에 배열함으로써 보겐 〔5〕의 방향을 서로 반대 방향으로 규정하고 있다(이는 결과는 같으나 논리는 상반된다). 그런가 하면 전기 초고 블라트 F1의 발견 이후의 판본인 B판과 신MEGA 시쇄판은 이를 보겐 {4}와 새로이 발견한 F1의 S. 1, 2 사이에 여백을 두고 게재하고 있으나 H판은 새로이 발견한 F1은 부록으로 보내고, 이 보겐 〔5〕는 "역사"를 다룬 기저고의 보겐 〔7〕-bcd(S. 13~15)와 〔8〕-a(S. 16)에 대응하는 이고로서 그 홀수 면에 〔1?〕-cd와 〔2?〕-a에 연하여 게재하고 있다. 저자는 앞에서 서술한 초고 오리지널의 배열 순서를 비교적 간단한 도표로 제시하여 독자의 이해를 돕고자 한다(이 경우 구MEGA에 나타나는 것과 같은 복잡한 초고의 이동은 보일 수 없으므로 여기에서는 구MEGA의 큰

---

86) 히로마츠는 〔1?〕-cd와 〔2?〕-a에 마르크스에 의한 수정이 전혀 없는 것으로 보아 {1}, {2}의 정서고를 만들 무렵에는 집필 예정이 바뀌어 이 부분을 제고除稿키로 한 것이 아닌가 추정하고 있다(이는 구MEGA의 경우도 동일하다. MEGA¹ I/5, S. 561). 그러나 이 부분의 내용은 보겐 〔6〕-d(S. 11) 이하의 "역사"의 서술 부분에 대응한다고 본다. 廣松涉, 앞의 논문, pp. 118~19 및 廣松版, S. VIII-IX, XVII-XVIII의 II. 5. 6, II. 5. 7, II. 4.2.4, II. 4.2.4.1항 참조.

〈표 3-2〉『독일 이데올로기』, 「I. 포이어바흐」장 각종 판본의 배열 순서

분절 보겐 번호	R판	A판	B판	MEGA² 시쇄판	히로마츠 판
〔1?〕ab	I	본문이고	부분 각주	이고명세	I-i*
〔1?〕-cd, 〔2?〕-a	III	III	III	III	III-1*
{1}	생략	I	I	II	I
{2}	II	II	II	I	II
〔3〕{4}	IX	IV	IV	IV	V
〔5〕	IV	V……	V	V	III-2*
F1(S. 1, 2)	/	/	VI	VI	부록
〔6〕-〔11〕(S. 8~29)	V	?	VII	VII	III
〔20〕-〔21〕(S. 30~35)	VI	?	VIII	VIII	IV
〔84〕-〔92〕(S. 40~72)	VII	?	IX	IX	VI
〔92〕-b	VIII	부록	X	X	VII

*짝수 면의 본문 주 텍스트에 대응하는 초안이나 개정 이고로 홀수 면에 게재.

묶음에 대한 순위 매김은 생략키로 한다).

　이상과 같은 각 판본의 편찬상의 차이가 기본적으로 이들 6보겐 1블라트의 개개 단편을 어디에다 정위定位시키느냐에 따라서 규정된다는 사실을 감안할 때, 이들 작은 묶음 개개 단편들의 성격 규정은 바로 「I. 포이어바흐」장 전체의 텍스트 편찬에 결정적인 영향을 미친다고 할 수 있다. 그리고 이 같은 작은 묶음의 단편적인 개개 보겐에 대한 성격 규정도 결국은 앞에서 살펴본 바 있는 현존하는 초고 오리지널의 산실 여부에 대한 편자의 판단과 결코 무관하지 않다. 따라서 『독일 이데올로기』, 「I. 포이어바흐」장의 편찬은 신MEGA 시쇄판의 편자가 분명히 밝혔듯이 수고본手稿本의 복원이 갖는 모든 포괄적인 문제들을 내포하고 있는 지극히 어려운 작업의 하나이기도

하다. 그러므로 앞으로 출현할 여러 판본도 결국은 편찬자의 주관적인 편찬 원칙에 따라 달라질 가능성이 높다. 따라서 편찬자의 주관적인 개입의 소지를 줄이기 위한 한 방편으로 텍스트의 체제 문제를 언급하지 않을 수 없다.

수고본의 복원 원칙이 저자의 본래 집필 의도를 재현하는 데 있다고 할 때, 현존하는 초고 오리지널이 이 같은 편찬 원칙을 구현하는 데 별문제가 없다면 다행이지만, 「I. 포이어바흐」 장의 경우처럼 그것이 용이치 않을 때는 현존하는 초고 오리지널을 충실히 재현함으로써 연구자들에게 소중한 연구 자료를 남기는 것도 어쩌면 중요한 편찬 원칙이 될 수 있을 것이다. 그리고 바로 이러한 입장에서 볼 때 MEGA² I/2에 제시된 『경제학·철학 초고』, 제1초고의 제1재현부는 커다란 의미를 갖는다.[87] 물론 일반 보급판의 경우에도 『경제학·철학 초고』의 제1재현부와 같아야 한다고는 보지 않으나, 『독일 이데올로기』, 「I. 포이어바흐」 장의 경우 신MEGA 시쇄판이나 히로마츠 판은 이 책의 편찬사에 있어서 획기적인 이정표가 아닐 수 없다. 이미 앞에서도 살펴본 바와 같이 신MEGA 시쇄판은 2단 조판을 통해 이 같은 가능성을 제시하고, 히로마츠 판 역시 2면 조판으로 초고 오리지널의 전체적 발전 과정을 일목요연하게 보여주었다. 그러나 이들 양판兩版을 비교해볼 때, 전자의 경우 이고명세와 삭제 부분이 아파라트에 게재되어 있어 일목요연한 독서가 어려운 반면, 후자의 경우는 이 같은 약점이 제거된 데다 마르크스와 엥겔스의 집필 부분이 서로 다른 활자체로 명확히 구분되어 진일보한 체제인 것만은 분명하다. 그러나 이미 앞에서도 언급한 바와 같이 히로마츠 판은 큰

____

87) MEGA² I/2, S. 187~247.

묶음의 기저고를 산실이 극히 적은 완형完稧으로 상정하고 이를 주축으로 한 텍스트 구성—작은 묶음은 기저고의 결손 부분을 메워주는 개정 신고이거나 이고 또는 초안으로 간주—을 시도함으로써 수고의 전체적인 발전 과정을 묘사해줄 수 있는 홀수 면의 이용을 결정적으로 제한한 것은 아쉬움으로 남는다.

5. 맺음말

마르크스와 엥겔스의 유고, 『독일 이데올로기』는 두 사람의 사상의 폭풍적 형성기에 그들이 당대에 주류를 이루던 헤겔과 헤겔주의자들의 관념론적 역사관과 어떻게 대결하고, 또 어떻게 그것을 극복하여 독자적인 유물주의적 역사관을 수립했느냐를 보여주는 역사적 문건으로서 중요한 의미를 갖는 저작이다. 특히 그 가운데서도 이 책의 제1부, 제I장 「포이어바흐」는 이 책의 다른 어떤 초고보다 이와 같은 그들의 입장이 집중적으로 표현되어 있으나 아쉽게도 미완성인 채로 남았다. 그러나 「I. 포이어바흐」 장은 미완성임에도 불구하고 마르크스와 엥겔스의 공동 저술의 양식은 물론이요, 비록 1년 정도의 한정된 기간이긴 하나 그동안 그들이 초고에 가한 가필·수정·개고의 전 과정을 함축하고 있기에 두 사람의 사상의 내적 발전 단계를 추적하기 위해서는 필수적인 자료로 평가된다. 그러나 이 책의 초고 오리지널은 앞에서 살펴본 바와 같이 수고본이 가질 수 있는 모든 포괄적인 문제들을 내포하고 있기에 텍스트로 출판하는 데는 엄청난 어려움이 수반된다. 앞에서 구체적으로 검토한 리야자노프 이래의 각종 판본이 보여주는 다양한 텍스트의 편찬도 바로 이 같은 수고본 자체의 복잡성에서 비롯된 것이다.

저자는 지금까지 초고 오리지널의 현상 형태를 서술하고, 이 같은 초고에 근거하여 각종 판본의 텍스트를 비교·검토하는 과정에서 각각의 장단점과 공과를 일일이 열거했다. 그렇다면 이제 새로운 텍스트 편찬을 위한 저자 나름의 대안을 제시하는 것이 자연스러운 순서일 것이다. 더욱이 당초 동독과 소련의 IML이 장기간에 걸쳐 엄청난 인적·물적 자원을 동원하여 금명년 간에 그 출간이 예정되었던 신 MEGA I/5(『독일 이데올로기』)의 출판이 무한정 연기된 상황에서는 위서僞書 시비가 자자한 현행 제판諸版(구MEGA나 MEW에 근거한 제판을 의미함)에 대한 저자 나름의 견해를 피력하고 또 나름대로의 편찬 지침을 제시해야 하나, 사안 자체의 중요성을 고려하면 이를 섣불리 단정적으로 제시할 수는 없는 것 또한 사실이다. 물론 이에 대한 저자의 견해나 입장은 이 장의 전개 과정에서 비교적 명백하게 드러났지만, 저자로서는 『독일 이데올로기』, 「I. 포이어바흐」 장의 편찬에는 적어도 다음과 같은 두 가지 기본적 원칙이 고려되어야 한다는 점을 분명히 함으로써 이 장을 마무리 짓고자 한다.

첫째, 텍스트의 배열에 관한 한 저자는 초고 오리지널의 당초의 배열 형태를 그대로 살려야 한다고 본다. 여기서 저자는 보겐 〔6〕에서 〔92〕에 이르는 기저고(S. 1~2, 8~29, 30~35, 40~72)의 유기적 관련성이나 나머지 작은 묶음의 단편성을 부인하는 것은 아니다. 그러나 기저고의 유기적 연관에 지나치게 급급한다면 이는 히로마츠 판의 경우처럼 아무런 편찬상의 지시를 갖지 않은 작은 묶음의 단편들을 결과적으로 기저고에 종속시키게 되고 만다. 히로마츠 판의 경우 개개의 단편들이 기저고 가운데 정위定位되더라도 필요하다면 그 단편성은 보장된다고 볼 수도 있으나, 이 같은 초고 단편의 자의적 정위는 비록 내용의 전개에 근거하는 것이라 하더라도 그와 똑같은 원칙을 내세우는 구MEGA의 자의성에서 얼마나 벗어난 것인지 묻지 않을 수 없다. 따라서 저자는 적어도 「I. 포이어바흐」 장이 미완성이라는 사실에 대해 의문을 갖지 않는 한 이 초고가 마르크스와 엥겔스를 거쳐 베른슈타인에게 전해진 최초의 초고 오리지널의 순서—그것은 R판과 A판의 페이지 도표Paginierungsschema에 명백히 보고되어 있다[88]—에 충실하는 것이 바로 우리가 『독일 이데올로기』에 부여하는 학문적 의미에도 일치하는 것이라고 본다. 물론 이러한 원칙을 적용할 경우에도 표제나 내용을 통해 그 장의 도입부거나 절의 앞머리여서 그 순서가 비교적 명백해 보이는 보겐 {1}, {2}와 〔1?〕, 〔2?〕, 특히 〔1?〕-cd, 〔2?〕-a의 배열에서 상당히 어려운 고비에 봉착하지만, 〔1?〕, 〔2?〕가 갖는 초안으로서의 성격을 감안하여 {1}, {2}를 본문 텍스트로 변용한다면 큰 무리는 없을 것으로 본다.

다음으로 저자가 주목하는 것은 편찬 체제의 문제인데, 이는 이미 본론에서도 명백히 밝혔듯이 적어도 「I. 포이어바흐」 장에 관한 한 저자로서는 2단(혹은 2면) 조판의 장점을 충분히 살리는 것이 바람직하다고 생각한다. 왜냐하면 이 같은 편집 체제는 초고 오리지널을 쉽사리 접할 수 없는 연구자들이 초고의 상태에 대해 충분히 인식할 수 있게 할 뿐만 아니라, 신MEGA 시쇄판이나 히로마츠 판의 경우처럼 초고의 다양한 전개 양상을 다각도로 활자화함으로써 수고본의 내적 전개나 한걸음 더 나아가 마르크스와 엥겔스의 공저자로서의 작업 양식을 일목요연하게 재현할 필요가 있기 때문이다. 따라서 문

---

88) R판의 경우에도 작은 묶음의 배열에 대한 설명이나 페이지 도표가 나와 있으나 작은 묶음 개개 보겐이나 블라트의 배열 순서에 관한 한 설명이 명료하지 않다. D. Rjazanov, "Aus dem literarischen Nachlass von Marx und Engels," S. 220 및 S. 218의 페이지 도표 참조. 이 장 3. 1항의 〈표 3-1〉을 보라.

헌 비판에 근거한 연구용 판본의 경우, 저자로서는 이미 언급한 바와 같이 신MEGA 시쇄판의 아파라트에 나타나는 첨삭 변화의 공관 방식이 본문에 재생될 수 있는 가능성에 대해 좀더 적극적으로 검토하고 히로마츠 판의 홀수 면의 활용 또한 초고 오리지널의 재현이란 시각에서 좀더 긍정적으로 제고되어야 한다는 생각이다.

여기서 가장 큰 난점으로 제기되는 것이 연구자가 아닌 일반 독자를 위한 텍스트의 문제이다. 이 경우 우선 신MEGA I/2에 게재된 『경제학·철학 초고』의 제2재현부를 상정할 수 있다. 그러나 여기서도 변경해서는 안 될 부분은 텍스트의 배열 순서를 초고 오리지널의 원래의 순서에 가급적 일치하도록 하는 것이다. 그리고 텍스트의 제시는 원문의 살아 있는 부분을 중심으로 하되 초고 오리지널의 삭제 부분이나 수정·가필·방주·지시 등의 처리 문제도 비판적 텍스트와의 연계 속에서 고려되어야 할 것으로 생각된다.

제4장

1960년대와 70년대 일본 학계의 『독일 이데올로기』 논쟁[1]

—일본 마르크스학의 이해를 위한 하나의 구체적 실례로서

1. 글머리에

1970년대에 히로마츠 와타루廣松涉의 소위 '『독일 이데올로기』 신 편집안'을 광범히 유포시키면서 일본에서의 『독일 이데올로기』 논쟁에 불을 붙인 사카마 마사토坂間眞人는 일본을 소련·동독과 더불어 '마르크스, 엥겔스, 마르크스주의 연구의 3본산御三家'의 하나로 지

---

1) 이 장은 저자가 일본 국제교류기금의 펠로우(1991/92)로 일본 센다이仙台의 토호쿠東 北 대학에 1년간 체류하는 기간 중에 구상되었고, 또 자료도 완벽하지는 못하나 그 기 간 중에 수집된 것이다. 따라서 저자는 여기서 저자의 체일滯日 연구를 가능하게 해준 일본의 국제교류기금 관계자와 저자의 체일 중에 갖가지 도움을 준 토호쿠 대학의 명예 교수인 하토리 후미오, 같은 대학 경제학부의 오무라 이주미大村泉 교수를 비롯한 경제 학부 교수 및 하토리 세미나 소속의 여러 동료 교수들에게 이 기회를 빌려 고마운 뜻을 표하고자 한다. 특히 이 장과 관련된 자료의 수집에는 리츠메이칸立命館 대학의 나카무 라 후쿠지中村福治, 센다이 대학의 오와다 히로시大和田寬 교수의 도움이 컸음을 밝혀 둔다.

칭한 바 있다(バガトゥーリヤ, 1972/7: 30; 1973/1: 62).[2] 20대에 요절한 사카마의 이 같은 표현이 어느 정도의 타당성을 갖느냐는 논의의 여지가 없지 않으나 그의 표현을 뒷받침해주는 객관적 증거의 하나는 히로마츠 교수에 의해 제기된 『독일 이데올로기』, 「I. 포이어바흐」장의 텍스트 비판과 그로 인해 야기된 일본 내에서의 『독일 이데올로기』 논쟁이다. 사실 1960년대와 70년대에 일본에서 전개된 『독일 이데올로기』의 '히로마츠 편집안' 과 그것을 둘러싼 논쟁은 스스로의 입지를 표현하는 데 비교적 소극적인 일본의 학자들에 의해서도, "세계적으로 보아 그 수준이 높은" 것으로 평가되고 있다(細谷, 1979: 157).

일본 마르크스학의 연구 성과에 대해 지극히 일천한 관심과 단편적인 지식만을 가진 저자가 1세기에 가까운 역사를 가진 일본의 마르크스–엥겔스, 그리고 마르크스주의의 연구 성과[3]를 조망하기란 불가능한 일이다. 따라서 이 글은 자연 저자 자신의 최근의 연구 과제인 『독일 이데올로기』와 관련하여, 일본에서의 이 분야의 연구 성

---

2) 이 장의 각주 양식은 저자의 다른 글과 달리, 이 장의 말미에 연대순으로 정리된 '일본의 『독일 이데올로기』 논쟁 관련 문헌 목록' 에 게재된 논문이나 저서는 약호로 본문 중에 삽입하였다. 이를 읽는 방법은 권말의 문헌 목록을 쉽게 찾을 수 있도록 i) 저자 또는 필자, ii) 연도(잡지와 신문의 경우, 월과 일), iii) 해당 페이지 순으로 본문에 부기하고 그렇지 않은 경우는 상례에 따랐다. 따라서 본문 중 (バガトゥーリヤ, 1973/1: 62)의 출전은 Γ. Α. バガトゥーリヤ(解說 · 譯 坂間眞人), 「マルクス主義における 『ドイツ · イデオロギー』の位置」, 『情況』(1973년 1월호), p. 62(해설 부분)를 의미한다.

3) 일본 마르크스학의 원점을 어디에 비정하느냐는 문제는 그들의 주요 관심사이겠으나 저자로서는 일본에서 마르크스의 저작이 처음으로 번역된 1904년(메이지 37년) 11월을 우선 하나의 기점으로 보고자 한다. 일본의 『헤이민신문平民新聞』(주간)은 그 창간 1주년 기념호(1904. 11. 13)에 『공산당 선언』을 역재했으나 이는 곧 발매 금지된 것으로 보고되고 있다. M. E. 書誌編集委員會編, 『マルクス · エンゲルス邦譯文獻目錄』(暫定版)(東京: 極東書店/ナウカ/大月書店, 1973) 참조.

과를 개관해보는 것이 그 주된 목적이다. 게다가 저자의 관심은 일본에서의 『독일 이데올로기』 논쟁이 집중적으로 전개된 1960년대와 70년대에 한정된다. 그러기에 자연 저자의 관심을 벗어난 문제에 관한 한 소홀하고 미진할 수밖에 없는 한계를 가진다. 그럼에도 불구하고 저자는 전 세계 마르크스-엥겔스, 나아가 마르크스주의 연구의 3본산 중 하나라고 자임하는 일본의 마르크스주의 연구 현황을 이해하는 하나의 구체적 실례를 보게 될 것으로 기대한다. 왜냐하면 일본에서의 『독일 이데올로기』 연구는 1960년대 이래 새로운 경지를 개척하게 되고, 이는 거의 동시대에 전개된 세계적 마르크스학의 전개, 특히 신MEGA에서의 『독일 이데올로기』의 새로운 텍스트 배열과 관련되어 주목되는 사안이기도 하기 때문이다.

2. 일본의 『독일 이데올로기』 번역사—논쟁의 기본적 토양

1965년 히로마츠 와타루의 「『독일 이데올로기』 편집의 문제점」이라는 논문에 의해 제기된 일본 내에서의 『독일 이데올로기』 논쟁을 다루기 전에 일본에서의 이 책의 번역사를 잠깐 일별해볼 필요가 있다. 1960년대 전까지 일본에서 『독일 이데올로기』는 유물론이나 유물사관의 기초로서 인용되는 데 그쳤을 뿐, 『독일 이데올로기』 자체가 본격적인 연구 대상으로 부각되지는 않았다(岩佐 등 편, 1992: 5). 그러나 '『독일 이데올로기』 그 자체'가 본격적인 연구의 대상으로 부각되지 않았다는 사실이 이 책 자체의 중요성이 과소평가되었다는 것을 의미하는 것은 결코 아니다. 왜냐하면 『독일 이데올로기』에 대한 일본인의 관심을 이 책의 번역사를 통해 확인할 수 있기 때문이다.

일본에서 『독일 이데올로기』가 번역·출판된 것은 이 책이 원어로 출판되는 것과 거의 같은 시기였다. 『독일 이데올로기』의 「제I편[4] 포이어바흐」는 1924년 최초로 러시아어로 공개되고, 곧이어 1926년에 독일어 원문이 처음으로 발표되었는데 일본은 이를 1926년에 즉각적으로 수용·번역했다. 그리고 1932년 『독일 이데올로기』의 모든 초고가 구MEGA I/5로 출판되자 그것 역시 일본에서 곧장 수용·번역됨으로써 이 책은 마르크스주의의 유물사관을 정초한 가장 중요한 저서의 하나로 간주되어왔으며, 1960년대 이후의 『독일 이데올로기』 자체에 대한 본격적인 논쟁의 기본적인 토양을 제공했던 것이다. 그런가 하면 1960년대 중반에 히로마츠가 앞서 소개한 논문을 통해 구MEGA의 권위에 정면으로 도전하는 것과 시기를 같이하여 소련의 바가투리야가 편찬한 『독일 이데올로기』, 「I. 포이어바흐」의 일본어 번역판이 출판되고, 또 히로마츠의 편집안에 근거한 신판新版까지 시도됨으로써 일본에서의 『독일 이데올로기』, 특히 이 책의 「제I편 포이어바흐」는 10여 종의 판본을 포용하기에 이르렀다. 따라서 일본에서의 『독일 이데올로기』 번역사는 그 자체가 1960년대 이래의 『독일 이데올로기』 논쟁사를 조망하는 하나의 출발점이 되는

---

4) 『독일 이데올로기』의 편장 구성은 리야자노프 판과 구MEGA 판이 Band, Abschnitt, Kapitel의 순서로, 바가투리야 판과 신MEGA 시쇄판이 Band, Kapitel, Abschnitt로 나누고 있다. 따라서 저자는 상례적으로 부, 장, 절로 쓰고 있으나 일본의 경우에는(특히 히로마츠의 경우) 권, 편, 장의 순서로 쓰고 있다. 일본에서의 『독일 이데올로기』 논쟁을 다루는 이 글에서는 편의상 권, 편, 장으로 쓰기로 한다. 그러나 논의의 당사자가 권, 장, 부 등으로 쓸 경우에는 이를 수용했다. 따라서 독자는 이의 혼용에 주의하기 바란다. 정문길, 「마르크스-엥겔스의 『독일 이데올로기』, 「I. 포이어바흐」 장의 재구성」, 『세계의 문학』 59호(1991년 봄), 60호(1991년 여름)〔이 책 제3장 참조〕.

228

셈이다. 그러나 여기서는 논의의 편의상 히로마츠의 충격적인 편집안이 발표되기 이전까지의 판본, 즉 리야자노프 판과 아도라츠키 판의 일본어 번역본을 우선 검토해보고자 한다.

마르크스와 엥겔스의 『독일 이데올로기』는 1896년 이래, 슈트루베와 베른슈타인에 의해 처음 부분적으로 공개되기 시작했고, 1917년의 러시아혁명 이후에는 새로이 설립된 소련의 '마르크스-엥겔스 연구소'에 의해 「I. 포이어바흐」가, 그리고 곧이어 발간된 구『마르크스-엥겔스 전집』 제I부 5권에서는 그 전모가 공포되었다(重田, 1962/2-4).[5] 따라서 그때까지 주로 『공산당 선언』 『자본론』 『임노동과 자본』 등 마르크스-엥겔스의 기간 저서 번역에 머물렀던 일본에서의 관심은 새로이 공개되는 자료에도 쏠리게 된다.

앞서 밝힌 대로 마르크스-엥겔스의 『독일 이데올로기』, 「I. 포이어바흐」는 1924년 리야자노프에 의해 최초로 러시아어로 번역·공개되고, 곧이어 1926년 『마르크스-엥겔스 아키브』 제1권에 원어인 독일어로 처음 공개되었다. 그리고 같은 해에 쿠시다 타미조櫛田民藏와 모리토 타츠오森戶辰男에 의해 「독일적 관념 형태의 제1편—포이어바흐론」이라는 제목으로 번역되어 그들의 동인지 『와레라我等』(제8권 5, 6월호)에 게재되었다. 이후 『독일 이데올로기』의 제I편은 1930년에

---

5) 시게타 코이치重田晃一의 『독일 이데올로기』 공간사公刊史에 대한 연구와는 별개로 수행된 다른 나라의 연구 성과로는 다음과 같은 것이 있다. Bert Andréas/Wolfgang Mönke, "Neue Daten zur 'Deutschen Ideologie.' Mit einem unbekannten Brief von Karl Marx und anderen Dokumenten," *Archiv für Sozialgeschichte*, Bd. VIII (1968); Bert Andréas, *Karl Marx/Friedrich Engels. Das Ende der klassischen deutschen Philosophie. Bibliographie*, Schriften aus dem Karl-Marx-Haus, Nr. 28(Trier, 1983), S. 139~154; 정문길, 「편찬사를 통해서 본 『독일 이데올로기』—신 MEGA I/5(『독일 이데올로기』)의 발간을 기대하며」, 『문학과사회』 11호(1990년 가을), pp. 1168~1223〔이 책 제1장〕.

만도 3종의 단행본과 더불어 1928년부터 발간되기 시작한 카이죠샤
판改造社版 『마르크스-엥겔스 전집』[6] 제15권(1930. 12)에 수록되는
등, 공개된 직후부터 상당한 주목을 받았음을 알 수 있다. 일본에서
의 리야자노프 판의 번역본을 열거하면 다음과 같다.

* 리야자노프 판의 일본어 번역본(R판)

底本: "Aus dem literarischen Nachlass von Marx und Engels: Marx
und Engels über Feuerbach(Erster Teil der 'Deutschen Ideologie')",
herausgegeben von D. Rjazanov, *Marx-Engels Archiv*. Zeitschrift
des Marx-Engels-Instituts in Moskau, Bd. I(Frankfurt a. M.:
Verlagsgesellschaft mbH. 〔1926〕.

---

6) 일본에서의 『마르크스-엥겔스 전집』의 출판은 러시아혁명의 영향을 받아 노동운동이
   활발히 전개되기 시작한 1920년대부터 시작되었다. 도쿄의 주오슈판샤中央出版社가 1920
   년 3월 『마르크스 전집』 출판을 시도한 바 있으나 1권만, 그것도 '양두구육羊頭狗肉'의
   내용을 가진 것으로 끝나고, 이어서 같은 해 6월에는 도쿄의 타이도가쿠大鐙閣가 『마르
   크스 전집』을 출판하기 시작하여 1924년까지 모두 12책을 출간한다. 그러나 진정한 의
   미에서의 일본어판 마르크스-엥겔스 전집의 기획은 1928년에 시도된 카이죠샤 판改造
   社版과 이의 졸속·불완전한 계획을 비판한 렌메이 판聯盟版이다. 특히 후자는 당시 소
   련 '마르크스-엥겔스 연구소'의 소장 리야자노프의 후원을 받아 1927년에 발간되기 시
   작한 구MEGA를 저본으로 하여 3부 구성(일반·『자본론』·서간)의 전20권을 기획했으
   나 연맹을 구성한 도우진샤同人社, 코우분도弘文堂, 기보우가쿠希望閣, 이와나미쇼텐岩
   波書店, 소우분가쿠叢文閣 간의 의견 불일치와 원고 번역의 지지부진으로 공중 분해되
   고 전자의 카이죠샤 판만이 구체적으로 실현되었다. 샤카이시소우샤社會思想社의 동인
   들이 주축이 된 카이죠샤 판 『마르크스-엥겔스 전집』은 당초 20권을 예정, 1928년 6월
   부터 출판을 시작했으나 MEGA와 『마르크스-엥겔스 아카이브』의 신자료가 첨가됨으로써
   1935년 10월까지 본권 27권(30책), 별권(색인 및 연표), 보권 각 1권, 그리고 별도의
   『자본론』 5책을 포함하여 모두 37권을 출판했다. 특히 이 카이죠샤 판은 당시 "세계에
   존재하는 유일의 전집"으로서 그때까지 구할 수 있는 모든 마르크스와 엥겔스의 저작과
   서간을 수합했다는 점에서 의미가 있다. 그리고 각 책의 반포가頒布價는 1엔(보권만 1
   엔 50센)이란 염가의 '엔본円本'으로 광범히 보급되어 1920년대, 30년대와 그 이후의
   일본에 마르크주의 사상을 보급하는 데 크게 기여했다는 평가를 받는다. 村田陽一, 「邦
   譯 M. E. 全集·選集と MEGA」, 『新しいメガ』(東京: 極東書店, 1973), pp. 24~26
   참조.

1) 櫛田民藏/森戶辰男 역, 『獨逸的觀念形態』, 第1篇「フォイ
エルバッハ論」, 『我等』 제8권(大正 15년/1926년) 5, 6월호 게재.

2) 河上肇/森戶辰男/櫛田民藏 역, 『ドイッチェ・イデオロギー』,
我等叢書 4(我等社, 昭和 5/1930. 5. 25).

3) 竹沼隼人閲/由利保一 역, 『ドイッチェ・イデオロギー』, リヤ
ザノフ編(永田書店, 後 希望閣, 昭和 5/1930. 6. 15).

4) リヤザノフ編/三木淸 역, 『ドイッチェ・イデオロギー』, 岩波
文庫 663(東京: 岩波書店, 昭和 5/1930. 7. 15).

5) 森戶辰男/櫛田民藏 역, 『ドイッチェ・イデオロギー』, 『マル
クス・エンゲルス全集』 제15권(改造社, 昭和 5/1930. 12. 20),[7]
pp. 285~498.

그러나 이들 번역본은 주지하는 바와 같이 『마르크스-엥겔스 아
키브』에 게재된 리야자노프 편찬의 텍스트 「I. 포이어바흐」를 저본
으로 하고 있다. 단지 5)항의 카이죠샤 판 『마르크스-엥겔스 전

---

7) 여기에는 『마르크스-엥겔스 아키브』 제1권에 게재된 리야자노프의 편자 서언緒言, 「포
이어바흐에 관한 테제」(마르크스), 「『독일 이데올로기』 서언序言의 초고」(마르크스),
「포이어바흐, 유물론적 및 관념론적 견해의 대립」(마르크스), 「라이프치히 종교회의」
(마르크스-엥겔스), 그리고 「칼 그륀 저, 프랑스와 벨기에에서의 사회운동, 또는 진정
사회주의의 역사 기술법」(마르크스)이 게재되었으며, 『독일 이데올로기』는 1931년에
나온 이 전집 7권의 2에 「성 막스」의 일부가 『사회주의 도큐멘트』로부터, 1932년에 나
온 26권(보유의 3)에는 「진정 사회주의」(마르크스)와 미간의 「성 막스」의 일부가 란츠
후트/마이어가 편찬한 크렌네어 판 『초기 저작집Karl Marx, Historische Materialismus.
Die Frühschriften』(hrsg. von S. Landshut und J. P. Mayer, 2 Bde. Kröners
Taschenausgabe, 1932)에서, 그리고 역시 1932년에 출판된 27권(보유의 4)에도 미
번역분의 「성 막스」(마르크스)와 「성 막스 보유補遺」(마르크스), 「E. V. 『홀스타인의
게오르크 쿨만 박사, 별명別名 진정 사회주의의 예언』」(마르크스)이 게재되어 있다.

집』이 「I. 포이어바흐」 이외에 『독일 이데올로기』 제2부에 속하는
마르크스의 「그륀 비판」을 게재하고 있었을 뿐이다. 이런 상황에서
1932년의 MEGA 제I부 5권이 '역사적-비판적 전집historisch-kritische
Gesamtausgabe'이라는 기치 아래 「I. 포이어바흐」를 포함한 『독일 이
데올로기』의 전문을 게재하게 되자 리야자노프가 편찬한 『독일 이데
올로기』의 「I. 포이어바흐」는 자연히 그 권위를 상실하게 되었다.

그리하여 『독일 이데올로기』의 텍스트로는 1932년 이후 구MEGA
에 게재된 독일어 원문이 공식화되고 일본의 경우에도 MEGA에 근
거한 새로운 번역 작업이 추진되었다. 1936년 모리 코이치森宏一가 대
표하는 '유물론연구회'의 『독일 이데올로기』 번역이 그 최초의 성과
였다(澤水, 1932/12; 服部, 1933/3; 森/山岸/中島, 1934/10;
1934/11 참조). 일반적으로 구MEGA I/5의 편자인 아도라츠키의 이
름에 따라 아도라츠키 판이라 불리는 이 MEGA 판의 『독일 이데올
로기』 일본어 번역본은 이후 다음과 같이 여러 판이 출판되었다.

*** 아도라츠키 판의 일본어 번역본(A판)**

底本: Karl Marx/Friedrich Engels, *Die Deutsche Ideologie. Marx/
Engels, Gesamtausgabe*, Erste Abteilung, Bd. 5, herausgegeben
von V. Adoratskij. Im Auftrage des Marx-Engels-Lenin-Instituts
Moskau, Berlin 1932.

1) 唯物論研究會(代表 森宏一) 역, 『ドイッチェ・イデオロギー』
(3分冊: 東京: ナウカ, 1935~1936/全卷合本, 東京: 白揚社,
1937).

2) 森宏一 역, 「ドイッチェ・イデオロギー」, 『マルクス・エンゲ

ルス選集』, 1권 상(東京: 大月書店, 1950), pp. 10~114〔「I. 포
이어바흐」의 전역全譯과 『독일 이데올로기』 제3부(「성 막스」) 중의
「정치적 자유주의」 포함〕.

　3) 伊藤勉/山崎章甫 역, 『ドイッチェ・イデオロギ-』제1분책分冊
(東京: 國民文庫社, 1953)〔「I. 포이어바흐」「II. 성 브루노」만 수록
한 제1분책〕.

　4) 古在由重 역, 『ドイッチェ・イデオロギ-』(東京: 岩波書店,
1956)〔「I. 포이어바흐」의 전역全譯과 「II. 성 브루노」「III. 성 막스」로
부터의 초역抄譯〕.

　5) 眞下信一 역, 「ドイツ・イデオロギ-」, 『マルクス・エンゲルス
全集』, 제3권(東京: 大月書店, 1963).

　6) 眞下信一 역, 『新譯 ドイツ・イデオロギ-』, 國民文庫 6(東
京: 大月書店, 1965)〔5)항의 포이어바흐 부분만 수록〕.

그러나 앞에 열거한 아도라츠키 판의 일본어 번역본에서 분명히
나타나는 것은 『독일 이데올로기』의 경우 그 전역全譯은 1)항과 5)항
에 불과하고, 그 이외의 대부분의 『독일 이데올로기』는 제1편의 「포
이어바흐」만을 게재한 초역본에 지나지 않는다는 사실이다. 그리고
5)항의 경우는 그 저본으로 1958년에 출판된 『마르크스-엥겔스 저
작집Marx/Engels, Werke(MEW)』 제3권을 사용했으나 이는 주지하다시
피 아도라츠키 편집의 기존 체제를 유지하면서 탈자, 오자 및 오독
을 수정한 데 불과한 것이다. 그러나 이들 여러 판본들 가운데서 특
별히 주목해야 할 것은 1)의 유물론연구회 판이 그 말미에 구MEGA
의 권말에 수록된 본문이고本文異稿, Textvarianten를 번역·게재하고 있다
는 점이다. 이 본문이고가 1965년의 히로마츠 논문을 포함한 1960년

대 이후의 일본에서의 『독일 이데올로기』 논쟁에 실제로 얼마나 직접적인 영향을 미쳤는지는 가늠할 수 없으나, 저자의 판단으로는 일본 학계가 히로마츠의 논문이 갖는 충격적 효과를 수용하는 데 중요한 역할을 한 것으로 평가된다.[8]

3. 『독일 이데올로기』의 텍스트 논쟁

3.1. 히로마츠 편집안의 폭발적 가능성

"현행판現行版『독일 이데올로기』는 사실상 위서僞書에 다름 아니다"(廣松, 1965/春: 104)라는 폭탄선언 같은 문장으로 시작되는 1965년의 히로마츠 와타루의 「『독일 이데올로기』 편집의 문제점」이라는 논문은 일본 학계에서의 『독일 이데올로기』 연구, 아니 마르크스학 전체에 충격적인 파문을 던졌다. 『독일 이데올로기』의 종래 제판諸版, 즉 1926년에 발표된 리야자노프 판과 1932년에 공개된 아도라츠키 판(구MEGA 판)을 면밀히 검토한 히로마츠는 『독일 이데올로기』의 연구에서 통설로 굳어진 두 개의 신화를 불식해야 한다고 하면서 다음과 같은 주장을 하기에 이르렀다. 즉 i) 『독일 이데올로기』의 원고, 특히 유물사관의 정식화를 비롯한 가장 중요한 내용을 포함한

---

8) 『독일 이데올로기』와 관련된 전전戰前의 논의로서 우리가 언급하고 넘어가야 할 것은 이 책의 「I. 포이어바흐」 편에 나오는 "das bewußte Sein"의 역어 문제이다. "Das Bewußtsein kann nie etwas Andres sein als das bewußte Sein, und das Sein der Menschen ist ihr wirklicher Lebensprozeß"(MEGA¹ I/5, S. 15)라는 구절 중의 이 부분의 역어는 전전 이의 번역 주체였던 유물론연구회가 기관지 『유물론 연구唯物論研究』를 통해 앙케트를 모집하는 등 『독일 이데올로기』에 나타나는 의식론의 문제를 밝히는 데 긴요한 것으로 상정한 바 있다. 稻生勝, 「意識と意識の轉倒としてのイデオロギ－」(岩佐 등 편, 1992: 216~217) 참조.

제1편, 「포이어바흐·유물론적 관점과 관념론적 관점의 대립」은 미완성 원고이며, ii) 이의 주도적 집필자는 마르크스가 아닌 엥겔스라는 주장이 바로 그것이다(앞의 논문, pp. 104~105). 그리고 그의 주장은 곧장 이 책의 「I. 포이어바흐」편의 편집 문제를 새로이 제기하게 되었고, 나아가 마르크스주의의 형성에 있어서 마르크스와 엥겔스의 지분持分 문제를 심각하게 재검토하게 만들었다.

히로마츠의 『독일 이데올로기』, 「I. 포이어바흐」에 대한 문헌학적 연구는 기존의 리야자노프 판(이하 R판이라 지칭)과 아도라츠키 판(A판이라 지칭)의 텍스트가 그것이 동일한 초고에 근거한 것이라고 생각하기에는 어려울 정도로 현격한 차이를 나타낸다는 데서 출발한 것으로 보인다(앞의 논문, p. 105). 그는 R판이 초고를 사진으로 찍듯이 충실히 순차적으로 활자화한 데 비해, A판은 이를 갈가리 찢어서 다시 풀로 붙인, 이른바 소재의 환골탈태적 재구성을 시도하고 있음을 지적하고 있다. 1932년 MEGA 판으로 출간된 이후 부동의 권위를 누리던 『독일 이데올로기』의 텍스트는 일본에서도 번역을 주도한 당시의 '유물론연구회'에 의해 그 권위가 이미 추인된 바 있었다(森/山岸/中島, 1934/10: 167). 그러나 히로마츠는 A판의 이 같은 부동의 권위에 도전하기 위해 『독일 이데올로기』, 특히 이 책의 「I. 포이어바흐」에 대한 문헌학적 연구를 시도하고 있다. 저자는 히로마츠의 이 같은 도전이 바로 1960년대 중반 이래 일본에서의 『독일 이데올로기』 논쟁의 단서가 되었다는 점을 중시하여 1965년에 발표된 「『독일 이데올로기』 편집의 문제점」이라는 그의 기념비적 논문을 좀더 구체적으로 소개·검토하고자 한다.[9]

---

9) 히로마츠의 이 논문에 앞서 1962년에 발표된 시게타의 『독일 이데올로기』 공간사公刊史에 대한 연구는 R판과 A판을 검토한 뒤 "A판은 R판에 비해 고도의 체계성을 갖추고 있

히로마츠의 『독일 이데올로기』의 문헌학적 연구는 i) 우선 이용된 자료를 확인하고 초고의 상태를 개관한 뒤, ii) A판에 대한 비판과, iii) R판에 대한 언급을 거쳐, iv) 그 자신의 새로운 편집안을 제기하는 순서로 논지를 전개해나가고 있다. 그리고 이 같은 문헌학적 연구는 결과적으로 a) 유물사관의 형성 과정과 최초의 전개를 명확히 부각시키고, b) 『경제학·철학 초고』에서의 자기 소외론이 어떻게 지양되었는가를 밝혀줄 것이며, c) 유물사관의 형성에 대한 엥겔스의 참여가 어느 정도이며, 거기서의 엥겔스의 오리지널리티가 어느 점일까를 명료하게 해줄 것이라고 주장하고 있다(廣松, 1965/ 春: 106).

히로마츠는 우선 R판과 A판이 『독일 이데올로기』, 「I. 포이어바흐」의 전 외연全外延을 소유하고 있다고 전제하고 이를 소재로 한 초고의 상태를 면밀히 분석하고 있다. 그는 우선 이 초고가 외관상으로 보아 엥겔스의 보겐 번호Bogennummer와 마르크스의 페이지 번호Seitennummer가 공존하는 큰 묶음과 페이지 번호 없이 보겐 번호만이 있는 작은 묶음으로 대분大分된다는 사실을 확인하고 있다. 그러나 이들 보겐 번호와 페이지 번호에는 모두 결손이 존재하는데〔1〕-〔5〕, 〔12〕-〔19〕, 〔22〕-〔83〕이 결여된 큰 묶음의 경우 현존하는 것은 〔6〕-〔11〕, 〔20〕-〔21〕, 〔84〕-〔92〕의 17보겐뿐이다. 그러나 히로마츠는 보겐〔12〕-〔19〕, 〔22〕-〔83〕은 산실된 것이라기보다 저자 중 한 사람이 이를 의식적으로 삭제한 것으로 간주하고 있다. 한편 그는

다. 따라서 우리는 포이어바흐에 관한 유고의 내용을 더욱 수미일관한 것으로 갖게 되고, 또 그 내용을 더욱 용이하게 이해할 수 있게 되었다. 이러한 의미에서 A판이 채용한 대담한 편집 방침은 성공했다고 할 수 있다. **그러나 A판의 이 같은 장점을 결과한 편집 방식은 그 자체가 역으로 이 판에 일정한 약점을 갖게 했다는 사실을 간과해서는 안 된다**"고 결론짓고 있다(重田, 1962/4: 66. 강조는 저자).

마르크스가 각각의 보겐에 일관성 있게 매긴 페이지 번호의 결손에 대해서는 극히 신중한 태도를 보인다. 즉 그는 페이지의 결손 요인으로 a) 산실, b) 애초부터 없는 경우, c) 정서되어 작은 묶음에 포함된 경우, 그리고 d) 다른 부분의 원고 중에 삽입된 경우로 분류하면서 S. 1~6(혹은 S. 7), S. 36~39는 b), c)의 경우로, S. 29는 a)의 경우라고 본다. 그리고 작은 묶음의 경우에는 결손이란 말에 해당할 정도의 산실은 없다고 확언함으로써, 결국 페이지 번호가 매겨진 초고의 산실은 기껏 1, 2페이지에 불과하다고 본다. 다시 말하면 그가 추정하는 원고의 산실은 보겐 〔6〕의 바로 앞인 S. 7, 그리고 없어진 보겐〔12〕-〔19〕 사이의 S. 29라는 것이다[10](앞의 논문, pp. 107~109).

그런가 하면 히로마츠는 이들 초고는 단숨에 씌어진 원고가 아니고, 논지에도 모순과 중복이 보인다는 사실을 지적하면서 이들 초고의 중층적 구조를 설명하고 있다. 즉 그에 따르면 큰 묶음의 경우 마르크스와 엥겔스가 대폭적으로 삭제한 것으로 보이며 남은 부분도 가필·수정·종선縱線에 의해 사라진 부분이 존재하는 등 기저고Urtext로서의 성격이 분명하다는 것이다. 그리고 7매의 용지로 구성된 작은 묶음의 경우에는 초안(〔1?〕-〔2?〕)과 정서고(〔1〕〔2〕〔3〕〔4〕)가 병존하며, 〔5〕 또한 정서고이나 앞서 언급한 보겐 6 이하의 큰 묶음과는 별개임이 명백하다는 것이다(앞의 논문, pp. 108~111).[11]

히로마츠는『독일 이데올로기』, 「I. 포이어바흐」 초고의 현상 형태

---

10) 본문 중에 나오는 〔1〕-〔5〕, 〔6〕-〔11〕 등은 초고의 오리지널에 매겨진 보겐 번호이고, S. 1~6, 8~29 등은 페이지 번호를 표시하는 일반적 양식이다.

11) 초고의 현상 상태에 대한 설명은 저자의 다음 논문을 참조하라. 정문길, 「마르크스-엥겔스의『독일 이데올로기』, 「I. 포이어바흐」 장의 재구성」(1),『세계의 문학』59호 (1991년 봄), pp. 322~331〔이 책, pp. 164~168〕.

〈표 4-1〉 큰 묶음의 보겐 및 페이지 번호 매김

Bogen (엥겔스 필적)	6 7 8 9 10 11***	20 21	84 85 86 87 88 89 90 91 92
Seite** a (마르크 스 필적)c d	8 12 16 20 oS* 27 9 13 17 21 24 28 10 14 18 22 25 (29) 11 15 19 23 26 (oS)*	oS* 33 30 34 31 oS* 32 35	40 44 48 52 56 60 64 68 72 41 45 49 53 57 61 65 69 oS* 42 46 50 54 58 62 66 70 / 43 47 51 55 59 63 67 71 /

* oS = ohne Seitennummer(페이지 없음).

** a, b, c, d = 각 보겐의 면.

*** 보겐 〔11〕은 당초 1블라트만 남아 있었으나 1962년 바네에 의해 나머지 1블라트가 발견되었고, 이 블라트의 c면(〔11〕-c)에 S. 29가 기록되어 있다.

에 대한 이상과 같은 면밀한 검토에 근거하여 아도라츠키 판의 위서로서의 성격을 통렬히 비판하고 있다. 즉 그는 A판의 편자가 『독일 이데올로기』를 "마르크스와 엥겔스에 의해 1846년 7월 출판이 좌절되기 이전에 계획한 대로" 재현하겠다고 천명했음에도 불구하고,[12] 그들이 지칭하는 편찬 계획은 초고의 그 어디에서도 찾아볼 수 없다고 주장한다. 단지 A판의 편자는 초고의 난외방주에 근거하여 초고를 여기저기에서 절단하고(그것도 파라그라프 단위가 아닌 파라그라프 그 자체까지도), 그 단편들을 그들이 표제라고 생각하는 이들 방주에 적당히 하속下屬, 배열시키고 있을 뿐이라고 히로마츠는 지적한다. 그리고 A판의 편자가 '편집을 위한 지시'라고 해석하고, 또 표제로 이용한 난외방주의 태반이 반드시 그런지 의문의 여지가 있으며, 표제로 이용하는 데도 이렇다 할 원칙이 보이지 않는다는 것이

---

12) MEGA¹ I/5(*Deutsche Ideologie*), Einleitung, S. XVII.

다. 특히 A판의 편찬에서 나타나는 놀라운 난폭성은 초고 S. 28의
미완성 문장 "〔……〕, wenn ihr 'Sein' ihrem"을 이렇다 할 초고상
의 지시나 직접적 연관성도 없는 초고 S. 8(이는 그 앞부분이 분실된
초고 큰 묶음의 시작 부분이다)의 "〔……〕 sich in Wirklichkeit und
für den praktischen Materialisten, d. h. Kommunisten, darum
handelt, 〔……〕"에 연결시킨 것으로 히로마츠는 이를 A판 편자의
'신비적 판독력'이라 비꼬면서 A판의 위서적僞書的 성격을 명료히 부
각시키고 있다(앞의 논문, pp. 111~116).[13]

한편 편찬 방침에 대해 이렇다 할 언급이 없는 R판은 초고의 사진
본을 충실히 활자화하고 있음은 사실이나 큰 묶음의 기저고를 중심
으로 작은 묶음을 둘로 나누어 기저고의 앞뒤에 배치하고 있음이 지
적되고 있다. 즉 R판은 기저고의 앞부분에 〔1?〕-ab, 〔2〕, 〔1?〕-cd,
〔2?〕, 〔5〕를, 뒷부분에 연속된 정서고 〔3〕, 〔4〕를 배치함으로써 기
본적으로 이 초고의 중층적 구조를 무시하고 있음을 지적하고 있다.
그리고 기저고 S. 36~39의 결손을 산실로 보는 리야자노프의 입장
을 비판하는 히로마츠의 주장은 이 부분을 개정 신고로 보완하려는
그의 신편집안과 관련되어 주목된다(앞의 논문, pp. 116~117).

어쨌든 초고 오리지널의 현상 형태에 대한 면밀한 개관과 기존의

---

13) MEGA¹ I/5, S. 32. 히로마츠의 논문에서는 1962년 바네가 암스테르담의 '국제사회사
연구소ISG'에서 발견한 3매의 초고 블라트가 언급되지 않고 있다. 그러나 이때 발견
된 초고 단편 중 1매가 분실된 것으로 간주되던 S. 29를 포함하고 있고, 본문에서 인
용한 S. 28의 문장은 S. 29에서 다음과 같이 완성된 문장으로 연결된다. "/28/〔……〕,
wenn ihr 'Sein' ihrem/29/ 'Wesen' nicht im entferntesten entspricht, so wäre
dies nach der erwähnten Stelle ein unvermeidliches Unglück, das man ruhig
ertragen müsse 〔……〕." S. Bahne, " 'Die Deutsche Ideologie' von Marx und
Engels. Einige Textergänzungen," *International Review of Social History*, Vol.
VII(1962), S. 96.

A판과 R판에 대한 비판이라는 수순을 거쳐 히로마츠는 마침내 그 자신의 새로운 편집안을 제시하고 있다. 저자는 이미 다른 기회에 그의 신편집안을 검토한 바 있으므로 여기서는 히로마츠 편집안의 핵심적인 내용만을 제시·설명하고자 한다.[14]

저자가 이해하기로 히로마츠 편집안의 핵심적 내용은 먼저 「I. 포이어바흐」 초고의 중층적인 구조를 인정하고, 다음으로는 3개의 블록으로 구분되는 기저고를 페이지 번호를 중심으로 배열한 뒤, 작은 묶음의 7매의 보겐(과 블라트), 특히 개정 정서고를 이들 3개 블록 간의 결손을 메우는 데 이용하고 있다는 점이다. 먼저 초고의 중층적 구조에 대한 그의 설명에 따르면, 기저고는 『독일 이데올로기』 제1권의 3편 구분이 이루어지기 전에 집필된 것으로 이들은 「I. 포이어바흐」 편을 위해 옮겨왔으나, 이를 수정·전개하는 과정에서 종선으로 말살되어 「II. 성 브루노」나 「III. 성 막스」로 옮겨가기도 했다는 것이다. 따라서 그는 큰 묶음의 제1블록(보겐 〔6〕-〔11〕; S. 8~28)은 제1권의 3편 구성이 이루어지기 이전에 집필되었으며, 제2블록(보겐 〔20〕-〔21〕; S. 30~35)과 제3블록(보겐〔84〕-〔92〕; S. 40~72)은 「III. 성 막스」를 집필하는 과정에 생긴 탈선부로 보고 있다.

한편 히로마츠는 작은 묶음의 〔1〕-ab는 4개 파라그라프로 된 〔1?〕-abc의 정서고로 제1편 전체의 서설이고, 〔2〕는 A장의 서론緖論으로 큰 묶음 제1블록의 첫머리(S. 8~10)와 연결됨으로써 완결되기에 S. 8 이전의 분실은 기껏 1페이지 정도로 보고 있다.[15] 그리고

---

14) 정문길, 「마르크스-엥겔스의 『독일 이데올로기』, 「I. 포이어바흐」 장의 재구성」(2), 『세계의 문학』 60호(1991년 여름), pp. 268~276〔이 책 제3장 3. 5 참조〕.

15) 특히 히로마츠는 S. 8로 시작하는 보겐 〔6〕 이전의 공백 페이지를 모두 7페이지로 본다면 〔1〕-ab＝2면, 〔2〕-abcd＝4면을 합하면 모두 6면이므로 분실은 단 1페이지에 불과하다고 본다. 그리고 작은 묶음의 보겐 〔2〕의 d면이 3분의 2가 여백이므로 보겐 〔2〕

240

작은 묶음의 〔1?〕-cd와 〔2?〕-a(〔2?〕-bcd는 여백), 〔5〕-abcd는 제1
블록 첫머리의 결론에 연이어 나오는 S. 11~16에서의 유물사관의
출발점의 제시부와 내용상 일치하므로 이를 S. 11~16의 이고異稿로
보고 있다. 한편 제1블록과 제2블록 사이의 S. 29는 명백히 분실된
것이나 히로마츠는 이 부분이 긴 문장은 아닐 것이라고 부연하고 있
다.[16] 그러나 히로마츠의 편집안 가운데 가장 특징적인 것은 작은 묶
음의 〔3〕-abcd와 〔4〕-ab(〔4〕-cd는 여백)의 6페이지가 큰 묶음 제2블
록과 제3블록 사이의 결손 부분, 즉 S. 36~39의 정서고라는 주장
이다. 즉 결손부 S. 36~39를 포함한 S. 36~52의 제3블록 앞부분
을 재산 제 형태의 역사적 단계에 맞추어 경제사적 역사를 기술한
것으로 파악하는 히로마츠는 S. 36~39가 결손이 아니라 마르크스
와 엥겔스가 정서고 〔3〕과 〔4〕로 이를 메우려 했다고 주장하고 있다.
그리고 이러한 사실은 정서고 〔4〕의 뒷부분이 제3블록의 머리 부분
과 약간 중복되고 있음을 통해서 증명된다고 한다. 특히 이 부분에
서의 재산 제 형태에 대한 서술을 제3블록 말미(〔92〕-b)의 메모에
나오는 재산 제 형태와 대비하여 설명하는 한편, 전기 〔4〕-b의 8할
과 〔4〕-cd가 여백인 점을 지적, 이는 마르크스와 엥겔스가 계속 집
필할 계획이었음을 보여준다고 지적함으로써 자신의 논지의 타당성
을 제고시키고 있다(앞의 논문, pp. 117~130).[17]

이후도 미완이지 산실은 아니라고 본다(廣松, 1965/春: 120~121).

16) 1962년, 바네에 의해 발견된 이 S. 29에는 실제로 그 우란에 S. 28의 우란에서 연결되
는 엥겔스의 장문의 서술이 있다(Hiromatsu, 1974: 61).

17) 히로마츠 편집안은 1965년의 이 논문 이후 그 자신에 의해서도 보강되었지만, 그 후
사반세기에 걸쳐 제기된 몇 가지 의문점이나 논점들은 1992년의 하야시 마사지林眞佐
事의 논문에서 구체적으로 해명·보강되었다(廣松, 1966/3/26; 1967/2/27; 1967/6;
1974/1; 1974/6; 1974/6/17~8/19; 1974/9/12; 林, 1992).

3. 2. 바가투리야 판의 출현과 히로마츠 판 텍스트의 출판

『독일 이데올로기』, 「I. 포이어바흐」의 텍스트에 대해 히로마츠가
충격적인 논문을 발표하던 시기에 러시아의 바가투리야는 이 책의 개
정 신판을 「K. 마르크스와 F. 엥겔스의 『독일 이데올로기』 제I장 초고
의 구조와 내용Struktura i soderžanie rukopisi pervoj glavy 'Nemeckoj ideologii'」
이라는 논문과 더불어 1965년의 『철학의 제 문제』 10월호와 11월호
에 발표한다. 바가투리야는 『독일 이데올로기』의 「I. 포이어바흐」가
수미일관되게 집필되었다기보다 서로 다른 시기와 다른 계기에서 씌
어진 5개의 단계로 구분된다고 본다. 즉 제I장(히로마츠가 제I편이라
한 것을 바가투리야는 제I장이라 한다)의 중핵을 형성하는 i) S. 1~
29[18]가 연대적으로 제일 먼저 집필되었고, 다음의 2개 묶음, 즉 ii)
큰 묶음의 제2블록〔S. 30~35〕과 iii) 제3블록〔S. 36~72(결손의 S.
36~39 포함)〕은 「III. 성 막스」의 집필 과정에서 씌어진 것인데 집
필 계획의 변경 때문에 제I장으로 옮겨온 것으로 보고 있다.[19] 그리
고 iv) 5페이지분의 〔1?〕과 〔2?〕, v) 16페이지분의 보겐 〔1〕-〔5〕가
집필된 것으로 보고 있다(バガトゥーリヤ, 1966: 194~195; 花崎,
1966/ 7: 108~109). 바가투리야는 마르크스가 매긴 페이지 번호를

---

18) 이는 큰 묶음의 제1블록으로, 당초 S. 8~28만이 유존했다. 그러나 1962년 바네가
　　IISG에서 발견한 3매의 블라트 중 1매에 마르크스가 매긴 페이지 번호 "1" "2"가 있어
　　이를 큰 묶음의 앞부분 S. 1, 2로 수용하고, 다른 1매에는 "29"라는 페이지 번호와 전
　　면 집필되고 삭제된 무번호 페이지가 있어 이를 분실된 큰 묶음 제1블록과 제2블록 사
　　이의 결손을 메우는 것으로 처리하고 있다. S. Bahne, "'Die Deutsche Ideologie' von
　　Marx und Engels. Einige Textergänzungen" 참조.
19) 제I장은 당초 포이어바흐, 바우어, 슈티르너를 동시에 비판하려고 했으나 계획의 변경
　　으로, 「성 브루노」와 「성 막스」를 별개 장으로 하고 포이어바흐를 상대로 한 일반적 서
　　론을 붙여 자신들의 견해를 적극적으로 전개하려 한 것으로 판단하고 있다(花崎,
　　1966/7: 109). 그러나 이 부분은 전체적으로 9페이지분(S. 3~7, 36~29)이 발견되
　　지 않은 것으로 바가투리야는 판단하고 있다(バガトゥーリヤ, 1966: 194~195).

242

기초로 하여 제I장을 편집하되 제I장 전체를 4부분, 26개의 파라그라프로 나누고, 이들 각각에 저자들이 붙인 2개의 표제를 포함하여 전체적으로 편집자가 표제를 붙이고 있다(バガトゥ-リヤ, 1966: 196~199; 花崎, 1966/7: 110~111).

그리고 러시아어 신판은 1966년, 기본적으로 같은 편집 원칙에 따르나 표제와 저자의 보필문補筆文에 약간의 차이가 있는 독일어 원문으로 동독에서도 발간된 바 있다(이는 일반적으로 동독 판이라 불린다).[20] 일반적으로 B판으로 지칭되는 이 바가투리야의 신판은 편자의 해설을 겸한 앞의 논문과 더불어 1966년에 하나사키 고헤이에 의해, 그리고 1967년에는 본문의 텍스트만이 나카노 유사쿠中野雄策에 의해 다음과 같이 일본어로 번역되었다.

* 바가투리야 판의 일본어 번역본(B판)

底本: K. Marks i F. Engels, *Fejerbach. Protivopoloznost' materialitičeskogo i idealističeskogo vozzrenij*, Moskau 1966.

1) ベ.カ.ブルシリンスキ- 監修/ゲ.ア.バガトゥ-リヤ編集/花

---

20) 바가투리야 판의 편찬 원칙과 특징에 대해서는 다음을 참조. 정문길, 「마르크스-엥겔스의『독일 이데올로기』, 「I. 포이어바흐」장의 재구성」(2), pp. 259~263〔이 책 제3장 3. 3〕. 저자는 이 논문에서 바가투리야 판을 동독의 독일어판(1966)과 동일하게 취급했다. 바가투리야의 러시아어판과 동독의 독일어판은 기본적으로 같은 편집 원칙에 입각하고 있으나 디테일에 있어서는 약간의 차이가 있다. 즉 전자가 전체. 원고를 4부 26개의 파라그라프로 나누고 이들 각각에 표제를 붙인 데 반해 후자는 이를 4부로 나누되 표제는 저자들이 직접 붙인 것만 수용하고 있다. 그리고 난외방주의 삽입에 있어서는 후자가 좀더 세심한 주의를 보이고 있다(廣松, 1967/6: 104 참조). 이 동독 판의 편자는 틸하인Inge Tilhein인데 그는 신MEGA I/2(『경제학·철학 초고』포함)와 I/5(『독일 이데올로기』)의 편찬 책임자인 동독 아카데미의 타우베르트Inge Taubert 여사와 동일인이다(坂間, 1974/12: 84 참조).

崎皐平, 『新版 ドイツ・イデオロギー』, 第I章「フォイエルバッハ
—唯物論的なみかたと觀念論的なみかたとの對立」. 付錄, ゲ・
ア・バガトゥーリヤ, 「K. マルクスとF. エンゲルスの『ドイツ・
イデオロギー』第I章 原稿の構造と內容」, pp. 189~213(東京: 合
同出版, 1966), 238 pp.
　2) 中野雄策譯, 「ドイツ・イデオロギー」, 『マルクス 經濟學·哲
學論集』, 世界の大思想, II-4(東京: 河出書房, 1967), pp.
199~273.

이 B판의 최초 일본어 번역자인 하나사키는 이 책의 출판에 앞서
『독일 이데올로기』의 「I. 포이어바흐」 신판에 근거, 마르크스 유물사
관의 전체상을 재조명하면서 히로마츠의 신편집안에 대해서도 언급
하고 있다. 여기에서 그는 히로마츠의 신편집안이 1962년 바네에 의
해 발견된 초고 단편을 고려치 않고 있으며, 수고를 직접 다루지 못
하는 제약으로 인해 집필 순서는 물론 II, III장(히로마츠의 편篇)과
의 중복 부분에 대한 오인이 불가피했으나 바가투리야의 신판 출현
을 예견한 노작이라고 평가하고 있다. 그러나 하나사키는 『독일 이
데올로기』 원고의 필적을 근거로 한 히로마츠의 엥겔스 주도설은 수
용할 수 없음을 명백히 하고 있다(花崎, 1966/7: 107~108).

　그러나 히로마츠에 대한 하나사키의 이 같은 비판에도 불구하고,
1965년의 바가투리야 신판의 출현은 히로마츠 자신을 포함한 일본
학계의 『독일 이데올로기』 연구에 새로운 가능성과 자신감을 불어넣
은 획기적 사건이었다. 당시 『독일 이데올로기』 제I편에 대한 히로마
츠의 문헌학적 연구는 즉각적으로 동조자를 얻을 수 없는 고독한 작
업이었다.[21] 그런데 바로 이 같은 외로운 작업이 제3국의 전문적 연

구자에 의해 동일한 결론——즉 전체를 40여 개의 단편으로 나누고, 이를 난외방주를 표제로 하여 재배치한 A판은 내적 논리와 연관성이 단절·파괴되었다는 바가투리야의 주장(バガトゥーリヤ, 1966: 193)——에 이르게 되었을 때, 히로마츠의 신편집안은 모치즈키 세이지의 표현처럼 "행복한 각광을 새로이 받게 되는"(望月, 1971/5: 75) 계기가 되었음은 두말할 필요도 없다.

그러나 B판에 대한 히로마츠의 반격은 결코 만만하지 않았다. 그는 우선 B판이 S. 1~7, S. 36~39의 결손 페이지를 산실로 처리한 데 대해, 이 두 부분은 진정한 결손이 아니라는 주장을 되풀이하고 있다. 다시 말하면 이 두 부분의 형식상의 결손은 앞서 언급한 바와 같이 작은 묶음의 청서고, 보겐 [1]-[2]와 [3]-[4]로 메워지기에 실질적인 산실은 겨우 1페이지 정도에 불과하다는 것이다. 그리고 [1?]-cd, [2?]-a, [5]-abcd도 S. 11 이하의 이고異稿로 처리해야 한다는 기왕의 주장을 반복하고 있다. 따라서 작은 묶음을 일괄하여 큰 묶음 앞에 배치한 바가투리야의 신판은 결국 "최초의 리야자노프판과 동공이곡同工異曲으로 소재를 재현한 데 불과하다"고 평가하고 있다(廣松, 1966/3/26: 200; 廣松, 1967/6: 103~104).

나아가 히로마츠는 1966년에 발표된 동독 판을 전기 B판과 더불어 면밀히 검토한 뒤, "이들 두 개의 신판은 두말할 것도 없이 '구판

---

21) 사실 히로마츠의 논문에 대한 일본 학계의 반향은 모치즈키 세이지望月淸司가 표현하듯 '이상한 침묵'이었다. 이는 히로마츠의 논문이 갖는 충격적 효과를 역추逆推하는 하나의 자료가 된다고 모치즈키는 지적하고 있다(望月, 1968/12: 110; 望月, 1973: 159). 그러나 다른 한편으로는 A판을 정면에서 비판한 히로마츠의 논문이나 B판의 출판과 번역에도 불구하고 A판에 근거한 번역본은 그 후에도 지속적으로 중쇄를 거듭하고 있었다. 사카마는 전기 A판의 6항(眞下 역 國民文庫版, 1965)이 1971년 8월 12일에 15쇄, 4항(古在 역 岩波文庫版, 1956)이 1970년 5월 30일에 22쇄에 이르고 있음을 보고하고 있다(坂間, 1972/2: 74; 望月, 1971/5: 63, 75 참조).

을 전거로 한 종래의 마르크스 해석을 근저로부터 뒤엎은' 것이다. 그러나 저자〔廣松〕가 보기에는 이들 신판은 의연히 '유고의 자료 가치를 사실상 무로 돌려버릴 정도의 중대한 결함'을 면할 수 없다"고 규정하고 있다. 다시 말하면 신판은 이 책의 초고에 나타나는 말살·수정·가필·필적·난외방주·부첩符牒 등을 상세하게 보고하지 않음으로써 i) 유물사관의 '확립 과정'을 알 수 있는 모처럼의 자료 가치를 상실케 하고, ii) 마르크스와 엥겔스 각각의 지분을 판별할 수 있는 자료 가치를 상실했으며, iii) 초고 전체를 재구성하여 그 내적 연관을 연구하는 데 필요한 모든 단서를 빼앗아갔다고 지적하고 있다(廣松, 1967/6: 105∼107).

어쨌든 히로마츠의 『독일 이데올로기』 제I편에 대한 문헌학적 연구와 그의 신편집안은 B판의 출현으로 그 당부 여하에 관계없이 일약 객관적인 가치를 확인받게 되었다. 따라서 일본의 마르크스학계는 초고의 재구성과 그 자료 가치를 구현시킬 수 있는 히로마츠 편집안에 근거한 신판의 편찬 문제를 구체적으로 거론하기에 이르렀다. 1968년 후지노 와타루藤野涉가 이와나미 문고판(岩波文庫版, A판의 4))과 국민문고판(國民文庫版, A판의 6))을 히로마츠설에 따라 재편집, 신편집 일본판新編輯日本版『독일 이데올로기』, 「제I편 포이어바흐」의 출판을 시도한 것이 그 일례이다(ザイデル, 1968/7: 98 まえがき). 그러나 후지노의 이 같은 시도는 자신의 언급에도 불구하고 구체화되지 못한 것으로 보인다. 그런데 히로마츠 편집안에 근거한 신판은 1969년 전혀 예기치 않았던 20대 초반의 한 대학생에 의해 출판되었다. "히로마츠 편집안『독일 이데올로기』제1권, 제I편 「포이어바흐」의 '자가용판自家用版'"이라 명명된 이 사카마본坂間本은 후지노가 시도한 신편집 일본판이 출판될 때까지의 연구상의 공백을

메우기 위해 만들어졌다고 편제자編製者인 사카마 마사토는 밝히고 있다(坂間本, 序文: 2). 물론 사카마본으로는 충족시킬 수 없는 텍스트상의 결함을 메우기 위해 개별 연구자들이 자가용본을 작제作製하여 사용하고 있음을 그들의 연구 논문들을 통해 역으로 추론할 수 있다. 그러나 이 사카마본은 후지노의 신편집 일본판이 끝내 출판되지 않음으로써 1974년 히로마츠 자신이 그간의 연구 성과를 섭렵한 뒤에 편찬·출판한 히로마츠 판에 이르기까지의 실질적인 연구상의 공백을 메운 것은 부인할 수 없는 사실이다. 이들 히로마츠 편집안에 근거한 일본어 판본을 구체적으로 열거하면 다음과 같다.

*** 히로마츠 편집안에 근거한 히로마츠 판(H판)**

1) 坂間眞人/F. エンゲルス, K. マルクス 著/『廣松涉編輯案, 『ドイツ·イデオロギー』, 第1卷 第1編「フォイエルバッハ」唯物論的な見方と觀念論的な見方との對立, 付錄 フォイエルバッハに關するテーゼ』(慶應大學 經濟學部內 解放ゼミナール 準備會, 1969. 12/改訂版 1970. 9/改訂3刷 1972. 6), ワ·プロ, 64 pp.

2) 新編輯版, カール·マルクス/フリードリヒ·エンゲルス, 『ドイツ·イデオロギー』第1卷 第1編, 廣松涉編譯, 全1券 2分冊〔原文テキスト篇 & 邦譯テキスト篇〕(東京: 河出書房新社, 1974). Karl Marx/Friedrich Engels, *Die Deutsche Ideologie*, Neuveröffentlichung des Abschnittes 1 des Bandes 1, mit textkritischen Anmerkungen, hrsg. von Wataru Hiromastsu (Tokio: Kawadeshobo-Shinsha Verlag, 1974).

여기서 앞의 두 개 판본 중 2)의 히로마츠 신편집판의, 특히 원문 텍스트 편의 편찬 체제에 대해 간략히 언급할 필요가 있다. 히로마츠 편집안의 백미는 그 타당성에 관계없이 큰 묶음의 기저고를 근간으로 하여 작은 묶음의 7매의 초고를 적의適宜 배치하는 데 있다. 이의 문헌학적 근거에 대해서는 이미 저자도 다른 글에서 검토한 바 있고,[22) 또 앞에서도 간략히 서술했다. 그러므로 여기서는 텍스트의 편찬 체제만을 간단히 언급함으로써, 그것이 왜 오늘날 일본 학계에서 학문적 연구를 위한 보편적 텍스트로 이용되고 있는지 알아보고자 한다.

먼저 2면 조판을 시도한 히로마츠 판은 좌우 2란으로 나누어진 초고의 각 페이지를 원칙적으로 2면에 걸쳐 게재하고 있다. 즉 초고 각 페이지의 좌란에 씌어진 지문Grundtext은 짝수 면에, 초안이나 이고異稿, 그리고 우란의 보필·수정·지시·방주는 '원칙적'으로 홀수 면에 배치한 것이 가장 큰 특징이다.[23) 여기에 초고 곳곳에 종선과 횡선으로 말살된 부분도 모두 세자細字로 살리고, 마르크스와 엥겔스

---

22) 정문길, 「마르크스-엥겔스의『독일 이데올로기』, 「I. 포이어바흐」 장의 재구성」(2), pp. 268~276〔이 책 제3장 3. 5 참조〕.

23) 히로마츠 판의 2면 조판이라는 괄목할 만한 편찬 체제는 1972년에 출판된 신MEGA 시쇄판의『독일 이데올로기』, 「I. 포이어바흐」의 2란 조판과도 무관하지 않은 것으로 보인다. Karl Marx/Friedrich Engels, "Die Deutsche Ideologie. I. Band, Kapitel I. Feuerbach," MEGA² *Probeband*(Berlin: Dietz Verlag, 1972), S. 33~119. 그러나 신MEGA 시쇄판의 2란 조판이 갖는 텍스트의 협착함이나 이고명세異稿明細에 보이는 공관적共觀的 방식의 첨삭이 갖는 복잡함을 경험한 사람들에게는 히로마츠 판의 2면 조판이 돋보일 수밖에 없다. 한편 여기서 '원칙적'이란 표현은 편자 자신의 의지에도 불구하고 대부분의 방주(단어, 부첩, 짧은 문장)가 출판상의 경제적 이유로 각주로 밀려나 있음을 의미한다. 오리지널의 행별 대응行別對應까지도 고려한 편자의 이같은 난외방주 처리에 의문을 가진 저자는 1991년 10월 12일, 편자와의 대화에서 이 문제를 거론한 바 있으며, 이러한 사정은 편자 자신에 의해 다른 기회에 언급된 바 있음도 확인하게 되었다. 그러나 저자로서는 신MEGA I/5의 출판이 무작정 천연되고 있는 현재의 상황에서는 이들 방주를 홀수 면으로 원상 복귀시키는 개정판의 출판이 절대적으로 필요하다고 판단된다(廣松版, 1974; '原文篇', xvi의 IV. 2, IV. 2. 1, IV. 2. 4. 4. 항; 廣松, 1974/6/17~8/19: 294).

의 필체를 서로 다른 활자로 처리하여 초고의 전모를 일목요연하게
되살린 것은 "초고의 편집 문제에 신기원을 개척한 획기적인" 업적
이라 하겠다(重田, 1974/12: 144). 따라서 권말의 본문이고本文異稿
를 봐야 하는 구MEGA나 아파라트에 무수한 기호를 첨부한 신
MEGA 시쇄판의 공관共觀, Synopsis 방식이 주는 번잡함을 피한 히로
마츠 판은 연구자의 편의 측면에서는 다른 판본과는 비교가 되지 않
을 정도로 발군이다. 그러므로 일본 연구자들 사이에서『독일 이데
올로기』, 「I. 포이어바흐」의 독일어 원문과 관련해서는 신MEGA I/5
가 출판되기까지는 히로마츠 판이 우선 선호될 것으로 보인다.[24]

　이상으로 1965년 히로마츠의『독일 이데올로기』제I편에 대한 문
헌학적 비판과 그것에 근거한 히로마츠 편집안이 바가투리야 신판의
출현으로 그 객관적 위상을 고양시켰을 뿐만 아니라 1974년 마침내
일본의 '개인 연구자'인 히로마츠 자신에 의한 히로마츠 판『독일 이
데올로기』의 출판에 이르게 된 저간의 사정을 살펴보았다.[25] 1965년

---

24)『독일 이데올로기』가 게재된 신MEGA I/5는 1989년 베를린 장벽이 붕괴되기 직전까
　　지는 베를린의 '마르크스-레닌주의 연구소IML'에 의해 1990년대 초에 발간될 예정이
　　었으나 갑작스러운 동구권의 몰락으로 이의 출판 작업은 트리어의 '칼-마르크스-하우
　　스'로 인계되었다. 그리고 '칼-마르크스-하우스'는 기왕의 IML의 편집 방침에 근거
　　하여 이를 1994년경에 발행하려 한 바 있다. 그러나 1992년, 신MEGA의 속간 작업을
　　인수받은 '국제 마르크스-엥겔스 재단IMES'이 MEGA의 편집 지침을 전면적으로 수
　　정함에 따라『독일 이데올로기』의 편집 원칙도 근본적인 수정을 피할 수 없게 되어, 이
　　의 출판 작업은 새삼 초기 단계로 되돌려지게 되었다. 정문길, 「편찬사를 통해서 본
　　『독일 이데올로기』」, p. 1169〔이 책, p. 27〕의 주 3); 정문길, 「마르크스-엥겔스의
　　『독일 이데올로기』, 「I. 포이어바흐」 장의 재구성」(2), p. 268〔이 책, p. 201〕의 주
　　58); 정문길, 「전환기의 풍경—공산권 붕괴 이후의『마르크스-엥겔스 전집』속간 사
　　업」, 『문학과사회』18호(1992년 여름), pp. 604~607; J. Rojahn, "Bericht über
　　die Konferenz in Aix-en Provence(23.~28. März 1992) zur Revision der
　　Editionsrichtlinien der Marx-Engels-Gesamtausgabe(MEGA²)" 참조.
25) 이 과정에서 일본의『독일 이데올로기』제판본의 번역사를 일별한 셈이다. 그런데 여
　　기서 주목할 것은 1972년에 출판된 신MEGA 시쇄판의 일본어 번역이 없다는 점이다.
　　이것은 이 시쇄판이 곧장 출판되기로 예정된 신MEGA I/5에서의 정식 텍스트의 출현

"현행판(A판을 의미)『독일 이데올로기』는 위서에 다름 아니다"라는 폭탄선언으로『독일 이데올로기』연구사에 신기원을 이룩한 히로마츠의 논문은 일본에서 이 책의 텍스트에 대한 관심을 새삼스럽게 제고시켰음은 물론이요, 새로운 텍스트에 근거한 기존의 마르크스주의에 대한 재해석, 또는 이론적 논쟁을 야기시켰다. 이에 저자는 히로마츠 논문에 의해 야기된 일본에서의 마르크스주의에 대한 재해석, 또는 이론적 논쟁을 좀더 구체적으로 검토해보고자 한다.

4.『독일 이데올로기』논쟁의 전개

4.1. 히로마츠의 엥겔스 주도론과 지분 문제

이미 앞부분의 서술 과정에서도 명백해졌지만, 히로마츠의 논문은 지금까지 부동의 권위를 자랑하던 구MEGA의『독일 이데올로기』,「I. 포이어바흐」의 텍스트를 위서로 규정한 만큼, 미완성의『독일 이데올로기』연구에 있어서는 이 책의 신뢰할 만한 텍스트가 출판되기까지 오리지널에 근거한 연구가 불가피하다는 점을 명백히 했다. 따라서 그의 논문은 위서에 의거한 종래의『독일 이데올로기』연구를 무로 돌리면서, 이후의 이 책에 관한 연구(『독일 이데올로기』를 포함하는 초기 마르크스와 엥겔스의 연구까지도)에 대해 근원적이고도 획기적인 변화를 초래했다. 그 가운데서 가장 괄목할 만한 것의 하나는『독일 이데올로기』, 특히 그중「I. 포이어바흐」가 엥겔스 주도로 씌어졌다는 히로마츠의 주장이다.

을 전제로 한 것이고, 또 이 시쇄판의 반포에 뒤이어 나타난 히로마츠 판에 대한 일본인 스스로의 자신감에서 유래한 것으로 보이기도 한다(廣松, 1974/1).

『독일 이데올로기』 제I편의 초고 오리지널을 검토하는 과정에서 히로마츠는 원고의 지문이 엥겔스의 필적이라는 사실에 주목하고, 이 부분에서 그의 역할이 단순한 청서淸書에 그치는 것이 아니라 오리지널한 것이라고 주장하고 있다(廣松, 1965/春: 104~105). 마르크스와 엥겔스의 지분 문제에 관한 논의는 이미 1920년대에 구스타프 마이어에 의해 제기된 바 있으나[26] 마르크스주의 연구에서, 특히 『독일 이데올로기』와 같이 두 사람의 공동 저작의 경우 각각의 지분을 엄격하게 구분하는 것은 일반적으로 무의미한 것으로 받아들여진 것이 사실이다. 따라서 두 사람의 공저이긴 하지만 마르크스가 주도했다는 것이 통설이었던 『독일 이데올로기』를 엥겔스가 주도해 썼다는 주장이 제기되자 일본 학계는 지분 문제에 대해 더 관심을 갖게 되었고 더불어 초기 엥겔스 연구에 박차를 가하게 되었다.[27]

앞에서도 언급한 바 있지만 하나사키는 바가투리야 판의 출현에 즈음하여 그에 선행하는 히로마츠 편집안이 일본에서 제기된 데 대해, B판의 출현을 예견한 노작이라고 찬사를 보내면서도 『독일 이데올로기』의 초고에 나타나는 '필적을 근거로 한' 히로마츠의 엥겔스 주도설을 신랄하게 비판하고 있다(花崎, 1966/7: 107~108). 이에

---

26) 정문길, 「편찬사를 통해서 본 『독일 이데올로기』」, p. 1173〔이 책, pp. 31, 33〕; 정문길, 「『독일 이데올로기』는 계간지용 원고로 집필되었나?」, 『문학과사회』 22호(1993년 여름), pp. 644~647〔이 책 제2장 4절 참조〕.

27) 일반적으로 엥겔스에 대한 독립적 연구는 레닌의 마르크스-엥겔스 일체관에 의해 한미閑微한 편이다. 1950년대 이래 엥겔스의 저작 앤솔러지나 그에 대한 독립적 연구가 역사적 기념일(예를 들면 탄생 130주년 등)을 기회로 출판되는 등 그에 대한 연구가 점차 활기를 띠고 있다. 그러나 공산주의 국가에서는 레닌의 마르크스-엥겔스 일체관이 지배적이고, 서구의 경우에는 그를 천박하고 기계적인 유물론자로 취급하는 루카치 G. Lukács나 코르시K. Korsch 유의 연구가 주류를 이루고 있다. 한편 일본의 엥겔스 연구사에서 히로마츠의 업적, 특히 유물론 형성 과정에서 엥겔스가 적극적으로 기여했다는 그의 견해는 긍정적으로 평가되고 있는 것으로 보인다(杉原, 1970/3: 1970/11~12, 특히 1970/12: 92~95 참조).

대해 히로마츠는 자신의 엥겔스 주도설이 결코 필적만을 근거로 한 것이 아니라고 주장하면서 리야자노프 이래의 구술필기설을 다각도로 검토·반박하고 있다(廣松, 1984: 110~119). 그러나 히로마츠의 1965년 논문만을 검토한다면, 그는 자신이 주장하는 엥겔스 주도설을 뒷받침할 만한 근거를 제시하지 못하고 있다.[28] 그러기에 우리는 1966년 이래의 그의 엥겔스 연구에 관심을 갖게 된다.

히로마츠는 1966년 「초기 엥겔스의 사상 형성」이라는 논문을 필두로 1968년 그의 야심적인 『엥겔스론—그 사상 형성 과정』에 이르기까지 정력적인 엥겔스 연구를 통해 엥겔스의 초기 사상 형성 과정을 면밀히 검토하고 있다.[29] 그는 종래의 연구가 마르크스와 엥겔스를 일체—體로 취급함으로써 엥겔스의 독창성을 간과했다고 지적하고, 이 같은 과소평가의 원인으로 i) 만년의 엥겔스의 겸손을 사람들이 액면 그대로 받아들이고, ii) 그런 선입견을 가지고 마르크스의 『정치경제학 비판을 위하여』 서문을 접하는가 하면, iii) 초기 엥겔스의 논고가 오랫동안 복각復刻되지 않았기에 검증의 기회가 없었으며, iv) '유물사관을 탄생시킨 책'이라는 유명세로 인해 『독일 이데올로기』가 주로 마르크스에 의해 씌어졌다는 그릇된 발상을 갖게 되었음을 열거하고 있다(廣松, 1966/9: 1; 1968a: 243~245). 따라서 그의 연구는 『독일 이데올로기』와 관련하여 주로 제 iv)의 오해를 입증하는 데 집중되고 있다.

---

28) 그는 집필자가 주로 엥겔스임을 상기시키고, 나아가 "1845~1846년으로 말하면 마르크스와 엥겔스가 급속히 헤겔 좌파의 잔사殘渣를 극복하고, 새로운 사상의 형성을 진행시켜 나가던 시기이기에 원고의 내용은 때에 따라 전후 간에 모순을 드러낸다. 게다가 두 사람의 견해도 아직 일치한 것은 아니었다"고 지적하고 있으나 이것이 엥겔스 주도설의 근거가 될 수는 없다(廣松, 1965/春: 104~105).

29) 그는 당초 3부작의 『엥겔스론』을 계획한 것으로 알려졌으나, 여기에 언급한 제1부만이 1968년에 출판되었다.

그는 먼저 자신의 연구를 『독일 이데올로기』의 집필 시기인 1845
~46년 이전 시기로 소급·확대하여 엥겔스의 사상적 궤적을 엄밀히
추적한 뒤, 그것을 마르크스의 궤적과 비교하고 마침내 엥겔스의 사상
적 우위를 증명하는 데 이르고 있다(廣松, 1966/9; 1967/8; 1968a).
여기에 한걸음 더 나아가 자신의 『독일 이데올로기』 제I편의 문헌학
적 연구에 근거하여, 기저고Urtext가 일부의 논자들이 억측하듯 i) 구
술필기된 것이 아니며, ii) 메모에 근거한 문장화도 아니고, 또 iii)
사전의 토론을 통해 '합의'된 것을 글로 옮긴 것도 아니라는 점을 명
백히 하면서 그 근거로 다음의 세 가지 사실을 열거하고 있다(廣松,
1968a: 301~302).

  첫째, 「포이어바흐에 관한 테제」, 『경제학·철학 초고』의 입론立論과
중복되는 문장이 이 미정고未定稿에도 명백히 재현되고 있으나 이들은
모두가 마르크스 자신이 뒤에 추보追甫한 것이지 엥겔스의 지문地文에
는 보이지 않는다.

  둘째로, 약간의 기초적인 용어, 예를 들면 '이데올로기'라는 단어
의 용법이 양자 간에 서로 다르며, 또 다른 예로 '자연생적自然生的, natur-
wüchsig'이라는 특수한 의미로 쓰이는 단어가 혼재되어 있다(즉 지금
까지 두 사람 중 한쪽만이 사용한 용어는 유고에서도 한쪽만 사용하
고 있는 것). 그리고 생산력이라는 기본적인 개념을 표현하는 데 마
르크스는 일관되게 Produktivkraft/Produktivkräfte로, 그리고 엥겔
스는 최구층最舊層에서 Produktionskraft/Produktionskräfte라는 별도
의 단어를 쓰고 있다.

  셋째로, 엥겔스의 지문은 사상이 용솟음치듯 씌어졌으나 그 문장이
문법적으로 붕괴되지 않고 문법상의 오기誤記의 정정이 전무에 가까우

나, 마르크스의 문장은, 특히 부문장의 경우 문법적으로 흐트러짐이
많은데, 구술필기라면 이런 현상이 심하리라고 예상된다.

따라서 그는 종래의 "통설과는 반대로 '유물사관 및 그것과 불가
분의 관계에 있는 공산주의 이론의 확립에 있어서 제1바이올린을
켠' 것은 합주의 '초기에 관한 한' 오히려 엥겔스였다는 사실을 확인
하지 않을 수 없다"고 분명히 밝히고 있다(廣松, 1966/9: 2; 1968a:
244; 1967/10도 참조). 여기서 히로마츠가 '초기에 관한 한'이라고
한정한 그 '초기'를 『독일 이데올로기』 집필 과정의 어느 시점으로
잡느냐는 논의의 여지가 있지만 문맥으로 보아 이 책의 제I편 「포이
어바흐」, 아니면 적어도 큰 묶음의 기저고 집필 시기를 말하는 것으
로 보인다.

그런데 여기서 주목할 것은 히로마츠가 『독일 이데올로기』 집필
초기의 제1바이올리니스트로서의 역할을 『독일 이데올로기』에서 유
물사관이 확립되는 중요한 계기로 파악하고 있다는 점이다. 이미
1843년 이래 공산주의에 찬동하는 입장을 견지해온 엥겔스는 일찍
부터 바우어와 헤스는 물론, 포이어바흐까지도 비판하면서 유물론적
입장에 서 있었다는 것이다. 따라서 이 시기의 엥겔스는, 아직도 포
이어바흐와 헤스의 영향권에 놓인 채 헤겔 유의 자기 소외론에 머물
러 있는 마르크스로 하여금 자신이 확립한 유물사관을 매개로 물상
화론으로 도약하게 한 중요한 계기를 마련했다는 것이다. 다시 말하
면 '유물사관을 탄생시킨 책'인 『독일 이데올로기』, 「I. 포이어바흐」
에 나타난 유물사관은 엥겔스의 제창에 의한 것이고, 마르크스는 엥
겔스의 선행·선도에 따라 자기 소외론을 청산하고 물상화론으로 옮
겨가게 되었다는 것이다. 그러므로 히로마츠에게 있어서 『독일 이데

올로기』, 「I. 포이어바흐」의 엥겔스 주도설은 결국 이론적으로도 당연한 귀결인 셈이다(廣松, 1966/9; 1967/8; 1968a: 4~6章).

4.2. 모치즈키의 마르크스-엥겔스의 지분 검토와 이론상의 편차 문제

앞에서 히로마츠의 『독일 이데올로기』 제I편에 대한 문헌학적 연구의 결과, 이 책이 필적으로 보아 엥겔스에 의해 주로 집필되었고, 이 같은 외관상의 특징은 결국 유물사관의 전개에 있어서 그의 선도적 역할을 감안할 때, 엥겔스 주도설을 보장해주는 하나의 중요한 단서로 이용되고 있음을 보았다. 따라서 『독일 이데올로기』와 관련되는 한, 마르크스와 엥겔스, 그리고 마르크스주의의 이론적 형성 과정에 대한 연구는 적어도 히로마츠 이래, 텍스트의 오리지널에 근거한 두 사람의 지분持分 문제를 무시하고서는 무의미한 것으로 받아들여지는 것이 일본 학계의 당연한 추세로 수용되었다.

일본에서 최초로 A판이 아닌 바가투리야의 신편집판에 근거하여 『독일 이데올로기』의 「I. 포이어바흐」를 일본어로 번역한 하나사키는 이의 출판을 계기로 이 책에 나타난 마르크스와 엥겔스의 유물사관을 재정리한 바 있다. 하나사키는 '인간으로서의 인간' '유적 본질' '자기 소외' 등의 카테고리를 해체함으로써 헤겔의 굴레에서 벗어나는 것이 『독일 이데올로기』 단계에서의 그들의 과제라고 지적하면서(花崎, 1966/7: 114), 이 책에 나타나는 유물론적 역사관의 전체적 구상을 바가투리야가 고증한 「I. 포이어바흐」 장의 집필 순서에 따라 새로이 읽음으로써 조망한 바 있다. 특히 그는 이러한 독해를 통해 교통 개념의 중요성에 착안, 이를 중심으로 하여 교통 시점과 같은 포괄적 카테고리의 가능성을 제기하고 있다. 다시 말해 하나사키는『독일 이데올로기』제I장에 나오는 '현실적 제 개인' '살아 있는 제 개인'의 요구가 그 충족을 매개로 하여 확대되고 이와 관련된 활동과 그 성과의 복합체를 바로 현실적 진리로서 정립하고 있다는 것이다. 그리고 이 같은 인간적 요구를 충족하는 활동으로서 생산(노동)과 교통(가족·분업·공동 사회)이라는 2개의 기초적 카테고리에 주목하고, 이를 통해 교통 개념을 재평가하고 있는 것이다(앞의 논문, pp. 120~121). 나아가 그는 마르크스와 엥겔스가 생산과 교통의 종합인 '시민사회'에서의 자연 성장적, 국지적 협동(이는 비유기성·비계획성·수동성·우연성 등의 개념과 상보적이다)이 의식적·계획적·전면적인 협동으로 전화되는 것을 공산주의라고 지칭하고 있음을 지적하고 있다(앞의 논문, p. 115).

그러나 마르크스-엥겔스의 유물론적 역사관에 대한 하나사키의 조망은 기본적으로 그들 두 사람 간에 아무런 견해 차이가 있을 수 없다는 종래의 통설에 근거하고 있기에 이 책에 나타나는 갖가지 개념·범주, 그리고 서술상의 차이를 간과하고 있다는 비난을 면치 못하고 있다. 즉 마르크스-엥겔스 일체설에 근거한 B판의 독해는 그로 하여금 이 책에 나타나는 논리적·역사적 제 개인, 소외, 자연성장성, 자연 성장적 대립의 지양으로서의 공산주의 혁명, 분업과 역사적 발전, 공동 사회＝공산주의 사회, 생산과 교통 형태, 시민사회 등에 대한 미묘한 뉘앙스의 차이나 이론적인 상치, 논리적 부조화를 인식하지 못하게 했다는 것이다. 따라서 B판에 대한 하나사키의 논평이 바가투리야의 해설을 능가함에도 불구하고(望月, 1968/12: 111), 그의 이 같은 성과가 이론상의 해석이 문헌학상의 문제를 매개로 하여 전개되는 지분 문제를 중심으로 한 일본 학계의『독일 이데올로기』및 마르크스주의 형성 과정의 연구에서 이렇다 할 주목을 받지 못하게 된 것은 불가피한 일이라 하겠다(沖浦 등, 1974/3: 7~8; 重田, 1974/12: 140).

『독일 이데올로기』 연구에 있어서 지분 문제를 근거로 한 마르크스와 엥겔스의 이론적 편차 문제를 최초로 제기한 사람은 히로마츠라기보다 모치즈키 세이지望月淸司라고 보는 것이 타당하다. 왜냐하면 히로마츠는 자신의 문헌학적 연구, 특히『독일 이데올로기』에 이르기까지의 엥겔스의 저술에 기초하여, 이 책의 제I편이 엥겔스에 의해 주도되었다고 보기에 두 사람 사이의 이론적 편차가 적어도 텍스트상으로 현저하게 나타나는 것으로 보지는 않기 때문이다(廣松, 1974/12: 7). 다시 말하면 히로마츠는 엥겔스가 제1바이올린을 켜더라도, 그것이 마르크스와의 합주 양식 자체를 깨뜨릴 정도의 부조화를 표면화시킨 것은 아니라고 본다.

이에 반해 모치즈키는 자신이 "히로마츠 씨의 충격적인 '엥겔스 집필설'에 〔……〕 강렬한 계시를" 받았음을 인정하지만, "『독일 이데올로기』의 핵심적 논리라고 말할 수 있는 분업의 논리 구조를 이해함에 있어서, 아직도 그것을 엥겔스의 구상이라고 단정하는 데는 주저하지 않을 수 없다"고 술회하고 있다(望月, 1968/12: 110). 나아가 그는『독일 이데올로기』 제I장의 어떤 곳에서는 분업의 폐기가 공산주의라고 주장되는가 하면, 또 다른 곳에서는 공산주의가 분업의 세계적 보편화 위에서만 가능한 것으로 전망되는 등 엄청난 위화감을 경험하게 된다는 것이다. 따라서 그는 "『독일 이데올로기』를 하나의 수미일관한 노작으로 이해하려는 사람들이 반드시 감지하게 되는 어떤 위화감을 위화 그 자체로 분석함으로써, 두 개의 분업론이 두 사람 각각의 세계사상世界史像의 어떠한 맥락에 위치하고 있는지를 검출하기 위해" 두 사람의 지분을 분리하는 작업을 시도하고 있다(앞의 논문, pp. 110~111).

모치즈키는 우선 『독일 이데올로기』에 나타나는 논리적·역사적 원점으로서의 '제 개인'이 [1?]-cd~[2?]-a(작은 묶음의 청서이고淸書異稿)에서는 '현실적 제 개인die wirklichen Individuen'으로, 그리고 S. 11~16(큰 묶음의 제1블록)에서는 '수명의 개인mehrere Individuen'으로 표현되고 있으며, 그 함의 또한 현격한 차이가 나는 것에 유의하여 이를 부연·대비시키고 있다. 우선 앞의 '현실적 제 개인'은 청서이고에서 다음과 같이 규정되고 있다.

> 우리가 출발하는 제 전제는 [……] 현실적 제 전제이다. [……] 그 것은 현실적 제 개인이며, 그들의 행위와 그들의 물질적 생활 제 조 건이다.
> 모든 인간 역사의 최초의 전제는 두말할 필요도 없이 살아 있는 인 간적 제 개인의 존재이다.[30] ([1?]c-d/Hiromatsu, 1974: 23)

따라서 여기서 언급되는 제 개인은 생리적으로 먹고 마시지 않으면 안 되고, 그러므로 이를 위한 생활 수단을 생산하지 않으면 안 된다. 그러나 이 생산양식은 제 개인의 육체적 존재의 재생산만이 아

---

30) 생략되지 않은 이 부분의 원문은 다음과 같다. /[1?]-c/ Die Voraussetzungen, mit denen wir beginnen, sind keine willkürlichen, keine Dogmen, es sind wirkliche Voraussetzungen, von denen man nur in der Einbildung abstrahieren kann. Es sind die wirklichen Individuen, ihre Aktion und ihre materiellen Lebensbedin-gungen, sowohl die vorgefundenen wie die durch ihre eigne Aktion erzeugten. Diese Voraussetzungen sind also /[1?]-d/ auf rein empirischem Wege konsta-tierbar.

Die erste Voraussetzungen aller Menschengeschichte ist natürlich die Existenz lebendiger Individuen [……].

닌, 제 개인 상호간의 '교통Verkehr'을 시원적으로 전제하고 있다는 것이다. 그러므로 이 '제 개인'은 i) 물질적 생산에 종사하는 제 개인, ii) 그 생산 과정을 통하여 하나의 '교통 형태'를 형성하는 제 개인, iii) 개인의 의식으로부터 독립된 운동＝발전 법칙을 갖는 사회 속의 제 개인으로 "유물사관의 입각점·출발점"이라고 모치즈키는 지적하고 있다(望月, 1968/12: 111~112). 그리고 이상과 같은 서술은 마르크스의 방주·추기追記·정정訂正이 전혀 붙어 있지 않는 제 절諸節에 속한다고 부기하고 있다(앞의 논문, p. 112).

그러나 바가투리야에 의해 "역사의 본원적 관계, 혹은 사회적 활동의 기본적 제 측면, 생활 수단의 생산, 새로운 요구의 산출, 인간의 생산(가족), 교통, 의식"이라는 소제목이 붙은 후자의 경우(S. 11~16)는 마르크스의 방주가 여섯 군데에나 붙어 있는 부분으로 역사의 출발점으로서의 인간이 논의되고 있다. 즉 여기서는 "모든 역사의 제1의 전제, 즉 인간이 '역사를 형성'하기 위해서는 살아가지 않으면 안 된다는 전제"를 확인하면서, "살아가기 위해서는 무엇보다도 먼저 먹는 것, 마시는 것, 주거, 의복 그리고 다른 약간의 것"이 필요하다고 서술하고, 이 같은 요구를 충족하기 위한 제 수단의 산출, 물질적 생활 그 자체의 생산이 "제1의 역사적 행위" "수천 년 전부터 오늘에 이르기까지의 전 역사의 근본 조건으로서의 역사적 행위"로 지적되고 있다(S. 11/Hiromatsu, 1974: 22). 그리고 '제2의 중요사'는 이들 욕구가 새로운 제 욕구를 창출하는 것이고, '제3의 사태'는 인간이 인간을 만드는 과정, 즉 번식이 비롯되고 여기서 형성된 가족이 최초의 '유일한 사회적 관계das einzige soziale Verhältnis'를 이루는 것으로 지적되고 있다. 이상의 사회적 활동의 3측면, 3계기에 다시 제4의 계기로서 협동Zusammenwirken이 부가되는 데, 이 경우의 협동은 몇 사람의 개인mehrere Individuen의 생산적 노동의 결합으로서의 '협동'을 의미하는 것이다(S. 13/*Ibid.*: 26). 다시 말해 여기서의 생산＝노동의 최종적 단위는 '제 개인'이 아닌 '개인'으로 환원되는 것이다. 어쨌든 S. 11～16에서 다루고 있는 '근원적인 역사적 관계의 4계기, 4측면'은 서로 다른 단계의 것이 아닌 "역사의 출발점에서부터, 최초의 인간 이래로 동시적으로 존재했던, 그리고 오늘날에도 역사적으로 유효하다"(S. 12/*Ibid.*: 24)는 것이다(望月, 1968/12: 112～113).

그러나 이 단계의 협동에서 우리가 주목하는 것은 그것이 사적 소유에 근거한 분업과 결합되지 않고 있다는 점이다. 사적 소유＝교환을 전제하지 않는 협동은 『경제학·철학 초고』의 용어로 볼 때 '진정한 현실적 공동 조직' '진정한 유적 생활'을 의미하는 것이다. 따라서 "헤스의 '사회적 교통' 개념을 '분업'의 기초 범주로 받아들일 만큼 이미 역사 사회상을 획득한 마르크스가 이제 새삼스럽게 '협동' 개념을, 더욱이 소외 논리의 이러저러한 내적 성숙도 전제하지 않고 동원하지 않으면 안 되는 필요나 필연성은 전혀 인정되지 않는다"고 모치즈키는 주장하고 있다(앞의 논문: 114～115).

모치즈키의 마르크스-엥겔스의 지분론은 바로 이 시점에서 제기된다. 즉 그는 마르크스의 방주·추기가 없는 서술 부분(〔1?〕-cd)에 보이는 '제 개인'과 방주가 붙어 있는 서술 부분(S. 11～16)에 있는 '인간들＝몇 사람의 개인'을 비교·대조하고 있다. 그리하여 그는 『독일 이데올로기』 직전까지 마르크스가 도달한 사상적 수준에 비추어 전자가 친화적인 데 반해 후자는 다분히 불협화적이라고 주장하면서, '제 개인'과 '개인'이라는 별개의 범주로부터 어떠한 분업론이 도출될 수 있는가를 검토하고 있다(앞의 논문, pp. 115～126).

여기서 『독일 이데올로기』 제I장에 대한 모치즈키의 2개의 분업 개념의 계보, 즉 '분업＝사유→계급 계보'(엥겔스)와 '분업＝소유→교통 계보'(마르크스)의 추적 과정을 재론할 여유는 없다. 단지 그가 어떠한 절차를 통해 이 같이 두 사람의 지분을 판별하고 있는지 일별할 필요는 있다. 그는 1968년의 「『독일 이데올로기』에 있어서 분업의 논리」 이후 두 차례에 걸쳐 이 문제를 구체적으로 거론하고 있는데, 이를 요약하면 대개 다음과 같다.

그는 우선 『독일 이데올로기』의 본문이 엥겔스의 필적으로 씌어졌기에 본문 기저고의 문언文言만으로는 그것이 두 사람 중 누구의 것인지 판별되지 않으므로 다음과 같은 전거를 제기한다(望月, 1973: 200~201; 1971/5: 83~86; 沖浦 등, 1974/3: 14~15).

i) 마르크스의 필적에 의한 비교적 장문의 난외주기는 두말할 필요 없이 마르크스의 사상으로 읽는 것이 제1전거다. 물론 거기에는 어느 정도의 분량이 필요하다.

ii) 다음으로 난외주기가 씌어진 본문의 해당 개소該當個所 및 그 전후 일련의 서술이 그 난외주기와 논리적으로 정합整合한다고 인정되는 경우, 그 본문의 일정 개소를 마르크스의 것으로 추정한다. 이것이 제2의 전거다.

iii) 셋째로는 첨가된 난외주기나 가필加筆이 a) 해당하는 본문의 서술 내용을 더욱 정확히 규정하는 식으로 톤을 높일 때, 바꾸어 말하면 포지티브한 가필을 하는 경우와, b) 반대로 가필이 본문의 기사에 비판적이기에 가필에 의해 내용이 다른 의미를 갖게 되는 경우를 식별하여, 특히 후자 b)의 본문을 엥겔스라고 추정하는 제3의 전거로 한다. 전자 a)는 식별의 재료로서 증빙력이 결여된다. 왜냐하면 거기에는 양자의 견해가 표면적—우연적—으로 일치하기 때문이다. 씌어진 가필의 의미가 명료히 나타나지 않는 경우도 (그 편이) 많으므로 그러한 예는 전거로서는 채용되지 않는다.

iv) 엥겔스는 필기자 본인이기에 이와 같은 난외주기, 방주는 적고, 있더라도 전거로서의 힘이 결핍되고, 본문 중에 많이 보이는 어구의 추기(이는 MEGA 부록에 상세히 나와 있다)는 주의 깊게 살펴볼 경우 엥겔스 이론의 단편적인 표백으로 봐야 할 것도 있다. 지나치게 길어지면 판단이 곤란하지만—왜냐하면 마르크스의 구술을 엥겔스가 필기했을 가능성이 많으므로—다행히 많지 않다. 이것이 제4의 전거다.

v) 마지막으로 다수의 짧은—많은 경우 명사만— '방주' 는 독립된 전거로서의 힘을 결한다. 예를 들면 신판〔B판〕 편집자의 구분에 의한 제I부〔작은 묶음〕는 최종적인 청서고이기에 방주는 인정하지 않는 것이 당연하고, 제II부(그중 5절〔S. 18~19〕은 전문이 마르크스)와 제III부〔S. 30~35〕의 방주는 예외 없이 마르크스의 것이지만 그 자체가 유의미한 것으로는 생각되지 않는다. 방주가 달린 본문은 다분히 엥겔스적이지만, 그러나 〔……〕 확실히 마르크스의 것인 제IV부 11절〔S. 68~72〕에는 양자의 방주가 병행하고 있다. 마르크스는 자기의 서술(필적은 엥겔스)에도 자신의 방주를 달고 있다.

말할 나위도 없이 앞의 제 전거諸典據는 단순한 길잡이에 지나지 않을 뿐 본래적인 식별 기준은 이론 내용을 제외하는 것이 아니다. 이 점을 거듭 주의해야 한다.

모치즈키는 이상과 같은 식별 기준을 통해 『독일 이데올로기』 제I장에 나타나는 마르크스와 엥겔스의 역사 이론을 선별하여 그의 유명한 마르크스의 분업 전개사론과 엥겔스의 소유 형태사론을 제시하고 있다. 그는 '현실적 제 개인'과 '먹고 마시지 않으면 안 되는 인간'이라는, 위상이 서로 다른 두 개의 인간관이 분업을 전제로 하는 역사관과 분업을 결과로 제기하는 두 개의 역사 이론을 가능케 한다고 주장하고 있다.

따라서 전자는 농촌으로부터 도시의 분리(수공업의 자립)에서 출발하여, 생산과 교통의 분리(상인 계급의 형성), 도시 간 분업(매뉴팩처의 성립), 도시로부터 농촌의 분리(농촌 공업의 형성·발전), 대공업(세계적 교통에의 도달)이라는 마르크스의 분업 전개사론으로 귀착된다. 이 경우 주목해야 할 것은 "공업 목적을 위한 자연력, 기계, 광범하게 형성된 분업의 적용이라는 대공업"(S. 51/Hiromatsu, 1974: 110)이 공산주의 사회에 불가결한 물질적 토대가 된다는 점이다(望月, 1973: 239~250; 1968/12: 122; S. 41~52/Hiromatsu, 1974: 90~112). 그런가 하면 후자는 성적 분업을 출발점으로 하여, 가족 내의 자연 발생적 분업, 가족 내의 사적 소유=가족 내 잠재적 노예제, 가족 간·사회적 분업, 계급 지배에 이르는 엥겔스의 소유 형태사론으로 전개된다(望月, 1973: 225~238; 1968/12: 118; 작은 묶음의 보겐 〔3〕-〔4〕/Hiromatsu, 1974: 78~86).

그리고 이들 두 개의 역사 이론은 결국 분업 일반에 대해 긍정적인 마르크스의 경우 보편적 교통=세계 시장의 완성을 제 개인의 자유로운 연합인 공산주의를 가능하게 하는 기반으로 보는 데 반해, 분업 일반에 부정적인 엥겔스의 경우는 세계 시장의 소원한 힘은 전복시켜야 하며, 그곳에서의 협동은 어디까지나 자연 성장적인 것(무정부적 경쟁이 지배)이기에 이를 계획적·의식적으로 통제하지 않으면 안 된다고 보고 있다(望月, 1973: 221~222). 바로 여기에서 우리는 성취되어야 할 이상을 추구하는 엥겔스의 공산주의관과 현상을 지양하는 현실적 운동을 공산주의로 이해하는 마르크스의 공산주의관[31]과의 차이를 보게 된다고 모치즈키는 주장하고 있다. 따라서 저 유명한 "'아침에는 사냥하고, 오후에는 낚시하고〔……〕'[32](S. 17L/ Hiromatsu, 1974: 34) 식의 세계, 일체의 분업에서 해방된, 만족스러운 전원의 고독한 독서인 생활, 아시아적 표상을 가졌다면 적합할, 청경우독晴耕雨讀의 은둔한거隱遁閒居라는 엥겔스의 공산주의 사회상은 따라서 몇 사람의 개인이 가족의 내부에서 노동의 분할을 시작하는 소유 형태사론의 필연적 귀결"이라고 모치즈키는 표현하고 있다(望月, 1973: 233; 1968/12: 116~118, 126도 참조).

지금까지 모치즈키의 논리에 따라 『독일 이데올로기』 제I장에 나타난 마르크스와 엥겔스의 지분을 구분하고, 거기에 근거하여 두 사람의 이론적 편차를 검토해보았다. 그리고 이 같은 그의 논리를 수용한다면 마르크스와 엥겔스는 적어도 『독일 이데올로기』의 단계에서 인간·사회·소외·분업 등에 대해 서로 다른 시좌視座를 가지고 있음을 확인하게 된다. 그러나 모치즈키의 이 같은 주장은 결과적으로

---

31) /S. 18R〔마르크스의 필적〕/Der Kommunismus is für uns nicht ein *Zustand*, der hergestellt werden soll, ein *Ideal*, wonach die Wirklichkeit sich zu richten haben. Wir nennen Kommunismus die *wirkliche* Bewegung, welche den jetzigen Zustand aufhebt〔……〕(Hiromatsu, 1974: 37). /S. 18R/의 "R"은 초고 오리지널 18페이지의 "오른쪽recht"란을 의미한다. 그리고 "L"은 "왼쪽link"란을 의미한다.

32) 『독일 이데올로기』, 「I. 포이어바흐」에서 묘사된 이 같은 공산주의 사회상은 가끔 보토모어의 표현을 빌려 '악명 높은 구절a notorious passage'로서 인구에 회자되고 있다. T. B. Bottomore, "Industry, Work and Socialism," *Socialist Humanism: An International Symposium*, ed. by Erich Fromm(London: Allen Lane, 1967), p. 367.

『독일 이데올로기』에 있어서 '엥겔스의 지분'을 주장한 히로마츠의 주장과 여러모로 충돌하지 않을 수 없다. 따라서 모치즈키와 히로마츠 간의 논쟁의 요지를 간략히 검토해볼 필요가 있겠다.

4. 3. 모치즈키와 히로마츠의 논쟁

모치즈키는 자신의 논의를 통해 『독일 이데올로기』 제1편에서의 마르크스와 엥겔스의 지분론을 독자적으로 전개한 뒤 히로마츠의 편집안이 갖는 취약점과 그의 소외론에서 물상화론으로의 천이 주장을 반박한다. 먼저 모치즈키는 히로마츠 편집안의 가장 큰 특징은 이 책에 나타나는 재산 형태에 근거한 경제사 서술을 완결한 것이라고 지적하고 있다. 사실 청서고의 보겐 〔3〕-〔4〕에 서술된 소유 형태는 i) 종족 재산das Stammeigentum, ii) 고대의 공동체적·국가적 재산das antike Gemeinde-und Staatseigentum, iii) 봉건적 혹은 신분적 재산das feudale oder ständische Eigentum에서 미결인 채로 보겐 〔4〕-b의 중도에서 끝나고 있다. 이에 히로마츠는 큰 묶음의 마지막 페이지(〔92〕-b)에 나오는 메모에 근거하여, 이 보겐 〔3〕-〔4〕를 분실된 S. 36~39로 간주하고 S. 40~52에 나오는 iv) 매뉴팩처 재산Manufactureigentum, v) 산업 자본industrielles Kapital에 관한 서술과 연결하여 완결된다고 보고 이 청서고 보겐 〔3〕-〔4〕를 큰 묶음의 본문에 직접 연결시키는 편집안을 제시한다(廣松, 1965/春: 125~128; Hiromatsu, 1974; x, xxi, 78~112). 그러나 모치즈키는 히로마츠의 이 같은 편집안은 결국 엥겔스 주도에 의해 집필된 본문을 제I편 최후부(〔92〕-b)의 '마르크스의 메모'에 의해 편집함으로써 히로마츠 자신의 엥겔스 주도설을 포기할 뿐만 아니라, 오리지널의 자의적인 편찬이란 점에서는 A판과 조금도 다름없는 오류를 범했다고 지적하고 있다(望月, 1971/5: 77, 86

~87; 1973: 251~253; 森田/望月, 1974/4: 235; 望月, 1975: 65).

한편 모치즈키는『독일 이데올로기』의 문헌학적 검토를 통해 마르크스가『경제학·철학 초고』에서의 소외론을 방기하고 물상화론物象化論을 채용했다는 히로마츠의 주장에 대해서도 부정적이다. 히로마츠는 엥겔스가 이미 칼라일론이나『신성가족』에서 소외의 논리를 자각적으로 비판했음을 지적하고,『독일 이데올로기』의 단계에서 아직도 결단을 내리지 못한 마르크스를 설득, 소외론을 지양케 했다는 논리를 전개하고 있다(廣松, 1966/9: 8~9; 1967/10: 45~46; 1971: 57~77). 그리고 이 같은 히로마츠의 물상화론은 시게타가 지적하듯이 헤겔 유의 소외론과 이렇다 할 인연이 없는 엥겔스의『독일 이데올로기』제I편 주도설과도 밀접하게 연결되어 있는 것이다(重田, 1967/11: 206~208). 그러나 모치즈키는 소외라는 용어가『독일 이데올로기』에서 극히 제한된 경우에만 조심스럽게 사용된 것은 인정하지만 '철학자'와 '소외'가 언급된 부분에는 반드시 '분업' '보편적 교통' '시민사회'가 나타난다는 사실에 주목한다. 즉 모치즈키에 따르면『경제학·철학 초고』에서는 i) 헤겔적 '시민사회'가 사라지고, ii) 그에 대신하여 '사회'가 쓰이고, iii) 새로이 '소외'가 등장했으나『독일 이데올로기』에서는 i) '소외(된 노동)'가 '분업'으로 진화되고, ii) '교통'이 새로이 그것과 결합되며, iii) '사회'는 다시 마르크스적 '시민사회'로 복원된다는 것이다. 따라서 그는 마르크스의 (또는 문제의식 여하에 따라 엥겔스의) 역사 인식을 표명하는 일련의 사상——그것은 경제적 카테고리로 표현된다——을 소외→분업의 전회라는 시좌로 볼 필요가 있다면서 여기서 마르크스-엥겔스의 지분 문제가 갖는 효용성을 거론하고 있다(望月, 1971/5: 78~83, 특히 83). 나아가 그는 i) 엥겔스가『독일 이데올로기』이전에 소외론적

266

발상에서 탈피했다면 책의 주도자인 엥겔스가 물상화론에 도달하기 위해 소외론을 초극할 필요가 없었으며, ii) 마르크스는『그룬트리세』에서 분명히 드러나듯『독일 이데올로기』에서 물상화론을 받아들였음에도 '소외론에서 물상화론으로의' 비상은 일어나지 않았기에, 결국 iii) 소외론에서 물상화론으로의 전개는 마르크스, 엥겔스 그 누구에게도 일어나지 않았다는 논리를 전개하고 있다(森田/望月, 1974: 203~214, 특히 213~214; 望月, 1973: 195~210).

이상과 같은 모치즈키의 히로마츠 비판은 결국 히로마츠 이론의 3대 지주인 i) 위서僞書인 A판에 대신하는 새로운 텍스트 구성의 제기, ii) 엥겔스 주도설, 그리고 iii) 마르크스가 소외론을 방기하고 물상화론을 채용했다는 주장을 i)을 제외하고는 근본적으로 위협하는 것이었다. 따라서 히로마츠는 1974년 2차에 걸친 인터뷰를 통해 모치즈키의 지분 문제, 즉 마르크스에 귀속하는 부분과 엥겔스에 귀속하는 부분의 변별이란 것이 모치즈키 이론 체계의 기둥 중 하나인데 바로 이 변별 기준을 문헌학적 차원에서나 내용적 차원에서 찬성할 수 없음을 들어 모치즈키의 이론을 반박하고 있다(廣松, 1974/6/17~8/19: 280).

히로마츠는 모치즈키가 지분 판별의 표지Merkmal로 제시한 5가지 중 가장 중요한 2항과 3항이 논리적으로 근거가 박약하다는 입론을 제기하고 있다. 먼저 "마르크스에 의해 난외주기가 씌어진 본문의 해당 부분 및 그 전후 일련의 서술이 그 난외주기와 논리적으로 정합한다고 인정될 경우, 그 본문의 일정 부분을 마르크스의 것으로 추정한다"는 모치즈키의 제2의 판정 기준은 앞뒤가 맞지 않는다는 것이다. 즉 마르크스와 엥겔스가 의견이 일치하면 이를 모두 마르크스의 지분이라 하고, 그것도 '일정 부분'으로 한정하는 이유도 앞뒤가 맞지 않다고 말한다. 또한 마르크스와 엥겔스는 기본적으로 많은 부분에서 의견이 일치했음에도 마르크스의 난외주기가 엥겔스의 본문과 '논리적으로 정합하면'이라고 규정한 판정 기준에도 문제가 있다고 히로마츠는 보고 있다. 다음으로 모치즈키는 "마르크스에 의해 가해진 난외주기나 덧붙임이 a) 해당하는 본문의 서술 내용을 더욱 정확히 규정하는 톤을 높이면, 즉 포지티브한 가필의 경우와 b) 반대로 가필에 의해 내용이 다른 의미를 갖게 되는 경우를 식별하여, 특히 후자 b)의 본문을 엥겔스로 추정하는 제3의 전거로 한다"고 하고는 "전자 a)는 식별의 재료로서 증빙력을 결여한다. 왜냐하면 거기서는 양자의 견해가 표면상 일치하기 때문이다"라고 쓰고 있다. 그런데 문제는 바로 이 부분의 판단 기준(제3의 전거)이 제2의 전거와 같으므로 논리적으로 제2의 전거 역시 증빙력을 상실하게 되므로 이를 방기하지 않으면 안 된다. 그러나 모치즈키는 이 제2의 전거를 바로 분업 전개사론을 서술한 부분에 적용, 그것을 마르크스의 지분으로 파악하고 있다. 이렇게 볼 때 히로마츠는 모치즈키가 『독일 이데올로기』 제I장에 혼재한다고 하는 두 개의 역사 이론, 즉 마르크스의 분업 전개사론과, 엥겔스의 소유 형태사론의 기본적 셰마Schema는 결국 '비상非常할 정도로 무리'라고 주장하고 있다(廣松, 1974/12: 9~10; 1974/6/16~6/19: 280~281).

나아가 모치즈키는 "두 개의 중요한 '시민사회' 규정"이 S. 19와 S. 68에 보이는데, 이 '일란성 쌍생아'와 같은 두 개의 논술 중 일방, 즉 S. 19의 경우는 '확실히 절대적으로 마르크스의 것'이라고 단정하고 있다(望月, 1973: 207). 이에 대해 히로마츠는 "이 부분의 난외주기는 확실히 마르크스의 것이지만 시민사회를 논한 S. 19의 문장은 수고 복원판을 보면 분명히 알 수 있는 바와 같이 엥겔스가 선행부에서부터 한꺼번에 써내려간 것으로 보이고, 난외주기는 이후에 씌어진 것으로 생각된다. 그러기에 모치즈키 자신이 S. 17~18 부분 및 S. 20~23의 부분은 엥겔스의 것이라고 인정하면서 (앞의 책, pp. 204, 222) S. 19만이 어떻게 '확실히 절대적으로 마르크스의 것'이라고 할 수 있는가?"라고 반문하고 있다(廣松, 1974/6/17~8/19: 283~284; 1974/12: 11).

이에 덧붙여 히로마츠는 지분 문제는 논리적으로 볼 때 당연히 일차적으로『독일 이데올로기』'이전'의 문헌--저작과 논고——과의 연속선상에서 찾아야 함에도 불구하고 모치즈키는 이를『독일 이데올로기』'이후'의 문헌과 연결시키고 있다고 공격하고 있다. 다시 말하면 모치즈키는 "『경제학·철학 초고』에서『그룬트리세』에, 특히 후자 중의 1절「자본가적 생산에 선행하는 제 형태」의 매개항으로서『독일 이데올로기』가 마르크스의 역사 이론의 형성 과정에서 수행한 역할"(望月, 1973: 159)을 조망하는 입장을 취함으로써 근본적인 잘못, 즉 문헌학적으로 볼 때 명백히 엥겔스의 것을 마르크스의 것으로 보는 착오를 범했다고 지적한다(廣松, 1974/12: 6~7; 1974/ 6/17~8/19: 285).

따라서 히로마츠는 이상과 같은 논거에 근거하여 "모치즈키의 '마르크스 역사 이론'에서『독일 이데올로기』에 기초하는 논점의 두 개 기둥, 즉 '분업 전개사론'과 '시민사회론'이 붕괴하면 후자〔모치즈키〕의 전이론이 붕괴하지 않느냐"는 인터뷰 상대자의 질문을 긍정적으로 수용, 그 자신의 이론의 정당성을 보증하고 있다. 그러나 히로마츠는 그 자신의 엥겔스 주도설은 유물사관 형성 과정의 초기 국면이라고 한정하면서, 이의 체계적인 전개는 마르크스의 것이라고 생각한다는 사실에는 오해가 없어야 한다고 첨언하고 있다(廣松, 1974/

12: 11~12).

이상에서 히로마츠에 의해 촉발된 지분 문제에 대한 관심이 모치
즈키에 이르러서는 이 지분에 근거한 마르크스와 엥겔스의 이론적
편차 문제로 확대되고, 결과적으로 두 사람의 논쟁으로 전개된 과정
을 살펴보았다. 저자는 여기서 이들 두 사람의 주장이 갖는 정당성
을 판가름하거나 시시비비를 가릴 계제도, 또 그럴 필요도 느끼지
않는다. 단지 분명히 밝힐 수 있는 것은 이들 두 사람의 논쟁은 서로
의 이론이 가지고 있는 취약점을 노출시킴으로써, 결과적으로 논의
가 미진했던 부분에 대한 좀더 집중적인 연구를 촉진시키고, 나아가
『독일 이데올로기』 자체에 대한 이해를 심화시키는 데 긍정적인 기
여를 하고 있다는 점이다.

5. 『독일 이데올로기』의 새로운 독해

지금까지 히로마츠 와타루에 의해서 촉발된 일본에서의 독자적이
고도 주목할 만한 『독일 이데올로기』 제I편의 연구 상황을 히로마츠
와 모치즈키의 논의를 중심으로 일별했다. 특히 이 책 제I편에 대한
이들 두 사람의 문헌학적 분석에 근거한 해석상의 차이는 일본 학계
에서의 다양한 종류의 『독일 이데올로기』 독해讀解를 가능하게 했다.
종래의 통설들과는 구별되는 이들 새로운 『독일 이데올로기』의 독해
는 히로마츠와 모치즈키의 문헌학적 비판과 시기적으로 거의 병행하
거나, 또는 계기적으로 일어난 것으로서 이들은 대개 다음 3가지로
정리해볼 수 있다. 즉 i) 히로마츠와 모치즈키의 지분 논의의 성과
에 근거하여 이를 마르크스와 엥겔스의 이론 발전의 한 단계로 수용

하는 나카카와 히로시中川弘와 호소야 타카시細谷昻의 경우, ii) 히로마츠의 물상화론으로의 천이설遷移說에 반대하는 입장을 취하는 모치즈키와 이와부치 케이이치岩淵慶ー 등 소외론의 주창자들, 그리고 iii)『독일 이데올로기』의 집필 동기를 이 책의 제I편에 한정하지 않고 이를 확대, 거시적 안목의 도입을 주장하는 모리카와 키미오森川喜美雄 등의 경우이다. 여기서는 i)의 나카카와와 호소야의『독일 이데올로기』 논의를 좀더 구체적으로 검토하는 반면, ii)와 iii)은 그 논의의 개요만을 간략히 검토해보고자 한다.

5.1.『독일 이데올로기』에 나타난 3개의 사론史論: 나카카와

먼저 히로마츠와 모치즈키의 지분론에서 두드러진 현상은 그들이 『독일 이데올로기』에서의 마르크스와 엥겔스를 공저자로 보기보다는 서로의 사상이 아직도 융화되지 못한 이질적인 상태에 머물러 있음을 강조하고 있다는 것이다. 물론 히로마츠의 경우, 그의 엥겔스 주도론은 유물사관의 형성 초기에서의 엥겔스의 역할을 강조한 것이지만, 모치즈키의 경우에는 마르크스와 엥겔스의 이론적 편차를 극대화하고 있다. 다시 말하면 전자는 '합주에서의 제1바이올리니스트'(廣松, 1966/9: 2)로 엥겔스를 내세우고, 후자는『독일 이데올로기』가운데서 '불협화의 통주저음通奏低音'(望月, 1968/12: 122)을 듣게 된다는 것이다.

여기서 히로마츠와 모치즈키의 논리 전개, 특히 후자의 경우『독일 이데올로기』공저자로서의 마르크스와 엥겔스의 사상적 동일성보다는 그 차이를 지나치게 강조함으로써 공저의 집필 과정에서 당연히 나타나야 할 사상의 융화 과정과 그것의 새로운 전개에 대한 시야를 전적으로 차단하고 있다는 점을 간과할 수 없다. 따라서 그들의 이 같은 접근은 필연적으로 『독일 이데올로기』에 나타나는 두 사람의 사상을 전체적인 안목에서 조망하거나, 그들의 사상이 이 책의 집필 과정에서 어떻게 새롭게 형성되었는지를 주안점으로 하는 새로운 연구를 불가피하게 만든다. 히로마츠와 모치즈키의 문헌학적 연구 성과에 근거한 나카카와, 호소야의 『독일 이데올로기』에 대한 새로운 독해와 논의의 전개는 바로 이 같은 객관적 요구에 답하는 것이다.

나카카와는 마르크스와 엥겔스의 제 문헌은 많은 부분이 충분히 정리·서열화되지 않고, 또 착종錯綜된 상태로 남아 있기에 이를 추상의 정도＝논리의 차원에 따라 정리·서열화할 필요가 있다고 주장한다. 그리고 이 같은 추상의 정도＝논리 차원의 차이는 바로 역사적 시좌의 차이를 의미한다고 보고, 먼저 인류사 파악(사론)의 5개 시좌를 다음과 같이 열거하고 있다(中川, 1977: 13~14, 30~31).

i) '자연·인간관계' 시좌에서 인류사를 '전사前史'와 '본사本史'의 2단계로 파악. 이 경우 '전사'로부터 '본사'로의 획기劃期는 '노동'의 '자유로운 생명 활동'으로의 전화에서 찾고 있다. 그리고 이 시좌와 사론은 인간 사회 존립의 근저와 관계되는 추상도가 가장 높은 차원에 속하는 것으로 보고 있다.

ii) '의존 관계' 시좌에서 '인격적 의존 관계→ 물상적 의존 관계→ 전면적으로 사회화된 자유로운 개체성'이라는 3단계 파악. 이는 인간의 '수평적 결합 관계'의 형성 양식에 근거한 발전 단계 구분이다. 이 시좌는 종적 관계가 아니기에 이하의 3개 시좌보다 추상도가 높은 논리 차원이다.

iii) '노동과 소유의 동일성과 해체' 혹은 '직접 생산자와 생산수단과의 관계'＝'현실적 영유領有 관계' 시좌에서 '노동과 소유의 본원적 동일성→동일성의 해체→동일성의 고차高次 부활'의 3단계로 파악. 이는 v)의 '생산관계' 시좌와 '표리일체表裏一體'이다.

iv) '의존 관계'와 '현실적 영유 관계'는 중첩·통일되는바, '본원적 공동체→시민사회→공동체적 시민사회 또는 시민사회적 공동체'라는 3단계 파악. ii) iii)의 중첩·통일에 의해 정립된 사론이기에 논리 차원도 양 시좌의 그것에 준한다.

v) '생산관계,' 그 기축적基軸的 관계로서의 '생산수단의 소유를 추구하는 인간 상호관계'를 시좌로 하는 5단계 파악. 즉 '생산수단의 사회적＝공동적 소유(원시공산제)→계급적＝사적 소유(노예제→봉건제→자본제)→사회적＝공동적 소유의 고차 부활(공산주의)'의 5단계 파악.

나카카와는 바로 이상의 5개 시좌視座와 사론史論에 근거하여 『독일 이데올로기』의 「I. 포이어바흐」를 새로이 읽어나간다. 이 경우 그는 히로마츠의 편집안〔構案〕과 그가 주장하는 텍스트의 '신구의 몇 개 층'의 식별을 우선 전제로 하여 『독일 이데올로기』의 제1권 제I편을 분석, 거기서 3개의 사론을 포착·척결하고 있다. 그는 우선 마르크스와 엥겔스의 유물사관이 『독일 이데올로기』의 제1권 제I편에서 명시적으로 개진되고 있는 것은 사실이나 그것이 여기서 최초로 확립·제시된 것은 아니라고 본다. 다시 말하면 나카카와는 논쟁의 여지는 있으나 이는 이미 『경제학·철학 초고』, 「밀 평주」의 '유적 존재'론, '소외'론, '공산주의'론을 통해서 파리 시대 이래로 마르크스에 의해 형성되어왔다고 보고 있다. 특히 『경제학·철학 초고』에서의 '유적 존재'의 개념은 바로 『독일 이데올로기』 제1권 제I편에서 가장 중요한 개념인 '현실적 제 개인die wirklichen Individuen'(S. 〔1?〕-c/Hiromatsu, 1974: 23)과 일치한다고 나카카와는 주장한다(中川, 1977: 57).

　나카카와는 인간 사회의 역사 발전을 무엇보다도 먼저 '생활 수단을 생산하는 양식' '그 물질적 제 조건'에 시좌를 두고 단계를 설정하는 청서이고淸書異稿〔2?〕에 근거하여『독일 이데올로기』에서 유물론적 역사관이 확립되었다고 보고, 이 책의 제1권 제I편에서 제기된 사론을 i) '소유 관계' 시좌, ii) '물상화론'의 시좌, iii) '자연·인간관계' 시좌의 세 가닥으로 정리하고 있다. 역사 발전의 근본적 기동력과 추진력의 계기를 '제 개인 자신의 제력의 발전die Entwicklung der Kräfte der Individuen selbst' = '생산 제력의 발전Entwicklung der Produktivkräfte'으로 파악하는『독일 이데올로기』에서 생산 제력의 발전 계기는 바로 '자연적 기초'에 대한 인간의 관계 행위 가운데 간직되어 있는 것으로 본다. 그리고 이들 제 개인은 제 개인으로서 부단히 현실적으로 존립＝재생산하는 것이다[33](S. 61, 〔5〕-a/Hiromatsu, 1974: 27, 130).

　『독일 이데올로기』는 바로 이 생산 제력의 발전을 '분업'의 관계에서, 그리고 이 분업은 '생산관계(소유 관계)' 범주에서 파악된다고 나카카와는 보고 있다. 왜냐하면 그는 분업의 범주는 '생산 제력'(의 발전)과 '생산관계'(소유 범주)를 한 몸에 지닌 추축적樞軸的 범주라고 보기 때문이다. 그리고 그는 히로마츠 편집안의 B장 본문(청서고 〔3〕-〔4〕와 큰 묶음의 S. 40~52)에 나오는 ① 부족 소유 → ②

---

33) 이 부분의 원문은 다음과 같다. "/〔5〕-a/〔……〕; aber dieser Individuen nicht wie sie in der eigenen oder fremden Vorstellung erscheinen mögen, sondern wie sie wirklich sind, d. h. wie sie wirken, materiell produzieren, also wie sie unter bestimmten materiellen und von ihrer Willkür unabhängigen Schranken, Voraussetzungen und Bedingungen tätig sind."

고대적인 공동체적 소유 및 국가 소유→③ 봉건적 내지 신분적 소유→④ 매뉴팩처 재산→⑤ 상업 자본→공산주의의 '소유 제 형태'는 바로 '생산 제력의 발전 수준'에 조응하는 것이라고 본다. 나카카와의 『독일 이데올로기』에 나타나는 '소유 관계' 시좌에 근거하는 하나의 사론이 바로 이것이다. 물론 나카카와는 이 경우 작은 묶음의 보겐 〔3〕-〔4〕에 서술된 ①, ②, ③의 소유 제 형태가 히로마츠의 주장처럼 바로 제3블록의 벽두(S. 40 이하)로 연결된다고는 보지 않는다[34](中川, 1977: 63~64).

다음으로 물상화론의 시좌에서 본 사론은 히로마츠의 편집안 A장 본문(큰 묶음 제1블록의 S. 11~25)에 보이는데, 여기서는 맨체스터 시대 엥겔스의 부르주아 사회관이 전면적으로 전개되고 있다. 여기에는 엥겔스 특유의 '자연생(성장)적 사회naturwüchsige Gesellschaft'와 '공산주의 사회kommunistische Gesellschaft'에 관한 서술이 주축을 이루고 있다(S. 17/Hiromatsu, 1974: 34). 사적 소유에 근거한 '인간적 공동체'의 해체, 즉 '유의식類意識 없이 세분화된 원자'로서의 인간의 고립화와, 이처럼 고립된 인간의 '경쟁'을 기본 원리로 하여 성립된 근대 부르주아 사회의 존립 구조는 '관여자의 무의식에 입각한 자연법칙'이 관철되는 사회다. 따라서 이 같은 사회는 '사적 소유'와 '경

---

34) 나카카와는 이 시점에서 히로마츠와 모치즈키의 소유, 또는 재산 형태를 둘러싼 논쟁에 대해 언급하고 있다. 그는 앞에서 살펴본 히로마츠→모치즈키→히로마츠로 이어지는 논쟁을 소개한 뒤 자신의 견해를 첨가하고 있다. 즉 그는 보겐 〔3〕-〔4〕에서 3단계 소유 형태가 제3블록 벽두에서 제4형태(매뉴팩처 재산)로 연결되는 것이 아니라 '신분적 소유' = '동직 조합同職組合, Zunft적 소유'에 관한 서술이 연속된다고 지적한다. 그리고 거기서는 '전근대'(자연생적 생산 용구)와 '근대'(문명에 의해 창출된 생산 용구)가 대조적으로 부각된다고 본다. 따라서 전자의 경우에는 '인격적 제 관계' = '일종의 공동체'에 근거한 소유자의 비소유자에 대한 지배가, 후자의 경우에는 화폐라는 '물적 자태'에 근거한 소유자의 비소유자에 대한 지배가 대응하게 된다는 것이다(中川, 1977: 64~65).

쟁'이 폐지되고 '자각된 인간'의 '의식적'인 생산이 현실화된 '공산주의 사회'로 지양되지 않으면 안 된다는 것이다. '자연생적인 사회'가 인간을 "각 개인에게 강제된 일정한 배타적 활동 영역을 갖게" 하는 데 반해, '공산주의 사회'는 "각 개인이 하나의 배타적 영역을 가지는 것이 아니라 그가 원하는 영역에서 자기 형성을 할 수 있다"[35]고 서술되어 있다. 이는 생산의 계획적·의식적 제어, 곧 '사회가 생산의 전반을 규제' 하는 것이 '전면적으로 발달한 개인'의 생성 요건이 된다는 것이다. 이것이 바로 '생산의 물질적 제 조건'에 대한 인간의 관련이란 문제에 주목한 사론이라고 나카카와는 보고 있다(中川, 1977: 66~68).

마지막으로 나카카와는 히로마츠 편집안의 B장 결어結語(큰 묶음 제3블록의 S. 52~68)의 마지막에 가까운 부분(S. 65~67)이 앞의 2개 사론을 포괄하는 전 역사 관통적 차원에 시좌를 둔 사론인 '자연·인간관계' 시좌에 정초해 있다고 지적하고 있다. 여기서는 자연에 대한 인간의 관계 행위를 철저히 근본적인 차원에서 구분하는 '자기 활동'과 '노동'의 범주를 이용, 인류사의 전개를 2단계로 구분하고 있다는 것이다. 즉 ① '자기 활동'과 '노동'의 분리= '노동'의 '자기 활동'으로서의 모습의 상실= '부정적인 자기 활동의 형식'으로서의 '노동'이 보편화된 근대 부르주아 사회(와 거기에 이르기까지의 제 시대)로부터[36] ② '자기 활동'과 '물질적 생활'의 합치= '노동'의 '자

---

35) 이 부분의 원문은 다음과 같다. "/S. 17L/[······], daß die Menschen in der naturwüchsigen Gesellschaft befinden, [······] Sowie nämlich die Arbeit verteilt zu werden anfängt, hat jeder einen bestimmten ausschließlichen Kreis der Tätigkeit, der ihm aufgedrängt wird, aus dem er nicht heraus kann; [······]—während in der kommunistischen Gesellschaft wo jeder nicht einen ausschließlichen Kreis der Tätigkeit hat, sondern sich in jedem beliebigen Zweige ausbilden kann, [······]."

기 활동'으로의 전화—공산주의 사회에로[37]라는 2단계의 역사 파악
이 전개되고 있다는 것이다(앞의 논문, pp. 68~72).

　이상에서 『독일 이데올로기』 제1권 제I편에 나타나는 3개의 시좌
와 이에 근거한 3개의 사론을 나카카와의 서술에 따라 살펴보았다.
그러나 이 같은 3개의 사론은 나카카와도 지적했듯이 서로 다른 논
리 차원과 위상을 가지고 있기에 이것이 엄밀히 정리·서열화되어 상
호의 연관성이 구체적으로 파악될 정도로 조탁되지 않은 단계에 있
음은 물론이다. 그러나 『독일 이데올로기』에서의 유물론적 역사관은
②의 물상화론 시좌가 엥겔스의 발상에 의한 것이긴 하나 전체적으
로 보아 파리 시대 이래의 마르크스의 제 범주와 명제가 엥겔스의
필적으로 씌어졌을 뿐이라고 나카카와는 주장하고 있다. 그의 논지
에 따르면 인간적＝유적 활동의 본질이나 형태에 착목, 그것이 인간
의 존재 양식에서 갖는 의미의 통찰, 그리고 그것과 밀접히 관련된,

---

36) 이 부분의 원문은 다음과 같다. "/S. 65/ Der einzige Zusammenhang, in dem sie
　　noch mit den Produktivkräften und mit ihrer eignen Existenz stehen, die
　　Arbeit, hat bei ihnen allen Schein der Selbstbetätigung verloren und erhält ihr
　　/S. 66/Leben nur, in dem sie es verkümmert. Während in den früheren
　　Perioden Selbstbetätigung und Erzeugung des materiellen Lebens dadurch
　　getrennt waren, daß sie an verschiedene Personen fielen und die Erzeugung
　　des materiellen Lebens wegen der Borniertheit der Individuen selbst noch als
　　eine untergeordnete Art der Selbstbetätigung galt, fallen sie jetzt so auseinan-
　　der, daß überhaupt das materielle Leben als Zweck, die Erzeugung dieses
　　materiellen Lebens, die Arbeit(welche die jetzt einzig Mögliche, aber wie wir
　　sehen, negative Form der Selbstbetätigung ist), als Mittel erscheint."
37) 이 부분의 원문은 다음과 같다. "/S. 67/〔……〕Erst auf dieser Stufe fällt die Selbst-
　　betätigung mit dem materiellen Leben zusammen, was der Entwicklung der
　　Individuen zu totalen Individuen und der Abstreifung aller Naturwüchsigkeit
　　entspricht, und dann entspricht sich die Verwandlung der Arbeit in Selbst-
　　betätigung und die Verwandlung des bisherigen bedingten Verkehrs in den
　　Verkehr der Individuen als solcher. Mit der totalen Produktivkräfte durch die
　　vereinigten Individuen hört das Privateigentum auf〔……〕."

표리일체의 '사회 관계'에 대한 관점이 바로 파리 시대의 마르크스가 획득한 제 개념·제 범주라는 것이다(앞의 논문, pp. 72~75).

그는 공산주의 이론 및 유물사관 형성에 있어서 엥겔스의 역할을 강조한 히로마츠의 엥겔스 주도설에 대해 언급하면서, 히로마츠의 주장대로『독일 이데올로기』전 단계까지 마르크스와 엥겔스가 도달한 사상적 지점을 근거로(中川, 1975/11) 다음과 같은 결론을 내리고 있다. 즉 그는 엥겔스가 "근대 부르주아 사회의 경제 구조·운동 법칙의 해명과 그것에 기초한 근대 부르주아 사회의 모순의 폭발의 필연성→'사회혁명'의 전망의 구축이라는 측면에서는 마르크스에 앞서는 업적을 획득했다 하더라도, 헤겔 철학과의 대결과 그 '유물론적 개작改作'에 의한 인간 사회의 발전 논리의 획득이라는 문제에서는 오히려 마르크스에 뒤떨어진다"고 분명히 하고 있다(앞의 논문, pp. 54~57, 인용은 p. 56).

이상의 나카카와의 논의에서 주목해야 할 것은 그가 히로마츠와 모치즈키의 문헌학적 연구 성과에 근거하면서도, 그리고 그가 히로마츠와는 달리 마르크스 주도설을 찬동하면서도『독일 이데올로기』의 단계에 나타난 마르크스와 엥겔스의 이론적 차이를 강조하기보다는 이 단계가 바로 두 사람의 유물론적 역사관의 형성기이기에 착종하는 시좌와 논리 차원이 존재할 수밖에 없다고 지적한 점이다. 따라서 엄밀한 논리 차원이나 위상이 확정되지 않은『독일 이데올로기』에서의 유물론적 역사관의 연구는 그것이 제대로 정리되어 서열이 정비된 이후의 경제학적 연구, 즉『그룬트리세』나『자본론』에서 확립된 유물론적 역사관과 연계되어 해석·설명되지 않으면 안 된다는 것이다.

5.2. 마르크스-엥겔스의 유물론적 역사관 형성의 '가마'로서의 『독일 이데올로기』: 호소야

히로마츠 와타루와 모치즈키 세이지의 『독일 이데올로기』 제1권 제I편에 대한 문헌학적 연구 성과에 근거하면서도 이 책을 그들과는 다른 방법으로 읽어나간 연구자로서는 앞에서 간략히 살펴본 나카카와와 더불어 호소야 타카시를 주목할 필요가 있다. 호소야의 『독일 이데올로기』 독해는 자신이 지적한 대로 3가지의 전제를 가지고 있다. 첫째, 그의 『독일 이데올로기』 제1권 제I편의 독해에는 A판이 아닌 히로마츠 판과 바가투리야 판(B판)을 병행·사용하되, 그 순서는 바가투리야의 고증에 따라 이 책 제1권의 전체 집필 순서에 따라 읽음으로써 두 사람이 서로의 견해의 대립점을 극복하고, '공통의 결론'에 이르는 고투의 과정을 추적한다는 것이다. 둘째로, 그는 히로마츠를 포함하여 『독일 이데올로기』가 전기 마르크스와 후기 마르크스를 '절단'한다고 보는 견해를 비판하면서 이 책 이전의, 예를 들면 『경제학·철학 초고』에서 파악된 사상이 『독일 이데올로기』에 어떻게 계승되고 있느냐를 행론行論 가운데서 밝히겠다는 것이다. 그리고 마지막으로 그는 『독일 이데올로기』가 '진실로 독일적 이데올로기를 비판하기 위해' 씌어졌다는 사실에 주의를 환기시키고 있다. 즉 그는 이 책이 그 이전의 경제학 연구에 입각하여 당시의 독일적 이데올로기를 비판하려고 씌어진 것이며, 그러한 과정에서 유물사관의 기초가 이루어졌다는 식의 독해를 하지 않을 경우 거기에 전개된 개개의 논점을 충분히 이해할 수 없다는 입장을 분명히하고 있다(細谷, 1979: 157~159). 따라서 그의 이 같은 전제들을 면밀히 검토함으로써 그의 논의의 요지를 이해할 필요가 있겠다.

호소야의 『독일 이데올로기』 독해에 있어서 무엇보다도 특징적인

<표 4-2> 호소야의 『독일 이데올로기』 제1권 독해 순서

바가투리야가 고증한 제1권의 집필 순서	廣松涉 (독어판)	바가투리야 (일역)	MEW, Bd. 3
① 제1편 제1블록 (S. 1~2, 8~29)	156~157 16~61***	45~94	
② 제2편			81**~100
③ 제3편 제1블록			101~159
④ 제1편 제2블록 (S. 30~35)	62~76	95~103	
⑤ 제3편 제2블록			159~338
⑥ 제1편 제3블록 (S. 36~39*, 40~72)	88~152	104~170	
⑦ 제3편 제3블록			338~437**
⑧ 제1편 개정고 (〔1?〕〔2?〕)	7~9, 23~25	21~24, 29~32	
⑨ 제1편 청서고 (〔1〕〔2〕〔3〕〔4〕〔5〕)	6~14, 27~33, 78~86	21~23, 25~29, 32~34	

* 결손 부분.
** 「라이프치히 종교회의」의 '서론'은 번호가 없는 용지에 씌어진 청서고이고, '결어'는 제3편 제3블록 맨 끝의 용지에 연이어 씌어졌다(細谷, 1979: 158).
*** 호소야는 제1블록을 S. 16~60이라고 하나 〔11〕-c의 좌란이 전면 삭제되고 그 우란에 〔11〕-b 우란의 문장이 연결·게재되어 있다. 따라서 제1블록은 히로마츠 판 S. 16~61로 수정되어야 한다.

것은 이와 같은 그의 전제들 가운데 포함되어 있다. 다시 말하면 그는 여기서 i) 히로마츠와 바가투리야의 문헌학적 연구 성과를 수용하며, 특히 전자의 지분 문제에 대해서도 배려하고, 나아가 ii) 바가투리야의 고증에 의한 집필 순서를 수용함으로써 종래 『독일 이데올로기』의 제1권 제I편에만 국한되었던 일본에서의 이 책에 대한 연구를 이 책의 제1권 전체로 확대하는 결과를 가져왔다. 그리고 이 같은 그의 시야의 확대는 논적論敵과 비판 대상의 변화에 따른 마르크스와 엥겔스의 사상 형성의 과정을 명료하게 부각시킨다. i)의 문제는 앞에서도 이미 고찰한 바 있으므로 여기서는 우선 ii)의 문제에 국한하여 살펴보자.

호소야는 1974년 사카마 마사토에 의해 일본어로 소개된 바가투리야의 논문 「『독일 이데올로기』 제I편의 재구성」에 근거하여 『독일 이데올로기』 제1권의 독해 순서를 〈표 4-2〉와 같이 정리하고, 그 순서에 따라 이 책을 읽어나가고 있다(バガトゥ-リヤ, 1974/1: 91~96). 즉 그는 1962년 바네에 의해 발견된 S. 1~2를 무리 없이 『독일 이데올로기』 전체의 출발점으로 하고,[38] 히로마츠가 고심한 청서고의 보겐 〔3〕-〔4〕를 분실된 S. 36~39의 수정고로 간주하는 등의 무리한 논리적 강제를 극도로 자제하고 있다.

그런데 이와 같은 『독일 이데올로기』 제1권의 집필 순서에 따른 호소야의 독해에 주목해야 하는 것은 종래의 여러 학자들이 이 책 제1권 제I편 「포이어바흐」에 국한하여, 그것도 거기에 나타나는 유물론적 역사관을 정초한 이론적 기초를 추적한 데 반해, 그는 3편으로 구성된 제1권 전체를 유기적인 연관 아래 조망하고 있기 때문이다. 그는 큰 묶음의 제1블록(①)에서 마르크스-엥겔스의 독일적 이데올로기 비판 시점이 단순히 헤겔 좌파의 '공문구空文句의 지배'에서 해방되는 것이 아니라, "현실적 세계, 현실적 수단에 의해 수행된 현실적 해방이어야 한다"는 주장을 발견한다(S. 1/Hiromatsu, 1974:

---

38) 히로마츠는 이를 "부록 I〔ア〕"로 하여 권말에 게재하고 있다(Hiromatsu, 1974: 156~157). 그러나 호소야는 "Feuerbach"라는 난외주기가 제I편에 귀속된다는 것을 보여주고, 용지 또한 큰 묶음의 제1블록, 즉 S. 8 이하와 동일하기에 기저고 제1블록에 귀속시키는 데는 이론異論의 여지가 없다고 본다(細谷, 1979: 164). 정문길, 「마르크스-엥겔스의 『독일 이데올로기』, 「I. 포이어바흐」장의 재구성」(2), pp. 280~282〔이 책, pp. 216~219〕도 참조.

156). 그리고 그들은 직접성과 무매개성을 현실이라고 보는 포이어
바흐를 비판함에 있어, 바로 매개된 것, '제 관계의 총체' 바로 그것
이 현실이며 구체라는 변증법적 입장을 채택하고 있는 것이다. 따라
서 그들은 공산주의자를 단순한 카테고리로 바꾼 포이어바흐가 혁명
적 실천이 필요할 때는 언제나 외적 자연으로, 그러나 그것(자연)이
아직 인간의 지배 아래 들어오지 않은 자연으로 도피하고 있음을 비
판하고 있다. 그러므로 그들은 "포이어바흐가 유물론자인 한 그에게
는 역사가 없으며, 그가 역사를 고찰하는 한 그는 유물론자가 아니
다"(S. 29R, 10/*Ibid.* : 61, 20)라고 규정한다[39](細谷, 1979: 164~
67). 호소야는 바로 이 같은 마르크스와 엥겔스의 포이어바흐 비판
거점의 형성 과정에서, 『경제학·철학 초고』에서 획득하고 「포이어바
흐에 관한 테제」에서 정초된 마르크스의 '새로운 유물론'의 입장이,
엥겔스의 영국 경험을 통해 획득한 자본주의의 거대한 변혁력과 생
산성에 대한 인식과 합류하고 있음을 지적하고 있다. 엥겔스의 '분
업사회 내지 계급사회 관통적 시점,' 마르크스의 '부르주아 사회에
서의 거대한 생산력의 발전과 보편적 고통의 전개'라는 시점이 여기
서 원용되고 있다는 것이다(앞의 책, pp. 165~167).

마르크스와 엥겔스는 「성 브루노」를 다룬 제II편(②), 슈티르너를

---

39) 이 부분의 원문은 다음과 같다. "/S. 29R/〔······〕Diese Millionen Proletarier oder Kommuni-
sten denken indes ganz anders, und werden dies ihrer Zeit beweisen, wenn
sie ihr 'Sein' mit ihrem 'Wesen' praktisch, durch eine Revolution in Einklang
bringen werden. Bei solchen Fällen spricht Feuerbach daher nie von der Menschen-
welt, sondern er flüchtet sich jedesmal in die äußere Natur, und zwar in die
Natur, die noch nicht unter die Herrschaft der Menschen gebracht ist 〔······〕."
　　"/S. 10/ Soweit Feuerbach Materialist ist, kommt die Geschichte bei ihm
nicht vor, und soweit er die Geschichte in Bertracht zicht, ist er kein Materialist
〔······〕."

'독일적 소시민der deutsche Kleinbürger'으로 규정한 제III편 제1블록(③),
그리고 제I편의 제2블록(④)에서 헤겔에 의존하고 있는 바우어는 물
론 헤겔과 슈티르너를 구별하지 않고 관념론 일반, 헤겔주의 일반에
대한 비판을 행하고 있다. 그런데 이 부분에서 호소야가 특히 주목
한 것은 "지배 계급의 사상은 어느 시대에도 지배적이다"(S. 30/
Hiromatsu, 1974: 30)라는 이데올로기적 전도, 즉 근대 부르주아
사상의 특수 역사적인 '일반성Allgemeinheit'의 시점이 도입되고 있는
점이다[40](細谷, 1979: 168~171).

마르크스와 엥겔스는 「성 막스」의 중심 부분인 방대한 제II편의
제2블록(⑤)에서 독일 시민의 역사를 검토하면서, 소시민 슈티르너
의 생활의 국지성局地性, 거기에 근거한 사고의 추상성, 고정성을 제
시하고 있다.[41] 여기서 호소야가 주목하는 것은 이미 제III편 제1블록
에서 언급한 소시민 규정과 마르크스가 제I편 제1블록 S. 18의 난외
주기에서 다룬 부르주아 사회의 보편적 성격에 근거하여 '국지적인
lokal' 것과 '보편적인universell' 것을 대비·파악하고 있다는 점이며,
나아가 '세계 교통Weltverkehr' 등의 용어가 출현하고 있다는 점이
다.[42] 그는 여기서 마르크스와 엥겔스의 공통적인 독일적 이데올로

---

40) "/S. 32L/〔……〕 이전의 지배 계급을 대신하는 새로운 지배 계급은 〔……〕 자기의 이
해를 '사회 전 성원의 공동의 이해gemeinschaftliche Interesse'라고 표현하지 않으면
안 된다"고 씌어진 엥겔스의 지문의 오른편에 마르크스의 다음의 난외방주가 보인다.
"/S. 32R/(Die Allgemeinheit entspricht 1. der Klasse contra Stand, 2. der Kon-
currenz, Weltverkehr, etc., 3. der grossen Zahlreichheit der herrschenden Klasse:
4. der Illusion des gemeinschaftlichen Interesses. Im Anfang diese Illusion
wahr. 5. Der Täuschung der Ideologen u. der Theilung der Arbeit.)" Hiromatsu,
1974: 68; MEGA² *Probeband*, S. 75~76.
41) MEW, Bd. 3, S. 167~168, 252.
42) MEW, Bd. S. 245~247. 다음의 원문이 이를 보여주고 있다. "〔……〕 Inwiefern
diese Eigenschaften universell oder lokal entwickelt werden, inwiefern sie
lokale Borniertheiten überschreiten oder in ihnen befangen bleiben hängt

기 비판 시점이 확립되었느냐에는 의문의 여지가 있으나 그들이 유물론과 변증법을 내적으로 결합하여 슈티르너와 포이어바흐를 동시에 극복하려고 했다는 점이 주목된다고 지적하고 있다. 즉 그들은 슈티르너를 '기존의 것das Bestehende'을 변증법 없이, 바꾸어 말하면 '단적인 거부'만으로 초극할 수 있다고 생각하는 '무사상의 파산된 철학자'로 규정하고,[43] 포이어바흐 역시 직접, 무매개로 감성에 주어지는 것에 의존하는 것만으로 헤겔을 능가했다고 주장하는 점에서 슈티르너와 동일한 사상 수준에 머물러 있음을 지적하고 있다(앞의 책, pp. 171~175).

한편 호소야는 제I편 제3블록(⑥)이 마르크스-엥겔스의 역사 인식, 부르주아 사회 인식, 그리고 공산주의 상像이 어떻게 통일적 견해에 도달하는가의 과정을 보여주는 것으로 평가하고, 제III편 제3블록(⑦)은 부르주아 사상에 특징적인 추상적 일반성이 상품 관계에 근거하고, 이의 존립 기반은 대공업에 기초한 상품 관계의 보편적 지배에 있음을 서술하고 있다고 지적한다. 이렇게 볼 때 청년헤겔파는 바로 소시민의 이데올로기를 대변하는 것으로 비판되고 있다(앞의 책, pp. 175~176). 결국 호소야는 『독일 이데올로기』 제1권의 전 집필 과정을 통해 마르크스-엥겔스가 확립한 독일적 이데올로기의 비판적 시점을 다음과 같이 요약한다(앞의 책, pp. 176~178).

---

nicht von ihm, sondern von Weltverkehr und von dem Anteil ab, den er und die Lokalität, in der er lebt, an ihm nehmen [……]," MEW, Bd. 3, S. 247.

43) 이 부분의 원문은 다음과 같다. "Er ist der Bürger, der sich durch die banqueroute cochonne vor dem Handel rettet, wodurch er natürlich kein Proletarier, sondern unbemittelter bankerutter Bürger wird. Er wird nicht Weltmann, sondern gedankenloser, bankerutter Philosoph," MEW, Bd. 3, S. 218.

i) 청년헤겔파는 부르주아 사상으로부터 구별되는 독일 소시민의 이데올로기로서 이는 그 특수한 역사적 성격과 연결된다는 시점. 그것은 부르주아지의 보편성에 근거한 추상적·일반적 사고를 하는 것이 아니라, 소시민성·국지성에서 유래하는 추상적·일반적 개념의 지배에 다름 아니다.

ii) 포이어바흐와 슈티르너가 직접적 무매개성에 의거하고 있다는 이른바 비변증법적 사고를 비판하는 시점. 이 결함도 부르주아 사회의 '보편적 교통,' 그 부단한 재생산 활동에 연결시키지 못하는 국지성에서 생겨나는 것이다.

iii) 앞의 i), ii)의 시점에 입각한 관념론 비판의 시점. 국지성으로 말미암아 '보편적 교통' 가운데로 실천적으로 연계되지 못하므로, 추상적으로 고정화된 일반 개념과 환상을 팔게 되고, 또 물상화된 제 관계가 부단히 재생산되는 가운데서 그것을 지양하는 길을 찾지 않고, 단적으로 거부만 함으로써 문제를 당위Sollen의 영역으로 가져가거나, 신앙에 돌아가 '사랑'에 호소할 뿐이다. 이 같은 마르크스-엥겔스의 관념론 비판은 진정 사회주의 비판의 이론적 준거를 구축함으로써 완성된다.

그리고 호소야는 이 같은 그의 독해 과정에서 마르크스와 엥겔스의 역사 인식과 공산주의 상의 변화도 추적하고 있다. 즉 초기 단계인 제I편 제1블록(S. 1~2, 8~29)의 경우 공산주의에 관한 엥겔스와 마르크스의 기술이 각각 S. 16~17 좌란과 S. 18~19 우란의 긴 방주 가운데 나타나는데, 이를 대비함으로써 초기 단계의 그들의 견해차를 실감할 수 있는 것이다.[44] 그런가 하면 제I편 제2블록(S. 30~35)의 본문에는 엥겔스의 분업사회 및 계급사회 관통적 시점이,

그리고 난외주기에는 마르크스의 "일반성(보편성)은 1) 신분에 대응하는 계급, 2) 경쟁, 세계 교통 등, 〔……〕"(S. 32R) 근대 부르주아 사회를 표상하는 특수 역사적 시점이 도입되는 등 상이한 시점의 혼재를 보게 된다는 것이다(앞의 책, pp. 183~185).

한편 제III편 제2블록 말미에서 사적 소유와 공산주의의 필연적 조건이 무엇인지를 다룬(MEW, Bd. 3: 333, 337) 마르크스와 엥겔스는 곧이어 제I편 제3블록에 이르게 되면 "선행 제 형태에서는 생산 용구의 자연생적인 한계로 인하여 이미 사적 소유가 필연이며, 공산주의는 불가능하다. 거기에 대해 자본주의적 대공업만이 공산주의의 물질적 조건을 형성하게 된다"는 것을 논증하고 있다.[45] 여기서 노동, 즉 자연의 획득 행위에서 사적 소유의 성립을 보는 마르크스의 시점과 자연생적 분업에 의한 불평등한 분배에서 사적 소유의 발생을 찾는 엥겔스의 시점이 상충되는 것을 볼 수 있으나, 이는 이 블록의 말미에 이르면서(S. 65~72와 최후의 메모) 엥겔스가 마르크스의 사상을 수용해, 역사 인식과 공산주의 상에 대한 통일적 시점을 추

---

44) 마르크스와 엥겔스의 공산주의 상에 대한 종래의 논의는 그것이 상태냐 운동이냐라는 것이었으나 호소야는 이를 이상이냐 현실이냐의 문제로 보고 있다. 즉 "눈앞의 자본주의를 넘어서야 비로소 필연적인 것으로 제기되느냐 아니냐 그것이 문제이다"라고 하면서 마르크스의 공산주의관을 서술하고, 공산주의를 이상상理想像으로 묘사한 엥겔스의 공산주의 상에 대한 마르크스의 비판을 언급하고 있다(細谷, 1979: 181~182).

45) 이 부분의 원문은 다음과 같다. "/41/ Wir gingen bisher von den Produktionsinstrumenten aus, und schon hier zeigte sich die Notwendigkeit des Privateigentums für gewissen industrielle Stufen. In der Industrie extractive fällt das Privateigentum mit der Arbeit noch ganz zusammen; in der kleinen Industrie und aller bisherigen Agrikultur ist das Eigentum notwendige Konsequenz der vorhandenen Produktionsinstrumente; in der großen Industrie ist der Widerspruch zwishen dem Produktionsinstrument und Privateigentum erst ihr Produkt, zu dessen Erzeugung sie bereits sehr entwickelt sein muß. Mit ihr ist also auch die Aufhebung des Privateigentums erst möglich"(Hiromatsu, 1974: 90).

구하려고 노력하는 모습을 보게 된다는 것이다[46](細谷, 1979: 185
～199). 그리고 이들 두 사람의 시점은 특히 S. 68～72(「국가와 법
의 소유와의 관계」라는 표제가 있는 곳)와 마지막의 2페이지에 걸친
메모에서 완전히 융합하여 역사 인식의 기초 시좌를 확립하고 나아
가 부르주아 사회의 독자성을 강조하게 된다고 호소야는 지적하고
있다(앞의 책, p. 195).

이처럼 『독일 이데올로기』 집필 과정에서의 마르크스와 엥겔스의
시점의 변화, 역사 인식의 심화, 그리고 공산주의 상의 세련을 검토
한 호소야는 거기에 정초된 '기저적 인간관' '생산력과 교통 형태'
'시민사회' '물상화' '토대와 상부구조' '국가' 그리고 '관념 제
형태'의 카테고리를 추출, 이를 분석하고 있다. 생산력과 사회적 제
관계의 모순·질곡으로의 전화라는 유물사관에 대한 착상 역시 바로
이 독일적 이데올로기 비판 가운데서 형성되었음을 호소야는 이 같
은 카테고리의 추출·분석 과정에서 지적하고 있다(앞의 책, pp. 204
～234, 특히 p. 216).

이상과 같은 호소야의 『독일 이데올로기』 독해 방식을 통해 이 책
에서 전개되는 파노라마와 같은 논적論敵의 변화와 비판의 강도를 실
감할 수 있다. 나아가 지분 문제에서 나타나는 마르크스와 엥겔스의
견해 차이가 1년에 가까운 공동 집필 기간 중에 어떻게 '공통의 결
론'에 이르게 되는지 그 과정을 추체험하게 된다. 그리고 이 책의
이 같은 융통성 있는 독해를 통해 결과적으로 주된 논적을 특정인으
로 한정한다거나,[47] 히로마츠 편집안처럼 정서고의 처리에서 나타나

---

46) 호소야는 이 부분에 이르러서야 엥겔스가 그의 목적론적 발전의 변증법을 탈각하고,
　　유물론적 역사관, 공산주의관을 향한 최후의 일보를 딛게 되었다고 서술하고 있다(細
　　谷, 1979: 194～195).

는 무리함, 그리고 지분 문제에 집착함으로써 두 사람의 이론적 편차에 관심을 집중하는 모치즈키 유의 아집에서 벗어날 수 있는 가능성을 보게 된다. 다시 말하면 호소야의 논리는 높은 강도의 자기주장이 나타내는 논리적 폐쇄성에서 벗어난 '개방적 방식'의 독해가 제시하는 가능성이 어떠한 것인가를 보여준다고 하겠다.

5.3. 소외론에서 물상화론으로의 전회: 히로마츠, 모치즈키 그리고 이와부치

다음으로 1960년대와 70년대 일본 학계의 『독일 이데올로기』 논쟁에서 빼놓을 수 없는 또 다른 두 논쟁에 대해서도 언급할 차례가 되었다. 즉 하나는 히로마츠에 의해 제기된 소외론에서 물상화론으로의 천이를 중심으로 한 논쟁이고, 또 다른 하나는 『독일 이데올로기』의 집필 동기에 대한 거시적 안목을 통해 이 책의 주된 논적이 프루동이라는 모리카와 키미오의 논의이다. 여기서 이를 상론할 수는 없으므로 그 개략적 내용만 간단히 검토해보고자 한다.

먼저 소외론에서 물상화론으로의 천이 문제는 1965년 히로마츠가 『독일 이데올로기』 제I편의 편집 문제를 거론하면서 제기된 것이다. 그는 새로운 편집안과 더불어 그것에 병행하는 문헌학적 검토를 통

---

47) 『독일 이데올로기』의 주된 논적이 누구냐의 문제는 이 책의 집필 동기와 밀접한 연관이 있는 것으로 다양한 논의의 대상이 되고 있다. 『독일 이데올로기』 집필의 기연機緣이 된 『계간 비간트』 제3호의 바우어의 논문과 관련하여 이의 주적主敵을 바우어로 보는 경우(호소야는 모치즈키가 여기에 해당한다고 보나 모치즈키의 논지가 반드시 그런 것으로는 보이지 않는다〔細谷, 1979: 162의 주 10; 望月, 1975: 13~17〕), 이 책에서 가장 방대한 제1권 제III편을 고려·검토할 경우 슈티르너라는 주장(Wolfgang Eßbach, *Gegenzüge*, Frankfurt/M.: Materialis Verlag, 1982, 기타), 그리고 포이어바흐, 또는 그의 철학적 사상과 수맥을 통하고 있는 것으로 보이는 진정 사회주의자 프루동이라는 주장 등이 그것이다(服部文男, 『マルクス主義の發展』, 東京: 靑木書店, 1985, pp. 164~170; 森川, 1979: 3, 4章, 細谷, 1979: 161~162).

해 "『경제학·철학 초고』에서의 자기 소외론이 어떻게 지양되는지를 명확히 밝히려 한다"고 언명한 바 있다(廣松, 1965/春: 106). 히로마츠는 이미 칼라일론이나 『신성가족』을 통해 소외론을 자각적으로 비판한 엥겔스가 『독일 이데올로기』의 단계에서 마르크스를 설득, 소외론을 지양하게 했다는 논리를 전개하고 있다(廣松, 1963/9: 62~65; 1966/9: 8~9; 1967/10: 45~46; 1971: 55~77). 이렇게 볼 때 그의 『독일 이데올로기』 신편집안의 제기와 마르크스-엥겔스에 의한 자기 소외론의 초극과 물상화론으로의 천이는 이 책 제I편의 엥겔스 주도설과 밀접히 연결되어 있다고 하겠다.[48]

그러나 이 같은 히로마츠의 『독일 이데올로기』 해석은 모치즈키와 이와부치 케이이치에 의해 즉각적인 도전을 받게 된다. 모치즈키는 앞에서도 잠깐 언급한 바와 같이 '소외'라는 용어가 『독일 이데올로기』에서 극히 제한적으로 조심스럽게 사용된 점은 인정하지만 그것이 방기되었다는 전거는 보이지 않는다고 본다. 오히려 그는 마르크스의 소외론이 분업론으로 단련되는 과정으로서 『독일 이데올로기』를 위치지음으로써, 소외론은 『독일 이데올로기』에서 결코 방기된 것이 아니라고 결론짓고 있다(望月, 1971/5: 78~83; 1973: 195~210; 森田/望月, 1974: 203~214).

다른 한편 히로마츠의 이 같은 견해에 대해 가장 직설적인 비판을 가한 사람은 이와부치였다. 그는 1973년 「히로마츠 와타루 씨의 소외론 비판의 비판」이란 부제가 붙은 방대한 논문을 통해 마르크스가 소외론을 초극했다는 히로마츠의 주장이 결국은 『독일 이데올로기』

---

48) 사카마는 이 같은 히로마츠의 의도와 확신이 이미 그의 처녀 논문인 「마르크스주의와 자기 소외론」(『理想』 1963년 9월호)에 나타나고 있음을 지적하고 있다(坂間, 1974/1: 74).

의 오독에 근거한다고 비판하고 있다(岩淵, 1973/4, 7, 8, 9, 특히 1973/4의 87~96 참조; 기타 岩淵, 1974/5; 1974/6; 1975/秋[49]도 참조). 그러나 이와부치의 이 같은 비판은 기본적으로 히로마츠의 『독일 이데올로기』의 텍스트 비판에 대한 몰이해와 지분 문제에 대한 배려가 결여되어 있기에 논의의 차원이 다르다는 면에서 사카마나 모리타 키리로森田桐郎, 그리고 히로마츠 자신에 의해서도 비판되고 있다(坂間, 1974/1: 79~82; 沖浦 등, 1974/3: 39~40; 廣松, 1974/7~10[50]; 1974/12: 13).

그밖에도 『독일 이데올로기』를 분기점으로 한 '소외론에서 물상화론으로'라는 히로마츠의 주장은 여러 학자들에 의해 비판이 제기되고 있다. 이미 앞에서도 잠깐 살펴본 나카카와나 호소야는 물론이요, 전기 마르크스와 후기 마르크스의 단절을 부정하는 학자들이 대개 이 부류에 속한다. 특히 『독일 이데올로기』 이전의 『경제학·철학 초고』와 이후의 『그룬트리세』의 논리적 연관성에 주목하는 많은 학자들도 히로마츠의 견해에 비판적 입장을 표명하고 있다. 그러나 히로마츠의 경우 우리가 고려해야 할 점은 사카마가 지적한 바와 같이 『독일 이데올로기』의 문헌 비판을 통해 마르크스 사상을 역사적으로 복원시키려는 작업에 몰두하는 '연구자 히로마츠'가 마르크스 사상의 해석과 계승·전개를 시도하는 '철학자 히로마츠' '사상가 히로마츠'와 병렬적으로 오버랩되어 있다는 사실이다(坂間, 1974/1: 72, 76~79).

---

49) 이 논문은 저자가 아직도 구독하지 못한 것이다.
50) 저자는 4회에 걸쳐 연재된 이 논문의 2회분(8, 9월호)밖에는 구득치 못했다. 비록 전체 자료의 구득에는 실패했으나 일본에서 이 논문을 짧은 시간에 체크해준 센다이 대학의 오와다 히로시大和田寬 교수에게 감사드린다.

5. 4. 『독일 이데올로기』의 주된 논적, 프루동: 모리카와

한편 이 시기의 『독일 이데올로기』 논쟁사에서 반드시 언급하고 넘어가야 할 또 하나의 가닥은 모리카와 키미오의 독특한 『독일 이데올로기』 해석이다. 그는 "사실 『독일 이데올로기』의 진정한 논적은 '표면적으로는' 프랑스 사회주의를 철학적으로 기초한 헤겔 좌파이지만, 마르크스의 표적은 다름 아닌 프루동이다. 헤겔 좌파는 프루동을 왜곡한 데 지나지 않는다"라고 명언하고 있다(森川, 1967: 114). 그러나 주지하는 바와 같이 『독일 이데올로기』에서의 프루동에 대한 언급은 지극히 한정적이다. 즉 『독일 이데올로기』 제1권 제I편 「포이어바흐」에서는 프루동이 한 번도 언급되지 않았으며, 제1권 제III편의 「성 막스」에서도 이름만 기껏 몇 곳, 그리고 제2권의 제IV편 「칼 그륀」 중 「프루동」항 이외의 다른 몇 곳에서 언급되고 있는 데 불과하다[51](森川, 1968/5: 58~60; 1970: 145의 주 8). 그러면 모리카와는 왜 마르크스와 엥겔스가 본격적으로 다루지도 않았고, 또 『독일 이데올로기』의 방대함에 견주어볼 때 기껏 몇 번 언급한 데 불과한 프루동을 이 책의 주된 논적으로 생각하고 있는지 그의 논지를 잠깐 검토해볼 필요가 있겠다.

모리카와에 따르면 1844년 『경제학·철학 초고』 집필 당시의 마르크스는 헤겔 좌파에 대한 비판, 그것도 철학의 비판에 머물렀을 뿐 프루동의 "소유는 도둑질이다 la propriéte, c'est le vol"라는 명제를 능가하지 못했다. 따라서 마르크스는 자신의 독자적인 세계를 제시하기 위해서는 프루동을 비판하고, 또 프루동의 세계를 자신의 세계와 대치시키지 않으면 안 된다고 보았다는 것이다. 여기서 그는 프루동의

---

51) MEW, Bd. 3, S. 163, 197〔durchgestrichene Fußnote〕, 206, 318, 336, 348, 364, 408, 473, 478~80, 499, 506, 518~20, 525.

명제를 초극하기 위해 소유의 본질이 무엇이며, 소유의 제 형태는
무엇인가라는 역사 이론의 검토가 필요했던 것이다. 마르크스가 『독
일 이데올로기』에서 "분업의 제 형태가 소유의 제 형태를 제약한다"
는 관점을 정립한 것은 바로 이러한 관점에서 프루동의 '소유는 도
둑질'이라는 명제를 비판할 거점을 확보한 것이라고 모리카와는 보
고 있다. 마르크스가 『독일 이데올로기』에 뒤이어 1846년 『철학의 빈곤
Misère de la philosophie. Réponse a la philosophie de la misère de M. Proudhon』
(Paris, 1847)을 집필한 것은 그의 새로운 역사 이론에 의해 프루동
의 역사 이론, 즉 사적 소유론을 극복하려는 구체적 시도의 하나라
고 할 수 있다는 것이다(森川, 1967: 92~94; 1968/5: 59~60).

그러면 마르크스의 이론적 전개에 있어서 이처럼 중요한 프루동이
『독일 이데올로기』의 전면에 나타나지 않는 이유는 무엇인가? 특히
이 책에서 가장 중요한 제1권 제I편의 「포이어바흐」에서는 언급도
되지 않는 이유는 무엇인가? 모리카와는 「I. 포이어바흐」가 『독일
이데올로기』 전체의 서론적 성격을 갖고 있기에 이를 이해하기 위해
서는 본론에 등장하는 바우어, 슈티르너, 그리고 진정 사회주의자들
에 대한 비판 내용을 이해하지 않으면 안 된다고 주장한다. 그러면
왜 본론에 등장하지 않은 포이어바흐가 서론의 표제로서 등장하는
가? 모리카와는 마르크스가 전기한 본론의 등장인물들을 이론적으
로 보아 모두 포이어바흐의 아류라고 간주하기 때문이라는 것이다.
그러나 사태가 그렇다면 포이어바흐를 직접 공격하지 왜 아류인 슈
티르너나 진정 사회주의를 대상으로 하고 있느냐는 문제가 제기된
다. 그것은 단적으로 얘기하면 슈티르너와 진정 사회주의의 이론이
프루동의 이론과 분리되어서 논의될 수가 없었기 때문이다. 즉 슈티
르너는 프루동의 소유론이 포이어바흐 철학에 근거하여 극복될 수

있다고 보고, 칼 그륀은 프루동의 소유론을 체계적으로 사회주의로서 기초 지을 수 있다고 보았기 때문이다(森川, 1968/5: 58~59; 1970/3: 83~84). 프루동이 『독일 이데올로기』의 주된 논적이라는 논거는 바로 여기에서 연유하는 것이다.

마르크스가 『유일자와 그의 소유』에서 슈티르너가 언급한 단 한 줄, 그것도 각주 속에 나타나는 비판[52] 때문에 양적으로 『유일자와 그의 소유』에 필적하는 슈티르너 비판을 시도한 이유는 무엇일까? 이는 그 책이 청년헤겔파 전체에 일으킨 반향에 대한 적절한 대응과 더불어 마르크스 자신의 '철학적 양심의 청산'이 필요했기 때문이다(森川, 1970/3: 130~131). 그는 슈티르너의 논지 가운데서 '소유는 도둑질'이라는 프루동의 명제가 '유일자의 소유'로, 그리고 '자유로운 연합association libre'이 '에고이스트의 연합Verein'으로 표절되었음을 확인하게 된다(森川, 1970/3: 84~85, 117, 133~134). 그러나 『독일 이데올로기』의 제1권 제III편 「성 막스」에서 마르크스가 수행한 슈티르너 비판은 자신의 반대편에 서 있는 프루동에 대한 신중한 배려를 수반한 비판이었다. 왜냐하면 「성 막스」 집필 당시까지 프루동에 대한 기대, 즉 칼 그륀의 진정 사회주의로부터 그를 분리시키려는 마르크스의 정치적 배려가 개재되어 있었기 때문이다. 그러나 프루동의 정치적 협력을 더 이상 기대할 수 없게 된 1846년 5월 중반 이후에 집필된 제2권의 제IV편 「칼 그륀……」에서는 강한 프루동 비판이 제기되고 있다(森川, 1968/5: 66~68).

1840년대 중반에 프랑스와 벨기에에 거주하던 독일인 망명객들은 마르크스와 엥겔스의 정치적 운동의 조직적 기반이었다. 그런데 바

---

52) Max Stirner, *Der Einzige und sein Eigentun*. Mit einem Nachwort von Ahlrich Meyer(Stuttgart: Philipp Reclam jun, 1972), S. 192.

로 이 같은 조직적 기반에 절대적 위협으로 등장한 것이 그륀의 진정 사회주의였다. 이러한 시점에서 마르크스는 1846년 5월 5일자의 편지를 통해 프루동에게 그륀과 절연할 것을 요구했으나 프루동은 이를 거부하고, 오히려 그륀과 더욱 밀접한 관계를 유지하게 되었다[53] (앞의 책, pp. 66~67). 더욱이 이러한 사실은 그륀화化된 프루동의 이론이 독일 망명객들 사이에 광범위하게 유포되면서 그륀(프루동을 포함한)은 슈티르너와는 비견될 수 없는 그들의 초미의 논적으로 등장하게 된 것이다. 여기서 마르크스와 엥겔스는 이미 「성 막스」에서 준비된 기초적 분석에 근거하여 본격적인 진정 사회주의 비판을 시도하게 된 것이다[54](森川, 1968/5: 68~69; 1970/3: 130~31, 144의 주 6, 145의 주 8).

이상과 같은 모리카와의 『독일 이데올로기』 해석을 통해 이 책에 대한 종래의 접근 방법과는 다른 새로운 변화를 경험하게 된다. 즉 지금까지의 『독일 이데올로기』에 대한 연구는 주로 이 책의 제1권 제I편에 국한되었으나 모리카와의 경우, 그 중심을 슈티르너를 다룬 제III권의 제3편과 제2권의 진정 사회주의자들로 옮기고 있기 때문이다. 그리고 『독일 이데올로기』의 해석을 문헌학적 성과에 구애됨이 없이 당대의 광범한 논쟁적 문맥에서 조망하고 있기 때문이다. 이러한 사실은 『독일 이데올로기』의 해석을 마르크스-엥겔스의 사상적 전개 과정에서만이 아니라 당대의 사회주의 운동과의 연관 아

---

53) Karl Marx, Friedrich Engels und Philippe-Charles Gigot an Pierre-Joseph Proudhon in Lyon. Brüssel, 5 Mai 1846; Pierre-Joseph Proudhon an Karl Marx in Brüssel. Lyon, 17. Mai 1846. MEGA² III/2, S. 7~8, 205~207. 모리카와의 논문에는 이들 편지의 날짜가 1845년으로 되어 있으나 오식으로 보인다(森川, 1968/5: 66).

54) 服部文男, 『マルクス主義の發展』, pp. 46~52, 164~170도 참조.

래 조망하는 새로운 시좌의 가능성을 보여준 것이다.

  한편 프루동이 『독일 이데올로기』의 주된 논적이라는 모리카와의
주장과 관련해서 저자가 언급하지 않으면 안 될 것은 당대의 사회주
의 운동에서의 포이어바흐의 영향력 문제이다. 마르크스가 바우어나
슈티르너, 그리고 진정 사회주의자들을 포이어바흐의 아류로 간주했
다는 사실은 이미 살펴본 바 있거니와 1840년대 중반의 런던과 파리
에서의 포이어바흐의 영향력은 상당히 광범위했던 것으로 지적되고
있다. 우선 이미 언급한 프루동과 그륀의 관계는 그륀이 마르크스의
브뤼셀 이주 이후 프루동의 철학 사강사私講師가 되었다고 지적되거니
와, 이 경우 그륀의 과제는 포이어바흐 철학을 프루동주의와 결합하
는 것이었다[55] (森川, 1970/3: 144의 주 6). 그런가 하면 런던의 '독
일인 노동자 교육협회Der Deutsche Communistische Arbeiterbildungsverein:
CABV'의 공산주의에 관한 토론(의사록은 1845년 2월부터 다음 해 1월
까지 남아 있다)에서도 포이어바흐를 통속적으로 번안한 프리드리히
포이어바흐Friedrich Feuerbach의 『장래의 종교Religion der Zukunft』(Zürich/
Winterthur, 1843)가 정치적 계몽을 위해 독서회의 교재로 채택되었
음을 보고하고 있다.[56] 따라서 진정 사회주의자와 수맥을 통하고 있
는 포이어바흐, 유물론적 역사관에 결코 이를 수 없는 포이어바흐에
대한 마르크스와 엥겔스의 명확한 입장 표명은 필요 불가결하게 되

---

55) MEW, Bd. 3, S. 475를 보라.
56) Max Nettlau, "Londoner deutsche kommunistische Diskussion, 1845. Nach
dem Protokollbuch des C. A. B. V.," *Archiv für die Geschichte des Sozialismus
und der Arbeiterbewegung*, hrsg. von Carl Grünberg, X. Jg.(Leipzig: Verlag
von C. L. Hirschfeld, 1922), S. 386. 프리드리히는 루트비히의 동생으로 루트비히
의 『기독교의 본질』을 프랑스어로 번역했다고 소개되고 있다. 服部文男, 앞의 책, pp.
4~35, 특히 26~27 및 32~33 주 5) 참조.

었으며, 이러한 의미에서 1845년 7~8월의 6주간에 걸친 그들의 영국 여행을 전후한 「포이어바흐에 관한 테제」나 『독일 이데올로기』 제1권 제I편의 집필 동기를 검토하는 것도 필요한 절차의 하나로 간주된다 하겠다.[57]

6. 맺음말

지금까지 히로마츠 와타루의 『독일 이데올로기』에 대한 문헌학적 연구로 야기된 1960년대와 70년대의 일본에서의 소위 『독일 이데올로기』 논쟁을 검토해왔다. 당초 기왕에 부동의 권위를 가지고 있던 구MEGA I/5에 게재된 아도라츠키의 『독일 이데올로기』 텍스트, 특히 그 가운데서도 이 책의 제1권 제I편이 위서라는 폭탄선언으로 개막된 일본에서의 『독일 이데올로기』 논쟁은 일본 마르크스학의 수준을 한 단계 격상시킨 중요한 이벤트의 하나라고도 하겠다.

구MEGA가 갖는 권위 때문에 종래 의문의 여지없이 수용되던 『독일 이데올로기』의 텍스트는 1965년에 발표된 히로마츠의 「『독일 이데올로기』 편집의 문제점」이란 논문을 기점으로 하여 이 책의 초고 오리지널에 대한 관심을 제고시키게 되었다. 다시 말하면 A판의 의도된 자의적 편집 방침이 확인된 마당에 무엇보다도 중요한 것은 초고 오리지널의 현상 형태에 대한 면밀한 검토였던 것이다. 초고에 나타난 필적, 수많은 방주와 수정·가필·삭제, 그리고 집필 순서 등

---

57) 저자에게 『독일 이데올로기』의 집필 동기로서 당시의 정치적 상황, 특히 독일의 해외 망명객들 사이에 바이틀링을 대신하여 광범히 유포된 포이어바흐 사상의 영향력에 대한 검토를 시사한 것은 하토리 후미오 교수였다(1993년 6월 30일자 편지).

에 대한 관심은 히로마츠 이래의 일본의 『독일 이데올로기』 연구나 논의에서 반드시 고려되지 않으면 안 되는 사안의 하나로 등장하게 되었다. 『독일 이데올로기』를 중심으로 한 히로마츠의 '소외론에서 물상화론으로'의 명제나 모치즈키 세이지의 '소유 형태사론'(엥겔스)과 '분업 전개사론'(마르크스)의 구분이 그러하고, 나카카와 히로시의 3개 사론의 중첩설이나 호소야 타카시의 집필 순서에 따른 이 책의 새로운 독해가 바로 그것이다.

그리고 일본에서의 이 같은 『독일 이데올로기』 논쟁은 러시아에서의 신편집판 『독일 이데올로기』의 발간으로 그 객관성을 국제적으로 공인받게 되었다. 즉 히로마츠의 최초의 논문이 발표되던 바로 1965년에 러시아의 '마르크스-레닌주의 연구소' 소속의 바가투리야가 구 MEGA의 오류를 지적하면서 새로운 편집의 『독일 이데올로기』 제1권 「I. 포이어바흐」를 출판했던 것이다. 게다가 마르크스 사상의 전·후기를 구분하는 '인식론적 단절'은 바로 『독일 이데올로기』를 분수령으로 한다고 주장한 알튀세의 『마르크스를 위하여 *Pour Marx*』가 출판된 것도 바로 이 1965년이었다.[58] 따라서 일본에서의 『독일 이데올로기』 논쟁은 충분히 시의를 얻은 것이다. 결국 1960년대와 70년대에 걸쳐, 히로마츠에 의해서 시작되고 모치즈키를 비롯한 수많은 연구자들이 가담한 일본에서의 『독일 이데올로기』 논쟁은 치열한 논쟁과 괄목할 만한 연구 성과를 이룩했다고 하겠다.

물론 논자의 관점에 따라서는 일본 학계의 『독일 이데올로기』 연구가 지나치게 미세한 부분에 탐닉함으로써 종종 지엽 말절에 머문다는 비판을 받을 여지가 없는 바는 아니다. 그러나 『독일 이데올로

---

58) 이의 일본어 번역은 1968년에 이루어졌다. ルイ・アルチュセール, 河野健二, 田村俶 譯, 『甦るマルクス』(京都: 人文書院, 1968).

기』처럼 방대하고도 중요한 저작이 미발간 유고로 남아 있었고, 또 기왕에 출판된 텍스트가 의도적으로 왜곡·편찬되었다는 사실은 텍스트 자체에 대한 문헌 비판적 접근을 불가피하게 만든다. 따라서 문헌 비판에 근거한『독일 이데올로기』의 독해는 일본에서의 이 책의 연구에 필수적인 전제 조건이 되었으며, 이 같은 기반 위에서 이루어진『독일 이데올로기』해석도 자못 흥미롭다 하겠다. 특히 텍스트 오리지널의 필적과 집필 순서 및 마르크스와 엥겔스의 지분 확정을 둘러싼 논쟁과 지분의 차이에서 오는 양자의 이론적 편차에 대한 논의는 세계 어느 나라에서도 유례를 찾아볼 수 없는 독특한『독일 이데올로기』연구, 나아가 마르크스학의 연구 풍토를 조성한 것이다.

물론 그들의 문헌학적 연구가 가끔 특정 연구자가 가진 이론적 선입견이나 논리적 구성을 합리화하는 수단으로 이용될 가능성을 전적으로 배제할 수는 없으나, 그것은 적어도 연구자 자신의 이론이나 논리, 그리고 논거에 대한 충실성이 전제된 것이다. 히로마츠나 모치즈키의 문헌학적 논구에서 가끔 무리한 전제의 설정이나 논리의 강제를 느끼기도 하나 지극히 미세한 사안에 이르기까지의 그들의 곡진한 탐구는 독자의 관심과 주의를 동원하기에 모자람이 없다. 이는 아마도 1세기에 이르는 일본 마르크스학의 전통과도 밀접히 연결된다고 하겠다. 저자가 이 장의 앞부분에서 검토한 바 있는 일본에서의『독일 이데올로기』번역사가 바로 이 같은 전통의 토양을 형성하고 있는 것이다. 그리고 이 같은 토양을 전제로 했기에 호소야나 모리카와의 독특한『독일 이데올로기』독해도 가능하지 않았겠는가.

일본은 1960년대와 70년대의『독일 이데올로기』논쟁을 통해 1974년 히로마츠의 신편집안에 의한 히로마츠 판『독일 이데올로기』제1권 제I편을 세상에 내놓게 되었다. 이는 어쩌면 100년의 전통을 배경으로 하는 일본 마르크스학의 국제 마르크스학계에 대한 가장 적극적인 공헌의 하나라고도 하겠다. 그리고 사실상 신MEGA 판의 『독일 이데올로기』 출판이 무작정 천연되고 있는 현재의 상황에서는 일본 학계의 마르크스학의 연구 성과인 히로마츠 판『독일 이데올로기』의 객관적 위상은 상당한 기간 지속될 것으로 보인다.

일본의 『독일 이데올로기』 논쟁 관련 문헌 목록(발표 연대순)

〔저서는 발행 순서로, 논문은 발표 시기 순으로 열거했다. *로 표시한 문헌은 저자가 이 논문의 집필 당시에 아직 구득하지 못한 것이다.〕

1) 초기의 『독일 이데올로기』 관련 문헌

1932/12: 澤水渡, 「『ドイッチェ·イデオロギ-』全集版 の刊行について」(研究室通信), 『唯物論研究』第2號, pp. 66〜70.

1933/3: 服部之總, 「ドイッチェ·イデオロギ-·序文(アドラッキ-)」, 『唯物論研究』第5號, pp. 47〜63.

1934/10: 森宏一/山岸辰藏/中島淸之助, 「ドイッチェ·イデオロギ-兩版比較 - アドラッキ-版とリヤザノフ版」, 『唯物論研究』第24號, pp. 163〜178.

1934/11: 森/山岸/中島, 「ドイッチェ·イデオロギ-兩版比較の補正」, 『唯物論研究』第25號, pp. 94〜96.

2) 1960년대 이래의 『독일 이데올로기』 논쟁 관련 문헌

1962/2, 4: 重田晃一, 「『ドイッチェ·イデオロギ-』公刊史に關する覺書」, 『關西大學經濟論集』, (一) 11卷 6號, pp. 69〜91; (二) 12卷 1號, pp. 53〜75.

1963/9: 廣松涉, 「マルクス主義と自己疎外論」, 『理想』. 廣松涉, 『マルクス主義の成立過程』(東京: 至誠堂, 1968＝初版; 1984＝增補版), pp. 55〜78 所收.

1965/春: 廣松涉, 「『ドイツ·イデオロギ-』編輯の問題點」, 『唯物論研究』(季刊) 21號, pp. 104〜130. 廣松涉, 『マルクス主義の

成立過程』(1984), pp. 147～198 所收.

1966: ゲ・ア・バガトゥーリヤ, 「K・マルクスとF・エンゲルスの『ドイツ・イデオロギー』第1章原稿の構造と內容」, バガトゥーリヤ編輯/花崎皐平譯, 『新版 ドイツ・イデオロギー』(東京: 合同出版, 1966), pp. 189～213.

1966/3/26: 廣松涉, 「『ドイツ・イデオロギー』ソ連判について」, 『圖書新聞』851號. 同, 『マルクス主義の成立過程』(1984), pp. 199～201 所收.

＊1966/6/27: 城塚登(『讀書新聞』, 1966・6・27日號).

1966/7: 花崎皐平, 「唯物論的歷史觀の全體的構想について―『ドイツ・イデオロギー』第1章新版から」, 『思想』505號, pp. 106～122.

1966/9: 廣松涉, 「初期エンゲルスの思想形成」, 『思想』507號, pp. 1～16. 同, 『マルクス主義の成立過程』(1984), pp. 79～124 所收.

1967: 森川喜美雄, 「プルードンとマルクス」, 經濟史學會編, 『資本論』の成立』(東京: 岩波書店, 1967), pp. 92～118. 同, 『プルードンとマルクス』(東京: 未來社, 1979), pp. 39～56所收.

1967: 重田晃一, 「勞動疎外論と唯物史觀―『經濟學・哲學手稿』から『ドイツ・イデオロギー』へ」, 經濟史學會編, 『資本論』の成立』(東京: 岩波書店, 1967), pp. 206～232.

1967/2/27: 廣松涉, 「『ドイツ・イデオロギー』新版が投じた東ドイツ哲學界の新しい波紋」, 『日本讀書新聞』1396號, 同, 『マルクス主義の成立過程』(1984), pp. 201～204.

1967/6: 廣松涉, 「『ドイツ・イデオロギーの編輯について―東ドイツ新版の出現を機に」,『思想』516號, pp. 99〜109. 同,『マルクス主義の成立過程』(1984), pp. 125〜146 所収.

1967/6: 廣松渉,「辨證法の唯物論的傾倒はいかにして可能であったか」,『現代の理論』(特集: マルクス主義哲學). 同,『マルクス主義の成立過程』(1984), pp. 301〜340所収.

1967/8: 廣松渉,「エンゲルスの再評價のために」,『世界の大思想』全集(河出書房), 月報(昭和 42年 8月配本의 第2期 第5巻『エンゲルス』에 挿入). 同,『マルクス主義の成立過程』(1984), pp. 120〜124所収.

1967/10: 廣松渉,「初期マルクス像の批判的再構成」,『思想』520號, pp. 22〜46. 同,『マルクス主義の成立過程』(1984), pp. 1〜54 所収.

1968: 廣松渉,『マルクス主義の成立過程』(東京: 至誠堂, 1968): 初版.

1968a: 廣松渉,『エンゲルス論―その思想形成過程』(東京: 盛田書店, 1968).

1968/5: 森川喜美雄,『ドイツ・イデオロギー』におけるプルードンの問題」,『専修大學社會科學研究所月報』第56號. 同,『プルードンとマルクス』(1979), pp. 57〜69 所収.

1968/6: 廣松渉,「マルクス主義的唯物論とは何か―その成立事情と思想史的意義」,『思想』528號, pp. 1〜24.

1968/7: H・ザイデル,「現實にたいする人間の實踐的ならびに理論的關係について」,『思想』529號, pp. 97〜116.

1968/12: 望月清司,「『ドイツ・イデオロギー』における「分業」の論理」,『思想』534號, pp. 110〜126.

1969/5: 望月清司,「マルクス歴史理論の形成—分業論的歴史分析の展開」,『思想』539號, pp. 49〜69.

1969/5: 良知力,「ヘスは若きマルクスの發展の座標軸たりうるか—廣松渉氏の初期マルクス論によせて」,『思想』539號, pp. 70〜84.

1969/9/20: 廣松渉,「追記-良知力氏の御批判によせて」. 同,『マルクス主義の地平』(東京: 勁草書房, 1969), pp. 303〜309.

1969/9: 望月清司,「マルクス封建社會觀の基礎視角—ウェーバーの都市・封建制にふれて」,『思想』534號, pp. 96〜122.

1970/3: 森川喜美雄,「シュティルナ-『唯一者とその所有』とマルクス—『ドイツ・イデオロギー』におけるプルードンの問題」,『社會科學年報』第4號. 同,『プルードンとマルクス』(1979), pp. 82〜165.

1970/3: 杉原四郎,「エンゲルス研究の動向」,『思想』549號, pp. 68〜78.

1970/8: 望月清司,「'書評'總體性の辨證法と經濟學—花崎皐平『マルクスにおける科學と哲學』」,『思想』554號, pp. 140〜152.

＊1970/11: 土屋保男,「エンゲルスの實像と虛像—廣松渉氏『エンゲルス論』なとの檢討」,『世界』, 1970年 11月號.

1970/11-12: 杉原四郎,「エンゲルスの統一的全體像をもとめて—わが國のエンゲルス研究史の素描」, 上,『思想』557號, pp. 25〜36; 下, 同, 558號, pp. 89〜99.

1971: 廣松渉,『唯物史觀の原像—その發想と射程』(東京: 三一書房, 1971).

1971/5：森田桐郎，「'マルクス・コメンタール その5'『ジェームズ ミル評註』」（未完），『現代の理論』88號，pp. 5～29.

1971/5：良知力，「'マルクス・コメンタール その6'『聖家族』」，『現代の理論』88號，pp. 30～35.

1971/5：坂本賢三，「'マルクス・コメンタール その7'『フォイエルバッハにかんするテーゼ』」，『現代の理論』88號，pp. 46～61.

1971/5：望月清司，「'マルクス・コメンタール その8'『ドイツ・イデオロギー』——その市民社會論と歴史認識」，『現代の理論』88號，pp. 62～90.

＊**1971/10**：坂間眞人，「廣訟渉編輯案『ドイツ・イデオロギー』研究の深化のために——望月論文『ドイツ・イデオロギー』（『現代の理論』，1971年5月號）——批判」，팸플릿『反スターリン學派』（マルクス學說研究會）.

1972/1：坂間眞人，「『ドイツ・イデオロギー』文獻批判の意味——廣松渉編集案の檢討にむけて」，『情況』，pp. 74～84.

1972/3：坂間眞人，「ソ連邦マルクス・レーニン主義研究所訪問記——バガトゥリヤ教授との對談」，『現代の理論』98號，pp. 125～132.

1972/7：坂間眞人：「『ドイツ・イデオロギー』の校訂問題について——『新マルクス・エンゲルス全集』への意見書」，『現代ロシア語』，第7卷第4號，pp. 30～32.

1973：望月清司，『マルクス歴史理論の研究』（東京：岩波書店，1973），第3章「『ドイツ・イデオロギー』における分業の論理」，pp. 155～260.

＊**1973/1**：坂間眞人，「エンゲルス・マルクスにおける『ドイ

ツ・イデオロギー』の位置——エンゲルス思想體系の問題點」(慶應大學修士論文, 昭和 47年1月 提出).

1973/1: *Γ*. A. バガトゥリヤ(解説・譯, 坂間眞人),「マルクス主義における『ドイツ・イデオロギー』の位置」,『情況』, pp. 61〜78.

1973/4, 7, 8, 9: 岩淵慶一,「マルクスの疎外概念とマルクス主義——廣松渉氏の疎外論批判の批判」,『現代の理論』111號, pp. 68〜96; 114號, pp. 123〜138; 115號, pp. 109〜116; 116號, pp. 106〜128.

1974: 森田桐郎/望月清司,『社會認識と歷史理論』(講座 マルクス 經濟學1)(東京: 日本評論社, 1974), 308 pp.

1974: Hiromatsu, Wataru, Hrsg. Karl Marx/Friedrich Engels, *Die Deutsche Ideologie*, Bd. 1, 1. Abschnitt, Neuveröffentlichung mit text-kritischen Anmerkungen(Tokio, Japan: Kawadeshobo-shinsha Verlag, 1974), IX, xxi, 159 S.

1974/1: 廣松渉,「『ドイツ・イデオロギー』の文獻學的諸問題——新MEGA(試行)版に寄せて」,『情況』(特集: 疎外・物象化と『ドイツ・イデオロギー』), pp. 5〜36. 同,『マルクス主義の成立過程』(1984), pp. 205〜266.

1974/1: バガトゥリヤ(坂間眞人譯),「『ドイツ・イデオロギー』第一篇の再構成」,『情況』(特集: 疎外・物象化と『ドイツ・イデオロギー』), pp. 87〜127.

1974/1: 坂間眞人,「『ドイツ・イデオロギー』の今日的課題——廣松說の意圖と問題點」,『情況』(特集: 疎外・物象化と『ドイツ・イデオロギー』), pp. 72〜86.

1974/3: 花崎皋平,「'書評'望月清司著『マルクス歴史理論の研究』論評——その理念型化された'辨證法'への疑問を中心に」,『思想』597號 pp. 132～146.

1974/3: 沖浦和光/重田晃一/細見英/望月清司/森田桐郎,「『ドイツ・イデオロギー』と疎外・物象化の理論」,『現代の理論』122號, pp. 5～62.

1974/5: 岩淵慶一,「マルクス研究の二,三の問題點——坂間眞人論文に 應える」,『情況』, No. 69, pp. 59～70.

1974/6: 岩淵慶一,「〈論爭と批判〉森田桐郎氏の批判に應える」,『現代の理論』125號, pp. 119～124.

1974/6/17～8/19: 廣松渉,「『ドイツ・イデオロギー』研究の現段階——手稿復元(河出書房)版を編んで」,『日本讀書新聞』. 同,『マルクス主義の成立過程』(1984), pp. 266～295 所収.

*** 1974/7～10**: 廣松渉,「『ド・イデ』と自己疎外論の超克——岩淵慶一氏の御批判にも應えて」,『情況』, 7月；8月, pp. 113～123；9月, 133～145；10月.

1974/9/12 夕刊: 廣松渉,「『ドイツ・イデオロギー』手稿復元版を編んで」,『朝日新聞』. 同,『マルクス主義の成立過程』(1984), pp. 296～299 所収.

1974/12: 廣松渉,「'特集 1,『ドイツ・イデオロギー』の成立と共産主義の地平'望月清司氏の『ド・イデ』論をめぐって」,『情況』, pp. 5～13.

1974/12: 重田晃一,「'書評'廣松版『ドイツ・イデオロギー』の成果」,『思想』606號, pp. 136～145.

*** 1974/12**: 花崎皋平,「最良のテキスト・クリティーク」,『世

界』, 1974年 12月號.

1974/12: 廣松涉, 「『ドイツ・イデオロギー』の國家論」, 『國家論研究』5號(特集:『ドイツ・イデオロギー』と國家論), pp. 66～81. 同, 『唯物論と國家論』(東京: 講談社, 1989), pp. 32～68 所收.

1974/12: 坂間眞人, 「バガトゥリヤ教授と『ドイツ・イデオロギー』──再びソ連邦ML研究所を訪問して」, 『國家論研究』5號(特集:『ドイツ・イデオロギー』と國家論), pp. 82～93.

1975: 『マルクス・コメンタール』III(現代の理論社, 1975)〔望月淸司, 「『ドイツ・イデオロギー』──その市民社會論と歷史認識」, pp. 7～50, 坂間眞人, 「コメント」, pp. 50～60, 望月淸司, 「リプライ」, pp. 60～69〕.

1975/3-4, 5-6, 7-8: 廣松涉, 「『ドイツ・イデオロギー』とその背景──文獻學的研究から內容的討究へのために」, 『知の考古學』創刊號, pp. 72～84; 2號, pp. 39～52; 3號, pp. 64～80.

＊**1975/秋**: 岩淵慶一, 「『ドイツ・イデオロギー』における疎外論の發展」, 『唯物論』(東京 唯物論研究會 編) 第48號.

＊**1975/11**: 中川弘, 「『國民經濟學批判大綱』と初期エンゲルスの思想形成」, 『現代の理論』.

＊**1976/3**: 村田陽一, 「科學的社會主義の炬火をかかげて」, 『經濟』, 1976年 3月號.

1976/4: 飯田裕康/廣西元信/廣松涉, 「坂間眞人氏追悼」, 『情況』, pp. 136～148.

1977: 中川弘, 「唯物論的歷史觀の確立──『ドイツ・イデオロギー』第1卷第1篇 檢討・試論」, 服部文男編集, 『講座, 史的唯物論と現代』2「理論構造と基本槪念」(東京: 靑木書店, 1977), pp. 13～

76.

1979: 森川喜美雄, 『プルードンとマルクス』(東京: 未來社, 1979), pp. 57~69, 82~165.

1979: 細谷昂, 『マルクス社會理論の研究—視座と方法』(東京: 東京大學出版會, 1979), 第3, 4章, pp. 111~234.

＊**1979/5**: 小林一穂, 「『ドイツ・イデオロギー』におけるイデオロギー批判の方法」, 東北社會科學研究會『社會學研究』第37號.

＊**1982**: 廣松渉, 『唯物史觀と國家論』(論創社).

1983/1984: 林眞左事, 「『ドイツ・イデオロギー』の國家論」「『ドイツ・イデオロギー』の世界觀」,『インパクシン』24(1983. 7), pp. 70~83; 25(1983. 9), pp. 58~71; 27(1984. 1), pp. 112~126.

1984: 廣松渉, 『增補 マルクス主義の成立過程』(東京: 至誠堂, 1984)〔初版(1968)에 論文 3篇追加〕.

1989: 廣松渉, 『唯物史觀と 國家論』(講談社學術文庫)〔論創社版(1982)의 新訂增補版〕.

1991: 岩佐茂, 「『ドイツ・イデオロギー』研究を回顧して」,『唯物論』65(東京唯物論研究會, 1991), pp. 25~38.

1992: 岩佐茂/小林一穂/渡邊憲正編著, 『「ドイツ・イデオロギー」の射程』(東京: 創刊社, 1992).

1992: 林眞左事, 「『ドイツ・イデオロギー』第一編の編集をめぐる諸問題—鄭文吉氏の論文に寄せて」,『マルクス・エンゲルス・マルクス主義』第16號(1992), pp. 20~65.

제5장

『독일 이데올로기』 연구에 있어서 텍스트 편찬의 문제

—특히 「I. 포이어바흐」 장의 재현 문제와 관련하여

1. 글머리에

마르크스, 엥겔스, 마르크스주의의 연구에 있어서 이들 '고전적 사회주의 창시자'의 텍스트의 정확한 편찬과 출판은 가장 중요하고도 기초적인 작업의 하나이다. 이는 두말할 필요도 없이 『자본론』을 포함한 그들의 중요 저작 중의 상당 부분이 미완성이거나, 출판되기 이전의 초고 상태로 남아 있기 때문이다. 더욱이 문제를 복잡하게 하는 것은 이들 미완성·미출판의 저작들이 서로 다른 정도의 완성 단계를 나타내고 있기에 이들을 동일한 원칙 아래 편찬·출판하는 것이 용이하지 않다는 점이다. 이러한 사실은 그들의 저작이 현재 진행 중인 신MEGA(Marx-Engels Gesamtausgabe, 마르크스-엥겔스 전집)에서 4개의 부Abteilung로 분산되어 편찬·출판되고 있는 사실을 통해서도 추찰할 수 있다. 그러나 이 같은 신MEGA의 부별 구성도

개개 저작의 특수성이 문제가 될 경우 그 편찬 원칙은 새로운 구체
성을 요구하게 된다. 특히 최근 학계의 일각에서 대두되고 있는 마
르크스와 엥겔스의 차별화 문제를 고려할 때,[1] 두 사람의 차별성을
구체적인 문자로 된 유산literarischer Nachlaß으로 입증할 수 있다면 이
는 마르크스와 엥겔스, 마르크스주의의 연구에 새로운 가능성을 제
시하게 될 것이다.

　마르크스와 엥겔스의 사상 형성 과정에서, 그리고 마르크스주의의
체계 수립 과정에서 『독일 이데올로기』가 갖는 객관적 중요성은 이

---

1) 마르크스와 엥겔스의 차별성에 관한 논의는 결코 최근의 현상만은 아니다. 구스타프 마
　이어는 1920년대에 이미 "정신적으로 지극히 밀접한 공생의 관계에 있는" 마르크스와
　엥겔스를 서로 분리시켜 "그들 두 사람의 업적 가운데서 엥겔스의 몫이 무엇인가를 추
　출"하려고 시도한 바 있다. 그러나 레닌의 마르크스-엥겔스 일체설과 이 같은 공인의
　이데올로기에 근거한 마르크스주의자들의 연구 경향은 이들 두 사람의 사상적 차이에
　근거한 어떠한 연구도 침묵하게 만들었다. Gustav Mayer, *Erinnerungen. Vom
　Journalisten zum Historiker der deutschen Arbeiterbewegung*(Zürich/Wien: Europa
　Verlag, 1949), S. 205; G. Mayer, *Friedrich Engels. Eine Biographie*, Erster Band,
　Friedrich Engels in seiner Frühzeit(1. Aufl. 1920), 2., verbesserte Aufl.(Haag:
　Martinus Nijhoff, 1934), S. VI 참조.
　　그러나 근년 마르크스의 경제학 연구 노트를 근거로 『자본론』 연구가 심화되면서, 마
　르크스 사후 엥겔스에 의해 편찬된 이 책 제2, 3권에 대한 진위 논의는 물론 이 책 제1권
　의 결정본에 대한 논의 등과 더불어 이들 두 사람의 차별화 문제를 구체적으로 거론하
　게 되었다. 그리고 이러한 최근의 연구 동향은 마르크스와 엥겔스의 '공동 저작집,' 즉
　MEGA(Marx-Engels Gesamtausgabe)의 성립 자체에 대한 회의로까지 진전되고 있
　다. 우리는 이 같은 연구 경향의 일단을 '국제 마르크스-엥겔스 재단IMES'의 기관지
　『메가-연구MEGA-Studien』 최근호(1994/2)를 간단히 일별하는 것만으로도 충분히
　확인할 수 있다. Carl-Erich Vollgraf/Jürgen Jungnickel, "'Marx in Marx' Worten'? Zu
　Engels' Edition des Hauptmanuskripts zum dritten Buch des *Kapital*," *MEGA-
　Studien*, 1994/2(1995), S. 3~55; Izumi Omura, "Zum Abschluß der Veröffentlichung
　der verschiedenen Ausgaben des ersten Bands des *Kapital* in der MEGA² von der
　deutschen Auflage, der 'Auflage letzter Hand von Marx' (1984), zur 3. Auflage,
　'die dem letzten Willen des Autors zu einem bestimmten Grad entspricht' (1991)," *ibid.*, S.
　56~67; Hans-Georg Backhaus und Helmut Reichelt, "Der politisch-ideologische Grund-
　charakter der Marx-Engels-Gesamtausgabe: eine Kritik der *Editionsrichtlinien* der
　IMES," *ibid.*, S. 101~118 등을 보라.

미 그들 자신의 명언을 통해서도 확인된 바 있다. "우리는 독일 철학의 이데올로기적 견해에 반대하는 우리들의 대립적 입장, 즉 이전의 우리들의 철학적 의식을 청산하기 위한 집필에 착수하기로 했다"[2]는 1859년의 마르크스의 언급이나, 이 대립적 입장을 "마르크스에 의해 형성된 유물주의적 역사 해석"[3]이라고 분명히 못 박은 1888년의 엥겔스의 표현은 『독일 이데올로기』가 마르크스주의, 특히 유물론적 역사 이론의 형성사에서 갖는 의미를 명백히 해주고 있다.

마르크스와 엥겔스가 그들의 사상 형성기에 당대의 급진적 지식인·개혁주의적 사회주의자들과 두 사람의 차이를 확인함으로써 Selbstverständigung, 두 사람의 자기청산을 가능하게 한 결정적인 계기가 된 이『독일 이데올로기』는 그들의 유물론적 역사 이론의 형성에도 결정적인 단초가 되었음은 잘 알려진 일이다. 그런데 바로 이처럼 중요한『독일 이데올로기』가 마르크스와 엥겔스 두 사람의 다른 어떠한 문자로 된 유산보다도 공동 저작의 흔적이 구체적이고도 분명하게 나타난 초고의 형태로 우리에게 전해진 것이다.

따라서 저자는 현재 트리어/엑상프로방스Trier/Aix-en-Provence의 독일-프랑스 메가 작업 그룹Deutsch-französische MEGA-Arbeitsgruppe의 주도로 편집이 진행되고 있는『독일 이데올로기』가 이 같은 초고의 특징을 가장 구체적으로 재현해줄 것을 기대하며, 이를 위한 몇 가지 제안을 이 책의「I. 포이어바흐」장을 집중적으로 검토함으로써 제시해보고자 한다.

---

2) Karl Marx, *Zur Kritik der politischen Ökonomie*, Erstes Heft, MEGA² II/2, S. 101~102.

3) Friedrich Engels, *Ludwig Feuerbach und der Ausgang der klassischen deutschen Philosophie*, MEW, Bd. 21, S. 263.

2. 『독일 이데올로기』, 「I. 포이어바흐」 장 초고의 특수성

"두 권의 두꺼운 옥타브 판das Manuskripte, zwei starke Oktavbände"으로 이루어진 『독일 이데올로기』의 초고는 마르크스와 엥겔스 사후 이렇다 할 주목을 받지 못한 채 방치되어오다가 구스타프 마이어, 리야자노프 등의 노력으로 그 중요성에 대한 각성과 더불어 복원 작업이 행해지게 된다.[4] 당초 『독일 이데올로기』는 그 일부분이 이 책 전체와 이렇다 할 연관 없이 자의적으로, 그리고 단속적으로 발표되었으나, 리야자노프는 이 책의 제1부 제I장 「포이어바흐」를 먼저 러시아어로 발표하고(1924), 이어서 1926년에는 이를 원어인 독일어로 발간함으로써 『독일 이데올로기』 연구에 새로운 장을 열게 되었다. 특히 리야자노프의 『독일 이데올로기』, 「I. 포이어바흐」 장(이하 R판)의 복원은 1932년의 MEGA[1] I/5(『독일 이데올로기』, 이하 A판)에서의 『독일 이데올로기』의 완간과 직접적으로 연관된 작업으로서 그 성과가 크며, 이후 이들 업적은 1960년대에 이르기까지의 『독일 이데올로기』 연구, 나아가 마르크스주의의 유물론적 역사 이론의 연구에 문헌적 기초가 되었다.

그러나 1962년, 바네에 의해 3매의 『독일 이데올로기』 초고 블라트가 발견됨으로써[5] 1932년 이래 이 책의 부동의 텍스트로 군림해

---

4) 정문길, 「편찬사를 통해서 본 『독일 이데올로기』」, 정문길, 『마르크스의 사상 형성과 초기저작—『독일 이데올로기』와 『마르크스—엥겔스 전집』 연구』(문학과지성사, 1994), pp. 73~83[이 책 제1장 2절] 참조. 인용은 MEGA[2] II/2, S. 102; MEW, Bd. 21, S. 263.

5) S. Bahne, "'Die deutsche Ideologie' von Marx und Engels. Einige Textergänzungen," *International Review of Social History*, Vol. VII(1962), S. 93~104.

오던 구MEGA 판『독일 이데올로기』의 권위는 회복할 수 없는 상처를 입게 되고, 나아가 기존의 텍스트에 도전하는 새로운 이론과 텍스트의 재구성을 초래하게 되었다. 1960년대에 집중된 바가투리야 교수의 『독일 이데올로기』 연구,[6] 타우베르트 교수를 중심으로 한 동독의 MEGA^2 작업팀, 특히 신MEGA I/5(『독일 이데올로기』)의 편찬진의 연구,[7] 그리고 1960년대 중반 이래 히로마츠 교수의 구MEGA 판『독일 이데올로기』의 위서설僞書說에 근거한 이 책「I. 포이어바흐」장의 신편집안 제시와 그것을 도화선으로 한 일본 내에서의 『독일 이데올로기』 논쟁[8]은 종전 후 구미에서 광범위한 논쟁을 야기한『경제학·철학 초고』에 대한 연구에 못지않은 다양한 연구 성과와 새로운 해석을 가능하게 했던 것이다.

특히 1960년대 이후의 연구는 이 책에 서술된 여러 이론이 체계적인 일관성을 띠고 전개되기만 한 것이 아니어서 단편적이기도 하고, 때로는 결코 서로 연결 지을 수 없는 저어齟齬가 나타나기도 한다는 사실에 주목하게 되었다. 따라서 당초 A판의 텍스트에 대한 불신에서 출발한 이 시기의 연구는『독일 이데올로기』, 특히「I. 포이어바흐」장의 초고 포토코피Photokopie를 재검토하거나, 이것이 불가능할 경우 1926년의 R판과 1932년의 A판을 근거로 초고의 원형을 복원하여, 그것에 근거한 연구를 시도하는 방향으로 옮겨가게 된다.

그런데 중요한 것은 바로 이 같은 과정에서 종래의『독일 이데올

---

6) 1960년대와 70년대에 걸친 바가투리야 교수의 연구 성과는 이 책 제2장 주 5)의 A)항을 보라.
7) 타우베르트 교수를 중심으로 이루어졌던 동베를린의 MEGA^2 I/5의 편찬 작업 그룹의 연구 성과는 이 책 제2장 주 5)의 B)항을 보라.
8) 정문길, 「1960년대와 70년대 일본 학계의『독일 이데올로기』 논쟁 —일본 마르크스학의 이해를 위한 하나의 구체적 실례로서」, 정문길, 『마르크스의 사상 형성과 초기 저작』, pp. 249~320 참조〔이 책 제4장〕.

로기』연구와는 확연히 구별되는 연구 경향이 나타나게 되었으니 그
것은 초고 원형에 나타나는 필적의 차이를 근거로 한 지분持分 문제의
제기이다. 다시 말하면 연구자들은 초고의 형태로 남아 있는『독일
이데올로기』를 통해 마르크스와 엥겔스 두 사람의 공동 작업의 형태
를 엿보고, 나아가 거기에 나타나는 다양한 유물론적 역사 이론의
어느 부분이 누구의 것인지를 가늠하려는 경향이, 특히 일본을 중심
으로 강력히 대두된 것이다. 물론 이 같은 연구 경향은 종래 레닌의
마르크스-엥겔스 일체설一體說에 근거한 교조적 마르크스주의의 연구
가 보편화된 풍토에서는 상상하기도 어려운 일이다.[9] 그리고 비교조

---

9) 특히 우리는 이 같은 교조화의 가능성을 "나는 마르크스와 엥겔스를 언제나 붙여서 말
한다. 〔……〕, 그리고 내가 마르크스를 언급할 경우 이는 곧장 마르크스와 엥겔스를 의
미하는 것이다"라는 리야자노프의 표현 가운데서 구체화되고 있다. 사실 "-"으로 연결
되는 "마르크스-엥겔스"의 개념은 메링의『마르크스-엥겔스-라살레 유고집』(hrsg. von
Franz Mehring, 4 Bde., Verlag von J. H. W. Dietz Nachf. GmbH., Stuttgart
1902)과 네 권의『마르크스-엥겔스 왕복 서간집 *Der Briefwechsel zwischen Friedrich
Engels und Karl Marx, 1844 bis 1883*』(hrsg. von August Bebel und Eduard
Bernstein, 4 Bde., J. H. W. Dietz Nachf., Stuttgart, 1913), 리야자노프의『마르
크스-엥겔스 저작집 *Gesammelte Schriften von K. Marx und F. Engels, 1852~
1862*』(hrsg. von D. Rjazanov, 2 Bde., J. H. W. Dietz Nachf., Stuttgart, 1917),
그리고 1927년 이래 발간되기 시작한 구MEGA를 통해 완벽하게 정착하게 된다. 우리
는 이 과정에서 1910년 말에 제기된 빈의 오스트리아 마르크스주의자들의 마르크스 전
집 출판 계획을 주목할 필요가 있다. 1913년 3월 14일 이후에 소멸될 마르크스의 저작
권 보호와 관련하여 그의 저작집(전집) 발간 문제를 신중히 고려할 것을 주장한 이들의
4개 항의 건의는 그 제III항에 "마르크스와 엥겔스의 저작을 공동으로 발행할 수 있는가
에 대한 엄밀한 검토"의 필요성을 제기하고 있다. 특히 우리는 이 건의서("Die Werke
von Karl Marx nach Erlöschen der Urheberschutzes," Wien, 1. Jänner 1911)에
구MEGA의 기획자인 리야자노프가 서명했다는 사실을 간과해서는 안 된다. 마르크스
와 엥겔스 일체설은 이후 소련의 공산주의 국가 전체에 대한 획일적인 지배에 의해 더
욱 경직화되었다고 볼 수 있다. 인용 부분은 *David Rjasanow-Marx-Engels-Forscher,
Humanist, Dissident*, hrsg. von Volker Külow und André Jaroslawski (Dietz
Verlag, Berlin 1993), S. 113f. 정문길, 「미완의 꿈—『마르크스-엥겔스 전집』출판」,
『마르크스의 사상 형성과 초기 저작』, pp. 343~372, 특히 pp. 349~353과 409~412
의 "자료 2" 및 Götz Langkau, "Marx-Gesamtausgabe-dringendes Parteiinteresse
oder dekorativer Zweck? Ein Wiener Editionsplan zum 30. Todestag, Briefe

적 입장에서 자유롭게 이를 연구하는 학자들까지도 마르크스와 엥겔스의 지분 문제를 거론하는 것을 강력히 비판하고 있다. 즉 그들은 1840년대 중반 이래 40년에 걸친 공동 작업과 서신 교환을 통해서 이렇다 할 의견의 차이 없이 일관된 통일성을 보여준 두 사람의 입장을 새삼스럽게 서로 대립시키려 한다고 경고하고 있는 것이다.[10] 그러나 적어도 『독일 이데올로기』에 관한 한 초고, 특히 완성도가 낮은 「I. 포이어바흐」 장의 경우에 산견散見되는 논의 전개의 단절과 중복, 주요 개념의 상치, 서로 다른 주장의 착종 등을 해명하기 위해서는 집필 순서나 편집 문제와 더불어 지분 문제의 검토가 피할 수 없는 하나의 수순으로 받아들여지고 있다. 따라서 이러한 논의는 지극히 자연스럽게 『독일 이데올로기』의 초고, 특히 유물론적 역사 이론의 맹아가 풍부히 배태되어 있으면서도 그 완성도가 현저히 불균형을 이루고 있는 「I. 포이어바흐」 장 초고의 현존 상태가 어떠하기에 이 같은 연구상의 새로운 경지를 개척할 수 있었을까라는 문제에 직면하게 된다.

　『독일 이데올로기』의 「I. 포이어바흐」 장은 많은 수정과 편집상의 지시가 쓰여진 17보겐과 1블라트(모두 68페이지. 마지막의 보겐 92는 2페이지뿐이다)로 구성된 기저고基底稿, Urtext와 6보겐 1블라트(모두

---

und Briefauszüge," *International Review of Social History*, Vol. XXVIII, Part 1 (1983), S. 126~129, 특히 S. 127을 보라.

10) 이 같은 견해는 '일본 마르크스-엥겔스 연구자 모임Arbeitsgemeinschaft für Marx-Engels-Forscher Japans'이 개최한 국제회의에서 뉴욕 대학의 올먼 교수에 의해 제기된 바 있다. Bertell Ollman, "Some Questions for Critics of Engels' Edition of Capital," *Beiträge zur Marx-Engels-Forschung: Neue Folge 1995*(Argument-Verlag, 1995), S. 58~59 및 Akira Miyakawa/Izumi Omura, "Bericht. Tokyo International Seminar 1994 über Das Kapital, die MEGA und die gegenwärtige Marx-Engels-Forschung am 12.-13. November 1994 an der Chuo University und der Tokyo Metropolitan University," *MEGA-Studien*, 1994/2, S. 140~143.

26페이지)로 구성된 정서고淨書稿 혹은 이고異稿의 형태로 남아 있다. 그리고 기저고의 완성도는 아주 낮아 많은 부분이 횡선으로 구획되거나 종선으로 삭제·말소되고, 좌란에 씌어진 본문에 대한 마르크스와 엥겔스의 수정이 우란이나 좌란의 본문 가운데 가해져 있음을 보게 된다. 따라서 「I. 포이어바흐」장의 초고는 유물론적 역사관에 대한 마르크스와 엥겔스의 이론적 전개에 못지않게 그들의 공동 작업의 양상을 보여주는 중요한 자료적 가치를 지닌다.[11]

   그러므로 『독일 이데올로기』의 조성이나 형성사와 관련하여 다음으로 주목해야 할 것은 자연 마르크스와 엥겔스의 공동 작업의 형태이다. 마르크스와 엥겔스의 만남과 그것이 그들 각자의 사상 형성이나, 두 사람을 비조鼻祖로 하는 마르크스주의의 형성에 미친 영향을 새삼 논의하는 것은 이 글의 주지主旨가 아니다. 그러나 두 사람의 지적 공동 작업이 문자로 구체화된 저작들을 일별하는 것은 『독일 이데올로기』 초고의 특수성을 규정하는 데 필요 불가결한 작업이라고 하겠다. 다시 말하면 현존하는 『독일 이데올로기』 초고의 미완성 부분인 제1부의 「I. 포이어바흐」장에는 마르크스와 엥겔스 두 사람의 공동 작업의 흔적이 그대로 남아 있기에 『독일 이데올로기』에서 설파되고 있는 다양한 사유思惟의 연원이 두 사람 중 누구에게서 유래하는 것인지 추적해볼 수 있는(결코 쉬운 일은 아니지만) 가능성을 열어주고 있다.[12]

---

11) 초고의 조성 형태에 관한 서술은 다음을 참조하라. 정문길, 「『독일 이데올로기』」, 「I. 포이어바흐」장의 재구성—리야자노프 이래의 각종 텍스트에 대한 비교 검토」, 앞의 책, pp. 187~201〔이 책 제3장 2.2〕 참조.

12) 물론 경우는 다르지만 마르크스의 준비 노트에 근거한 엥겔스의 『자본론』 제2, 3권의 편찬, 집필은 마르크스와 엥겔스의 또 다른 공동 작업의 한 형태다.

3. 『독일 이데올로기』, 「I. 포이어바흐」 장의 집필

　앞에서도 언급한 바와 같이 『독일 이데올로기』, 「I. 포이어바흐」 장의 초고는 큰 묶음의 기저고와 작은 묶음의 정서고, 또는 이고로 나누어진다. 그리고 큰 묶음의 기저고는 i) 보겐 [6] ~ [11] (S. 8~29), ii) 보겐 [20] ~ [21] (S. 30~35), iii) 보겐 [84] ~ [92] (S. 40~72)의 세 부분으로 구분되고, 1962년 IISG에서 바네가 발견한 보겐 번호 없는 S. 1~2가 i)에 포함된다. 기저고 중 최구층最舊層에 속하는 i)의 보겐 [6] ~ [11] 부분은 제1부의 장절 구분이 이루어지기 이전에 집필된 것으로 『독일 이데올로기』 집필의 계기가 된 바우어의 「루트비히 포이어바흐의 특징」[13]을 조목별로 따라가며 비판한 초고 가운데서 "포이어바흐의 유물론"에 해당하는 부분이다. 이 부분의 원고는 장절 구분이 이루어지면서 상당 부분이 삭제되어 「II. 성 브루노」 장이나 「III. 성 막스」 장으로 옮겨가 정서되고, 남아 있는 부분들은 "Bauer" "Feuerbach" 혹은 "F," 그리고 "Geschichte" 등과 같은 편찬 지시에 따라 정서를 기다리고 있는 상태이다.[14] 그리고

---

13) 바우어의 「루트비히 포이어바흐의 특징」은 다음과 같은 순서로 서술되고 있다. Die Voraussetzung Feuerbachs(S. 86~88)/Der Mysticismus Feuerbachs(S. 88~91)/ Die Hegelei Feuerbachs(S. 92~102)/Die Religion Feuerbachs(S. 102~116): Die Materialismus Feuerbachs(S. 116~123)/Feuerbach und der Einzige. Die Consequenzen Feuerbachs und ihr Kampf gegen die Kritik und den Einzigen (S. 123~146). *Wigand's Vierteljahrsschrift*, Bd. 3(1845), S. 86~146. 한편 이 부분 집필의 계기가 된 바우어의 논문과 기저고 [6]~[11]에 나타나는 인용문을 일일이 대조한 것으로는 '엥겔스 도쿄 국제 세미나'(1995년 11월 2~3일, 도쿄 도리츠 대학 주관)에서 발표된 고바야시의 다음 논문을 참조하라. 小林昌人, 「『ドイツ・イデオロギー』第1篇編輯の基本的 諸問題─鄭文吉氏へのコメントを兼ねて」 마지막의 별표 別表.

14) 한편 엥겔스가 i)과 같은 종류의 종이에 쓴 "포이어바흐Feuerbach"라는 제목의 노트

기저고 ii)의 보겐 〔20〕~〔21〕 부분은 「III. 성 막스」 장, 「D. 교회 정치Die Hierarchie」절의 퇴고 과정에서 「I. 포이어바흐」 장으로 옮겨왔으며, iii)의 보겐 〔84〕~〔92〕 부분은 「III. 성 막스」 장의 「시민사회로서의 사회Die Gesellschaft als bürgerliche Gesellschaft」의 일부로 집필이 시작되었으나 집필 도중, 또는 집필 직후 「I. 포이어바흐」 장으로 옮겨온 것으로 보는 것이 일반적인 견해이다.

어쨌든 『독일 이데올로기』의 연구에 있어서 이 기저고에 주목하는 것은 그것의 내용은 물론이요, 이 기저고의 집필 상태에서 나타나는 마르크스와 엥겔스의 공동 작업 형태에 주목하는 일면도 없지 않다. 실제로 현존하는 『독일 이데올로기』의 초고 형태에 주목하면서 이 저작에 대한 두 사람의 참여도를 중심으로 엥겔스의 단순한 구술필기설에서 그의 주도설에 이르기까지의 다양한 논의가 전개되고 있다.

저자는 마르크스와 엥겔스의 『독일 이데올로기』 공동 집필 과정을

는 이 최구층의 결여된 S. 3~7(S. 1~2는 1962년 바네에 의해 발견되었다)을 메운다고 타우베르트는 보고 있다. 그리고 영문판 전집도 이 노트가 「I. 포이어바흐」 장을 위해 씌어졌다고 본다. Inge Taubert, "Zur Entstehungsgeschichte des Manuskripts 'Feuerbach' und dessen Einordnung in den Band I/5 der MEGA², " *Beiträge zur Marx-Engels-Forschung*, 26(1989), S. 104~108; Karx Marx/Friedrich Engels, *Collected Works*, Vol. 5(International Publishers, New York 1976), p. 585, n. 3. 그리고 이 글의 집필 시기는 영문판 전집이 1845년 가을로, 타우베르트는 이의 초안이 일러도 1845년 10월 말이며, 집필은 1845년 12월이나 1846년 1월 이전에는 이루어지지 않았다고 본다. Karl Marx/Friedrich Engels, *Collected Works*, vol. 5, p. 14; Inge Taubert, 앞의 글, S. 107. 한편 히로마츠는 바네에 의해 발견된 S. 1~2가 이 최구층과는 무관하다고 본다. 그는 "Feuerbach"나 "Bauer"와 같은 편찬 지시가 기저고임을 나타내기도 하지만 기본적으로는 「II. 성 브루노」에 속하거나 남아 있는 미삭제 부분이 「I. 포이어바흐」에 이용될 가능성 때문에 「I. 포이어바흐」 장에 남아 있을 뿐이라고 판단하고, 이를 「부록 I.」로 처리하고 있다. Karl Marx/Friedrich Engels, *Die deutsche Ideologe*, 1. Band, 1. Abschnitt. Neuveröffentlichung mit text-kritischen Anmerkungen, hrsg. von Wataru Hiromatsu(Tokio: Kawadeshobo-Shinsha Verlag, 1974), p. ix의 II · 6 · 1-4를 보라.

1) 최초의 초안Entwurf od. Konzep과 이를 중심으로 한 두 사람 간의 토론, 2) 초안에 대한 수정과 청서淸書, 3) 청서에 근거한 첨삭과 편찬상의 지시, 그리고 4) 출판을 위한 최종고Druckfassung, Druckvorlage, od. Reinschrift의 4단계로 나눈 바 있다.[15] 사실『독일 이데올로기』의 이 같은 다양한 공동 집필 단계는 엥겔스가 파리에 있는 마르크스를 만나 그의 짧은 파리 체재 기간 중에 몇 개 장절을 탈고한 뒤 훌쩍 독일로 떠나버린『신성가족』의 경우와는 구별된다. 1845년 봄 이래 마르크스가 거주하던 브뤼셀에서 합류한 두 사람은 우선『신성가족』의 공저자로서 바우어로부터의 공격에 함께 대처해야 했으며, 영국 방문으로 얻은 구체적 경험과 성과를 통해 청년헤겔파, 특히 포이어바흐와의 명백한 결별·독일적 관념론의 청산을 선언함으로써 당면한 정치적 투쟁에서 그들의 입장을 명백히 할 필요가 있었던 것이다. 그리하여 두 사람은 이 같은 당면 과제의 수행을 위해 마르크스의 집을 근거로 하여『독일 이데올로기』의 집필에 전념했다는 사실은 예니 마르크스Jenny Marx나 엥겔스의 회고를 통해 확인된다.[16]

그러나 이들이 남겨놓은『독일 이데올로기』의 유고를 1910년대에 처음으로 체계적으로 검토한 마이어는 이 유고에 대한 인상을 다음과 같이 묘사하고 있다.

〔……〕적어도 현존하는 초고의 모든 부분이 〔……〕 출판을 위한 최종고druckfertiges Exemplar에 속하는 것으로는 보이지 않는다. 많은

---

15) 정문길, 앞의 책, pp. 97~98, 149, 187~188〔이 책, pp. 56~57, 114, 156의 주 4)〕참조.

16) Jenny Marx, "Kurze Umrisse eines bewegten Lebens," *Mohr und General, Erinnerungen an Marx und Engels*(Berlin: Dietz Verlag, 1964), S. 206; Engels an Laura Lafargue, 2. Juni 1883, MEW, Bd. 36, S. 33~34.

블라트가 최초의 초안Konzept의 흔적을 보이고, 또 그 가운데는 마르
크스와 엥겔스가 결코 인쇄 가능한 것이라고는 볼 수 없었을 표현들
이 나타나며, 이렇다 할 이행 과정 없이 새로운 연관 부분이 시작되
기도 하며, 페이지 매김도 통일되지 않았다.[17]

이처럼 『독일 이데올로기』의 현존 초고는 전체적으로 볼 때 마르
크스와 엥겔스의 공동 집필의 여러 단계가 공존하고 있으나 당초 출
판을 위해 독일로 보내졌던 원고는 마르크스의 수정, 보완이 없지
않으나 3)과 4)의 단계가 주축을 이루고 있다. 그러나 미완성의 상
태로 남아 있는 「I. 포이어바흐」 장의 경우에는 4개의 집필 단계가
공존하고 있으며, 특히 기저고의 경우는 2)와 3)의 단계가 주축을
이루고 있는 것으로 판단된다. 따라서 「I. 포이어바흐」 장의 현존 초
고의 상태를 근거로 공동 집필 과정에서 마르크스와 엥겔스 가운데
과연 누가 주도적인 역할을 했겠느냐 하는 논의가 이미 일찍부터 있
어왔던 것이다.

주지하다시피 『독일 이데올로기』의 초고는, 기본적으로 엥겔스에
의해 좌란의 본문Grundtext이 집필되고 우란에는 마르크스에 의한 첨
가·수정이 행해지고 있다. 따라서 필적만으로 주도적인 저자가 누
구냐를 따질 경우 엥겔스의 역할이 절대적이라 하겠다. 그러나 구스
타프 마이어는 필적만으로 저자가 누구라는 결론을 내리는 것을 경
계하면서 "애초부터 두 사람은 서로의 정신적 재산을 구분함이 없
이, 특정한 목적을 달성하려고만 했다"고 주장하고, 이 같은 표면상

---

17) Gustav Mayer, "Die 'Entdeckung' des Manuskripts der Deutschen Ideologie,"
   Archiv für die Geschichte des Sozialismus und der Arbeiterbewegung, Bd.
   XII(1926), S. 287.

의 특징에 대해서는 마르크스가 악필이고 엥겔스는 달필이었기에 후
자가 "곧잘 인쇄용 최종고의 정서만이 아니라 두 사람이 이미 대화
를 통해 합의에 이른 내용을 원고지에 옮기기도 했다"고 설명함으로써
엥겔스 필사筆寫설을 제기했다.[18] 한편 리야자노프는 이 같은 초고 형
태를 근거로 볼 때 "특히 제I장의 'Die Ideologie überhaupt, namen-
tlich die deutsche'〔기저고의 i〕, ii〕 블록, 즉 S. 8～29와 30～35까지
포함〕의 경우, 두 사람의 공동 저작이라고 하더라도 마르크스가 엥
겔스에게 그 내용을 구술, 필사케 했다in die Feder diktierte는 인상을
준다"고 지적함으로써 엥겔스의 구술필기설을 주장하고 있다.[19] 물
론 마이어와 리야자노프는 『독일 이데올로기』의 특정 부분에서의 엥
겔스의 독자적인 집필을 인정하고 있지만 기본적으로 마르크스의 주
도설에서 크게 벗어난 것은 아니다.[20]

　그러나 1960년대에 일본의 『독일 이데올로기』에 대한 새로운 관
심과 연구를 주도한 히로마츠는 종래의 통설을 뒤집은 엥겔스 주도
설을 제기했다. 그는 레닌의 마르크스와 엥겔스 일체설一體說로 말미

---

18) Gustav Mayer, *Friedrich Engels. Ein Biographie*, Erster Band, *Friedrich Engels
in seiner Frühzeit*, 2., verbesserte Aufl. (Haag: Martinus Nijhoff, 1934), S. 226
～227.

19) D. Rjazanov, "Aus dem literarischen Nachlaß von Marx und Engels. Marx und
Engels über Feuerbach(Erster Teil der 'Deutschen Ideologie'): Einführung
des Herausgebers," *Marx-Engels-Archiv*, Bd. 1〔1926〕, S. 217. 〔 〕 안은 저자.
리야자노프는 「I. 포이어바흐」를 『독일 이데올로기』의 제1부Erster Teil라 하고, 이를
서론과 3개 장으로 나누었는데 제1장은 "Die Ideologie überhaupt, namentlich die
deutsche"라 했다. 여기에는 초고 〔1?〕-cd, 〔2?〕-abcd, 〔5〕-abcd와 기저고의 i),
ii) 블록을 포함하고 있다. 같은 책, S. 235～269도 참고하라.

20) 마이어는 "이 두 사람의 자유로움, 기민함, 능란함으로 하여 엥겔스는 가끔 여러 절
manche Abschnitte을 독자적으로 완성한 것으로 추측된다"고 표현하고, 리야자노프
는 「I. 포이어바흐」의 "둘째 절〔기저고의 iii) 블록으로 S. 40～72〕은 엥겔스가 구술에
의하지 않고 단독으로 집필한 것으로 보인다"는 단서를 달고 있다. G. Mayer, 앞의
글; D. Rjazanov, 앞의 글.

암아 엥겔스의 독창성이 간과되었음을 지적하면서 이 같은 엥겔스에 대한 종래의 과소평가를 역전시키기 위해『독일 이데올로기』가 엥겔스의 주도에 의해 집필되었다고 주장한다. 다시 말하면 그는『독일 이데올로기』, 「I. 포이어바흐」장에 나타나는 유물사관은 엥겔스의 제창에 의한 것이고, 마르크스는 엥겔스의 선행先行, 선도先導에 따라 자기소외론을 청산하고 물상화론으로 옮겨갔다는 이른바 엥겔스 주도론을 제창한 것이다.[21] 어쨌든 히로마츠에 의해 야기된 1960, 70년대의 일본의『독일 이데올로기』, 특히「I. 포이어바흐」장에 대한 이론적 논쟁은「I. 포이어바흐」장의 초고에 나타나는 필적과 그에 따른 마르크스와 엥겔스의 몫, 그리고 각 초고의 집필 순서를 근거로 이루어진 것이기에 초고 원형의 완벽한 복원이 논쟁의 출발점으로 기능하고 있다.[22] 따라서 일본에서는 기왕의 독일어 판본들과 히로마츠 판의 존재에도 불구하고『독일 이데올로기』, 「I. 포이어바흐」장의 새로운 편찬과 발행이 지금도 시도되고 있는 것이다. 따라서 자연 현재 편찬 작업이 진행 중이고, 따라서 머지않아 출판될 것으로 기대되는, '국제 마르크스-엥겔스 재단IMES'이 주도하는 신MEGA 판『독일 이데올로기』의 편찬과 발행에 주목하게 된다.

---

21) 廣松涉,『エンゲルス論』―その思想形成過程』, 盛田書店, 東京(1968), pp. 243~245, 301~302. 정문길, 「1960년대와 70년대 일본 학계의『독일 이데올로기』논쟁」, 정문길, 『마르크스의 사상 형성과 초기 저작』, pp. 271~275〔이 책 제4장 4.1〕도 참조.
22) 정문길, 앞의 책, pp. 271~304〔이 책 제4장 4.1, 4.2, 4.3, 5.1 참조〕.

4. 『독일 이데올로기』, 특히 「I. 포이어바흐」 장의 재현 문제

『독일 이데올로기』는 그 방대한 분량으로 인해 전권의 출판은 『마르크스-엥겔스 전집』(MEGA¹, Bd. I/5, 1932), 『마르크스-엥겔스 저작집』(MEW, Bd. 3, 1958)과 같은 전집이나 총서(Bücherei des Marxismus-Leninismus, Bd. 29, 1953)에 한정되고 대부분의 경우는 「I. 포이어바흐」 장과 다른 장절의 부분적 발췌에 머무는 것이 일반적인 관례였다. 그런데 여기서 주목해야 할 것은 마르크스와 엥겔스의 초고에 기초한 『독일 이데올로기』의 출판된 텍스트는 기본적으로 1932년에 발간된 구MEGA 판본이 기초가 되어 오독이나 탈자, 오자를 수정하는 형식을 취하는 것이 일반적인 방식이었으나, 「I. 포이어바흐」 장의 경우에는 꼭 그렇지 않았다는 점이다.

『독일 이데올로기』, 「I. 포이어바흐」 장 초고의 텍스트 재현은 이미 1926년의 리야자노프 판(R판)에서 출발하여, 1932년의 구MEGA 판(A판)과 란츠후트/마이어 판(L/M판; 일명 크렌네어 판), 그리고 전후 1960년대의 바가투리야 판(1965, B판)〔이의 변형으로서의 독일의 틸하인 판(1966, D판)〕,[23] 1970년대의 신MEGA 시쇄판試刷版

---

23) IML beim ZK der SED, "Neuveröffentlichung des Kapitels I des 1. Bandes der 'Deutschen Ideologie' von Karl Marx und Friedrich Engels." vorbereitet und eingeleitet von Inge Tilhein, *Deutsche Zeitschrift für Philosophie*, 14. Jahrgang, Heft 10(1966), S. 1199~1254. 이 틸하인 판은 1970년에 발간된 『마르크스-엥겔스, 6권 선집』(Karl Marx/Friedrich Engels, *Ausgewählte Werke in sechs Bänden*, Berlin: Dietz Verlag, 1970~1972), Bd. I(1970), S. 201~277에 게재된 「포이어바흐—유물론적 관점과 관념론적 관점의 대립」의 기저가 되고 있다. 그러나 내용 면에서는 전자가 초고 원문에 사선으로 삭제된 부분을 각주에 밝히고 있으나 후자는 이를 전혀 게재하지 않고 있다. 한편 후자를 저본으로 한 대중 보급판 마르크스-엥겔스의 『포이어바흐—유물론적 관점과 관념론적 관점의 대립*Feuerbach: Gegensatz von*

(신MEGA 판), 일본의 히로마츠 판(1974, H판) 등 다양한 형태로 나타나고 있다.[24] 그런데 이들 각 판본의 「I. 포이어바흐」 장의 텍스트 재현에서 주목해야 할 것은 이들 판본의 편자들이 모두 「I. 포이어바흐」 장의 텍스트를 우선 큰 묶음의 기저고와 작은 묶음의 초고 단편의 2개 부분으로 나눈 뒤, 이들을 편자의 편찬 의도에 따라 정리하고 있는 점이다. 물론 이들 편자의 기본적 의도는 전체적으로는 초고의 원형을 어떻게 하면 가장 이상적으로 살릴 수 있을까의 문제였고, 다음으로는 작은 묶음의 초고 단편을 마르크스와 엥겔스의 본래의 의도에 맞추어 배열하는 것이었다. 따라서 이 글은 이 같은 각 판본의 서로 다른 편찬 양태를 큰 묶음의 기저고를 포함한 전체 초고의 재현 양식에 관한 문제와, 작은 묶음 초고 단편의 배열 순서라는 두 가지 측면에서 검토해보고자 한다.

4.1. 기저고를 포함한 전체 초고의 재현 양식에 관한 문제

『독일 이데올로기』의 「I. 포이어바흐」 장을 최초로 소개한 R판은 이 책의 최초의 소개에 걸맞게 초고 내용의 충실한 소개를 목적으로 하고 있다. 그리하여 R판은 평면적인 텍스트의 나열이긴 하나 본문 텍스트에서 초고의 삭제·말소 부분을 살리고, 초고의 외형적 특징은 각주를 통해 상세히 밝히고 있다. 따라서 R판은 통상적인 조판 형태를 통해 전달할 수 있는 초고의 원형에 대한 정보를 가장 충실

---

materialistischer und idealistischer Anschauung(Erstes Kapitel des I. Bandes der "Deutschen Ideologie")」이 레클람 판(Leipzig: Verlag Philipp Reclam jun., 1970)과 "마르크스-레닌주의 소책자" 판(Berlin: Dietz Verlag, 1971) 중 한 권으로 발간되었다.

24) 정문길, 「『독일 이데올로기』, 「포이어바흐」 장의 재구성」, 앞의 책, pp. 185~248〔이 책 제3장 3절〕. 각 판본의 약호는 R판, A판, B판의 경우 보편적으로 약칭되나 L/M판, D판, H판 등의 경우는 저자가 편의적으로 붙인 것이다.

히 전달하고 있는 판본의 하나라고 하겠다.

이에 반해 A판은 「I. 포이어바흐」 장을 "마르크스와 엥겔스가 1846
년 7월, 그들의 출판 계획이 좌절되기 이전에 계획했던 형태로 복원
시킨다는 원칙"[25] 아래 텍스트의 대담한 재구성을 시도했다. 다시
말하면 그들은 초고를 "미정형"의 것으로 규정하고, 거기에 나타나
는 수많은 분절선分節線, Trennungsstriche을 근거로 문장들을 분리한 뒤,
이를 방주Randglossen나 편찬상의 주Angaben에 따라 그 배열을 재구
성하는 방법을 택했던 것이다. 따라서 A판은 가히 초고를 환골탈태
시키듯 재구성함으로써 고도의 체계성을 갖추게 되고, 나아가 "유고
의 내용을 더욱 수미일관"하게 함으로써 그 "내용을 더욱 용이하게
이해할 수 있게" 했다는 평가를 받아왔다.[26] 그러나 이 같은 A판의
텍스트를 초고 원형과의 관계에서 검토한다면, R판의 경우 재현된
텍스트를 통해 그 원형을 가늠할 수 있으나, A판의 경우는 권말卷末
의 본문이고異稿, Textvarianten를 엄밀히 검토하지 않으면 그 원형을
추측하기가 쉽지 않다는 취약점을 가지고 있다. 그럼에도 불구하고
A판은 그것이 마르크스와 엥겔스의 "역사적-비판적 전집historisch-
kritische Gesamtausgabe"에 게재되었다는 점에서,[27] 그리고 A판 발간 이
후의 마르크스와 엥겔스, 그리고 마르크스주의에 대한 연구가 스탈
린의 획일적 지배 정치에 전적으로 종속된 역사적 상황에 의해 발간
이후 거의 30년에 이르도록 그 절대적 권위를 유지할 수 있었던 것

---

25) MEGA¹ I/5, S. XVII.

26) 廣松渉, 「『ドイツ・イデオロギー』編輯の問題點」, 『唯物論研究』21號(1965年 春號),
    p. 106; 重田晃一, 「『ドイツ・イデオロギー』公刊史に關する覺書」(2), 『關西大學經濟
    論集』第12券1號(1962.4), p. 66.

27) "역사적-비판적" 전집이란, 확실한 전승 자료에 의존하고, 나아가 현대의 텍스트 비판
    방법에 의해 철저히 자료를 검토한 전집을 의미한다.

이다.

그러나 1960년대에 들어오면서 A판의 권위는 정면으로 도전받게 된다. "1932년의 모스크바 연구소 판(A판을 지칭)이 시도한 텍스트의 위치 변경Umstellung은, 그와 같은 위치 변경의 정당성을 획득하기 위한 신중한 검토나 초고와 그 내용에 대한 가일층의 연구가 제시된 바 없어 이른바 필연적인 것도, 또 충분한 근거가 있는 것도 아니다"라는 표현에서 명백한 것처럼 A판의 텍스트 배열은 비판에 직면했으며,[28] 이 같은 비판은 1962년 바네에 의해 발견된 초고 블라트에 의해서도 그 정당성을 획득하게 된다. 따라서 이후의 『독일 이데올로기』, 「Ⅰ. 포이어바흐」 장의 편찬은 A판과는 다른, 이른바 초고의 원형에 충실한 텍스트의 재현에 치중하게 되었다.

1960년대에 들어 A판에 도전한 B판과 D판의 경우, 모든 초고의 재현은 큰 묶음의 기저고의 경우 마르크스의 페이지 번호를 근거로 하여 배열하고(여기에는 1962년에 발견된 S. 1~2가 포함된다), 작은 묶음의 초고 단편 또한 엥겔스와 제3자의 보겐 번호를 수용하고 있다. 우선 이들 판본은 좌란의 지문을 본문 텍스트로 하고, 마르크스(와 엥겔스)에 의한 우란의 보유는 성문成文으로서 지문과 직접적으로 연결될 경우(연결 위치가 명시된 경우를 포함하여) 해당 부분의 지문에 포함시키고, 지문과 직접 연결되지 않는 독립된 구절은 지문과 지문 사이에 별도로 게재하거나 혹은 짧은 방주나 단어들(주로 편집상의 지시나 정서 시의 참고를 위한 단어나 글들)은 각주에 부기하고, 그 필적이 누구의 것인가를 밝히는 재현 방법을 택하고 있다. 나아가 이들 여러 판본은 초고 원문에서 사선으로 삭제된 부분도 그

---

28) IML beim ZK der SED, "Neuveröffentlichung des Kapitels I des 1. Bandes der 'Deutschen Ideologie' von Karl Marx und Friedrich Engels," S. 1198.

위치와 내용을 각주에서 살리고 있다는 점에서, 우리는 이들 판본이 기본적으로 R판으로 회귀하고 있음을 보게 된다.

그러나 기저고를 포함한 모든 초고의 재현 방법에 있어서 획기적인 것은 신MEGA 시쇄판과 H판의 텍스트 재현이다. 이들 두 판은 시각적으로 초고의 원형을 그대로 살려, 2란 혹은 맞보기의 양 페이지를 이용하여 왼쪽에 초고 좌란의 지문을, 그리고 오른쪽에 초고 우란의 보유와 방주, 편집상의 지시 등을 게재함으로써 초고의 원래 모습을 독자들에게 전하고 있다. 그러나 2란 혹은 2페이지 구성이라는 편집상의 획기적인 시도를 한 신MEGA 시쇄판이나 H판 역시 초고 원형의 완벽한 재현이라는 점에서 볼 때 반드시 최선의 것이냐에 대해서는 이론의 여지가 있다.

우선 신MEGA 시쇄판의 경우, 그것이 가지고 있는 결함은 일본의 연구자들에 의해 지적된 바와 같이 학술적 아파라트wissenschaftlicher Apparat에 붙어 있는 이문명세異文明細, Variantenverzeichnis의 문제다.[29] 이 이문명세 중 상당한 부분을 차지하는 삭제 또는 말소 부분의 표기를 위해 쓰인 복잡하고도 다양한 부호는 마치 퀴즈 문제를 풀 듯 본문과 이문명세를 대조해야 하는 어려움을 동반하고 있다. 따라서 이를 비판하는 일본의 연구자들은 하나같이 "각판 비교에 쓰이는 병기법倂記法을 쓴다면 별다른 부호의 사용이 불필요하여 훨씬 간소화될" 것이라고 보고 있다. 바꾸어 말하면 H판의 경우처럼 삭제 또는 말소 부분을 본문 텍스트에서 특수한 편집 방법으로 살릴 수 있었다면 훨씬 간편하고도 일목요연한 텍스트의 재현이 가능했을 것이라는

---

29) 土屋保男, 「マルクス主義深化の最大の武器としての新メガ」, 『新マルクス=エンゲルス全集』(東京: 極東書店ニゥース別冊, 1973), pp. 36~39; 廣松渉, 「『ドイツ・イデオロギー』の文獻學的諸問題―新MEGA(試行)版に奇せて」, 前揭書, pp. 206~266.

주장이다.[30]

한편 H판은 맞보기의 양 페이지 편집을 통해, 그리고 각 블라트에 매겨진 원래의 페이지 번호별로 엥겔스의 지문은 짝수 페이지에, 추보·방주·편찬상의 지시 등은 기본적으로 홀수 페이지를 이용하고 있다. 나아가 H판은 삭제 혹은 말소 부분도 본문 가운데서 작은 활자로 살리고, 지문은 로만Roman체 활자로, 수정·추보·방주·편찬상의 지시 등은 마르크스와 엥겔스의 필적을 구분하여 전자는 볼드Bold체, 후자는 이탤릭체를 사용하여 구분함으로써 초고의 원형에 일층 접근하고 있음이 사실이다. 그러나 H판은 짝수 페이지의 지문을 마주 보는 홀수 페이지의 방대한 지면이 초고의 원형을 살리기보다는 작은 묶음의 이고·정서고들을 배치하기 위해 이용되고, 메모풍의 난외주기欄外註記는 각주로 밀려나 있으니 이는 편자 자신의 주장이나 변명에도 불구하고 H판의 결함으로 지적되지 않을 수 없다.[31] 그리고 큰 묶음의 기저고를 다루는 H판의 경우 1960년대의 다른 여러 판과 구별되는 것은, 1962년 바네가 발견한 초고 블라트 중 마르크스가 "1)"과 "2)"로 페이지 번호를 표기한 초고를 "정위불명定位不明"

---

30) 廣松涉, 앞의 글, pp. 212~217. 인용은 土屋保男, 앞의 글, p. 38. 한편 신MEGA 시쇄판의 결함, 특히 첨삭 부분의 기계적 처리가 지분 문제의 해명에 도움이 되지 못하고 있다는 논의가 고바야시小林昌人 씨의 앞의 글(주 13) II절에 상세히 기재되어 있다.

31) K. Marx/F. Engels, *Die deutsche Ideologie*, Neuveröffentlichung des Abschnittes 1 des Bandes 1. Mit text-kritischen Anmerkungen, hrsg. von Wataru Hiromatsu (Tokio: Kawadeshobo-Shinsha Verlag, 1974). p. xvi, 「IV. 本板의 編輯」중 IV·2·4·2 및 IV·2·4·4를 보라. 이 같은 미진한 처리나 각주에서 공관적 방법이 채택되지 않은 것이 인쇄 기술이나 인쇄 경비상 부득이 했다는 점을 히로마츠 자신도 인정하고 있으나, 하나의 학문적 성과로서의 H판의 공과와는 별개의 문제라고 하겠다. 廣松變, 「『ドイツ·イデオロギー』研究の現段階」, 앞의 책, p. 294; 정문길, 「1960년대와 70년대 일본 학계의『독일 이데올로기』논쟁」, 앞의 책, pp. 269~270의 주 23) 〔이 책 p. 248의 주 23) 참조〕.

이란 이유로, 큰 묶음의 첫 블록에 속하는 S. 8~29에 선행하는 S. 1, 2가 아닌 부록으로 처리하고 있는 점이다. 그러나 H판의 이 같은 편집은 편자 자신이 이론적 타당성을 주장하고 있음에도 불구하고 작은 묶음의 이고 〔1?〕~cd, 〔2?〕-a와 〔5〕-abcd를 S. 11~16에 대한 이고로 홀수 면에서 연속적으로 처리한 것이나, 〔3〕-abcd와 {4}-ab를 제2블록과 제3블록 사이의 결여된(분실된?) 초고를 메우기 위해 지문이 배치되는 짝수 면에 게재하고 있는 점에서 지속적인 논란의 대상이 될 것이 분명해 보인다. 왜냐하면 H판의 이 같은 초고 배열을 자의성恣意性이란 관점에서 판단한다면, 이는 편자 자신이 그처럼 비판하고 있는 다른 여러 판의 편자들과 크게 다를 바가 없다고 볼 수 있기 때문이다.[32]

4.2. 작은 묶음 초고 단편의 배열 문제

『독일 이데올로기』, 「I. 포이어바흐」 장의 재현에 있어서 직면하는 또 하나의 어려움은 7매의 초고 단편(여백을 포함하여 모두 26페이지)으로 형성된 작은 묶음의 정서고 및 이고를 「I. 포이어바흐」 장에서 어떻게 배열할 것이냐의 이른바 배열 순서에 관한 문제이다. 5개 부분으로 구분되는 이들 7매의 초고 단편을 개략적으로 설명하면 다음과 같다.[33]

---

32) Marx/Engels, *Die deutsche Ideologie*, hrsg. von W. Hiromatsu, S. xvii의 IV·4·1·3. 정문길, 「『독일 이데올로기』, 「I.포이어바흐」 장의 재구성」, 앞의 책, pp. 235~236〔이 책 p. 210〕도 보라.

33) 보겐 번호 표시에 있어서 "〔 〕"로 표시한 것은 엥겔스가, "{ }"로 표시한 것은 제3자(베른슈타인의 필적으로 간주하는 것이 통설이다)가 기록한 것이다. 그러나 각 판본마다 그 필적이 누구의 것인가에 대해서는 의견이 일치하지 않고 있다. 정문길, 「『독일 이데올로기』, 「I. 포이어바흐」 장의 재구성」, 앞의 책, p. 199〔이 책 p. 169〕의 도표 설명*)을 참조.

ⓐ 〔1?〕-ab: "I. Feuerbach"라는 표제를 가진 「I. 포이어바흐」
장의 전체적 서론으로, 정서고 {1}-ab의 피사고이다. 마르크스와
엥겔스에 의한 수정·말소 부분이 산재한다. 말소 부분이 〔1?〕-c의
윗부분(ⓑ가 시작되는 곳)까지 연결된다.

ⓑ 〔1?〕-cd, 〔2?〕-a: "I. Die Ideologie überhaupt, speciell die
deutsche Philosophie/A."라는 표제를 가진 이 부분은 〔1?〕-ab와
같은 보겐을 이용하고 있어 「I. 포이어바흐」 장 전체 서론의 연속으
로 집필된 것으로 보이나 마르크스의 수정은 전혀 나타나지 않는다.
여기에는 유물론적 역사관의 전제들이 서술되어 있다. 〔2?〕-bcd는
여백.

ⓒ {1}-ab: "I. Feuerbach"라는 부제를 갖고 있는 「I. 포이어바
흐」 장의 전체 서론으로, 초고 〔1?〕-ab의 정서고이다.

ⓓ {2}-abcd: "I. Feuerbach/A. Die Ideologie überhaupt, namentlich
die deutsche"라는 표제를 가지고 있다. 마르크스의 수정과 말소 부
분이 보인다. 제1블록의 서설로 보이기도 한다.

ⓔ 〔3〕-abcd, {4}-ab: 독립된 초고 단편으로 보겐 〔3〕, {4}가
연속 집필되고, 엥겔스의 즉각적인 수정Sofortvariante과 보완이 보인
다. 생산과 교통, 분업과 소유의 제 형태를 기술하고 있다. {4}-cd
는 여백으로 남아 있는데, 이는 앞의 주제의 전개를 위한 것으로 보
인다.

ⓕ 〔5〕-abcd: 독립된 초고 단편으로 마르크스와 엥겔스의 수정·
말소 부분이 보인다. 유물론적 역사관의 본질, 사회적 의식이 사회
적 존재에 종속되어 있음을 거론하고 있다.

〈표 5-1〉 리야자노프 이래 각 판본의 「I. 포이어바흐」 장 작은 묶음의 배열 순서

판본		R판	A판	B판(D판)	신MEGA 시쇄판	H판
작은 묶음	ⓐ 〔1?〕-ab "I. Feuerbach"/ "Wie 〈unsere〉 deutsche〈n〉 Ideologen 〈versichern〉 melden, 〔···〕 〔···〕, der außerhalb Deutschland liegt. 〈···〉"	I	본문이고	부분 각주	이고명세	I-1***
	ⓑ 〔1?〕-cd, 〔2?〕-a(bcd)* "I. Die Ideologie überhaupt, speciell die deutsche Philosophie/A."/ "〈···〉/ Die Voraussetzungen 〔···〕 〔···〕 durch die Produktion bedingt."	III	III	III	III	III-1***
	ⓒ {1}-ab** "I. Feuerbach."/ "Wie deutsche Ideologen melden 〔···〕 〔···〕, der außerhalb Deutschland liegt."	생략	I	I	II	I
	ⓓ {2}-abcd "I. Feuerbach/ A. Die Ideologie überhaupt, namentlich die deutsche."/ "Die deutsche Kritik 〔···〕 〔···〕 eignen materiellen Umgebung zu fragen."	II	II	II	I	II
	ⓔ 〔3〕-abcd, {4}-ab(cd)* "Die Beziehungen verschiedener Nationen 〔···〕 〔···〕 einen Monarchen an der Spitze."	IX****	IV	IV	IV	V*****
	ⓕ 〔5〕-abcd "Die Tatsache ist also die: 〔···〕 〔···〕 an historischen Beispielen erläutern."	IV	V…	V	V	III-2***
큰 묶음	S. 1~2	/	/	IV	IV	부록
	〔6〕~〔11〕(S. 8~29)	V	?	VII	VII	III
	〔20〕~〔21〕(S. 30~35)	VI	?	VIII	VIII	IV
	〔84〕~〔92〕(S. 40~72)	VII	?	IX	IX	VI
	〔92〕-b(마지막 메모)	VIII	부록	X	X	VII

작은 묶음의 보겐 표시 "〔 〕" "{ }" 밑에 있는 원문은 앞부분이 초고 단편의 첫 문장이고, 뒷부분이 마지막 문장의 원문이다(〔···〕 안은 생략, 〈···〉 안은 말소 부분을 표시한다).

 * 〔2?〕-bcd와 {4}-cd는 여백.

 ** 보겐(4페이지)의 반인 블라트(2페이지)이다.

 *** 짝수 면의 본문 주 텍스트에 대응하는 초안이나 개정 이고로 홀수 면에 게재.

1-1: 〔1?〕-ab가 정서고 {1}-ab의 초고이기에 지문 {1}-ab에 대응하는 홀수 면에
게재.
III-1, III-2: 〔1?〕-cd, 〔2?〕-a와 〔5〕-abcd를 연결시켜 큰 묶음 제1블록의 S.
11~16의 이고로 간주, 홀수 면에 게재.
**** 「I. 포이어바흐」 장의 텍스트 최후에 배치.
***** 〔3〕-abcd와 {4}-ab를 큰 묶음 제2블록과 제3블록 간의 분실된 S. 36~39를 메우
는 것으로 간주, 지문이 배치된 짝수 면에 게재.

그러나 주지하다시피 이들 5개 단편의 배열 순서에 대해서는 리야
자노프 이래의 여러 판본이 하나같이 서로 다른 입장을 보이고 있
다. 이를 간략히 도표로 제시하면 앞의 〈표 5-1〉과 같다.

앞의 표에서 주목해야 할 것은 이 같은 작은 묶음의 서로 다른 배
열이 어디서 유래하느냐는 것이다. 먼저 R판의 경우 주목되는 것은
ⓔ(보겐 〔3〕, {4})를 「I. 포이어바흐」 장 전체의 맨 끝으로 보낸 것
인데 편자는 이 같은 배열이 그 내용으로 보아 분명하다는 것이다.
그런가 하면 ⓒ({1})와 ⓓ({2})는 ⓐ(〔1?〕-ab), ⓑ(〔1?〕-cd,
〔2?〕-a)의 정서고이고, ⓕ(〔5〕)는 내용으로 보아 큰 묶음(그는 이를
"Hauptmanuskipt"라 지칭한다)의 모두冒頭로 집필되었다고 한다. 그
리고 그는 「I. 포이어바흐」 장 전체의 서론에 정서고(ⓒ) 대신에 이
의 초고인 ⓐ를 이용하고 있으므로 기저고 앞부분에서의 초고 단편
의 배열 순서는, ⓐ, ⓓ, ⓑ, ⓕ이다.[34]

한편 A판의 편자는 「I. 포이어바흐」 장 전체가 3개의 성층으로 되
었다고 보고(큰 묶음의 기저고와 작은 묶음의 2개층), 작은 묶음의 보
겐 〔1?〕~〔2?〕(ⓐ와 ⓑ)가 정서 이전의 초고Reinschriftvorlage이고, 보
겐 {1}~〔5〕(ⓒ, ⓓ, ⓔ, ⓕ)가 정서시고淨書試稿, Reinschriftsversuch거

---

34) D. Rjazanov, "Aus dem literarischen Nachlaß……," S. 220.

나 부분적으로 정서고라는 것이다. 그런데 이들 양자의 경우 모두 "I. Feuerbach"(전자의 경우 [1?]-a에 "I. Feuerbach"가, 후자의 경우 {1}-a에 "Feuerbach"와 {2}-2에 "Feuerbach/A…")가 동일하게 나타나므로 장의 표제로서 무리가 없으며, [1?]-c의 "Die Ideologie überhaupt, speciell die deutsche Philosophie/A."라는 표제의 기사(ⓑ)는 그 내용이 표제와 일치하지 않고, {2}-a의 "I. Feuerbach/A. Die Ideologie überhaupt, namentlich die deutsche"에 지양되고 있다고 보기에 작은 묶음의 초고는 ⓒ(ⓐ의 정서고), ⓓ, ⓑ, ⓔ, ⓕ의 순서로 배열되고 ⓐ는 권말의 본문이고Textvarianten로 처리되고 있다.[35]

「I. 포이어바흐」 장 전체를 4개 구성 부분(큰 묶음의 3개 부분과 작은 묶음을 포함)으로 나누는 B판과 D판의 경우,[36] 작은 묶음은 2개의 이고Varianten(ⓐ, ⓑ의 5페이지)와 나머지의 정서고로 구성된다고 본다. 그리고 이들의 배열 순서는 집필 연대의 고증을 통해 기본적으로 정서고를 중심으로 배열한 뒤 정서 이전의 초고인 ⓐ([1?]-ab)를 ⓒ({1}-ab)의 각주에 보완하고 ⓑ([1?]-cd, [2?]-a)는 정서고 ⓓ({2}-abcd) 다음에 삽입하고 있다. 이는 보겐 [3] 이하(ⓔ와 ⓕ)가 앞부분과는 달리 분업의 발달, 상이한 재산 제 형태의 전개를 다루고 있기 때문이라는 것이다. 그러나 여기서 주목할 것은 B판이 [1?]-c의 머리에 있는 표제 "I. Die Ideologie überhaupt, speciell

---

[35] "Die Richtlinien für die Redigierung der Manuskript. I. Feuerbach," MEGA[1] I/5, S. 561 및 "Textvarianten," 같은 책, S. 566~567.

[36] 전체를 4개 구성 부분으로 하고 이를 26개의 파라그라프Paragraph로 나누는 이들 판본은 B판이 이들 개개 파라그라프에 초고에서 사용한 표제를 포함하여 모두 제목을 붙인데 비해 D판은 원래 초고에 있는 표제만을 텍스트에서 살리고 있다.

die deutsche Philosophie/A."와 말소 부분을 ⓒ({1}-ab)의 말미 각주에 삽입한 데 반해 D판은 이를 ⓓ({2}-abcd) 다음에 표제와 더불어 "A"에 대한 각주 형태로 말소 부분을 게재하고 있다는 점이다.[37]

한편 텍스트의 재현에 있어 초고의 성립 연대순과 원형의 재현에 강조를 두는 신MEGA 시쇄판은 큰 묶음의 경우 텍스트의 위치 변화나 구획을 마르크스나 엥겔스의 지시가 있는 곳에만 한정하고 있다. 따라서 신MEGA 시쇄판은 작은 묶음 초고의 재현에 있어서도 다른 여러 판본과 구별된다. "의외로 풍부한 텍스트의 발전 과정"을 보여주는 「I. 포이어바흐」 장의 텍스트 배열에 있어 이 판은 그 머리 부분, 즉 작은 묶음의 배열에 있어 "필적筆跡의 현상 형태handschhriftlicher Befund가 인도하는 인식 안에서innerhalb der Erkenntnisse" 이를 재구성하고 있다. "역사적-비판적 전집"은 모든 가정을 포괄적으로 검토할 수 있는 근거가 되어야 한다고 주장하는 이 신MEGA 시쇄판은 "I. Feuerbach"라는 장의 표제를 가진 3개의 초고 단편(ⓐ=〔1?〕-ab; ⓒ={1}-ab; ⓓ={2}-abcd) 가운데 ⓓ가 ⓐ나 ⓒ에 '시기적'으로 선행한다고 주장하면서 ⓓ를 맨 처음에 두고, 다른 모든 판본이 「I. 포이어바흐」 장의 서론이라고 간주하는 ⓒ(이의 초안인 ⓐ는 아파라트에서 공관적 방식synoptische Lösung을 통해 지문을 비롯한 수정·추보·말소 등을 상세히 보고하고 있다)를 두번째로, 그리고 이어서 ⓑ를 배열한 뒤, ⓔ와 ⓕ를 게재하고 있다.[38]

---

37) K. マルクス/F. エンゲルス著, ゲ・ア・バガトウーリヤ編集, 花崎皐平譯, 『新版 ドイツ・イデオロギー』(東京: 合同出判, 1966)〔B판의 일본어 역〕, pp. 23~24, 194~196; IML beim ZK der SED, "Neuveröffentlichung des Kapitel I des I. Bandes der 'Deutschen Ideologie' von Karl Marx und Friedrich Engels," S. 1198, 1251~1252, 1202 등 참조.

마지막으로 작은 묶음의 배열에 있어서 지극히 특징적인 H판을 검토해보자. H판은 6보겐 1블라트의 작은 묶음이 기본적으로 기저고의 결손된 부분을 메우기 위해 집필되었다고 본다. 즉 마르크스의 페이지 번호를 중심으로 기저고를 구획하면 제1블록(S. 8~29)에는 그 머리 부분에 7페이지의 결손이, 제2블록(S. 30~35)과 제3블록(S. 40~72) 사이에는 4페이지의 결손이 보이나 이는 진정한 의미의 결손이 아니라 작은 묶음의 정서고로 보완된다고 보고 있다.[39] 3개의 블록으로 나누어진 기저고는 퇴고 과정에서 삭제·수정·추보되었으나 이 기저고만으로는 「I. 포이어바흐」 장의 유기적인 구성이 미흡하다고 보고 이를 신고新稿로 집필하거나 아니면 개작할 수밖에 없었는데, 이 경우에 이용된 것이 작은 묶음의 정서고라는 것이다. 여기서 그는 정서고 ⓒ({1}-ab)를 「I. 포이어바흐」 장의 서설로 보고, 이를 전체의 모두冒頭에 배치하고(ⓐ는 이의 초안이기에 그 오른쪽 홀수 페이지에 배치), ⓓ({2}-abcd)는 제1블록의 서설로서 S. 8~29 앞에 배치하고 있다.[40] 그리고 생산과 교통, 분업과 소유의 제 형태를 서술하고 있는 ⓔ([3]-abcd, {4}-ab의 6페이지)를 제2블록과 제3블록

---

38) Marx/Engels, "Die Deutsche Ideologie, I. Band, Kapitel I, Feuerbach. Gegensatz von materialistischer und idealistischer Anschauung." MEGA² *Probeband*(Berlin: Dietz Verlag, 1972), S. 405, 408~409, 416, 419~425. 같은 책, S. 31*~32*도 보라.

39) 히로마츠는 진정한 의미의 결손, 즉 원고의 산실은 S. 29에 한정된다고 보았다. 그리고 이 S. 29는 다행히도 1962년 바네에 의해 발견, 공개된 바 있다. 廣松涉, 「『ドイツ·イデオロギー』編輯の問題點」, 『唯物論研究』21號(1965년 春號), pp. 108~109.

40) H판은 1962년 바네에 의해 발견된 1매의 블라트(마르크스의 페이지 매김이 있는 S. 1~2)를 제1블록(S. 8~29)의 머리 부분으로 보기에는 의문스럽다고 본다. 원래는 "I. Sankt Bruno"에 속한 것으로 분류된 소재였으므로 「I. 포이어바흐」 장에서의 위치는 불분명하고, 기껏 제1블록의 어딘가와 관련이 있다고 볼 수 있으나 H판에서는 이를 "정위불명定位不明"으로 규정, 부록에 게재한다고 밝히고 있다. Marx/Engels, *Die Deutsche Ideologie*, hrsg. von W. Hiromatsu, S. xvii의 IV·4·1·3.

사이의 4페이지의 결손 부분(S. 36~39)을 메우는 정서고로 간주, 지문의 일부로 배열하고, 유물론적 역사관의 출발점을 제시한 ⓑ(〔1?〕-cd)와 ⓕ(〔5〕-abcd)는 연속하여 제1블록 S. 11~16의 이고로 간주, 이의 대응 면인 홀수 페이지에 배치하고 있다.[41)

5. 새로운 텍스트 편찬을 위한 몇 가지 제언—결론에 대신하여

지금까지 우리는 『독일 이데올로기』, 특히 「I. 포이어바흐」 장이 그것이 갖는 중요성에도 불구하고 초고의 재현에 있어서 종래의 여러 판본들이 서로 상이한 텍스트의 재현을 시도하고 있음을 확인하게 되었다. 이는 두말할 필요도 없이 이들 여러 판본들이 결국은 '편찬자 자신'의 편찬 원칙, 다시 말하면 그 자신이 형상화한 『독일 이데올로기』 상에 근거하여 이를 편집했기 때문이다.

기존 여러 판본의 편자들이 『독일 이데올로기』, 특히 「I. 포이어바흐」 장에 대해 갖고 있는 착상Konzept은 우선 이 「I. 포이어바흐」 장의 초고가 비록 정서 이전의 것이긴 하나 그것이 하나의 논리 체계를 가진 완형完形이냐 아니냐 하는 것이며, 이는 보겐이나 페이지 번호에 나타나는 결손이 산실이냐 아니냐의 문제와 직결된다. 우선 R판, A판, H판은 a) 기저고 제1블록(S. 8~29)의 앞부분에 결여된 5페이지(S. 3~7), 또는 7페이지(S. 1~7)와 b) 제2블록(S. 30~35)과 제3블록(S. 40~72) 사이에 결여된 4페이지(S. 36~39)의 결손이 실질적으로 산실된 것이 아니라고 보고 있다. 따라서 이들 판본

---

41) 廣松涉, 앞의 글, pp. 117~130; Marx/Engels, *Die Deutsche Ideologie*, hrsg. von W. Hiromatsu, S. x 및 정문길, 앞의 글, pp. 228~237〔이 책 제3장 3.5〕 참조.

들은 A판의 경우처럼 추고를 위한 지시·방주·분절선·삽입 지시를 "변증법적 관계로 해명하여" 초고의 텍스트를 "1846년 7월의 집필 계획에 따라" 대담하게 위치 변경시켜 원형의 복원을 시도하거나 H판의 경우처럼 작은 묶음의 초고 단편을 독자적인 초고 단편으로서보다는 기저고의 앞머리나 가운데, 또는 특정 부분의 이고로 간주, 삽입하는 입장을 취하고 있다. 그런가 하면 R판은 편자 자신이 획득한 『독일 이데올로기』 전체 서문과 메링Franz Mehring이 베른슈타인Eduard Bernstein에게서 빌렸다가 당-아키브에 반환한 「II. 브루노 바우어, 1845~1846」을 제외하고는 초고의 분산을 인정치 않고 있다.[42] 이렇게 볼 때 적어도 「I. 포이어바흐」 장에 관한 한 초고의 산실은 없는 것으로 판단하고 있다.

한편 1960년대에 발간된 B판과 신MEGA 시쇄판은 a)와 b) 부분의 산실을 기정사실로 인정하고 있다. 그러나 B판은 「I. 포이어바흐」 장의 초고가 기본적으로 내적 논리에 의해 결합되고, 또 상호 보완하면서 일관되게 유물론적 역사관을 전체적으로 서술하고 있다고 보고 있다. 따라서 서로 분리된 듯 보이는 5개의 초고(작은 묶음의 〔1?〕~〔2?〕와 {1}~〔5〕, 그리고 기저고의 3개 블록)는 서술상의 4개 기본선基本線과, 성숙 단계상의 3개 고리〔環〕에 의해 밀접히 연관되어 있기에 이들을 비교 대조하면 전체 장의 재구성, 복원이 가능하다고 보고 있다. 물론 B판은 이 같은 재구성이 전혀 결함이 없는 것은 아니나 적어도 이 같은 구조적·내용적 분석의 근거 위에서 「I. 포이어바흐」 장의 재구성을 시도했던 것이다.

---

42) D. Rjazanov, "Aus dem literarischen Nachlaß……," S. 217; D. Rjasanoff, "Neueste Mitteilungen über den literarischen Nachlaß von Karl Marx und Friedrich Engels," *Archiv für die Geschichte des Sozialismus und der Arbeiterbewegung*, 11. Jahrgang(Leipzig, 1925) S. 388.

　그리고 다음으로 제기되는 문제는 작은 묶음의 배열 순서와 조판
체제에 관한 문제이다. 먼저 작은 묶음의 배열 순서 문제는 앞에서
도 이미 언급한 바와 같이 각판 편자의 편찬 원칙, 즉『독일 이데올
로기』, 특히「I. 포이어바흐」장에 대한 착상이 가장 두드러지게 부
각되고 있는 부분이다. 몇 개의 독립된 초고 단편으로 이루어진 이
작은 묶음에 관한 한 어떠한 판본의 편자도 초고의 완전한 유존에
대해서는 이론이 없다. 그러나 이들 초고 단편의 배열 순서는 R판이
초고의 서로 다른 성층成層의 차이를 배려하지 않은 채 초고 〔3〕-{4}
를 급박하게 씌어진 기저고의 결론이라 간주하고 이를 맨 마지막에
"〔Teilung der Arbeit und Formen des Eigentums〕"라는 표제 아
래 게재하고 있다.[43) 이러한 R판의 편찬 원칙은 기본적으로 초고에
산실이 없고 따라서 그것이 완형完形의 것이라는 믿음에서 출발하여
작은 묶음의 독립성보다는 그중의 특정 초고 단편이 기저고의 일부
를 형성하거나 이고일 것이라고 보는 H판의 입장과도 일맥상통한다.
　그런가 하면 신MEGA 시쇄판은 신MEGA의 편집 원칙, 즉 집필
시기das Datum der Abfassung에 따른 연대기적 배열 원칙에 따라 {2}-
abcd를「I. 포이어바흐」장 전체의 맨 앞에 두고, {1}-ab(〔1?〕-ab
의 정서고), 〔1?〕-cd와 〔2?〕-a를 연결시키고 있다.[44) 그러나 이 같
은 신MEGA의 배열은 신MEGA 자체의 편집 원칙에 충실하려면 이
원칙을 작은 묶음에 한정, 적용하더라도 {1}-ab의 자리에 〔1?〕-ab
가 배열되어야 하며,「I. 포이어바흐」장 전체로 볼 때에는 기저고의
3개 블록이 먼저 게재된 뒤 작은 묶음이 앞의 순서대로 배열되는 것

---

43) D. Rjazanov, "Aus dem literarischen Nachlaß……," S. 303, Anm. 1.
44) "Editionsrichtlinien der Marx-Engels-Gesamtausgabe(MEGA)," MEGA² *Probeband*,
　　S. 43*, BII·1, 2, 3 및 S. 405, 408~409.

이 당연한 논리라 하겠다.

그리고 A판과 B판은 작은 묶음의 초고에 관한 한 이를 기본적으로 {1}에서 [5]에 이르는 보겐 번호를 따라 배열하고, 이고인 [1?]-cd와 [2?]-a를 2개의 독립된 초고 단편인 [3]~{4}와 [5] 앞에 배열하고 있다[R판과 신MEGA 시쇄판도 보겐 [3]~{4}와 {2}의 위치 변화를 제외하면 이고인 [1?]-cd와 [2?]-a를 기본적으로 작은 묶음 초고의 전반({1}, {2})과 후반([3]~{4}, [5])의 중간에 배열하고 있다]. 이상과 같은 초고 작은 묶음의 상이한 배열 순서가 기본적으로 「I. 포이어바흐」 장에 대한 각각의 편자의 개별적 착상과 밀접히 연결되어 있다고 앞에서 지적한 바 있다. 그러나 이 같은 편자 개인의 개별적 착상보다는 좀더 '구체적인 사실'에 근거한 초고의 배열 순서는 무엇일까에 관심을 갖게 되면 현존하는 초고가 마르크스와 엥겔스, 그리고 베른슈타인을 거쳐 독일 사민당 아키브SPD-Archiv와 국제사회사연구소IISG로 유전流轉하는 과정에서 나타나는 작은 묶음의 순서 매김에 주목하게 된다. 다시 말하면 『독일 이데올로기』의 전체 초고, 특히 「I. 포이어바흐」 장, 그 가운데서도 작은 묶음의 배열을 초고 오리지널이나 포토코피에서 확인하는 방법이다. 왜냐하면 이 초고에는 마르크스와 엥겔스, 그리고 베른슈타인을 비롯한 제3자에 의한 페이지 매김이 산견되고, 그것은 초고가 마르크스와 엥겔스의 사후(1883년과 1895년) 베른슈타인을 거쳐, 사민당 아키브로(1924년), 그리고 1933년의 나치스 집권기의 소개疏開를 거쳐 국제사회사연구소로(1938년) 전전하는 과정에서 유고의 보존과 정리를 위해 매겨진 정리 번호의 의미를 갖기 때문이다.

이들 정리 번호 중의 하나는 베른슈타인이 초고 오리지널의 우측 상단부에 기재한 일련번호이고, 또 다른 하나는 IISG의 사서司書가

<표 5-2> 「I. 포이어바흐」 장 작은 묶음의 정리 번호

I) Engels et al.*	ⓐ[1?]ab → ⓑ[1?]cd-[2?]a → ⓒ{1}ab → ⓓ{2}abcd → ⓔ[3]abcd-{4}ab → ⓕ[5]abcd
II) Bernstein	41 42 → 43 44-번호 없음 → 1 2 → 3 4 5 6 → 7 8 9 10-11 12** → 45 46 47 48
III) IISG(A7)	7 8 → 9 10-11 → 1 2 → 3 4 5 6 → 12 13 14 15-16 17 → 18 19 20 21

* D. Riazanov, "Aus dem literarischen Nachlaß…," S. 217~218; MEGA1 Ⅰ/5, S. 551.

** 13~14까지의 숫자가 결여되어 있는 것으로 보고되어 있다. 橋本直樹, 『『ドイツ・イデオロギー』, 「I. フォイエルバッハの手稿の編成に關して」, 『マルクス・エンゲルス・マルクス主義研究』, 제27호(1996. 6), p. 78의 주 15)와 pp. 79~80의 표.

기록한 것으로 보이는 포토코피의 우측 상단(초고 오리지널의 테두리를 벗어난 포토코피의 우측 상부)에 "A7/1" "A7/2"······식으로 매겨진 일련번호이다.[45] 이제 이들을 초고의 작은 묶음에 한정하여 간략히 도표화하면 〈표 5-2〉와 같다.[46]

여기에서 앞의 번호 매김을 염두에 두고 『독일 이데올로기』 초고의 유전 과정에서 있을 수 있는 배열 순서의 변동 가능성을 추정해볼 필요가 있다. 이 경우 상정할 수 있는 초고의 유전과 배열 순서의 변동 가능성은 1) 마르크스가 이를 보유했던 시기, 2) 마르크스에게

---

45) 여기서의 "A7"은 IISG의 구목록altes Inventar des Marx-Engels Nachlasses에서의 『독일 이데올로기』, 「I. 포이어바흐」 장의 표시 번호다.

46) 베른슈타인과 IISG의 정리 번호는 지금까지 마르크스와 엥겔스의 페이지 매김이나 보겐 번호를 설명하는 부차적 자료로만 언급되었을 뿐 본격적이고 체계적인 조사나 연구는 전무한 형편이었다. 따라서 하시모토 교수의 도쿄 국제 세미나 발표 논문(1995년 11월 2~3일, 『ドイツ・イデオロギー』, "I. フォイエルバッハ"の手稿の編成に關して」)은 이러한 공백을 메워주는 중요한 성과의 하나라고 하겠다. 저자도 1988년 1월과 1990년 1월에 IISG에서 이의 포토코피를 검토한 바 있으나 이 자료의 중요성에 대해서는 간과해버렸다. 따라서 이들 정리 번호는 유전하던 초고의 배열 순서, 특히 작은 묶음의 배열 순서를 해명하는 데 기여할 것으로 생각된다.

서 엥겔스가 유증받아 보유하던 시기, 3) 베른슈타인이 보관하다가 1924년 사민당 아키브로 넘겨줄 때까지의 시기에 한정된다. 그리고 또 다른 하나는 사민당 아키브나 IISG 사서에 의한 변동 가능성이다.

먼저 1)의 경우,. 원저자로서 마르크스 자신이 초고를 수정하거나 배열 순서를 바꾼 것은 아무런 문제가 될 것이 없다. 더욱이 마르크스의 엄격하고도 세밀한 초고의 정리와 보관은 오늘날 우리에게 전해진 그의 숫한 유고——메모, 발췌, 초안, 노트, 초고는 물론이요, 수많은 서한과 장서 등——를 통해서도 입증된 것이기에 이 시기에 의문을 둘 필요는 없겠다. 한편 2)의 경우는 엥겔스가 로라 라파르그에게 보낸 1883년 6월 2일자의 편지와 『루트비히 포이어바흐와 독일 고전 철학의 종언』의 서문(1888년 2월 21일자)에서 언급되고 있으나 엥겔스가 이 초고에 직접적으로 손을 댄 흔적은 보이지 않는다.[47] 더욱이 마르크스 사후 그의 노트에 근거한 『자본론』 2, 3권의 편찬·집필에 여념이 없었던 엥겔스가 『독일 이데올로기』의 초고를 본격적으로 재정리했을 가능성은 지극히 희박해 보인다. 따라서 우리는 『독일 이데올로기』의 초고가 엥겔스를 통해 베른슈타인에게 전해질 때까지는 전체 초고의 배열이 당초의 그것과 달라질 가능성은 없었을 것으로 추측할 수 있다.

---

47) 로라 라파르그에게 보낸 편지에서 엥겔스는 "모올(마르크스)의 유고 가운데서 나는 1848년 이전의 우리의 공동 저작인 초고 뭉치를 발견했다. 따라서 나는 그중 일부를 곧장 출판할까 한다"는 표현이나 엥겔스가 1888년 2월 21일에 쓴 『루트비히 포이어바흐와 독일 고전 철학의 종언』의 서문에 보이는 "1845~1846년간의 낡은 초고를 찾아내어 검토했으나 〔……〕 현재의 목적에 적합하지 않아 이용하지 않았다"는 언명이 이를 보증하고 있다. Engels an Laura Lafargue, 2. Juni 1883, MEW, Bd. 36, S. 33~34; Engels, "Ludwig Feuerbach und der Ausgang der klassischen deutschen Philosophie," MEW, Bd. 21, S. 264.

　그러나 3)의 경우, 즉 엥겔스로부터 초고를 물려받은 베른슈타인이 초고 뭉치에 가했을 변경 가능성은 전적으로 배제할 수 없다. 이 경우 만년의 엥겔스로부터 절대적인 신임을 받은 베른슈타인이 이미 세기말을 전후하여 수정주의자로 변신하고 있었음에 주목할 필요가 있다. 그는 엥겔스로부터 유증 받은 초고를 근거로 1899년과 1903년, 1913년의 세 차례에 걸쳐『독일 이데올로기』의「IV. 칼 그륀」장과「III. 성 막스」장의 극히 일부를 당의 기관지 등에 공개했으나 많은 부분이 미간인 채로 남아 있었다.[48] 따라서 이들 초고는 세기 전후로부터 1920년대 사이에 메링, 마이어, 리야자노프 등에 의해 지속적인 관심과 열람의 대상이 되었다. 이 과정에서 초고의 부분적인 분산이 이루어지는데, 그것들은 1)『독일 이데올로기』의 서문Vorrede과 2) 베른슈타인이『독일 이데올로기』의 초고를 사민당 아키브에 넘기기 이전에 이미 그곳에 소장된「라이프치히 종교회의Leipziger Konzil」의 일부분(이는 리야자노프에 의해 "II. Bruno Bauer, 1845～1846"으로 지적되고 있다), 그리고 3) 1962년 바네가 IISG에서 "국회의원 베른슈타인의 인쇄물"이라고 씌어진 봉투에서 발견한 3매의 초고 블라트다. 이 중 마르크스의 필적으로 씌어진 1)은 엥겔스가 초고의 유증을 위해 분류하면서 마르크스의 유고로 판단, 이를 투시(마르크스의 막내딸 엘리노 마르크스)에게 유증하고, 투시의 사망 이후 이 유고는 로라를 거쳐 리야자노프에게로 넘어가 러시아의 마르크스-엥겔스 연구소에 보관된 것으로 보인다.[49] 그리고 2)는 리야자노프

---

48) Bert Andréas, *Karl Marx/Friedrich Engels... Bibliographie*, S. 144～147; 정문길,「편찬사를 통해서 본『독일 이데올로기』」, 앞의 책, pp. 75～80〔이 책 pp. 29～37〕.

49) 리야자노프는 이미 1911년에 로라 라파르그에 유증된 마르크스의 유고 정리에 참여한 바 있는 것으로 보고되고 있다. 따라서『독일 이데올로기』서문의 획득은 이때의 작업

의 보고에 따르면 1900년 베른슈타인이 보관한 초고를 빌려 본 메링
이 이를 베른슈타인에게 돌려주지 않음으로써『독일 이데올로기』의
원고 뭉치와는 분리되어 사민당 아키브에 보관된 것으로 확인되
며,[50] 3)은 주지하다시피 베른슈타인이『사회주의 도큐멘트』지에 이
원고를 발표하는 과정에서(1903년) 잘못 분류되어 별도로 분산된
것으로 판단된다.[51]

이렇게 볼 때 현존하는『독일 이데올로기』, 특히「Ⅰ. 포이어바흐」
장의 작은 묶음 순서에서 3)의 경우 약간의 변동 가능성을 전적으로
배제할 수는 없다. 이는 앞의 〈표 5-2〉에서 보는 바와 같이 우선 엥
겔스와 제3자에 의해 보겐 번호가 매겨진 Ⅰ)의 순서와 베른슈타인의
정리 번호가 매겨진 Ⅱ)의 배열 순서가 서로 다르고, 다시 Ⅲ)의
IISG의 구목록 정리 번호의 순서가 서로 다르기 때문이다. 그런데
이 경우 가장 문제가 되는 것은 미정형의 이고 ⓐ = 〔1?〕ab와 ⓑ =
〔1?〕cd ~ 〔2?〕a의 위치이다. 즉 Ⅰ)은 이를 기본적으로 보겐 번호가
있는 초고 단편의 앞부분에 배치한 데 대해 Ⅱ)는 이를 ⓕ = 〔5〕abcd
의 앞부분에 배치하고, Ⅲ)은 정서고 ⓒ = {1}ab, ⓓ = {2}abcd와
초고 단편 ⓔ = 〔3〕abcd ~ {4}ab, ⓕ = 〔5〕abcd 사이에 배치하고 있
다. 다시 말하면 이고 ⓐ = 〔1?〕ab → ⓑ = 〔1?〕cd ~ 〔2?〕a는 ⓐ =
〔1?〕ab가 ⓒ = {1}ab의 피사고被寫稿이므로 이를 제외하면 결국 ⓑ =

과 관련이 있는 것으로 추측된다. D. Rjazanov, "Einführung des Herausgebers"
an "Briefwechsel Zwischen Vera Zasulič und Marx," *Marx-Engels Archiv*, Bd.
1(1926), S. 309.

50) D. Rjasanoff, "Neueste Mitteilungen über den literarischen Nachlaß …," S.
388; D. Rjazanov, "Aus dem literairschen Nachlaß …," S. 208.

51) D. Rjazanov, "Aus dem literarischen Nachlaß …," S. 217; D. Rjasanoff, "Neueste
Mitteilungen über den literarischen Nachlaß …," S. 338; S. Bahne, 앞의 글, S.
93 ~ 95.

〔1?〕cd-〔2?〕a만 남게 되므로 이의 배치가 I)의 경우에는 맨 앞에, II)의 경우에는 ⓕ = 〔5〕abcd를 기저고의 앞부분으로 간주할 때 이와 연결되는 것으로 ⓕ = 〔5〕abcd의 앞에 배치하고 있으며, III)은 ⓐ, ⓑ와 ⓔ, ⓕ 사이에 별도로 배치하고 있다.

그러나 여기서 분명한 것은 적어도 작은 묶음의 그 어느 초고 단편에도 마르크스와 엥겔스에 의해 구체적으로 어느 부분에 귀속된다는 표지나 지시가 없으므로 결국 작은 묶음의 보겐 번호, 즉 엥겔스의 보겐 번호 〔3〕, 〔5〕를 근간으로 하여 제3자가 기재한 {1}, {2}를 그 앞에 배치하고({4}는 〔3〕의 연속이므로 논외이다), 다시 〔1?〕, 〔2?〕를 별도로 ⓒ{1}ab→ⓓ{2}abcd→ⓔ〔3〕abcd~{4}ab→ⓕ 〔5〕abcd의 앞머리에 두는 것이 초고의 원래 배열 순서에 부합하는 것이라고 결론짓지 않을 수 없다.

마지막으로『독일 이데올로기』,「I. 포이어바흐」장의 조판 문제에 대해 언급할 차례가 되었다. 앞에서 검토한 바와 같이 초고의 재현 양식, 즉 조판 방법은『독일 이데올로기』의 결정판으로 자임하는 신MEGA의 편찬에서는「I. 포이어바흐」장의 경우 신MEGA 시쇄판과 H판의 전례를 십분 고려하여 이를 발전적으로 적용할 필요가 있다. 다시 말하면 MEGA² I/5는 MEGA² I/2에 게재된『경제학·철학 초고』의 제1, 제2의 재현 방법을 원용하여 제1재현부의 신MEGA 시쇄판이나 H판의 경우처럼 2란, 혹은 맞보기의 양 페이지를 이용하여 추보·수정·방주 및 편찬상의 지시를 그대로 재현시키고 나아가 말소된 부분도 최종 문장을 살려서 본문 가운데 재현하는 방법이 고려되어야 할 것으로 보인다. 그리고 이의 수정 부분에 대한 공관적共觀的 처리는 기왕의 경우처럼 아파라트를 이용할 수 있을 것이다. 그러나 여기서 분명히 언급하고 넘어가야 할 것은 최초의 지문과 마르크스

344

와 엥겔스의 수정 부분은 H판의 경우처럼 서로 다른 활자체의 다각
적 활용이 무엇보다도 바람직한 방법이라는 점이다. 특히 현재 그
편찬 작업이 진행 중인 MEGA² I/5의 경우 이러한 방법의 채택은 최
근 점차 그 요구가 높아지고 있는 마르크스와 엥겔스의 지적 자산의
구분 내지는 차별화를 위해서도 필수적이다.[52] 한편 일반 독자를 위
한 제2재현부는 초고의 원래 순서에 충실하고, 추보·수정·말소 부
분도 문장의 전체적인 흐름을 깨지 않는 범위에서 삽입함으로써 일
반 독자들도 마르크스와 엥겔스의 최초의 공동 저작을 원형 그대로
접할 수 있도록 해줄 필요가 있겠다.

이제 『독일 이데올로기』, 「I. 포이어바흐」 장의 텍스트 편찬 문제
와 관련된 이상의 논의를 요약하면 다음과 같다.

1) 초고의 완형完形 여부: 유존하는 「I. 포이어바흐」 장의 초고가
완형이냐 아니냐에 관한 논의는 기본적으로 외형상의 결손(S. 3~7,
36~39)은 명백하나 논리적 구성은 저자들의 최소한의 가필로 완형
이 가능하다고 본다.

2) 초고의 산실 문제: 초고의 보존 및 유전流轉 과정에서 그 행방

---

52) 『메가-연구』 최신호에 게재된 한 논문이, 동구 공산권 몰락 이후 신MEGA 출판 사업
의 학술화와 국제화das Konzept der Akademisierung und Internationalisierung
des MEGA-Projekts의 기치를 내걸고 이 작업을 인수한 IMES가 당초에 마르크스와
엥겔스의 '공동 저작집' 자체에 대한 엄격한 학문적 검토를 결여함으로써, 결국 IMES
까지도 '정치적-이데올로기적' 왜곡에서 해방되지 못했다고 비판한 것이 그 대표적 예이
다. 바로 이 같은 주장의 근저에는 마르크스와 엥겔스의 차별화 문제가 놓여 있음은 물
론이다. Hans-Georg Backhaus und Helmut Reichelt, "Der politisch-ideologische
Grundcharakter der Marx-Engels-Gesamtausgabe: eine Kritik der Editionsricht-
linien der IMES," *MEGA-Studien*, 1994/2, S. 101~108.

〈표 5-3〉 마르크스–엥겔스 유고의 유전流轉 과정

1883 마르크스 사망

1884 사민당 아키브 설립

1895 엥겔스 사망

1898 투시 사망
Eleanor Marx

1901 『독일 이데올로기』 유고
일부분이 사민당 아키브에

1911 라파르그 부부 사망
Paul & Laura Lafargue

1921 마르크스–엥겔스 연구소 설립

1923(~1928) MEI의 사민당
아키브 문서 복사

1924 『독일 이데올로기』 유고
사민당 아키브에

1933 나치스의 집권
유고의 소개

1935 국제사회사연구소 설립

1938 IISG의 유고 매입

1939 전쟁 중 유고의 영국 소개

1945 제2차 세계대전 종전

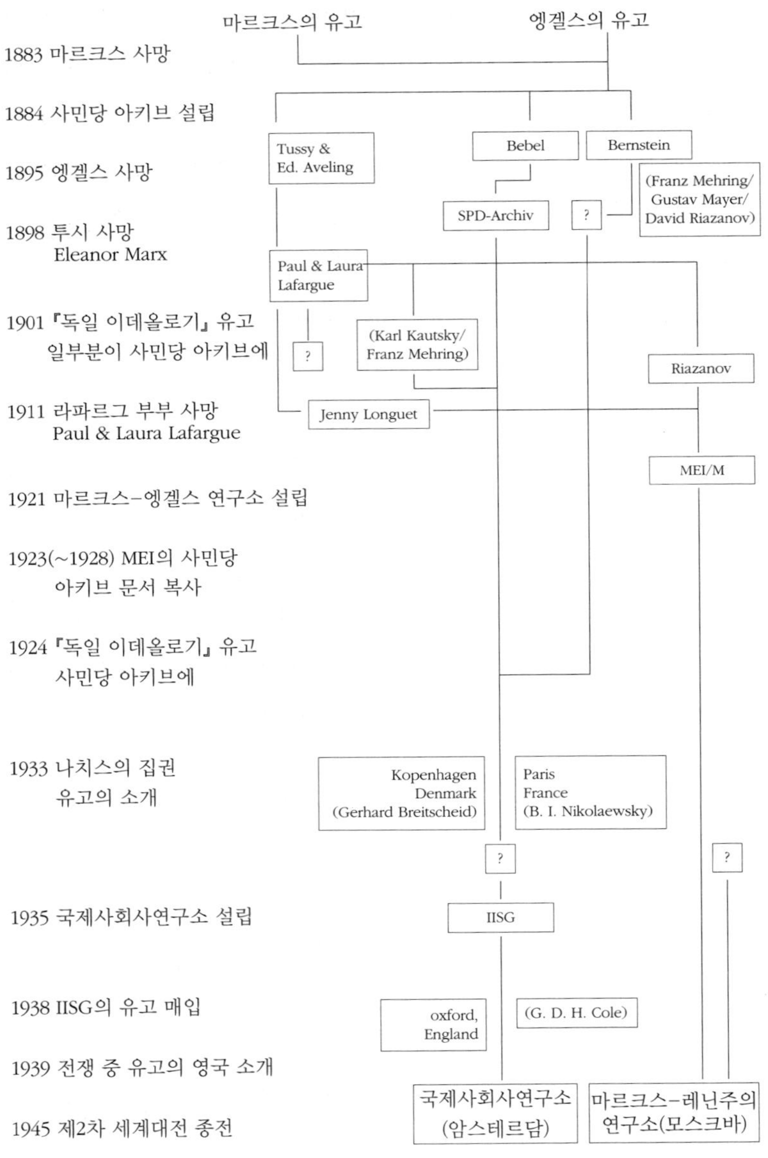

이 묘연할 정도의 산실은 없는 것으로 판단된다. 그리고 이 초고 오리지널의 원형은 당초 사민당 아키브에 보관되어 있었으며, 1920년대에 '마르크스-엥겔스 연구소MEI'에 의한 사민당 아키브 자료의 포토코피 작성을 통해 인지되었고, 또 현재는 IISG에 보관된 유고 원본과의 대조를 통해 확인할 수 있다.

따라서 초고는 기저고를 페이지 순서에 따라 배열하고, 그 앞에 작은 묶음을 배치한다. 그러나 주의할 것은 1)과 2)에 대한 우리의 가정이 성립된다고 하더라도 '논리'를 내세운 초고의 강제적인 위치변경Umstellung은 허용될 수 없다는 점이다.

3) 작은 묶음의 배열 순서: 초고에 엥겔스와 제3자에 의해 기재된 보겐 번호 {1}→{2}→〔3〕→{4}→〔5〕를 중심으로 하여 이고인 〔1?〕, 〔2?〕를 앞부분에 배열하는 것이 합당하다고 생각된다.

{1}-ab의 정서고보다는 〔1?〕-ab의 수정·말소 부분이 남아 있는 초고를 살리는 것이 바람직하다고 보면 초고의 배열 순서는 ⓐ=ⓒ →ⓑ→ⓓ→ⓔ→ⓕ로 정리된다.

4) 조판 체제: 초고를 가급적 원형에 가깝게 재현하기 위해, 2란(혹은 2면) 조판은 물론이고, 인쇄된 텍스트에서도 마르크스와 엥겔스의 지분持分을 확인할 수 있도록 활자체를 통한 텍스트의 변용을 채택하고, 일반 독자용의 텍스트는 통단 체제를 채용하되 일반인들도 초고의 원형을 가늠할 수 있는 조판 기술의 원용이 필요하다.

제6장

『독일 이데올로기』의 구성
―신MEGA I/5, 편집 문제를 다룬 전문가 회의 참가 보고

1. 글머리에

1996년 10월 24일에서 26일까지 3일간, 칼 마르크스의 출생지인 독일의 트리어Trier에 위치한 에베르트 재단 산하의 '칼-마르크스-하우스 연구 센터Studienzentrum Karl-Marx-Haus der Friedrich-Ebert-Stiftung'에서는 신MEGA I/5, 『독일 이데올로기』의 구성 문제를 중심으로 한 국제회의가 개최되었다.[1] 이 회의는 현재 편찬 작업이 진행 중인 신MEGA I/5(『독일 이데올로기』)에 수록될 텍스트를 확정하고, 나아가 이들 텍스트의 배열 순서를 검토하기 위해 국제 마르크스-엥겔스 재단IMES과 칼-마르크스-하우스가 준비한 전문가 회의였다.

1920년대에 그 일부가 처음으로 출판된 『독일 이데올로기』의 텍

---

1) 이 회의의 정식 명칭은 다음과 같다. Spezialkonferenz 'Die Konstitution der 'Deutschen Ideologie,'" Trier, 24.~26. Oktober 1996.

스트는 1930년대에 구MEGA I/5 『독일 이데올로기』(1932)로 일단 정착되었으나 1960년대 이래의 연구 성과는 구MEGA의 권위를 부정하면서, 거기에 게재된 텍스트의 진위 여부에 정면으로 도전하게 되었다. 따라서 마르크스 연구자, 특히 『독일 이데올로기』에 특별한 관심을 갖는 많은 연구자들은 1975년 이래 발간되기 시작한 신MEGA에서 『독일 이데올로기』의 표준적인 텍스트가 재현, 출판되기를 기대해왔었다. 그러나 1989년 베를린 장벽의 붕괴에 연이은 동구권 사회주의의 몰락은 MEGA² I/5(『독일 이데올로기』)의 편찬을 주관하던 마르크스-엥겔스 저작부를 포함한 구동독의 '마르크스-레닌주의 연구소IML/B'의 기능을 마비시키고, MEGA 출판 사업 자체는 암스테르담에 본거를 둔 국제 마르크스-엥겔스 재단에 이관되었다. 트리어의 칼-마르크스-하우스는 IMES의 4개 핵심 기관의 하나로서 구동독의 IML/B로부터 바로 이 신MEGA 출판 작업 중 I/4(1844년 8월에서 1845년 12월에 이르는 기간 중의 저작, 논설, 초안), I/5(『독일 이데올로기』), I/6(1846년 1월에서 1848년 2월에 이르는 기간 중의 저작, 논설, 초안) 3권의 편찬 책임을 이양받은 독일-프랑스 연구팀의 주관 연구소이기도 하다.

마르크스와 엥겔스의 사상적 발전, 특히 『독일 이데올로기』를 포함한 3월혁명 이전기Vormärz의 그들의 사상에 대한 칼-마르크스-하우스의 관심은 1986년 이래 지속적으로 이어져 1988년 『독일의 관념주의와 프랑스혁명』이라는 논문집으로 집성되었다.[2] 또한 프랑스혁명 200주년을 맞은 1989년 9월과 10월에는 칼-마르크스-하우스

---

2) Karl-Marx-Haus, Hrsg., *Deutscher Idealismus und französische Revolution. Vorträge*, Schriften aus dem Karl-Marx-Haus, Nr. 37(Trier: Karl-Marx-Haus, 1988).

연구 센터에서 "프랑스에서의 독일 망명자, 독일에서의 프랑스 망명자 Deutsche Emigranten in Frankreich—französiche Emigranten in Deutschland(1685 ~1945)"라는 전시회를 열고 소규모 국제회의를 개최해 3월혁명 이 전기의 마르크스와 엥겔스의 사상과 행적을 검토하는 5편의 논문이 발표되기도 했다.[3] 그리고 이때 발표된 논문들은 그 이듬해 2월 12 일 전문가 회의를 통해 다시 한 번 검토된 뒤 1990년 말 『마르크스 의 최초의 파리 체재와 "독일 이데올로기"의 형성』이라는 제목으로 출간되었다.[4] 따라서 동구권 사회주의의 붕괴 이후 IMES가 MEGA 의 출판 사업을 인계받은 뒤 MEGA의 편찬 작업을 재정립, 분담하 는 과정에서 칼-마르크스-하우스가 "독일-프랑스 메가 작업 그룹 Deutsch-französische MEGA-Arbeitsgruppe, Trier/Aix-en-Provence"이라는 이 름으로 3월혁명 이전기의 MEGA 3권(I/4, I/5, I/6)의 편찬 책임을 이양받는 것은 당시의 서구 제국의 마르크스와 마르크스주의의 연구 현황으로 보아 지극히 당연한 일이라 하겠다.

2. MEGA² I/5의 출판을 위한 준비 개황

구동독과 소련의 IML은 신MEGA를 준비하면서, 『독일 이데올로 기』는 『반뒤링Anti-Dühring』 『자연변증법Dialektik der Natur』 등과 더불

---

3) 저자는 1989년의 체독 기간 중 이 소규모 국제회의(Internationale Arbeitstagung, 4. September 1989)에 참가해 펠거Hans Pelger, 그랑종Jacques Granjonc, 타우베르트 Inge Taubert, 에스바흐Wolfgang Eßbach 등과 만날 수 있었으며, 이후 지속적인 지 적 교유를 갖게 되었다.

4) Karl-Marx-Haus, Hrsg., *Studien zu Marx' erstem Paris-Aufenthalt und zur Entstehung der 'Deutschen Ideologie,'* Schriften aus dem Karl-Marx-Haus, Nr. 43 (Trier : Karl-Marx-Haus, 1990).

어 마르크스와 엥겔스의 포괄적인 저작의 하나로서 연대기적 배열보다는 주제를 중심으로 자료들을 집성한 별권을 형성하도록 편찬 지침을 규정한 바 있다.[5] 따라서 신MEGA의 출판 과정에서 『독일 이데올로기』의 편찬 작업은 일찍부터 타우베르트에 의해 수행되었으며,[6] 이의 성과는 1972년의 신MEGA 시쇄판의 『독일 이데올로기』, 「I. 포이어바흐」 장의 재현으로 우선 구체화되었다.[7]

그러나 1970년대 중후반 이후 거의 10여 년 동안 『독일 이데올로기』에 대한 논의는 일본에서의 열띤 텍스트 논쟁을 예외로 본다면, 『마르크스-엥겔스 연지Marx-Engels-Jahrbuch』에 게재된 골로비나와 로키챤스키의 논문을 제외하고는 이렇다 할 만한 것이 없었다.[8] 따라

---

5) IML(Institut für Marxismus-Leninismus, Moskau und Berlin), Hrsg., "Editionsricht-linien der Marx-Engels-Gesamtausgabe(MEGA)," MEGA² *Probeband*(Berlin: Dietz Verlag, 1972), S. 43*, B. II. 6; Vgl. IMES (Internationale Marx-Engels-Stiftung), Hrsg., *Editionsrichtlinien der Marx-Engels-Gesamtausgabe*(MEGA)(Berlin: Dietz Verlag, 1993), S. 23, B. II. 5.

6) 1966년 『독일 철학 잡지Deutsche Zeitschrift für Philosophie』(14. Jg. H. 10)에 게재된 「I. 포이어바흐」 장의 텍스트는 바가투리야의 신편집안을 근거로 한 원문 텍스트의 재현이며, 이의 편자인 틸하인은 타우베르트와 동일인이다. 정문길, 『마르크스의 사상 형성과 초기 저작―「독일 이데올로기」와 「마르크스-엥겔스 전집」 연구』(문학과지성사, 1994), pp. 218~222[이 책, 제3장 3.3] 참조.

7) Marx/Engles, "Die deutsche Ideologie. I. Band. Kapitel I. Feuerbach. Gegensatz von materialistischer und idealistischer Anschauung,": MEGA² *Probeband*(Berlin: Dietz Verlag, 1972): Text, S. 33~119; Apparat, S. 399~507.

8) 정문길, 「1960년대와 70년대 일본 학계의 『독일 이데올로기』 논쟁―일본 마르크스학의 이해를 위한 하나의 구체적 실례로서」, 『문학과사회』 25호(1994년 봄), 정문길, 앞의 책, pp. 249~320[이 책, 제4장]. Galina Golowina, "Das Projekt der Vierteljahrsschrift von 1845/1846: Zu den ursprünglichen Publikationsplänen der 'Deutschen Ideo-logie,'" *Marx-Engels-Jahrbuch*, 3(1980), S. 260~274; Jakow Rokitjanski, "Zur Geschichte der Beziehungen von Karl Marx und Friedrich Engels zu Moses Heß in Brüssel 1845/1846," *Marx-Engels-Jahrbuch*, 9(1986), S. 223~267. 정문길, 「『독일 이데올로기』는 계간지용 원고로 집필되었나?―『독일 이데올로기』 성립사에 대한 최근의 논의를 중심으로」, 『문학과사회』 22호(1993년 여름), 정문길, 같은 책, pp. 127~184[이 책, 제2장]를 참조하라.

서 1989년 IML/B의 마르크스-엥겔스 저작부가 발간하는『마르크스-엥겔스 연구 논집*Beiträg zur Marx-Engels-Forschung*』26호의 MEGA^2 I/5(『독일 이데올로기』)의 준비 상황을 보고하는 5편의 논문은 당시의 상황에서 머지않아 출판될 MEGA^2 I/5의 전모를 이해하는 데 중요한 근거를 제공했던 것이다.[9] 사실 MEGA^2 I/5의 편찬 책임을 맡은 타우베르트는 베를린 장벽이 붕괴되기 2개월 전인 1989년 9월 초, 트리어에서 저자와 만났을 때『독일 이데올로기』의 편집 원칙이 이미 확정되고 준비 작업도 상당히 진척된 상황이라 이 책은 1990년 말이나 1991년이면 출판될 것이라고 밝힌 바 있다.[10] 그러나 동구 사회주의권의 몰락은 결국 이 같은 당초의 출판 계획을 허물어버리고 앞서 언급한 대로 그 작업은 트리어/엑상프로방스의 독일-프랑스 메가 작업 그룹으로 넘어가게 된 것이다.

IMES가 구동독과 소련으로부터 MEGA 출판 사업을 이양받을 때의 입장은 진행 중이던 개개의 권별卷別 메가 편찬 작업은 원칙적으로 기왕의 연구 작업팀의 인력과 노하우를 그대로 이용한다는 것이었다. 이러한 입장에서 볼 때『독일 이데올로기』를 포함한 MEGA^2 I/4, I/5, I/6의 편찬 작업이, 특히 그 편집이 상당한 정도로 진척된 MEGA^2 I/5(『독일 이데올로기』)가 트리어/엑상프로방스의 독일-프

---

9) IML/B, 1989, "Aus der Arbeit an der Vorbereitung des Bandes 5 der Ersten Abteilung der MEGA^2(*Deutsche Ideologie*)," *Beiträge zur Marx-Engels-Forschung*, 26(1989), S. 99~194.

10) 정문길,「편찬사를 통해서 본『독일 이데올로기』—신MEGA I/5(『독일 이데올로기』)의 발간을 기대하며」,『문학과사회』11호(1990년 가을), 정문길, 앞의 책, pp. 71~126[이 책, 제1장]. 특히 pp. 72~73[이 책, p. 27]의 주 3) 및 "자료 5: 신MEGA 목록"(앞의 책, pp. 415~420) 가운데 C)항을 보라. C)항은 신MEGA의 출판을 담당한 베를린의 디츠 출판사Dietz Verlag가 1986년에 발간한 신MEGA의 출판 예정을 알린 팸플릿에 근거한 것이다.

랑스 메가 작업 그룹으로 이양된 것은 특기할 만한 일이다. 따라서 『독일 이데올로기』의 출판은 당초 1995/96년경으로 점쳐졌으나, 1993년의 신MEGA 편찬 지침의 변경,[11] 1995년 9월에 확정된 신MEGA 출판 계획의 전면적 수정,[12] 그리고 1996년 10월의 트리어 회의에서의 『독일 이데올로기』의 형성을 둘러싼 논의의 내용으로 보아 MEGA^2 I/5의 완간에는 좀더 긴 시간이 필요한 것으로 보인다.

지금까지 저자는 1996년 10월, 『독일 이데올로기』의 구성 문제를 중심으로 한 전문가 회의의 배경을 간략히 소개했다. 다음에는 회의를 주관한 독일-프랑스 메가 작업 그룹이 작성한 MEGA^2 I/5 『독일 이데올로기』의 구성안, 즉 MEGA^2 I/5에 편입될 텍스트의 기본적 구성을 다룬 페이퍼 1과 이를 해설하는 타우베르트의 페이퍼 2를 간단히 소개함으로써 회의를 전체적으로 개략하고자 한다.[13] 이어서 이 회의를 위해 사전에 저자에게 송부된 이들 2개 페이퍼를 근거로 작성하여 그 회의에 제출된 저자 자신의 소견서를 소개한 뒤, 3일간에

---

11) IMES, Hrsg., *Editionsrichtlinien der Marx-Engels-Gesamtausgabe*(MEGA)(Berlin: Dietz Verlag, 1993); IMES, "Die neuen Editionsrichtlinien der Marx-Engels-Gesamtausgabe(MEGA), mit einer Vorbemerkung von Jacques Grandjonc," *MEGA-Studien*, 1994/1, S. 32~59.

12) Jacques Grandjonc und Jürgen Rojahn, "Der revidierte Plan der Marx-Engels-Gesamtausgabe," *MEGA-Studien*, 1995/2, S. 62~89.

13) Konferenzpapier 1: Karl-Marx-Haus, "Die Konstitution von MEGA^2 I/5 'Deutsche Ideologie'"(1996); Konferenzpapier 2: Inge Taubert, "Zur Konstitution von MEGA^2 I/5 'Deutsche Ideologie'"(1996); Konferenzpapier 3: Inge Taubert, "Die Manuskripte 'Deutsche Ideologie'-Überlieferungsgeschichte"(1996).
　신MEGA I/5는 I/4, I/6과 더불어 그랑종과 펠거의 책임 아래 편찬 작업이 이루어지고 있으나 I/5인 『독일 이데올로기』에 관한 한 그 편집의 실제가 타우베르트에게 맡겨진 것으로 판단된다. 타우베르트의 페이퍼 3은 회의 시작 전날에 현지에서 저자에게 전달되었다. 이 제3논문의 내용은 디테일에 약간의 차이가 있으나 정문길, 「편찬사를 통해서 본 『독일 이데올로기』」, 정문길, 앞의 책, pp. 71~126[이 책 제1장]에서도 상세히 논의되고 있다.

걸쳐 논의된 전문가 회의의 중요 논점만을 간단히 밝히고자 한다.

3. MEGA² I/5 『독일 이데올로기』의 구성

MEGA² I/5 『독일 이데올로기』에 편입될 텍스트를 주로 주 텍스트
와 부록(Die Mitarbeit von Moses Heß an der "Deutschen Ideologie")
의 두 부분으로 나눈 페이퍼 1은 이들 각각을 다음과 같이 열거하고
있다. [14)

■ 주 텍스트의 수록 목록Textzeugen des Haupttextes

수록될 텍스트들Edierte Texte

MEGA I/5-1 〔Karl Marx〕: Gegen Bruno Bauer

① *Brüssel, 20. November. Bruno Bauer stammelt in

---

14) 신MEGA의 준비 작업에는 텍스트의 구체적 고증을 위해 00001(Textzeugenbezug)
에서 10000(Erfassungsdatum/Bearbeiter)에 이르는 다양한 카테고리가 설정되고,
이들 각각을 일정한 양식에 의해 충족시키도록 되어 있다. 그러나 이 글에서 이를 전
부 수록하기는 어려우므로 논의의 전개와 독자의 편의를 위해 최소한의 범주, 즉 초고
와 단편의 목록Textzeugenbezug(00001)을 제시하고 그 아래에 ① 텍스트의 첫머리
Textanfang(02100), ② 문헌의 형식Literarische Form(03020), ③ 유존遺存 형태Art
der Überlieferung(03030), ④ 원고의 형성 시기Datierung zur Entstehung(04100)
〔드물게 집필 시기Datierung Niederschrift(04200)가 기록된 경우에는 이를 부기한
다〕, ⑤ 텍스트의 규모Umfang des Textzeugen(05101) 등만을 소개하고자 한다. 그
리고 I/5-1과 I/5-4는 MEGA나 저작집에의 수록Abdrucke MEGA/Werkausgaben
(06000) 여부와 페이지를, 「I. 포이어바흐」 장에 해당하는 I/5-3과 I/5-5에서 I/5-9
에 이르는 텍스트에서는 필요한 경우, 엥겔스(〔 〕)와 베른슈타인({ })의 보겐 번호
(〔1?〕, 〔2?〕, {1}, {2}, 〔3〕, {4}, 〔5〕)와 마르크스의 페이지(S. X)나 블라트의 페
이지 순서 표지인 abcd를 ⑥에 병기하도록 한다.

Wigand's Vierteljahrsschrift, 3r Band pag. 138 ff., …

② 논설

③ 비독립적 인쇄 형태

④ 1845. 11. 20

⑤ 인쇄로 4란

⑥ MEGA[1] I/5, S. 541~544

MEGA I/5-2 Karl Marx: Vorrede

① Die Menschen haben sich bisher stets falsche Vorstellung-
en über sich selbst gemacht, …

② 초안Entwurf

③ 원고Handschrift

④ 1846. 05. 01/1846. 06. 30〔1846년 5/6월로 추정〕

⑤ 원고 2페이지

⑥ MEGA[1] I/5, S. 3

MEGA I/5-3 Karl Marx, Friedrich Engels: I. Feuerbach. Entwurf

① Wir werden uns natürlich nicht die Mühe geben, unsere
weisen Philosophen darüber …

② 『독일 이데올로기』 제1부 제I장의 초안.

③ 원고(엥겔스와 마르크스의 육필).

④ 1845. 11. 30~1846. 01. 30〔제I 부분인 S. 1~2와 〔6〕
~〔11〕(=S. 8~29)은 1845년 11월 말과 1846년 1월 사
이로 추정〕;

1846. 02. 01~1846. 06. 30〔제I 부분에 대한 우란에의
수정·보완이 1846년 2월과 6월 사이에 이루어진 것으로

추정〕;

1846. 02. 01~1846. 04. 30〔제II 부분인 〔20〕-〔21〕(=S.
30~35)와 제III 부분인 〔84〕~〔92〕(=S. 40~72와 〔92〕-
b)가 1846년 2월부터 늦어도 4월 말까지로 추정〕

⑤ 68페이지의 원고.

⑥ 기저고Urtext, 또는 큰 묶음große od. alte Konvolute으로 불
린다.

MEGA I/5-4 Friedrich Engels, Karl Marx: I. Feuerbach

① a) Feuerbach's ganze Philosophie läuft heraus auf …

② 포이어바흐의 『장래 철학의 근본 명제』에 대한 테제.「I. 포
이어바흐」장을 위한 예비 원고Vorarbeit

③ 원고(엥겔스와 마르크스의 육필)

④ 1846. 02. 01~1846. 06. 30〔1846년 2월과 6월 사이로
추정〕

⑤ 원고 2페이지

⑥ MEGA¹ I/5, S. 538~540

MEGA I/5-5 Karl Marx, Friedrich Engels: I. Feuerbach

A. Die Ideologie überhaupt, namentlich die deutsche

① Die deutsche Kritik hat …

② 장의 첫머리Kapitelanfang

③ 원고(엥겔스의 육필)

④ 1846. 02. 01~1846. 06. 30〔1846년 2월과 6월 사이로
추정〕

⑤ 원고 4페이지

⑥ {2}-abcd

**MEGA I/5-6 Karl Marx, Friedrich Engels: I. Feuerbach.
Wie unsre deutschen Ideologen versichern…**

① Wie unsre deutschen Ideologen versichern …

② 장의 첫머리

③ 원고(엥겔스와 마르크스의 육필)

④ 1846. 02. 01～1846. 06. 30〔1846년 2월과 6월 사이로
추정〕

⑤ 원고 5페이지

⑥ 〔1?〕-ab, 〔1?〕-cd-〔2?〕-a

**MEGA I/5-7 Karl Marx, Friedrich Engels: I. Feuerbach.
Wie deutsche Ideologen melden**

① Wie deutsche Ideologen melden …

② 장의 첫머리

③ 원고(엥겔스의 육필)

④ 1846. 02. 01～1846. 06. 30〔1846년 2월과 6월 사이로
추정〕

⑤ 원고 2페이지

⑥ {1}-ab

**MEGA I/5-8 Karl Marx, Friedrich Engels: Die Beziehung-
en verschiedener Nationen unter einander**

① Die Beziehungen verschiedener Nationen unter einan-
der …

② 단편Fragment

③ 원고(엥겔스의 육필)

④ 1846. 02. 01～1846. 06. 30〔1846년 2월과 6월 사이로

추정〕

⑤ 원고 6페이지

⑥ 〔3〕-abcd, {4}-ab

MEGA I/5-9 Karl Marx, Friedrich Engels: Die Thatsache ist also die: bestimmte Individuen

① Die Thatsache ist also die: bestimmte Individuen …

② 단편

③ 원고(엥겔스의 육필)

④ 1846. 02. 01～1846. 06. 30〔1846년 2월과 6월 사이로 추정〕

⑤ 원고 4페이지

⑥ 〔5〕-abcd

MEGA I/5-10 Karl Marx, Friedrich Engels: Das Leipziger Konzil

① Im dritten Bande der Wigand'schen Vierteljahrsschrift für 1845 …

②『독일 이데올로기』제1부 제II장, 제III장 서론의 인쇄용 원고

③ 원고(엥겔스의 육필)

④ 1846. 02. 01～1846. 04. 30〔1846년 2월과 4월 말 사이로 추정〕

⑤ 원고 3페이지

MEGA I/5-11 Karl Marx, Friedrich Engels: II. Sankt Bruno

① 1. "Feldzug" gegen Feuerbach. Ehe wir der feierlichen

Auseinandersetzung …

② 『독일 이데올로기』 제1부 제II장의 인쇄용 원고

③ 원고(엥겔스와 마르크스의 육필)

④ 1845. 11. 30/1845. 12. 01~1846. 04. 30〔일러도 1845
년 11월 말/12월 초부터 늦어도 1846년 4월 말까지로 추
정〕(집필은 1846. 02. 01~1846. 04. 30〔1846년 2월과 4월
말 사이로 추정〕)

⑤ 원고 14페이지

MEGA I/5-12 Karl Marx, Friedrich Engels: III. Sankt Max

① "Was jehen mir die jrinen Beeme an?" Der heilige Max
exploitirt …

② 『독일 이데올로기』 제1부 제III장의 인쇄용 원고

③ 원고(엥겔스, 바이데마이어 및 마르크스의 육필)

④ 1846. 02. 01~1846. 04. 30〔1846년 2월부터 늦어도 4월
말 사이로 추정〕

⑤ 원고 425페이지

MEGA I/5-13 Karl Marx, Friedrich Engels: Der wahre Sozialismus

① Dasselbe Verhältniß das wir im ersten Bande …

② 『독일 이데올로기』 제2부 서론의 인쇄용 원고

③ 원고(엥겔스의 육필)

④ 1846. 02. 15~1846. 02. 28〔1846년 2월 중순에서 2월
말 사이로 추정〕

⑤ 초고로 4페이지 Manuskriptseiten

MEGA I/5-14 Karl Marx, Friedrich Engels: Die "rheini-schen Jahrbücher," oder die Philosophie des wahren Sozialismus

① A. "Kommunismus, Sozialismus, Humanismus." Rhein. Jahrb I Bd. p. 167 ff. …

② 『독일 이데올로기』 제2부 제I장의 인쇄용 원고

③ 원고(엥겔스의 육필)

④ 1846. 02. 15~1846. 02. 28〔1846년 2월 중순과 2월 말 사이로 추정〕

⑤ 초고로 36페이지

MEGA I/5-15 〔Friedrich Engels〕: Karl Beck: "Lieder vom armen Mann," oder die Poesie des wahren Sozial-ismus

① Die Lieder vom armen Mann beginnen …

② 2회 연속의 논설(유존하지 않는 인쇄용 원고는 『독일 이데 올로기』 제2부의 제II장과 제III장으로 추정된다)

③ 비독립적 인쇄 형태

④ 1846. 03. 31~1846. 05. 31〔1846년 3월 말과 5월 말 사 이로 추정〕

⑤ 인쇄로 18란Druckspalten

MEGA I/5-16 Karl Marx: IV. Karl Grün: Die soziale Bewegung in Frankreich und Belgien(Darmstadt, 1845) oder: die Geschichtschreibung des wahren Sozialismus

① "Wahrlich, gälte es hier nicht, zugleich eine ganze

Rotte zu zeichnen …

② 『독일 이데올로기』 제2부 제IV장의 인쇄용 원고

③ 원고(엥겔스와 마르크스의 육필)

④ 1845. 09. 30/1845. 10. 01~1846. 03. 31〔일러도 1845
년 9월 말/10월 초부터 늦어도 1846년 3월 말 사이로 추
정〕

⑤ 원고로 56페이지

변형된 텍스트들 Variante Texte

MEGA I/5-1a 〔Karl Marx〕: Gegen Bruno Bauer

① *Brüssel, 20. November. Bruno Bauer stammelt in
Wigand's Vierteljahrsschrift, 3r Band pag. 138 ff., …

② 논설

③ 비독립적 인쇄 형태

④ 〔아직도 조사 필요〕

⑤ 인쇄로 4란

**MEGA I/5-16a Karl Marx: Karl Grün: Die soziale
Bewegung in Frankreich und Belgien(Darmstadt,
1845) oder Die Geschichtschreibung des wahren Sozial-
ismus**

① "Wahrlich, gälte es hier nicht zugleich eine ganze
Rotte zu zeichnen …

② 2회 연속의 논설

③ 비독립적 인쇄 형태(월간지)

④ 1847. 04. 03~1847. 08. 31〔1847년 4월 3일과 8월 말

사이]

⑤ 인쇄로 46페이지

■ 부록의 텍스트들Textzeugen des Anhangs

수록될 텍스트들Edierte Texte

MEGA I/5-17 [Moses Heß]: Die letzten Philosophen

① *Wenn es sonst Dinge zwischen Himmel und Erde gab, …

② 논설

③ 비독립적 인쇄 형태

④ 1845. 10. 16/1845. 10. 18~1846. 01. 22/1846. 01. 24[이르면 1845년 10월 16/18일부터 늦어도 1846년 1월 22/24일 사이]

1845. 11. 24/25~1846. 01. 01[1845년 11월 24/25일과 1846년 1월 초 사이로 추정]

⑤ 인쇄로 1/2란

MEGA I/5-18 Moses Heß: Dottore Graziano's Werke. Zwei Jahre in Paris, Studien und Erinnerungen von A. Ruge. Unter Mitarbeit von Karl Marx

① Dottore Graziano, der sich früher viel darauf einbildete, …

② 2회 연속의 논설(현재 유존하지 않는 이의 원고는 『독일 이데올로기』 제1부 제IV장의 인쇄용 원고)

③ 비독립적 인쇄 형태

④ 1845. 11. 06/1845. 11. 08~1846. 03. 31〔이르면 1845
년 11월 6/8일부터 늦어도 1846년 3월 말일 사이〕
1845. 11. 24/1845. 11. 25~1846. 03. 31〔최초로 1845
년 11월 24/25일부터 늦어도 1846년 3월 말 사이가 명백
하다〕
⑤ 인쇄로 10 1/2란

**MEGA I/5-19 〔Moses Heß〕: Umtriebe der kommunistisch-
en Propheten**

① *In der Schweiz scheinen die Propheten besser zu
gedeihen, als anderwärts …
② 논설
③ 비독립적 인쇄 형태
④ 1845. 10. 01~1845. 11. 15〔이르면 1845년 10월 초부터
늦어도 11월 중순 사이〕
⑤ 인쇄로 5란

**MEGA I/5-20 Moses Heß: August Beckers Monats-
schrift: Die Frühliche Botschaft von der religiösen
und socialen Bewegung**

① Die Kuhlmann'sche Gemeinde …
② S. 15에서 시작하는 초안
③ 원고
④ 1845. 11. 24/1845. 11. 25~1846. 03. 31〔이르면 1845
년 11월 24/25일부터 늦으면 1846년 3월 말 사이〕
⑤ 원고로 11페이지

MEGA I/5-21 Moses Heß: V. "Der Dr. Georg Kuhmann

**aus Holstein,"" oder die Prophetie des wahren Sozialismus.
Die neue Welt oder das Reich des Geistes auf Erden.
Verkündigung. Unter Mitarbeit von Karl Marx und
Friedrich Engels**

① "Es fehlte von einem Manne," heißt es im Vorworte,
…

② 『독일 이데올로기』 제2부 제V장의 인쇄용 원고

③ 원고(바이데마이어의 육필)

④ 1845. 11. 24/1845. 11. 25~1846. 03. 31〔이르면 1845
년 11월 24/25일부터 늦어도 1846년 3월 말 사이〕

⑤ 원고로 12페이지

변형된 텍스트들Variante Texte

MEGA I/5-17a 〔Moses Heß〕: Die letzten Philosophen

① *Wenn es sonst Dinge zwischen Himmel und Erde
gab, …

② 논설

③ 비독립적 인쇄 형태

④ 〔아직도 조사 필요〕

⑤ 인쇄로 1란

**MEGA I/5-19a 〔Moses Heß〕: Umtriebe der kommunistisch-
en Propheten**

① *In der Schweiz scheinen die Propheten besser zu
gedeihen, als anderwärts …

② 논설

③ 비독립적 인쇄 형태

④ 〔아직도 조사 필요〕

⑤ 인쇄로 5란

4. 『독일 이데올로기』의 구성안과 타우베르트의 해석에 대한 저자의 견해[15]

새삼스러운 말이긴 하나 마르크스와 엥겔스의 연구에 있어서『독일 이데올로기』가 차지하는 위치는 독특하다. 두 사람의 공동 저작은『신성가족』에서『자본론』에까지 광범하게 걸쳐 있고, 그들의 이론적 성장은 언제나 일체화되어 있는 것으로 간주되어왔다. 그러나 두 사람의 이론적 성장이 마르크스-엥겔스 일체론에도 불구하고 다양한 스펙트럼을 보여주고 있음은, 공동 저작 자체의 완성된 모습에 대한 두 사람의 합의가 전적으로 결여된『신성가족』, 두 사람의 사상이 한데 어우러져 융합된『공산당 선언』, 그리고 각자의 역할에 대한 충분한 인식에 근거한『자본론』을 통해서도 확인된다.

『독일 이데올로기』는 이처럼 다양한 두 사람의 공저 가운데서도 특이한 것으로서, 그것은 미완성의 초기 저작으로 공저의 구체적 형

---

15) 이 부분은 "Einige Bemerkungen über die Papiere der Spezialkonferenz ʻDie Konstitu-tion der *Deutschen Ideologie.*ʼ Trier, 24.~26. Okt. 1996"라는 제목으로 트리어 회의에 제출되었던 원고를 부분적으로 보완한 것이다. 이 원고는 약간의 수정을 거쳐『독일 이데올로기』의 구성 문제를 중점적으로 다루게 될 *MEGA-Studien* 1997/2에 게재될 예정이다. 따라서 이 부분은 이 장의 흐름과 서술 방식이 다른 경우에도 이를 수정하는 것을 피했다〔*이 원고는 잡지의 출판이 예정보다 수개월, 혹은 1년여씩 늦어지는 과정에서 게재가 불가능하게 되었다. 저자의『정문길 교수의 보쿰 통신』(문학과지성사, 1998), p. 44를 보라〕.

태가 초고 가운데 그대로 남아 오늘날에 전해지는 드문 사례의 하나다. 그리고 바로 이 저작의 초고를 통해 1) 공동 저술의 형성기의 이들 두 사람의 작업의 양태를 확인하고, 나아가 2) 그들 각각의 이론적 몫을 가늠함으로써 마르크스주의의 성립 과정을 문헌을 통해 추적할 수 있는 근거를 확보했다. 따라서 『독일 이데올로기』는 마르크스-엥겔스의 그 어떤 저작과도 달리 초고의 원형을 그대로 재현하는 것이 연구자의 편의를 위해 최선의 방법이라고 본다. 따라서 MEGA² I/5에서의 『독일 이데올로기』 텍스트의 재현은 『MEGA 편찬지침 *Editionsrichtlinien der MEGA*』(1993)의 엄격한 적용보다는 융통성 있는 변용이 필요하다. 마르크스와 엥겔스의 필적을 서로 다른 활자로 표기한다든지, 삭제 보완된 부분을 텍스트에서 재현하는 것 등이 이 같은 융통성 있는 변용의 예라고 하겠다.

저자는 페이퍼 1에 제시된 편집안을 중심으로 거기에 포함된 초고들과 그것의 배열Anordnung에 대해 간단한 소견을 밝히고, 마지막으로 초고의 텍스트 재현Textwiedergabe에 관련된 몇 가지 의견을 제시하려고 한다. 특히 초고의 재현과 관련하여 제시된 의견은 한국과 일본에서 광범한 동의를 얻고 있는 견해이다.

4.1. MEGA² I/5에 구체화된 『독일 이데올로기』의 구성

페이퍼 1에 제시된 제반 초고의 편집 계획은 기본적으로 타우베르트가 주도하는 구IML/B의 MEGA I/5 작업 그룹의 연구 성과에 근거하고 있는 것으로 보인다. 이러한 사실은 I/5-4, I/5-15의 『독일 이데올로기』에의 편입과 I/5-5를 「I. 포이어바흐」 장 작은 묶음의 맨 앞에 배치한 것으로 보아 확인된다.

〔"Aus der Arbeit an der Vorbereitung des Bandes 5 der Ersten

Abteilung der MEGA² (*Deutsche Ideologie*)," *Beiträge zur Marx-Engels-Forschung*, 26(1989), S. 98~194를 보라. 특히 Inge Taubert, "Zur Entstehungsgeschichte des Manuskripts 'Feuerbach' und dessen Einordnung in den Band I/5 der MEGA²," S. 101~109; Elke Röllig, "'Deutscher Sozialismus in Versen und Prosa. 1) Karl Beck: 'Lieder von armen Mann, oder die Poesie des wahren Sozialismus'' — ein weißer Fleck in der Marx-Engels-Forschung," S. 110~125; MEGA² *Probeband*, S. 405, 416 참조].

이러한 사실은 부록Anhang의 경우에도 동일하다.

[Inge Taubert, "Zur Mitarbeit von Moses Heß an der 'Deutschen Ideologie' —Auseinandersetzung mit Arnold Ruges Werk 'Zwei Jahre in Paris. Studien und Erinnerungen,' Leipzig 1846," *Beiträge zur Marx-Engels-Forschung*, 26(1989), S. 146~171; Christine Ikker, "Zur Mitarbeit von Moses Heß an der 'Deutschen Ideologie' — das Kapitel V des zweiten Bandes," *Ibid.*, S. 171~ 194; Jakow Rokitjanski, "Zur Geschichte der Beziehungen von Karl Marx und Friedrich Engels zu Moses Heß in Brüssel 1845/1846," *Marx-Engels-Jahrbuch*, 9(1986), S. 223~267].

4.2. 타우베르트, 또는 페이퍼 1의 『독일 이데올로기』상

페이퍼 1, 2는 『독일 이데올로기』의 출판 양식이 기본적으로 골로비나, 로키챤스키, 타우베르트의 연구 성과를 근거로 하여 계간지 Vierteljahrsschrift → 두 권의 저서zwiebändige Publikation → 별도의 개별적 출판Separatdruck des einzelnen Bandes으로 변경되었다고 간주하고 있다. 그러나 이 경우에 우리가 주의해야 할 점은 MEGA² I/5의 편집에서 이러한 변화를 어떻게 수용하느냐 하는 것이다. 즉 이 3개의 단계를 모두 고려하는 경우와 특정 단계만을 고려할 경우『독일 이데올로기』의 구성Konstitution der Deutschen Ideologie의 변용은 불가피하다.

＊로키챤스키의 견해에 따른『독일 이데올로기』상

제1단계: 마르크스와 엥겔스의 초고는 아직도 계간지를 구성하는 원고의 일부로 간주된다.

제2단계: 이 초고들을 분리하여 출판하려는 계획을 구상.

〔Rokitjanski, "Zur Geschichte der Beziehungen von Karl Marx und Friedrich Engels zu Moses Heß in Brüssel 1845/1846," S. 260, Anm. 38〕.

＊타우베르트는 여기에 이행 과정으로서 2권본의『독일 이데올로기』를 상정

출판 계획이 무산됨에 따라 2권분의 초고는 각각 분리하여 다른 출판사들에 맡기려는 노력이 행해지면서 텍스트의 보완이 본격적으로 진행되었다. 그리고 때에 따라서 장절章節은 해체되어 논설로 출판되기도 했다. 그러므로 미완성의『독일 이데올로기』는 시기적으로 1846년 5월 말/6월 초에 마감된다고 본다(Inge Taubert, Konferenz- papier 2, S. 3).

〔Engels an Marx, um den 18. Oktober 1846, MEGA² III/2, S. 51; Bernays und Engels an Marx, 2. November 1846, MEGA² III/2, S. 63; Engels an Marx, 15. Januar 1847, MEGA² III/2, S.

83].

〔Galina Golowina, "Das Projekt der Vierteljahrsschrift von 1845/1846," *Marx-Engels-Jahrbuch*, 3(1980); Rokitjanski, "Zur Geschichte der Beziehungen von Karl Marx und Friedrich Engels zu Moses Hess in Brüssel 1845/1846,"; Inge Taubert, "Wie entstand die *Deutsche Ideologie* von Karl Marx und Friedrich Engels?," *Studien zu Marx' erstem Paris-Aufenthalt und zur Entstehung der Deutschen Ideologie*(Karl-Marx-Haus, 1990)〕.

페이퍼 1, 2는 이들 3개의 출판 형태 중 어떤 경우를 수용한다는 입장을 밝히지 않은 채 MEGA² I/5, 『독일 이데올로기』에 포함되는 텍스트들을 다음과 같이 한정하고 있다.

i) MEGA² I/5는 주제 중심의 권卷이다thematisches Band.

ii) 이 책에 포함되는 초고의 집필 시기는 1845년 11월부터 1846년 5월 말/6월 초까지이다.

그러나 이 같은 기준은 i)에 포함될 수 있는 상당수의 초고 단편을 ii)의 기준 때문에 배제해야 하는 결과를 가져왔다.

a) 주 텍스트 부분Hauptteil

* 텍스트 중 I/5-1〔1845년 11월 20일 집필〕,[16] I/5-4〔1846년 2월 1일~6월 30일〕, I/5-15〔1846년 3월 말~5월 말〕는 앞의 i)과 ii)의

---

16) "〔 〕" 안의 날짜는 페이퍼 1이 형성 시기Datierung zur Entstehung(카테고리 04100)로 고증한 부분이다.

기준을 만족시킨다.

＊ 그러나 다음의 초고 단편이나 논설들은 동일한 주제를 다루었으나 ii)의 기준에 의해 MEGA² I/5에 포함되지 않는다.

① Marx, ad Feuerbach〔MEGA¹ I/5, S. 531, 533～535〕： aus Marx' Notizbuch

② Engels, Wenn es sonst Dinge 〔……〕

〔Bert Andréas, *Karl Marx/Friedrich Engels: Das Ende der klassischen deutschen Philosophie… Bibliographie*, Schriften aus dem Karl-Marx-Haus Nr. 28(Trier, 1983), S. 140에는 "Notiz von Engels(vgl. unten 1*)"로 되어 있으나 지정한 곳에서 이를 확인할 수 없다〕.

③ Engels, Karl Grün： "Über Göthe vom menschlichen Standpunkte," Darmstadt, 1846〔MEGA¹ I/6, S. 47～71〕. *Deutsche-Brüsseler Zeitung*, Nr. 93～98(1847. XI. 21, 25, 28, XII. 2, 5, 8)〔일러도 1846년 10월 초〕(Konferenzpapier 2, S. 11～12).

〔Dieter Deichsel, "Deutscher Sozialismus in Versen und Prosa. 2) Karl Grün： 'Über Göthe vom menschlichen Standpunkte' Darmstadt, 1846," *Beiträge zur Marx-Engels-Forschung*, 26(1989), S. 124～145; Andréas, *Karl Marx/Friedrich Engels… Bibliographie*, S. 143, Anm. 20〕.

④ Engels, Die wahren Sozialisten〔MEGA¹ I/6, S. 73～116〕. 1847년 1월～7월.

〔MEGA¹ I/6, S. 665; Andréas, *Karl Marx/Friedrich Engels… Bibliographie*, S. 141, 143, Anm. 21〕.

⑤〔Der Status quo in Deutschland〕〔MEGA¹ I/6, S. 229～ 249〕. 1847년 3월.

〔MEGA¹ I/6, S. 230, 669; Andréas, *Karl Marx/Friedrich Engels...Bibliographie*, S. 141〕.

b) 부록Anhang: (부록을 다룬 다음의 4. 4를 보라)

MEGA² I/5를 i)의 원칙에 따라 주제 중심의 권巻이라고 한다면 「라이프치히 종교회의das Leipziger Konzil」에 포함된 모든 교부들allen Kirchenväter od. deutsche Philosophie überhaupt과 진정 사회주의자들과 관련되어 계간지에 실리기로 한 다른 필자들의 논설들도 이 MEGA² I/5에 수용되어야 한다.

한편 ii)의 원칙에 따라 초고나 단편의 형성 시기를 한정한다면 1845년 10월에 집필된 I/5-17, I/5-19는 제외되어야 한다.

4. 3. 주 텍스트의 배열과 관련된 몇 가지 문제

i) 종래의 『독일 이데올로기』와는 달리 신편집안에는 I/5-1, I/5-1a가 편입되어 있다

이 인쇄된 문건Druckfassung의 형성 시기Datierung der Entstehung는 "＊Brüssel, 20. November. Bruno Bauer stammelt in Wigand's Vierteljahrsschrift,..."라는 텍스트의 첫 구절Textanfang을 근거로 1845년 11월 20일임이 확인된다. 특히 이 글은 「II. 성 브루노」의 결론 부분("II. Sankt Bruno," Schlußteil des Abschnitt 3)과 비교해보면 MEGA² I/5, 『독일 이데올로기』와 긴밀한 연관을 갖는 주제를 다루고 있음을 확인할 수 있다. 나아가 이 글의 직접적 집필 기연unmittelbarer Anlaß이 『계간 비간트』 제3호에 게재된 「루트비히 포이어바흐의

특징Charakteristik Ludwig Feuerbach」과 연결되어 있으므로『독일 이데올로기』에 포함될 개연성은 높다.

그러나 이 글이 MEGA² I/5에 편입되는 데는 다음과 같은 문제가 설명되어야 한다.

a)『독일 이데올로기』가 집필된 계기는『계간 비간트』제3호에 게재된「루트비히 포이어바흐의 특징」과 관련되나 이의 기필을 헤스가 독일에서 그들의 저작, 혹은 계간지의 출판 가능성을 타진하고 브뤼셀로 돌아온 뒤(Heß' Rückkehr nach Brüssel, 24./25. November 1845)라고 할 때 이는 분명히 그 이전이다.

[Golowina, "Das Projekt der Vierteljahrsschrift von 1845/1846," S. 261~262; Rokitjanski, "Zur Geschichte der Beziehungen von Karl Marx und Friedrich Engels zu Moses Heß in Brüssel 1845/1846," S. 229~230, 261, Anm. 46; Inge Taubert, "Wie entstand die Deutsche Ideologie von Karl Marx und Friedrich Engels?" S. 41].

물론 페이퍼 2, S. 3~4는 Band I/4, I/5, I/6, 특히 I/4와 I/5가 1845년 11월에서 1846년 5월 말/6월 초라는 짧은 기간 중에는 중복된다고 함으로써 I/5-1을 수록될 텍스트에 포함시키고 있으나, "1845년 11월"의 문제는『독일 이데올로기』의 출판 형태에 관한 입장이 먼저 정립되어야만 해결할 수 있다. 그렇지 않을 경우, 편의적인 견강부회의 혐의가 높다.

b) 주제 중심의 권으로서 MEGA² I/5:

앞의 a)의 주장을 수용할 경우, 이 I/5-1을 I/5-11의 "3. Sankt Bruno contra die Verfasser der 'heiligen Familie'"의 결론 부분 (MEGA¹ I/5, S. 90/14~92/7; MEW, Bd. 3, S. 96~98)에 대한 변

형 텍스트[異稿]Varianter Text로 배치함이 어떨까?

ii) I/5-2: Karl Marx, Vorrede〔1846년 5월/6월로 추정〕: "서문"이기에 특별한 경우!?

ER B. II. 1에 일치하지 않는다. 어차피 집필 시기와 무관하게 내용을 근거로 한 배열이라면(I/5『독일 이데올로기』가 주제 중심) I/5-1보다 선행하여 배치해야 하지 않을까?

iii) I/5-3〔「I. 포이어바흐」장의 큰 묶음〕: 내용보다는 연대기적 배열 원칙이 적용된 대표적 경우. 이는 원칙상으로 I/5-2의 배치와 바로 충돌한다.

이러한 원칙에서 볼 때 I/5-2의 문제는 다시금 논란의 여지가 있다.

iv) I/5-4: Friedrich Engels, Karl Marx: Feuerbach 〔MEGA¹ I/5, S. 538~540〕

초고의 집필 시기와 형태에 대한 묘사

a) 페이퍼 1:

집필 시기: 1846년 2월 1일~1846년 6월 30일

형태: 2페이지의 원고.

b) MEGA¹ I/5(1932):

집필 시기: "1846년 10월경 파리에서 집필"〔MEGA¹ I/5, S. 530〕

형태: "이 메모(혹은 각서Notizen)는 엥겔스에 의해 *장방형의 편지지/langen Streifens Papier*(4절 블라트의 한 장eine Spalte eines Quartblattes) 양면에 씌어져 있다. 여러 가지 형태를 살펴보건대, 이는 엥겔스가

브뤼셀 통신위원회의 마르크스에게 보낸 편지에 동봉하여 보낸 듯하다(……이의 정확한 연대는 확정하기 어렵다)"[MEGA¹ I/5, S. 639].

c) Taubert, "Aus der Arbeit an der Vorbereitung des MEGA² I/5"(1989):

집필 시기 1): "이를 경우 1845년 10월 말에 기초되었으나, 집필은 아마 1845년 12월, 또는 1846년 1월 이전으로 보이지는 않는다[형성 시기에 관한 논거는 다른 곳에서an anderer Stelle 언급될 것이다]"!

[Taubert, "Zur Entstehungsgeschichte des Manuskripts 'Feuerbach' und dessen Einordnung in den Band I/5 der MEGA²," S. 107, 109].

—어디에서?

집필 시기 2): "……, 이 초고는 당초 초안의 윤곽을 잡기 위해 씌어졌다[……여러 가지 정황으로 보아 1846년 4월 중순으로 보인다. 이의 논거는 다른 곳에서 언급될 것이다]"!

[Taubert, *op. cit.*, S. 109, Anm. 31].

—어디에서?

형태: "이 「포이어바흐」 초고는 암스테르담의 국제사회사연구소 IISG에 마르크스–엥겔스 유고 번호 H 1(구번호)/H 2(신번호)로 보관되어 있다. 그것은 폴리오보겐에서 찢어낸 종이에 씌어졌다. 종이의 치수나 질Format und Papiersorte로 보아 그것은 『독일 이데올로기』의 일부에서 사용한 폴리오보겐과 동일한 것으로 보인다. 무엇보다도 보겐으로 이용한 종이의 길이(317밀리미터)나 폭(99밀리미터), 그리고 종이의 모양이 브루노 바우어의 「루트비히 포이어바흐의 특

징Charakteristik Ludwig Feuerbach」이란 글과 논쟁을 전개한 폴리오보겐 6에서 11에 이르는 초안에 이용된 것과 일치한다.”

〔Taubert, *op. cit.*, S. 101, 108〕.

—이렇다 할 논거가 제시되지 않은 채 형성 시기가 자의적으로, 또 서로 다르게 규정되고 있다.

특히 b)〔MEGA¹ I/5〕와 c)〔타우베르트에 의해〕문자로 서술된 부분은 이들 초고가 서로 같은 것이라고는 결코 쉽사리 이해되지 않는다. 단지 이들의 서술상의 차이는 이 초고 단편의 팍시밀리를 검토함으로써 그 동일성이 금방 이해될 수 있다.

— “langen Streifens Papier”와 “eine gerissene Spalte eines Blattes von einem Foliobogen”을 어떻게 동일한 용지의 묘사라고 보겠는가? 따라서 새로이 출판될 MEGA² I/5에는 더 많은 팍시밀리의 제시가 필요하다.

앞의 여러 가지 차이에도 불구하고 초고의 형성 시기나 형태는 다음의 2가지 점이 부각되어야 한다.

1) 『독일 이데올로기』의 초고: 세로쓰기quer-beschrieben의 2란zwei Spalte 형태!

2) 텍스트의 보완은 1846년 10월 이후에 나타난다!

〔Taubert, Konferenzpapier 2, S. 3〕.

v) I/5-5; I/5-6을 2개의 이고Variante로 규정하고, I/5-6과 I/5-7({1}-ab)을 하나의 텍스트Textzeuge로 간주

유존하는 이들 2개의 이고異稿의 배열 순서에 대해 마르크스와 엥겔스는 아무런 명백한 지시도 하지 않고 있다. 따라서 I/5-5(={2}-abcd)를 I/5-6(=〔1?〕-abcd-〔2?〕-a)에 선행시킨 데는 설명이 필요

<표 6-1> 「I. 포이어바흐」 장 작은 묶음의 배열 순서

I) Engels et al.*	ⓐ〔1?〕ab → ⓑ〔1?〕cd~〔2?〕a → ⓒ{1}ab → ⓓ{2}abcd → ⓔ〔3〕abcd~{4}ab → ⓕ〔5〕abcd
II) Bernstein**	41 42 →　　　43 44-번호 없음 →　　　1 2 → 3 4 5 6 → 7 8 9 10-11 12***) → 45 46 47 48
III) IISG(A7)	7 8 →　　　9 10- 11 →　　　1 2 → 3 4 5 6 → 12 13 14 15-16 17　→ 18 19 20 21

* D. Rjazanov, "Aus dem literarischen Nachlaß von Marx und Engels: Marx und Engels über Feuerbach," *Marx-Engels Archiv*, Bd. 1〔1926〕, S. 217~218; MEGA[1], Bd., I/5, S. 551.

** "「포이어바흐」의 초고 오리지널에는 『독일 이데올로기』의 다른 초고들과는 달리 베른슈타인에 의한 텍스트의 수정·삭제·보완이 없다. 그러나 86페이지의 초고는 베른슈타인에 의해 보라색 연필로 페이지가 매겨져 있다. 그리고 잉크로 씌어진 3개의 페이지 숫자Paginierungszahlen는 베른슈타인에 의한 것으로 추정된다. 그 외에도 연필로 된 몇 개의 표지가 있으나 이들은 포토코피가 만들어지던 20년대 초에는 없었던 것이다." MEGA[2] *Probeband*, S. 407.

*** S. 13~40은 결번缺番이다. 베른슈타인은 "I. Feuerbach"라는 방대한 원고를 정리하는 과정에서 S. 1~116에 이르는 일련번호를 부여했는데, 거기에는 엥겔스가 1841~42년간에 발췌한 다른 원고("Studien zur Kritik der Evangelien")가 포함되어 있음을 확인했다고 리야자노프는 보고하고 있다. 따라서 후자에 매겨진 베른슈타인의 연번호가 S. 15~40(26페이지분)이므로 실제의 결여 페이지 수는 S. 13, 14와 보겐〔9〕와 〔10〕 사이에 1보겐에 해당하는 S. 65~68의 4페이지를 포함하여 모두 6페이지이다(한편 1841~42년간의 엥겔스의 발췌 초고는 용지를 세로쓰기quer beschrieben로 운용했으나 2란이 아닌 전단으로 집필되었기에 2란 구성의 『독일 이데올로기』 원고와는 확연히 구별된다. 따라서 이를 「I. 포이어바흐」 장에 포함시켜 일련번호를 매긴 베른슈타인의 의도는 쉽사리 납득되지 않는다). 橋本直樹, 「『ドイツ·イデオロギ』「I. フォイエルバッハ"の手稿の編成に關して」」, 『マルクス·エンゲルス·マルクス主義研究』, 27(1996. 6), p. 78 주 15) 및 pp. 79~80의 참고표; Rjazanov, 앞의 글, S. 209; MEGA[2] IV/1, S, 873~76 및 S. 389 Faksimile.

하다. 즉 I/5-6은 프롤로그(Prolog: 〔1?〕-ab)와 "1. Die Ideologie überhaupt, speciell die deutsche Philosophie" (〔1?〕-cd-〔2?〕-a)의 2개 부분으로 나누어지고, 앞부분(=〔1?〕-ab)이 I/5-7(={1}-ab)에 청서된 후 삭제되어 있으므로, I/5-6과 I/5-7을 "하나"의 텍스트로 간주하여 연속적으로 배치한다. 따라서 I/5-5가 I/5-6에 선행한다고 주장〔Konferenzpapier 2, S. 7~8〕.

* 이러한 설명만으로는 배열 순서의 확정이 미흡하므로 게재 순서를 결정할 때는 베른슈타인, 국제사회사연구소IISG 등의 정리 번호 Anordnungsnummer를 고려하는 것이 필요하지 않을까?

* I/5-5, I/5-6, I/5-7은 형성 시기가 모두 "1846년 2월과 6월 사이"로 추정되고 있을 뿐, I/5-5(= {2}abcd)가 I/5-7(= {1}ab)이나 그 피사고被寫稿인 I/5-6(= [1?]abcd-[2?]a)에 선행한다는 아무런 논거가 없다. 그리고 〈표 6-1〉에서 보이는 바와 같이 I/5-5(= {2}abcd)는 어떤 경우에도 I/5-7(= {1}ab)을 선행하지 않고 있다는 사실은 I/5-5가 I/5-6과 I/5-7에 후속된다는 주장에 힘을 실어주는 것으로 보인다.

이렇게 볼 때 I/5-5(= {2}abcd)가 I/5-6(= [1?]abcd ~ [2?]a)을 선행한다는 페이퍼 1의 주장은 I/5-3(Urtext, große Konvolute)을 집필 연대순이라는 이유로 작은 묶음의 초고 단편(I/5-5에서 I/5-9까지) 앞에 배치하는 원칙과도 바로 충돌한다.

vi) I/5-15: Engels, Karl Beck: "Lieder vom armen Mann," oder …

ii)항의 원칙(『독일 이데올로기』의 집필 시기를 1845년 11월~1846년 5월 말/6월 초로 한정)이 전체적으로 수록할 텍스트의 편입 문제에서 철저히 지켜지지 않는다면 Engels: "Karl Grün: 'Über Göthe vom menschlichen Standpunkte.' Darmstadt, 1846" [MEGA¹ I/6, S. 47~71]도 포함시켜야 한다는 주장이 제기되지 않을까?

4. 4. 부록과 관련된 문제

i) 부록에 수록될 텍스트의 문제

I/5-18, I/5-21은 일반적으로 편집된 텍스트edierte Texte로서 예상 가능하다. 그러나 I/5-17, I/5-19, I/5-20과 변형된 텍스트 I/5-17a, I/5-19a의 처리는 간단치 않다.

MEGA² I/5를 주제 중심의 권이라면서 헤스의 논설만이 부록에 수용되는 것은 그가 예정된 계간지 편집인의 한 사람이기 때문인가?

—만약 I/5-17, I/5-19, I/5-20, I/5-17a, I/5-19a가 텍스트로 수용된다면 다음에 열거한 필자들의 논설도 고려되지 않으면 안 된다. 왜냐하면 다음의 글들은 1845년 11월에서 1846년 6월 사이에 마르크스 등에게 보내졌기 때문이다(『독일 이데올로기』의 계간지설과 연결될 경우 더욱 심각하다).

〔정문길, 『마르크스의 사상 형성과 초기 저작―「독일 이데올로기」와 「마르크스-엥겔스 전집」 연구』(문학과지성사, 1994), pp. 141~148(이 책, pp. 104~113)〕.

a) Georg Weerth, M. S. Preiss

〔Georg Weerth an Karl Marx, 18. Dezember 1845, MEGA² III/1, S. 493, 853. 한편 1846년 6월 5일 혹은 6일경으로 보이는 마르크스에게 보낸 베르트의 편지에도 "초고"에 관한 언급이 있으나 그것이 이 원고와 동일한 것인지는 확인되지 않는다. Vgl. Bert Andréas/Wolfgang Mönke, "Neue Daten zur 'Deutschen Ideologie': Mit einem unbekannten Brief von Karl Marx und anderen Dokumenten," *Archiv für Sozialgeschichte*, Bd. VIII(1968), S. 75〕.

b) Karl Ludwig Bernays, Über Verbrechen und Kriminaljustiz

〔Bernays an Marx, 〔Engels und Heß〕, 21. Januar 1846; 23. Februar 1846; 2. März 1846; 7. März, 1846; 26. März, 1846, MEGA² III/1, S. 498, 504, 509, 512, 520. Vgl. Andréas/Mönke, 앞의 글, S. 28~29, 56~59. 베르나이스의 이 글은 1844년 말/1845년 초 다름슈타트의 레스케 출판사Leske in Darmstadt에서 출판되었으나 앞부분의 인쇄가 불량하여 재출판을 고려하던 중 마르크스가 계간지에 참여할 것을 요구해 원고가 브뤼셀로 송부되었다. 이 같은 저간의 사정과 이 원고의 내용에 관해서는 Andréas/Mönke, 앞의 글, S. 29, Anm. 62와 Bernays an Marx, 10. März 1845, MEGA² III/1, S. 456~457을 보라〕.

c) Roland Daniels, Rezension über Karl Grün, Über Goethe
…

Roland Daniels, Rezension über V. Hansens Werk

〔G. Bagaturija, "Roland Daniels," *Marx und Engels und die ersten proletarischen Revolutionäre*(Berlin, 1965), S. 209~260. G. Golowina, "Das Projekt der Vierteljahrsschrift von 1845/46," S. 264에 의함〕.

d) Wilhelm Weitling, *Gerechtigkeit: Ein Studium im 500 Tage*

〔Weitling an Marx, 24. Mai 1846, MEGA² III/2, S. 210. Ernst Barnikol, Hrsg., *Christentum und Sozialismus. Quellen und Darstellungen, I. Weitling der Gefangene und seine "Gerechtigkeit"* (Walter G. Mühlau Verlag, Kiel 1929), S. 266~267. MEGA² III/2, S. 802(Erläuterungen); Vgl. Wilhelm Weitling an Hermann Kriege, 16. Mai 1846, MEGA² III/2, S. 871~872 및 Rokitjanski,

"Zur Geschichte der Beziehung von Karl Marx und Friedrich Engels zu Moses Heß in Brüssel 1845/1846," S. 263, Anm. 91 도 참조).

부록의 텍스트 가운데 I/5-17, I/5-19는 ii)의 기준(시간적으로 1845년 11월~1846년 5월 말/6월 초)에 의해 MEGA² I/5에의 포용 범위를 벗어난 것이다.

4.5. 인쇄 형식 문제

＊마르크스와 엥겔스의 이론적 성장 과정을 보여주기 위해 초고 오리지널에 나타나는 수정·삭제·보완 등의 첨삭 과정을 있는 그대로 재현하는 문제가 심각히 고려되어야 한다.

〔정문길, 『마르크스의 사상 형성과 초기 저작』, pp. 246~248(이 책, pp. 222~224) ; 정문길, 「『독일 이데올로기』 연구에 있어서 텍스트 편찬의 문제」, 『문학과사회』 33호(1996년 봄), p. 447(이 책, p. 347)〕.

a) 2란 혹은 2페이지 형식의 배려.

b) 단어의 변경, 문장의 수정·보완, 방주 및 편집상의 지시의 원형으로의 재현 문제.

c) 삭제, 말소된 부분을 지문Grundtext에서 재현하는 방법의 배려.

d) 마르크스와 엥겔스의 필적을 서로 다른 활자체로 표기하는 방법의 고려.

—이 경우 기존의 편집 지침Editionsrichtlinien을 좀더 융통성 있게 변용시켜야 한다.

5. 트리어 회의에서 논의된 중요 쟁점들

모두 10명이 참가한 이번 회의는 10월 24일, 그랑종과 펠거의 사회로 칼-마르크스-하우스 연구 센터 1층 회의실에서 열렸다.[17] 회의는 먼저 독일-프랑스 메가 작업 그룹이 제시한 MEGA² I/5『독일 이데올로기』의 구성안(페이퍼 1)과 타우베르트의 두 편의 논문을 중

17) 이 회의에는 바가투리야Georgij Bagaturija, Moskau(1965년에『독일 이데올로기』, 「I. 포이어바흐」장의 신편집판을 상재했으며, 1971년『독일 이데올로기』연구로 박사 학위를 받았다. IMES의 편집위원회 위원), 정문길Moon-Gil Chung, Seoul, 에스바흐Wolfgang Eßbach, Freiburg(『헤겔파―인텔리 그룹의 사회학Die Hegelianer』 (1988)의 저자로 청년헤겔파와 슈티르너에 대한 연구가 있다), 자크 그랑종Jacques Grandjonc, Aix-en-Provence〔신MEGA I/5의 편집 책임자. 마르크스를 포함한 초기 사회주의(자) 연구의 권위자〕, 클렌너Hermann Klenner, Berlin(헤겔의 법철학 연구자로 IMES의 학술 자문 위원), 펠거Hans Pelger, Trier(칼-마르크스-하우스 연구 센터 소장으로 신MEGA I/5의 편집 책임자. 초기 사회주의 연구의 권위자), 페펠레 부부Heinz und Ingrid Pepperle, Berlin〔청년헤겔파 연구자로 그들의 앤솔러지 『헤겔 좌파Die Hegelsche Linke』(1985)는 이 분야의 필수적 텍스트다〕, 로얀Jürgen Rojahn, Amsterdam(유럽 노동운동사 연구자이나 그의『경제학-철학 초고』에 대한 최초의 문헌 연구는 이 분야의 획기적 업적이다. IMES의 사무국장이다), 시부야 타다시澁谷正, Tadashi Shibuya, Kagoshima(일본의 초기 마르크스 연구자로『독일 이데올로기』, 「I. 포이어바흐」장의 연구판 번역자)의 10명이 참석했다. 한편 이 회의에 2개의 페이퍼를 내놓은 타우베르트Inge Taubert, Wandlitz는 감기로 회의에 참석치 못했다. 저자는 그녀를 회의 전날 펠거의 집무실에서 만난 바 있다.

이 회의에는 당초 이상의 11명(타우베르트 포함) 이외에도 7명이 더 초청되었으나 골로비나Galina Golovina, Moskau(신MEGA III/1, III/2『초기 서간집』의 편집자로 『독일 이데올로기』계간지설을 주장), 잔트퀼러Hans Jürg Sandkühler, Bremen(마르크스주의자로서 독일 관념론 철학 연구의 권위자), 자스Hans-Martin Sass, Bochum (청년헤겔파 연구의 권위자), 위장하Wei Jianhua, Beijing(중국 측의 IMES 편집 위원회 위원)는 당초에 불참을 통고해왔고, 다익셀Dieter Deichsel(구IML/B에서의 신 MEGA I/5의 편찬에 참여), 헬름즈Hans G. Helms, Köln〔슈티르너 연구자로『익명 적匿名的 사회의 이데올로기Die Ideologie der anonymen Gesellschaft』(1966)의 저자〕, 슈펜하우어Werner Schuffenhauer, Berlin(포이어바흐 연구자로 1967년 이래 발간되고 있는『포이어바흐 전집』의 편자)는 회의 직전에 개별적 사정으로 불참을 통고해왔다.

심으로 개략적인 논의를 전개하다가 좀더 구체적으로 논의해달라는
사회자의 요구에 따라 페이퍼 1에 대한 집중적인 토론에 들어갔다.
그러나 페이퍼 1에 대한 논의는 곧장 『독일 이데올로기』라는 "주제"
를 중심으로 한 MEGA² I/5의 치명적인 아킬레스건腱을 건드리지 않
을 수 없었다.

　『독일 이데올로기』의 편집 문제에 당면하여 모든 연구자들이 직면
하는 가장 큰 어려움은 『독일 이데올로기』는 과연 하나의 "체계적
인" 저술인가? 그렇다면 거기에 포함되는 텍스트는 무엇인가라는
것이다. 따라서 논의는 곧장 페이퍼 1에 제시된 구체적인 텍스트들
이 과연 MEGA² I/5에 포함될 수 있느냐 아니냐라는 문제로 전개되
었다. 이에 저자는 앞 절의 4. 2항에서 지적한 바와 같이 페이퍼 1의
『독일 이데올로기』상이 1) 계간지→ 2) 2권의 저서→ 3) 별도의 개
별적 출판 중 어느 단계에 속하느냐는 문제를 제기하면서, 『독일 이
데올로기』의 구체적 텍스트 구성은 이 같은 입장의 정리가 선행되지
않으면 안 된다는 의견을 제시했다. 그런가 하면 에스바흐Wolfgang
Eßbach는 MEGA² I/5를 독립된 주제 중심의 권ein isoliertes thematisches
Band으로 파악한다면 이는 철학자들(독일의 관념론자들)을 다룬 제1
부와 진정 사회주의자를 다룬 제2부의 접점Anhaltspunkt을 바로 포이
어바흐에서 찾아야 한다고 주장하면서 1846년 7월의 『독일 이데올
로기』상을 제시했다. 그리고 잉그리트 페펠레 역시 이에 긍정적인
의견을 제시했다. [18] 여기에서 토의는 『독일 이데올로기』의 형성 단

---

18) 『독일 이데올로기』에서 포이어바흐의 중요성은 「I. 포이어바흐」 장(페이퍼 1의 I/5-3
　　에서 I/5-9에 이르는 원고들)이 사상적으로 보아 『독일 이데올로기』의 핵심부를 형성
　　한다는 사실에만 그치는 것이 아니다. 마르크스와 엥겔스에 있어서 포이어바흐는 당대
　　의 가장 중요한 〔관념론적〕 철학자였으며, 그의 인간주의는 프루동을 통해 프랑스식으
　　로 해석되고 있었다. 따라서 포이어바흐의 사상은 개혁적 사회주의, 또는 진정 사회주

계를 검토하면서 결국 "1846년 7월"을 기점基點으로 한 "2부 구성의 『독일 이데올로기』라는 대전제에 합의하기에 이르렀다.[19]

그런데 이러한 논의 과정에서 가장 두드러진 주장은 바가투리야 교수에 의한 『독일 이데올로기』 계간지설의 강력한 부정이다. 『독일 이데올로기』의 계간지설은 1980년 골로비나에 의해 제시된 후, 1986년 로키챤스키에 의해 긍정적으로 받아들여지고, 이어서 이러한 견해를 타우베르트가 수용함으로써 광범한 호응을 얻은 것이 사실이다.[20] 그러나 바가투리야 교수는 골로비나의 이 같은 주장이 애초부터 어불성설이라면서 『독일 이데올로기』는 그것의 최초 형성 단

의의 이름으로 마르크스와 엥겔스가 그들의 세력 기반으로 생각한 독일의 망명객들에게 광범위하게 유포되면서 그들의 지지 기반을 잠식하고 있었다. 따라서 마르크스와 엥겔스의 포이어바흐에 대한 적극적 관심은 『독일 이데올로기』에서의 「I. 포이어바흐」와 진정 사회주의를 다룬 제2부만이 아니라 그 이전인 1845년 여름의 마르크스의 포이어바흐에 관한 노트(MEGA¹ I/5, S. 531, 533~535), 그리고 그 이후인 1846년 10월의 엥겔스의 포이어바흐 단편(MEGA¹ I/5, S. 538~540)에도 지속적으로 나타나고 있다. 정문길, 앞의 책, pp. 306~311도 보라.

19) 1846년 7월은 마르크스와 엥겔스의 『독일 이데올로기』 출간 계획이 객관적으로 불가능한 것으로 판단되기 이전으로, 이 시기에 이들 두 사람이 구상한 『독일 이데올로기』를 재현해야 한다는 주장은 이미 구MEGA I/5에서도 강조된 바 있다. MEGA¹ I/5, S. XVII.

20) Galina Golowina, "Das Projekt der Vierteljahrsschrift von 1845/1846: Zu den ursprünglichen Publikationsplänen der 'Deutschen Ideologie,'" *Marx-Engels-Jahrbuch*, 3(1980), S. 260~274; Jakow Rokitjanski, "Zur Geschichte der Beziehungen von Karl Marx und Friedrich Engels zu Moses Heß in Brüssel 1845/1846," *Marx-Engels-Jahrbuch*, 9(1986), S. 223~267. Inge Taubert, "Wie entstand die Deutsche Ideologie von Karl Marx und Friedrich Engels?" *Studien zu Marx' erstem Paris-Aufenthalt und zur Entstehung der Deutschen Ideologie*(Trier: Karl-Marx-Haus, 1990), S. 9~87; 정문길, 「『독일 이데올로기』는 계간지용 원고로 집필되었나?—『독일 이데올로기』 성립사에 대한 최근의 논의를 중심으로」(『문학과사회』 22호, 1993년 여름). 정문길, 같은 책, pp. 127~184〔이 책, 제2장〕.

저자는 1995년 11월, 도쿄에서 열린 "엥겔스 사후死後 100년" 국제회의에서 골로비나를 만나 저자의 논문, 「『독일 이데올로기』는 계간지용 원고로 집필되었나?」(정문길, 앞의 책, pp. 127~184〔이 책, 제2장〕)를 전하면서 장시간에 걸쳐 이 문제를 논의했으나 그녀는 자신의 주장을 결코 굽히지 않았다.

계에서부터 이미 하나의 체계적인 저술이었다는 점을 역설했다.

여기에서 바가투리야 교수는 『독일 이데올로기』가 이미 1845년 초에 구상되었으며, 이러한 맥락에서 "포이어바흐에 관한 11개의 테제"가 갖는 의미를 강조하고 있다. 나아가 그는 적어도 『독일 이데올로기』가 내용상으로 볼 때 체계적이기에 페이퍼 1이 제시한 시간적 한정을 넘어서서 초고의 정확한 재현이 필요하다고 주장했던 것이다. 다시 말하면 그는 마르크스와 엥겔스의 『독일 이데올로기』상이 1846년 여름 이래 1847년 여름에 이르기까지 결코 붕괴된 적이 없다는 것이었다. 따라서 『독일 이데올로기』를 구성하는 그의 텍스트 목록은 시간적으로 1845년 11월에서 1847년 4월에 이르고 있다.[21]

그러나 회의는 바가투리야의 이 같은 주장에 의해 다시 원점으로 돌아가는 듯했다. 다시 말하면 주제를 중심으로 한 『독일 이데올로기』의 텍스트 구성은 ─ 특히 진정 사회주의자들(크리게Hermann Kriege와 베크Karl Beck 등)에 대한 1846~1847년의 마르크스와 엥겔스의 논쟁을 감안한다면 ─ 1846년 7월의 시점을 훨씬 능가하여 한없이 확대될 가능성이 큰 것이다.[22] 그리고 이러한 원칙의 확대 해석은 『독일 이데올로기』의 주 텍스트는 물론이요 부록에까지도 영향을 미치게 된다. 따라서 이번 회의가 1846년 7월을 기점으로 『독일 이데올로기』에 포함될 제반 초고와 논설들에 대한 사체 해부Autopsie라는 사회자의 강조에도 불구하고, 특정 초고나 논설의 포함 여부는 확정되지 않은 채 여전히 문제로 남게 되었다.

한편 『독일 이데올로기』의 편집과 관련하여 지속적으로 논쟁이 야기되고 있는 또 다른 문제는 「I. 포이어바흐」장을 구성하고 있는 초고와 단편들의 배열 순서이다. 바가투리야는 이미 1965년의 자신의

21) 바가투리야 교수가 회의 제3일에 참석자들에게 나누어준 자신의 학위 논문 「마르크스
주의 역사에 있어서의 『독일 이데올로기』의 위치*Mesto "Nemeckoj ideologii" Marksa
i Engel'sa v istorii marksizma*(Filosovskoe obosnovanie naucnogo kommunizma)
〔621-teorija naucnogo kommunizma Moskva, 1971〕」, pp. 227~229의 카피에
보이는 2개의 표에 의하면 모두 16개의 텍스트가 열거되어 있다.

	출판*	집필 기간(최대한)	추정 집필 시기
① "I. Feuerbach," I. Teil	MEF, 32~58　〔MEF, II, 22~49〕	XI 1845-IV 1846	XI-XII 1845
② "II. Sankt Bruno"	MES, 3, 82~102 〔MEW, 3, 81~100〕	XI 1845-IV 1846	XII 1845
③ "Das Leipzig Konzil /Einführung"	MES, 3, 79~81　〔MEW, 3, 78~80〕	XI 1845-IV 1846	XII 1845
④ "III. Sankt Max," Anfang	MES, 3, 102~163 〔MEW, 3, 101~159〕	XI 1845 IV 1846	XII 1845-I 1846
⑤ "I. Feuerbach," II. Teil	MEF, 59~63　〔MEF, III, 50~55〕	XI 1845-IV 1846	I 1846
⑥ "III. Sankt Max," Mitte	MES, 3, 163~350 〔MEW, 3, 159~338〕	XI 1845-IV 1846	I-III 1846
⑦ "I. Feuerbach," III. Teil	MEF, 64~101　〔MEF, IV, 56~96〕	XI 1845-IV 1846	III 1846
⑧ "III. Sankt Max," Ende	MEF, 350~452　〔MEW, 3, 338~436〕	XI 1845-IV 1846	III-IV 1846
⑨ "Schluß des Leipziger Konzil"	MES, 3, 453~454 〔MEW, 3, 437〕	XI 1845-IV 1846	IV 1846
⑩ "V. Dr. Georg Kuhlmann…"	MES, 3, 535~544 〔MEW, 3, 521~530〕	XI 1845-VI 1846	XII 1845-III 1846**
⑪ "IV. Karl Grün…"	MES, 3, 489~534 〔MEW, 3, 473~520〕	I-VI 1846	IV-V 1846
⑫ "Der wahre Sozialismus"	MES, 3, 457~459 〔MEW, 3, 441~443〕	I-VI 1846	V 1846
⑬ "I. Rheinisch Jahrbücher"	MES, 3, 460~483 〔MEW, 3, 445~472〕	I-VI 1846	V 1846
⑭ "I. Feuerbach," IV. Teil	MEF, 18~31　〔MEF, I, 9~21〕	XI 1845-IV 1846	Anfang VI-Mitte VII 1846
⑮ "Vorrede"	MEF, 15~17　〔MEW, 3, 13~14〕	XI 1845-VIII 1846	zwischen 28. VII- 15. VIII 1846
⑯ "Die wahre Sozialisten"***	MES, 3, 545~586 〔MEGA¹ I/6, 73~116〕		I-IV 1847
"Dottore Graziano		XI 1845-IV 1846	XII 1845-III 1846

* 출판 전거의 페이지는 러시아어판 Marks/Engel's, *Fejerbach*(MEF), hrsg. von G.
Bagaturija(1966) : Marks/Engel's, *Sočinenija*, 3(MES, 3)으로 추정된다. 따라서
독자의 편의를 위해 전자는 Marx/Engels, *Feuerbach. Gegensatz von materiali-
stischer und idealistischer Anschauung*(Berlin: Dietz Verlag, 1972) 〔MEF〕에서,
그리고 후자는 Marx/Engels, Werke(MEW), Bd. 3의 페이지를 〔 〕 안에 병기했다
(후자의 페이지 대비는 バガトゥーリヤ(坂間眞人譯), 「『ドイツ・イデオロギ-』第一
篇の再構成」, 『情況』 1974年 1月號, p. 95를 참고함).
** p. 229에는 "IV 1846(?)"으로 되어 있으나 pp. 227~228의 표에는 앞과 같이 나와
있다.
*** MEGA¹ I/6 S. 73~116에 게재된 이 초고는 일반적으로 『독일 이데올로기』에 포함되
지 않으나 바가투리야는 이를 그의 도표 가운데 포함시키고 있다.

그의 학위 논문은 지금까지 공개되지 않아 타우베르트가 제출한 페이퍼 2에서도 논문

신편집안과 그것에 근거한 신판을 출판한 바 있고, 또 타우베르트 역시 바가투리야의 주장을 수용한 독일어 원문을 1966년에 편집, 출판한 바 있다. 그러나 타우베르트는 1972년의 신MEGA 시쇄판에서 「I. 포이어바흐」장의 작은 묶음kleine Konvolute 단편들의 순서를 연대순이란 명분으로 변경하더니 이번의 페이퍼 1에서는 다시 큰 묶음große od. alte Konvolute의 기저고Urtext를 작은 묶음의 앞에 배열하는 변경을 가하고 있다.[23] 그러나 참석자들은 『독일 이데올로기』의 전체 서문Vorrede을 1846년 7~8월에 씌어졌음에도 불구하고 그 이전에 씌어진 다른 텍스트보다 앞자리에 위치 짓는 것처럼, 큰 묶음의 집필 시기가 작은 묶음에 선행한다 하더라도 작은 묶음의 단편들을 큰 묶음의 앞부분에 배치해야 한다는 데 의견의 일치를 보게 되었다. 한편 작은 묶음의 초고 단편의 배열 순서에 대해서는 저자가 이 장 4.3에서 제시한 〈표 6-1〉을 중심으로 논의가 이루어지고, 이에 대해 바가투리야 교수도 긍정적인 반응을 보였다.[24]

의 첫머리에 이를 참고하지 못한 아쉬움을 피력하고 있다. 그는 이번 회의에 참석하면서 이 학위 논문을 칼-마르크스-하우스에 기증했다. 저자는 이 논문의 요약을 다음의 일본어본으로 읽은 바 있다. Г. А. バガトウーリヤ, 「マルクス主義の歷史における『ドイツ・イデオロギ』の位置」, 『情況』, 1973年 1月, pp. 61~78.

22) 여기에는 바가투리야가 열거한 "Die wahren Sozialisten"(MEGA¹ I/6, S. 73~116) 만이 아니라 MEGA¹ I/6에 게재된 Marx/Engels, "Der Volkstribun, redigiert von Hermann Kriege"(S. 3~21), Engels, "Deutscher Sozialismus in Versen und Prosa" 라는 2개의 글(S. 33~71) 등이 당연히 포함된다.

23) 타우베르트는 신MEGA 시쇄판에서 연대순이란 명분으로 「I. 포이어바흐」장의 작은 묶음을 {2}-{1}-〔1?〕cd〔2?〕a-〔3〕{4}-〔5〕의 순서로 큰 묶음의 앞부분에 배치하더니 (〔1?〕ab는 이고명세로 아파라트에 게재), 이번 회의의 페이퍼 1에서는 똑같은 명분으로 "Gegen Bruno Bauer"(I/5-1), "Vorrede"(I/5-2) 다음에 큰 묶음(I/5-3)을 배치하고, 이어서 작은 묶음을 {2}-〔1?〕〔2?〕-{1}-〔3〕{4}-〔5〕의 순서로 배열하고 있다. 정문길, 1994b, 「『독일 이데올로기』, 「I. 포이어바흐」장의 재구성—리야자노프 이래의 각종 텍스트에 대한 비교 검토」(『세계의 문학』59호, 1991년 봄; 60호, 1991년 여름). 정문길, 앞의 책, pp. 185~248〔이 책, 제3장〕. 특히 p. 218 이하〔이 책, pp. 190~195〕를 참고하라.

마지막으로 저자는 MEGA² I/5의 편집 체제 문제와 관련하여 일본 학계에서 광범위하게 논의되고 있는 요구들을 히로마츠 판廣松版의 체제와 편집상의 특징을 예로 들어 설명했다. 그러나 회의의 참석자들은 일본의 과민반응에 오히려 놀라면서 문제 자체의 중요성에 대해서는 지극히 부정적인 반응을 보였다. 다시 말하면 그들은 텍스트나 아파라트의 재현Darbietung을 위한 편찬 지침의 신축적인 변용의 필요성에 대해 이렇다 할 관심을 표명치 않았다.[25]

한편 마지막 날의 회의에서 참석자들은 모두가 신MEGA가 갖는 연구를 위한 학술적 전집Studienband od. wissenschaftliches Band으로서의 의의를 새삼 인정하면서 이의 편집을 더욱 세련시킬 것을 근년에 독일에서 발간된 다른 전집이나 저작의 편찬 예를 들어 역설했다. 물론 그들은 일반 독자들을 위한 대중판Leseband od. benutzerfreundes Band의 중요성을 과소평가하지는 않으나 최근의 학술 논문에서 MEGA의 인용 빈도 수가 높아지고 있음을 지적하면서 IMES의 MEGA 속간 사업을 격려하기도 했다.

1990년, 이렇다 할 독자적 재원도 없이 구동독과 소련 정부의 재정적 지원을 받아 수행되던 방대한 MEGA 사업을 위양받은 국제 마

---

24) 이와 관련하여 일본에서 광범위한 호응을 얻고 있는 히로마츠의 편집안, 특히 작은 묶음의 초고 단편의 배치나 S. 1~2의 부록으로의 배치는 현지에서의 히로마츠 판廣松版의 열람에도 불구하고 이렇다 할 반향을 일으키지 못했다는 점이 지적되어야겠다. 정문길, 「1960년대와 70년대 일본 학계의 『독일 이데올로기』 논쟁」, 앞의 책, 특히 pp. 262~263〔이 책, pp. 240~241〕 참조.

25) 최근에 발표된 바 있는 신MEGA의 수정된 출판 계획은 신MEGA의 시쇄판에 게재된 『독일 이데올로기』, 「I. 포이어바흐」 장의 이문명세異文明細, Variantenverzeichnis가 본문의 텍스트에 필적한다는 점을 지적하고, 앞으로 발행될 신판에서는 오히려 이를 대폭적으로 축소해야 한다고 지적하고 있다. Grandjonc/Rojahn, 앞의 글, S. 68.

르크스-엥겔스 재단IMES은 그동안 재정과 연구 인력의 확보를 위해 다각적인 노력을 해왔다. IMES는 우선 특정 국가나 국제적인 연구 재단의 지원(주로 독일과 네덜란드)을 확보하거나 관심 있는 독지가나 학자들이 참여하는 국제적인 모금 운동을 전개함으로써 기왕의 MEGA 작업 그룹의 활동을 유지시키면서, 내적으로는 과거의 방만한 출판 계획을 수정, 축소시키는 작업도 병행해왔다. 1993년의 IMES 자체의 새로운 『편찬 지침』의 발표나 1995년 9월에 확정된 수정된 MEGA 출판 계획 등이 후자의 경우이다.[26] 그리고 우선 구동독과 소련의 숙련된 MEGA 작업팀의 인력을 확보하여 MEGA의 편찬 작업에 계속 참여케 하는 것이 전자의 경우이다. 그리하여 비교적 완만한 속도이긴 하나 1991년 이후 IMES의 이름으로 발간한 MEGA가 4권에 이르게 되었다(1995년 현재).[27] 그리고 IMES와 독일의 베를린-브란덴부르크 과학아카데미Berlin/Brandenburgische Akademie der Wissenschaft: BBAW의 재정적 지원 아래 아직도 상당수의 MEGA가 발간될 예정으로 있다. 한편 1990년의 IMES의 창립 이후에 MEGA 작업에 참여한 비동구권의 학자들이 칼-마르크스-하우스와 암스테르담의 국제사회사연구소IISG의 지원으로 수권의 MEGA 편찬 작업을 진행하고 있다. 그리고 이 가운데 가장 주목할 만한 MEGA 편찬 작업이 바로 칼-마르크스-하우스가 주관하는 독일-프랑스 메가 작업 그룹의 MEGA^2 I/4, I/5, I/6이다. 이들 3권은 어떤 의미에서는

---

26) IMES, *Editionsrichtlinien der Marx-Engels-Gesamtausgabe*(MEGA) ; Grandjonc/ Rojahn, "Der revidierte Plan der Marx-Engels-Gesamtausgabe."

27) 구동독과 소련의 IML에 의한 연간 MEGA 출판 권수는 평균 3권이었으나 1991년 이후 1995년에 이르는 기간 중에는 I/21(1992), II/4.2(1992), II/10(1991), IV/9(1991) 의 4권에 불과하다. 그리고 현재 작업이 진행 중인 MEGA는 I부에 9권, II부에 7권, III부에 6권, 그리고 IV부에 10권 등 모두 32권이다. Grandjonc/Rojahn, 앞의 글, S. 66~77 및 S. 79~89의 Anhang 1-4.

IMES가 설립 취지에서 밝혔듯이 MEGA의 출판이 당파성을 벗어난 국제화와 학술화das Konzept der International-isierung und Akademisierung der Edition[28]를 이루었을 때 그것이 어떠해야 할 것인가를 보여줄 수 있는 하나의 대표적 사례가 될 수 있기 때문이다. 따라서 이번의 MEGA² I/5, 『독일 이데올로기』의 편찬 문제를 다룬 국제회의는 바로 이 같은 과업을 수행하는 하나의 필수적 단계로서 그 의미가 적지 않다고 하겠다.

〔* 이 전문가 회의에 대한 IMES 측의 보고는 다음에 정리되어 있다. Jürgen Rojahn, "Bericht: Spezialkonferenz 'Die Konstitution der "Deutschen Ideologie,"' 24.~26. Oktober 1996. Trier," *MEGA-Studien*, 1997/1, S. 147~157.〕

---

28) Jürgen Rojahn, "Und sie bewegt sich doch! Die Fortsetzung der Arbeit an der MEGA unter dem Schirm der IMES," *MEGA-Studien*, 1994/1, S. 16.

제7장

일본에서 출판된 『독일 이데올로기』, 「I. 포이어바흐」 장의 신판*에 대한 검토와 비판

마르크스와 엥겔스의 사후, 그들의 유고에 근거하여 출판된 저작 가운데서 두 사람의 공저인 『독일 이데올로기』, 특히 그 제1부 제I장 「포이어바흐」만큼 다양한 판본을 가진 저작은 없다. 마르크스와 엥 겔스의 유저遺著 출판에 있어서 최대 관건은 초기에는 텍스트의 판독 문제였으나 최근에는 초고의 배열 순서나 초고의 재현 양식으로 그 초점이 이행하고 있음을 보게 된다. 『경제학·철학 초고』의 경우 1960년대 말 이래 라핀과 타우베르트에 의해 제기된 집필 순서에 대 한 논쟁이 1982년에 발간된 MEGA^2 I/2에 수용된 것도 이러한 예의 하나다.

『독일 이데올로기』 제1부 제I장 「포이어바흐」는 독일어 원문의 경

---

* 마르크스/엥겔스, 『초고 완전 복원판, 독일 이데올로기』, 시부야 타다시 편역(カール·
  マルクス/フリードリヒ·エンゲルス, 『草稿完全復元版 トイツ·イデオロギー』〔序文·
  第1卷 第1章〕, 澁谷正 編·譯, 新日本出版社, 東京 1998, xiv ＋ 181;〔付〕別卷/注記·解題,
  210).

우, 1926년 리야자노프에 의해 그것이 최초로 공개된 이후, 구 MEGA 판(1932), 독일어 신판(일명 바가투리야 판Bagaturija Ausgabe, 1966), 신MEGA 시쇄판(MEGA² *Probeband*, 1972) 등 주목할 만한 판본들이 출판되었다.[1] 그러나 이상의 그 어느 판도 결정판이라 할 수 없다는 것이 전문가들의 일반적 견해이기에 많은 사람들은 곧 출간될 MEGA² I/5가 이러한 역할을 수행해줄 것을 기대하고 있다.

바로 이러한 시점에서 최근 일본에서 발간된 시부야 교수의 『초고 완전 복원판草稿完全復元版, 독일 이데올로기』(序文·第1卷 第1章)는 중요한 의미를 갖는다. 일본의 경우 『독일 이데올로기』의 「I. 포이어바흐」장은 리야자노프 판, 구MEGA 판, 그리고 바가투리야 판의 번역본이 이미 수종씩 출판되었고, 1974년에는 독일어 원문으로 초고의 복원을 시도한 히로마츠 판도 출판된 바 있다.[2] 그럼에도 불구하고 최근 독일-프랑스 메가 작업 그룹에 의해 주도되고 있는 MEGA² I/5의 편집 원칙 확정을 눈앞에 두고서, 일본에서는 하토리 교수의 신역(1996)과 시부야 교수의 초고 완전 복원판이 연속 출판되고 있는 이유는 무엇일까? 저자는 시부야의 일본어로 된 『초고 완전 복원판, 독일 이데올로기』를 논하기 전에 이 문제를 우선 검토해보고자 한다.

『독일 이데올로기』, 「I. 포이어바흐」장의 새로운 판본이 지속적으로 출판되는 이유로는 초기에는 초고의 부분적 산실散失이, 1960, 70년대에는 초고의 배열 순서와 관련된 문제가, 그리고 최근에는 초고

---

1) 그밖에도 우리는 란츠후트/마이어 판Landshut/Mayer Ausgabe(1932)[일명 크렌네어 판이라고 함], 리버/푸르트 판Lieber/Furth Ausgabe(1971), 히로마츠 판Hiromatsu Ausgabe(1974) 등을 열거할 수 있다.

2) Marx/Engles, *Die Deutsche Ideologie. Neuveröffentlichung des Abschnittes 1 des Bandes 1 mit text-kritischen Anmerkungen*, hrsg. von Wataru Hiromatsu(Tokio: Kawadeshobo-Shinsha Verlag, 1974).

의 재현 양식과 관계된 논의가 거론될 수 있을 것이다. 구MEGA 판이 기왕의 리야자노프 판과 구별되는 것은 이의 편자가 "1846년 7월 그들[마르크스와 엥겔스]의 출판 계획이 좌절되기 이전에 계획된 형태로 복원"시키기 위해 초고의 산실 부분을 무시하고 "미완성으로 남아 있는 이 초고를 마르크스가 남겨둔 수많은 방주를 길잡이"로 하여 그 배열 순서를 대폭 변경, 자의적으로 편집했던 점이다.[3] 따라서 이 판은 편자가 원하는바 내용상의 체계성은 획득할 수 있었을지 모르나 초고의 실상을 왜곡시켰다는 결정적인 약점을 모면하기 어렵다.

한편 1966년에 출판된 바가투리야의 독일어 신판은 구MEGA 판이 시도한 "텍스트의 치환이 [……] 필연적인 것도, 충분한 것도 아니"라고 규정하면서 「I. 포이어바흐」 장이 서로 다른 시기와의 관련하에서 씌어진 5개의 부분으로 구성되어 있다고 주장한다.[4] 따라서 그는 기저고基底稿의 부분적 산실을 기정사실로 수용하면서 초고를 마르크스와 엥겔스, 그리고 제3자가 기입한 보겐 번호 및 페이지 번호에 따라 배열하고 있다. 그는 초고의 단절을 근거로 기저고를 3개 부분으로 나누고, 이 기저고 앞부분에 1개의 정서고淨書稿와 2개의 이고異稿, 그리고 2개의 초고를 배치하고 있다. 따라서 독일어 신판 이후 초고의 배열 순서는 「I. 포이어바흐」 장의 편집에서 지속적인 관심사로 부각되고 있다.

그런가 하면 1972년에 발간된 신MEGA 시쇄판은 초고의 배열 순

---

3) Marx/Engels, Gesamtausgabe(MEGA¹), I/5. *Die Deutsche Ideologie*(Frankfurt a. M., 1932), S. XVII.

4) "Neuveröffentlichung des Kapitels I des I. Bandes der 'Deutschen Ideologie' von Karl Marx und Friedrich Engels," *Deutsche Zeitschrift für Philosophie*, 14. Jg. Heft 10(1996), S. 1198.

서를 집필 연대순이라는 신MEGA의 편찬 원칙에 따라 재배열하면서
텍스트의 게재 양식에서 괄목할 만한 변화를 시도하고 있다. 즉 종
래의 여러 판본이 초고의 완벽성을 주장하는 데 반해 신MEGA 시쇄
판은 초고의 현상 형태를 재현하는 데 주력하고 있다. 이 판은 초고
오리지널에서와 같이 본문Grundschicht을 좌란에, 그리고 초고의 우란
에 보이는 수정·삽입·방주 등을 그것이 기재된 위치에 배열, 게재
하고 있다. 그리고 본문에 대한 다층적 수정 부분은 권말卷末의 이고
명세Variantenverzeichnis에서 공관적共觀的 방식eine synoptische Lösung으로
보완하고 있다(1974년에 발간된 일본의 히로마츠 판은 1965년 이래의
그 자신의 독자적인 연구에 근거하여 초고를 재배열하고 있지만, 이의
재현 양식은 신MEGA 시쇄판과 유사하다).

　기존의 여러 판본이 갖는 특징을 고찰하다 보면 오늘날『독일 이
데올로기』,「I. 포이어바흐」장의 편찬과 관련한 논쟁이 어디에 초점
을 두고 있는지 알 수 있다. 다시 말하면 MEGA² I/5(『독일 이데올로
기』)가 그 편찬에 즈음하여 해결해야 할 문제는 첫째로는, 초고의
연대기적 배열 순서요, 다음으로는 초고의 재현 양식이라는 점이다.
그리고 최근에는 트리어의 전문가 회의(1996년 10월)에서 제기된
1845년 11월에서 1846년 5월 말/6월 초 사이에 집필된 다른 초고의
편입 문제가 거론되고 있다.『독일 이데올로기』에 새로운 초고나 문
건을 편입시키는 문제는 종래 이들이 MEGA¹ I/5의 부록이나, 별개
의 문건으로 출판되었으나 주제 중심의『독일 이데올로기』를 일정
시기의 소작으로 보고, 그 기간 중에 집필된 모든 초고를 모두
MEGA² I/5에 망라하게 되면서 제기된 사안이다.[5]

---

5) Jürgen Rojahn, "Spezialkonferenz 'Die Konstitution der "Deutschen Ideologie"'
　　24.~26. Oktober 1996. Trier," *MEGA-Studien*, 1997/1, S. 147~157; Inge Taubert,

오늘날 『독일 이데올로기』의 편찬에 있어서 가장 중요한 논쟁의 대상을 이상과 같은 3가지 관점으로 정리할 때, 저자가 서평의 대상으로 하는 시부야 교수의 초고 완전 복원판은 주로 초고의 재현 양식에 그 편집의 초점이 모아진 것으로 판단된다. 물론 편자는 「I. 포이어바흐」 장 각 초고의 형성 과정을 면밀히 검토하면서 집필 시기의 선후를 따지고 있다(별권: 주해·해설편, pp. 194~208). 그러나 그는 이 같은 집필 시기의 연대기적 검토를 초고의 배열 순서를 결정하기 위해서보다는 각 초고의 조성 과정을 해명하기 위해 이용하고 있을 뿐이다. 게다가 그는 1996년 트리어 회의 이후에 제기된 문제, 즉 MEGA² I/5(『독일 이데올로기』)를 특정한 기간 중에 씌어진 주제별 초고의 집성이라 할 때 거기에 편입될 수 있는 여타의 초고에 대한 배려를 전적으로 배제하고 있다.[6] 따라서 시부야 판은 앞부분에 하나의 정서고[I/5-7]와 2개의 이고[I/5-6, I/5-5], 그리고 보겐 번호가 있는 2개의 초고[I/5-8, I/5-9]로 구성된 작은 묶음을 게재한 뒤, 3개의 초고로 구성된 큰 묶음의 기저고[I/5-3]를 배치하고 있다. 즉 초고의 배열에 있어서 독립된 이고[I/5-5]를 선행시키는 기존 여러 판본과 달리 「I. 포이어바흐」 장의 서론의 정서고[I/5-7] 다음에 이의 피사고被寫稿와 거기에 연속된 이고[I/5-6]를 게재하고

Hans Pelger, Jacques Grandjonc, "Die Konstitution von MEGA² I/5 'Karl Marx, Friedrich Engels, Moses Heß: Die deutsche Ideologie. Manuskripte und Drucke (November 1845 bis Juni 1846),'" *MEGA-Studien*, 1997/2, S. 49~102.

6) 「I. 포이어바흐」 장과 관련해서는 MEGA² I/5(『독일 이데올로기』)를 편찬하는 독일-프랑스 메가 작업 그룹이 제기한 이 시기의 다른 초고, 즉 [MEGA I/5-4] "Friedrich Engels, Karl Marx: Feuerbach"가 논의의 대상으로 부각되어야 할 것으로 보인다. Taubert, u. a., "Die Konstitution von MEGA² I/5," *a.a.O.*, S. 68~69. [ ] 안의 기호는 독일-프랑스 메가 작업 그룹이 MEGA² I/5에 포함될 각 텍스트에 붙인 일련번호이다. *a.a.O.*, S. 57~102를 보라. 이하 초고에 부가된 "[I/5-X]"식의 번호도 모두 같은 것이다.

있는데, 이는 계속적으로 집필된 번호가 없는 보겐의 연속성을 중요
시한 편자의 의도를 보여주는 것이다.[7]

그러나 시부야 교수의 이 책이 갖는 가장 큰 장점은 『독일 이데올
로기』, 「I. 포이어바흐」 장 초고의 재현 양식이다. 그는 기왕에 발표
한 논문을 통해 기존의 여러 판본이 시도한 초고의 재현이 만족스럽
지 못하다고 지적하면서 오리지널에 충실한 초고의 재현을 주장한
바 있다.[8] 이렇게 볼 때 시부야 교수가 편집하고 일본어로 번역한
이 신판은 일본의 연구자들이 희망하고 주장하는 『독일 이데올로
기』, 「I. 포이어바흐」 장의 구체적인 모습이 어떠한 것인가를 보여주
는 대표적인 예라 하겠다.[9] 특히 1974년의 히로마츠 판이 초고의 오
리지널이나 포토코피를 검토하지 않은 채 기간旣刊의 독일어 여러 판
본을 비교·편집한 것인 데 비해 이 책은 편자가 10개월 동안 암스테
르담 국제사회사연구소IISG에서 포토코피와 오리지널을 엄밀히 검토
한 결과를 근거로 한 판본이기에 충분히 주목할 만한 가치가 있다.

사실 시부야 교수의 신판은 비록 원어가 아닌 일본어 번역이지만
초고 오리지널의 좌우 양란을 짝수 면과 홀수 면으로 구분한 뒤 좌
란의 본문 텍스트를 짝수 면에, 우란의 수정·삭제·삽입·보유를 홀

---

7) 이는 지금까지의 여러 판본이 서론의 피사고 부분과 거기에 연속된 이고를 분리시켜 게
재한 데 반해, 이를 하나의 초고로 규정한 독일-프랑스 메가 작업 그룹의 분류와도 일
치한다. Taubert, u. a., *a.a.O.*, S. 71.

8) Tadashi Shibuya, "Probleme der Edition der 'Deutschen Ideologie,'" *MEGA-Studien*,
1996/1, S. 108~116.

9) "Anforderung an die Edition des Manuskripts 'I. Feuerbach' im Band I/5 der
MEGA²," Tokio, 11. November 1995, gez. Naoki Hashimoto(Ms.); 'Die Forderun-
gen an die Redaktionskommission des Bandes I/5 der MEGA² über die Edition
der 'Deutschen Ideologie,'" 19. November 1995, gez. Tadashi Shibuya(Ms.).
『독일 이데올로기』, 「I. 포이어바흐」 장의 편집 방침에 대한 일본 측 연구자들의 이러한
요구는 MEGA의 편집 위원회에 서면으로 제기되었다.

수 면의 해당 지점에 배치하고, 마르크스와 엥겔스의 필적은 텍스트 전체를 통해 각각 고딕체와 명조체로 구분하고 있다. 그리고 행간의 수정은 이탤릭체로, 말소 부분은 횡선橫線 삭제와 종선縱線 삭제를 시간적 전후까지 배려하여 구별, 표시하고 있다. 이렇게 볼 때 시부야 교수의 신판『독일 이데올로기』는 초고를 활자화했을 때 가능한 오리지널 재현의 가장 모범적인 예의 하나라고 하겠다. 특히 이 신판의 별권 주해본에는 지금까지의 독일어 판본들이 보고하지 않은 수많은 수정과 첨삭 부분이 일일이 보고되어 있다. 그리고 신MEGA 시쇄판이 공관적 방법으로 제시한 문장이나 문단의 복잡한 수정·첨삭·단어의 전위轉位·삭제와 중복된 수정과 문법적 변화 등이 보통 2분의 1페이지, 길 경우에는 1페이지 이상에 걸쳐 일일이 순차적으로 서술·설명되고 있다. 따라서 시부야 판은 원문이 아닌 일본어 번역이라는 취약점에도 불구하고, 첨부된 수 페이지의 사진과 재현된 텍스트를 통해 독자들에게 초고의 원형에 대한 아이디어를 제시하는데 훌륭히 기여하고 있다고 판단된다. 그리고 이는 편자가 주장하고 있듯이 마르크스와 엥겔스의 공동 집필의 양상을 밝힘으로써(별권: 주해·해제 편, pp. 188~194) 그들의 사상 형성 과정을 추적할 수 있는 가능성을 높여주고 있다.

그러나 저자는 시부야 교수의 이 신판을 재삼 통독하는 과정에서 시부야 판의 가장 큰 장점, 즉 초고를 가능한 한 정확하게 복원시키는 것이 바로 초고로 남아 있는 저작의 출판에 있어서 왕도王道냐라는 질문에 새삼스럽게 봉착하게 되었다. 저자는 마르크스와 엥겔스의 다른 저작과는 달리, 『독일 이데올로기』, 「I. 포이어바흐」 장의 인쇄 형태로의 재현은 초고의 원형에 충실한 텍스트의 복원이라고 주장한 바 있다.[10] 하지만 저자는 시부야 판의 「I. 포이어바흐」 장을

396

읽으면서 커다란 혼란을 경험하게 되었다. 크고 작은 갖가지 활자체와 부호를 동반한 문장의 복잡한 수정·삭제·첨삭·보유가 상세히 기재된 시부야 판에는 전후의 문장이나 단어가 단절, 혹은 중복되어 서술됨으로써 독자들이 마르크스와 엥겔스의 사상적 전개 과정을 일관성 있게 추적하는 데 오히려 방해가 되고 있는 것이다. 이러한 사실은 복잡한 초고에 충실한 서술적 텍스트가 결과적으로는 텍스트의 독해나 인용에 상당한 어려움을 줄 수 있다는 독일-프랑스 메가 작업 그룹의 우려를 정당화해준다.[11] 나아가 본문 텍스트에 삽입된 복잡한 텍스트의 전개 과정을 더욱 구체적으로 이해하기 위해서는 본문과 맞먹는 주기본注記本을 일일이 대조해야 하는 번거로움을 감수해야만 하는 것이다.[12] 따라서 임박한 MEGA² I/5의 편찬 지침 확정에 영향을 주기 위한 일본 학계의 가장 구체적이고도 공세적인 입장의 표현이기도 한 시부야 판은 MEGA² I/5, 「I. 포이어바흐」 장의 편찬에 있어서, 적어도 텍스트 부분의 편찬에서는 신MEGA 편찬 지침의 부분적 변경이 불가피하다는 지금까지의 저자의 입장을 크게 동요하

---

10) 정문길, 「신MEGA I/5, 『독일 이데올로기』의 구성─『독일 이데올로기』의 편집 문제를 다룬 전문가 회의 참가 보고」, 『한국정치학회보』 30집 4호(1996), p. 479 및 이 논문의 별쇄 독일어 부록, Moon-Gil Chung, "Einige Bemerkungen über die Papiere der Spezialkonferenz 'Die Konstitution der "Deutschen Ideologie,"' Trier, 24. ~26. Oktober 1996"; Moon-Gil Chung, "Einige Probleme der Textedition der Deutschen Ideologie, insbesondere in Hinsicht der Wiedergabe des Kapitels 'I. Feuerbach,'" *Beiträge zur Marx-Engels-Forschung*. N. F., 1997, S. 60. Inge Taubert, Hans Pelger, Jacques Grandjonc, "Die Darbietung der Handschriften im Edierten Text und im Variantenverzeichnis: eine Erwiderung auf Kritik am Probeband der MEGA² von 1972 und an den Editionsrichtlinien der MEGA² von 1993," *MEGA-Studien*, 1997/2, S. 170~171도 보라.

11) Inge Taubert, u. a., "Die Darbietung der Handschriften im Edierten Text und im Variantenverzeichnis," *a.a.O.*, S. 172, Anm. 10.

12) 시부야 판은 본문 텍스트편의 사진을 제외할 경우 텍스트와 주기注記의 페이지 수가 꼭 맞먹고 있다.

게 만들었다. 특히 MEGA² I/5가 기왕의 MEGA 편찬 지침에서 사용하기로 한 부호나 글자체에다 시부야 판이 이용한 각종 글자체나 부호를 첨가할 경우 「I. 포이어바흐」 장의 텍스트의 제시는 전문가들에게는 텍스트 연구를 위한 좋은 기회를 제공할지 모르나 일반 독자들에게는 지극히 번잡하고도 난해한 읽을거리를 제공하지 않을까 우려되는 바이다. 다시 말하면 초고에 가장 충실한 텍스트의 제시가 일반 독자들로 하여금 「I. 포이어바흐」 장을 난해하게 만들고, 결과적으로 이의 독해를 회피하게 한다면 그것은 결코 바람직한 텍스트의 재현이라고 보기는 어려울 것이다.[13]

저자는 종래 MEGA² I/5의 「I. 포이어바흐」 장을 MEGA² I/2의 『경제학·철학 초고』의 경우처럼 제1재현부와 제2재현부로 구체화할 것을 희망했었다.[14] 그러나 새로이 『마르크스-엥겔스 전집』의 편찬을 주관하는 국제 마르크스-엥겔스 재단IMES이 1993년과 1995년에 새로운 편찬 지침을 확정하면서 2중 인쇄Doppelabdruck는 더 이상 있을 수 없다고 명시적으로 천명하고 있으므로,[15] 저자는 시부야 판을

---

13) *Editionsrichtlinien der Marx-Engels-Gesamtausgabe*(MEGA), hrsg. von der Internationalen Marx-Engels-Stiftung Amsterdam(Berlin, 1993)〔이하 *ER*〕. 독일-프랑스 메가 작업 그룹의 편집자들은 인용 및 기타의 번잡을 피하기 위해 기왕에 MEGA²가 사용하고 있는 저자 및 편자용 활자(*ER*, B. III. 1. 3-5)와 강조의 단계에 따른 별도의 활자체의 사용(*ER*, B. III. 1. 9)에 덧붙여 다시 마르크스와 엥겔스의 필적을 구분하기 위해 또 다른 활자체를 사용하기는 어렵다는 점을 분명히 하고 있다. Inge Taubert, u. a., "Die Darbietung der Handschriften im Edierten Text und im Variantenverzeichnis," *a.a.O.*, S. 172, Anm. 10.

14) 정문길, 「『독일 이데올로기』, 「I. 포이어바흐」 장의 재구성」, 『마르크스의 사상 형성과 초기 저작―『독일 이데올로기』와 『마르크스-엥겔스 전집』 연구』(문학과지성사, 1994), p. 248〔이 책, p. 224〕. Moon-Gil Chung, "Einige Probleme der Textedition der *Deutschen Ideologie*, insbesondere in Hinsicht der Wiedergabe des Kapitels 'I. Feuerbach,'" *a.a.O.*, S. 60, Anm. 10.

15) Grandjonc/Rojahn, "Der revidierte Plan der Marx-Engels-Gesamtausgabe," *MEGA-Studien*, 1995/2, S. 66의 2.1.2.a). 1993년의 *ER*, B. I. 1을 1976년에 확정된 *ER*,

포함한 일본과 한국 학계의 학문적 성과가 아파라트를 통해 보강될
것을 주장하는 바이다. 따라서 MEGA^2 I/5는 텍스트 부분에서는
MEGA의 편찬 지침을 따르되, 신MEGA 시쇄본보다 더욱 적극적으
로 수정·삽입·첨가 부분을 명시·활용할 것을 기대하며(*ER*, B. III.
2.3-5), 아파라트의 이문명세에서는 시부야 교수의 치밀한 초고 판
독과 더불어, 서술적으로 기재된 시부야 판의 이문의 제시가 어떠한
양식으로든 수용되어야 하리라 생각된다. 그리고 바로 이러한 관점
에서 독일-프랑스 메가 작업 그룹의 시부야 판의 부분적 수용 여부
는 마르크스-엥겔스 연구의 국제화가 갖는 진정한 학술적 교류가 무
엇인가를 보여주는 하나의 시금석으로 평가될 수 있을 것이다.

B.I.1과 비교해보라. *ER*, S. 22, 129.

제8장

초고의 문헌학적 분석과 저자의 결정본
—『독일 이데올로기』, 「I. 포이어바흐」 장 잠정판(2004)의 개관과 비판

1. 글머리에

2004년 4월에 출판된 『마르크스-엥겔스 전집』 출판의 동반 잡지同伴雜誌, Begleitzeitschrift인 『마르크스-엥겔스 연지』는 그 첫 호인 2003년호 전권을 『독일 이데올로기』, 「I. 포이어바흐」와 「II. 성 브루노」 장 초고의 재현에 바치고 있다. 국제 마르크스-엥겔스 재단IMES과 『마르크스-엥겔스 연지』의 편집자는 신MEGA 판 『독일 이데올로기』의 출판이 2008년으로 예상되고 있으므로 그때까지의 연구와 이용상의 공백을 메우기 위해 이를 잠정적으로 출판Vorabpublikation한다고 천명하고 있다.[1]

사실 『독일 이데올로기』의 「I. 포이어바흐」 장은 마르크스와 엥겔

---

1) "Editorial," *Marx-Engels-Jahrbuch* 2003, hrsg. von der Internationalen Marx-Engels-Stiftung Amsterdam(Berlin: Akademin Verlag, 2004), S. 3*.

스가 1845년에서 1846년 여름 사이에 헤겔 이후의 철학, 즉 청년헤겔파의 슈티르너와 바우어와의 논쟁을 통해 그들의 관념론을 비판하는 과정에서 그들 자신의 유물론적 역사관을 형성해가는 궤적을 보여주는 중요한 자료로서 일찍부터 주목된 바 있다. 그러나 지금까지 출판된 여러 판본은 이를 성급하게 마르크스와 엥겔스의 유물론적 세계관이 "논리적-체계적"으로 형성되었다는 것을 증거하는 자료로 텍스트를 편찬하는 강한 정치적 의도를 나타내고 있었다. 그러다가 1960년대 초 국제사회사연구소IISG에서 발견된 3매의 초고 블라트 가운데 2매가 「I. 포이어바흐」장의 결손 부분이라는 사실이 밝혀지면서[2] 「I. 포이어바흐」장 텍스트의 새로운 편찬이 집중적으로 이루어진 바 있다. 그러나 1960년대와 70년대에 출판된 이들 여러 판본들도 텍스트의 오리지널에 충실하다는 개개 판본 편자의 주장에도 불구하고 초고 블라트의 배열이나 텍스트의 재현이 만족할 만한 수준에 이르지 못하여 신MEGA 판을 통한 결정적 텍스트의 출판을 기대해왔던 것이 그간의 사정이었다.

그러나 우리가 잘 아는 바와 같이 『독일 이데올로기』가 게재될 예정인 MEGA² I/5의 출판은 당초 구동독의 연구진(타우베르트가 그 연구책임자였다)에 의해 1990년대 초반으로 예정되어 있었으나, 1989년의 베를린 장벽의 붕괴와 그에 잇따른 소련을 포함한 동구권의 몰락으로 지연되지 않을 수 없었다.[3] 특히 1990년대에 들어오면서 MEGA의 출판권이 구동독과 소련의 마르크스-레닌주의 연구소 IML에서 국제 마르크스-엥겔스 재단으로 이양되면서 『독일 이데올

---

2) S. Bahne, "'Die Deutsche Ideologie' von Marx und Engels. Einige Textergänzungen," *International Review of Social History*, Vol. VII(1962), S. 93~104.

3) 정문길, 「편찬사를 통해서 본 『독일 이데올로기』」, 『마르크스의 사상 형성과 초기 저작』(문학과지성사, 1994), pp. 72~73〔이 책, p. 27〕의 주 3)을 보라.

로기』를 포함한 MEGA² I/4, I/5, I/6의 편찬은 트리어의 칼-마르크
스-하우스를 중심으로 한 독일-프랑스 메가 작업 그룹이 맡게 된 것
이다. 따라서 1990년대는 종래의 MEGA의 편찬 원칙이 변화된 상
황에 적응되도록 대폭 수정되지 않을 수 없었고, 『독일 이데올로기』
(MEGA² I/5)의 편찬 작업도 베를린이 아닌 트리어를 중심으로 이루
어지게 되었다. 다시 말하면 『독일 이데올로기』의 편찬 작업은 1970년
대 초부터 이 작업을 주도해온 타우베르트를 중심으로 하여 독일-프
랑스 메가 작업 그룹의 펠거와 그랑종이 수행해왔던 것이다.⁴⁾ 그러
나 근년 엑상프로방스 대학의 그랑종 교수가 고혈압으로 쓰러지고,
칼-마르크스-하우스 연구 센터의 펠거 소장 역시 정년을 맞이하게
되어 『독일 이데올로기』의 출간은 무작정 늦어질 것으로 예상되어왔
다. 그러기에 『마르크스-엥겔스 연지 2003』에 게재된 『독일 이데올
로기』, 「I. 포이어바흐」와 「II. 성 브루노」 장 초고의 재현은 관련 연
구자들 사이에 비상한 관심을 모으고 있다.

1920년대의 『마르크스-엥겔스 아키브』 이래 단속적이긴 하나 제
호를 바꾸어가며 발행되어온 『마르크스-엥겔스 전집』의 동반 잡지
는 "역사적-비판적 전집historisch-kritische Gesamtausgabe"의 출판을 위
한 필요 불가결한 도구의 하나였다.⁵⁾ "마르크스와 엥겔스의 포괄적

---

4) 타우베르트의 『독일 이데올로기』, 「I. 포이어바흐」의 편집 작업은 바가투리야의 러시아
   어 판본의 독일어 원문 복원까지 감안하면 1960년대로 소급한다. IML beim ZK der
   SED, "Neuveröffentlichung des Kapitels I des I. Bandes der 'Deutschen Ideologie'
   von Karl Marx und Friedrich Engels," vorbereitet und eingeleitet von Inge Tilhein.
   Deutsche Zeitschrift für Philosophie, 14. Jahrgang, Heft 10(1966), S.
   1192~1254.
5) 마르크스-엥겔스의 "역사적-비판적" 전집을 자임하는 MEGA는 그 출판의 준비 과정이
   나 출판 후의 오류를 수정하기 위해 동반 잡지를 출판했다. MEGA 최초의 동반 잡지는
   구MEGA의 경우, 리야자노프가 발행한 『마르크스-엥겔스 아키브』(1926~1927) 2권
   이다. 이후 1975년 이래 신MEGA가 출판되면서 『마르크스-엥겔스 연지』(1978~1991)

전기"와 관련되거나, 그들이 다룬 "역사적 문제들을 비판적이고 진지하게 학문적으로 탐구한" 논문들을 앞부분에 싣고, 이어서 그들의 "초고 가운데 아직도 공개되지 않은 텍스트를 잠정적으로 출판하여 학문적인 비판을 받게 하는 것"이 이들 잡지의 중요한 기능으로 열거되고 있다. 그리고 개개 상황의 요구에 따라 차이가 없지 않으나 전집과 관련된 문건, MEGA 작업의 진행 상황 및 관련 문헌들을 소개하는 것이 이들 동반 잡지의 일반적인 체제였다.

그러나 『마르크스-엥겔스 연지 2003』은 MEGA의 동반 잡지가 가진 종래의 관례에서 크게 벗어난 편집을 하고 있다. 우선 『마르크스-엥겔스 연지 2003』은 외형적으로 보아 MEGA 본권의 형태를 취하고 있다. 즉 『마르크스-엥겔스 연지 2003』은 1책의 단권이 아니라 텍스트와 아파라트의 1권 2책으로 되어 있어서 2008년에 MEGA² I/5(『독일 이데올로기』)가 정식으로 출간될 때까지 『독일 이데올로기』 제1부 「I. 포이어바흐」와 「II. 성 브루노」 장의 역할을 잠정적으로 수행하도록 편집되었다는 점이다. 이러한 사실은 이 책의 편자인 타우베르트와 펠거가 기왕에 출판된 「I. 포이어바흐」 장의 여러 판본을 소개·비판하는 잠정판의 서설Einführung에서 『마르크스-엥겔스 연지 2003』이 신MEGA 시쇄판의 전통을 잇고 있음을 지적, 이러한 텍스트 재현의 타당성을 주장하고 있다는 점에서도 확인된다.[6]

13권이 발간되었고, MEGA의 출판권이 IMES로 이양되면서부터는 『메가-연구*MEGA-Studien*』(1994~2002)를 동반 잡지로 발행했다. 반년간半年刊으로 발행되던 이 잡지는 1998년까지 정상적으로 발행되었으나 1999년 이후 2001년간에는 1권씩만 발행했다(모두 13권을 발행). 그리고 2003년부터는 다시 『마르크스-엥겔스 연지』로 제목이 바뀌어 발간되고 있다. 이 잡지는 통독 이전의 『마르크스-엥겔스 연지』 체제로 복귀하고 있으나 권호 없이 연도만을 표시하고 있는 점이 다르다.

6) 그들은 『마르크스-엥겔스 연지 2003』에 게재된 『독일 이데올로기』 제1부의 「I. 포이어바흐」 장이 그 제목이나 편집에 있어서 반드시 일치하는 것은 아니나 2란 편집을 포함

따라서 이 글은 먼저「I. 포이어바흐」장의 기존 판본들 가운데 대표적 판본의 편집 원칙과 텍스트의 재현 양식을 검토하고, 다음으로 『마르크스-엥겔스 연지 2003』에 게재된 잠정판「I. 포이어바흐」장의 재현 양식을 구체적으로 살펴보려고 한다. 이 경우 논의는 기왕에 출판된 다른 여러 판본과는 물론이요, 2008년으로 예정된 완간 『독일 이데올로기』(MEGA² I/5)의 총체적 구성과의 대비·검토도 불가피한 것으로 보인다. 한편 이 글의 논의는 전통적으로『독일 이데올로기』,「I. 포이어바흐」장에 포함되는 초고에 집중되기에『마르크스-엥겔스 연지 2003』에 포함된「라이프치히 종교회의」「II. 성 브루노」, 그리고 부록으로 게재된 바이데마이어의「브루노 바우어와 그의 변호자Bruno Bauer und sein Apologet」에 대한 언급은 최소한에 머물게 될 것이다.

2. 기존 제판의 편집 원칙과 재현 방법

지금까지 마르크스와 엥겔스의 미발간 초고『독일 이데올로기』의 제1부「I. 포이어바흐」를 "원문Originalsprache"으로 재현한 텍스트는 상당수 존재하나 그 가운데서 가장 대표적인 것은 다음의 5가지 판본이다.

한 체제상의 새로운 특징 때문에 기본적으로 신MEGA 프로젝트에 포용되기에 신MEGA 시쇄판의 전통을 잇고 있음을 지적하고 있다. 그러나 시쇄판이 소량 인쇄된 데다, 그것도 관련 기관이나 편찬된 텍스트의 타당성을 평가하기 위해 전문가들에게만 배포되었기에 일반 독자들이 쉽사리 이용할 수가 없었으므로 이 같은 공백을 메우려고『마르크스-엥겔스 연지 2003』에『독일 이데올로기』제1부의 I, II장을 발간하게 되었다고 언급하고 있다. "Einführung," *Marx-Engels-Jahrbuch* 2003, S. 18*.

1) R판(1926) : 『마르크스-엥겔스 아키브』 제1권(1926)에 수록된 리야자노프 판.[7]

2) A판(1932) : MEGA¹ I/5(1932)에 수록된 아도라츠키 판.[8]

3)[9]D판(1966) : 『독일 철학 잡지』 제14권(1966)에 실린 바가투리야 판(러시아어, 1965 : B판)의 독일어 복원판. 〔B판(1965) : 바가투리야의 러시아어판〕.[10]

---

7) "Marx und Engels über Feuerbach : Der erster Teil der 'Deutschen Ideologie,'" *Marx-Engels-Archiv*. Zeitschrift des Marx-Engels-Instituts in Moskau, hrsg. von D. Rjazanov, Bd. I〔1926〕, S. 203~306. "Einführung des Herausgebers," S. 205~221 : "I. Feuerbach. Gegensatz von materialistischer und idealistischer Anschauung," S. 223~306.

8) Karl Marx/Friedrich Engels, *Historisch-kritische Gesamtausgabe*. I/5. *Die deutsche Ideologie*, hrsg. von V. Adoratskij(Frankfurt a. M. 1932), "I. Feuerbach. Gegensatz von materialistischer und idealistischer Anschauung〔Einleitung〕," S. 7~67.

9) 이 항에서 열거하는 D판과 B판은 원천적으로 4부 구성이라는 동일한 편찬 원칙을 가지고 있다. 즉 작은 묶음의 정서고Reinschrif와 이고Variant, 단편Fragment을 제1절로, 큰 묶음의 기저고를 마르크스의 페이지 번호에 따라 3개 부분으로 나누어 2, 3, 4절로 하고 있다. 다만 이들의 차이는 B판이 26개로 나누어진 각각의 파라그라프에 표제를 붙인 데 대해 D판은 저자들이 직접 붙인 표제만 수용하고 난외방주에 좀더 세심한 주의를 보이고 있다. 정문길, 「『독일 이데올로기』, 「I. 포이어바흐」 장의 재구성」, 『마르크스의 사상 형성과 초기 저작—「독일 이데올로기」와 「마르크스-엥겔스 전집」 연구』, pp. 218~222〔이 책, pp. 190~195〕 및 「1960년대와 70년대 일본학계의 『독일 이데올로기』 논쟁」, 같은 책, pp. 264~268〔이 책, pp. 242~247〕도 보라.

10) "Neuveröffentlichugn des Kapitels I des Bandes der 'Deutschen Ideologie' von Karl Marx und Friedrich Engels," vorbereitet und eingeleitet von Inge Tilhein, *Deutsche Zeitschrift für Philosophie*, 14. Jahrgang, Heft 10. 1966. "Vorwort," S. 1192~1198 : Text, S. 1199~1251 : Anmerkungen, S. 1251~1254.

〔K. Marksa i F. Engel's, "Fejerbach. Protivopoloznost' materialističeskogo i idealističeskogo vozrrenij, *Voprosy filosofi*, 1965, Heft 10, S. 79~107 : Heft 11, S. 111~137. G. A. Bagaturija, "Struktura i soderzanie rukopisi pervoj glavy 'Nemeckoj ideologii,'" *ibid.*, Heft 10, S. 108~118 : K. Marksa i F. Engel's, *Fejerbach. Protivopoloznost' materialističesko i idealističesko vozrrenij*(Moskau, 1966)〕.

4) MEGA² 시쇄판(1972) : 신MEGA의 시쇄판에 수록된 타우베르트의 편집안.[11]

5) H판(1974) : 일본에서 출판된 히로마츠 판.[12]

우선 앞의 5개 판본 중 R판과 A판은 모스크바의 마르크스-엥겔스 연구소가 주관하여 출판한 초기의 판본이지만 초고의 배열이나 텍스트의 재현 양식은 판이하다. R판은 임박한 구MEGA의 출판에 즈음하여 이를 "역사적-비판적" 전집에 게재하기 위한 준비로서, 초고에 기재된 엥겔스의 보겐 번호나 마르크스의 페이지 번호를 충실히 따르면서 독립된 단편도 초고 발견 당시의 순서 매김에 의존하는 등, 초고의 보관된 상태에서의 "원래의 배열"에 세심한 주의를 기울이고 있다. 다시 말하면 R판은 리야자노프가 어려운 과정을 거쳐 수집한 『독일 이데올로기』의 초고 중 그 재현이 가장 어려운 「I. 포이어바흐」를 저자들이 정리해놓은 순서에 충실히 따르고, 초고에 나타나는 방주와 지시는 물론이요 수정과 삭제까지도 본문이나 각주에서 일일이 기술하고 있다. 따라서 R판은 초창기 텍스트의 평면적인 편찬이 가질 수 있는 여러 가지 미덕을 보여줌으로써 저자의 의도를 구체화하는 초고 재현Ausgabe letzter Hand의 한 전형을 보여주고 있다.[13]

---

11) Karl Marx/Friedrich Engels, *Gesamtausgabe*(MEGA), *Probeband*(Berlin, 1972). Karl Marx/Friedrich Engels, "Die deutsche Ideologie, I. Band, Kapitel I. Feuerbach. Gegensatz von materialistischer und idealistischer Anschauung," Text, S. 33～119; Apparat, S. 399～507.

12) Marx/Engels, *Die deutsche Ideologie, Kritik der neuesten deutschen Philosophie in ihren Repräsentanten, Feuerbach, B. Bauer und Stirner und des deutschen Sozialismus in seinen verschiedenen Propheten*, Bd. 1, 1. Abschnitt. Neuveröffentlichung mit text-kritischen Anmerkungen, hrsg. von Wataru Hiromatsu(Tokio, 1974).

13) "Einführung des Herausgebers," *Marx-Engels-Archiv*, Bd. 1, 특히 S. 217～221

　　그러나 1931년 리야자노프가 마르크스-엥겔스 연구소의 소장직에서 해임되고, 아도라츠키가 후임 소장으로 임명된 뒤에 출판된 A판은 "마르크스와 엥겔스가 1846년 7월, 그들의 출판 계획이 좌절되기 이전의 형태로 (초고를) 복원시킨다는 원칙" 아래 텍스트의 대담한 재구성을 시도하고 있다. 즉 편자는 초고를 미정형未定形의 것으로 규정하고 본문에 첨가된 마르크스와 엥겔스의 메모와 방주, 여타의 구상이나 퇴고推敲를 위한 지시Angaben, 그리고 문단과 문단을 나누는 분절선과 삽입 지시를 텍스트 편찬에 적극 활용하여 초고를 체계적으로 재구성했던 것이다.[14] 다시 말하면 A판은 초고를 환골탈태시키듯 재구성함으로써 고도의 체계성을 갖추게 되고, 나아가 "유고의 내용을 수미일관首尾一貫"하게 함으로써 그 "내용을 더욱 용이하게 이해할 수 있게" 했던 것이다.[15]

　　그러나 문제는 R판과 A판을 비교할 때 동일한 초고의 편찬이, 그것도 같은 연구소에 의해 작성되었다는 점을 감안할 때 어쩌면 이렇게 서로 다를 수 있느냐에 놀라지 않을 수 없다는 점이다. R판이 리야자노프의 편찬 지침에 따라 초벨에 의해 복원되었고, A판은 아도라츠키의 변경된 편집 방침에 따라 벨러에 의해 준비되었음은 잘 알려진 사실이다.[16] 다시 말하면 R판과 A판 사이에는 1931년 2월에 시작된 스탈린의 리야자노프 소환과 숙청이라는 커다란 정치적 사건

을 보라. 정문길, 「『독일 이데올로기』」, 「I. 포이어바흐장의 재구성」, 정문길, 앞의 책(1994), S. 203~209[이 책, pp. 173~179]도 보라.

14) "2. Die Richtlinien für die Redigierung der Manuskripte," MEGA¹ I/5, S. 561~564. 인용은 MEGA¹ I/5, S. XVII.

15) A판 편집의 구체적 내용은 MEGA¹ I/5, 561~583; 정문길, 앞의 글, pp. 209~218[이 책, pp. 180~190]을 보라. 인용은 廣松涉, 「『ドイツ・イデオロギー』編輯の問題點」, 『唯物論研究』21號(1965年 春號), p. 106.

16) *Marx-Engels-Archiv*, Bd. 1, S. 217; MEGA¹ I/5, S. XIX.

이 게재되어 있다는 사실에 주목할 필요가 있다. 그리고 이 사건을 통해 정치권력이 학술적 연구에 미칠 수 있는 영향이 얼마나 심대한 것인가를 확인하게 된다.[17]

『독일 이데올로기』의 제1부 「I. 포이어바흐」 장은 원래 "유물론적 역사관이 최초로 서술"된 초고로서 변증법적 유물론의 정초 과정을 추적하는 데 있어서 중요한 문건의 하나로 지목되고 있다.[18] 따라서 리야자노프는 이 중요한 문건을 초고의 원형에 충실하게 재현하려고 노력했던 것이다. 그러나 리야자노프의 숙청에 뒤이어 마르크스-엥겔스 연구소를 위양 받은 아도라츠키는 "마르크스주의 이론이 혁명적 프롤레타리아의 대중운동과 밀접히 연계되어야 한다"는 확고한 입장을 가지고 있었기에, 마르크스와 엥겔스의 저작도 학문적인 연구의 대상이기보다 "더욱 대중적이고 보편적으로 접근하기 쉬운 판본의 준비"가 필요하다는 점을 분명히 하고 있다. 그러므로 "마르크스와 엥겔스 저작의 국제적이고도 대중적인 판본의 출판"을 태만히 한 리야자노프의 과오를 단죄하는 아도라츠키의 입장에서는 「I. 포이어바흐」 장의 초고가 변증법적 유물론의 근본적인 문제들을 다각도로, 그리고 창조적으로 조명하고 있다고 판단했기에 이를 편자의 의도에 따라 재구성하는 만용을 부릴 수 있었던 것으로 보인다.[19]

---

17) 스탈린과 리야자노프의 역학관계나 리야자노프와 마르크스-엥겔스 연구소의 숙청에 관해서는 다음을 보라. Jakobv Grigor'evič Rokitjanskij, "Die 'Säuberung' —Übernahme des Rjazanov Instituts durch Adoratskij," *Beiträge zur Marx-Engels-Forschung*. Neue Folge, Sonderband 3(2001), S. 13~22.

18) D. Rjazanov, "Einführung des Herausgebers," S. 210.

19) 리야자노프와 마르크스-엥겔스 연구소의 연구원들에 대한 숙청이 진행되던 1931년 4월 1일의 공산주의 인터내셔널 집행위원회Exekutivkomitee der Kommunistischen Internationale: EKKI에서의 아도라츠키의 다음의 보고문을 보라. "Bericht von Vladimir Viktorvič Adoratskij über das Lenin-Institut und das Marx-Engels-Institut an das Plenum des EKKI vom 1. April 1931," *Beiträge zur Marx-Engels-*

다시 말하면 아도라츠키는 마르크스와 엥겔스의 역사적 유물론이 이 초고에서 처음으로 체계적으로 형성되었음을 증거하려는 강한 정치적 의도를 구체화하려 했으며, 그 결과는 그들이 "역사적–비판적" 전집이라고 자임하는 MEGA[1] I/5, 『독일 이데올로기』의 제1부 「I. 포이어바흐」 장으로 재현된 것이다. 따라서 MEGA[1] I/5에 재현된 「I. 포이어바흐」 장의 텍스트는 그것이 MEGA에 게재되었다는 이유 때문에 그 확고한 권위를 인정받고, 이후 30여 년간 독일어 원어의 신판이나 보급판, 그리고 다른 외국어 번역본의 저본으로서 군림했던 것이다.[20]

그러나 이 A판은 1962년 바네가 「I. 포이어바흐」 장에 속하는 3매의 초고 블라트를 IISG에서 발견, 공포함으로써 그 허구성이 백일하게 드러나게 되었다.[21] 그리하여 1960년대에 들어와서는 새로이 발견된 초고 블라트를 포함하는 신판본들이 발행되었는데 그중 대표적인 것이 바가투리야의 편집안에 근거한 1960년의 D판, 신MEGA 편집진이 구상한 1972년의 신MEGA 시쇄판, 그리고 1965년 이래의 히로마츠 자신의 논의에 근거한 1975년의 H판이 바로 그것이다. 그런데 1960년대와 70년대에 발간된 이들 여러 판본의 특징은 우선 A판

Forschung. Neue Folge, Sonderband 3(2001), S. 107~119. 인용은 차례로 S. 108, 117.

20) 이의 대표적인 예로는 독일어 원문으로 그 보급률이 가장 높은 Marx/Engels, *Werke*(MEW), Bd. 3(1958)을 들 수 있다.

21) A판 편집의 자의성恣意性을 가장 명백히 보여주는 것으로는 마르크스의 페이지 번호 S. 28(엥겔스의 보겐 번호 11-b)의 미완성 문장을 S. 8(엥겔스의 보겐 6-a)의 미완성 문장의 앞부분에 연결시킨 예이다. MEGA[1] I/5, S. 32, Z. 5와 Anm. 5 참조. 그러나 바네는 S. 28 다음의 S. 29 페이지가 포함된 초고 블라트(엥겔스의 보겐 11-cd)를 발견, S. 28 우란에서 S. 29 우란으로 연결되는 텍스트를 그의 논문에 게재하고 있다. Bahne, *op. cit.*, S. 96. A판 텍스트 편찬의 허구성에 대해서는 정문길, 앞의 글, pp. 209~218[이 책, pp. 181~190]을 보라.

(구MEGA 판)이 "필요하고도 충분한 근거도" 없이 "텍스트를 치환" 하여,[22] 심하게는 위서僞書로까지 지칭[23]되는 데 대한 반발로 "원래의 초고"에 충실한 텍스트의 재현을 제1의 미덕으로 삼고 있다는 점이다. 따라서 저자의 최종적인 의도가 담긴 판본Ausgabe letzter Hand으로서의 「I. 포이어바흐」 장의 텍스트 편찬에 있어서 가장 중요한 관건은 1) 유존하는 초고의 배열 순서와 2) 초고의 재현 양식에 집중되고 있다.

우선 1960년대와 70년대에 출판된 앞의 3개 판본의 초고의 배열 순서를 보면 모두가 "기본적으로" 중심 초고(Hauptmanustript: 일반적으로 "큰 묶음großes Konvolut"의 "기저고基底稿"라 칭한다)를 판본의 뒷부분에 배치하고,[24] 순서에는 차이가 없지 않으나 작은 묶음의 정서고, 이고異稿, 단편斷片, Fragment 들을 앞부분에 배치하고 있다. 다음으로 초고의 재현 양식은 D판이 평면적인 양식을 취하고 있으나 신MEGA 시쇄판과 H판은 2란欄, 혹은 2페이지 조판을 시도하고 있다. 원래 2란 혹은 2페이지 조판은 초고의 원형이 2란으로 나뉘어 있어 좌란에 지문Grundtext이, 우란에 수정이나 방주, 지시가 있어 이들을 초고에 나타난 자리에 정확하게 위치 짓기 위해 도입되었으나 H판의 경우는 초고의 우란에 위치해 있는 수정·방주·지시는 각주로 보내고 단편·이고·정서고 등을 우란에 배치하는 양식을 취하고 있다.[25]

---

22) 인용은 D-Ausgabe(앞의 D판), S. 1198.
23) 廣松涉, 앞의 글, p. 104.
24) H판은 예외적으로 큰 묶음의 제2블록과 제3블록 간의 마르크스의 페이지 매김의 결여분에 해당하는 S. 36~39를 메우는 데 작은 묶음의 정서고淨書稿 단편 〔3〕-abcd~ {4}-ab(혹은 MEGA I/5-8)을 끼워 넣고 있다.
25) H판에 대한 구체적 설명은 정문길, 『『독일 이데올로기』, 「I. 포이어바흐」 장의 재구성」, 앞의 책(1994), pp. 228~237〔이 책, pp. 201~211〕 및 정문길, 「1960년대와

어쨌든 1960년대와 70년대에 출판된 앞의 3개 판본은 모두가 초고 오리지널에 충실하다는 대명제 아래 텍스트의 복원을 시도했고, 그 결과 1) 초고 배열에 있어서 마르크스의 페이지 번호가 매겨진 기저고를 축으로 하여 정서고·이고·단편 들을 그 앞에 배치하는 데 일치하고 있다. 그러나 이들 정서고·이고·단편 들의 배열에 있어서 각 판본은 모두가 "[A판이] 시도한 텍스트의 위치 변경이 신중한 검토나 초고와 그 내용에 대한 가일층의 연구"에 기초한 것이 아니기에 초고 원형의 전달, "필적의 현상 형태가 인도하는 인식의 틀 안에서," 또는 "초고 자체의 유기적인 내부 구성"을 내세우며 텍스트의 배열을 시도하고 있으나, 그 어느 판본도 초고 배열의 정당성에 대한 결정적 단서를 제공하지는 못하고 있었다.[26] 특히 H판의 초고 배열에 나타나는 일탈은 편자 자신이 그처럼 혹독하게 비판하는 MEGA¹ I/5(A판)에 필적할 정도의 가설과 추측이 산재해 있다.[27] 따라서 "멀지 않은 장래"에 출판될 MEGA² I/5에서의 초고 배열은 관련 학계의 중요한 관심사이고, 이 문제를 둘러싼 학계의 논의가

70년대 일본 학계의 『독일 이데올로기』 논쟁」, 앞의 책(1994), pp. 257~271[이 책, pp. 234~250의 제4장 3.]; 정문길, 「『독일 이데올로기』 연구에 있어서 텍스트 편찬의 문제」, 정문길, 『한국 마르크스학의 지평』(문학과지성사, 2004), pp. 90~91[이 책, pp. 335~336]을 보라.

26) 인용은 각각 *Deutsche Zeitschrift für Philosophie*, Jg. 14(1966), Heft 10, S. 1198; MEGA² *Probeband*(Berlin: Dietz Verlag, 1972), S. 416; 廣松涉, 앞의 글, pp. 105~106.

27) H판은 오리지널에 접근하지 못한 편자가 A판과 R판만을 대상으로 하여 십수 년의 연구 끝에 완성한 엄청난 개인적 노력의 산물이다. 따라서 일본에서의 H판의 영향력은 폭발적인 것이었으나 그것이 독일 연구자들의 주의를 끌게 된 것은 1990년대 후반 이후의 일이다. 그러나 H판에 대한 MEGA 편찬자들의 평가는 그것이 갖는 학술적 의의나 편찬상의 기여에 대해서는 긍정적이지만 편자가 주장하는 "오리지널에의 충실성" "객관성" "정확성"에 대해서는 매우 회의적이다. *Marx-Engels-Jahrbuch* 2003, S. 19*. 앞의 주 25)도 보라.

1990년대 후반 이후에 촉발되었던 것이다.[28]

한편 2) 텍스트의 재현 양식에 관한 문제는 신MEGA 시쇄판이 새
로운 전기를 마련했다. 즉 마르크스나 엥겔스의 초고 오리지널에 접
근하거나 그것의 원형을 상상하기 어려운 독자들을 위해 신MEGA
시쇄판은 2란 조판을 통해 그 원형을 구체화했던 것이다. 다시 말하
면 이 판은 좌란에 초고 오리지널의 좌란에 씌어진 기본 텍스트
Grundtext를 재현하고 우란에는 역시 초고의 우란에 기재된 수정이나
방주, 지시 등을 본래의 위치에서 재현하도록 배려하고 있다.[29] 따
라서 이 같은 텍스트의 재현 방법은 『독일 이데올로기』, 「I. 포이어
바흐」 장 초고의 특성을 살리는 데 긍정적으로 기여한다는 점에서
크게 환영받고 있는 것이 사실이다. 그리고 이 신MEGA 시쇄판의
실험은 1982년에 출간된 MEGA^2 I/2에 게재된 『경제학·철학 초고』
의 제1재현부에서 구체화되면서 그 효과를 입증하게 되었던 것이
다.[30] 그러나 주지하다시피 마르크스와 엥겔스가 공동으로 저술한

---

28) 1995년 11월 2~3일, 도쿄에서 개최된 "엥겔스 국제 세미나" 제2세션의 주제가 "『독
일 이데올로기』의 편집 문제"였다. 이때 발표된 논문들은 『マルクス·エンゲルス·マ
ルクス主義研究』27號(1996年 6月)에 게재되었다. 鄭文吉, 「『ドイツ·イデオロギー』
研究におけるテキスト編纂の問題」, 『マルクス·エンゲルス·マルクス主義研究』27
號(1996年 6月), pp. 1~30; 小林昌人, 「『ドイツ·イデオロギー』第1篇編集の基本的
諸問題―鄭文吉へのコメントと新MEGA(試行)版の批判」, 같은 책, pp. 31~66; 橋
本直樹, 「『ドイツ·イデオロギー』'I. フォイエルバッハ"の手稿の編成に關して」, 같
은 책, pp. 67~87. Moon-Gil Chung, "Einige Probleme der Textedition der Deu-
tschen Ideologie, insbesondere in Hinsicht auf die Wiedergabe des Kapitels 'I.
Feuerbach,'" *Beiträge zur Marx-Engels-Forschung*. Neue Folge, 1997, S. 31
~60도 보라. 정문길, 「『독일 이데올로기』 연구에 있어서 텍스트 편찬의 문제―특히
「I. 포이어바흐」 장의 재현 문제와 관련하여」(1996), 정문길, 앞의 책(2004), pp.
63~102〔이 책 제5장〕 참조.
29) 초고 오리지널의 우란에 씌어진 수정의 경우, 그것이 좌란의 본문에 삽입 위치가 명시
된 경우에는 모두 좌란의 본문 텍스트에 연결하여 재현되고 아파라트에 그러한 사실이
설명돼 있다.
30) 『경제학·철학 초고』는 MEGA^2 I/2(1982)에서 원래의 초고 오리지널을 복원하려고 한

412

『독일 이데올로기』의「I. 포이어바흐」장은 마르크스가 혼자 쓴『경제학·철학 초고』보다 초고의 재현이 훨씬 복잡하다. 다시 말하면 전자는 복수의 저자가 눈앞의 출판 계획을 전제하고서 수정과 삭제 및 편집을 거듭하고 있었기에 자기 이해를 위한 발췌를 우선하는 후자보다 그 초고의 조성이 더욱 다양한 단계를 거치고 있다. 따라서 한국과 일본의 학자들은『독일 이데올로기』,「I. 포이어바흐」장의 재현에는 기존 MEGA의 편찬 지침을 "부분적"으로 변용하더라도 초고 조성의 다양한 단계가 MEGA² I/5에서 구체화되기를 요구한 바 있다.[31] 이렇게 볼 때『독일 이데올로기』,「I. 포이어바흐」장의 재현에 있어서 적어도 2란 조판은 이제 하나의 대세로 자리 잡았다고 해도 과언이 아니다.[32]

제1재현부와 종래의 논리적 체계에 따른 제2재현부를 함께 수록하고 있다. MEGA² I/2, S. 187~322, 323~444. 이의 우리말 번역본, 칼 맑스,『1844년의 경제학 철학 초고』(최인호 옮김, 박종철출판사, 1991), pp. 82~140을 보라. 정문길,「마르크스,『경제학·철학 초고』의 텍스트 비판」, 정문길,『에피고넨의 시대』(문학과지성사, 1987), pp. 191~266도 참고하라.

31) "Anforderung an die Edition des Manuskripts 'I. Feuerbach' im Band I/5 der MEGA²," Tokio, 11. November 1995, gez. Naoki Hashimoto(Ms.) ; 'Die Forderungen an die Redaktionskommission des Bandes I/5 der MEGA² über die Edition der 'Deutschen Ideologie,'" 19. November 1995. gez. Tadashi Shibuya(Ms.) ; Tadashi Shibuya, "Probleme der Edition der 'Deutschen Ideologie,'" *MEGA-Studien*, 1996/1, S. 108~116; Moon-Gil Chung, *a.a.O.*, S. 59~60, Anm. 23) 등을 보라.

32) 그러나 이 같은 2란 구성이나 양면 페이지 이용이 앞에서 언급한 바 있는 H판의 경우처럼 정서고나 이고, 단편들의 수록을 위해 사용된다면 이러한 조판의 유용성은 크게 감소된다고 하겠다. 한편 2란 조판의 초고의 재현에서 삭제 부분의 세자細字로의 재현과 마르크스와 엥겔스의 필적을 구분해서 활자화해야 한다는 한국과 일본 학자들의 요구는, 그것이 구체화되었을 때 반드시 긍정적인 것만은 아니라는 것은 일본어로 재현된 텍스트를 검토한 저자의 다음 서평에 지적되고 있다. Moon-Gil Chung, "Zur Neuausgabe der Deutschen Ideologie in Japan," *Beiträge zur Marx-Engels-Forschung*. Neue Folge, 2001, S. 285~292(정문길,「일본에서 출판된『독일 이데올로기』,「I. 포이어바흐」장의 신판에 대한 검토와 비판」,『현상과인식』, 25권 1/2호 (2001년 봄/여름), 정문길, 앞의 책(2004), pp. 142~151〔이 책 제7장〕을 보라.

그러나 이상과 같은 기존 여러 판본 간의 차이나 거기에 수반하는 상이한 논의의 전개는 어차피 MEGA² I/5의 편찬 과정으로 수렴되고, 그것이 마침내는 결정본이 될 "역사적-비판적" 전집에서 대단원이 맺어질 것으로 기대되었다. 그럼에도 불구하고 이의 출판은 이미 앞에서도 언급한 바와 같이 무작정 천연되어오다가, 2004년에서야 MEGA의 동반 잡지인 『마르크스-엥겔스 연지 2003』에서 「I. 포이어바흐」 장 잠정판의 출판에 이르게 된 것이다. 이에 다음 절에서 이 잠정판에 게재된 「I. 포이어바흐」 장의 내용을 구체적으로 검토해보고자 한다.

3. 문헌학적 분석에 기초한 『독일 이데올로기』 잠정판의 「I. 포이어바흐」 장 재현

3.1. "잠정판Vorabpublikation"의 의미

『마르크스-엥겔스 연지 2003』에 게재된 『독일 이데올로기』는 제1권의 「I. 포이어바흐」「라이프치히 종교회의」「II. 성 브루노」와 더불어 바이데마이어가 집필한 「브루노 바우어와 그의 변호자」를 부록으로 포함한 "잠정판"을 선보이고 있다. 신MEGA가 마르크스-엥겔스 저작의 본격적인 출판을 진행하는 과정에서 정식의 MEGA 본권 외에 이를 준비하는 단계에서 시험적으로 출판한 판본은 이번의 잠정판을 포함하여 다음의 4종이다.

1) 신MEGA 시쇄본(1972) .[33]
2) 신MEGA 제IV부의 난외방주 시쇄본(1983) .[34]

3) 신MEGA IV/32의 선행판(1999). [35]

4) 『독일 이데올로기』 잠정판(2004). [36]

먼저 1972년에 발행된 시쇄본_Probeband_은 소련과 독일의 공산당 중앙위원회 산하의 마르크스-레닌주의 연구소_IML_가 1920년대와 30년대에 발행하다 중단된 구MEGA 사업을 계승하여 신MEGA를 준비하는 과정에서 신MEGA 편찬의 기본 원칙들과 그것이 텍스트 편찬에 직접적으로 적용되었을 때 어떠한 형태로 나타나는지를 구체적으로 보여주는 시험 출판_Probestücke_의 형식을 갖는다. 그리하여 4부_Abteilung_ 구성의 MEGA 각 부에서 대표적인 텍스트를 시험적으로 재현하고 있는데 제I부의 경우 『독일 이데올로기』의 「I. 포이어바흐」 장이 제시되어 있다. 그리고 이 시험 인쇄본은 각국의 전문가들에 배포되어 MEGA에서의 텍스트 재현의 타당성이나 객관성을 검증받는 데 기여했다.

한편 1983년에 발간된 신MEGA 제IV부의 난외방주 시쇄본_Marginalien._

---

33) MEGA² _Probeband. Editionsgrundsätze und Probestücke_, hrsg. vom IML beim ZK der KP der Sowjetunion und IML beim ZK der Sozialistischen Einheitspartei Deutschlands(Berlin: Dietz Verlag. 1972).

34) MEGA² IV. Abteilung. Probeheft. _Marginalien. Probestücke_. Text und Apparat. hrsg. vom IML beim ZK der KP der Sowjetunion und IML beim ZK der Sozialistischen Einheitspartei Deutschlands(Berlin: Dietz Verlag, 1983).

35) MEGA² IV. Abteilung. Vorauspublikation zu Band 32. _Die Bibliotheken von Karl Marx und Friedrich Engels. Annotiertes Verzeichnis des ermittelten Bestandes_, hrsg. von der Internationalen Marx-Engels-Stiftung(Berlin: Akademie Verlag. 1999).

36) "Karl Marx, Friedrich Engels, Joseph Weydemeyer, _Die Deutsche Ideologie. Artikel, Druckvorlagen, Entwürfe, Reinschriftenfragmente und Notizen zu I. Feuerbach und II. Sankt Bruno_," _Marx-Engels-Jahrbuch_ 2003, hrsg. von der Internationalen Marx-Engels-Stiftung(Berlin: Akademie Verlag, 2004).

Probestück은 신MEGA의 제IV부에 발췌와 메모 이외에 마르크스–엥겔스의 장서 목록과 거기에 씌어진 독서 흔적——유언有言의 난외방주 sprechende Marginalien와 기호 및 줄긋기 등——을 전집에 포함하게 됨에 따라 이를 구체화하는 준비 작업으로 이루어진 것이다. 따라서 MEGA 제IV부는 발췌와 메모를 게재하는 40권의 제1편과 장서의 주석 목록과 난외방주 등을 포용할 30권의 제2편을 기획했으나 1995년에 수정된 편찬 지침에 따라 후자는 MEGA IV/32의 1권 3책으로 축소되었다. 그러나 이 난외방주 시쇄본은 이후의 난외방주본의 편찬에 있어서 하나의 지침서로 이용되고 있다.

1999년에 발행된 MEGA² IV/32의 선행판Vorauspublikation은 당초 30권으로 이루어질 예정이던 MEGA² 제IV부 제2편의 장서의 주석 목록과 난외방주본Edition der Marginalien이 1990년대 이래의 동구권의 정치적 변화로 말미암아 이 같은 편찬 계획이 대폭 축소 수정되면서 이를 단 1권의 MEGA에 압축하기 위한 선행판으로, MEGA² IV/32 의 앞부분에 해당하는 주석 목록을 미리 출판한 것이다.[37] 마르크스와 엥겔스의 장서 목록은 1920년대에 니콜라에프스키Boris Ivanovič Nikolaevskij에 의해 작성되기 시작한 이후 4분의 3세기가 지난 시점에서 상당한 정도의 복원이 이루어졌다. 따라서 장서의 상태에 대한 구체적 묘사와 소장처, 유언有言과 무언無言의 난외방주에 대한 조사가 이루어져 이에 대한 개략적 서술이 가능하게 되어 난외방주본의 선행 자료로 출판된 것이다. 그러므로 이 선행판은 MEGA² IV/32의 완결과 더불어 보유와 수정이 행해질 것으로 기대된다.[38]

---

37) MEGA 제IV부의 마지막 권이 될 이 난외방주본은 3책으로 구성될 예정이다. 즉 IV/32.1은 장서의 주석 목록, IV/32.2는 장서의 텍스트에 나타나는 유언有言의 방주본, IV/32.3은 개개 장서에 나타나는 여러 가지의 독서 흔적에 대한 주석이 게재될 예정이다.

그렇다면 『마르크스-엥겔스 연지 2003』에 출판된 『독일 이데올로기』, 「I. 포이어바흐」의 "잠정판"은 무엇을 의미하는가? 이 잠정판은 『마르크스-엥겔스 연지 2003』의 "편자의 말Editorial"이 밝히고 있는 것처럼 2008년에 이르러서야 출판될 신MEGA 판 I/5 『독일 이데올로기』를 기다리기에는 그 시간적 공백이 크기에 이로 인한 자료상의 흠결을 메우기 위해 "잠정적으로" 「I. 포이어바흐」 장과 「II. 성 브루노」 장을 출판하게 되었다는 것이다. 그리고 이처럼 중요한 자료들을 "역사적-비판적" 전집이 출판되기 이전에 학문적 비판을 위해 잠정적으로 출판Vorabdruck하여 이용을 용이하게 하는 것이 지극히 중요하다는 전제는 1920년대에 『마르크스-엥겔스 아키브』를 편찬한 리야자노프에 의해서도 이미 천명된 바 있다.[39] 이렇게 볼 때 『마르크스-엥겔스 연지 2003』에 게재된 「I. 포이어바흐」는 이 장의 완결본이라기보다 앞으로도 연구와 비판을 통해 수정의 가능성이 존재하고 있음을 IMES의 『마르크스-엥겔스 연지 2003』 편자들은 유념하고 있는 것으로 보인다.[40]

---

38) 정문길, 「마르크스-엥겔스의 장서에 나타나는 난외방주의 의의와 이의 출판 문제—신 MEGA IV/32(선행판)의 발간에 즈음하여」, 『현상과인식』 89호(2003년 봄/여름) 참조. 정문길, 『한국 마르크스학의 지평』, pp. 155~176에 수록. Moon-Gil Chung, "Marginalien und CD-Rom: Zur Veröffentlichung des Verzeichnisses der Bibliotheken von Marx und Engels in der Vorauspublikation zum Band IV/32 der MEGA²," *Beiträge zur Marx-Engels-Forschung*. Neue Folge, 2004, S. 240~254.

39) "Editiorial," *Marx-Engels-Jahrbuch* 2003, S. 3*, 1*. *Marx-Engels-Archiv*, Bd. I, S. 3.

40) 잠정판Vorabpublikation의 텍스트로서의 완성도에 대한 논의는 다양할 수 있다. 그러나 "잠정판"은 결정본 이전의 "Vorabdruck"를 의미하기에 필요하다면 텍스트의 수정도 가능하다는 것을 의미한다. 이러한 사실은 2004년 11월 29일 베를린의 BBAW에서 만난 IMES의 사무국장이자 『마르크스-엥겔스 연지』의 편집자이기도 한 노이하우스 교수Prof. Dr. Manfred Neuhaus와의 대담을 통해서도 확인된 바 있다.

따라서 저자가 여기에 게재된 「I. 포이어바흐」의 텍스트 재현 방법을 면밀히 검토하여 그것이 최선의 것인가를 묻는 것은 지금까지 이 문제에 연구 관심을 가져왔던 학자로서는 당연한 의무의 하나이기도 하다. 이에 저자는 기왕의 여러 판본의 텍스트에 대한 논의와 맥을 같이하여 이 잠정판의 텍스트를 초고의 배열 순서와 재현 양식을 중심으로 검토해보고자 한다.

3.2. 잠정판 텍스트의 배열 순서

『독일 이데올로기』, 「I. 포이어바흐」 장 잠정판의 텍스트가 갖는 가장 주목할 만한 특징은 그 텍스트의 배열 순서이다. 주지하다시피 「I. 포이어바흐」 장의 특징은 미완의 초안·정서고·메모 등으로 이루어진 완결되지 않은 장절이라는 점이다. 따라서 이들 완결되지 않은 초고·정서고·이고 등을 어떠한 순서로 배열하느냐의 문제는 「I. 포이어바흐」 장의 편찬에 있어서 가장 중요한 관건이 되어왔다.

사실 큰 묶음의 초안과 작은 묶음의 독립된 초안·정서고·이고 등의 존재는 「I. 포이어바흐」 장의 일관된 편찬을 가로막는 가장 큰 장애물이었다. 하나의 장절에 서로 다른 집필 단계의 초고가 혼재한다는 사실은 이 초고를 편찬하는 연구자들에게 해당 장절의 논리적 전개를 중시하느냐 아니면 저자가 남겨둔 초고의 상태를 최종적인 것으로 간주하느냐 하는 갈림길에서 헤매게 한다. 전자의 대표적 예가 앞에서 살펴본 A판, 즉 MEGA[1] I/5의 경우요, 후자의 경우에는 A판을 제외한 리야자노프 이래의 여러 판본이 해당된다.

그러나 문제는 후자의 경우에 있어서도 여러 판본들은 초고의 배열 순서에 있어서 차이를 보이고 있다. 전체적으로 보아 이들은 큰 묶음의 기저고를 뒤에 배치하고〔R판은 예외적으로 큰 묶음의 마지막에 정서고 〔3〕-abcd~{4}-ab(I/5-8)을 연결시키고 있다〕, 작은 묶음의 단편들을 앞부분에 배치했다. 그러나 이들 앞부분의 초고 단편의 배열도 막상 쉽지 않아 각 판본의 편자들은 "저자의 최종적인 의도Ausgabe letzter Hand"라는 명분을 내세워 이들을 서로 다르게 편찬하고 있다(다음의 〈표 8-1〉을 보라).

그런데 『마르크스-엥겔스 연지 2003』은 「I. 포이어바흐」장에 포함된 초고를 기저고에 해당하는 큰 묶음(MEGA I/5-3)과 정서고·단편·이고를 포함하는 작은 묶음으로 나눌 때, 이의 배열을 지금까지 출판된 다른 판본들과는 확연히 구별하여 그 순서를 역전시키고 있다. 즉 잠정판은 큰 묶음의 기저고를 앞부분에 배치하고 작은 묶음을 뒷부분에 배치하는 등 예상을 초월하는 편찬을 하고 있다. 다시 말하면 이 잠정판은 「I. 포이어바흐」장에 분류된 큰 묶음의 기저고를 그것보다 후에 집필된 작은 묶음에 선행시킴으로써 초고의 배열을 철저히 초고의 집필 연대순에 의거한다는 MEGA의 편찬 원칙, 즉 초고의 "집필 시기에 따른 연대기적 배열"을 충실히 따르고 있다.[41]

한편 잠정판은 작은 묶음의 배열 순서도 "엄격히" 집필 순서에 따라 배열한다면서 I/5-4(IISG 번호: H2/H1)를 큰 묶음의 다음, 즉 작은 묶음의 선두에 배치하고 뒤이어 I/5-5({2}-abcd)를 I/5-6(〔1?〕-abcd~〔2?〕-a) 앞에 배치하고 있다. 다시 말하면 잠정판은 지금까지의 여러 판본과는 달리 저자들이 미완성으로 남겨둔 초고를 "더 이상 편집하거나 확대하지 않음으로써" 유물론적 역사 파악의

---

41) *Editionsrichtlinien der Marx-Engels-Gesamtausgabe(MEGA)*, hrsg. von der Internationalen Marx-Engels-Stiftung Amsterdam(Berlin: Dietz Verlag, 1993), S. 22~23, B. II. 1, 2, 3.

<표 8-1> 원어로 편찬된 「I. 포이어바흐」 장 주요 판본의 초고 배열 순서

판본		R판 (1926)	A판 (1932)	B판(D판) (1965/66)	신MEGA 시쇄판 (1972)	H판 (1974)	신MEGA 잠정판 (2004)
작은 묶음	H2/H1 MEGA I/5-4 "Feuerbach"/ "a) F's ganze Phil. läuft heraus auf [···] [···]daß nur in der Zeit eine veränderung mögl."		부록			부록II	V
	[1?]-abc MEGA I/5-6α "I. Feuerbach"/ "Wie ⟨unsere⟩ deutsche⟨n⟩ Ideologen ⟨versichem⟩ melden, [···] [···], der außerhalb Deutschland liegt. ⟨···⟩"	I	본문이고	부분각주	이고명세	I-1***	VII-1
	[1?]-cd~[2?]-a(bcd)* MEGA I/5-6β "1. Die Ideologie überhaupt, speciell die deutsche Philosophie/ A."/ "⟨···⟩/ Die Voraussetzungen [···] [···] durch die Produktion bedingt"	III	III	III	III	III-1***	VII-2
	{1}-ab** MEGA I/5-7[Reinschrift] "I. Feuerbach"/ "Wie deutsche Ideologen melden, [···] [···], der außerhalb Deutschland liegt."	생략	I	I	II	I	VIII Einleitung
	{2}-abcd MEGA I/5-5[Reinschrift] "I. Feuerbach"/ A. Die Ideologie überhaupt, namentlich die deutsche."/ Die deutsche Kritik[···] [···] eignen materiellen Umgebung zu fragen."	II	II	II	I	II	VI
	{3}-abcd, {4}-ab(cd)* MEGA I/5-8[Reinschrift] "Die Beziehungen verschiedener Nationen [···] [···] einen Monarchen an der Spitze."	IX****	IV	IV	IV	V**	IX Fragment 1
	{5}-abcd MEGA I/5-9[Reinschrift] "Die Tatsache ist also die: [···] [···] an historischen Beispielen erläutern"	IV	V···	V	V	III-2***	X Fragment 2
큰 묶음	S. 1~2 [6]-[11](S. 8~29) MEGA I/5-3α	/ V	/ ?	VI VII	VI VII	부록I III	I-1 I-2
	[20]-[21](S. 30~35) MEGA I/5-3β	VI	?	VIII	VIII	IV	II
	[84]-[92](S. 40~72) MEGA I/5-3γ	VII	?	IX	IX	VI	III
	[92]-b(마지막 메모) MEGA I/5-3δ	VIII	부록	X	X	VII	IV

작은 묶음의 H2/H1은 IISG의 분류 번호고, "〔 〕" "{ }"는 보겐을 표시하고 보겐의 4개 면
은 abcd로 표시했다. 그리고 큰 묶음의 S. 1~2, 8~29, 30~35, 40~72는 마르크스의
페이지 번호, 〔 〕 안은 엥겔스의 보겐 번호이다. 보겐 다음 행의 MEGA I/5-x는 IMES가
『독일 이데올로기』의 개개 초고에 붙인 분류 번호이다.
한편 이 분류 번호 밑에 있는 원문은 앞부분이 초고 단편의 문장의 시작이고, 뒷부분이 마
지막 문장이다(〔…〕 안은 생략, 〈…〉 안은 말소 부분을 표시한다).
　* 〔2?〕-bcd와 {4}-cd는 여백
　** 보겐(4페이지)의 반인 블라트(2페이지)이다.
　*** H판의 경우, 작은 묶음의 특정 초고를 짝수 면의 본문 주 텍스트에 대응하는 초안이
　　　 나 개정이고로 홀수 면에, 또는 큰 묶음의 분실된 지문으로 간주 짝수 면에 게재한
　　　 경우이다.
**** 「I. 포이어바흐」 장의 텍스트 최후에 배치.

도정이 어떻게 완성 상태에 이르는가를 구체적으로 보여주겠다고 공
언하고 있다. 다시 말하면 편자들은 일정한 연관성을 가진 것으로
보이던 「I. 포이어바흐」 장의 초고·정서고·단편 들을 철저히 문헌학
적으로 분석, 해체함으로써 마르크스와 엥겔스가 당대의 논쟁 과정
에서 얻은 갖가지 흔적이 텍스트에 반영되게 하려는 강한 의지를 보
이고 있는 것이다.[42]

　어쨌든 이 잠정판은 1996년 10월, 『독일 이데올로기』의 편집 문제
를 다루는 전문가 회의[43]에서 타우베르트의 「I. 포이어바흐」 장의 초
고 배열에 집착해오던 독일-프랑스의 메가 작업 그룹이 종래의 입장
을 "문헌학적 분석"이라는 명분에 근거하여 새삼 확인해주고 있을
뿐이다. 따라서 그들이 큰 묶음의 I/5-3(기저고)을 「I. 포이어바흐」
장의 맨 앞으로 옮기는 결단을 내린 것은 의미 있는 텍스트의 편집

---

42) *Marx-Engels-Jahrbuch* 2003, S. 3*~4*, 20*.

43) 정문길, 「신MEGA I/5 『독일 이데올로기』의 구성—『독일 이데올로기』의 편집 문제를
　　다룬 전문가 회의 참가 보고」, 『한국정치학회보』 30집 4호(1996), 정문길, 『한국 마르
　　크스학의 지평』(2004), pp. 103~141〔이 책 제6장〕; Jürgen Rojahn, "Bericht:
　　Spezialkonferenz 'Die Konstitution der Deutschen Ideologie,' 24~26. Oktober
　　1996. Trier," *MEGA-Studien*, 1977/1, S. 147~157.

으로 평가할 수 있겠으나, 작은 묶음의 배열 순서는 초고의 문헌학적 분석이라는 잠정판의 편찬 방침에도 불구하고 쉽사리 수긍되지 않는다.

우선 이 잠정판은 작은 묶음의 초고를 배열하면서 1) "Feuerbach"란 제목이 붙은 2페이지 분량의 초고(H2/H1; I/504)를 작은 묶음의 선두에 배치하고, 2) 기존 작은 묶음의 초고 중 "Feuerbach/A. Die Ideologie überhaupt, namentlich die deutsche"({2}-abcd I/5-5)를 앞의 I/5-4 다음에 배치하고 있는 점이 특히 주목된다.

먼저 초고 I/5-4는 구MEGA의 A판에서는 부록으로(A판, S. 538~540), 그리고 H판에서는 부록 II로(H판, S. 158~159) 수록되어 있었으나 다른 판본에서는 이를 「I. 포이어바흐」 장에 포함시키지 않았다. 그러나 잠정판은 이를 기저고와 작은 묶음의 초고들 사이에 게재하고 있다. 이 초고는 포이어바흐의 『장래 철학의 근본 원리』에 대한 명제들을 정리한 것으로 「I. 포이어바흐」 장을 위한 준비 노작 Vorarbeit으로 추정된다. 원래 베벨과 베른슈타인에게 유증한 엥겔스의 유고 중 서간문 포장 봉투 14Paket Nr. 14: Verschiedene Manuskripte von Engels에 포함되어 있던 이 초고는 타우베르트가 일찍부터 종이의 질 Papiersorte로 보아 「I. 포이어바흐」 장에 속하는 것으로 판단하고 있었다.[44] 그러나 이 초고가 작은 묶음의 맨 선두에 오기 위해서는 그 집필 시기가 확정되어야 하는데 이의 구체적 증거가 제시되지 않고 있다.[45] 단지 잠정판은 이의 집필 시기를 1846년 1~3월 사이로 비

---

44) Inge Taubert, "Zur Entstehungsgeschichte des Manuskripts 'Feuerbach' und dessen Einordnung in den Band I/5 den MEGA²," *Beiträge zur Marx-Engels Forschung*, 26(1989), S. 101~109; Inge Taubert, "Die Überlieferungsgeschichte der Manuskripte und die Erstveröffentlichungen in der Originalsprache," *MEGA-Studien*, 1997/2, S. 37; *Marx-Engels-Jahrbuch* 2003, S. 292~293.

정批正하고 있을 뿐이다.

 다음으로 작은 묶음의 배열에서 우리가 주목하는 점은 I/5-5({2}-abcd)를 I/5-4 다음에 배치하여 기존의 작은 묶음 가운데 맨 앞으로 올렸다는 사실이다. MEGA² I/5(『독일 이데올로기』) 편집진은 저자를 포함한 몇몇 연구자들의 이론異論[46]에도 불구하고 MEGA² I/5-5를 초고에 기재된 제3자에 의한 일련번호를 무시한 채 지속적으로 작은 묶음의 앞부분에 배치하고 있다. 보겐 번호 "{2}"가 씌어진 이 초고는 구MEGA 이래 지금까지 {1}(1블라트), {2}, 〔3〕, {4}, 〔5〕의 보겐 번호가 매겨진 일련의 초고의 순서와 관련되는 것으로 이해되어왔다. 그러나 잠정판은 집필 당시의 보겐 혹은 페이지 번호로서 엥겔스가 기재한 것은 "5."에 한정되고, 지금까지 일반적으로 마르크스 사후 엥겔스가 기재했다고 추측되는 보겐 번호 "3)"은 그 가능성이 없지 않으나 확증이 없으므로 이들 5개 보겐을 포용하는 거점Anhaltspunkt으로 이용하기엔 충분하지 못하다고 추론하고 있다. 따라서 이들 보겐 번호가 의미를 갖기 위해서는 이들 5개 보겐의 순서가 엥겔스가 그의 유고를 베벨과 베른슈타인에게 유증하던

---

45) 타우베르트는 이의 집필 시기를 막연히 이르면 1845년 10월 말, 그리고 집필 완료는 1845년 12월 이전이나 1846년 1월 이전에는 이루어지지 않았을 것이라 추정하고 있다. 그리고 그녀는 여러 차례에 걸쳐 집필 시기를 구체적으로 확정하는 과정이라고 언급하면서도 이를 밝히지 못하고 있다. Inge Taubert "Die Entstehungsgeschichte…," S. 107, 109, Anm. 30), 31)을 보라. 정문길, 「신MEGA I/5『독일 이데올로기』의 구성—『독일 이데올로기』의 편집 문제를 다룬 전문가 회의 참가 보고」, 정문길, 『한국 마르크스학의 지평』, pp. 126~128〔이 책, 제6장 pp. 373~375〕도 참조.

46) Moon-Gil Chung, "Einige Probleme der Textedition der Deutschen Ideologie," S. 47~60. 정문길, 「『독일 이데올로기』 연구에 있어서 텍스트 편찬의 문제—특히 「I. 포이어바흐」 장의 재현 문제와 관련하여」(1996), 정문길, 『한국 마르크스학의 지평』, pp. 85~102〔이 책, pp. 329~347〕. 같은 책, pp. 128~130〔이 책, pp. 377~379〕도 참조.

시기에 정리된 순서여야 한다는 전제가 따른다고 한다. 그러나 잠정판의 편자는 유증된 초고가 베른슈타인, 메링, 리야자노프의 손을 거치면서 기왕에 기재된 "3)," "5."의 번호를 중심으로 보겐 번호나 페이지 번호가 추가로 매겨졌을 가능성이 있으므로 이들 보겐 번호는 결국 추측의 단계를 벗어날 수 없다고 보고 있다.[47]

그러나 여기서 생기는 의문은 I/5-5가 I/5-6보다 "반드시" 시기적으로 앞서서 집필되었다는 증거가 타우베르트의 연구나 IMES의 『메가-연구』 그 어디에도 보고된 바 없다. 따라서 마르크스와 엥겔스 이외의 제3자에 의해 보겐 번호 {1}(Einleitung: 정서고) 다음에 보겐 번호 {2}가 매겨진 이 초고(I/5-5: 정서고)를 I/5-6([1?]∼[2?]) 앞에 배치하는 일이 반드시 타당한 것이냐는 의문이 제기된다. 그리고 타우베르트가 I/5-5의 집필 시기를 종래 1846년 4월 15일에서 7월 20일 사이로 추정했다가 최종적으로 "1846년 6월경"으로 비정하는 이유도 반드시 설득력이 있는 것은 아니다. 잠정판은 바이데마이어가 독일로 떠난 4월 중순과 베르트가 브뤼셀을 떠난 6월 초순의 시점에서 「I. 포이어바흐」 장을 제외한 초고의 대부분이 마무리되었다고 본다. 다시 말하면 「I. 포이어바흐」 장의 집필 계획이 확정된 것이 바로 이 시점이며,[48] 정서고(혹은 인쇄용 원고)인 I/5-5와 초안인 I/5-6이 집필된 것이 "1846년 6월경"이고, 나머지 작은 묶음의 초고는 모두 1846년 6월에서 7월 초반에 집필되었을 것으로 추정하고 있다.[49] 그러나 잠정판 편자의 이 같은 주장은 I/5-5를 I/5-6, I/5-7, I/5-8, I/5-9와 차별하기 위한 의도적인 집필 시기의 전진

---

47) *Marx-Engels-Jahrbuch* 2003, S. 301∼302. Inge Taubert, "Die Überlieferungs-geschichte…," S. 36도 보라.

48) *Marx-Engels-Jahrbuch* 2003, S. 168, 300, 328, 337.

49) *Marx-Engels-Jahrbuch* 2003, S. 300, 308, 315, 319, 324를 보라.

배치에 불과하다는 혐의를 벗어나기 어려운 것으로 보인다.[50]

3. 3. 초고의 재현 양식

잠정판의 초고 재현은 기본적으로 신MEGA 시쇄판과 같이 2란 구성으로 되어 있다.[51] 그러나 잠정판의 2란 구성은 큰 묶음의 기저고(잠정판, S. 6~100)에 한정된다. 다시 말하면 작은 묶음의 초고 오리지널에는 우란을 이용한 경우가 적지 않으나, 그것은 좌란의 본문에 대한 즉각적인 수정이나 사후의 수정·추가를 위해 이용되고 있다. 그리고 대부분의 경우 이 수정 부분이 본문에 삽입되어야 할 위치가 "F" 등의 기호를 통해 명확히 지정되어 있어 우란을 이용할 필요가 거의 없기 때문이다. 실제로 신MEGA 시쇄판의 경우 2란 구성의 조판이었음에도 불구하고 작은 묶음의 초고를 재현한 S. 33~46의 우란은 단 한 번도 이용되지 않았다.[52] 따라서 큰 묶음의 기저고를 제외한 초고의 재현에서 2란 사용의 실익이 없기에 이를 통단 체제로 바꾸는 것에는 무리가 없다.

---

50) Inge Taubert/Hans Pelger/Jacques Grandjonc, ˝Die Kostitution von MEGA² I/5 ˝Karl Marx, Friedrich Engels, Moses Heß: Die deutsche Ideologie. Manuskripte und Drucke(November 1845 bis Juni 1846),˝˝ *MEGA-Studien* 19976/2, S. 69~73에 게재된 각 초고의 ˝04100 Datierung zur Entstehung˝ 항목을 보라. 1997년의 이 글에 의하면 MEGA I/5-5에서 I/5-9에 이르는 작은 묶음의 모든 초고의 집필 연대는 1846년 4월 15일에서 7월 20일 사이로 추정하고 있다. 정문길, 「신MEGA I/5『독일 이데올로기』의 구성」, 『한국 마르크스학의 지평』, S. 128~130〔이 책, pp. 375~377〕도 참조.

51) 2란 구성의 또 다른 예로 우리는 히로마츠의 H판을 들 수 있다. 그러나 마주보기 양면을 이용한 H판은 오른쪽 홀수 면을 짝수 면에 게재된 초고의 피사고被寫稿나 이고異稿, 그리고 장문의 메모나 방주만을 게재하고 있기에 초고의 실상을 활자화하려는 신MEGA 편찬자들의 2란 구성과는 구별된다.

52) 작은 묶음 초고 오리지널에는 즉각적인 수정이 2곳, 본문에의 삽입 표지 "F"가 있는 수정이 14곳(마르크스의 수정 3곳 포함), 부분적으로 삭제된 초고 부분에 3곳의 마르크스의 수정이 보인다.

<표 8-2> 잠정판 「I. 포이어바흐」 작은 묶음의 게재 순서와 표제

잠정판의 초고 게재 순서	초고의 표제(〔〕 안은 편찬상 표제)
① I/5-4: H2/H1	Feuerbach
② I/5-5: {2}-abcd(정서고)	I. Feuerbach. A. Die Ideologie überhaupt, namentlich die deutsche
③ I/5-6: 〔1?〕-abc(④의 피사고) 〔1?〕-cd~〔2?〕-a	I. Feuerbach. 1. Die Ideologie überhaupt, speziell die deutsche Philosophie/ A
④ I/5-7: {1}-ab(정서고)	I. Feuerbach. 〔Einleitung〕
⑤ I/5-8: 〔3〕-abcd~{4}-ab (정서고)	〔I. Feuerbach. Fragment 1〕
⑥ I/5-9: 〔5〕-abcd(정서고)	〔I. Feuerbach. Fragment 2〕

다음으로 주목해야 할 점은 잠정판이 제시하는 초고 단편의 독립성이다. 신MEGA 시쇄판의 경우 5개의 서로 독립된 초고 단편은 2행, 혹은 3행의 여백을 사이에 두고 이렇다 할 표제 없이 연속적으로 게재되었다. 그러나 잠정판은 기저고를 마르크스의 초고에 대한 페이지 번호 매김에서 단절이 생기는 3개 부분과 마지막의 마르크스의 메모를 분리하여 4부분으로 나누고 이를 순서대로 매번 새로운 페이지에서 시작하고 있다(Entwurf S. 1 bis 29; Entwurf S. 30 bis 35; Entwurf S. 36 bis 72; Notizen: <표 8-3> 참조). 그리고 이 기저고 전체에 "포이어바흐와 역사: 초안과 메모Feuerbach und Geschichte/Entwurf und Notizen"[53]라는 편자 표제redaktioneller Titel를 붙이고 있다. 그런데 잠정판의 바로 이 같은 표제는 기왕의 여러 판본이 사용하는 "I. 포이어바흐/유물론적 관점과 관념론적 관점의 대립I. Feuerbach/Gegensatz

---

53) 잠정판은 이의 집필 시기를 "1845년 11월 말에서 1846년 4월 중순 이전"이라고 비정하고 있다. *Marx-Engels-Jahrbuch* 2003, S. 163.

von materialistischer & idealistischer Anschauung"[54]이라는 장의 표제를 폐기하고 그 대신 "포이어바흐와 역사"라는 새로운 편자 표제를 채택하고 있다는 점이다. 이는 잠정판의 편자들이 아파라트에서 설명하듯이 기저고의 초고(혹은 초안)에는 "위를 보라siehe oben," 혹은 "포이어바흐를 보라siehe Feuerbach"라는 메모, 나아가 "성 브루노Snakt Bruno"를 "I."이라고 지칭한 곳은 있으나, 「I. 포이어바흐」라는 표제는 어디에도 보이지 않으므로, 마르크스가 초안에 기재한 편집상의 메모인 "포이어바흐"와 "역사"를 따서 기저고의 편자 표제로 정하는 것이 더욱 적절하다는 것이다.[55] 다시 말하면 편자들은 마르크스의 사후 엥겔스가 원고를 재독하는 과정에서 붙인 장의 표제를 완전히 무시함으로써 문헌학적 해체를 더욱 철저히 진행시킨 것으로 판단된다.

한편 잠정판은 작은 묶음의 서로 분리된 초고도 개개 초고의 앞머리에 붙은 표제나 편찬상의 표제를 붙여 〈표 8-2〉와 같이 정리하고 있다.

그러나 잠정판 편자의 이 같은 표제 선택은 종래 『독일 이데올로기』 제1부 「I. 포이어바흐」 장의 존재 자체를 부인하는 문헌학적 해체를 의미하는 것으로 지극히 도발적인 편찬이 아닐 수 없다. 이러한 사실은 종래 「I. 포이어바흐」 장에 포용되던 전체 초고를 개개의 독립된 부분으로 분리한 뒤 이들의 앞부분에 "Gegen Bruno Bauer" (Marx)를, 뒷부분에 "Das Leipziger Konzil"과 "II. Sankt Bruno" (Marx/Engels)를 동등한 무게로 병렬시키고 있다는 점에서도 판단

---

54) 이 표제는 마르크스의 메모가 씌어진 기저고의 맨 마지막 우란에 기재된 것으로, 마르크스가 사망한 1883년 이후에 엥겔스가 붙인 것이다. MEGA² *Probeband*, S. 118, 502, & 414; *Marx-Engels-Jahrbuch* 2003, S. 100, 270.
55) *Marx-Engels-Jahrbuch* 2003, S. 176.

할 수 있다. 다시 말하면 종래의 「I. 포이어바흐」 장과 「II. 성 브루노」 장을 포괄하는 잠정판의 다음과 같은 목차 구성 〈표 8-3〉을 일별한다면 잠정판의 문헌학적 해체가 갖는 "폭발적" 의미를 이해할 수 있을 것이다.

　마지막으로 잠정판의 텍스트 재현에 있어서 사족이지만 눈에 띄는 것은 기저고 S. 17~19의 재현에 관한 부분이다. 좌란에 엥겔스의 서술이, 그리고 S. 17 우란의 하단에 이르는 엥겔스의 서술에 연속하여 같은 페이지 하단에서 시작하여 S. 18을 거쳐 S. 19까지에 마르크스의 글이 씌어진 이 부분은, 유존하는 「I. 포이어바흐」 장 초고 오리지널 가운데 가장 복잡하게 서술된 원고로서 첨가와 삭제가 빈번히 교차한다. 그런데 바로 이 초고 오리지널 S. 18~19의 우란에는 "공산주의"와 "소외"에 관한 마르크스의 논의가 교차한다. 그런데 신MEGA 시쇄판에서는 소외에 관한 논의를 S. 59 Z.7~S. 60 Z.21에 걸쳐 재현하고, 그 앞부분에 있던 공산주의에 관한 논의(S. 60 Z. 22~31)를 소외 논의 다음에 게재하는 한편 S. 19에 있는 동일 주제에 대한 논의를 연속하여 게재(S. 60 Z.32~S. 61 Z.7)하는 반면, 잠정판은 이를 원래 초고에 기재된 순서로 재현한다.[56] 다시 말하면 잠정판은 논리적 해석을 통한 가감 없이 초고를 그대로 재현한다는 점에서 지극히 충실한 셈이다. 다만 극히 예외적인 초고의 재현이 초고 오리지널 S. 49의 경우에 나타난다. 즉 초고 오리지널은 우란의 첨가문을 좌란의 특정 지점에 삽입할 것을 지시하고 있는데 이것이 삽입 지시 "F"와 더불어 우란에 그냥 남아 있는 경우이다.[57]

4. 비판적 논평

『마르크스-엥겔스 연지 2003』에 게재된 잠정판 『독일 이데올로기』 제1부 제I, II장의 텍스트 중 종래 「I. 포이어바흐」 장에 포함되었던 텍스트의 재현은, 앞에서도 지적한 바와 같이 초고 오리지널을

---

56) *Marx-Engels-Jahrbuch* 2003, S. 21~23을 보라.
57) *Marx-Engels-Jahrbuch* 2003, S. 62 Z. 24~26을 보라. 이 부분이 신MEGA 시쇄판에서는 정상적으로 처리되었는데, 잠정판에서 뒤바뀐 이유가 이해되지 않는다. MEGA² *Probeband*, S. 90 Z. 11~13.

해체적으로 분석하여 이를 그 집필 연대에 따라 배열한 점이 가장 특징적이다. 다시 말하면 종래 「I. 포이어바흐」 장의 초고 배열 순서는 모두가 일반적으로 정서고·이고·단편 들로 구성된 작은 묶음을 앞부분에 배치하고, 마르크스의 페이지 번호가 매겨진 기저고의 큰 묶음을 뒷부분에 배열하는 것이 관례였다.[58] 그러나 이번의 잠정판은 개개 초고의 최종적인 집필 시기Verfassung letzter Hand의 순서를 엄격하게 적용하여 「I. 포이어바흐」 장 가운데 가장 먼저 집필된 것으로 추정되는 큰 묶음을 앞부분에, 그리고 작은 묶음을 뒷부분에 배치했다. 한편 뒷부분에 배치된 작은 묶음의 정서고·이고·단편들을 ① H2/H1(I/5-4), ② {2}-abcd(I/5-5:정서고), ③ 〔1?〕-abcd~〔2?〕-a(bcd)(I/5-6), ④ {1}-ab(I/5-7:정서고), ⑤ 〔3〕-abcd~{4}-ab(cd)(I/5-8), ⑥ 〔5〕-abcd(I/5-9: 정서고)의 순서로 배열했다(〈표 8-2〉 참조).

그런데 이들 작은 묶음 초고의 배열에서 문제가 되는 것은 앞에서도 언급한 바와 같이 ①과 ②의 배치이다. ①의 H2/H1은 구MEGA A판에서는 1846년 10월 엥겔스가 파리에서 집필한 것으로 MEGA I/5의 부록으로 게재되었고,[59] 마르크스와 엥겔스의 영어판 저작집(Marx-Engels, *Collected Works*, 50 Volumes, New York, 1975~2004: MECW로 약칭)의 경우 1845년 가을에 「I. 포이어바흐」의 퇴고를 위해 집필된 것으로 추정하면서 이를 『독일 이데올로기』와는 별개로 MECW 제5권의 앞부분에 배치했다.[60] 그러나 잠정판은 이

---

58) 물론 예외적으로 작은 묶음의 정서고 {3}-abcd~{4}-ab(I/5-8)의 경우 R판은 이를 큰 묶음의 맨 끝에 연속하여, H판은 큰 묶음의 산실 부분〔I/5-3ß(S. 30~35)와 I/5-3γ(S. 40~72) 사이의 S. 36~39〕을 메우는 데 이용하는 등의 예외적인 배열을 하고 있다.

59) MEGA¹ I/5, S. 530, 538~540.

초고가 1846년 1월과 3월 사이에 집필된 것으로 추정하고,[61] 그것이 MEGA I/5-3α(기저고의 앞부분: 마르크스의 페이지 번호 S. 1~2, 8~29)의 퇴고를 위한 준비 초고Vorarbeit이기에 큰 묶음의 I/5-3 다음에 게재한다는 주장 외에는 이의 집필 시기를 증거할 만한 어떤 전거도 없음은 이미 앞에서도 언급한 바 있다.[62] 따라서 MEGA I/5가 일정한 시기(1845년 11월에서 1846년 7월)[63]에 동일 주제, 즉 청년헤겔파와 진정 사회주의자에 대한 마르크스와 엥겔스의 비판적 논고의 집성이라는 대전제를 수용할 때는 MEGA I/5에 H2/H1을 수용하는 것은 문제될 것이 없으나 그 집필 시기와 게재 위치의 확정에는 좀더 집중적인 연구가 필요하다.

이에 덧붙여 독일-프랑스 메가 작업 그룹이 H2/H1과 관련하여 고려해야 할 사실은, 첫째, 유고가 엥겔스에 의해 베벨과 베른슈타인에게 유증될 때, "1. 초고"와 "2. 서간"으로 분류된 엥겔스의 유고 문건들 가운데서 이 초고가 "2. 서간"에 포함되어 별개의 포장 봉투에 "엥겔스의 각종 초고Verschiedene Manuskripte von Engels"로 기재되어 있었다는 점이다.[64] 그리고 MEGA¹ I/5의 편집자들이 이 『독일 이데올로기』의 「I. 포이어바흐」장을 이데올로기적 기준에 의해 자의로 편집한 혐의가 없지 않으나, H2/H1을 굳이 부록으로 수록한 이유

---

60) Marx/Engels, *Collected Works*, vol. 5 Marx and Engels, 1845~1847(New York: International Publishers, 1976), pp. 11~14 및 p. 585의 주 3).

61) *Marx-Engels-Jahrbuch* 2003, S. 292.

62) *Marx-Engels-Jahrbuch* 2003, S. 293. Inge Taubert u.a., "Die Konstitution der MEGA² I/5," *MEGA-Studien*, 1997/2, S. 68~69 및 앞의 주 45)도 보라.

63) 정문길, 「『독일 이데올로기』의 구성―신MEGA I/5 의 편집 문제를 다룬 전문가 회의 참가 보고」, 정문길, 『한국 마르크스학의 지평』, pp. 136~137〔이 책, pp. 384~386〕.

64) Inge Taubert, "Die Überlieferungsgeschichte⋯," S. 36~37.

를 숙고할 필요가 있다. 다시 말하면 20세기 초 마르크스-엥겔스의 유고, 특히『독일 이데올로기』의 전체적 구성에 가장 정통했던 리야자노프를 비롯한 초기 마르크스-엥겔스 연구소의 전문가들이 이 초고를 MEGA I/5의 부록으로 처리했다는 점[65]과 1950년대 말 이래 거의 30년에 걸쳐『독일 이데올로기』에 대한 집중적 연구를 수행해 온 바가투리야도 이 초고를「I. 포이어바흐」장의 본문에 포함시키려 시도한 적이 없다는 사실이 학문적으로 고려되어야 할 것이다.[66] 그리고 바로 이러한 관점에서 1976년에 출판된 영어판 전집이 마르크스의「포이어바흐에 관한 테제」는 물론이요,『마르크스-엥겔스 연지 2003』의 잠정판에 포함되어 있는 엥겔스의「포이어바흐」(H2/H1)와 마르크스/엥겔스의「브루노 바우어의 반비판에 대한 답변Gegen Bruno Bauer」까지도『독일 이데올로기』와는 구분하여 MECW 제5권의 앞부분에 수록하고 있는 점에 주목할 필요가 있다.[67]

한편 ② 이하 ⑥까지의 정서고·이고·단편 들의 배열에서 타우베르트는 1972년 신MEGA 시쇄판 이래 지속적으로 ②를 작은 묶음의 선두에 배치하고 있는데 그 이유는 잠정판의 서설Einführung이나 아파라트의 어디에서도 분명히 천명되지 않았다. 다시 말하면 거의 같은 시기에 집필된 이들 5개 초고들의 배열 순서는 마르크스와 엥겔스에

---

65) 1920년대와 30년대의 마르크스-엥겔스 연구소에서『독일 이데올로기』의 편집을 주도한 학자는 리야자노프의 주도 아래 초벨과 벨러였으며, 이러한 사정은 리야자노프의 숙청 이후에도 크게 달라지지 않은 것으로 보인다.

66) Moon-Gil Chung, "Einige Probleme der Textedition der Deutsche Ideologie…," S. 34, Anm. 6)을 보라.

67) MECW, Vol. 5, pp. 3~18. Marx, "Theses on Feuerbach," *ibid.*, pp. 3~5, 6~9; Engels, "Feuerbach" (H2/H1), *ibid.*, pp. 110~114; Marx and Engels, "A. Reply to Bruno Bauer's Anti-Critique(Gegen Bruno Bauer)," *ibid.*, pp. 15~18을 보라. ( ) 안은 초고 번호이거나 독일어 제목이다.

의해 어디에도 명확히 지시된 바 없다. 단지 우리들이 이들 초고의 배열에서 길잡이로 이용할 수 있는 단서로는 5개 초고 가운데 3개의 경우 초고의 머리에 장章의 시작Kapitelanfang을 알리는 제목이, 그리고 2개의 경우에는 엥겔스가 기재한 것으로 추정되는 보겐 번호가 발견된다는 점이다. 이들 단서를 잠정판의 배열 순서에 따라 열거하면 다음과 같다.

② I/5-5: {2}-abcd(정서고)

"I. Feuerbach/ Die Ideologie überhaupt, namentlich die deutsche"

③ I/5-6: 〔1?〕-abc 〔1?〕-d~〔2?〕-a(bcd)*(〔1?〕-abc는 ④의 피사고被寫稿)

"I. Feuerbach" / …. / "I. Die Ideologie überhaupt, speciell die deutsche Philosophie/ A"

④ I/5-7 : {1}-ab(정서고)

"I. Feuerbach"

⑤ I/5-8: 〔3〕-abcd~{4}-ab(cd)*(정서고)

"3)"

⑥ I/5-9: 〔5〕-abcd(정서고)

"5."

* ( ) 안의 abcd는 여백을 표시한다.

앞에 열거한 5개의 초고 중 ⑤와 ⑥에는 "3)"과 "5."의 보겐 번호가 나타나는데, 잠정판은 보겐 번호 "5."는 엥겔스의 필적임이 분명하나 "3)"은 필자가 누군가를 확인하는 데 의문의 여지가 있기에 이

〈표 8-4〉 제3자에 의한 「I. 포이어바흐」장 작은 묶음의 정리 번호

I. Engels et al.*	〔1?〕ab → 〔1?〕cd-〔2?〕a → {1}ab → {2}abcd → 〔3〕abcd-{4}ab → 〔5〕abcd
II. Bernstein	41 42 → 43 44-o.N → 1 2 → 3 4 5 6 → 7 8 9 10-11 12** → 45 46 47 48
III. IISG(A7)	7 8 → 9 10- 11 → 1 2 → 3 4 5 6 → 12 13 14 15-16 17 → 18 19 20 21
IV. IMES(MEGA)	③ I/5-6α　③ I/5-6β　④ I/5-7　② I/5-5 ⑤ I/5-8　⑥ I/5-9

자료: 정문길, 「『독일 이데올로기』의 구성」, 〔이 책, p. 375의 〈표 6-1〉〕 참조.
　* D. Rjazanov, "Aus dem literarischen Nachlaß…," S. 217~218; MEGA¹ Bd. I/5, S. 551.
** 13~14까지의 숫자가 결여되어 있는 것으로 보고되어 있다. 橋本直樹, 「『ドイツ・イデオロギー』, 「I. フォイエルバッハの手稿の編成に關して」, 『マルクス・エンゲルス・マルクス主義研究』, 제27호(1996. 6), p. 78의 주 15)와 pp. 79~87의 표.

를 배열 순서의 확정에 이용하는 데는 무리가 있다고 주장한다. 그러나 잘 알려졌다시피 기왕에 출판된 「I. 포이어바흐」의 여러 판본은 리야자노프의 R판을 제외하고는 모두 이를 연속하여 게재하고 있다. 다시 말하면 R판은 단편 ⑤를 큰 묶음인 기저고의 내용을 축약한 결론으로 간주하여 이를 기저고(I/5-3) 다음에 "〔분업과 사유재산의 제 형태Teilung der Arbeit und Formen des Eigentums〕"라는 편자 표제 아래 연속하여 게재했다.[68] 그러나 이후의 여러 판본은 모두 ⑤와 ⑥을 각각 독립된 단편으로 인정하면서 이들을 연속하여 게재했다. 그리고 보겐 번호 "3),", "5."를 배열 순서의 근거로 이용하는 데 회의적인 잠정판까지도 이러한 순서를 수용하고 있는 것이다.

　초고의 배열에서 다음으로 문제가 되는 것은 "I. Feuerbach"로 시

---

68) *Marx-Engels-Archiv*, Bd. 1, S. 303~306.

작되는 3개 초고의 순서이다. 우선 ③의 앞부분(〔1?〕-abc)은 정서고인 ④의 피사고이므로 이들이 하나로 통합되거나 집필 순서에 따라 ③~④로 연결될 수 있겠으나 ②와 ③, ②와 ④, 또는 ②와 ③~④의 순위를 확정하는 일은 쉬운 일이 아니다. 더욱이 문제를 어렵게 만드는 것은 ③의 피사고와 ④의 정서고 중 한 가지를 택하든지 ③, ④ 중 어느 것을 선두에 두느냐에 따라 순서가 달라질 수도 있기 때문이다. 이러한 경우 배열 순서의 결정을 위해 의존할 수 있는 단서는 저자인 마르크스와 엥겔스는 물론이고 제3자가 초고에 남겨둔 편찬상의 번호나 다른 지시들이다.

초고의 맨 앞Kapitelanfang에 표제를 갖는 초고의 배열에서 일반적으로 이용되는 단서는 초고의 오리지널에 기재된 마르크스와 엥겔스의 순서 매김은 물론이요, 자주 제3자(베른슈타인과 IISG 등의 사서)의 번호 매김이다. 따라서 보겐 {1}의 번호가 붙은 ④ (I/5-7: {1}-ab)[69]를 작은 묶음의 선두에 배치하고 보겐 번호 {2}가 붙은 ② (I/5-5: {2}-abcd)를 그다음에, 그리고 마지막에는 ③의 후반부 (I/5-6β: 〔1?〕-cd~〔2?〕-a), 즉 피사고로 정서된 이후에 남은 부분의 원고를 게재하는 것이 지금까지의 일반적인 배열 수순이다. 구 MEGA의 A판, 바가투리야의 B판, 일본의 H판이 이러한 순서를 따르고, 리야자노프의 R판은 정서고 ④ 대신에 피사고 ③의 전반부(I-5-6-a: 〔1?〕-abc)를 선두에 배치하는 것 이외에는 모두 동일한 배열 수순을 밟고 있다. 그러나 타우베르트를 비롯한 MEGA² I/5 작업 그룹은 이렇다 할 이유나 단서를 제시하지도 않고 보겐 번호 {2}가 붙은 ②를 줄곧 작은 묶음의 선두에 배치하고 그다음에 정서고 ④와

---

69) 이는 ③의 전반부(I/5-6α: 〔1?〕-abc)를 피사고로 하여 그 내용을 정서한 1블라트의 초고다.

피사고 ③을 교호交互로 정열하고 있다. 다시 말하면 1972년에 출판된 신MEGA 시쇄판은 ②-④-③의 순서로, 그리고 2003년의 잠정판은 ②-③-④의 순서로 초고를 배열하고 있다. 그러나 타우베르트가 주도한 신MEGA 시쇄판과 잠정판의 초고 ④(정서고)와 ③(피사고)의 배열의 차이는 후자가 엄격히 초고의 집필 순서에 충실한 문헌학적 분석을 원칙으로 한 편집이기에 피사고를 정서고의 앞부분에 배치하는 것은 당연한 수순으로 이해할 수 있다.

그러나 여기서 아직도 해명되지 않은 부분은 독일-프랑스 메가 작업 그룹이 주장하는 ②의 선두 배치 문제이다. 이미 언급한 바와 같이 잠정판은 작은 묶음의 선두에 ②를 배치하면서 그 이유를 집필 시기를 앞당기는 것으로 해결하려 했다. 그러나 잠정판 편자들의 이러한 주장은 문헌학적 증거에 의한 것이라기보다 집필 시기를 일부러 조정하려는 듯한 의도를 강하게 드러낼 뿐이다. 그 잠정판에서는 언급되지 않았으나 신MEGA 시쇄판이 ②를 ③에 선행시키는 이유로 제시한 다음의 추론Argumentation을 주목하게 되는 이유다.[70]

1) ②, ③은 장의 모두冒頭, Kapitelanfang로서 다 같이 "I. Feuerbach"로 시작하고 있다.

2) 그러나 거기에 연결되는 절Abschnitt의 제목은 서로 다르다는 점을 지적하고 있다. 즉

②는 "A. Die Ideologie überhaupt, namentlich die deutsche"로,

③은 ④에 청서된 Einleitung의 초안(피사고) 다음에 "1. Die

---

70) MEGA² *Probeband*, S. 405~409, 특히 S. 405를 보라.

Ideologie überhaupt, speciell die deutsche Philosophie"라는 제목
으로 글을 시작하고, 행을 바꾸어 "A"라는 항목 번호를 붙이고 있다.
이 절의 제목 번호 "1"은 애초에 "A"로 시작했다가 "I"로 수정되었
다.[71]

따라서 ②에 의할 경우 장절의 번호는 "1→A"로, ③의 경우는 "I
→1→A"로 전개된다.

3) ③의 앞부분에 씌어진 초안이 최종적으로 ④에 청서되었다.

따라서 이상과 같은 문헌학적 추론은 결국 초고 ②가 ③, ④에 연
대기적으로 우선한다는 결론으로 이어진다.

그리고 이 과정에서 주목해야 할 것은 잠정판이 ③의 앞부분(④의
피사고: 〔1?〕-abc)과 뒷부분(〔1?〕-d~〔2?〕-a)을 재현한 뒤, 별개의
페이지에서 다시 ④ ({1}-ab)의 정서고를 "Einleitung"이란 편자 표
제 아래 수록하고 있는 점이다. 이 2가지의 재현부를 통해 피사고와
정서고의 내용이 동일함에도 불구하고 곳곳에서 어휘나 표현의 차이
가 드러난다. 이는 피사고에 보이는 엥겔스의 즉각적인 수정이나 마
르크스의 수정, 가필이 정서 과정을 통해 어떻게 최종적인 원고로
구체화되는가를 보여주는 중요한 자료로서 아파라트를 통해 그것을
확인할 때와는 또 다른 의미를 갖는 것이다. 그러나 잠정판의 이 같
은 텍스트의 중복 재현은 IMES의 개정된 편찬 지침 2.1.2.a)와 충
돌하면서도 시도되어야 할 만큼 중요한가에 대한 의문이 남는다.[72]

마지막으로 잠정판이 편찬 원칙으로 제시하는 초고 오리지널의 해

---

71) MEGA² *Probeband*, S. 425 및 *Marx-Engels-Jahrbuch* 2003, S. 312.

72) Grandjonc/Rojahn, "Der revidierte Plan der Marx-Engels-Gesamtausgabe," *MEGA-Studien*, 1995/2, S. 66.

체적 분석이 기존 여러 판본의 『독일 이데올로기』, 「I. 포이어바흐」 장의 재현과 잠정판의 그것을 얼마나 확연히 구분하는가는 앞의 표 3)의 잠정판의 목차 전체를 일별함으로써 확인할 수 있다.

다시 말하면 잠정판의 편자는 「I. 포이어바흐」 장의 제목이 기저고의 집필 시에는 전혀 거론된 바 없으므로 이의 제목을 "I. 포이어바흐"로 하거나 「I. 포이어바흐」 장의 일부로 포용할 수 없다는 관점에서 "I. 포이어바흐와 역사: 초안과 메모"라는 편자 표제를 이용하고 있다. 나아가 잠정판은 작은 묶음의 6개 초고 단편도 그들을 「I. 포이어바흐」 장 안에 하위 절Abschnitt로 포용하기보다 그 독립성을 유지하게끔 배치했다. 따라서 작은 묶음의 6개 초고는 각각 "포이어바흐" "I. 포이어바흐" 등의 표제로 큰 묶음의 기저고 "포이어바흐와 역사"와 대등한 무게를 가지도록 편찬되었다. 이는 종래 「I. 포이어바흐」가 「II. 성 브루노」 「III. 성 막스」와 대등한 장Kapitel으로 편찬되었던 것과는 달리 「I. 포이어바흐」 장의 존재를 전면적으로 해체시키는 결과를 낳는다. 저자가 앞에서 잠정판의 이러한 편집 방법을 "폭발적"이라고 표현한 것은 초고의 해체주의적 분석이 결국 "저자들의 최종적 초안 작성die Fassung letzter Hand"[73] 시기로 소급했을 때 생기는 MEGA I/5 『독일 이데올로기』 전권의 편찬에 미칠 엄청난 영향을 우려한 것이다. 다시 말하면 잠정판의 바로 이 같은 편찬 원칙의 확대, 적용은 주제 중심의 『독일 이데올로기』 자체의 구성을 붕괴시키는 폭발적 충격을 감수하지 않으면 안 된다고 하겠다.

『독일 이데올로기』는 주지하다시피 청년헤겔파를 다룬 제1부Erster Band와 진정 사회주의자를 다룬 제2부로 구성되었고, 제1부는 다시

---

73) *Marx-Engels-Jahrbuch* 2003, S. 176.

「I. 포이어바흐」와 「II. 성 브루노」「III. 성 막스」 장Kapitel의 순서로
구성되었다. 이 사실을 인정하지 않을 때는 『독일 이데올로기』 자체
의 존재도 인정하지 않는 것과 다름이 없다. 그러나 잠정판의 문헌
학적 해체에 근거한 집필 순서를 『독일 이데올로기』 전권에 대해 엄
격하게 적용한다면 우선 제1부의 경우만도 그 편찬 순서가 「III. 성
막스」→「II. 성 브루노」→「I. 포이어바흐」로 변경되어야만 할 것이
다. 게다가 제2부 진정 사회주의자에 관한 초고의 배열이나, 일러도
「III. 성 막스」의 집필 이후에 썼을 것으로 추정되는 "서문Vorrede"까
지를 포함한다면, 잠정판 편자들의 『독일 이데올로기』 구성은 기본
적으로 주제 중심의 텍스트라기보다는 단순한 "초고의 연대기적 집
적集積" 이상으로 격상되기는 어려운 상황에 직면하게 될 것이다.

5. 맺음말

지금까지 『마르크스-엥겔스 연지 2003』에 게재된 잠정판 『독일
이데올로기』의 「I. 포이어바흐」 장 텍스트를 종래에 발간된 기존의
여러 판본과 비교하여 검토해보았다.

주지하다시피 『독일 이데올로기』의 「I. 포이어바흐」 장은 1920년
대 이래 여러 판본이 발간되었으나 개개의 판본이 가지고 있는 결함
때문에 연구자나 독자들을 충분히 만족시키지 못했던 것이 사실이
다. 따라서 관심 있는 많은 학자들과 독자들은 이 같은 불만이
MEGA^2 I/5(『독일 이데올로기』)의 출판을 통해 해소되리라 기대해
왔다. 그러기에 MEGA^2 I/5의 출판이 2008년으로 예정된 상황에서
「I. 포이어바흐」 장과 「II. 성 브루노」 장이 포함된 잠정판이 『마르크

스-엥겔스 연지 2003』에 출판된 것은 이 같은 공백을 메워주는 의미 있는 학술적 사건의 하나였다.

이 글은 바로 이 잠정판이 갖는 학문적 의의를 「I. 포이어바흐」장의 편찬에 있어서 가장 중요한 관건이 되는 개개 초고의 배열 순서와 그것의 재현 양식을 중심으로 기왕에 출판된 중요한 여러 판본과 구체적으로 비교·검토해보았다. 그리고 이러한 비교·검토를 통해 밝혀진 잠정판의 가장 중요한 특징은 「I. 포이어바흐」장을 구성하는 모든 초고를 문헌학적으로 분석하여 이들을 "철저히" 연대기적으로 배열한 것임을 지적했다. 따라서 종래 뒷부분에 배치되었던 큰 묶음의 기저고가 시기적으로 일찍 집필되었기에 「I. 포이어바흐」장의 앞부분에 위치하게 되고, 도입부로 인정되었던 작은 묶음의 초고들은 새로이 여기에 포용된 H2/H1을 필두로 하여 기저고보다 늦게 집필되었기에 이 장의 뒷부분에 배열되었다.

그러나 집필 시기에 대한 잠정판의 지나친 집착은 "저자들(마르크스와 엥겔스)이 미완성으로 남겨둔 초고를 더 이상 편집하거나 확대시키지 않음으로써" 유물론적 역사 파악의 도정이 어떻게 완성되어 가는가를 보여주겠다[74]는 편자들의 명분에도 불구하고, 「I. 포이어바흐」장이 가지고 있는 최소한의 유기적 연관성을 상실한 것은 아닐까 하는 우려를 불식하기 어렵다. 이러한 사실은 문헌학적 증거가 분명치 않은 초고 H2/H1의 「I. 포이어바흐」장 편입이나, 마르크스와 더불어 『독일 이데올로기』 저자의 "다른 한 사람"인 엥겔스가 마르크스 사후 「I. 포이어바흐」장 기저고의 맨 마지막 페이지에 이 장의 제목으로 추정되는 "I/ Feuerbach/ Gegensatz von materialistischer/

---

74) *Marx-Engels-Jahrbuch* 2003, S. 3*.

440

& idealistischer Anschauung"을 연필로 기재해놓은 사실[75]을 전적으로 무시한 채 기저고만의 제목을 "Feuerbach und Geschichte · Entwurf und Notizen"이란 편자 표제로 바꾼 사실로도 확인된다.

특히 「I. 포이어바흐」 장의 장으로서의 유기적 연관성의 상실을 단적으로 보여주는 예는 기저고와 작은 묶음을 구성하는 개개 초고를 모두 독립된 단편처럼 편집한 점이다. 또 이를 전체적으로 보여주는 목차에서도 이들 단편들을 아우르는 「I. 포이어바흐」 장은 보이지 않고, 기저고와 개개 단편들이 "Das Leipziger Konzil"이나 "II. Sankt Bruno"와 동일한 비중으로 열거됨으로써 「I. 포이어바흐」 장은 장으로서의 지위를 상실하고 있다(〈표 8-4〉를 보라). 다시 말하면 잠정판은 초고에 대한 문헌학적 해체를 통해 저자들이 최종적으로 개개 초고를 집필한 시기를 확정하는 데는 성공했을지 모르나, 저자들이 최종적으로 출판하기로 한 판본Ausgabe letzter Hand에는 아직 이르지 못한 것으로 판단된다. 그리고 문헌학적 해체에 대한 잠정판 편자들의 이 같은 집착은 결국 『독일 이데올로기』 전체의 편집에도 심대한 영향을 미칠 것으로 판단된다. 다시 말해 「I. 포이어바흐」 장의 장으로서의 집필 계획이 확정된 것은 잠정판의 편자들도 인정하는 바와 같이 『독일 이데올로기』의 제1부의 "II. Sankt Bruno"와 "III. Sankt Max"의 인쇄용 초고가 완성된 다음이므로[76] 진정 사회주의자들을 다룬 제2부는 고사하고, 제1부 배열 순서마저도 그 기준을 초고의 집필 시기에 집착하여 정리한다면 이는 「III. 성 막스」→「II. 성 브루노」→「I. 포이어바흐」의 순으로 편찬되어야만 할 것이다.

---

75) *Marx-Engels-Jahrbuch* 2003, S. 100, 270.
76) *Marx-Engels-Jahrbuch* 2003, S. 100, 168, 328, 337 등을 보라.

  결론적으로 말하면 잠정판『독일 이데올로기』의 「I. 포이어바흐」 장은 그것을 구성하는 개개 초고의 문헌학적 분석에는 성공했을지 모르나 하나의 유기적 연관성을 가진 「I. 포이어바흐」 장의 구성에는 이르지 못한 것으로 보인다. 따라서 이 시점에서 당면한 문제는 유고의 출판에서 자주 거론되는 "Ausgabe letzter Hand"가 과연 무엇을 의미하는가를 새삼 성찰하는 것이다.

제9장

신MEGA I/5, 『독일 이데올로기』의 구상과 구성
―특히 「I. 포이어바흐」 장과 관련하여

1. 글머리에

1845년과 1846년에 걸쳐 마르크스와 엥겔스가 공동으로 집필한 『독일 이데올로기』는 1848년 『공산당 선언』이 발표되기 전에 그들의 유물론적 역사관이 최초로 서술된 노작으로 알려져 있다. 그러나 주지하다시피 이 저작은 미완성의 초고로서 1920년 구스타프 마이어에 의해 그들의 "유물주의적·경제학적 역사관의 전면적 형성"에 중요한 이정표를 제시한 저작으로 주목된 바 있지만,[1] 그 텍스트는 1890년대 말 이래 주로 베른슈타인에 의해 부분적으로 출판되었다. 그러다가 『독일 이데올로기』 전체에 대한 개념을 가지고 텍스트를 재현하기 시작한 것은 러시아의 마르크스-엥겔스 연구소의 리야자

---

1) Gustav Mayer, *Friedrich Engels. Eine Biographie*, Bd. 1(Berlin: Springer, 1920). 인용은 2., verbessert Aufl.(Zürich/Wien: Martinus Nijhoff, 1934), S. 225.

노프가 1926년 같은 연구소가 발행하는 독일어판 『마르크스-엥겔스 아키브』의 제1권에 「I. 포이어바흐」 장을 출판하면서부터이고, 1932년에는 역시 같은 연구소가 출판한 구MEGA I/5에 이 노작의 전모가 최초로 세상에 공포되었다.[2]

따라서 『독일 이데올로기』는 종종 하나의 구체적 실체를 가진 저작으로 간주되었고 이러한 경향은 러시아어판 『마르크스-엥겔스 전집』에 근거한 구동독의 『마르크스-엥겔스 저작집』3(MEW, Bd. 3, 1958)을 통해 더욱 확고해졌다. 그러나 1960년대 이래 『독일 이데올로기』, 「I. 포이어바흐」 장에 대한 바가투리야, 타우베르트, 히로마츠 등의 연구 성과가 발표되면서 『독일 이데올로기』는 아직 완성되지 않은 다양한 초고로 구성되었기에 편자의 편집 원칙에 따라 그 구성이 상당히 유동적이라는 사실을 새삼 확인하게 되었다.[3] 다시 말하면 양적으로 보아 『독일 이데올로기』의 대부분을 형성하는 제I권 「III. 성 막스」의 경우는 별 문제가 없으나 미완성의 정도가 높은 제I권 「I. 포이어바흐」나 진정 사회주의에 대한 비판적 논설이 체제상 일관성을 결여한 제II권은 이 저작의 체계적 편찬을 어렵게 만든다는 점이다.

이 장에서는 『독일 이데올로기』가 갖는 이 같은 불안정한 전체상

---

2) 정문길, 「편찬사를 통해서 본 『독일 이데올로기』」, 『마르크스의 사상 형성과 초기 저작: 『독일 이데올로기』와 마르크스-엥겔스 전집 연구』(문학과지성사, 1994), pp. 74~83 〔이 책, pp. 28~39〕. Andréas/Mönke, "Neue Daten zur 'Deutchen Ieologie.' Mit einen unbekannten Brief von Karl Marx und anderen Dokumenten," *Archiv für Sozialgeschichte*, Bd. 8(1968), S. 122~128도 보라.

3) 이들의 구체적 연구 성과는 다음을 보라. Moon-Gil Chung, "Einige Probleme der Textedition der Deutschen Ideologie, insbesondere in Hinsicht auf die Wiedergabe des Kapitels 'I. Feuerbach,'" *Beiträge zur Marx-Engels-Forschung*. Neue Folge, 1997, S. 34, Anm. 6), 7).

unsicheres Gesamtbild을 그 형성사를 통해 확인하고, 그럼에도 불구하고 방대한 이 저작의 초고를 주제 중심의 MEGA I/5로 편찬할 때 그 것이 MEGA의 기본적인 편찬 원칙에 상응하는 구성이 될 수 있을까를 주로 「I. 포이어바흐」 장을 중심으로 검토해보고자 한다.

2. 형성사를 통해서 본 『독일 이데올로기』—집필의 제 단계

『독일 이데올로기』는 잘 알려졌다시피 『계간 비간트』 제3호(1845 년 10월 중순)[4]에 실린, 마르크스와 엥겔스를 직간접적으로 비판하는 바우어와 슈티르너의 글에 대해 반박하기 위한 목적으로 씌어졌다.[5] 1845년 7~8월의 6주간에 걸친 영국 여행에서 돌아온 뒤 마르크스와 엥겔스는 독일에서의 철학적 운동과 독일의 부르주아지만이 아닌 국제적 프롤레타리아트의 해방 전쟁의 필요성 간에 심각한 괴리를 느끼게 되었다. 바로 이러한 시점에서 그들은 『계간 비간트』에 실린 바우어와 슈티르너의 글을 읽고 "헤겔학파의 일분파와 논쟁을 벌여야 할 필요성"을 느꼈을 뿐만 아니라 "이전의 철학적 의식과도 결별해야 할" 필연성에 직면한 것이다. 다시 말하면 그들은 자신들의 철학적·역사철학적 자기 이해를 심화하고 완성하기 위해 당시의 "독일 철학에 대항하는 논쟁적 저술"의 집필이 불가피한 상황에 처

---

4) *Börsenblatt für den Deutschen Buchhandel*, Nr. 92(21. Oktober 1845)에 의하면 이는 1845년 10월 16~18일 사이에 발간된 것으로 보고되어 있다. MEGA² *Probeband* (Berlin: Dietz Verlag, 1972), S. 402.

5) [B. Bauer], "Charakteristik Ludwig Feuerbach," *Wigand's Vierteljahrsschrift*, Bd. 3(1845) S. 84~146; M. St[irner], "Recensenten Stirners," 같은 책, S. 147~194. 정문길, 「편찬사를 통해서 본 『독일 이데올로기』」, p. 92[이 책, pp. 50~51]도 보라.

했던 것이다.[6]

『독일 이데올로기』는 이러한 문제의식 아래 집필된 논쟁서이기에 구MEGA 이래 곧장 주제 중심의 저서ein thematischer Band로 자리매김 해왔다. 그러나 특정 기간에 씌어진 그들의 초고나 출판된 글들을 모두 주제 중심의 『독일 이데올로기』에 포함시켜야 하는지는 MEGA[2] I/5의 편집에도 상당한 어려움을 더해준다. 특히 『독일 이데올로기』가 집필되는 과정에서 출판과 관련된 객관적 상황이 변화된 사정도 고려해야 하기 때문이다.

골로비나는 1980년 자신의 논문을 통해 『독일 이데올로기』의 계간지설을 제기하여 주목을 끈 바 있다.[7] 그녀는 『독일 이데올로기』의 집필 시기로 간주되는 1845년과 1846년의 마르크스와 엥겔스의 편지가 포함된 MEGA[2] III/1, III/2를 면밀히 검토했으나, 그 어디에서도 "두 권으로 된 『독일 이데올로기』"에 대한 언급은 찾아볼 수 없었다는 점을 분명히 했다. 따라서 그때까지 당연한 것으로 해석되던 이 구절을 "두 권의 계간지"로 읽는 것이 합당하다고 주장하면서 그 근거로 마르크스와 엥겔스에 의해 씌어졌거나 두 사람에게 전해진 10여 통의 편지를 제시했다.[8]

---

6) Karl Marx, "Vorwort," *Zur Kritik der politischen Ökonomie*, Erster Heft(1859), MEGA[2] II/2, S. 101~102.

7) Galina Golowina, "Das Projekt der Vierteljahrsschrift von 1845/1846," *Marx-Engels-Jahrbuch*, 3(1980), S. 260~274.

8) 골로비나가 제시한 10여 통의 편지를 연대순으로 열거하면 다음과 같다. i) Georg Weerth an Karl Marx, 18. Dezember 1845. MEGA[2] III/1, S. 493, ii) Roland Daniels an Karl Marx, 7. März 1846. MEGA[2] III/1, S. 513~514, iii) George Julien Harney an Friedrich Engels, 30. März 1846. MEGA[2] III/1, S. 523, iv) Joseph Weydemeyer an Friedrich Engels und Philippe-Charles Gigot, 13. Mai 1846, MEGA[2] III/2, S. 189, v) Karl Marx an Joseph Weydemeyer, 14.-um den 16. Mai 1846, MEGA[2] III/2, S. 9, vi) Moses Heß an Karl Marx, 20. Mai 1846. MEGA[2] III/2, S. 208, vii) Julius Meyer an Karl Marx und Friedrich Engels, 9.

사실 『독일 이데올로기』가 두 권으로 된 저서Werk라는 발상은 엥겔스가 1888년 『루트비히 포이어바흐와 독일 고전 철학의 종언』의 별쇄본에 붙인 서문Vorbemerkung에서 비롯된 것이다. 엥겔스는 이 서문에서, 1859년에 발간된 마르크스의 『정치경제학 비판을 위하여』의 서문을 길게 인용하면서 두 사람이 브뤼셀에서 "이전의 철학적 의식을 청산하기 위한 집필에 착수했으며" 그 같은 계획은 "헤겔 이후의 철학을 비판하는 형식으로 수행되었다"면서 그 결과가 "옥타브판 크기 두 권의 두꺼운 초고"로 구체화되었다고 밝히고 있다.[9] 마르크스와 엥겔스의 이 같은 언급은 두 권의 초고가 존재한다는 사실은 분명히 했으나 그것이 "두 권으로 된 『독일 이데올로기』"라는 의미를 갖는다고 볼 수는 없었다.

그러나 1847년 4월 8일자 『독일-브뤼셀 신문』에 게재된 마르크스의 「칼 그륀에 대한 반박 선언」에는 "엥겔스와 내가 공동으로 집필한 '독일 이데올로기'에 대한 저술"이란 표현이 나오고,[10] 그보다 일찍 집필된 것으로 보이는 『독일 이데올로기』의 서문Vorrede에는 "이 출판물 제I권(Band 또는 부)"이란 표현이 보인다.[11] 결국 『독일 이

Juli 1846. MEGA² III/2, S. 243, viii) Moses Heß an Karl Marx und Friedrich Engels, 17. Juli 1846. MEGA² III/2, S. 248~249, ix) Karl Marx an Carl Friedrich Julius Leske, 1. August 1846. MEGA² III/2, S. 23~24, x) Joseph Weydemeyer an Karl Marx, 19. August 1846. MEGA² III/2, S. 289. 정문길, 「『독일 이데올로기』는 계간지용 원고로 집필되었나? 『독일 이데올로기』 성립사에 대한 최근의 논의를 중심으로」, 정문길, 앞의 책, p. 133의 주 10)〔이 책, 제2장의 주 10)〕을 보라.

9) Friedrich Engels, *Ludwig Feuerbach und der Ausgang der klassischen deutschen Philosophie*, revidirter Sonder-Abdruck aus der "Neuen Zeit" mit Anhang: Karl Marx über Feuerbach vom Jahren 1845, MEW, Bd. 21, S. 263.

10) Karl Marx, "Erklärung gegen Karl Grün," *Deutsche-Brüsseler-Zeitung*, Nr. 28 vom 8. April 1847. MEGA¹ I/6, S. 206; MEW, Bd. 4, S. 38. 이의 집필 일자는 4월 6일로 되어 있다.

11) "Entwurf von Marx zu einer Vorrede 'Deutschen Ideologie': Vorrede," *Marx-*

데올로기』가 포함된 초고의 출판 형태Format에 대해서는 마르크스와 엥겔스마저도 일관된 생각을 갖지 못했던 것이다.

그러기에 로키챤스키는『독일 이데올로기』의 초고가 아직도 계간 지용 원고로 집필되던 시기를 제1단계로, 그리고 이를 분리된 책으로 출판하려던 시기를 제2단계로 구분한다.[12] 그런가 하면 타우베르트는 여기에 또 하나의 단계를 부가한다. 즉 그녀는 "두 권으로 된『독일 이데올로기』"를 이행 과정에 있는 단계로 본다. 다시 말하면 두 권으로 된『독일 이데올로기』의 출판 계획이 무산됨에 따라 이들 초고는 각각 분리되어 다른 출판사들에 맡기려는 노력이 행해지면서 텍스트의 본격적인 수정이 진행되었다고 본다. 따라서 각 장절章節은 해체되어 논설로 출판되기도 했던 것이다.[13]

이렇게 볼 때 "옥타브 판 크기 두 권의 두꺼운 초고"로 구성된『독일 이데올로기』는 애초에『계간 비간트』에 실린 바우어와 슈티르너의 글을 비판하는 반박문을 쓰려는 데서 기필되었던 것으로 보인다. 그러나 저작의 출판이 쉽지 않은 당시의 상황에서는 출판 가능성을

Engels-Archiv, Bd. I(1926), S. 230; MEGA¹ I/5, S. 3. 이의 집필 일자는 타우베르트에 의해 1846년 4월 중순에서 7월 말 사이로 비정되고 있다. Inge Taubert, Hans Pelger, Jacques Grandjonc, "Die Konstitution von MEGA I/5 'Karl Marx, Friedrich Engels, Moses Heß: Die deutsche Ideologie. Manuskripte und Drucke(November 1845 bis Juni 1846),'" *MEGA-Studien* 1997/2, S. 63.

12) Jakow Rokitijanski, "Zur Geschichte der Beziehungen von Karl Marx und Friedrich Engels zu Moses Heß in Brüssel 1845/1846," *Marx-Engels-Jahrbuch*, 9(1986), S. 260, Anm. 38을 보라.

13) Inge Taubert, "Wie entstand die 'Deutsche Ideologie' von Karl Marx und Friedrich Engels?," *Studien zu Marx' erstem Paris-Aufenthalt und zur Entstehung der Deutschen Ideologie*, Schriften aus dem Karl-Marx-Haus, Nr. 43, 1991, S. 41, 48~50. Ignaz Bürgers an Karl Marx in Brüssel. Köln, 10. Februar 1846. MEGA² III/1, S. 503; Karl Marx an Carl Friedrich Leske in Darmstadt. Brüssel 1. August 1846. MEGA² III/2, S. 22~25도 보라.

타진하는 일이 무엇보다도 중요했다. 그러기에 당시 브뤼셀에 거주하던 헤스가 출판 가능성을 타진하기 위해 독일의 베스트팔렌 지방을 순회하고 귀환한 것이 1845년 11월 24/25일 이후이고,[14] 이때부터 계간지용 원고의 집필이 본격화된 것으로 추측할 수 있겠다. 그리고 1846년 4월 중순에는 바이데마이어가 완성한 원고의 일부("III. Sankt Max"를 의미한다)를 휴대하고 독일로 돌아가 구체적으로 출판사와 접촉을 시도했으며[15] 베르트 역시 5월 말~6월 초에 브뤼셀을 떠난 것이다.[16] 그러나 독일에서의 잡지 출판 계획은 1846년 7월 20일 이후 무망한 것으로 판단되어 집필은 소강상태에 이른 것으로 보인다.[17] 이후, 이들 원고를 분산 출판하거나 혹은 신문이나 잡지에 발표하기 위한 다방면의 노력이 이루어진 것으로 보인다. 따라서 분산 출판을 위한 장절의 분리나 특정 출판물에 게재하기 위한 수정과 개필의 가능성도 배제할 수 없다.[18]

이렇게 볼 때 앞에서 열거한 특정한 일부Daten는 『독일 이데올로

---

14) "'Moses Hess' Verlagsbemühungen im November 1845. Trier'sche Zeitung, Nr. 333, 29. November 1845, S. 1," Bert Andréas/Wolfgang Mönke, "Neue Daten zur 'Deutschen Ideologie.' mit einem unbekannten Brief von Karl Marx und anderen Dokumenten," Nr. 8, *a.a.O.*, S. 50. G. Golowina, *a.a.O.*, S. 261~262; I. Taubert, *a.a.O.*, S. 41도 보라.

15) Joseph Weydemeyer an Marx in Brûssel. Schildesche, 30. April 1846. MEGA² III/1, S. 532~533.

16) Georg Weerth an Karl Marx in Brûssel. Verviers, um den 5. Juni 1846. MEGA² III/1, S. 217.

17) Joseph Weydemeyer an Roland Daniels in Köln. Beckerode, 27. Juli 1846, Bert Andréas/Wolfgang Mönke, *a.a.O.*, S. 85. 1846년 7월의 엥겔스의 오스트엔데 체재나 8월로 예정된 마르크스의 그곳으로의 여행은 그들의 집필 작업이 소강상태에 이르렀음을 보여주는 증거의 하나라고 하겠다. Friedrich Engels an Karl Marx in Brüssel. Ostende, 27. Juli 1846. MEGA² III/2, S. 17; Karl Marx an Carl Friedrich Leske in Darmstadt. Brüssel, 1. August 1846 MEGA² III/2, S. 24.

18) Inge Taubert/Hans Pelger/Jacques Grandjonc, "Die Konstitution von MEGA I/5," *a.a.O.*, S. 54. MEGA² III/2, S. 611~612도 참조하라.

기』를 구성하는 개개 초고의 집필 일자를 확인하는 데 중요한 근거가 될 뿐만 아니라, 이들 개개 초고를 『독일 이데올로기』에 넣거나 빼는 것은 물론 그 게재 순서를 결정하는 데 있어서도 매우 중요한 준거가 되는 셈이다.

3. 『독일 이데올로기』, 「I. 포이어바흐」 장 초고의 구성: 특히 초고 I/5-1과 I/5-4의 편입 문제를 중심으로

『독일 이데올로기』, 「I. 포이어바흐」 장을 구성하는 초고들과 관련하여 종래의 여러 판본은 적어도 텍스트의 구성 초고에 관한 한 이렇다 할 이론이 없었다. 그러나 독일-프랑스 메가 작업 그룹은 『독일 이데올로기』 편집 작업을 진행하던 초기에 이미 이 책에 포함시킬 초고들에 일련번호를 부여하면서 인쇄 원고 I/5-1과 I/5-4를 텍스트의 구성 부분으로 편입시켰다.[19] 그리고 『마르크스-엥겔스 연지 2003』에 게재된 잠정판은 바로 이를 근거로 하여 편찬되었다. 이에 저자는 I/5-1과 I/5-4를 『독일 이데올로기』의 제1권(Band 또는 부), 특히 「I. 포이어바흐」 장의 주 텍스트로 삼은 독일-프랑스 메가 작업 그룹의 결정이 "일정 기간(1845년 11월~1846년 6월)에 집필된 주제 중심의 저서"인 『독일 이데올로기』의 편찬 취지에 합당한 것인가를 검토해보고자 한다.[20]

---

19) 디첸Margret Dietzen에 의해 작성된 텍스트 전거Textzeugen는 1996년에 작성되고 1997년에 수정되었다. Taubert/Pelger/Grandjonc, *a.a.O.*, S. 59~102.

20) 원래 이 잠정판은 국제 마르크스-엥겔스 재단IMES의 이름으로 출판되었으나 트리어의 칼-마르크스-하우스를 중심으로 한 독일-프랑스 메가 작업 그룹이 해체되면서 지난 10여 년간의 이들의 연구 성과를 베를린-브란덴부르크 과학아카데미BBAW가 타우

먼 저 " *Brüssel, 20. November. Bruno Bauer stammelt in Wigand's Vierteljahrsschrift, …"로 시작되는 4란의 인쇄 원고4 Druck-spalten I/5-1은 엘버펠트에서 발행되는 『사회의 거울Gesellschaftsspiegel』 제2권 7호(1846년 1월)의 부록Anhang: Nachrichten und Notizen에 익명으로 게재된 글이다. 이는 『신성가족』의 저자가 『계간 비간트』 1845년 제3호에 게재된 브루노 바우어의 「루트비히 포이어바흐의 특징」이란 글에 나오는 반비판에 대한 반박문이다. 그리고 그 내용은 문면상 『독일 이데올로기』 제1권 제II장 「성 브루노」의 제3절 「성 브루노 대 『신성가족』의 저자들」의 결론 부분과 흡사하다. 따라서 인쇄 원고 I/5-1은 그것의 집필 시기가 "1845년 11월 20일"로 명기되었다는 이유로 『독일 이데올로기』의 모든 초고 가운데 최우선하여 이 책의 맨 앞에 게재할 것이 아니라 제II장 제3절 결론 부분[21]의 이고나 부록 등으로 분류하여 별도의 위치에 배치하는 것이 합당해 보인다. 다시 말하면 I/5-1은 『마르크스-엥겔스 연지 2003』에 게재된 『독일 이데올로기』 잠정판의 경우처럼 집필 시기의 우선성만을 고려하여 제1권의 앞머리에 배치하는 것은 이 저작을 "일정한 시기에 씌어진 주제 중심의 저서"로 구성한다는 원칙에 반드시 부합하는 것이 아니라는 점이다.[22]

베르트와 펠거의 이름으로 발행한 것이다. *Marx-Engels-Jahrbuch* 2003의 타이틀 페이지Titelblatt를 보라.

21) *Marx-Engels-Jahrbuch* 2003(Berlin: Akademie Verlag, 2004), S. 133 Z. 29~S. 135 Z.14.

22) Moon-Gil Chung, "Einige Bemerkungen über die Papiere der Spezial-konferenz 'Die Konstitution der *Deutschen Ideologie*' (Trier, 24.-26. Okt. 1996)," Der zweite Artikel in: Moon-Gil Chung, *Die Deutsche Ideologie und MEGA-Arbeit* (Seoul: Moonji Publishing Co., Ltd., 2007), S. 63~64. 정문길, 「『독일 이데올로기』의 구성—신MEGA I/5, 편집 문제를 다룬 전문가회의 참가 보고」, 『한국 마르크스학의 지평』(2004), pp. 124~125[이 책, pp. 371~373]도 보라.

　다음은 IISG의 초고 번호 "H2/H1"에 해당하는 초고 I/5-4의 경우이다. 원래 초고 I/5-4는 구MEGA에서는 부록으로, 그리고 히로마츠 판에서도 "부록 II"로 수록되어 있으나 다른 판본은 이를 "포이어바흐" 장에 포함시키지도 않았다.[23] 원래 포이어바흐의 『장래 철학의 근본 원리』에 대한 명제들을 정리한 이 초고는 「I. 포이어바흐」장을 위한 준비 노작으로 추정된다. 엥겔스는 그와 마르크스의 유고를 베벨과 베른슈타인에게 유증하면서 이들을 "1. 초고"와 "2. 서간"으로 분류했는데 I/5-4는 초고가 아니라 서간으로 분류되어 서간문 포장봉투 14에 포함되어 있었다.[24] 그리고 이 초고의 집필 시기는 구MEGA의 경우 1846년 10월경의 파리로 되어 있으나[25] 타우베르트는 이를 「I. 포이어바흐」장 큰 묶음의 앞부분(I/5-3a)을 수정하기 위한 준비 원고로 판단하여, 구상은 이를 경우 1845년 10월 말에 시작되었겠지만 집필은 1845년 12월 또는 1846년 1월 이전에는 이루어지지 않은 것으로 본다.[26] 그러나 그녀는 1996년 10월의 트리어 전문가 회의에서 발표한 논문에서는, 이 초고의 집필을 1846년 2월 1일에서 6월 30일 사이로 획정했다가, 1997년에 작성된 IMES의 텍

---

23) MEGA[1] I/5, *Die Deutsche Ideologie*(1932), S. 538~540; Marx/Engels, *Die deutsche Ideologie*, Bd. 1, 1. Abschnitt. Neuveröffentlichung. Hrsg. von Wataru Hiromatsu(Tokio, 1974), S. 158~159. 정문길, 앞의 글, pp. 126~128〔이 책, pp. 373~375〕; 정문길, 「초고의 문헌학적 분석과 저자의 결정본」, 『현상과인식』, 제96호(2005, 가을), pp. 180~181〔이 책, p. 422〕을 보라.

24) Inge Taubert, "Die Überlieferungsgeschichte der Manuskripte und die Erstveröffentlichungen in der Originalsprache," *MEGA-Studien*, 1997/2, S. 37.

25) MEGA[1] I/5, S. 530, 639. 엥겔스의 파리 체재는 1846년 8월 15일 이후이다.

26) Inge Taubert, "Zur Entstehungsgeschichte des Manuskripts 'Feuerbach' und dessen Einordnung in den Band I/5 der MEGA[2]," *Beiträge zur Marx-Engels-Forschung*, 26(1989), S. 107. 그녀는 이 같은 집필 일자의 근거를 "다른 곳에서an anderer Stelle" 구체화하겠다고 하면서도 이후의 어떤 논문에서도 이를 언급치 않고 있다. I. Taubert, *a.a.O.*, S. 109, Anm. 30, 31.

스트 명세서에서는 1845년 11월 말에 기필하여 늦어도 1846년 3월 말에 완성되었거나, 1846년 1월에서 3월 사이에 집필된 것으로 규정했다.[27]

　사실 연구사적으로 볼 때 초고 I/5-4가 『독일 이데올로기』의 주 텍스트로 등장하게 된 것은 1989년 타우베르트의 논문이 발표되면서부터다. 그러나 이 초고는 타우베르트 스스로가 지적하듯이 "정확한 집필 일자를 알려줄 아무런 구체적 근거도 제시할 수 없고, 마르크스와 엥겔스가 어떤 목적으로 『장래 철학의 근본 원리』에 나타난 포이어바흐의 견해를 평가하려 했는가에 대한 어떠한 직접적인 정보도 없다"는 사실 때문에 집필 일자나 배열 순서의 결정에 상당한 혼란을 주고 있는 것이다.[28] 물론 저자는 타우베르트가 주장하는 대로, I/5-4가 내용 면에서 「I. 포이어바흐」 장의 중심 초고(큰 묶음의 Haupmanu-skript)인 I/5-3에서 전개되고 있는 바우어와 슈티르너의 공격으로부터 그들 자신을 방어하기 위해 포이어바흐를 재평가하고, 그들과 포이어바흐 간의 차이를 확인하려는 노력과 깊은 관련이 있음을 부인하지 않는다.[29] 그러나 앞에서 살펴본 바와 같이 이 초고가 저자의 한 사람인 엥겔스에 의해 초고가 아닌 서간으로 분류되는 데다, 집필 일자나 의도에 대한 아무런 구체적 근거나 정보도 없는 마당에 내용의 유사성만 보고 『독일 이데올로기』의 구성 초고로 결정하는 데는 무리가 따른다. 따라서 저자는 초고 I/5-4를 『독일 이데올로기』의 부록이나 같은 권의 앞이나 뒷부분에 별도로 게재하는 것이

---

27) Moon-Gil Chung, "Einige Bemerkungen über die Papiere der Spezialkonferenz 'Die Konstitution der *Deutschen Ideologie*,'" *a.a.O.*, S. 65~67; Taubert/Pelger/Grandjonc, *a.a.O.*, S. 69, 04100을 보라.
28) Taubert, "Zur Entstehungsgeschichte des Manuskripts 'Feuerbach' …" S. 102.
29) *a.a.O.*, S. 103~107.

어떨까 하는 의견을 조심스럽게 제기하는 바이다.

4. 잠정판을 포함한 종래 여러 판본의 초고 배열

『독일 이데올로기』의 경우 특정 초고의 주 텍스트로의 편입 문제
와 더불어 관심을 끄는 것은 개개 초고의 배열 순서에 관한 문제이
다. 이에 저자는 우선 「I. 포이어바흐」 장의 경우 가장 최근에 출판
된 잠정판을 포함한 종래의 여러 판본의 배열 순서를 도표로 보이고
자 한다.

〈표 9-1〉은 1920년대 이래 출판된 『독일 이데올로기』, 「I. 포이
어바흐」 장의 6개 판본이 어떤 초고를 텍스트로 포용하고, 또 개개
초고를 어떠한 순서로 배열하고 있는지를 일목요연하게 보여준다.
따라서 이 표를 통해 확인할 수 있는 사실은 다음의 몇 가지로 요약
된다.

4.1. 초고의 텍스트로의 채택 여부

a) H2/H1(I/5-4): 『마르크스-엥겔스 연지 2003』(잠정판)에서
만 본문 텍스트에 포함되었을 뿐이고 구MEGA와 히로마츠 판(H판)
에서는 부록으로 수록되었다. 그러나 R판, B판, 신MEGA 시쇄판에
서는 텍스트는 물론이고 부록에서도 제외되었다. 이 초고의 집필 시
기는 이를 최초로 부록으로 수록한 구MEGA가 "1846년 10월경"이
라고 비정하고 있다. 그러나 1989년 이 초고를 최초로 「I. 포이어바
흐」 장의 본문 텍스트로 포함할 것(dem Komplex "I. Feuerbach")
을 거론한 타우베르트는 그 이후의 논문에서 이렇다 할 구체적 근거

454

<표 9-1> 『독일 이데올로기』, 「I. 포이어바흐」 장 제판본의 초고 배열

Ausgabe Ersch. J.		R (1926)	A (1932)	B(D) (1965/66)	Probeband (1972)	H (1974)	M-E-J 2003 (2004)
Kleines Konvolut	H2/H1 MEGA I/5-4 "Feuerbach"/ "a) F's ganze Phil. läuft heraus auf [···] [···]daß nur in der Zeit eine veränderung mögl."		Anhang			Anhang II	V
	[1?]-abc MEGA I/5-6α "I. Feuerbach"/ "Wie ⟨unsere⟩ deutsche⟨n⟩ Ideologen ⟨versichem⟩ melden, [···] [···], der außerhalb Deutschland liegt. ⟨···⟩	I	Text- varianten	Teil- fußnoten	Varianten- verzeichnis	I-1***	VII-1
	[1?]-cd~[2?]-a(bcd)* MEGA I/5-6β "1. Die Ideologie überhaupt, speciell die deutsche Philosophie/ A."/ "⟨···⟩/ Die Voraussetzungen [···]　[···] durch die Produktion bedingt"	III	III	III	III	III-1***	VII-2
	{1}-ab** MEGA I/5-7[Reinschrift] "I. Feuerbach"/ "Wie deutsche Ideologen melden, [···]　[···], der außerhalb Deutschland liegt."	Auslassung	I	I	II	I Einleitung	VIII
	{2}-abcd MEGA I/5-5[Reinschrift] "I. Feuerbach"/ A. Die Ideologie überhaupt, namentlich die deutsche."/ Die deutsche Kritik[···]　[···] eignen materiellen Umgebung zu fragen."	II	II	II	I	II	VI
	{3}-abcd, {4}-ab(cd)* MEGA I/5-8[Reinschrift] "Die Beziehungen verschiedener Nationen [···] [···] einen Monarchen an der Spitze."	IX****	IV	IV	IV	V** Fragment 1	IX
	{5}-abcd MEGA I/5-9[Reinschrift] "Die Tatsache ist also die: [···]　[···] an historischen Beispielen erläutern"	IV	V	V	V	III-2*** Fragment 2	X
großes Konvolut	S. 1~2 [6]-[11](S. 8~29) MEGA I/5-3α	/ V	/ ?	VI VII	VI VII	부록I III	I-1 I-2
	[20]-[21](S. 30~35) MEGA I/5-3β	VI	?	VIII	VIII	IV	II
	[84]-[92](S. 40~72) MEGA I/5-3γ	VII	?	IX	IX	VI	III
	[92]-b(마지막 메모) MEGA I/5-3δ	VIII	부록	X	X	VII	IV

를 제시하지도 않고 그 집필 시기를 훨씬 앞당겼다. 그녀의 이러한 입장은 1997년의 논문에서 다시 한 번 확인된다. 즉 그녀는 "포이어바흐"란 제목이 붙은 이 초고를 i) 구MEGA 이래의 어느 판본도 시도한 적이 없는 오리지널의 필적을 해독, 분석하고, ii) 바우어-포이어바흐 논쟁의 초안으로 남은 보겐 6~11(I/5-3α)과 11보겐 제2블라트에 새로운 통찰을 가능케 하는 이 초고와의 사이에는 명백한 상관관계가 있으며, iii) 이 초고와 남아 있지 않는 보겐 2~5와의 관련성에 대한 통찰을 통해 후자의 구성을 재현함으로써 이 초고가 「I. 포이어바흐」 장의 구성 부분임을 최초로 확인했다.

그리고 그녀는 이의 집필 시기를 1846년 전반으로 잡았다가[30] 다시 1845년 11월 말/1846년 초에서 3월 말까지로 추정한다.[31] 그러므로 초고 I/5-4는 연대기적으로는 I/5-3의 다음에 배치할 수 있다고 주장하고 있다. 그리고 그녀의 이러한 주장은 곧장 독일-프랑스 메가 작업 그룹의 공식적 입장이 되고, 마침내는 잠정판에서 본문 텍스트로 자리 잡게 된 것이다.[32] 그러나 문제는 그녀의 이러한 주장에도 불구하고 이 "포이어바흐" 초고가 언제, 어떠한 목적으로 씌어졌는지 가늠할 만한 "직접적 정보"는 1989년 이후의 그녀의 논문 어

---

30) 타우베르트의 Konferenzpapier 1은 1846년 2월 1일에서 6월 30일 사이라고 추정하고 있다.

31) Taubert/Pelger/Grandjonc, *a.a.O.*, S. 69, 04100(Datierung zur Entstehung)을 보라.

32) Taubert, "Zur Entstehungsgeschichte des Manuskripts 'Feuerbach' …"와 Inge Taubert, "Manuskripte und Drucke der 'Deutschen Ideologie'(November 1845 bis Juni 1846). Probleme und Ergebnisse," *MEGA-Studien*, 1997/2, S. 7 및 Karl Marx, Friedrich Engels, Joseph Weydemeyer, *Die DEUTSCHE IDEOLOGIE, Artikel, Druckbogen, Entwürfe, Reinschriften und Notizen zu I. Feuerbach und II. Sankt Bruno. Marx-Engels-Jahrbuch* 2003(Berlin: Akademie Verlag, 2004), S. 101~103을 보라.

456

디에도 제시되지 않았다.

b) 〔1?〕-abc (I/5-6α)와 {1}-ab (I/5-7) : 같은 내용의 이들 2개 초고는 전자가 「I. 포이어바흐」 장의 모두冒頭로서 수정과 삭제의 흔적이 남아 있는 초안의 형태이고, 후자는 전자를 피사고被寫稿로 하여 정서한 초고이다. 따라서 이들 2개 초고는 편자의 입장에 따라 서로 다르게 편찬된다. 먼저 「I. 포이어바흐」 장을 최초로 원문으로 공개한 R판은 피사고인 전자를 본문 텍스트로 채택하고 정서고인 후자를 텍스트에서 제외했다. 이에 반해 R판을 제외한 다른 모든 판본은 정서고인 후자를 본문의 텍스트로 채택했다. 그러나 초안의 형태를 갖는 전자(피사고)를 A판은 본문이고本文異稿, Textvarianten로, B판은 첨가나 삭제 부분을 부분적으로 각주에 재현하고, 신MEGA 시쇄판은 이를 아파라트의 이고일람異稿一覽, Variantenverzeichnis에 재현했다. 그리고 H판은 이를 정서고와 마주 보는 홀수 면에서 초안인 피사고의 전모를 다양한 활자체를 동원하여 상세히 재현했다. 이에 반해 가장 최근에 출판된 잠정판은 2개의 초고를 모두 본문으로 채택했다. 그러나 피사고(I/5-6α)의 재현에서 잠정판은 H판과는 달리 신MEGA의 편찬 원칙에 따라 초고에 나타나는 삭제와 첨삭, 수정 등을 이고일람, 정정일람Korrekturenverzeichnis의 형태로 다루고 있다.

c) S. 1-2, 29(I/5-3α) : 1962년 바네에 의해 발견된 이들 초고[33]는 당연히 R판과 A판에는 수록되지 않았지만 1960년대 이후에 출판

---

33) Siegfried Bahne, "'Die Deutsche Ideologie' von Marx und Engels. Einige Texter-gänzungen," *International Review of Social History*, VII/1(1962), S. 93~104.

된 판본에는 모두 수록되었다. 그러나 H판은 이를 본문이 아닌 부록
에 게재하고 있다.

d) 〔92〕-ab (I/5-3δ) = 마지막 메모:「I. 포이어바흐」장 큰 묶음
에 속하는 초고들의 맨 마지막 부분에 씌어진 이 메모는 마르크스가
이들 초고Hautmanuskripte에 일련번호를 매긴 이후에 집필된 것으로
이전의 초고가 아직도 완결되지 않았음을 보여주는 것이다. 이 초고
의 집필 일자는 1846년 3월에서 7월 말 사이, 또는 저자들의 출판
계획이 좌절된 이후인 1846년 말 사이로 추정된다.[34] 이 부분은 구
MEGA의 경우 부록으로 처리하고 있으나 초고 I/5-3 전체가 계기적
으로 씌어진 것으로 볼 때 굳이 별도의 배려가 필요 없이 I/5-3γ에
연속하여 게재해도 무난한 것으로 생각된다. 단지 우리가 여기서 언
급해야 할 것은 이 초고의 마지막 우란에,「I. 포이어바흐」장의 제
목으로 보이는 엥겔스의 메모가 연필로 기록되었다는 점이다.

4.2. 초고의 배열 순서 문제

『독일 이데올로기』,「I. 포이어바흐」장을 구성하는 개개의 초고들
을 어떠한 순서로 배열하느냐의 문제는 1920년대의 리야자노프 이
래『독일 이데올로기』편찬에 있어서 중대한 관심사가 되어왔다. 그
러나 이 초고 배열 문제의 핵심은 개개 초고의 형성 시기를 중심으
로 한 연대기적 배열이냐, 아니면 개개 초고 상호간의 논리적 체계
를 중시한 배열이냐에 있다. 다시 말하면「I. 포이어바흐」장의 편찬
에서 형성사에 근거한 연대기적 배열과 내용이나 형식에서 전체적

---

34) Taubert, "Manuskripte und Druck der 'Deutschen Ideologie' …" S. 23; Taubert/
Pelger/Grandjonc, *a.a.O.*, S. 68.

체계를 중시하는 논리적 배열 중 어느 것이 저자들이 의도하는 결정본Ausgabe letzter Hand에 가장 근접하느냐를 묻지 않으면 안 된다. 따라서 이 문제는 작은 묶음의 초고와 중심 초고인 큰 묶음의 초고 간의 선후 배치 문제와 초안과 정서고가 혼재하는 작은 묶음에 속하는 초고들의 배열 순서를 어떻게 할 것이냐의 문제로 귀착된다.

a) 작은 묶음(I/5-5~I/5-9)과 큰 묶음(I/5-3) 상호간의 선후 배치 문제: 『마르크스-엥겔스 연지 2003』에 게재된 「I. 포이어바흐」장 잠정판은 종래의 여러 판본과는 달리 연대기적 배열이란 이유로 중심 초고인 큰 묶음을 "포이어바흐와 역사: 초안과 메모"라는 제목을 붙여 앞부분에 배치했다. 이는 지금까지의 「I. 포이어바흐」장의 여러 판본이 작은 묶음을 개개 초고의 내용이나 초고에 붙여진 표제를 근거로 하여, 순서에 차이가 없지는 않으나 「I. 포이어바흐」장의 앞부분에 배치하던 것과는 근본적인 차이를 보인다. 이는 모든 텍스트는 형성사에 기초한 개개 초고의 집필 연대순으로 배열한다는 신MEGA의 텍스트 배열 원칙에 충실한 것이다.[35] 그러나 『독일 이데올로기』처럼 방대한 주제 중심의 MEGA I/5는 경우에 따라 "연대기적 배열과는 별개로 주제에 맞추어" 배열될 수도 있지 않을까 보여진다.[36] 다시 말하면 다음의 〈표 9-2〉에서 볼 수 있는 바와 같이 「I. 포이어바흐」장을 서로 분리된 독립 초고의 집성으로 보는 잠정판의 편집 체제와는 달리, 일정 논리 체계를 갖춘 하나의 통일된 장으로 본다면 종래 제판의 텍스트 편찬을 반드시 부정적으로만 평가하기는

---

35) IMES, *Editionsrichlinien der Marx-Engels-Gesamtausgabe*(MEGA), II. 1.~3. (Berlin: Dietz Verlag, 1993), S. 22~23.

36) *ER*, II.5, ebenda, IML beim ZK der KPDSU und SED, *Editionsrichtlinien der MEGA*(Berlin, 1976), B. 9, *ebenda*, S. 130도 보라.

<표 9-2> 잠정판 「I. 포이어바흐」 장과 「II. 성 브루노」 장의 전체 목차

Karl Marx • Gegen Bruno Bauer
Karl Marx/Friedrich Engels • Feuerbach und Geschichte • Entwurf und Notizen
Entwurf S. 1 bis 29
Entwurf S. 30 bis 35
Entwurf S. 36 bis 72
Notizen
Karl Marx/Friedrich Engels • Feuerbach
Karl Marx/Friedrich Engels • I. Feuerbach. A. Die Ideologie überhaupt, namentlich die deutsche
Karl Marx/Friedrich Engels • I. Feuerbach. 1. Die Ideologie überhaupt, speziell die deutsche Philosophie:
Karl Marx/Friedrich Engels • I. Feuerbach. Einleitung
Karl Marx/Friedrich Engels • I. Feuerbach. Fragment 1
Karl Marx/Friedrich Engels • I. Feuerbach. Fragment 2
Karl Marx/Friedrich Engels • II. Sankt Bruno
1. "Feldzug" gegen Feuerbach
2. Sankt Bruno's Betrachtungen über den Kampf zwischen Feuerbach/ Stirner
3. Sankt Bruno contra die Verfasser der "heiligen Famillie"
4. Nachruf an "Moses Heß"

어려울 것이다.

b) 작은 묶음에 속하는 초고 상호간의 배열 문제: 「I. 포이어바흐」 장의 작은 묶음에는 앞에서 여러 번 언급한 H2/H1를 일단 제외하면 1개의 초안과 4개의 정서고로 형성되어 있다(모두 6보겐 1블라트). 그 가운데서 2개 보겐(전통적인 초고 표시는 보겐 〔1?〕〔2?〕로 되어 있다) 으로 이루어진 초안 I/5-6은 "I. Feuerbach"로 시작되는 부분(I/5-6α; 〔1?〕-abc)과 "I. Die Ideologie überhaupt, speciell die deutsche Philosophie"라는 하위 표제를 가진 부분(I/5-6β; 〔1?〕-cd~〔2?〕-a)으로 나뉘어 있다. 그리고 나머지 4개의 정서고는 "I. Feuerbach"라는 표제를 가진 I/5-7(｛1｝-ab)과 I/5-5(｛2｝-abcd)의 2개 초고, 독립된 내용을 가진 I/5-8(〔3〕-abcd~〔4〕-ab)과 I/5-9(〔5〕-abcd) 2개 초고이다. 그리고 이들 초고의 집필 시기는 이르면 바이테마이어가 독일로 귀국한 1846년 4월 중순 이후, 대략 6월 초에 기필하여 출판 계획이 좌절된 7월 20일 사이로 추정된다.[37]

따라서 작은 묶음의 초고 배열은 자연 "I. Feuerbach"라는 표제가 붙은 초고 I/5-5, I/5-6, I/5-7 가운데 하나를 맨 앞에 배치하고, 나머지 2개의 독립 초고 I/5-8과 I/5-9를 그다음에 배치하는 것이 일반적이다〔그러나 후자의 경우 리야자노프는 예외적으로 I/5-8을 큰 묶음의 내용을 축약한 결론으로 간주하여 "I. Feuerbach" 장의 마지막 부분에 배치한 I/5-3(큰 묶음) 다음에 배열했다〕.[38] 따라서 여기서 문제가 되는 것은 "I. Feuerbach"라는 표제를 가진 3개의 초고 중 어느 것을 우선 배치하느냐 하는 문제이다. 그러므로 이는 i) 서론 Einleitung이고 후자가 전자의 정서고Reinschrift이므로 적어도 이들 2개 초고간의 선택 문제와 선택하지 않은 초고의 처리 및 배치 문제, ii) 서론의 피사고인 I/5-6의 나머지 부분(I/5-6β)과 I/5-5의 선후 배치 문제로 요약된다. 그러나 지금까지의 모든 판본은 i)의 문제를 해결한 뒤 이렇다 할 전거를 제시하지도 않고 정서고 I/5-5를 게재하고, 다음으로 서론 피사고(I/5-6)의 나머지 부분(I/5-6β)을 배열했다.

그러나 타우베르트가 편집한 신MEGA 시쇄판(1972)과 잠정판

---

37) Tabuert/Pelger/Grandjonc, *a.a.O.*, S. 69~74의 각 초고별 Textzeugenbezug 04100, 04105, 04110을 보라.

38) D. Rjazanov, "Marx und Engels über Feuerbach. Der erste Teil der ˈDeutschen Ideologie,ˈ" *Marx-Engels-Archiv*, I(1926), S. 217, 303~306.

(2004)은 I/5-5를 서론보다 앞부분에 배열했다. 그녀는 이러한 배열의 근거로 초고의 장절 기호가 I/5-5에서는 “I→A”로, I/5-6에서는 “I→1(A가 1로 수정)→A”로 전개되고 있으므로 I/5-5가 시기적으로 I/5-6에 우선하고, I/5-6을 정서한 I/5-7보다도 당연히 시기적으로 앞선다는 문헌학적 추론Argumentation을 1972년의 시쇄판에서 제시했다. 그러나 이러한 그녀의 주장은 2004년의 잠정판에서는 재론되지도 않은 채 당연한 것으로 수용되었다.[39]

저자의 생각으로는 거의 같은 시기에 씌어진 작은 묶음 초고의 배열 순서를 결정하기 위한 하나의 방법으로『독일 이데올로기』의 초고가 저자의 한 사람인 엥겔스에 의해 이를 유증받은 베벨과 베른슈타인에게 전달될 때 그것이 어떠한 순서로 배열되었을까를 확인해보는 것도 의미가 있을 것으로 생각된다. 이 경우 가장 중요한 증표는 초고 I/5-8과 I/5-9에 “3)”과 “5.”의 보겐 번호인데 이 중 “5.”는 엥겔스의 필적임이 분명하나 “3)”의 경우는 누구의 필적인지 알 수 없어 배열 순서의 확정에 이용할 수가 없다고 잠정판은 주장하고 있다.[40] 그러나 보겐 〔3〕, {4}가 연속된 내용의 초고이고, 〔5〕가 독립된 초고이기에 이의 연속 배열에는 무리가 없어 보인다(단지 R판은 이를 큰 묶음의 맨 마지막에 게재했다). 그리고 I/5-7({1}-ab)과 I/5-5 ({2}-abcd)에는 제3자에 의해 “1” “2”에 보겐 번호가 기재되었다. 초기에 마르크스-엥겔스의 유고에 접근할 수 있었던 인사들이 유고의 중요성을 십분 이해하고 있는 독일 사민당의 핵심 인사였거나 중요 도서관의 핵심적 사서司書였다는 사실을 감안할 때, 초고

---

39) MEGA² *Probeband*, S. 405~409, 425 및 *Marx-Engels-Jahrbuch* 2003, S. 312. 정문길, 「초고의 문헌학적 분석과 저자의 결정본」, pp. 190~191〔이 책, pp. 434~436〕도 보라.
40) *Marx-Engels-Jahrbuch* 2003, S. 20*.

<표 9-3> 「I. 포이어바흐」 장 작은 묶음 초고에 매긴 베른슈타인 등 제3자의 일련번호와 기간 제 판본의 배열 순서

	Engels et al.	Bernstein	IISG(A7)	IMES	R	A	B(D)	Probe-band	H	MEJ 2003
	[1?]abc	41 42 [43/	7 8 [9/	I/5-6α	I	Text-vari.	Teilfüß-noten	Varianten-verzeichn.	I-1	II*
1)	"I. Feuerbach"/ "Wie 〈unsere〉 deutsche〈n〉 Ideologen 〈versichem〉 melden, [⋯] [⋯], der außerhalb Deutschland liegt. 〈⋯〉"									
	[1?]cd~[2?]-a(bcd)	/43] 44~o.N	/9] 10 11	I/5-6β	III	III	III	III	III-1	III
2)	"1. Die Ideologie überhaupt, speciell die deutsche Philosophie/ A."/ "〈⋯〉/ Die Voraussetzungen [⋯]　　　　[⋯] durch die Produktion bedingt."									
	{1}ab	1 2	1 2	I/5-7	Aus-lassung	I	I	II	I	IV*
3)	[Reinschrift] = Einleitung "I. Feuerbach"/ "Wie deutsche Ideologen melden, [⋯]　　　　[⋯], der außerhalb Deutschland liegt."									
	{2}abcd	3 4 5 6	3 4 5 6	I/5-5	II	II	II	I	II	I
4)	[Reinschrift] "I. Feuerbach"/ A. Die Ideologie überhaupt, namentlich die deutsche."/ Die deutsche Kritik[⋯]　　　　[⋯] eignen materiellen Umgebung zu fragen."									
	[3]abcd~{4}ab(cd)	7 8 9 10~11 12	12 13 14 15~16 17	I/5-8	Ende des Haupt-text	IV	IV	IV	..[V]	V
5)	[Reinschrift] = Fragment 1 "Die Beziehungen verschiedener Nationen [⋯]　　　　[⋯] einen Monarchen an der Spitze."									
	[5]abcd	45 46 47 48	18 19 20 21	I/5-9	IV	V	V	V	III-2	VI
6)	[Reinschrift] = Fragment 2 "Die Tatsache ist also die: [⋯]　　　　[⋯] an historischen Beispielen erläutern"									

* 초고 I/5-6α와 I/5-7 서론의 중복 게재. *Marx-Engels-Jahrbuch* 2003, S. 106~108, 109~110.

에 씌어진 일련번호는 결코 무심히 간과할 사안은 아니라고 판단된다. 따라서 작은 묶음 초고의 배열에서 마르크스-엥겔스 이외의 제3자에 의한 배열 순서나 일련번호를 유심히 검토할 필요가 있다(〈표 9-3〉 참조).

c) 서문 (I/5-2)의 배치 문제

『독일 이데올로기』의 편찬에서 서문의 배치 문제는 이 책에 포함되는 전체 초고들의 배열 문제와 관련하여 중요한 의미를 갖는다. 본문의 전부 또는 일부가 완성된 뒤에 집필되는 서문은 그 집필 시기에 상관없이 해당 저서의 맨 앞에 배치하는 것이 일반적이다. 이 서문 역시 제1권의 제III장 「성 막스」가 탈고되어 바이데마이어가 초고를 들고 출판을 위해 독일의 베스트팔렌으로 귀환한 뒤인 1846년 4월 중순에서 출판 계획이 좌절된 같은 해 7월 말 사이에 집필되었지만, 『독일 이데올로기』의 권두에 배치하는 데는 이론이 있을 수 없다.

그러나 독일-프랑스 메가 작업 그룹이 이 서문을 I/5-2라는 번호를 붙여 인쇄 원고 I/5-1 다음에 배치한 것은 무슨 의미인지 정확히 파악하기 어렵다. 특히 잠정판이 「I. 포이어바흐」 장의 모든 초고를 철저히 "연대기적 원칙"에 따라 배열하고 있는 상황을 감안할 때, 서문의 위치가 「II. 성 브루노」나 「III. 성 막스」 다음에 배치될지도 모른다는 우려를 불식하기 어렵다.[41]

---

41) 정문길, 「초고의 문헌학적 분석과 저자의 결정본」, pp. 193~196〔이 책, pp. 438~441〕 참조.

464

5. 몇 가지 제언—결론에 대신하여

저자는 이제까지의 논의와 저자 자신의 연구를 근거로 하여 현재 편집의 최종 단계에 놓인 "주제 중심"의 『독일 이데올로기』, 「I. 포이어바흐」 장의 구성과 배열 순서, 그리고 장절의 제목을 다음과 같이 재구성해보고자 한다.

5.1. 제안 1: 작은 묶음 제 초고의 구성

「I. 포이어바흐」 장을 구성하는 여러 초고를 우선 중심 초고인 큰 묶음과 작은 묶음으로 나눌 때, 큰 묶음의 경우(I/5-3) 엥겔스의 보겐 번호와 마르크스의 페이지 번호에 비록 결번이 없지 않으나 이를 4개의 부분으로 분리시켜 재현하면 큰 문제가 없는 것으로 보인다. 그러나 작은 묶음의 경우는 사정이 다르다. 우선 인쇄 원고 I/5-1의 경우는 『독일 이데올로기』 집필의 기연起緣이 된 바우어의 글 「루트비히 포이어바흐의 특징」을 비판한 가장 초기의 원고로 그 집필 일자가 "브뤼셀, 〔1845년〕 11월 20일"로 명백히 기재되어 있다. 그러나 이 원고가 잠정판의 경우처럼 『독일 이데올로기』, 제 I, II장의 최선두에 배치된 것은 납득하기 어려운 일이다. 특히 이 원고의 내용이 「II. 성 브루노」의 마지막 부분과 높은 연관성을 갖는 데다, 독일-프랑스 메가 작업 그룹이 이를 『독일 이데올로기』의 전체 서문인 I/5-2에 선행하여 배치한 점을 고려할 때 이 초고를 『독일 이데올로기』의 주 텍스트로 편입하는 것은 논리적으로 무리가 있다. 게다가 당초 계간지나 『독일 이데올로기』의 초고로 집필된 원고들이 출판 계획이 좌절된 1846년 7월 말 이후에야 장절에서 분리되어 부분적인 출판이 시도되었다는 사실과도 부합하지 않는다.

한편 초고 I/5-4(H2/H1)는 마르크스와 엥겔스가 포이어바흐를 재평가하면서 그들과 포이어바흐와의 차이를 확인하려 했다는 점에서 초고 I/5-3과의 관련성이 크다고 볼 수 있다. 그러나 이 초고가 엥겔스에 의해 애초에 "초고"가 아닌 "편지"로 분류되었다는 점이나, 타우베르트가 지적한 바와 같이 그것이 『독일 이데올로기』의 「I. 포이어바흐」와 관련된다는 아무런 "직접적인 정보"도 없는 상황에서 이를 주 텍스트에 편입하는 것은 무리가 있다고 판단된다. 따라서 저자는 이들 2개 원고를 제외하고 다음의 6개 초고를 『독일 이데올로기』의 「I. 포이어바흐」 장을 구성하는 주 텍스트로 간주하는 것이 타당하지 않을까 하는 의견을 제시하는 바이다.

    I) 〔1?〕-abc   MEGA I/5-6α

      "I. Feuerbach"/

      "Wie ⟨unsere⟩ deutsche⟨n⟩ Ideologen ⟨versichern⟩ melden, 〔⋯〕

              〔⋯〕, der außerhalb Deutschland liegt. ⟨⋯⟩"

    II) 〔1?〕-cd~〔2?〕-a(bcd) MEGA I/5-6β

      "1. Die Ideologie überhaupt, speciell die deutsche Philo-sophie/

      A."/

      "⟨⋯⟩/ Die Voraussetzungen 〔⋯〕

           〔⋯〕 durch die Produktion bedingt"

    III) {1}-ab   MEGA I/5-7〔Reinschrift〕＝Einleitung

      "I. Feuerbach"/

"Wie deutsche Ideologen melden, 〔…〕

〔…〕, der außerhalb Deutschland liegt."

IV) {2}-abcd　　　　　　　MEGA I/5-5〔Reinschrift〕

"I. Feuerbach/

A. Die Ideologie überhaupt, namentlich die deutsche."/

Die deutsche Kritik〔…〕

〔…〕 eignen materiellen Umgebung zu fragen."

V) {3}-abcd～{4}-ab(cd)　MEGA I/5-8〔Reinschrift〕=Fragment 1

"Die Beziehungen verschiedener Nationen 〔…〕

〔…〕 einen Monarchen an der Spitze."

VI) {5}-abcd　　　　　　　MEGA I/5-9〔Reinschrift〕=Fragment 2

"Die Tatsache ist also die: 〔…〕

〔…〕 an historischen Beispielen erläutern"

5.2. 제안 2: 작은 묶음 초고의 배열

앞에서도 살펴본 바와 같이 작은 묶음 초고들의 배열에서 가장 이견이 많은 부분은 i) "I. Feuerbach"라는 동일한 표제가 붙은 3개의 초고 I/5-6α, I/5-7, I/5-5 중 어느 것을 "I. Feuerbach" 장의 선두에 배치하느냐의 문제이고, 다음으로는 ii) 초안 I/5-6α와 이의 정서고인 I/5-7 중 어느 초고를 주 텍스트로 선택하느냐는 것과, iii) 이 중 어느 것을 선택했을 경우 후속 초고를 I/5-6α와 같은 보겐에 연속되어 집필된 I/5-6β로 할 것이냐 아니면 별도 보겐의 정서고 I/5-5로 할 것이냐를 결정하는 것이다(이 논의에서는 앞의 제안 1에 근거하여 I/5-4는 제외한다).

그러나 i)과 ii)의 경우, I/5-6α와 I/5-7은 동일한 내용의 초고가 하나는 초안의 형태로, 다른 하나는 전자를 피사고로 하여 청서한 초고이기에 결과적으로 이들과 I/5-5 중 한쪽을 선택하는 문제가 남는다. 따라서 종래의 여러 판본은 모두 I/5-6α(R판)나 I/5-7(A판, B판, H판) 중의 하나를 택한 뒤 거기에 이어 I/5-5를 게재하고 그 다음에 I/5-6β를 게재했다. 그러나 타우베르트가 편찬한 신MEGA의 시쇄판과 잠정판은 I/5-5를 6개의 초고 중 맨 선두에 배치하고, 시쇄판은 이에 연속하여 I/5-6α의 정서고인 I/5-7을 순차로 별도의 페이지에 다시 게재했다. 그리고 I/5-8과 I/5-9는 R판이 예외적으로 I/5-8을 I/5-3의 맨 마지막에 배치한 경우를 제외하고는 모두 작은 묶음의 마지막에 순차적으로 게재했다.

여기서 저자가 이론을 제기하고 싶은 부분은 초안 I/5-6의 처리 문제이다. 보겐 〔1?〕과 〔2?〕는 모두 8페이지로 되어 있으나 초고가 집필된 부분은 5페이지이고, 앞부분은 "I. Feuerbach"라는 표제 아래 2와 1/3(〔1?〕-abc)페이지가 서술되고, 제3페이지 윗부분의 3분의 1 지점에서 앞부분과 연속하여 "I. Die Ideologie überhaupt, speciell die deutsche Philosophie/ A."/라는 절의 제목으로 시작된 초고가 3페이지에 걸쳐 집필되었다(〔1?〕-cd~〔2?〕-a). 따라서 여기서 문제가 되는 것은 『독일 이데올로기』의 다른 초고의 경우 일정 보겐 가운데서 연속된 서술을 별도로 분리하여 게재한 판본이 없는데 유독 I/5-6만 전후를 분리하여 게재했다는 점이다(잠정판은 예외적으로 이를 연속하여 게재했다). 그리고 이러한 분리 게재가 왜 필연적인지에 대한 설명은 어느 판본에서도 찾을 수 없다. 따라서 이러한 난점을 극복하기 위해 저자는 I/5-6α와 I/5-6β를 연속적으로 게재하고 I/5-6α의 우란(혹은 우면)에 정서고 I/5-7을 배치하는 방법을 검토해볼 필요가 있다고 생각한다. 특히 이들 양자가 신MEGA

<표 9-4> 작은 묶음에 속하는 초고들의 새로운 배열을 위한 제안

I	[1?]-abc MEGA I/5-6α "I. Feuerbach"/ "Wie 〈unsere〉 deutsche〈n〉 Ideologen 〈versichem〉 melden, […]　　　　　[…], der außerhalb 　　　Deutschland liegt. 〈…〉"	II	{1}-ab MEGA I/5-7[Reinschrift] "I. Feuerbach"/ "Wie deutsche Ideologen melden, […] 　　　　　[…], der außerhalb 　　　Deutschland liegt."
III	[1?]-cd~[2?]-a(bcd) MEGA I/5-6β "1. Die Ideologie überhaupt, speciell die deutsche Philosophie/ A."/ "〈…〉/ Die Voraussetzungen […] […] durch die Produktion bedingt"		
IV	{2}-abcd MEGA I/5-5[Reinschrift] "I. Feuerbach"/ A. Die Ideologie überhaupt, namentlich die deutsche."/ Die deutsche Kritik[…] […] eignen materiellen Umgebung zu fragen."		
V	{3}-abcd~{4}-ab(cd) MEGA I/5-8[Reinschrift] "Die Beziehungen verschiedener Nationen […] 　　　　　　[…] einen Monarchen an der Spitze."		
IV	{5}-abcd MEGA I/5-9[Reinschrift] "Die Tatsache ist also die: […] 　　　　　　[…] an historischen Beispielen erläutern"		

의 편찬 원칙에 반하여 중복 게재의 혐의가 없지 않으나[42] MEGA의
편찬 원칙을 준용한 잠정판이 이미 이를 중복 게재하고 있다는 점과
이러한 중복이 내용상의 중복에도 불구하고 초안과 정서고 사이에

---

42) Jacques Grandjonc und Jürgen Rojahn, "Der revidierte Plan der Marx-Engels-
　　Gesamtausgabe," *MEGA-Studien*, 1996/2, S. 66.

나타나는 어휘나 표현상의 차이가 이를 아파라트를 통해서 확인할 때와는 또 다른 뉘앙스를 준다는 점에서도 의미가 있다.[43]

게다가 초고 I/5-6의 연속 게재는 I/5-5의 배치에도 하나의 단서를 제공할 것으로 보인다. 다시 말하면 MEGA 시쇄판이 제기한 이들 초고에 대한 문헌학적 선후 관계의 근거가 절Abschnitt의 연번호의 수정에 머문 데 반해 〈표 9-3〉에 보이는 제3자에 의한 일련번호가 훨씬 설득력이 있는 것으로 보인다. 따라서 저자는 작은 묶음 초고의 배열을 다음의 〈표 9-4〉와 같이 제기해본다.

5.3. 제안 3: 『독일 이데올로기』 제1권 장절의 배열과 제목

마지막으로 저자는 이상의 논의에 근거하여 『독일 이데올로기』 제1권의 목차를 재구성해보고자 한다. 이는 잠정판이 「I. 포이어바흐」 장의 경우 초고의 문헌학적 분석, 즉 연대기적 배열과 현존 형태에만 관심을 집중함으로써 이 저작이 갖는 체계적 특성을 전적으로 무시하고 있음을 비판하고 이를 최소한의 가공을 통해 논리적 체계성을 확보하려는 시도이다.

Karl Marx/Friedrich Engels. Die deutsche Ideologie

Vorrede

MEGA I/5-2 (RC Sign. F.I, op. 1, d. 188)

I. Band. Kapitel I. Feuerbach Gegensatz von materialistischer und idealistischer Anschauung

I. Feuerbach 〔Einleitung〕　　　I. Feuerbach

---

43) 정문길, 「초고의 문헌학적 분석과 저자의 결정본」, p. 192〔이 책, p. 437〕.

〔1?〕abc {1}ab

1. Die Ideologie überhaupt, speciell die deutsche Philo-
sophie/A

〔1?〕cd～〔2?〕a

〔2.〕 A. Die Ideologie überhaupt, namentlich die deutsche

{2}abcd

〔3. Fragment 1〕

〔3〕abcd～{4}ab

〔4. Fragment 2〕

〔5〕abcd

S. 1～2, 8～29

〔6〕-〔11〕* = I/5-3α

S. 30～35

〔20〕-〔21〕* = I/5-3β

S. 40～72

〔84〕-〔92〕* = I/5-3γ

〔letztes Notiz〕

〔92〕*ab = I/5-3δ

Das Leipziger Konzil

II. Sankt Bruno

III. Sankt Max

Schluß des Leipziger Konzils

*) Engels' Bogennummer

제10장

주제권에서 작품권으로의 천이
―신MEGA I/5 편찬 원칙의 미묘한 변화

1. 글머리에

현재 신MEGA I/5의 최종 편집을 담당하고 있는 베를린-브란덴부르크 과학아카데미BBAW의 게랄트 후브만Gerald Hubmann은 2006년 11월, "『독일 이데올로기』의 완성을 위한 독일-일본 전문가 회의" 워크숍의 기조 보고에서 "〔우리는〕 타우베르트나, 펠거, 그랑종과 같이 MEGA² I/5를 주제권主題卷, thematischer Band으로 보지 않고, 『독일 이데올로기』라는 작품권作品卷, Werk-Band, 즉 여러 가지 소재를 하나의 작품에 결합하는 권Zusammenführung der Materialien zu einem Werk으로 이해"한다고 천명했다.[1] 물론 그의 표현은 문맥으로 볼 때

---

1) Gerald Hubmann/Christine Weckwerth/Ulrich Pagel, "Die Textgestalt der Deutschen Ideologie in MEGA² I/5" (Einleitende Beitrag zum deutschjapanischen Workshop am 24. November 2006 an der Berlin-Brandenburgischen Akademie der Wissenschaften).

MEGA² I/5의 텍스트 구성을 독일-프랑스 메가 작업 그룹의 경우처럼 확대하여 수록하기보다 좁은 의미에서 『독일 이데올로기』의 텍스트를 제약한다는 의미로 쓰인 것이 사실이다.[2] 그러나 저자가 여기서 그의 이러한 표현에 주목하는 것은 후브만이 종래 당연시되던 "주제 중심의 권"인 MEGA I/5(『독일 이데올로기』)[3]를 "작품권"이라고 지칭한 이유가 무엇이며, 그것이 현재 편찬 중인 MEGA² I/5에는 어떠한 영향을 미칠까 하는 데 대한 관심 때문이다.

따라서 저자는 이 글에서 먼저 『독일 이데올로기』가 초기의 연구자나 일반 독자들의 관심권에 들어와 그것이 마침내 MEGA¹ I/5에서 하나의 구체적 저작으로 확고히 자리 잡는 과정을 살펴볼 생각이다. 이어서 "역사적-비판적" 전집인 구MEGA에 게재된 『독일 이데올로기』가 갖는 결함을 지적·비판하면서 새로이 제시된 편집안(특히 「I. 포이어바흐」 장)에 대해 언급하고, 마지막으로 새로운 문헌학적 분석을 통해 수행되는 신MEGA의 『독일 이데올로기』 편찬 과정을 검토함으로써 후브만이 제시한 MEGA² I/5의 주제권에서 작품권으로의 이행이 갖는 의미를 음미해보고자 한다.

---

2) *Ibid*. 앞의 보고문의 일본어 역: 大村泉 譯, 「MEGA² I/5で『ドイツ・イデオロギー』のテキストはどのように編集されるべきか」, 『マルクス・エンゲルス・マルクス主義研究』, 48(2007. 6), p. 14.

3) MEGA² I/5가 주제 중심의 권이라는 사실은 구동독 시대의 경우는 IML이 1976년에 확정한 MEGA의 편집 요강 B.II.9에, 그리고 IMES가 MEGA의 발행권을 이양받은 이후 1993년에 확정된 편집 요강 B.II.5도 독일-프랑스 메가 작업 그룹에 의해서 그대로 수용되었다. Editionsrichtlinien der MEGA, Berlin 1976, B.II.9.~10, S. 17. In: *Editionsrichtlinien der Marx-Engels-Gesamtausgabe*(MEGA), hrsg. von der Internationalen Marx-Engels-Stiftung, Amsterdam(Berlin: Dietz Verlag, 1993) 〔이하 *ER*로 약칭〕, S. 130. Inge Taubert/Hans Pelger/Jacques Grandjonc, "Die Konstitution von MEGA² I/5 'Karl Marx, Friedrich Engels, Moses Heß: Die deutsche Ideologie. Manuskripte und Drucke(November 1845 bis Juni 1846),'" *MEGA-Studien*, 1997/2, S. 49. *ER*, S. 23.

2. 『독일 이데올로기』 초고의 부분적 출판과 마이어－리야자노프의 논쟁

엥겔스 사후(1895) 베른슈타인과 메링에 의해『독일 이데올로기』의 일부가 처음으로 단편적으로 발표되거나 소개되기 시작할 무렵의 이 "미발간 초고"에 대한 편자나 전문가들의 견해는 "이미 발표된 저작에 대한 의미 있는 보족적 자료"에 불과했다. 그러나 베른슈타인으로부터『독일 이데올로기』의 초고를 빌려보고, 이를 이용해『엥겔스 전기』를 집필한 구스타프 마이어가 1920년 이 책의 제1권, 『초기 엥겔스』를 출판함으로써『독일 이데올로기』에 대한 당대의 평가를 일변시켰다. 특히 그는 제1권의 9장, 「독일 이데올로기의 청산」에서 "영국 여행에서 돌아온 마르크스와 엥겔스는 곧장 청년헤겔파와 포이어바흐의 철학과의 결별이란 형태로 그들의 새로운 유물주의적·경제학적 역사관을 형성하는 전면적인 작업에 들어갔다"고 지적, 『독일 이데올로기』 집필의 기연起緣을 밝히고 있다. 나아가 마이어는 이 저작이 제1부에서는 브루노 바우어, 슈티르너, 포이어바흐를 다루고 있으며, 제2부에서는 포이어바흐의 '이론적' 휴머니즘을 벗어나지 못한 채 상투어常套語의 덤불 속에서 현실로 나아가는 길을 발견하지 못한 독일의 진정 사회주의자에 대한 비판을 다루고 있음을 확인하면서, 이 미간 초고에 대한 학문적 분석을 시도하여 관련 학자들 사이에 비상한 관심을 불러일으켰다. [4]

---

4) Gustav Mayer, *Friedrich Engels. Eine Biographie*. Erster Band: *Friedrich Engels in seiner Frühzeit*(1920). Zweite, verbesserte Auflage(Haag: Martinus Nijhoff, 1934), S. 220~244, 인용은 S. 225. 이하의 서술은 저자의『니벨룽의 보물: 마르크스－엥겔스의 문서로 된 유산과 그 출판』(문학과지성사, 2008), pp. 206~211에서 발

마이어가 『엥겔스 전기』를 통해 『독일 이데올로기』의 초고를 구체적으로 소개하고 '비교적' 상세하게 분석하자 모스크바를 마르크스와 엥겔스 연구의 새로운 중심지로 만들려는 야심에 가득 차 있던 리야자노프는 이에 자극을 받아 두 사람 사이에 『독일 이데올로기』 초고의 '발견Entdeckung'을 둘러싼 논쟁이 일어나게 된다.

러시아혁명 이전에는 베를린과 빈을 근거로 하여 서구에 망명해 있으면서 마르크스와 엥겔스의 문헌 연구에 몰두하고, 1917년에는 독일에서 『마르크스-엥겔스 저작집, 1852~1862』[5]를 편찬한 바 있는 리야자노프는, 러시아에서 혁명이 성공하자 귀국하여 1920년 모스크바에 새로이 설립된 마르크스-엥겔스 연구소MEI의 소장을 맡게 된다. 레닌의 전폭적인 지원을 배경으로 한 이 연구소는 리야자노프의 지휘 아래 마르크스주의와 노동운동사 연구의 세계적인 중심으로 도약하기 위해 자료의 수집과 연구에 전념했다. 특히 연구소의 이러한 노력은 곧장 전4부 42권으로 구성된 구MEGA의 출판을 기획하면서 마르크스와 엥겔스의 유고를 정력적으로 수집하는 중이었다. 그런데 바로 이러한 시점에서 그는 마이어가 『신성가족』과 『철학의 빈곤』을 이어주는 연결고리로서 중요한 의미를 갖는 『독일 이데올로기』의 초고를 자기보다 앞서 분석하여 『엥겔스 전기』를 집필하자 불쾌감을 감출 수 없었다. 결국 그는 1923년 11월 20일, 모스크바의 사회주의 아카데미에서 행한 연설을 통해 마이어의 업적을 비판, 폄하한다.

그러면서 리야자노프는 자신이 당시 베를린 방문을 통해 얻은 『독

췌한 것이다.

5) *Gesammelte Schriften von K. Marx und F. Engels. 1852~1862*, 2 Bde., Stuttgart, 1917.

일 이데올로기』의 초고와 관련된 성과를 제시한다. 즉 그는 당시 4주에 걸친 베를린 여행을 통해 1) 먼저 『독일 이데올로기』와 관련된 기간既刊의 모든 전거典據를 추적하고, 2) 슈티르너의 『유일자와 그의 소유』보다 더욱 방대한 「III. 성 막스」의 초고를 모두 확보했으며, 3) 아직 미완성으로 남아 있는 장절Abschnitt에서는 슈티르너와 브루노 바우어만이 아니라 포이어바흐를 존경받는 논적으로 다룸으로써 마르크스와 엥겔스가 어떻게 헤겔과 포이어바흐를 극복하고 있는가를 보여주고, 마지막으로 4) 이 초고의 잔여 장절에서는 『공산당 선언』에서만 다룬 바 있는 진정 사회주의자들을 다루고 있다고 보고한다.[6]

모스크바의 사회주의 아카데미에서 발표된 리야자노프의 이 강연은 마르크스와 엥겔스의 유고와 관련된 당대의 최신 정보를 많이 담고 있어서, 그륀베르크Carl Grünberg는 자신이 주관하는 『사회주의와 노동운동사 아키브』 XI호(1925)에 이를 번역 게재했다. 1848년 이전의 『독일 이데올로기』 『헤겔 법철학 비판』 『공산당 선언』의 초안이나, 1848년 이후의 마르크스의 방대한 경제학 노트, 엥겔스의 과학론, 두 사람의 서한 등 그들의 유고와 관련된 자신의 광범한 연구 성과를 보고하는 형식을 취한 이 강연에서, 리야자노프는 특히 『독일 이데올로기』의 초고에 대해 비교적 상세히 보고한다. 그런데 문제는 리야자노프가 이 과정에서 『독일 이데올로기』에 대한 마이어의 연구 성과를 비학술적이라고 비판하고, 자신의 집중적인 자료 추적을 통해서 비로소 『독일 이데올로기』의 전모가 완벽하게 복원될 수 있었다는 과장된 자기주장을 토로한 것이다.[7]

---

6) D. Rjasanoff, "Neueste Mitteilungen über den literarischen Nachlaß von Karl Marx und Friedrich Engels," *Archiv für die Geschichte des Sozialismus und der Arbeiterbewegung*, XI. Jahrgang(1925), S. 389~391.

그러나 구스타프 마이어에 대한 리야자노프의 이런 비판과 과장된 자기주장은 곧장 마이어로부터 강한 반발을 받게 된다. 그륀베르크의 『사회주의와 노동운동사 아키브』다음 호(XII, 1926)에 게재된 마이어의 반론은 리야자노프가 자신의 『엥겔스 전기』를 읽고 곧장 베른슈타인에 접근하여 그가 보관하고 있던 『독일 이데올로기』의 초고를 열람한 뒤, 이를 복사했음에도 불구하고 그것을 마치 리야자노프 자신이 새로이 "발견"한 것처럼 선전하는 것은 "리야자노프의 환상Phantasie R〔jsanoff〕s"에 불과하다고 꼬집었다. 게다가 리야자노프가 마이어의 결정적 결함으로 지적한 초고의 인용에 대해서도 『독일 이데올로기』초고의 현존 상태를 알고 있는 사람이라면 그 구체적 페이지를 적시하는 것이 불가능하다는 것쯤은 충분히 이해할 것이라고 밝히고 있다.[8]

어쨌든 『독일 이데올로기』의 초고를 둘러싼 리야자노프와 마이어의 논쟁은 20세기 초, 마르크스와 엥겔스의 유고를 중심으로 한 당대의 지적 호기심과 학문적 관심이 어떠했는가를 보여주는 하나의 사건이다. 특히 이 분야에서 당대 최고의 전문가들 사이에 벌어진

---

7) 정문길, 「편찬사를 통해서 본 『독일 이데올로기』」, 『마르크스의 사상 형성과 초기 저작』(문학과지성사, 1994), pp. 79~81〔이 책, pp. 34~37〕을 보라.

8) Gustav Mayer, "Die 'Entdeckung' des Manuskripts der 'Deutschen Ideologie,'" *Archiv für die Geschichte des Sozialismus und der Arbeiterbewegung*, XII. Jahrgang (1926), S. 284~287. 1929년 9월 18일과 20일, 2회에 걸쳐 『아벤트』지(독일 사민당 기관지 『포아베르츠!』의 석간판)에 게재된 「엥겔스의 유언」이란 글에서 베른슈타인은 리야자노프가 베른슈타인을 방문하고 『독일 이데올로기』초고를 열람할 수 있었던 것은 1923년 사민당 지도부의 위임을 받은 브라운을 통해서였으며, 리야자노프는 이 초고를 베른슈타인의 집에서 매일 수시간씩 수주간에 걸쳐 열람했다고 회고하고 있다. 그리고 당시에는 MEGA 계획이 아직도 구체화되기 전이었다고 기억하고 있다. Rolf Hecker, "Erfolgreiche Kooperation: Das Frankfurter Institut für Sozialforschung und das Moskauer Marx-Engels-Institut(1924~1928)," *Beiträge zur Marx-Engels-Forschung*. Neue Folge, Sonderband 2, 2000, S. 105~106.

이 같은 공명심 경쟁은 리야자노프로 하여금 베른슈타인이 보관하던 마르크스-엥겔스의 유고, 특히 『독일 이데올로기』 초고의 출판권을 획득하기 위해 매진하도록 만들었다.

3. 구MEGA에서의 『독일 이데올로기』의 출판

마르크스와 엥겔스의 공동 "저작"인 『독일 이데올로기』는 구스타프 마이어와 리야자노프의 논쟁을 통해 '실체를 가진' 초기의 "중요 저작"으로 자리매김했다. 그리고 당시 "역사적-비판적" 전집으로서의 구MEGA를 기획하던 리야자노프는 1924년 12월 베른슈타인으로부터 『독일 이데올로기』 유고의 출판권을 획득함으로써 이 유고 중의 일부, 즉 서문Vorrede과 「I. 포이어바흐」 장을 『마르크스-엥겔스 아키브』 제1권에 공개하고 작품 전체는 MEGA[1] I/4에 게재키로 했다.[9]

1930년 3월, 60회 생일을 맞은 리야자노프는 생애의 정점에 이른 듯이 보였다. 그는 예년과 같이 자료 수집을 위한 2개월의 유럽 여행에서 돌아와 MEGA의 발간에 강한 집념을 보였다. 그러나 1931년 그가 스탈린에 의해 숙청당하자 러시아의 MEGA 사업은 중단 위기에 직면한 듯했다. 다행히 모스크바의 마르크스-엥겔스 연구소는 마르크스-엥겔스-레닌 연구소로 개칭되고 아도라츠키를 소장으로 하

---

9) 『마르크스-엥겔스 아키브』의 러시아어판 제1권(1924)에는 리야자노프가 편집한 「I. 포이어바흐」의 러시아어 번역이, 그리고 1926년에 출판된 독일어판 제1권에는 리야자노프의 편집자 해설과 「포이어바흐에 관한 테제」가 추가되어 있다. 한편 애초에 MEGA[1] I/4에 게재키로 한 『독일 이데올로기』는 MEGA[1] I/3에 많은 새로운 자료가 추가되어 이를 I/3, I/4로 확장함으로써 MEGA[1] I/5로 순연되었다.

여 1935년까지 구MEGA의 출판 작업을 계속했다. 그리고 이 시기에 발간된 MEGA 중 가장 주목되는 저작은 1932년에 출간된 『1844년의 경제학·철학 초고』(MEGA¹ I/3, S. 29~172)와 『독일 이데올로기』(MEGA¹ I/5)였다.

　MEGA¹ I/5의 『독일 이데올로기』의 편찬은 "마르크스와 엥겔스가 1846년 7월, 그들의 출판 계획이 좌절되기 이전에 계획했던 형태로 〔텍스트를〕 복원시키는 것을 원칙으로 한다"[10]고 천명하면서, 특히 그 초고의 현존 형태가 복잡한 미완성의 형태로 남은 제1권 「I. 포이어바흐」 장의 편찬을 다음과 같은 지침에 따라 수행했다.

　「I. 포이어바흐」 장은 미완성으로 남아 있지만 이 장의 편찬에는 초고에 기록된 수많은 방주傍注가 길잡이가 되고 있다. 다시 말하면 지문地文 위에 첨가되거나 비어 있는 우란右欄에는 완성되지 않은 초고의 구상構想이나 퇴고推敲를 위한 지시指示, Angaben들이 있는데, 주로 마르크스에 의해 씌어진 수많은 방주와 엥겔스의 메모, 방주, 그리고 문단과 문단을 나누는 분절선分節線과 삽입지시挿入指示를 편찬에 적극적으로 이용함으로써 "저자들의 서술 방법에 대한 개개 문구의 변증법적 관계를 해명"하려고 시도하고 있다. 그리하여 구MEGA의 편자는 우선 전체 초고를 분절선에 따라 분리한 뒤, 이를 방주나 편찬 상의 주를 통해 재구성하면 문제될 것이 전혀 없다고 주장한다. 따라서 그들은 초고의 페이지 전후를 변경하거나 동일한 문단까지도 분리시켜 이를 다른 표제 아래 배열하는 대담성을 보이고 있다.[11]

---

10) MEGA¹ I/5(1932), Einleitung, S. XVII. 〔 〕 안은 저자.
11) MEGA¹ I/5. S. 561~563. 정문길, 「『독일 이데올로기』, 「I. 포이어바흐」 장의 재구성」, 『마르크스의 사상 형성과 초기 저작』(1994), pp. 209~214〔이 책, pp. 180~186〕 및 정문길, 「『독일 이데올로기』 초고와 그 편찬·출판 과정에 나타는 몇몇 에피소

그러나 MEGA¹ I/5의 이 같은 자의적 편찬에도 불구하고 MEGA¹ I/5의 『독일 이데올로기』 텍스트는 그것이 "역사적-비판적" 전집인 구MEGA에 게재되었을 뿐만 아니라 이 저작의 전용全音이 처음으로 이 한 권에 집성되었기에 『독일 이데올로기』의 텍스트로서는 의문의 여지없는 권위를 갖게 되었다. 더욱이 제2차 세계대전 이후 동독의 마르크스-레닌주의 연구소IML가 소련의 제2 소치네니야에 근거한 새로운 『마르크스-엥겔스 저작집』(MEW, 1956~68)을 출판하면서 모스크바의 IML이 보내준 MEGA¹ I/5의 교정본을 근거로 MEW 제3권(『독일 이데올로기』, 1958)을 편찬했기 때문에, 구MEGA는 사반세기가 지난 후에도 여전히 그 권위를 주장할 수 있게 되었다. 당초 베를린 IML의 마르크스-엥겔스부는 『독일 이데올로기』의 편찬을 위해 모스크바의 연구소IML에 이 저작의 초고 포토코피를 요구했으나 이 요구가 수용되지 않아 MEGA¹ I/5에 전적으로 의존할 수밖에 없었다. 따라서 MEW의 편집진은 마르크스의 1844~47년간의 비망록 가운데서 5개의 부록을 채록 게재할 수 있었으나 텍스트의 재현에 있어서는 고전을 면치 못했다.[12] 왜냐하면 그들이 『독일 이데올로기』의 편찬에 이용할 수 있었던 유일한 자료는 모스크바의 IML이 보내준 MEGA¹ I/5의 교정본뿐이었기 때문이다(MEGA¹ I/5 발간 이후에 발견된 오자, 탈자 및 판독상의 착오가 수정되어 있었다).

그러나 1962년 바네가 암스테르담의 국제사회사연구소IISG의 문서

<hr>

드」第4話〔중국어 역, 남경대학 마르크스주의사회이론연구중심, Marxist Seminar Paper, No. 42/Oct. 17, 2008, pp. 11~13〕도 보라.

12) Richard Sperl, "Die Marx-Engels-Werkausgabe in deutscher Sprache(MEW). Eine editorische Standort Bestimmung," *Beiträge zur Marx-Engels-Forschung*, Neue Folge. Sonderband 5(2006), S. 237~238, Anm. 64)를 보라. 정문길, 「『독일 이데올로기』 연구에 있어서 텍스트 편찬의 문제」, 정문길, 『한국 마르크스학의 지평』(문학과지성사, 2004), pp. 63~102, 특히 pp. 78~91〔이 책 제5장 4.〕을 보라.

가운데서 그때까지 분실된 것이라고 간주되었던 『독일 이데올로기』
의 초고 블라트를 발견함으로써 MEGA¹ I/5(MEW, Bd. 3을 포함하
여)의 권위는 정면으로 도전받게 되었다. 특히 이들 중 1블라트는
기저고 제1묶음의 S. 1~2이고, 또 한 블라트는 이 제1묶음의 최종
블라트, 즉 보겐 11-cd로서 S. 29가 포함되어 있었다.[13]

    이상과 같은 MEGA¹ I/5(『독일 이데올로기』) 「I. 포이어바흐」 장의
텍스트 편찬을 통해 초고로 된 텍스트가 자의적 편찬 지침에 따라
강압적으로 분절되어 위치를 치환하게 될 때 엄청난 텍스트의 왜곡
을 가져올 수 있다는 사실을 확인하게 된다.[14] 그리고 MEGA¹ I/5에
의해 30년이나 지속되어온 『독일 이데올로기』, 「I. 포이어바흐」 장
텍스트의 왜곡은 1960년대와 70년대에 들어와 MEGA¹ I/5를 위서僞書
로 규정하고 이를 대치하는 새로운 텍스트의 편찬이 힘을 얻게 되었
다. 따라서 바가투리야(1965), 타우베르트(1972), 히로마츠(1974)
의 『독일 이데올로기』, 「I. 포이어바흐」 장 텍스트의 새로운 편찬도
바로 이 같은 지적 환경을 통해 이해하게 된다.

---

13) S. Bahne, "'Die Deutsche Ideologie' von Marx und Engels. Einige Textergänzungen,"
   International Review of Social History, Vol. VII, 1962, S. 93~114. 특히 S. 93
   ~94.
14) 『독일 이데올로기』를 "내적으로 완결된 하나의 저작"으로 만들어내려는 편집자들의 노
   력은 애초에 현존하는 텍스트를 편집하지 않고 가감 없이 있는 그대로 재현해야 한다
   는 역사적-비판적 판본과는 구별된다. 문헌 비판은 텍스트의 해석에 관심을 갖는 것이
   아니라 텍스트의 해석과 내용 분석에 자료를 제공할 뿐이기 때문이다.

4. 신MEGA와 『독일 이데올로기』 편찬 작업의 전개

신MEGA는 1960년대의 기획 단계에서부터 『독일 이데올로기』의
조속한 출판을 염두에 둔 것으로 보인다. 그러기에 독일의 마르크
스-레닌주의 연구소IML 마르크스-엥겔스부는 신MEGA의 시쇄판에
『독일 이데올로기』 초고 가운데 당시 그 텍스트 재현이 가장 많은 논
쟁을 야기하고 있는 「I. 포이어바흐」 장의 텍스트를 시험적으로 제시
하면서 관심 있는 학자들의 비판을 기대했다.[15] 베를린 IML 마르크
스-엥겔스부의 MEGA² I/5 작업팀은 1962년 바네가 발견한 『독일
이데올로기』의 분실된 초고를 포함한 바가투리야의 「I. 포이어바흐」
장 신편집판(1965)을 독일어로 번역(1966)[16]한 바 있는 타우베르트
의 주도 아래, 1989년까지 이루어진 연구 성과를 바탕으로 1990년
대 초에는 MEGA² I/5를 출판하기로 예정하고 있었다. 그러나 1989
년 베를린 장벽의 붕괴와 동독 IML의 해체는 이 최초의 계획을 무산
시켰다.

1990년 소련과 동독의 IML을 대신하여 MEGA의 발행권이 국제
마르크스-엥겔스 재단IMES으로 옮겨가면서 MEGA I/5(『독일 이데올
로기』)의 편찬 책임은 1992년 트리어의 칼-마르크스-하우스KMH 연
구 센터(소장, 펠거)와 프랑스 엑상프로방스 대학(독일학 연구자 그

---

15) MEGA² *Probeband*, Berlin, 1972, S. 33~119, 399~507. 이러한 동독 측 IML의
   움직임에는 MEW 제3권(『독일 이데올로기』)의 편찬 과정에서 보인 그들의 태생적 한
   계를 넘어서려는 무의식적 노력을 읽을 수 있다.

16) "Neuveröffentlichung des Kapitel I des I. Bandes der 'Deutschen Ideologie' von
   Karl Marx und Friedrich Engels," vorbereitet und eingeleitet von Inge Tilhein,
   Deutsche Zeitschrift für Philosophie, 14. Jahrg. Heft 10(1966), S. 1192~1254.

랑종)이 결성한 독일-프랑스 메가 작업 그룹으로 이양되었다. 이후 이 독일-프랑스 메가 작업 그룹은 공동 연구자로 통독 이전의 베를린 IML에서 『독일 이데올로기』의 편찬 책임을 맡았던 타우베르트를 영입하여 MEGA² I/5 작업을 진행, MEGA² I/5가 늦어도 2000년대 초에는 출판될 것으로 기대되었다. 그러나 이 제2차의 『독일 이데올로기』 편찬 작업은 그랑종 박사의 때 이른 죽음(2000)과 독일-프랑스 메가 작업 그룹의 또 다른 한 축인 펠거 소장의 정년퇴임(2003), 그리고 KMH의 모기관인 프리드리히-에베르트 재단Friedrich-Ebert Stiftung의 구조조정으로 중단되고 지난 10여 년간의 이 그룹의 작업 성과는(MEGA² I/4, I/6을 포함하여) 암스테르담의 IMES 사무국이 이전한 베를린-브란덴부르크 과학아카데미BBAW의 MEGA 작업부로 이관되었다.[17] 이렇게 볼 때 신MEGA를 위한 『독일 이데올로기』의 편찬 작업은, 1972년에 출판된 신MEGA 시쇄판의 준비 작업에서 출발해 2000년대 초까지에 이르는 30년간의 장구한 노력에도 불구하고, 결국 1972년에 출판된 베를린 IML의 타우베르트를 중심으로 편찬된 신MEGA 시쇄판의 『독일 이데올로기』, 「I. 포이어바흐」와 독일-프랑스 메가 작업 그룹의 작업 성과를 정리하여 2004년 MEGA의 동반 잡지에 출판한 타우베르트와 펠거의 MEGA² I/5의 잠정판 Vorabpublikation인 『독일 이데올로기』, 「I. 포이어바흐」와 「II. 성 브루노」(*Marx-Engels-Jahrbuch* 2003, Akademie Verlag, Berlin, 2004,

---

17) 1844년 8월부터 1848년 2월에 이르는 기간 중의 마르크스와 엥겔스의 저작, 논설, 초안을 망라하는 MEGA² I/4, I/5, I/6 3권을 위한 독일-프랑스 메가 작업 그룹의 기초적 연구는 1960년대 말 이래 스위스의 안드레아(†1984), 프랑스의 그랑종, 독일의 펠거를 중심으로 아카브 자료의 발굴·조사가 중핵을 형성하고 있다. 이들의 연구 성과는 Bert Andréas(†)/Jacques Grandjonc(†)/Hans Pelger, Hrsg., *Association Démocratique. Brüssel 1847~1848*, Schriften aus dem Karl-Marx-Haus, Nr. 44, Trier 2004. S. 7~8을 보라.

28* S. + 400 S.)라는 토르소로 남았을 뿐이다.

원래 신MEGA는 텍스트의 완전성과 오리지널에 충실한 것을 모토로 하는 구MEGA 이래의 전통에 기초하면서도 구MEGA 이후의 문헌학적 연구 성과를 바탕으로 전체 텍스트의 발전을 일목요연하게 재현하는 텍스트 편찬을 그 목표로 하고 있다. 따라서 신MEGA의 텍스트 편찬은 저자의 의도에 가장 근접하는 텍스트를 만드는 것이 아니라 최초의 초안에서부터 최종적인 원고에 이르기까지의 텍스트의 발전을 재현하는 것이다. 그러기에 신MEGA의 가장 중요한 편집 원칙은 모든 텍스트는 가능한 한 오리지널과 일치하도록 재현해야 하고, 텍스트의 전개는 완전성, 직관성, 지면의 경제성에 근접하도록 하는 것이었다.

이상과 같은 신MEGA의 생성사적 텍스트 편찬 방법은 저자의 의도가 구현된 결정본Ausgabe letzter Hand을 편찬된 텍스트로 채택하는 일반적인 관행을 벗어나 초고, 제1판, 또는 저자의 최종 결정본 그 어느 것에도 우선권을 두지 않고 이들을 동일하게 다루면서 가급적 초기의 텍스트를 편찬 텍스트로 채택하는 것이다. 그리고 편집된 텍스트가 아닌 아파라트에서의 이문의 재현은 완전성과 엄밀성, 직관성과 간결성, 그리고 지면의 경제성을 고려하고, 이문명세는 당초 계획했던 기술적記述的 방법deskriptive Methode을 논증적論證的 방법diskursive Methode으로 변경했는데, 이는 마르크스와 엥겔스의 작업 형태나 유존遺存하는 유고가 병렬적 기록 형식parallelisierende Verfahren이나 공관적共觀的 방법synoptische Methode을 이용하는 것이 더욱 적합한 것으로 판단되기 때문이다. [18]

---

18) Inge Taubert/Hans Pelger/Jacques Grandjonc, ˝DISKUSSIUN. Die Darbeitung der Handschriften im Edierten Text und im Variantenverzeichcnis: Eine Erwiderung

　어쨌든 현재의 상황에서 『독일 이데올로기』의 초고가 이와 같은 편집 원칙을 가진 MEGA² I/5로 출판되는 것은 2010년으로 예정되어 있다.[19] 그러나 『독일 이데올로기』가 수록될 MEGA² I/5는 지난날 이미 2차에 걸쳐 그 출판이 좌절 혹은 지연된 바 있다. 따라서 2006년 11월 24~28일간 베를린-브란덴부르크 과학아카데미에서 개최된 "MEGA I/5(『독일 이데올로기』)의 완성을 위한 독-일 전문가 워크숍"에서 저자를 포함한 일본 연구자들(센다이仙台 팀의 오무라 이주미大村泉 등)의 MEGA² I/5 본권 편찬 작업에의 참여문제가 거론되었다. 그러나 BBAW 측은 『독일 이데올로기』의 본권 편집은 "독일인" 편집팀이 해야 한다는 입장을 분명히 한 데 반해 일본인 전문가들은 당시 일본에서 논쟁이 가열되고 있던 「I. 포이어바흐」 장의 CD-ROM화를 통해 이의 자유로운 편집 가능성에 무게를 두고 MEGA² I/5 부록Beilage으로서의 CD-ROM 작성에 만족하는 입장을 취했다. 이로서 미구에 발간될 MEGA² I/5는 종래와 같은 MEGA 본권과 아파라트에 덧붙여 일본 측의 발의에 의해 「I. 포이어바흐」 장을 구성하는 초고들을 a) 다양한 방법으로 배열할 수 있게 하고, b) 본문 텍스트와 고내 이문稿內異文(변경, 말소, 삽입 등)을 정확히 재현하는 CD-ROM을 부록으로 부가하게 되었다.

---

　　auf Kritik am *Probeband* der MEGA² von 1972 und an den Editionsrichtlinien der MEGA² von 1993," *MEGA-Studien*, 1997/2, S. 170~173.

19) 2010년 6월 30일 서울에서 개최된 "마르크스의 재평가—MEGA 프로젝트의 새로운 접근"이란 주제의 국제회의에 참석한 IMES의 이사 부비어Beatrix Bouvier와 BBAW의 헥커Rolf Hecker는 이의 출판을 2013년이나 그 이후로 예상하고 있었다.

5. MEGA² I/5 편집팀의 변경과 편집 원칙의 미묘한 변화

후브만이 지적한 바와 같이 마르크스와 엥겔스가 1846년 여름에
인쇄물로 간행하려고 한 『독일 이데올로기』의 실체에 대해서는 누구
도 알지 못한다. 다시 말하면 이 인쇄물에 어떤 텍스트가 어떠한 순
서로 배열되었는지 아무도 알 수 없다. 게다가 이 작품에 대한 마르
크스와 엥겔스의 구상 역시 계간지의 발행을 포함하여 여러 차례 변
경되었고, 두 사람 이외의 헤스나 바이데마이어가 저자로 예정되었
는지도 확인할 수 없다.[20]

그럼에도 불구하고 앞에서 언급한 바와 같이 구MEGA는 『독일 이
데올로기』를 "마르크스와 엥겔스가 1846년 7월, 그들의 출판 계획이
좌절되기 이전의 형태로 복원"한다는 원칙을 천명하면서 단절이나
흠결이 있는 미완성 초고를 자의적으로 편찬, 완성된 저작으로 만들
었던 것이다.[21] 따라서 MEGA¹ I/5로 출판된 『독일 이데올로기』는
그것이 출판된 1932년 이후 1960년대에 이르기까지 부동의 정본定本
으로 자리매김해왔다. 그러나 1960년대 초에 제기된 구MEGA 판
『독일 이데올로기』에 대한 비판과 그 이후 이 책 제1권 「I. 포이어바

---

20) Hubmann et al., *op. cit.* 〔일본어 역, p. 13.〕
21) MEGA¹ I/5 (1932), Einleitung, S. XVII, 561~563. 우리는 이와 비슷한 경우를 막
　　스 베버Max Weber의 『경제와 사회 *Wirtschaft und Gesellschaft*』의 제1판(Hrsg. von
　　Marianne Weber, Tübingen, 1921~22)과 제4판(Hrsg. von Johannes Winckelmann,
　　1956), 제5판(1972), 제6판(1976)에서 찾아볼 수 있다. 그러나 1980년에 시작된
　　"역사적-비판적" 전집인 『막스 베버 전집』(Max Weber Gesamtausgabe, MWG,
　　hrsg. von H. Baier, M. R. Lepsius, W. J. Mommsem, W. Schluchter, J.
　　Winckelmann †)에서 I/22.1~6 과 I/23에 게재되는 『경제와 사회』에서는 최신의 문
　　헌학에 근거한 텍스트의 복원을 시도하고 있다.

흐」장에 대한 새로운 판본들의 출현은 신MEGA의 출판 기획과 더불어 최근의 문헌학적 연구 성과에 근거한 "역사적-비판적" 판본의 출판을 기대하게 만든 것이다.

5.1. 동독 IML, 마르크스-엥겔스부의 경우

사실 구동독의 IML 시대 이래 MEGA² I/5(『독일 이데올로기』)의 편집진을 어렵게 만든 것은 구체적인 사실상의 디테일, 텍스트의 편집이나 텍스트 비판적인 각종 일람, 혹은 주해보다는 『독일 이데올로기』에 대한 기본적인 개념Konzeption을 어떻게 설정하느냐의 문제로 귀착된다고 하겠다.

타우베르트가 주도하던 구동독의 편집팀은 1976년에 작성된 편집 요강에 따라 『독일 이데올로기』를 『반뒤링』이나 『자연변증법』과 같이 마르크스와 엥겔스의 포괄적 노작umfangreiche Arbeiten으로 간주하여 그것과 직접적으로 관련된 자료들을 한데 모을 수 있는 주제 중심의 권thematischer Band을 형성키로 했던 것이다.[22] 그들은 마이어, 리야자노프, 그리고 MEGA¹ I/5의 편집자들이 공유하던 『독일 이데올로기』의 성립사와 그것의 2권 구성을 기본적으로 수용했다. 다시 말하면 그들은 텍스트의 편집을 통한 완전한 텍스트 형태의 재현이 가능할 것이라 생각한 것이다. 그러나 그들은 안드레아Bert Andréas나 MEGA²의 제III부(왕복 서간) 1, 2권의 출판에 의한 여러 가지 정보를 통해 『독일 이데올로기』계간지설에도 유념하면서, 본문 텍스트에 포함시킬 특정 초고("포이어바흐": I/5-4)와 『독일 이데올로기』 제2권에 게재할 초고들을 최종적으로 검토함으로써 1990년대 초의

---

22) Editionsrichtlinien der MEGA, Berlin 1976, B.II.9.~10, S. 17. In: *ER*, S. 130.

MEGA² I/5의 완간에 박차를 가했던 것이다.[23]

그러나 동독팀의 『독일 이데올로기』 발간은 베를린 장벽의 붕괴로 신MEGA의 발행권을 이양받은 IMES에 의해 계획 자체가 트리어의 칼-마르크스-하우스로 이양되었다. 그리고 1992년에는 트리어를 중심으로 한 독일-프랑스 메가 작업 그룹이 이양받은 제I부의 4, 5, 6권은 구동독 팀의 작업 진척 상황이나 출판의 필요도로 볼 때 IMES로부터 가장 높은 우선순위를 부여 받았다.[24] 따라서 독일-프랑스 팀은 당초 동독 IML, 마르크스-엥겔스부의 기왕의 작업을 근거로 우선 MEGA² I/5(『독일 이데올로기』)의 출판을 1990년대 전반으로 예상한 바 있다. 그러나 동구권의 전면적 몰락에 따른 재정적 궁핍이 MEGA 사업 자체에 대한 재검토를 불가피하게 하고, 마침내는 MEGA를 새로운 편집 요강에 따라 전면적으로 재구성하면서 『독일

---

23) Inge Taubert, "Aus der Arbeit an der Vorbereitung des Bandes 5 der Ersten Abteilung der MEGA² (Die deutsche Ideologie)," *Beiträge zur Marx-Engels-Forschung*, IML bei ZK der SED, Marx-Engels-Abteilung, 26(Berlin, 1989), S. 99~100. 같은 호에는 MEGA² I/5의 편찬팀에 의한 다음의 5개 연구 성과들이 게재되어 있다. Inge Taubert, "Zur Entstehungsgeschichte des Manuskripts 'Feuerbach' und dessen Einordnung in den Band I/5 der MEGA²," *ibid.*, S. 101~109; Elke Röllig, 'Deutsche Sozialismus in Versen und Prosa. 1) Karl Beck: 'Lieder vom armen Mann, oder die Poesie des wahren Sozialismus,'" *ibid.*, S. 110~125; Dieter Deichsel, "'Deutscher Sozialismus in Versen und Prosa. 2) Karl Grün: "Über Göthe vom menschlichen Standpunkt." Darmstadt, 1846,'" *ibid.*, S. 126~145; Inge Taubert, "Zur Mitarbeit von Moses Heß an der 'Deutschen Ideologie' — Die Auseinandersetzung mit Arnold Ruges Werk 'Zwei Jahre in Paris. Studien und Erinnerungen,' Leipzig 1846," *ibid.*, S. 146~169; Christine Ikker, "Zur Mitarbeit von Moses Heß an der 'Deutschen Ideologie' —das Kapitel V des zweiten Bandes," *ibid.*, S. 171~194. 한편 타우베르트는 MEGA I/5의 완간 연도는 1990년대 초가 될 것이라고 『독일 이데올로기』를 중심으로 한 국제회의(1989년 9월 3~4일, 트리어)에서 저자에게 언급한 바 있다.

24) Jürgen Rojahn, "Marx-Engels-Gesamtausgabe(MEGA): Stand der Arbeit und geplante Fortführung(Stand: 11. 1991) §4. 〔일본어 역: 大村泉＋宮川彰, 『メガの繼續のために—マルクスの現代的探究』(八朔社, 東京 1992), p. 19.〕

이데올로기』는 IMES의 비정치화, 국제화, 학술화라는 3개 원칙과 새로운 편집 요강의 구현을 위한 시금석으로 등장하게 되었다.

5.2. 독일-프랑스 메가 작업 그룹

독일-프랑스 메가 작업 그룹이 『독일 이데올로기』에 대해 가지고 있던 당초의 개념은 구동독 IML, MEGA² I/5 편집팀의 그것처럼 "텍스트의 편집Textkompilationen을 통해서만 가능한 완전한 텍스트 형태 integral Textform"였다.[25] 그러나 1992년 이래 5년여에 걸친 그들의 연구 성과는 첫째, 『독일 이데올로기』가 완전한 텍스트 형태를 가진다는 당초의 목적을 단념하고 주어진 초고와 인쇄물들을 독립된 전거 문서로 제시하고, 둘째, 국제적 전문가와의 협의 아래 권의 구성을 이루었다는 점이다. 즉 MEGA I/5는 모두 23점의 "개별적으로" 편집되어야 할 전거 문서를 수록한다는 결론을 도출해냈다. 그리고 마지막으로는 거의 모든 전거 문서에 관한 "편집자 텍스트Edierte Texte"와 "텍스트 비판적인 제일람textkritische Verzeichnisse"(이문일람異文一覽, 정정일람訂正一覽 등)을 완성하고, 주해 부분Erläuterungsteile까지 정리하는 편집 작업의 괄목할 만한 진척을 이루었다.[26]

---

25) Gerald Hubmann et al., *op. cit.* 〔일본어 역, p. 11.〕

26) *Loc. cit.* 이러한 작업 성과는 *MEGA-Studien* 1997/2에 게재되어 있다. Inge Taubert, "Manuskripte und Drucke der 'Deutschen Ideologie' (November 1845 bis Juni 1846). Probleme und Ergebnisse," *MEGA-Studien* 1997/2, S. 5~31; Inge Taubert, "Die Überlieferungsgeschichte der Manuskripte der 'Deutschen Ideologie' und die Erstveröffentlichungen in der Originalsprache," *ibid.*, S. 32~48; Inge Taubert, Hans Pelger, Jacques Grandjonc, "Die Konstitution von MEGA² I/5 'Karl Marx, Friedrich Engels, Moses Heß: Die deutsche Ideologie. Manuskripte und Drucke (November 1845 bis Juni 1846),'" *ibid.*, S. 49~102. 이와 관련하여 1996년 10월 트리어에서 개최된 다음의 전문가 회의 보고서도 보라. Jürgen Rohjan, "Bericht: Spezialkonferenz 'Die Konstitution der 'Deutschen Ideologie.'" 24.-26. Oktober 1996. Trier," *MEGA-Studien* 1997/1, S. 147~157.

　그러나 문제는 이 같은 편찬 작업의 진척에도 불구하고 앞에서 언급한 몇 가지 이유로 독일-프랑스 메가 작업 그룹은 해체되고 『독일 이데올로기』는 「I. 포이어바흐」와 「II. 성 브루노」만이 2004년 『마르크스-엥겔스 연지 2003』에 잠정판으로 간행된 것이다.

　『마르크스-엥겔스 연지 2003』의 MEGA² I/5(『독일 이데올로기』)의 잠정판은 그 서론에서 소위 「I. 포이어바흐」 장에 속하는 것으로 전해진 7개 부분(I/5-3~I/5-9)이 하나의 완전한 전거 문서Textzeugen로 집필된 것이 아니라 미완성의 절Abschnitt로 남아 있음을 상기시키고 있다. 다시 말하면 이들 부분은 계획되었지만 신고新稿로 완성되지 않은 준비 노작Vorarbeiten임을 강조함으로써 「I. 포이어바흐」 장의 전면적 해체를 위한 당위성을 주장하고 있다.[27] 그러나 『독일 이데올로기』의 「I. 포이어바흐」와 「II. 성 브루노」를 게재한 이 잠정판에서는 『독일 이데올로기』 자체의 해체라는 결정적인 움직임은 나타나지 않고 있다. 그런데 이 같은 MEGA² I/5의 편찬 작업에 변화가 감지되기 시작한 것은 『마르크스-엥겔스 연지 2003』의 "편집자의 말Editorial"이다. 뮝클러Herfried Münkler와 후브만[28]이 기명한 이 글에서 그들은 『마르크스-엥겔스 연지 2003』에 게재된 『독일 이데올로기』 제1권(Band 또는 부) I, II장Kapitel의 잠정판의 특징을 다음과 같이 요약하고 있다.[29]

---

27) "Einführung," *Marx-Engels-Jahrbuch* 2003, S. 7*~8*.
28) 뮝클러는 IMES의 사무국이 베를린으로 이전하면서 이사회의 의장이 되었고 후브만은 MEGA의 동반 잡지로 *MEGA-Studien*의 후속 잡지인 『마르크스-엥겔스 연지』의 편집인이다.
29) "Editorial," *Marx-Engels-Jahrbuch* 2003(Berlin: Akademie Verlag, 2004), S. 3*~4*.

여기에 출판되는 전거 문서Textzeugen에 따르면 1845년 초나 가을에 두 권으로 된 『독일 이데올로기』에 대한 계획은 없었다. 〔……〕 이전의 여러 판본은 대부분 『독일 이데올로기』에서 역사적 유물주의의 체계적 공식화를 증거하기 위한 정치적 의도가 각인되어 있었다. 그러나 여기서는 이에 반해 저자들에 의해 완성되지 않은 것을 더 이상 조정하거나 지속하려 하지 않는다. 〔……〕

따라서 한때 완성된 것으로 암시되었던 것이 문헌학적 분석에 의해 단편으로 확인되고, 다른 한편으로는 다양하고도 새로운 텍스트의 언급이 동시대의 토론을 야기하게 될 것이다. 이러한 성과는 『독일 이데올로기』뿐만 아니라 『자본론』에도 동일하게 적용된다. 여기에 간행된 『독일 이데올로기』에 대한 텍스트는 모범적인 의미로 다가온다. 이는 탈이념의 시대에 문헌학적 해체가 마르크스에게서 어떤 새로운 것을 발견할 수 있는가를 예견하게 할 것이다.

5. 3. BBAW의 경우

독일-프랑스 메가 작업 그룹의 해체와 더불어 MEGA² I/5의 편집이 중단되자 IMES는 2004년 이를 베를린으로 옮겨와 BBAW의 후브만, 리하르트 슈페를Richard Sperl, 크리스틴 베크베르트Christine Weckwerth, 울리히 파겔Ulrich Pagel에게 편집을 의뢰했다. 다시 말해 이들 편집자의 목표는 아카데미가 기획한 MEGA에 대한 평가Evaluation des Akademienvorhabens MEGA가 이루어질 2010년까지 MEGA² I/5를 출판하는 것이었다.

그리하여 MEGA² I/5의 편집 관련 자료는 트리어에서 베를린으로 이관되고, 자료 검토와 편집 상황에 대한 점검이 있었지만, 이들 새 편집진에게 있어서 가장 중요한 것은 무엇보다도 이 권의 구성을 결정할 개개 전거 문서의 성립이나 전승을 해명하는 것이었다. 후브만도 지적하다시피 『독일 이데올로기』의 편집자나 그 편찬에 관심을 가진 전문가들은 한편으로는 『독일 이데올로기』를 더 이상 "정리되고 완결된 작품komponierendes, geschlossenes Werk"으로 간주하지 않는다는 점이다. 바꾸어 말하면 이 작품의 편집과 관련하여 이제 더 이상 저자들에 의해 간행되지 않은 작품을 재구성하는 것이 아니므로 MEGA² I/5에 게재될 전거 문서는 그 자체로서 신뢰할 만한 상태로 제시되어야 한다는 것이다. 그리고 다른 한편으로는 마르크스와 엥겔스의 『독일 이데올로기』라는 저술 프로젝트Buchprojekt의 여러 텍스트는 사실적 관련Sachzusammenhang을 맺고 있으므로 하나의 주제권 thematischer Band 가운데 함께 편집할 필요가 있다는 데 공통의 이해를 갖는 것이다.[30] 다시 말하면 전거 문서의 성립이나 전승을 해명하는 것은 『독일 이데올로기』의 구성을 가능하게 하고 이들 전거 문서의 배열을 위한 지침을 제공하게 된다.

존재한 적이 없는 인쇄물을 위해 집필된 여러 단계의 초고와 단편들, 그나마 주된 저자인 마르크스와 엥겔스가 그 구상을 몇 번이나 바꾸고, 그리고 헤스나 바이데마이어 중 누가 그들의 공동 저자이거나 협력자인지를 확정한 바 없는 작품에 『독일 이데올로기』라는 이름을 부여했을 경우 그것을 독립된 작품이라 부르기는 어려울 것이다. 그러나 저자인 마르크스나 엥겔스가 그들의 서신이나 출판된 저서 가운데서 1845년 봄 이후에 이 책을 위한 "두 권의 두꺼운 옥타브 판 크기의 초고"의 존재를 명시적으로 언급하고, 그것이 "당시의 독일 철학이나 독일의 사회주의에 대항하는 논쟁적 저술"이라고 서

---

30) Hubmann et al., *op. cit.* 〔일본어 역, p. 13.〕

492

술한 사실을 가볍게 다룰 수 없다.[31]

따라서 이러한 두 권의 초고를 포함하여 사실적 관계 속에서 이 책의 주제와 관련된 전거 문서를 수집하여 그 성립이나 전승을 해명하는 것은 『독일 이데올로기』의 구성이나 여기에 포함된 전거 문서의 배열을 위해 가장 기초적인 최우선 과제다. 그리고 바로 이런 상황에서 선택할 수 있는 방법은, 첫째, 사실적 관계에 근거하여 작품을 재구성하거나, 둘째, 전승된 전거 문서를 편년순編年順으로 제시하는 방법이다. 그러나 후브만에 따르면 내용적 관점에서의 재구성은 초고의 해석에 극도로 의존하게 되고, 엄격한 편년순의 배열 또한 부분적으로 모순을 야기하기에 어느 쪽도 만족할 만한 방법이라고는 할 수 없다는 것이다. 예를 들면 "서문"을 다른 텍스트 사이에 끼운 다든지, 비록 우리가 많은 텍스트의 정확한 생성 시기를 알 수 없다는 사실을 도외시하더라도 "포이어바흐" 장과 "슈티르너" 장을 〔해체하여〕 하나하나 분리·배열해야만 하는 경우가 그것이다.[32] 후브만은 『독일 이데올로기』의 여러 판본이 수십 년간의 논의에도 불구하고 합의에 이르지 못하고 서로 다른 편집안을 제시하는 가장 중요한 이유를 바로 이 내용적 기준과 편년적 기준의 조합Kombination, 특히 이들 2개 기준에 대한 상이한 가중치의 부여와 전승된 문서의 많은 결락缺落에서 유래한다고 보고 있다.[33]

BBAW의 MEGA² I/5 편찬팀은 바로 이러한 객관적 상황의 판단을 통해 『독일 이데올로기』의 텍스트 구성을 "철저한 투명성을 통해

---

31) Karl Marx, "Vorwort," *Zur Kritik der politischen Ökonomie. Erstes Heft*, MEGA² II/2, S. 101~102; Karl Marx an Carl Friedrich Julius Leske in Darmstadt. Brüssel, 1. August 1846, MEGA² III/2. S. 23.
32) Hubmann et al., *loc. cit.* 〔일본어 역, p. 13.〕
33) *Loc. cit.*

해결"하려 하고 있다.

　우리는 텍스트 구성의 근거를 일일이 밝히지만 그러한 구성이 유일하게 가능한 것이라고 주장하지 않는다. 우리는 타우베르트/펠거의 주장에 따라 1846년의 인쇄물에 지시된 텍스트 구성을 따르지만 전거 문서는 분리하여 별개로 제시한다. 그러나 명백한 증거가 있으면 내용적으로 배열하지만 그렇지 않을 경우에는 편년순으로 배열한다. 타우베르트/펠거와는 달리 우리는 그들의 완강한 해석상의 제 전제를 따르지 않으려고 노력한다.[34]

　이러한 문맥에서 후브만이 예로 든 것은 독일-프랑스 메가 작업 그룹이『마르크스-엥겔스 연보 2003』의『독일 이데올로기』잠정판의 맨 앞에 게재한「브루노 바우어의 반비판에 대한 답변Gegen Bruno Bauer」이라는 논쟁적 글이다. 이는 그들이『독일 이데올로기』를 청년 헤겔파의 내부 논쟁 가운데 자리매김하려는 의도라고 후브만은 파악하고 있다. 다시 말하면 MEGA^2 I/5 편집진이 이러한 논쟁적 분야에 무게를 둔다면 마르크스의 비망록에 씌어진「포이어바흐에 관한 테제」나「헤겔 현상학의 구성Hegel'sche Consruction der Phänomenologie」이란 단편도 MEGA^2 I/5에 수록되어야 할 것이다. 이에 대해 BBAW팀은『독일 이데올로기』의 텍스트에 관해 협의의 의미를 부여하고 있다. 이런 의미에서 그들은 독일-프랑스 팀처럼 MEGA^2 I/5를 주제권thematischer Band[35]으로 보지 않고,『독일 이데올로기』라는 작품권

---

34) *Loc. cit.*〔일본어 역, pp. 13~14〕.
35) 신MEGA의 편집 요강 B.Ⅱ.5에는 "근거가 있는 예외로서, 개개의 부 혹은 개개의 권의 내부에 일정한 텍스트(예를 들면 회의자료, 초고, 발췌)는 연대순적 배열과는 별개

494

Werk-Band, 즉 여러 가지 소재를 하나의 작품에 결합하는 권으로 이해하고 있다.[36]

6. 요약

마르크스나 엥겔스의 저서나 서간문에서 간헐적으로만 언급되던 미간 초고 『독일 이데올로기』는 당초 단편적으로 공개되면서 이미 출판된 그들 저작의 "보족적 자료"로 평가되었다. 그러나 그것은 1920년대의 구스타프 마이어와 리야자노프의 논쟁을 통해 실체를 가진 하나의 저작으로 부각되고, 1930년대에는 "역사적-비판적" 전집이란 수식어가 붙은 MEGA[1] I/5(1932)로 출판되면서 "완전한 텍스트 형태"를 가진 그들 양자의 가장 중요한 초기 저작의 하나로 정착되는 과정을 살펴보았다. 그리고 이러한 MEGA[1] I/5의 텍스트가 1958년에 출판된 독일어판 저작집(MEW, Bd. 3, 1958)에 그대로 승계됨으로써 이 판본은 30년 이상 『독일 이데올로기』의 정본으로 공인되어왔던 것이다. 그러나 「I. 포이어바흐」 장과 관련하여, 1962년 바네가 결손된 일부 초고의 오리지널을 발견하고, 1965년에는 이를 포함하는 바가투리야의 새로운 판본이 출판되면서 MEGA[1] I/5는 정본의 위치를 상실한 위서로서 낙인찍히게 된다.

로 테마에 따라 수합할 수 있다"고 규정하고 있다. *ER*, S. 23.

36) Hubmann et al., *ibid.* 〔일본어 역, p. 14.〕 한편 『독일 이데올로기』의 이 같은 협의의 편집은 독자들이 무언가를 상실하는 것이라고 생각할지 모르나 문제가 되는 모든 전거 문서는 신MEGA에 편집되거나 이미 편집되어 있기에 잃을 것이 없다는 것이다. 예를 들면 이들 2개의 텍스트는 이미 1998년에 출판된 MEGA[2] IV/3에 게재되어 있다. Karl Marx, *Notizbuch aus den Jahren 1844~1847*, MEGA[2] IV/3, S. 11, 19~21.

이상과 같은 문맥에서 볼 때 1960년대 후반의 신MEGA의 기획과 1972년의 신MEGA 시쇄판의 출판은 『독일 이데올로기』 텍스트의 새로운 편찬에 중대한 전기를 제공했다고 하겠다. 그러나 주제 중심의 권으로서 『독일 이데올로기』를 수록할 MEGA^2 I/5는 30여 년에 걸치는 기간 중에 외적 상황의 변화에 따라 편집팀이 3번이나 교체되고, 이 같은 편집팀의 교체는 공식적인 편집 요강의 존재에도 불구하고 이를 구체적으로 적용하는 편집 방향에 미묘한 변화를 보이고 있다. 이 같은 편집 방향의 변화를 3가지 측면에서 고찰하면 다음과 같이 정리할 수 있다.

첫째, 완전한 텍스트 형태의 문제: 타우베르트를 필두로 한 구동독의 IML팀과 1993년 IMES의 새로운 편집 요강이 확정되기 이전의 독일-프랑스 메가 작업 그룹은 『독일 이데올로기』가 텍스트의 편집을 통해 완전한 텍스트의 형태를 갖도록 편집 방향을 결정했던 것으로 보인다. 그러나 1993년 이후의 독일-프랑스 팀이나 현재의 BBAW 팀은 새로운 문헌학의 패러다임에 따라 저자들 자신이 완결하지 않은 텍스트를 조정하거나 완성하려는 시도는 하지 않는다는 입장을 분명히 하고 있다.

둘째, 전거 문서Textzeugen의 제시: 전거 문서의 성립이나 전승을 신뢰할 수 있을 정도로 명확히 해명하는 것이 『독일 이데올로기』의 구성과 전거 문서의 배열에 관건이 된다. 그러나 단편적인 전거 문서를 연속하여 배열하는 데는 초고의 해석에 의존하는 경우가 많다. 이렇게 볼 때 구동독의 IML이 편집한 MEGA 시쇄판(1972)은 직접 연결이 되지 않는 초고의 단편은 횡선으로 구분했으나 독일-프랑스

팀의 잠정판(2004)은 이들을 개별적으로 분리하여 새로운 페이지에 게재하고 있으며, 이러한 전거 문서의 편집 방향은 BBAW 팀에 의해서는 더욱 강화될 것으로 보인다.

셋째, 『독일 이데올로기』라는 작품의 재구성: 비교적 완강한 해석상의 전제를 선호하는 독일–프랑스 팀은 초고 단편의 유일 가능한 배열을 선호한다. 그러나 BBAW 팀의 경우 그들은 전거 문서의 유일 가능한 배열에 유보적인 입장을 취한다. 따라서 후자는 증거가 명백할 경우에는 전거 문서를 내용에 따라 배열하지만 그렇지 않을 경우 이들을 편년순編年順으로 배열한다는 입장을 분명히 하고 있다.

그리고 마지막으로 언급해야 할 것은 **주제권과 작품권의 차이**다. 『독일 이데올로기』와 관련하여 "작품권"이란 용어를 사용한 것은 BBAW의 후브만이 처음이긴 하나 그가 사용하는 주제권의 개념은 일정한 텍스트(특히 초고나 발췌)를 연대순적 배열과는 별개로 수합할 수 있다는 IMES의 MEGA 편집 요강(B.Ⅱ.5)에 따라 관련된 초고나 단편의 외연을 확대할 수 있다는 개연성을 전제로 하고 있는 것으로 보인다. 그러나 작품권의 경우 저작을 구성하는 전거 문서의 외연을 협의로 해석하고 있음이 분명하다. 다시 말하면 객관적 내용이 『독일 이데올로기』에 수합될 개연성이 높은 초고나 단편의 경우에도 그것의 사실적 관계가 『독일 이데올로기』의 구성과 직접적으로 연결되지 않을 경우 이를 MEGA의 다른 부나 권에 그대로 남겨두는 것이 타당하다는 입장을 가지고 있는 것으로 해석된다.

참고문헌

마르크스, 칼/프리드리히 엥겔스, 김대웅 역, 『독일 이데올로기』, 두레, 1989.
　　〔MEW, Bd. 3(1969)에서 제1권의 I장 「포이어바흐」와 제II장 「성 브루노」, 그리
　　고 제2권의 I장 「라인 연보」만 번역.〕
———, 박재희 역, 『독일 이데올로기 I』, 청년사, 1988. 〔*The German Ideology*,
　　Progress Publishers, 3. Ed.(1976)의 제1권의 1편 「포이어바흐」와 2편 「성 브
　　루노」만 번역.〕
———, 최인호 역, 『1844년의 경제학·철학 초고』, 박종철출판사, 1991.
손철성, 『K. Marx/F. Engels, 독일 이데올로기 연구: 역사적 유물론의 주요 개념
　　분석』, 도서출판 영한, 2007.
정문길, 『에피고넨의 시대: 청년헤겔파와 칼 마르크스』, 문학과지성사, 1987.
———, 『마르크스의 사상 형성과 초기 저작: 「독일 이데올로기」와 「마르크스-엥겔
　　스 전집 연구」』, 문학과지성사, 1994.
———, 『한국 마르크스학의 지평: 마르크스-엥겔스 텍스트의 편찬과 연구』, 문학과
　　지성사, 2004.
———, 『니벨룽의 보물: 마르크스-엥겔스의 문서로 된 유산과 그 출판』, 문학과지
　　성사, 2008.

飯田裕康·廣西元信·廣松渉, 「坂間眞人氏追悼」, 『情況』, 1976년 4월, pp. 136~148.
稲生勝, 「意識と意識の轉倒としてのイデオロギ-」, 岩佐 등 편, 1992, pp.
　　216~217.
岩佐茂, 「『ドイツ·イデオロギ-』研究を回顧して」, 『唯物論』 65호, 東京唯物論研究
　　會, 1991, pp. 25~38.

岩佐茂・小林一穂・渡邊憲正 편저, 『「ドイツ・イデオロギ-」の射程』, 東京: 創風社, 1992.

岩淵慶一, 「〈論爭と批判〉森田桐郎氏の批判に應える」, 『現代の理論』 125호, 1974년 6월, pp. 119~124.

———, 「マルクスの疎外槪念とマルクス主義—廣松渉氏の疎外論批判の批判」, 『現代の理論』 111호, 1973년 4월, pp. 68~96; 114호, 1973년 7월, pp. 123~138; 115호, 1973년 8월, pp. 109~116; 116호, 1973년 9월, pp. 106~128.

———, 「マルクス研究の二, 三の問題點—坂間眞人論文に應える」, 『情況』 69호, 1974년 5월, pp. 59~70.

M. E. 書誌編集委員會 編, 『マルクス・エンゲルス邦譯文獻目錄』(暫定版), 東京: 極東書店・ナウカ・大月書店, 1973.

大村泉・宮川彰, 『メガの繼續のために—マルクスの現代的探究』, 東京: 八朔社, 1992.

沖浦和光・重田晃一・細見英・望月淸司・森田桐郎, 「『ドイツ・イデオロギ-』と疎外・物象化の理論」, 『現代の理論』 122호, 1974년 3월, pp. 5~62.

小林昌人(←林眞左事), 「『ドイツ・イデオロギ-』の國家論」, 「『ドイツ・イデオロギ-』の世界觀」, 『インパクシン』 24호, 1983년 7월, pp. 70~83; 25호, 1983년 9월, pp. 58~71; 27호, 1984년 1월, pp. 112~126.

———, 「『ドイツ・イデオロギ-』第一編の編集をめぐる諸問題—鄭文吉氏の論文に寄せて」, 『マルクス・エンゲルス・マルクス主義』 제16호, 1992, pp. 20~65.

———, 「『ドイツ・イデオロギ-』第1編編輯の基本的諸問題—鄭文吉氏へのコメントと新MEGA(試行)版の批判」, 『マルクス・エンゲルス・マルクス主義研究』 27호, 1996년 6월, pp. 31~66.

坂間眞人, 「『ドイツ・イデオロギ-』文獻批判の意味—廣松渉編集案の檢討にむけて」, 『情況』, 1972년 1월, pp. 74~84.

———, 「『ドイツ・イデオロギ-』の校訂問題について—『新マルクス・エンゲルス全集』への意見書」, 『現代ロシア語』, 제7권 제4호, 1972년 7월, pp. 30~32.

———, 「ソ連邦マルクス・レーニン主義研究所訪問記—バガトゥリヤ教授との對談」, 『現代の理論』 98호, 1973년 3월, pp. 125~132.

———, 「『ドイツ・イデオロギ-』の今日的課題—廣松說の意圖と問題點」, 『情況』(特集: 疎外・物象化と『ドイツ・イデオロギ-』), 1974년 1월, pp. 72~86.

———, 「バガトゥリヤ教授と『ドイツ・イデオロギ-』—再びソ連邦ML研究所を訪問して」, 『國家論研究』 5호(特集:『ドイツ・イデオロギ-』と國家論), 1974년 12

월, pp. 82~93.

坂本賢三, 「'マルクス・コメンタール その7『フォイエルバッハにかんするテ-ゼ』」, 『現代の理論』88호, 1971년 5월, pp. 46~61.

佐藤金三郎, 『マルクス遺稿物語』, 東京: 岩波新書, 1989.

澤水渡, 「『ドイッチェ・イデオロギー』全集版の刊行について」(研究室通信), 『唯物論研究』2호, 1932년 12월, pp. 66~70.

ザイデル, H., 「現實にたいする人間の實踐的ならびに理論的關係について」, 『思想』529호, 1968년 7월, pp. 97~116.

重田晃一, 「『ドイツ・イデオロギー』公刊史に關する覺書」, 『關西大學經濟論集』, 1962년 2월, 4월, (一) 11권 6호, pp. 69~91; (二) 12권 1호, pp. 53~75.

──, 「勞動疎外論と唯物史觀──『經濟學・哲學手稿』から『ドイツ・イデオロギー』へ」, 經濟史學會 편, 『『資本論』の成立』, 東京: 岩波書店, 1967, pp. 206~232.

──, 「'書評'廣松版『ドイツ・イデオロギー』の成果」, 『思想』606호, 1974년 12월, pp. 136~145.

──, 「唯物論的歷史觀の確立──『ドイツ・イデオロギー』第1卷第1篇 檢討・試論」, 服部文男編集, 『講座, 史的唯物論と現代』2「理論構造と基本概念」, 東京: 青木書店, 1977, pp. 13~76.

杉原四郎, 「エンゲルス研究の動向」, 『思想』549호, 1970년 3월, pp. 68~78.

──, 「エンゲルスの統一的全體像をもとめて──わが國のエンゲルス研究史の素描」, 上, 『思想』557호, 1970년 11~12월, pp. 25~36; 下, 558호, pp. 89~99.

──, 「MEGA(資料)」, 『季刊 社會思想』1-1, 1971.

鄭文吉, 「『ドイツ・イデオロギー』研究におけるテキスト編纂の問題」, 『マルクス・エンゲルス・マルクス主義研究』27호, 1996년 6월, pp. 1~30.

土屋保男, 「マルクス主義深化の最大の武器としての新メガ」, 『新マルクス＝エンゲルス全集』, 東京: 極東書店ニゥース別冊, 1973, pp. 36~39.

中川弘, 「『國民經濟學批判大綱』と初期エンゲルスの思想形成」, 『現代の理論』, 1975년 11월.

バガトゥーリヤ, 「マルクス主義における『ドイツ・イデオロギー』の位置」, 坂間眞人 解説・역, 『情況』, 1973년 1월, pp. 61~78.

──, 「『ドイツ・イデオロギー』第一篇の再構成」, 坂間眞人 역, 『情況』(特集: 疎外・物象化と『ドイツ・イデオロギー』), 1974년 1월, pp. 87~127.

──, 「K・マルクスとF・エンゲルスの『ドイツ・イデオロギー』第1章原稿の構造と内容」, 花崎皐平 역, 『新版ドイツ・イデオロギー』, 東京: 合同出版, 1966,

500

pp. 189~213.

橋本直樹, 「『ドイツ・イデオロギー』'I. フォイエルバッハ'の手稿の編成に關して」, 『マルクス・エンゲルス・マルクス主義研究』27호, 1996년 6월, pp. 67~87.

花崎皐平, 「唯物論的歷史觀の全體的構想について―『ドイツ・イデオロギー』第1章新版から」, 『思想』505호, 1966년 7월, pp. 106~122.

―――, 「'書評' 望月淸司著『マルクス歷史理論の研究』論評―その理念型化された '辨證法'への疑問を中心に」, 『思想』597호, 1974년 3월, pp. 132~146.

林眞左事(→小林昌人)

服部之總, 「ドイッチェ・イデオロギー・序文(アドラッキー)」, 『唯物論研究』5호, 1933년 3월, pp. 47~63.

服部文男, 「マルクスの思想史的研究(學界展望)」, 『經濟學史學會年報』제3호, 1965년 9월; 『マルクス主義の形成』, 東京: 靑木書店, 1984, pp. 291~294.

―――, 『マルクス主義の發展』, 東京: 靑木書店, 1985.

フーブマン, ゲラルト 等, 大村泉 역, 「MEGA² I/5で『ドイツ・イデオロギー』のテキストはどのように編集されるべきか」, 『マルクス・エンゲルス・マルクス主義研究』48호, 2007년 6월, pp. 11~15.

廣松渉, 「マルクス主義と自己疎外論」, 『理想』, 1963년 9월; 『マルクス主義の成立過程』, 東京: 至誠堂, 1968(초판), 1984(증보판), pp. 55~78.

―――, 「『ドイツ・イデオロギー』編輯の問題點」, 『唯物論研究』21호, 1965년 봄호, pp. 104~130; 『マルクス主義の成立過程』, 1984, pp. 147~198.

―――, 「『ドイツ・イデオロギー』ソ連版について」, 『圖書新聞』851호, 1966년 3월 26일; 『マルクス主義の成立過程』, 1984, pp. 199~201.

―――, 「初期エンゲルスの思想形成」, 『思想』507호, 1966년 9월, pp. 1~16; 『マルクス主義の成立過程』, 1984, pp. 79~124.

―――, 「『ドイツ・イデオロギー』新版が投じた東ドイツ哲學界の新しい波紋」, 『日本讀書新聞』1396호, 1967년 2월 27일; 『マルクス主義の成立過程』, 1984, pp. 201~204.

―――, 「辨證法の唯物論的傾倒はいかにして可能であったか」, 『現代の理論』(特集: マルクス主義哲學), 1967년 6월; 『マルクス主義の成立過程』, 1984, pp. 301~340.

―――, 「『ドイツ・イデオロギーの編輯について―東ドイツ新版の出現を機に」, 『思想』516호, 1967년 6월, pp. 99~109; 『マルクス主義の成立過程』, 1984, pp. 125~146.

―――, 「エンゲルスの再評價のために」, 『世界の大思想』全集(河出書房), 月報(昭

和42年 8月配本의 第2期 제5권『エンゲルス』에 挿入），1967년 8월；『マルクス
主義の成立過程』，1984, pp. 120～124.

――――，「初期マルクス像の批判的再構成」，『思想』520호，1967년 10월，pp.
22～46；『マルクス主義の成立過程』，1984, pp. 1～54.

――――，『エンゲルス論―その思想形成過程』，東京：盛田書店，1968.

――――，『マルクス主義の成立過程』，東京：至誠堂，초판，1968.

――――，「マルクス主義的唯物論とは何か―その成立事情と思想史的意義」，『思想』
528호，1968년 6월，pp. 1～24.

――――，「追記―良知力氏の御批判によせて」，『マルクス主義の地平』，東京：勁草書
房，1969, pp. 303～309.

――――，『唯物史觀の原像―その發想と射程』，東京：三一書房，1971.

――――，「『ドイツ・イデオロギー』の文獻學的諸問題―新MEGA（試行）版に寄せて」，
『情況』（特集：疎外・物象化と『ドイツ・イデオロギー』），1974년 1월，pp.
5～36；『マルクス主義の成立過程』，1984, pp. 205～266.

――――，「『ドイツ・イデオロギー』研究の現段階―手稿復元（河出書房）版を編んで」，
『日本讀書新聞』，1974년 6월 17～19일；『マルクス主義の成立過程』，1984, pp.
266～295.

――――，「『ドイツ・イデオロギー』手稿復元版を編んで」，『朝日新聞』，1974년 9월 12
일（석간）；『マルクス主義の成立過程』，1984, pp. 296～299.

――――，「『ドイツ・イデオロギー』の國家論」，『國家論研究』5호（特集：『ドイツ・イデ
オロギー』と國家論），1974년 12월，pp. 66～81；『唯物論と國家論』，東京：講談
社，1989, pp. 32～68.

――――，「'特集1，『ドイツ・イデオロギー』の成立と共産主義の地平'望月清司氏の
『ド・イデ』論をめぐって」，『情況』，1974년 12월，pp. 5～13.

――――，「『ドイツ・イデオロギー』とその背景―文獻學的研究から內容的討究へのた
めに」，『知の考古學』창간호，1975년 3～4월，pp. 72～84；2호，1975년 5～6
월，pp. 39～52；3호，1975년 7～8월，pp. 64～80.

――――，『增補 マルクス主義の成立過程』，東京：至誠堂，1984〔초판（1968）에 논문
3편 추가〕.

――――，『唯物史觀と國家論』，講談社學術文庫，1989〔論創社版（1982）의 개정증보
판〕.

――――，「補遺：いわゆる"口述筆記設"に寄せて」，『增補マルクス主義の成立過程』，
東京：至誠堂，1984, pp. 110～124.

細谷昴，『マルクス社會理論の研究―視座と方法』3～4장，東京：東京大學出版會，

1979, pp. 111~234.

マルクス・エンゲルス, 伊藤勉・山崎章甫 역, アドラッキ 편, 『ドイッチェ・イデオロギー』 제1분책, 東京: 國民文庫社, 1953(「I. 포이어바흐」「II. 성 브루노」만을 수록한 제1분책).

———, 河上肇・森戸辰男・櫛田民藏 역, リヤザノフ 편, 『ドイッチェ・イデオロギー』, 我等叢書 4, 我等社, 1930년 5월 25일.

———, 古在由重 역, アドラッキ 편, 『ドイッチェ・イデオロギー』, 東京: 岩波書店, 1956(「I. 포이어바흐」의 전역과 「II. 성 브루노」「III. 성 막스」로부터의 초역).

———, 小林昌人 역, 『〔新編輯版〕ドイツ・イデオロギー』, 東京: 岩波書店, 2002.

———, 坂間眞人 역, 『廣松渉編輯案, 『ドイツ・イデオロギー』, 第1巻第1編「フォイエルバッハ」唯物論的な見方と観念論的な見方との對立, 付祿フォイエルバッハに關するテーゼ』, 慶應大學 經濟學部内 解放ゼミナール 準備會, 1969년 12월; 개정판, 1970년 9월; 개정판 3쇄, 1972년 6월, ワ・プロ, 64 pp.

———, 澁谷正 편역, 『草稿完全復元版ドイツ・イデオロギー』, 서문, 제1권 제1장, 東京: 新日本出版社, 1998, xiv+181; 〔부록〕 별권/참고문헌・해제, 210.

———, 中野雄策 역, バガトゥーリヤ 편, 「ドイツ・イデオロギー」, 『マルクス經濟學・哲學論集』, 世界の大思想 II-4, 東京: 河出書房, 1967, pp. 199~273.

———, 花崎皐平 역, 『ドイツ・イデオロギー』, 東京: 合同出版社, 1966.

———, 服部文男 감수・역, 『〔新譯〕ドイツ・イデオロギー』, 東京: 新日本出版社, 1996.

———, 廣松渉 편역, 『ドイツ・イデオロギー』(개정판) 제1권 제1편, 전1권 2분책 〔原文テキスト篇・邦譯テキスト篇〕, 東京: 河出書房新社, 1974.

———, 眞下信一 역, アドラッキ 편, 「ドイツ・イデオロギー」, 『マルクス・エンゲルス全集』, 제3권, 東京: 大月書店, 1963.

———, 眞下信一 역, アドラッキ 편, 『新譯 ドイツ・イデオロギー』, 國民文庫 6, 東京: 大月書店, 1965〔1963년 판의 포이어바흐 부분만 수록〕.

———, 三木淸 역, リヤザノフ 편, 『ドイッチェ・イデオロギー』(岩波文庫 663), 東京: 岩波書店, 1930년 7월 15일.

———, 森宏一 역, アドラッキ 편, 「ドイッチェ・イデオロギー」, 『マルクス・エンゲルス選集』, 1권 상, 東京: 大月書店, 1950, pp. 10~114〔「I. 포이어바흐」의 全譯과 『독일 이데올로기』 제3부(「성 막스」) 가운데 「정치적 자유주의」 포함〕.

———, 森戸辰男・櫛田民藏 역, リヤザノフ 편, 『獨逸的觀念形態』第1篇「フォイエルバッハ論」, 『我等』제8권, 1926년 5, 6월호.

──────, 森戸辰男·櫛田民藏 역, 리야자노프 편, 『ドイッチェ·イデオロギー』, 『マルクス·エンゲルス全集』第15권, 改造社, 1930년 12월 20일, pp. 285~498.

──────, 唯物論研究會(代表 森宏一) 역, 아드라키 편, 『ドイッチェ·イデオロギー』3分冊, 東京: ナウカ, 1935~1936(全卷合本, 東京: 白揚社, 1937).

──────, 由利保一 역, 竹沼集人 감수, 리야자노프 편, 『ドイッチェ·イデオロギー』, 永田書店, 後 希望閣, 1930년 6월 15일.

村田陽一, 「邦譯 M. E. 全集·選集과 MEGA」, 『新しいメガ』, 東京: 極東書店, 1973.

望月清司, 「『ドイツ·イデオロギー』에 있어서의 「分業」の論理」, 『思想』534호, 1968년 12월, pp. 110~126; 『マルクス 歷史理論の研究』第3장, 東京: 岩波書店, 1973, pp. 155~260.

──────, 「マルクス 歷史理論の形成—分業論的歷史分析の展開」, 『思想』539호, 1969년 5월, pp. 49~69.

──────, 「マルクス封建社會觀の基礎視角—ウェーバーの都市·封建制にふれて」, 『思想』534호, 1969년 9월, pp. 96~122.

──────, 「'書評'總體性の辨證法と經濟學—花崎皐平『マルクスにおける科學と哲學』」, 『思想』554호, 1970년 8월, pp. 140~152.

──────, 「'マルクス·コメンタール その8'『ドイツ·イデオロギー』—その市民社會論と歷史認識」, 『現代の理論』88호, 1971년 5월, pp. 62~90.

──────, 「『ドイツ·イデオロギー』—その市民社會論と歷史認識」, pp. 7~50; 坂間眞人, 「コメント」, pp. 50~60; 望月清司, 「リプライ」, pp. 60~69, 『マルクス·コメンタール』III, 現代の理論社, 1975.

森宏一·山岸辰藏·中島清之助, 「ドイッチェ·イデオロギー兩版比較—アドラッキー版とリヤザノフ版」, 『唯物論研究』24호, 1934년 10월, pp. 163~178.

──────, 「ドイッチェ·イデオロギー兩版比較の補正」, 『唯物論研究』25호, 1934년 11월, pp. 94~96.

森川喜美雄, 「プルードンとマルクス」, 經濟史學會 편, 『「資本論」の成立』, 東京: 岩波書店, 1967, pp. 92~118; 『プルードンとマルクス』, 東京: 未來社, 1979, pp. 39~56.

──────, 「『ドイツ·イデオロギー』におけるプルードンの問題」, 『專修大學社會科學研究所月報』第56호, 1968년 5월; 『プルードンとマルクス』, 1979, pp. 57~69.

──────, 「シュティルナー『唯一者とその所有』とマルクス—『ドイツ·イデオロギー』におけるプルードンの問題」, 『社會科學年報』第4호, 1970년 3월; 『プルードンとマルクス』, 1979, pp. 82~165.

──────, 『プルードンとマルクス』, 東京: 未來社, 1979, pp. 57~69, pp. 82~165.

森田桐郎, 「'マルクス・コメンタール その5'『ジェームズ ミル評註』」(미완), 『現代の理論』88호, 1971년 5월, pp. 5~29.

森田桐郎・望月清司, 『社會認識と歷史理論』(講座マルクス經濟學1), 東京: 日本評論社, 1974.

良知力, 「ヘスは若きマルクスの發展の座標軸たりうるか──廣松渉氏の初期マルクス論によせて」, 『思想』539호, 1969년 5월, pp. 70~84.

──────, 「'マルクス・コメンタール その6'『聖家族』」, 『現代の理論』88호, 1971년 5월, pp. 30~35.

良知力・廣松渉 편, 『ドイツ・イデオロギー內部論爭』, ヘーゲル左派叢書 제1권, 東京: 御茶の水書房, 1986.

Adoratskij, V., "Bericht von Vladimir Viktorvič Adoratskij über das Lenin-Institut und das Marx-Engels-Institut an das Plenum des EKKI vom 1. April 1931," *Beiträge zur Marx-Engels-Forschung*(Neue Folge), Sonderband 3(2001), S. 107~119.

Andréas, Bert, "Marx et Engels et la gauche hégélienne," *Annali*, Anno Settimo (7) 1964~1965(Milano, 1965), pp. 353~514.

──────, *Karl Marx/Friedrich Engels. Das Ende der klassischen deutschen Philosophie. Bibliographie*, Schriften aus dem Karl-Marx-Haus, Nr. 28, Trier, 1983.

────── & Wolfgang Mönke, "Neue Daten zur 'Deutschen Ideologie.' Mit einem unbekannten Brief von Karl Marx und anderen Dokumenten." *Archiv für Sozialgeschichte*, Bd. 8, 1968, S. 5~159.

──────(✝), Jacques Grandjonc(✝) & Hans Pelger(Hrsg.), *Association Démocratique. Brüssel 1847~1848*, Schriften aus dem Karl-Marx-Haus, Nr. 44, Trier, 2004.

Bahne, Siegfried, "'Die Deutsche Ideologie' von Marx und Engels. Einige Textergänzungen," *International Review of Social History*, Vol. VII, 1962, S. 93~104.

Bagaturija, Georgi A., "K istorii napisanija, opublikovanija i issledovanija[razvitija] 'Nemeckoj ideologii' Marksa i Engel'sa," *Iz istorii formirovanija i razvitija marksizma*, Moskva 1959, S. 48~85. 〔「마르크스-엥겔스의 '독일 이데올로기'의 집필, 발간, 연구의 역사에 부쳐」, 『마르크스주의의 형성과 발전의 역사에서』, 과학회의 자료, 모스크바, 1959.〕

————, "Struktura i soderžanie rukopisi pervoj glavy 'Nemeckoj ideologii' K. Marksa i F. Engel'sa," *Voprosy filosofii*, Moskau, 1965, Nr. 10, S. 108~118〔「『독일 이데올로기』 제I장 원고의 구조와 철학」, 『철학의 제 문제』, 소연방과학아카데미 철학연구소, 1965년 10호; K. Marks i F. Engels, "Fejerbach. Protivopoložnost' materialističeskogo i idealističeskogo vozzrenij," *Voprosy filosofi*, 1965, Nr. 10, S. 79~107; Nr. 11, S. 111~137〔『독일 이데올로기』, 「포이어바흐」 장의 재구성된 텍스트」, 『철학의 제 문제』, 1965년 10호, 11호, (1966년 단행본 발간), 일역, 花崎역, 순서대로 189~213, 5~187〕.

————, "'Tezisy o Fejerbache' i 'Nemeckaja ideologii,' *Naučno-informacionnyj bjulletein sektora proizvedenii K. Marksa i F. Engel'sa*, inst. marksizma-leninizma pro CK KPSS, 1965, Heft 12, S. 1~70. 〔「포이어바흐에 관한 테제와 독일 이데올로기」, 마르크스-엥겔스 작품 부문의 학술 연구 보고(IML), 12호(1965).〕

————, "Roland Daniels," *Marx und Engels und die ersten proletarischen Revolutionäre*, Berlin, 1965, S. 209~260.

———— (Hrsg.), K. Marksa i F. Engel's, *Fejerbach. Protivopoloznost' materialističesko i idealitsičesko vozrrenij*, Moskau 1966.

————, 'Pervoe velikoe otkrytie marksa i formirovanie i rozvitie materialističeskogo ponimanie istorii," *Marks-istorik*, Moskva, 1968. S. 170~173. 〔「마르크스 제1의 위대한 발견—유물론적 역사관의 형성과 발전」, 『역사가 마르크스』.〕

————, *Iz pita ioučencina rukopisnogo nasledstva Marksa i Engel'sa. Rekonstrukčija pervoj glavy 'Nemeckoj ideologii,'* Moskva, 1969.

————, *Mesto 'Nemeckoj ideologii' Marksa i Engel'sa v istorii marksizma. Filosofskoe obosnovanije naučnogo kommunisma*〔621, Teorija naučnogo kommunisma, Moskva, 1971〕. 「마르크스 역사에 있어서의 '독일 이데올로기'의 위치」〔학위논문, 坂間, 『情況』, 1973년 1월. 러시아어 요약의 일역.〕

Backhaus, Hans-Georg & Helmut Reichelt, "Der politisch-ideologische Grundcharakter der Marx-Engels-Gesamtausgabe: eine Kritik der *Editionsrichtlinien* der IMES," *MEGA-Studien*, 1994/2(1995), S. 101~118.

Baier, H., M. R. Lepsius, W. J. Mommsem, W. Schluchter, J. Winckelmann (Hrsg.), *Max Weber Gesamtausgabe, MWG.*, Tübingen: J. C. B. Mohr(Paul Siebeck), 1984 ff.

Barnikol, Ernst(Hrsg.), *Christentum und Sozialismus. Quellen und Darstellungen, I. Weitling der Gefangene und seine 'Gerechtigkeit,'* Kiel: Walter G. Mühlau

Verlag, 1929.

[Barzen, Marion(Hrsg.)], *Studien zu Marx' erstem Paris-Aufenthalt und zur Entstehung der 'Deutschen Ideologie,'* Schriften aus Karl-Marx-Haus, Nr. 43, Trier, [1991].

Bauer, Bruno, "Die Fähigkeit der heutigen Juden und Christen, frei zu werden," *Einundzwanzig Bogen aus Schweiz,* Erster Theil, Zürich/Winterthur: Verlag des Literarischen Comptoirs, 1843. S. 56~71.

[Bruno Bauer], "Charakteristik Ludwig Feuerbachs," *Wigand's Vierteljahrsschrift,* Bd. 3, 1845, S. 86~146.

Bebel, August & Eduard Bernstein(Hrsg.), *Der Briefwechsel zwischen Friedrich Engels und Karl Marx,* 1844 bis 1883, 4 Bde., Stuttgart: J. H. W. Dietz Nachf., 1913.

Blanc, L., *Histoire de dix ans 1830~1840,* 5 vols., Paris, 1841~1844.

Bottomore, T. B., "Industry, Work and Socialism," Erich Fromm(ed.), *Socialist Humanism: An International Symposium,* London: Allen Lane, 1967.

Chung, Moon-Gil, "Einige Bemerkungen über die Papiere der Spezialkonferenz Die Konstitution der *Deutschen Ideologie*(Trier, 24.~26. Okt. 1996)," Moon-Gil Chung, *Die Deutsche Ideologie und MEGA-Arbeit,* Moonji Publishing Co., Ltd., Seoul, 2007, S. 63~64.

————, "Einige Probleme der Textedition der *Deutschen Ideologie,* insbesondere in Hinsicht der Wiedergabe des Kapitels 'I. Feuerbach,'" *Beiträge zur Marx-Engels-Forschung*(Neue Folge), 1997, S. 31~60.

————, "Zur Neuausgabe der Deutschen Ideologie in Japan," *Beiträge zur Marx-Engels-Forschung*(Neue Folge), 2001, S. 285~292.

————, "Marginalien und CD-Rom: Zur Veröffentlichung des Verzeichnisses der Bibliotheken von Marx und Engels in der Vorauspublikation zum Band IV/32 der MEGA²," *Beiträge zur Marx-Engels-Forschung*(Neue Folge), 2004, S. 240~254.

————, *Die Deutsche Ideologie und MEGA-Arbeit,* Moonji Publishing Co., Ltd., Seoul, 2007.

Cornu, Auguste & Wolfgang Mönke(herausgegeben und eingeleitet), *Moses Hess: Philosophische und sozialistische Schriften, 1837~1850. Eine Auswahl,* Berlin: Akademie-Verlag, 1961.

Deichsel, Dieter, "Deutscher Sozialismus in Versen und in Prosa. 2) Karl

Grün: 'Über Göthe vom menschlichen Standpunkte' Darmstadt 1846,"
Beiträge zur Marx–Engels–Forschung, Heft 26, 1989, S. 124~145.

Engels, Friedrich, *Ludwig Feuerbach und der Ausgang der klassischen deutschen Philosophie*, revidirter Sonder–Abdruck aus der "Neuen Zeit" mit Anhang: Karl Marx über Feuerbach vom Jahren 1845, MEW, Bd. 21.

―――, 'Vorrede'(zum 'Manifest der Kommunistischen Partei"[englische Ausgabe von 1888]), MEW, Bd. 21, S. 352~359.

―――, "Zur Geschichte des Kommunisten"(1885), MEW, Bd. 21, S. 206~224.

Eßbach, Wolfgang, *Gegenzüge*, Frankfurt/M.: Materialis Verlag, 1982.

Fay, Margaret Alice, *The 1844 Economics and Philosophic Manuscripts of Karl Marx: A Critical Commentary and Interpretation*(Unpublished Dissertation, Berkeley: University of California, 1979).

―――, "The Influence of Adam Smith on Marx's Theory of Alienation," *Science and Society*, Vol. XLVII, No. 2(Summer 1983), pp. 129~151.

Feuerbach, Friedrich, *Religion der Zukunft*, Zürich/Winterthur, 1843.

Feuerbach, Ludwig, *Gedanken über Tod und Unsterblichkeit*, Nürnberg: Stein, 1830.

―――, *Grundsätze der Philosophie der Zukunft*, Zürich/Winterthur, 1843.

―――, 'Ueber das 'Wesen des Christenthums' in Beziehung auf den 'Einzigen und sein Eigenthum,'" *Wigand's Vierteljahrsschrift*, Zweiter Band, 1845, S. 193~205.

Golowina, Galina, 'Das Projekt der Vierteljahrsschrift von 1845/1846: Zu den ursprünglichen Publikationsplänen der Manuskripte der 'Deutschen Ideologie,'" *Marx–Engels–Jahrbuch* 3, 1980, S. 260~274.

Grandjonc, Jacques & Jürgen Rojahn, "Der revidierte Plan der Marx–Engels-. Gesamtausgabe," *MEGA–Studien*, 1995/2, S. 62~89.

Grün, Karl, *Die soziale Bewegung in Frankreich und Belgien. Briefe und Studien*, Darmstadt, 1845.

Hecker, Rolf, 'Erfolgreiche Kooperation: Das Frankfurter Institut für Sozialforschung und das Moskauer Marx–Engels–Institut(1924~1928)," *Beiträge zur Marx–Engels–Forschung*(Neue Folge), Sonderband 2, 2000, S. 7~121.

Helms, Hans G., *Die Ideologie der anonymen Gesellschaft: Max Stirners 'Einziger' und zur Bundesrepublik*, Köln: Verlag M. du Mont Schauberg,

1966.

Herwegh, Georg, *Einundzwanzig Bogen aus Schweiz*, Zürich/Winterthur: Verlag des Literarischen Comptoirs, 1843.

Hess, Moses, "Umtriebe der kommunistischen Propheten," Moses Hess, *Philosophische und sozialistische Schriften, 1837~1850. Eine Auswahl*, Berlin: Akademie-Verlag, 1961, S. 374~378.

―――, "Sozialismus und Kommunismus," *Einundzwanzig Bogen aus Schweiz*, Zürich/Winterthur: Verlag des Literarischen Comptoirs, 1843, S. 74~91.

―――, " 'Moses Hess' Verlagsbemühungen im November 1845.' *Trier'sche Zeitung*, Nr. 333, 29. November 1845, S. 1,"

Hiromatsu, Wataru, *Die Deutsche Ideologie. Kritik der neuesten deutschen Philosophie in ihren Repräsentanten, Feuerbach, B. Bauer und Stirner und des deutschen Sozialismus in seinen verschiedenen Propheten*, Bd. 1, Abschnitt 1, Neuveröffentlichung mit text-kritischen Anmerkungen, herausgegeben von Wataru Hiromatsu(Tokio, Japan: KawadeshoboShinsha, 1974).

Hubmann, Gerald, Christine Weckwerth & Ulrich Pagel, "Die Textgestalt der Deutschen Ideologie in MEGA^2 I/5" (Einleitende Beitrag zum deutsch-japanischen Workshop am 24. November 2006 an der Berlin-Brandenburgischen Akademie der Wissenschaften), [Mschr.].

IISG, *Inventar des Marx-Engels Nachlaß*, Amsterdam. (n.d.)

Ikker, Christine, "Zur Mitarbeit von Moses Heß an der 'Deutschen Ideologie' —das Kapitel V des zweiten Bandes," *Beiträge zur Marx-Engels-Forschung*, Heft 26, 1989, S. 171~194.

IMES, "Bericht über die Konferenz in Aix-en-Provence(23.~28. März 1992) zur Revision der Editionsrichtlinien der Marx-Engels-Gesamtausgabe (MEGA^2)" von J. Rojahn.

――― (Hrsg.), *Editionsrichtlinien der Marx-Engels-Gesamtausgabe*(MEGA), Berlin: Dietz Verlag, 1993.

―――, "Die neuen Editionsrichtlinien der Marx-Engels-Gesamtausgabe(MEGA), mit einer Vorbemerkung von Jacques Grandjonc," *MEGA-Studien*, 1994/1, S. 32~59.

―――(Hrsg.), MEGA^2 IV. Abteilung. Vorauspublikation zu Band 32. *Die Bibliotheken von Karl Marx und Friedrich Engels. Annotiertes Verzeichnis des ermittelten Bestandes*, Berlin: Akademie Verlag, 1999.

――――(Hrsg.), "Editorial," *Marx-Engels-Jahrbuch* 2003, Berlin: Akademie Verlag, 2004.

IML(Hrsg.), "Editionsrichtlinien der Marx-Engels-Gesamtausgabe(MEGA)," MEGA² *Probeband*, Berlin: Dietz Verlag, 1972, S. 37*~68*.

Karl-Marx-Haus(Hrsg.), *Deutscher Idealismus und französische Revolution. Vorträge*, Schriften aus dem Karl-Marx-Haus, Nr. 37(Trier: Karl-Marx-Haus, 1988).

――――, *Studien zu Marx' erstem Paris-Aufenthalt und zur Entstehung der 'Deutschen Ideologie,'* Schriften aus dem Karl-Marx-Haus, Nr. 43(Trier: Karl-Marx-Haus, 1990).

Külow, Volker & André Jaroslawski(Hrsg.), *David Rjasanow: Marx-Engels-Forscher, Humanist, Dissident*, Berlin: Dietz Verlag, 1993.

Kuhlmann, Georg, *Die neue Welt oder das Reich des Geistes auf Erden. Verkündigung*, Genf, 1845.

Landshut, Siegfried & J. P. Mayer(Hrsg.), *Historische Materialismus. Die Frühschriften*, 2 Bde., Leipzig: Kröners Taschenausgabe, 1932.

――――, "Die Deutsche Ideologie(1845/46)," S. Landshut & J. P. Mayer(Hrsg.), *Der historische Materialismus. Die Frühschriften*, Bd. II, S. 5~530.

――――, "Feuerbach. Gegensatz von materialistischer und idealistischer Anschauung," S. Landshut(Hrsg.), *Die Frühschriften*, Stuttgart: Alfred Kröner, 1953, S. 341~417.

Langkau, Götz, "Marx-Gesamtausgabe: Dringendes Parteiinteresse oder dekorativer Zweck? Ein Wiener Editionsplan zum 30. Todestag, Briefe und Briefauszüge," *International Review of Social History*, Vol. XXVIII, Part 1, 1983, S. 105~142.

Lapin, Nicolai I., *Der junge Marx*(1968), Berlin: Dietz Verlag, 1974.

――――, "Vergleichende Analyse der drei Quellen des Einkommens in der 'Ökonomisch-philosophischen Manuskripten' von Marx," *Deutsche Zeitschrift für Philosophie*, 17. Jg.(1969), Heft 2, S. 196~212.

Mackay, John Henry, *Max Stirner: Sein Leben und sein Werk*, 1. Aufl., Berlin: Schuster & Loeffler, 1898.

Marx, Jenny, "Kurze Umrisse eines bewegten Lebens," *Mohr und General. Erinnerungen an Marx und Engels*, Berlin: Dietz Verlag, 1964, S. 204~

510

236.

Marx, Karl, "Erklärung gegen Karl Grün," *Deutsche-Brüsseler-Zeitung*, Nr. 28, 8. April 1847(MEGA¹ I/6), S. 206.

————, *Misère de la philosophie. Réponse a la philosophie de la misère de M. Proudhon*, Paris: A, Frank, 1847.

————, *Zur Kritik der Politischen Ökonomie*, MEW, Bd. 13, Berlin, 1859.

———— & Friedrich Engels, [R-Ausgabe] "Aus dem literarischen Nachlaß von Marx und Engels: Marx und Engels über Feuerbach(Erster Teil der 'Deutschen Ideologie')," herausgegeben von D. Rjazanov, *Marx-Engels-Archiv*. Zeitschrift des Marx-Engels-Instituts in Moskau, Bd. I(Frankfurt a. M.: Verlagsgesellschaft mbH.[1926]), S. 203~306("I. Feuerbach"는 S. 233~306에 게재).

————, *Historisch-kritische Gesamtausgabe. Werke/Schriften/Briefe*, I/1., Moskau: Marx-Engels-Institut, 1927.

————, "Nationalökonomie und Philosophie," Marx & Engels, *Der historische Materialismus. Die Frühschriften*, Bd. 1, Leipzig: Alfred Kröner, 1932.

————, [A-Ausgabe] "I. Feuerbach. Gegensatz von materialistischer und idealistischer Anschauung[Einleitung]," V. Adoratskij(Hrsg.), *Historisch-kritische Gesamtausgabe*, I/5. *Die deutsche Ideologie*, Frankfurt a. M.: Marx-Engels Verlag, 1932, S. 7~67.

————, [B-Ausgabe] "Struktura i soderžanie rukopisi pervoj glavy 'Nemeckoj ideologii' K. Marksa i F. Engel'sa," *Voprosy filosofii*, Moskau, 1965, Nr. 10, S. 108~118[「『독일 이데올로기』 제I장 원고의 구조와 철학」, 『철학의 제 문제』, 소연방과학아카데미 철학연구소, 1965년 10호]; *K. Marks i F. Engels, Fejerbach. Protivopoložnost' materialističeskogo i idealističeskogo vozzrenij, Voprosy filosofi*, 1965, Nr. 10, S. 79~107; Nr. 11, S. 111~137. [「『독일 이데올로기』, 「포이어바흐」 장의 재구성된 텍스트」, 『철학의 제 문제』, 1965년 10호, 11호(1966년 단행본 발간), 일역, 花崎역, 순서대로 189~213, 5~187.]

————, [D-Ausgabe] "Neuveröffentlichung des Kapitel I des I. Bandes der 'Deutschen Ideologie' von Karl Marx und Friedrich Engels," vorbereitet und eingeleitet von Inge Tilhein, *Deutsche Zeitschrift für Philosophie*, 14. Jahrgang, Heft 10(1966), Vorwort, S. 1192~1198; Text, S. 1199~1251; Anmerkungen, S. 1251~1254.

————, *Feuerbach: Gegensatz von materialistischer und idealistischer Anscha-*

uung(Erstes Kapitel des I. Bandes der "Deutschen Ideologie"), Leipzig: Verlag Philipp Reclam jun., 1970.

―――. *Feuerbach. Gegensatz von materialistischer und idealistischer Anschauung.* Erstes Kapitel des I. Bandes der *Deutschen Ideologie*, Berlin: Dietz Verlag, 1971.

―――. *Werke*(Berlin〔DDR〕: Dietz Verlag, 1956~1968).

―――. *The German Ideology*, trans., by S. Ryazanskaya, Moscow: Progress Publishers, 1964.

―――. *Ausgewählte Werke in sechs Bände*, Berlin: Dietz Verlag, 1971~1972.

―――. 〔**Probeband-Ausgabe**〕 "Karl Marx/Friedrich Engels, *Die Deutsche Ideologie*, I. Band, Kapitel I. Feuerbach. Gegensatz von materialistischer und idealistischer Anschauung," Karl Marx/Friedrich Engels, *Gesamtausgabe* (MEGA), *Probeband*, herausgegeben vom Institut für Marxismus-Leninismus beim Zentralkomitee der Kommunistischen Partei der Sowjetunion und vom Institut für Marxismus-Leninismus beim Zentralkomitee der Sozialistischen Einheitspartei Deutschlands(Berlin: Dietz Verlag, 1972), Text, S. 33~119; Apparat, S. 399~507.

―――. *Feuerbach. Gegensatz von materialistischer und idealistischer Anschauung*, Berlin: Dietz Verlag, 1972.

―――. *Gesamtausgabe*(MEGA), *Probeband: Editionsgrundsätze und Probestücke*, Hrsg. vom IML beim ZK der KP der Sowjetunion und IML beim ZK der Sozialistischen Einheitspartei Deutschlands(Berlin: Dietz Verlag, 1972).

―――. 〔**H-Ausgabe**〕 *Die Deutsche Ideologie. Kritik der neuesten deutschen Philosophie in ihren Repräsentanten, Feuerbach, B. Bauer und Stirner und des deutschen Sozialismus in seinen verschiedenen Propheten*, Bd. 1, Abschnitt 1, Neuveröffentlichung mit text-kritischen Anmerkungen, herausgegeben von Wataru Hiromatsu(Tokio, Japan: KawadeshoboShinsha, 1974).

―――. *Collected Works*, vol. 4〔New York: International Publishers, 1975〕.

――― & Joseph Weydemeyer, 〔**MEJ-Ausgabe**〕 *Die Deutsche Ideologie.* Artikel, Druckvorlagen, Entwürfe, Reinschriftenfragmente und Notizen zu *I. Feuerbach und II. Sankt Bruno," Marx-Engels-Jahrbuch* 2003, Berlin: Akademie Verlag, 2004.

Mathai, Rudolph, "Socialistische Bausteine," *Rheinische Jahrbücher zur gesell-*

schaftlichen Reform, Erster Band, 1945, S. 155~166.

Mayer, Gustav, *Friedrich Engels. Eine Biographie*, Bd. 1. *Friedrich Engels in seiner Frühzeit 1820 bis 1851*, Berlin: Springer, 1920; 2., verb. Aufl., Den Haag: Martinus Nijhoff, 1934.

―――, "Die 'Entdeckung' des Manuskripts der 'Deutschen Ideologie,'" *Archiv für die Geschichte des Sozialismus und der Arbeiterbewegung*, Bd. XII, 1926, S. 284~287.

Mayer, Paul, "Die Geschichte des sozialdemokratischen Parteiarchivs und das Schicksal des Marx-Engels-Nachlasses," *Archiv Für Sozialgeschichte*, Bd. 6/7, 1966~1967, S. 5~198.

Mehring, Franz(Hrsg.), *Aus dem literarischen Nachlaß von Karl Marx, Friedrich Engels und Ferdinand Lassalle*, 4 Bände, Stuttgart: Verlag von J. H. W. Dietz Nachf. GmbH., 1902.

―――, *Karl Marx: Geschichte seines Lebens*, Leipzig, 1918; Berlin: Dietz Verlag, 1964.

MELI, *Karl Marx. Chronik seines Lebens in Einzeldaten*, Marx-Engels-Verlag, Moskau, 1934.

Miyakawa, Akira & Izumi Omura, "Bericht. Tokyo International Seminar 1994 über Das Kapital, die MEGA und die gegenwärtige Marx-Engels-Forschung am 12.~13. November 1994 an der Chuo University und der Tokyo Metropolitan University," *MEGA-Studien*, 1994/2, S. 139~143.

Mönke, Wolfgang, "Über die Mitarbeit von Moses Hess an der 'Deutschen Ideologie,'" *Annali*, Anno Sesto(6), 1964, S. 438~509.

―――, *Neue Quellen zur Hess-Forschung*, Berlin: Akademie-Verlag, 1964.

―――, *Die heilige Familie. Zur ersten Gemeinschaftsarbeit von Karl Marx und Friedrich Engels*, Berlin: Akademie-Verlag, 1972.

Nettlau, Max, "Londoner deutsche kommunistische Diskussion, 1845. Nach dem Protokollbuch des C. A. B. V.," Carl Grünberg(Hrsg.), *Archiv für die Geschichte des Sozialismus und der Arbeiterbewegung*, X. Jahrg., Leipzig: Verlag von C. L. Hirschfeld, 1922, S. 362~391.

Ollman, Bertell, "Some Questions for Critics of Engel's Edition of Capital," *Beiträge zur Marx-Engels-Forschung*(Neue Folge), Argument-Verlag, 1995, S. 58~59.

Omura, Izumi, "Zum Abschluß der Veröffentlichung der verschiedenen Ausgaben des ersten Bands des *Kapital* in der MEGA^2 von der deutschen Auflage, der 'Auflage letzter Hand von Marx' (1984), zur 3. Auflage, 'die dem letzten Willen des Autors zu einem bestimmten Grad entspricht' (1991)," *MEGA-Studien*, 1994/2(1995), S. 56~67.

Pepperle, Heinz & Ingrid Pepperle, *Die Hegelsche Linke. Dokumente zu Philosophie und Politik im deutschen Vormärz*, Leipzig: Verlag Philipp Reclam jun., 1985.

Reybaud, L., *Etudes sur les réformateurs ou socialistes modernes*, Bruxelles, 1843.

Rjazanov, David(D. Rjasanoff)(Hrsg.), *Gesammelte Schriften von K. Marx und F. Engels, 1852~1862*, 2 Bde., Stuttgart: J. H. W. Dietz Nachf., 1917.

————, "Neueste Mitteilungen über den literarischen Nachlaß von Karl Marx und Friedrich Engels," *Archiv für die Geschichte des Sozialismus und der Arbeiterbewegung*, Bd. XI, 1925, S. 385~400.

————, "Marx und Engels über Feuerbach(Erster Teil der 'Deutschen Ideologie'): Einführung des Herausgebers," *Marx-Engels Archiv*, Zeitschrift des Marx-Engels-Instituts in Moskau, Bd. I, [1926], S. 205~221.

————, "Einführung des Herausgebers" an "Briefwechsel Zwischen Vera Zasulič und Marx," *Marx-Engels Achiv*, Bd. 1, 1926, S. 309~314.

Rojahn, Jürgen, "Marxismus-Marx-Geschichtswissenschaft: Der Fall der sog. 'Ökonomisch-philosophischen Manuskripte aus dem Jahre 1844,'" *International Review of Social History*, Vol. XXVIII, Part 1, 1983, S. 2~49.

————, "Die Marxsche Manuskripte aus dem Jahre 1844 in der neuen MEGA," *Archiv für Sozialgeschichte*, Bd. 25, 1985, S. 647~663.

————, "Marx-Engels-Gesamtausgabe(MEGA): Stand der Arbeit und geplante Fortführung"(Stand: 11. 1991), [Mschr.], § 4.

————, "Und sie bewegt sich doch! Die Fortsetzung der Arbeit an der MEGA unter dem Schirm der IMES," *Mega-Studien*, 1994/1, S. 5~31.

————, "Bericht: Spezialkonferenz 'Die Konstitution der 'Deutschen Ideologie,'" 24.~26. Oktober 1996, Trier," *MEGA-Studien*, 1997/1, S. 147~157.

———— & Jacques Grandjonc, "Der revidierte Plan der Marx-Engels-Gesamtausgabe," *MEGA-Studien*, 1995/2, S. 62~89.

Rosen, Zwi, *Moses Hess und Karl Marx. Ein Beitrag zur Entstehung der*

Marxschen Theorie, Hamburg: Hans Christians Verlag, 1983.

Rokitjanski, Jakow(Jakov Grigor'evič Rokitjanskij), "Zur Geschichte der Beziehungen von Karl Marx und Friedrich Engels zu Moses Heß in Brüssel 1845/1846," *Marx-Engels-Jahrbuch* 9, 1986, S. 223~267.

――――, "Die 'Säuberung'―Übernahme des Rjazanov Instituts durch Adoratskij," *Beiträge zur Marx-Engels-Forschung*(Neue Folge), Sonderband 3, 2001, S. 13~22.

Röllig, Elke, "Deutscher Sozialismus in Versen und Prosa. 1) Karl Beck: 'Lieder vom armen Mann oder die Poesie des wahren Sozialismus'―ein weißer Fleck in der Marx-Engels-Forschung," *Beiträge zur Marx-Engels-Forschung*, Heft 26, 1989, S. 110~125.

Rumjanzewa, Nelly, "Zu Engels' Plan einer sozialen Geschichte Englands: Die Manchester-Hefte von 1845," *Marx-Engels-Jahrbuch*, 13, 1991, S. 91~116.

Semmig, Friedrich Hermann, "Communismus, Socialismus, Humanismus," *Rheinische Jahrbücher zur gesellschaftlichen Reform*, Erster Band, Darmstadt, 1845, S. 167~174.

Silberner, Edmund, *The Works of Moses Hess. An Inventory of His Signed and Anonymous Publications, Manuscripts, and Correspondence*, Leiden: E. J. Brill, 1958.

――――(Hrsg.), unter Mitwirkung von Werner Blumenberg, *Moses Hess, Briefwechsel*(S-Gravenhage: Mouton & Co., 1959].

――――, *Moses Hess. Geschichte seines Lebens*, Leiden: E. J. Brill, 1966.

Sperl, Richard, "Die Marx-Engels-Werkausgabe in deutscher Sprache(MEW). Eine editorische Standort Bestimmung," *Beiträge zur Marx-Engels-Forschung* (Neue Folge), Sonderband 5, 2006, S. 207~258.

Starcke, C. N., *Ludwig Feuerbach*, Stuttgart: Verlag von Ferdinand Enke, 1885.

Stein, Lorenz, *Der Sozialismus und Communismus des heutigen Frankreichs. Ein Beitrag zur Zeitgeschichte*, Leipzig: Otto Wigand, 1842.

Stern, Heinz & Dieter Wolf, *Das große Erbe. Eine historische Reportage um den literarischen Nachlaß von Karl Marx und Friedrich Engels*, Berlin: Dietz Verlag, 1972.

St〔irner〕, Max, "Recensenten Stirners," *Wigand's Vierteljahrsschrift*, Bd. 3,

1845, S. 147～194.

───, *Der Einzige und sein Eigentun*, Mit einem Nachwort von Ahlrich Meyer, Stuttgart: Philipp Reclam jun., 1972.

Taubert, Inge(Inge Tilhein), "Neuveröffentlichung des Kapitel I des I. Bandes der 'Deutschen Ideologie' von Karl Marx und Friedrich Engels," vorbereitet und eingeleitet von Inge Tilhein, *Deutsche Zeitschrift für Philosophie*, 14. Jahrgang, Heft 10(1966), Vorwort, S. 1192～1198; Text, S. 1199～1251; Anmerkungen, S. 1251～1254.

───, "Zur materialistischer Geschichtsauffassung von Marx und Engels. Über einige theoretische Probleme im ersten Kapitel der 'Deutschen Ideologie,'" *Beiträge zur Geschichte der deutschen Arbeiterbewegung*, 10. Jg. 1968, Sonderheft zum 150. Geburtstag von Karl Marx, S. 27～50.

───, "Probleme und Fragen zur Datierung der 'Ökonomisch-philosophischen Manuskripte' von Karl Marx," *Beiträge zur Marx-Engels-Forschung*, Heft 3, 1978, S. 17～35.

───, "Die neue Edition der 'Ökonomisch-philosophischen Manuskripte,'" *Deutsche Zeitschrift für Philosophie*, 31. Jg.(1983), Heft 2, S. 213～228.

───, "Neue Erkenntnisse der MEGA-Bände I/2 und I/3 und ihre Bedeutung für die Bestimmung von Forschungs- und Editionsaufgaben der Arbeit an dem MEGA-Band I/5(Marx/Engels: Die deutsche Ideologie)," *Beiträge zur Marx-Engels-Forschung*, Heft 22, 1987, S. 16～28.

───, "Zur Mitarbeit von Moses Heß an der 'Deutschen Ideologie' —die Auseinandersetzung Arnold Ruges Werk 'Zwei Jahre in Paris. Studien und Erinnerungen,' Leipzig 1846," *Beiträge zur Marx-Engels-Forschung*, Heft 26, 1989, S. 146～170.

───, "Aus der Arbeit an der Vorbereitung des Bandes 5 der Ersten Abteilung der MEGA²(*Die deutsche Ideologie*)," *Beiträge zur Marx-Engels-Forschung*, Heft 26, 1989, S. 99～100.

───, "Zur Entstehungsgeschichte des Manuskripts 'Feuerbach' und dessen Einordnung in den Band I/5 der MEGA²," *Beiträge zur Marx-Engels-Forschung*, Heft 26, 1989, S. 101～109.

───, "Engels Übergang zum Materialismus und Kommunismus," *Marx-Engels-Jahrbuch* 12, 1990, S. 31～65.

───, "Wie entstand die 'Deutsche Ideologie' von Karl Marx und Friedrich

Engels?: Neue Einsichten, Probleme und Streitpunkte," *Studien zu Marx'
erstem Paris-Aufenthalt und zur Entstehung der Deutschen Ideologie,*
Schriften aus dem Karl-Marx-Haus, Nr. 43, Trier, (1991), S. 9~87.

──── , "Die Französische Revolution im Prisma der Polemik von Karl Marx
und Friedrich Engels mit Max Stirner," *Studien zu Marx' erstem Paris-
Aufenthalt und zur Entstehung der 'Deutschen Ideologie,'* S. 51~87.

──── , "Die Kritik der nachhegelschen Philosophie. Zur Entstehungsgeschichte
des ersten Bandes der *Deutschen Ideologie von Marx und Engels,"* *Studien
zu Marx' erstem Paris-Aufenthalt und zur Entstehung der 'Deutschen
Ideologie,'* S. 10~50.

──── , Konferenzpapier 1: Karl-Marx-Haus, "Die Konstitution von MEGA²
I/5 'Deutsche Ideologie'"(Trier, 1996).

──── , Konferenzpapier 2: Inge Taubert, "Zur Konstitution von MEGA² I/5
'Deutsche Ideologie'"(Trier, 1996).

──── , Konferenzpapier 3: Inge Taubert, 'Die Manuskripte 'Deutsche Ideologie'
—Überlieferungsgeschichte"(Trier, 1996).

──── , Hans Pelger & Jacques Grandjonc, "Die Konstitution von MEGA² I/5
'Karl Marx, Friedrich Engels, Moses Heß: Die deutsche Ideologie. Manu-
skripte und Drucke(November 1845 bis Juni 1846),'" *MEGA-Studien,* 1997/
2, S. 49~102.

──── , "DISKUSSION. Die Darbietung der Handschriften im Edierten Text
und im Variantenverzeichnis: eine Erwiderung auf Kritik am Probeband
der MEGA² von 1972 und an den Editionsrichtlinien der MEGA² von
1993," *MEGA-Studien,* 1997/2, S. 170~173.

Vollgraf, Carl-Erich & Jürgen Jungnickel, "'Marx in Marx' Worten? Zu Engels'
Edition des Hauptmanuskripts zum dritten Buch des *Kapital,"* *MEGA-
Studien,* 1994/2(1995), S. 3~55.

Weber, Max, *Wirtschaft und Gesellschaft,* Tübingen: J. C. B. Mohr(Paul
Siebeck), 1921 ff.

1. 編纂史를 通해서 본 『독일 이데올로기』

"*The German Ideology* Seen through Its Editing History: In Prospect of the Publication of MEGA² I/5(*The German Ideology*)"

— 한국어: 『문학과사회』 제11호(1990년 가을), pp. 1168~1223.

* 『마르크스의 사상 형성과 초기 저작』(문학과지성사, 1994), pp. 71~126.

— 중국어: 郑文吉/著, 『「德意志意识形态」与MEGA文獻研究』, 南京大学出版社, 2010, pp. 1~56.

2. 『독일 이데올로기』는 季刊誌用 原稿로 執筆되었나?

"*The German Ideology* Was Written as a Collection of Articles for the Quarterly Journal? Recent Debates on the Genesis of *the German Ideology*"

— 한국어: 『문학과사회』 제22호(1993년 여름), pp. 624~678.

* 『마르크스의 사상 형성과 초기 저작』(1994), pp. 127~184.

— 중국어: 郑文吉/著, 『「德意志意识形态」与MEGA文獻研究』(2010),

pp. 57~111.

3. 마르크스-엥겔스의 『독일 이데올로기』, 「I. 포이어바흐」章의 再構成

"Text Variations of the Chapter I. Feuerbach, the First Volume of *the German Ideology* by Marx and Engels: Critical Comments on Various Editions since Rjazanov"

—일본어: 『立命館經營學報』, 30/1(1991년 5월), pp. 145~169; 30/2 (July 1991), pp. 117~142.

—한국어: 『세계의 문학』 제59호(1991년 봄), pp. 315~344; 제60호 (1991년 여름), pp. 259~286.

* 『마르크스의 사상 형성과 초기 저작』(1994), pp. 185~248.

—중국어: 『南京大學學報』, 第45卷 第2期 (2008/2), pp. 19~34.

* 郑文吉/著, 『「德意志意识形态」与MEGA文獻研究』(2010), pp. 113~158.

4. 1960年代와 '70年代 日本學界의 『독일 이데올로기』 論爭

"Japanese Debates on *the German Ideology* in the 1960s and 1970s"

—한국어: 『문학과사회』 제25호(1994년 봄), pp. 329~398.

* 『마르크스의 사상 형성과 초기 저작』(1994), pp. 249~320.

—중국어: 郑文吉/著, 『「德意志意识形态」与MEGA文獻研究』(2010), pp. 159~224.

5. 『독일 이데올로기』 研究에 있어서 텍스트 編纂의 問題

—특히 「I. 포이어바흐」 章의 再現問題와 關聯하여

"Some problems of Text Editing in *The German Ideology*: Especially on the Text Reproduction of 'I. Feuerbach' Chapter."

* 이 글은 1995년 11월 2~3일, 일본 동경도립대학에서 개최된 "프리드리히 엥겔스 사후 100주년 기념 도쿄 국제 세미나"에서 발표된 논문이다.

—한국어: 『문학과사회』 제33호(1996년 봄), pp. 402~447.

—일본어: 『マルクス·エゲルス·マルクス主義研究』, 26號(1996년 6월), pp. 1~30.

—독일어: "Einige Probleme der Textedition der *Deutschen Ideologie*, insbesondere in Hinsicht auf die Wiedergabe des Kapitels 'I. Feuerbach'" *Beiträge zur Marx-Engels-Forschung*. Neue Folge 1997(Argument Verlag, 1998), S. 31~60.

* 『한국 마르크스학의 지평』(문학과지성사, 2004), pp. 63~102.

—독일어: Moon-Gil Chung, *Die deutsche Ideologie und MEGA-Arbeit*(Seoul: Moonji Publishing Co., Ltd., 2007), S. 11~56.

—중국어: 郑文吉/著, 『「德意志意识形态」与MEGA文獻研究』(2010), pp. 225~259.

6. 신MEGA I/5, 『독일 이데올로기』의 구성

—『독일 이데올로기』의 편집 문제를 다룬 전문가회의 참가 보고

"The Constitution of MEGA[2] I/5(*The German Ideology*): A Report on the Special Conference. 'The Constitution of *The German Ideology*,' Trier, October 24~26, 1996.

* 이 글의 중심 부분인 4절은 먼저 독일어로 작성되어 1996년 10월

24~26일간에 독일 트리어에서 개최된 회의에 제출되었다. 그리고 이 보고문은 1996년 12월에 탈고되어 『한국정치학회보』, 30집 4호(1996), pp. 461~482에 게재되었다.

* 『한국 마르크스학의 지평』(2004), pp. 103~141.

7. 日本에서 出版된 『독일 이데올로기』, 「I. 포이어바흐」 章의 新版에 對한 檢討와 批判

" Karl Marx/Friedrich Engels, *Soukoukanzenhukugenban Doitsu Ideorogii〔Die vollstaendig wiederhergestellte Ausgabe der Manuskripte, Die Deutsche Ideologie〕(Vorrede und I. Kapitel des ersten Bandes)*. Japanisch übersetzt und herausgegeben von Tadashi Shibuya, (Tokio: Shinnihon Verlag, 1998), Text: xiv+181 S. und Apparat: 210 S.: A Critical Review"

—한국어: 『현상과인식』 제83호(2001년 봄/여름), pp. 189~196.

* 『한국 마르크스학의 지평』(2004), pp. 142~151.

"Zur Neuausgabe der *Deutschen Ideologie* in Japan," *Beiträge zur Marx-Engels-Forschung*. Neue Folge 2001(Berlin/Hamburg: Argument Verlag, 2002), S. 285~292.

—독일어: Moon-Gil Chung, *Die deutsche Ideologie und MEGA-Arbeit*(2007), S. 73~83.

—중국어: 郑文吉/著, 『「德意志意识形态」与MEGA文獻研究』(2010), pp. 260~267.

8. 草稿의 文獻學的 分析과 著者의 決定本

—『독일 이데올로기』, 「I. 포이어바흐」 章 暫定版의 概觀과 批判

"Philological Analysis of Manuscripts and 'Ausgabe letzter Hand' :
Review and Critique on the Vorabpublikation of 'I. Feuerbach' Chapter
of the *German Ideology in Marx-Engels-Jahrbuch* 2003"

　* 이 글은 2005년 11월 21~24일, 일본 MEGA 그룹의 센다이仙台 팀이
신MEGA II/12 출판을 기념하여 일본 교토의 도시샤 대학同志社大學 비와코琵
琶湖 리트리트센터에서 개최한 국제 신MEGA 콜로키움에서 발표된 논문이
다.

　—한국어: 『현상과인식』 제96호(2005년 가을), pp. 163~198.

　—독일어: "Philologische Analyse und Ausgabe letzter Hand: Überblick
und Kritik der Vorabpublikation des ersten Kapitels der Deutschen
Ideologie 'I. Feuerbach'(*Marx-Engels-Jahrbuch* 2003)." Moon-Gil Chung,
Die deutsche Ideologie und MEGA-Arbeit(2007), S. 84~123.

　—중국어: 『現代哲學』(中山大學), 2009年 第4期(總第105期)/7月號,
pp. 1~18.

　* 郑文吉/著, 『「德意志意识形态」与MEGA文獻研究』(2010), pp.
268~304.

9. 新 MEGA I/5, 『독일 이데올로기』의 構想과 構成

　—특히 「**I.** 포이어바흐」 章과 關聯하여

"The Conception and Construction of MEGA I/5(*The German Ideology*):
Especially on the 'I. Feuerbach' Chapter"〔Ms.〕

　* 이 글은 2006년 11월 24~28일, 독일의 베를린-브란덴부르크 과학아
카데미에서 개최된 "마르크스-엥겔스 전집 편찬을 위한 독일-일본의 전문
가회의"에서 발표된 저자의 보고문 초안, "독일 이데올로기의 구상과 구성
Konzeption und Konstitution der MEGA I/5(*Die Deutsche Ideologie*)

[Skizze]"를 근거로 집필된 것이다.

—한국어:『현상과인식』제101호(2007년 봄/여름), pp. 195~220.

—독일어: "Konzeption und Aufbau von MEGA I/5(*Die Deutsche Ideologie*): Besonders in Bezug auf das Kapitel 'I. Feuerbach,'" Moon-Gil Chung, *Die deutsche Ideologie und MEGA-Arbeit*(2007), S. 124~156.

—중국어: 郑文吉/著,『「德意志意识形态」与MEGA文獻研究』(2010), pp. 305~336.

10. 主題卷에서 作品卷으로의 遷移
—신**MEGA I/5**(『독일 이데올로기』)의 편찬 원칙의 변화에 대한 管見

"From *thematischer Band* to *Werk-Band*: A View on the Delicate Changes of Editorial Guideline of MEGA² I/5(*The German Ideology*) by the Different Editorial Teams since 1970s."

* 이 글은 2010년 10월 28~29일 인하대학교가 중국 난징대학과 공동으로 개최한 "한·중 마르크스주의 연구자 회의"에서 발표된 논문이다. 이 글은 원래 한·중 국제회의 논문집에 게재되었으나 이 책에서 처음으로 출판되었다.

한국에서 마르크스를 공부한다는 것[1]

1

벌써 정년퇴직한 지 5년, 나는 올해로 70대에 들어서게 되었다. 따라서 스스로 지난날 자기가 한 일을 반성하며 이를 정리하는 일은 있음직한 일로 생각된다. 그러나 나이 70이 고희라는 말은 이미 지난날의 수사일 뿐, 가끔 듣는 "원로"라는 말이 가당치 않을 정도로 "젊은 축"으로 치부된다.

나는 최근 지난 20년간 집필한 10편의 글을 모아 『독일 이데올로기의 문헌학적 연구』라는 책을 출판하면서 지난 40년간의 얄궂은 학계 생활을 되돌아보며 그것이 어떤 의미를 갖는지 반추해볼 기회가

---

1) 이 글은 원래 계간지 『본질과 현상』 제25호(2011년 가을)의 권두 에세이로 집필·발표된 글이다. 이를 이 책의 "(길게 쓴) 권말 후기"로 게재한 것은 "이 책의 산고産苦에 대한 긴 이력을 밝히는 것이기에 보충자료로서 충분한 의미가 있다"라는 편집자의 주문에 따른 것이다. 이 글이 계간지의 글과 다른 점은 "필자" 자신을 3인칭화한 것을 "나"라는 1인칭으로 바꾸고, 그에 따른 표현상의 차이를 가필한 것이다.

있었다. 공식적으로는 대학의 행정학과 교수인 나는 젊은 시절에 읽은 마르크스의 사상에 매료되어 그 연구에 평생을 헌신했다. 그러면서 나는 그것이 영문학자이며 시인일 수도 있고, 국문학자이며 평론가, 또는 소설가일 수도 있는 가능성을 희구했다. 그러나 나에게는 그러한 양립의 가능성은 열리지 않았다. 행정학도이고 마르크스 연구자인 나의 모습은 나 자신에게도 이물스럽고 고단한 것이었다. 더욱이 연구 환경이 극도로 열악한 우리나라에서 마르크스 연구자로서의 학술 활동은 언제나 정치권력의 협위를 의식해야 하는 상황에서—.

그러기에 내가 지난 40년간 학교 주변에서 서성대며 경험하고 공부한 것을 정리하는 이 글은, 겉늙은 한 학도가 걸어온 자신의 지적 궤도를 되돌아보는 자기 성찰과 고백의 형식을 띠게 된다.

2

내가 마르크스를 진지하게 대면한 것은 대학에 재학 중이던 1960년대 초 파펜하임의 『근대인의 소외』[2]를 만나면서부터이다. 독일에서 학위를 마치고 귀국하신 교수께서 소개하신 이 책은 일본어 번역본이었으며, 이 책을 잠깐 빌려 본 나는 시내의 외서점에서 이를 주문하는 한편, 책에 씌어진 출판사를 통해 저자와의 교신을 시도했다. 그리고 얼마 후 주문했던 일본어 번역본은 문고본이었기에 다행히 수입이 가능했으며, 저자에게 보낸 편지도 그에게 전달되어 답장은 물론이요 저자의 헌사가 씌어진 영어로 된 원본이 우송되어 왔

---

2) Fritz Pappenheim, *The Alienation of Modern Man: An Interpretation Based on Marx and Tönnies*, New York: Monthly Review Press, 1959.

다. 이에 나는 파펜하임의 저작을 재독, 삼독하며, 그 책의 말미에 게재된 참고문헌 목록을 근거로 나의 능력이 닿는 한 구득 가능한 문헌의 수집에 힘을 기울였다.

그러나 1960년대 초 대학생으로서 내가 자료 수집을 위해 구사할 수 있는 방법이란 대학 도서관이나 몇몇 은사가 소장한 장서를 이용하는 것이 고작이었으며 값비싼 외서의 구입도 한정적일 수밖에 없었다. 더욱이 복사 시설이 거의 전무했던 당시의 사정으로 대여받은 (희)귀한 자료의 소화는 내용을 요약·필사하거나 남의 힘을 빌려 타자를 치는 방법밖에는 달리 도리가 없었다. 오늘날의 나에게 아직도 새삼스러운 일은 5·16 직후의 그 엄혹한 시절에 마르크스와 퇴니스의 저작들을 모으겠다는 나 자신의 턱도 없이 무모한 만용이었다. 마르크스의 저작은 이미 금서로 지정된 책들이라 그것의 구득은 불가능했고, 어쩌다가 고서점을 통해 일제시대에 출판된 개조사 전집 판의 일부와 구MEGA 판『독일 이데올로기』의 일본어 완역본을 구입하기도 했고, 퇴니스의 경우에는 몇 가지 책들을 양서점을 통해 구입할 수 있었으나 그것도 쉽지 않은 형편이었다. 그리고 당시의 일로 특별히 기억되는 것은 풀브라이트 교환교수로 와 있던 미국인이 강의 중에 프롬Erich Fromm이 쓴『마르크스의 인간 개념』(1961)이라는 최신간을 소개하기에 이를 곧장 빌려, 그 후반에 실려 있던 자료 중『경제학·철학 초고』(부분),『독일 이데올로기』(부분) 등의 영문 텍스트를 친구에게 타자 치도록 부탁한 일이다.

1964년 대학원에 진학한 나는 마르크스의 소외 문제를 집중적으로 다루어보겠다는 각오를 다졌다. 그러나 내가 곧장 직면한 난관은 본격적인 공부를 위해 불가결한 마르크스의 관련 저작을 구할 수 없다는 점이었다. 애초에 나라가 금지하는 사상가를 연구한다는 데 대해 심리적으로 압박감을 느낀 것은 사실이나 학부 시절부터 키워온 꿈을 접을 수 없었기에 은사와 미국의 파펜하임 씨로부터 빌리고, 또 명동에 있던 소피아 서점이나 해외에 있거나 해외를 오가는 친구들을 통해 인편이나 우편으로 자료를 수집했다. 따라서 1965년 후반에는 미진한 채로 「인간의 자기소외에 관한 서설적 연구」란 제목의 석사논문을 완성할 수 있었다. 그러나 나는 심사 과정에서 논문 본문 중의 마르크스에 대한 긍정적 언급의 수정을 요구하시던 어느 교수의 주장에 속상했던 일을 오랫동안 기억하고 있다.

1966년 석사학위를 받은 나는 조교로 있던 대학에서 강사를 겸하게 되었다. 그리고 내 강의 경력은 행정학 개론으로 출발하게 되었다. 그리하여 1968년 행정학과의 전임강사 자리를 제의받았을 때 나로서는 내키지 않았으나 장기적인 연구 생활을 위해서는 대학의 전임 교수직 말고는 달리 좋은 방도가 없다는 주변의 권유를 받아들여 이를 수락했던 것이다. 이후 나는 행정학을 강의하지만 이를 본격적으로 "연구"하지 않는 행정학과 교수로서 40년 가까이 대학에 봉직하는 "괴물"로 존재하게 된 것이다.

당시의 상황에서 볼 때 행정학은 우리나라에서는 아직 초창기의 학문이었고, 당시의 나로서는 여전히 젊은 나이였기에 스스로 학문의 영역을 바꾸기만 한다면 바이 불가능한 일도 아니라는 생각과 자성自省이 끊임없이 제기되었지만, 애초에 연구 목적으로 삼았던 분야를 포기하지 못한 채 머뭇거리며 끝까지 옹색한 대학 생활을 감내해 왔던 것이다. 다시 말하면 전임이 된 뒤 10년간의 나의 학교생활은 과의 최연소 교수로서 주어진 과제를 수행하면서 내 원래의 공부를 놓지 않으려고 안간힘을 쓴 고통의 시기였다. 마땅한 강사를 구하지 못하는 새 개설과목을 포함한 나 자신의 과목에 대한 강의 준비를 결코 게을리할 수 없었던 당시의 상황이나, 그러면서도 결코 소홀히 할 수 없었던 소외론 분야의 연구는 스스로에게 많은 긴장과 갈등을 야기했고 이는 당시의 젊은 교수들이 그러했듯이 잦은 폭음으로 이어지곤 했다.

3

내가 행정학과의 전임강사가 된 이후에도 나 자신의 연구 영역인 소외론 연구에 매달릴 수 있었던 것은, 그것이 나의 학위논문을 준비한다는 명분이었다. 나는 1970년에 박사과정을 이수했으나 언제쯤 논문을 제출할 수 있느냐 하는 문제는 나 자신의 재량과는 무관하게 전적으로 수여학과의 암묵적인 사전 동의가 전제되어 있었던 것이다. 이는 당시의 우리 학계에 아직도 신제와 구제의 학위제도가 섞여 있어 교통정리가 필요한 시기이기도 했기 때문이다.

나의 소외론에 관한 연구는 1970년대에 들어와 「소외론 연구」 1, 2, 3……이란 연작의 형태로 진행되었다. 그리하여 우선 마르크스에 집중되었던 소외 이론의 연구를 프롬, 오르테가José Ortega y Gasset, 관료제와 사회학상의 소외 논의로까지 확대해나갔다. 그러나 마르크스에 관한 재차의 도전은 자료 수집의 미비란 이유로 논문 제출을 준비하라는 연락이 있을 때까지 미루어왔다. 왜냐하면 마르크스의 자료를 추적하는 나에게 있어서 숱하게 인용되는 원자료와 2차 자료를 구경도 못한 채 학위논문을 준비한다는 게 어불성설이라는 생각이 들었기 때문이다. 그러나 어찌하랴. 군사정권의 엄혹한 통제 하에서 금서로 묶여 있는 적지 않은 서적을 이미 보유하고 있으면서도 그것이 모자라 안달하는 스스로를 어떻게 통제할 수 있을까?

528

이때 내가 얻은 진리(?)는, 변명이기도 하지만, 어차피 그 많은 자료를 모두 읽을 형편이 아니라면 결국 가장 중요한 저자의 의도에 이르는 첩경은 원자료를 재독, 삼독하면서 그 진실에 접근하는 것이라는 점이었다. 물론 나의 이러한 방법이 진실에 가까워졌는지는 알 수 없으나 당시의 나에게는 그 길 말고는 달리 허용된 방법이 없기도 했다.

나의 이 논문은 1978년 1월, 『소외론 연구: 마르크스·프롬 및 사회학상의 소외 논의를 중심으로』라는 제목으로 심사위원회를 통과했고, 같은 해 3월에 문학과지성사에서 『소외론 연구』라는 제목의 단행본으로 출판되었다. 이 책은 출판을 전후하여 금서로 묶일 가능성 때문에 출판사와 저자인 내가 불안해한 것이 사실이었으나 출판 과정에서 편집자가 보인 기지와 대학이 심사·통과시킨 학위논문이란 점, 그리고 그 이듬해 4월에 수여된 월봉저작상 수상작이란 이유 등으로 금서의 굴레를 벗어날 수 있었던 것으로 생각된다.

4

1978년 『소외론 연구』로 그동안의 소외 논의에 대한 연구를 부족한 대로 정리했다고 판단한 나는 자유로운 자료에의 접근이나 연구 환경이 필수적인 또 다른 주제, 즉 마르크스의 사상에 대한 본격적인 연구를 염두에 두고 새로운 가능성을 모색했다. 그리고 바로 이때 내가 주목한 것이 하버드—옌칭 연구소가 40대 미만의 동양의 인문학자들을 대상으로 마련한 객원 연구원 프로그램이었다. 이에 나는 1830~48년간의 독일의 사상사 중 청년헤겔파의 지식인 운동에 초점을 맞춤으로써 형성기의 마르크스 사상을 연구한다는 박사 후

연구계획서Post-Doctoral Study Plan를 제출하고 결과를 기다렸다. 연구소 측의 후보자 면담은 1978년 늦가을께 연구소의 소장인 크랙Albert M. Craig 교수가 내 연구실을 직접 방문하여 이루어졌고, 결과는 다음 해 초에 나에게 통보되었다.

나에게는 최초의 외유인 1979~80년간의 옌칭 펠로우로서의 하버드 캠퍼스에서의 생활은 세 가지 방향으로 진행되었다. 먼저 나의 연구는 연구계획서에 제시한 대로 청년헤겔파에 대한 서지書誌 조사와 자료 수집을 병행하는 일이었다. 기왕에 사전조사가 전혀 없는 바는 아니었으나 와이드너Widener 도서관의 방대한 카탈로그 앞에서는 기가 죽을 수밖에 없었다. 더구나 미국에서 가장 오래된 도서관의 하나인 와이드너에는 오래전부터 유럽 여러 대학과의 자료 교류를 통해 19세기 초에 이르는 유럽 지역의 인문학 자료, 특히 독일 각 대학의 학위논문이 소장되어 있어 나의 청년헤겔파 연구에는 더 이상 바랄 수 없는 최적의 자료 집결지였다. 한편 내가 다음으로 신경을 쓴 자료는 나 자신이 서울에서 그처럼 구하려고 애썼던 마르크스의 소외 논의와 관련된 제1차 및 2차 자료였다. 그리고 마지막으로는 숱한 서지 목록을 통해 그 이름만 듣던 전문적 잡지들의 백넘버를 체크하면서 반드시 필요한 논문들을 복사하는 일이었다. 그러나 나의 이 같은 자료 수집 과정에서 무엇보다 고마웠던 친구는 와이드너 도서관의 곳곳에 흩어져 있던 제록스 복사기의 도움이었다. 내가 1년이란 짧은 기간에 구차한 대로 필요한 정도의 자료를 수집할 수 있었던 것은 그나마 복사기란 문명의 이기 때문이었다. 그렇지 않았더라면 나의 케임브리지 생활은 기껏 수십 권의 책에 코를 박고 노트나 카드를 만드는 데 바빴을 서생의 꼴을 벗어나기가 어려웠을 것이다.

1980년 여름에 귀국한 나는 바깥의 팽팽한 정치적 긴장을 모르는 체하면서 이삿짐으로 실려온 자료들을 정리하기 시작했다. 그리하여 청년헤겔파를 개괄적으로 소개하는 2개의 서설적 논문을 발표한 뒤 곧장 청년헤겔파 개개인을 다루는 논고들을 발표하기 시작했다. 먼저 슈티르너Max Stirner와 바우어Bruno Bauer를 다루고, 이어서 헤스Moses Heß, 루게Arnold Ruge, 포이어바흐, 슈트라우스David Friedrich Strauß 등으로 그 범위를 확장해가려는 계획이었다. 그러나 연구가 순조롭게 진행되리라고 믿었던 청년헤겔파에 대한 나의 기대는 바우어를 다루면서 난관에 봉착한 것이다.

사실 청년헤겔파를 공략하는 나의 입장은 마르크스의 소외론을 다룰 때와는 달리 심리적인 위협이나 공포감에서 비교적 자유로울 수 있었다. 게다가 나의 1년간의 케임브리지 체재를 통해 우선 급한 불을 끌 정도의 자료는 축적되었다고 믿은 것이 동티가 난 것이다. 사실 특정한 시기에 일군의 지식인들이 한 시대가 직면한 중요한 이슈들을 제기하고 그것을 토론하는 과정에서 하나의 시대정신을 형성해가는 대표적 지식인 운동의 하나인 청년헤겔파 운동을 추적하기 위해서는, 그들 개개 지식인들의 저작집이나 전집 못지않게 그들의 공동의 토론장이었던 당대의 지지紙誌가 갖는 중요성은 심대한 것이다. 게다가 청년헤겔파의 전집은 포이어바흐와 루게에 불과했고, 저작집은 특정한 연구자에 의해 불완전하게 출판되어 있을 뿐이었다. 따라서 1830년대와 1840년대의 독일의 신문·잡지를 전혀 갖추지 못한 한국에서의 청년헤겔파 연구는 이 같은 자료의 부족이라는 태생적 한계에 직면할 수밖에 없었다. 게다가 가끔 특정인의 저작이라고 간주되어오던 문건이 예상치 않은 제3자의 작품이라고 밝혀지는 경우가 없지 않으며, 초고를 완벽하게 전사Transkription했다는 인쇄된 텍스트가 문장이나 장구를 전위Umstellung시켜 텍스트를 왜곡시키는 사례도 나타나곤 했다. 이에 나는 독일의 지적 풍토를 이해하고 완벽할 수는 없지만 좀더 구체적인 1차 자료의 확충을 위해 독일에서의 현지 연구가 불가피하다는 결론을 내린 다음, "40세 이하"라는 연령 제한 조건에도 불구하고 훔볼트 재단Alexander von Humboldt-Stiftung에 펠로우십을 신청했다.

5

애초에 선발 가능성이 낮았음에도 불구하고 반드시 가야 한다는 확신을 가지고 시작한 나의 도독渡獨 계획은 청년헤겔파 연구자인 보쿰의 루르 대학Ruhr Universität Bochum 자스Hans-Martin Saß 교수의 강력한 추천 덕분인지 1984년 4월 초 훔볼트 재단으로부터 1984~85년간의 펠로우로 선발되었다는 통지를 받았다. 이에 나는 기왕에 계획한 청년헤겔파와 관련된 1차 자료의 보강만이 아니라 마르크스의 초기 초고, 특히 『경제학·철학 초고』에 관한 집중적인 연구를 암스테르담의 '국제사회사연구소Internationaal Instituut voor Sociale Geschiedenis: IISG'에서 수행할 계획을 첨가했다.

마아부르크에서 2개월간의 독일어 연수를 받고 있던 나는 6월 말 보쿰에 방문하여 곧장 미국으로 출국이 예정된 자스 교수와 처음으로 만나 인사를 교환했다. 그는 우선 사무적 절차나 도서관을 포함한 보쿰 대학의 편익시설의 이용은 철학사 연구좌Philosophiehistorische Forschungsstelle의 비서와 협의하여 해결할 것을 부탁했다. 그런데 내가 여기서 굳이 자스 교수의 철학사 연구좌를 언급하는 것은, 이 대학의 철학부 도서관에는 그가 연구와 강의를 위해 청년헤겔파와 관련된 광범한 자료들을 구비해놓고 있었다는 점 때문이다. 내가 마아부르크에서 어학 연수 과정을 거치면서 짬이 날 때마다 들러서 자료를 체크한 바 있던 400년이 넘는 마아부르크 대학의 중앙도서관과는 달리, 이곳 신생 보쿰 대학 철학부의 도서관은 나에게는 경이적이기까지 했다.

청년헤겔파 구성원의 저작은 물론이오, 1830~40년대에 발행되었던 신문과 잡지, 특히 청년헤겔파의 지적 활동과 직접, 또는 간접으로 연계되었던 신문이나 잡지들이 소롯이 모여 있는 이 도서관은 나에게는 하나의 경이驚異였다. 루게의『할레 연지』(뒤에『독일 연지』로 개제), 정통 헤겔주의자들의『과학적 비판 연보』, 바우어의『알게마이네 리테라투어 차이퉁』『계간 비간트』『21보겐』『아넥도타』등이 열람실을 겸한 서고의 한 부분을 차지하고 있었다. 나중에 속장을 체크하니 곳곳에 산재하는 결호缺號는 일일이 복사되어 제자리를 채우고 있었다. 나는 전후에 세워진 신생 대학의 이 같은 도서관을 보면서 우리 자신의 대학 도서관들을 새삼 되돌아보기도 했다. 더욱이 한 건물의 아래 위층에 신학부와 역사학부의 도서관이, 그리고 인접한 건물에는 사회학부 도서관이 자리 잡고 있어 나에게는 정말 안성맞춤이었다. 거기다가 중앙도서관의 일우에 '노동운동사 도서관'(현재는 '유럽 노동운동사 연구소'로 개칭)이, 우니센터Uni-Center 동쪽으로 1킬로미터가량 내려가면 유명한 '헤겔 아키브'가 있어 정말 달리 부러울 게 없었다. 따라서 나의 1차적인 자료 수집은 마치 아르바이트생처럼 대여한 자료를 열심히 복사하는 식으로 일사천리로 진행되었다.

나의 독일 체재의 후반부 2개월은 암스테르담에 위치한 '국제사회사연구소'의 방문 연구에 할애되었다. 국제사회사연구소 방문 연구의 가장 중요한 목적은 그곳이 아니면 연구가 불가능한 마르크스의 초고,[3] 특히 「1844년의 파리 초고」라 불리는 『경제학·철학 초고』를 직접 검색하는 일이었다. 이 초고는 마르크스 "소외 이론"의 출발점으로서 주목받고 있었다. 그러나 이 미발표 저작의 텍스트는 초고의 포토코피를 근거로 러시아의 연구자들이 편찬한 것이기에 초고의 집필 양식에 대한 논의가 분분하고, 이 초고와 같은 시기에 작성된 파리 시대의 경제학 노트와의 상관관계도 관심의 대상으로 부각되고 있는 상태였다. 따라서 유럽으로의 방문 연구가 쉽지 않은 나에게는 이번 기회가 지적 흥분을 일으키는 "사건"이기도 했다.

나의 『경제학·철학 초고』의 초고 자체에 대한 검토는 초고의 오리지널이 아닌 포토코피의 검토로 만족해야 했으나 연구소의 중부 유럽권 담당자인 로얀Jürgen Rojahn 박사의 친절한 설명을 통해 초고 블라트, 특히 제1초고의 집필 양식에 대한 포괄적 개념을 얻을 수 있었던 것이 커다란 수확이었다. 그리고 나는 마르크스의 초고 포토코피에 대한 검토와 더불어 청년헤겔파와 관련된 문헌자료의 조사도 병행하여 진행했다. 왜냐하면 바우어 연구자인 바니콜Ernst Barnikol과 베르크 반 에이징하Gustaf Adolf van den Bergh van Eysinga가 1960년대에 이 연구소와 연계되어 있었기 때문이다.

1985년 8월 말에 귀국한 나는 암스테르담의 연구소에 대한 기억과 네덜란드의 아름다운 풍광을 생각하며 마르크스의 『경제학·철학 초고』와 같은 시기에 집필된 경제학 노트들을 비교적 상세히 소개하고, 이들 초고와 관련된 논쟁들을 통해 텍스트를 비판하는 논문을

---

3) 마르크스의 유고가 왜 독일이 아닌 네덜란드의 암스테르담에 보존되어 있는가에 대해서는 나의 다음 책을 보라. 정문길, 『니벨룽의 보물: 마르크스-엥겔스의 문서로 된 유산과 그 출판』, 문학과지성사, 2008, 제5부.

1987년에 발표했다. 그러나 나는 이 논문을 집필하는 과정에서 암스테르담의 연구소에서 포토코피를 검토하면서 지나쳤던 몇 가지 문제점과 초고의 오리지널을 보지 않고는 해소되지 않는 의문점을 풀기 위해 1987년 겨울 방학 중에 독일과 암스테르담을 방문하기로 했다. 12월 초 보쿰에 도착한 나는 보쿰 대학과 헤겔 아키브를 중심으로 자료를 체크하고, 1월 하순에는 1주일을 말미로 기차 편으로 암스테르담에 도착했다. 나는 국제사회사연구소의 로얀과 약속한 1월 22일 연구소에 도착하여 대망의 『경제학·철학 초고』 오리지널을 열람하는 안복을 누릴 수 있었다(로얀은 친상을 당해 독일로 귀국, 초고의 열람은 『자본론』 연구자 란카우Göts LanKau의 도움으로 이루어졌다).

6

『경제학·철학 초고』에 관한 연구가 일단 마무리되자 나의 다음 연구 과제는 자연스럽게 『독일 이데올로기』로 이행되었다. 미완성의 초고로 남아 있는 이 저작은 『경제학·철학 초고』와 더불어 마르크스의 초기 저작 가운데 가장 중요한 저작으로 평가되고 있지만, 그것이 출판되는 과정에서 적잖은 물의와 논란이 일어났던 것이다. 따라서 나는 암스테르담의 국제사회사연구소와의 왕래가 편리한 보쿰 대학을 근거로 한 『독일 이데올로기』의 연구를 위해 1989년 8월 보쿰에 도착했다.

나는 막 여름 학기의 강의를 마치고 워싱턴의 '케네디 윤리 연구소Joseph and Rose Kennedy Institute of Ethics'로 귀임을 서두르고 있던 자스 교수를 만나 6개월에 걸치는 나의 체독 연구 일정을 의논했다. 그리고 이 과정에서 그는 바로 다음 달에 트리어의 칼-마르크스-하우스 연구 센터에서 『독일 이데올로기』와 관련된 소규모의 학회 Arbeitstagung가 있다면서, 이 연구소의 소장인 펠거Hans Pelger 박사에게 연락을 취할 것을 당부했다. 이에 나는 우선 이 회의의 참석자를 일별했는데 거기에는 새로이 발간되고 있는 『마르크스-엥겔스 전집』(MEGA²) 편찬에서 『경제학·철학 초고』와 『독일 이데올로기』의 편집 책임을 맡고 있는 동독 마르크스-레닌주의 연구소IML의 타우베르트Inge Taubert가 『독일 이데올로기』와 관련한 새로운 논의를 제기하고, 프랑스의 초기 마르크스 연구자인 그랑종Jacques Grandjonc이 「파리의 마르크스」를, 칼-마르크스-하우스의 연구자들이 마르크스의 크로이츠나흐 노트와 바우어의 『알게마이네 리테라투어 차이퉁』에 관한 연구 결과를 발표하도록 예정되어 있었다. 그리고 참여자로는 펠거는 물론이요 슈티르너를 포함한 청년헤겔파 연구자인 에스바흐Wolfgang Eßbach도 포함되어 있었다. 나는 9월 3~4일에 트리어에서 열린 이 회의에 참석하여 타우베르트의 논의를 통해 그가 진행하고 있는 『독일 이데올로기』 연구의 중요성을 재확인하고, 나아가 당시 소련과 동독의 연구소가 공동으로 진행 중이던 신MEGA의 출판 사업에 좀더 깊은 관심을 갖게 되었다.

그러나 내가 『마르크스-엥겔스 전집』(MEGA) 사업에 특별히 관심을 갖게 된 것은, 보쿰과 암스테르담을 오가면서 연구를 진행하는 사이에 베를린 장벽이 붕괴되면서 동서독의 통일이 가시권 안에 들어오게 되었다는 사실 때문이다. 독일과 마찬가지로 분단국가 출신의 나에게 있어서 독일이 통일되는 과정을 현장에서 목격하는 일은 참으로 감격스럽기 그지없었다. 그리고 나 자신도 바로 서울에서 이 같은 감동적인 현실을 언제나 맞을 수 있을까를 새삼 생각하게 되었다. 그러나 이러한 감격적 사건을 맞게 된 나에게 무엇인가 여운으로 남는 것은 당시 순조로운 상태로 진행되던 MEGA의 출판 사업의 전도가 어떻게 될까 하는 걱정이었다. 다시 말하면 1920년대에 시작된 구MEGA의 출판이 1930년대에 이르러 스탈린의 정치적 조치로 파국을 맞았던 것처럼, 동독 정부의 정체성DDR-Identität을 세우기 위해 출발한 신MEGA 출판 사업이 독일의 통일이라는 정치적 이유로 또다시 중단되지 않을까 하는 우려가 연구자로서의 나 개인의 의식 속에 강하게 남아 있었던 것이다.

그리하여 1990년 2월에 귀국한 나는 우선 『독일 이데올로기』의 편찬사를 다룬 논문과 이 책의 제1권 「I. 포이어바흐」 장을 출판한 각종 판본들이 초고를 어떻게 텍스트로 재구성하고 있느냐의 문제를 비교·검토하는 논문을 발표하게 되었다. 그리고 이와 병행해서 신구 『마르크스-엥겔스 전집』(MEGA) 출판의 역사와 그것이 마르크스-엥겔스 연구에 있어서 갖는 의미를 「미완의 꿈: 『마르크스-엥겔스 전집』의 출판」이란 글로 정리한 바 있다. 이는 중단의 위기에 내몰린 신MEGA의 속간을 기대하는 마음에서 이 사업 자체의 긍정적인 측면을 부각시킨 글이기도 했다.

7

한편 나는 『독일 이데올로기』의 연구 과정에서 일본 학계의 연구 성과에 점차 주목하게 되었다. 『경제학·철학 초고』의 텍스트를 비판하는 과정에서 일본에서 발표된 몇 편의 논문을 참고한 바 있는 나는, 내 논문을 영문 초록과 더불어 두 분의 일본인 학자에게 우송했다. 특히 그들 두 분의 논문은 내가 암스테르담 체제 시 빠뜨렸던 원자료에 대한 조사 결과와 접근이 어려운 러시아 쪽 자료를 소개한 것이어서 매우 유용했던 것으로 기억된다.

그런데 나의 논문을 받은 토호쿠 대학의 하토리服部文男 교수가 내 논문에 깊은 관심을 표명하면서 본인의 저서『마르크스주의의 형성』(1984)을 보내왔다. 이에 나는 그의 관심에 사의를 표하면서 앞의 논문을 집필하는 과정에서 볼 수 없었던 몇 편의 일본 측 논문의 복사를 부탁했다. 그리고 1주일을 전후하여 나는 부탁한 논문들의 복사본을 그 필자들로부터 직접 우송받았는데, 나중에 알고 보니 이들은 모두 토호쿠 대학 경제학부 하토리 세미나 출신의 중견 혹은 소장 교수였음을 확인하게 되었다.

어쨌든 이러한 과정을 거쳐 성립된 일본 학계와의 교유는 비록 그것이 주로 토호쿠 대학을 중심으로 이루어진 것이지만, 학문적 논의가 가능한 것이었다. 그리고 그들은 당시의 내 관심이『독일 이데올로기』에 집중되었음을 알고 이와 관련된 자료들을 보내왔는데, 그 가운데는 히로마츠廣松涉 교수의『독일 이데올로기』, 「I. 포이어바흐」장의 신편집판에 대한 정보와 이 히로마츠 판을 가능하게 한 전 단계의 논문 몇 편이 우송되어 왔다. 이에 나는『독일 이데올로기』의 연구를 일본에서 수행하는 것도 의미 있는 일이라 생각하고 일본에서의 연구 기회를 얻을 수 있는 방법을 모색했던 것이다.

1991년 봄, 나는 일본의 국제교류기금으로부터 펠로우로 선정되었다는 통고를 받고 도일渡日을 준비했으나 학교 측은 나의 출장을 허용할 수 없다는 입장이었다. 이에 나는 학교를 1년간 휴직하고 센다이에 있는 토호쿠 대학 경제학부의 연구실에 1년간 둥지를 틀게 되었다. 나는 같은 해 10월 12일 동경의 주오 대학 캠퍼스(駿河台會館)에서 이미 일본어로 번역된 나의 논문「『독일 이데올로기』, 「I. 포이어바흐」장의 재구성」(中村福治 역, 1991)과 당시 연구를 진행 중이던 『독일 이데올로기』 계간지설을 일본의 '마르크스-엥겔스 연구자의 모임'에서 발표하고 일본의 학자들과 진지한 논의를 했던 일이 기억난다. 그리고 이 모임이 끝날 무렵 회의장을 찾아온 히로마츠 교수와 상당한 시간 『독일 이데올로기』의 편집 문제를 중심으로 환담을 나눈 것도 나에게는 의미 있는 기회였다. 어쨌든 나는 체일 연구를 『독일 이데올로기』의 계간지설에 관한 논문과 1960년대와 '70년대 일본 학계의 『독일 이데올로기』 논쟁이란 2개의 논문으로 마무리했다. 그리고 일본에서 수집한 여러 가지 정보를 근거로 독일과 네덜란드를 중심으로 전개되고 있는 MEGA의 속간을 위한 국제적 노력들을 「전환기의 풍경」이란 제목으로 국내에 소개하기도 했다.

『독일 이데올로기』에 대한 나의 후속 연구는 1995년 11월 2~3일 동경도립대학에서 개최된 '엥겔스 사후 100주년 기념 도쿄 국제 세미나'에서 발표된 『독일 이데올로기』, 「I. 포이어바흐」 장의 텍스트 편찬과 관련된 논문을 비롯해 「I. 포이어바흐」 장의 새로운 판본에 대한 문헌학적 비판이나 MEGA I/5(『독일 이데올로기』)의 편찬과 관련된 회의에서의 워킹 페이퍼로 구체화되었다.

한편 통독 이후의 MEGA 속간 사업은 소련과 동독의 MEGA 발행권을 승계한 '국제 마르크스-엥겔스 재단Internationale Marx-Engels Stiftung: IMES'에 의해 수행되고 있다. 따라서 나는 이 같은 전집 출판 사업을 단편적으로 다루기보다 마르크스-엥겔스가 문서로 남긴 유산과 그 출판 과정을 포괄적으로 추적하는 『니벨룽의 보물』이란 책을 정년 이후에 탈고·출판하게 되었다. 그리고 나는 현재 『독일 이데올로기』와 관련된 나 자신의 글들을 모아 『독일 이데올로기의 문헌학적 연구』라는 제목으로 출판하기 위한 마지막 교정을 진행 중이다. 이 책

은 원래 중국 남경대학의 장이빈張異賓(필명 張一兵) 부총장이 2007
년 이래 나와 상의하여 기획한 나의 중국어 논문집, 『"독일 이데올
로기"와 MEGA 문헌 연구』(남경대학 출판사, 2010)를 작년 말에 출
판하자, 그 기회에 문학과지성사가 우리말로 된 나의 『독일 이데올
로기』와 관련된 모든 논문을 한곳에 모아 발간키로 한 것이다.

8

앞에서 살펴본 바와 같이 나는 성과 여부는 판단할 수 없으나 극
도로 열악한 연구 환경 속에서 학문적으로 불모지에 가까운 한국에
서의 마르크스 연구에 적은 부분을 맡아 헌신해왔다. 그러나 그러
한 나의 연구 생활은 학생들의 학문 활동에 직접적으로 기여하지 못
했고, 내가 소속했던 학과에는 부담으로 작용했을 것으로 늘 생각
해왔다.

그러던 차에 정년 후인 2009년 여름, 고려대학이 학부의 교양과
목을 강화하는 방편으로 교양교육원을 설치하면서 강의를 제의해왔
기에, 나는 「현대사회와 인간 소외」「칼 마르크스: 생애와 사상」이
란 2개 과목을 학기별로 하나씩 개설하도록 신청했다. 나는 재직 중
1년에 한 번씩 학부 교양과목으로 소외론 강의를 개설한 바 있다.
그러나 마르크스의 생애와 사상에 대한 강좌는 개설해보았으면 하는
과목이었지만, 객관적 연구 환경의 변화가 선행해야만 했다. 다행히
이러한 나의 제안은 교양교육원에 의해 쉽게 수용되고, 오히려 격
려까지 받으면서 우리 주변의 연구 상황의 변화를 새삼 실감하게 되
었다.

따라서 요즘의 나는 보통 세 강좌를 소화하던 재직 중의 강의 준

비나 평가 때보다 더 많은 시간을 한 강좌에 투입하여 소외 논의와 관련된 고전적 저서나 마르크스의 주저들을 소개하고, 이를 출발점으로 한 텍스트 읽기를 강행하고 있다. 특히 마르크스의 경우 비록 번역에 문제가 없지는 않으나 수강생들로 하여금 우리말 텍스트로 마르크스를 직접 읽고 평가하게 하는 리포트 제도를 실시하고 있다. 사실 이러한 리포트 제출 제도는 학생들에게는 엄청난 독서의 부담을 주고, 나에게는 이들 리포트를 읽고 평가하는 데 막대한 시간을 요구하지만 나는 이러한 방법만이 "진짜" 마르크스를 이해하는 첩경이라는 점을 믿기 때문이다. 그리고 내가 이러한 부담을 즐거이 감수하는 것은 젊은 시절 그들의 선배들에게 못 다한 강의의 빚을 그들의 후배들에게 되갚으려는 것이기도 하다.

감사의 말

이 책에 실린 10편의 글은 1990년부터 2010년 사이에 집필된 것이다. 20년에 걸쳐 집필된 이 개개의 글들은 집필을 위한 자료의 획득이나 발표를 위한 기회의 제공이라는 측면에서 여러 기관과 개인의 도움을 받았다. 따라서 저자는 이 기회에 그들을 일일이 거명하는 것이 학문적 빚을 갚는 방법의 하나라고 생각하고 고마움을 표하고자 한다.

먼저 저자는 독일의 훔볼트재단과 일본의 국제교류기금이 저자의 독일과 네덜란드, 일본에서의 자료 수집과 체류 연구가 가능하도록 재정적 후원을 해준 데 대해 감사드린다. 독일의 보쿰 대학교(Hans-Martin Saß), 암스테르담의 국제사회사연구소(Jürgen Rojahn), 센다이의 토호쿠 대학(服部文男 †, 大村泉와 黑瀧正昭, 澁谷正, 橋本直樹, 大和田寬, 中村福治 † 등), 도쿄의 와세다 대학교(飯島昇藏), 그리고 서울의 고려대학교와 그 도서관들이 저자에게 베풀어 준 도움에 대해 감사드린다.

뿐만 아니라 트리어의 칼-마르크스-하우스(Hans Pelger와 Jacques

Grandjonc †), 일본 마르크스-엥겔스 연구자의 모임(宮川彰, 大村泉), 일본 MEGA 그룹의 센다이 팀(大村泉), 베를린 MEGA 촉진 재단과 『마르크스-엥겔스 연구논집. 신판』의 편집진(Martin Hundt, Carl-Erich Vollgraf, Richard Sperl, Rolf Hecker), 베를린-브란덴부르크 과학아카데미의 MEGA 기획팀(Manfred Neuhaus, Gerald Hubmann) 등은 그들의 모임이나 잡지에 저자를 초청하고 또 발표의 기회를 마련해주었다. 이미 고인이 된 사람도 없지 않으나 이 자리를 빌려 그들의 배려에 감사하면서 건강과 왕성한 연구 성과를 기대하는 바이다.

『독일 이데올로기』의 문헌학적 연구와 관련된 논문들을 모은 이 책은 2007년 이래 남경대학교의 張異賓(필명 張一兵) 교수가 남경대학이 발행하는 「當代學術 稜鏡譯書」의 하나로 출판하기 위해 기획한 저자의 중국어 논문집 『「독일 이데올로기」와 MEGA 문헌 연구』(남경대학출판사, 2010)에서 유래한다. 원래 중국어 논문집에 게재된 8개의 논문 중 6개 논문의 판권을 가지고 있는 문학과지성사는 이 중국어 논문집이 출판되는 것을 계기로 하여 『독일 이데올로기』와 관련된 저자의 논문 모두를 한데 발간하기로 한 것이다. 따라서 저자는 이러한 책의 출판을 기획한 張一兵 교수와 더불어 문학과지성사에 먼저 감사의 뜻을 표하고자 한다.

특히 문학과지성사는 1978년 이래 저자의 모든 책을 기꺼이 출판해왔는데 이번 책까지 다시 떠맡게 되었으니 저자로서는 새삼 고마운 마음을 표현할 길이 없는 바이다. 더욱이 출판사는 이 책의 출판에 따라 아직도 부수가 남아 있는 저자의 구저 『마르크스의 사상 형성과 초기 저작』(1994)과 『한국 마르크스학의 지평』(2004)을 절판해야 하는 어려움을 감수하기도 했다. 저자로서는 문학과지성사와 홍정선 교수를 포함한 구성원 모두에게 융창과 발전을 기원하며 각별한 고마움을 전하는 바이다. 그리고 이번에도 책을 만들면서 이전과 마찬가지로 출판 과정의 어려운 일들을 도맡아 준 박지현, 김정선 씨의 노고에 감사드린다.

그리고 저자는 자신의 마지막 저서가 될 이 책을 출판하면서 거의 30년이나 지속되어온 문지의 김병익 선생을 비롯한 "목요 모임"의 성원들에게도 진심으로 고마운 마음을 전한다. 저자는 지난 세월 그들이 풍기는 넉넉한 훈기를 호흡하며 살아왔고 또 공부할 수 있었던 것을 행복하게 생각하는 바이다.

2011년 10월
정문길

546

562